• 더 멋진 내일 Tomorrow을 위한 내일 My Career •

내일은 코틀린 Kotlin

김현석 지음

기초 입문편

비전공자&입문자를 위한 **코틀린**의 모든 것!

입문자의 실수 패턴을 분석한 **에러 완벽 정리**

1:1 과외 학습 구성으로 실무 마스터

비전공자 출신 **IT 스타트업 대표**의 독학 노하우 공개

김앤북 KIM&BOOK

꿈을 향한 도전,
김앤북이 함께 합니다!

「김앤북」은 **편입** 교재 외에 **컴퓨터/IT** 관련 교재, **전기/소방, 미용사/사회복지사** 등 전문 **자격 수험서**까지 다양한 분야의 도서를 출간하는 **종합 출판사로 성장하고 있습니다**.

편입수험도서 출판전문 ✕ **취업실용도서** 출판전문

합격을 완성할 단 하나의 선택!
편입수험서 No.1 김앤북

김영편입 영어 시리즈

| 어휘시리즈 |

| 1단계 기출 (문법, 독해, 논리) |

| 1단계 워크북 (문법, 독해, 논리) |

| 2단계 기출 (문법, 독해, 논리) |

| 2단계 워크북 (문법, 독해, 논리) |

| 3단계 기출문제 해설집 |

김영편입 수학 시리즈

| 1단계 이론서 (미분법, 적분법, 선형대수, 다변수미적분, 공학수학) |

| 2단계 워크북 (미분법, 적분법, 선형대수, 다변수미적분, 공학수학) |

| 3단계 기출문제 해설집 |

축적된 **방대한 자료**와 **노하우**를 바탕으로 **전문 연구진**들의 교재 개발, **실제 시험**과 **유사한** 형태의 **문항**들을 개발하고 있습니다.
수험생들의 **합격을 위한 맞춤형 콘텐츠**를 제공하고자 합니다.

내일은 시리즈 (자격증/실용 도서)

자격증

| 정보처리기사 필기, 실기 | 컴퓨터활용능력 1급, 2급 실기 | 빅데이터분석기사 필기, 실기 | 데이터분석 준전문가(ADsP) |

| GTQ 포토샵 1급 | GTQi 일러스트 1급 | 리눅스마스터 2급 | SQL개발자 |

실용

  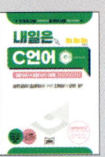   

| 코딩테스트 | 파이썬 | C언어 | 플러터 | 자바 | 코틀린 |

| SQL | 유니티(출간예정) | 스프링부트(출간예정) | 머신러닝(출간예정) |

전기/소방 자격증

| 2024 전기기사 필기 필수기출 1200제 | 2025 소방설비기사 필기 공통과목 필수기출 400제 | 2025 소방설비기사 필기 전기분야 필수기출 400제 | 2025 소방설비기사 필기 기계분야 필수기출 500제 |

김앤북의 가치

도전 신뢰
끊임없이 개선하며 **창의적인 사고**와 **혁신적인 마인드**를 중요시합니다.
정직함과 **도덕성**을 갖춘 사고를 바탕으로 회사와 고객, 동료에게 **믿음**을 줍니다.

함께 성장
자신과 회사의 **발전**을 위해 **꾸준히 학습**하며, 배움을 나누기 위해 노력합니다.
학생, 선생님 **모두 만족시킬** 수 있는 **최고의 교육 콘텐츠**와 **최선의 서비스**를 위해 노력합니다.

독자 중심
한 명의 독자라도 **즐거움**과 **만족**을 느낄 수 있는 책, 많은 독자들이 함께 **교감**하는 책을 만들기 위해 노력합니다. **분야를 막론**하고 **독자들의 마음속**에 오래도록 깊이 남는 **좋은 콘텐츠**를 만들어가겠습니다.

김앤북은 **메가스터디 아이비김영**의
다양한 교육 전문 브랜드와 함께 합니다.

김영편입　　김영평생교육원　　미대편입 Changjo

UNISTUDY　　더조은아카데미　　메가스터디아카데미

아이비원격평생교육원　　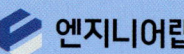엔지니어랩

• 더 멋진 내일 Tomorrow을 위한 내일 My Career •

내일은 코틀린 Kotlin

김현석 지음

기초 입문편

초판1쇄 인쇄 2024년 9월 20일
초판1쇄 발행 2024년 9월 27일
지은이 김현석
기획 김응태, 신종규, 손혜인, 정다운
디자인 서제호, 서진희, 조아현
판매영업 조재훈, 김승규

발행처 ㈜아이비김영
펴낸이 김석철
등록번호 제22-3190호
주소 (06728) 서울 서초구 서운로 32, 우진빌딩 5층
전화 (대표전화) 1661-7022
팩스 02)3456-8073

ⓒ ㈜아이비김영
이 책은 저작권법에 따라 보호받는 저작물이므로 무단복제를 금지하며,
책 내용의 전부 또는 일부를 이용하려면 반드시 저작권자의 서면동의를 받아야 합니다.

ISBN 978-89-6512-966-0 13000
정가 36,000원

잘못된 책은 바꿔드립니다.

더 멋진 내일(Tomorrow)을 위한 내일(My Career)
내 일 은 코 틀 린

<내일은 시리즈>란?

'내일(Tomorrow)의 내일(My Career)을 위해!'라는 중의적인 의미를 담은, 김앤북 출판사의 '취업 실무&자격증 시리즈' 도서입니다.

<내일은 코틀린> 이렇게 만들었습니다.

1. 휴대 편의성 증진

무겁고 두꺼운 도서, 들고 다니기 힘들고 불편하시죠? 〈내일은 코틀린〉은 1권, 2권으로 분권하여 가볍게 들고 다닐 수 있도록 하였습니다.

2. 한 권으로 입문부터 실전까지 완성

입문용 도서와 실무용 도서를 따로 찾아다니며 구매하시지는 않으셨나요? 이제 〈내일은 코틀린〉의 기초 입문편과 응용 실전편으로 입문부터 실전까지 마스터하세요!

3. 코딩은 몸으로 익혀야 진짜 공부

눈으로만 읽고서 공부를 다 했다고 착각하고 있지는 않은가요? 코딩은 수학과 같아서 직접 손으로 입력하며 연습해야 진짜 학습 효과가 있습니다. 직접 연습해 볼 수 있는 여러 구성을 체험해 보세요.

4. 코딩 중 발생할 수 있는 각종 에러 해결법 제시

분명히 배운대로 코딩을 진행 중인데 자꾸 에러가 발생할 때마다 스트레스받으시죠? 에러가 왜 발생하며, 에러를 어떻게 해결해야 하는지 그 방법을 정리해 드렸습니다.

5. 실무 마스터를 위한 프로젝트 완성하기

분명 책을 읽고 다 이해했다고 생각했는데, 막상 실무에서 적용해 보려고 하니 무엇부터 시작해야 하고 어떻게 마무리해야 하는지 혼란스러우시다고요? 이를 위해 프로젝트를 처음부터 끝까지 진행해 보는 구성을 제시하였습니다.

혜택 안내

스크립트, 챕터 요약 정리 다운로드(PC)

김앤북(www.kimnbook.co.kr) 사이트 접속
〉상단 카테고리 중 '자료실'의 자료 다운로드 클릭
〉도서명 '내일은 코틀린' 클릭
〉첨부파일 다운로드

◀ 김앤북 홈페이지
　바로가기

실제 현장에서 코틀린을 더욱 효과적으로
활용할 수 있는 능력을 갖추게 될 것입니다.

코딩의 세계에는 하나의 정답만 존재하지 않습니다. 다양한 해결 방법 중에서 각자의 상황과 요구에 맞는 최적의 해결책을 선택하는 능력이 필요합니다. 〈내일은 코틀린(Kotlin)〉은 독자 여러분이 이러한 다양한 길 중에서 가장 적합한 해결책을 찾을 수 있도록 돕는 안내서가 되고자 합니다.

코틀린을 처음 접하는 분들부터 이미 사용하고 있는 분들까지 모두가 이 책을 통해 실력을 향상시키고, 자신감을 가지고 도전할 수 있기를 바랍니다. 코딩을 배우는 과정에서 가장 중요한 것은 단순히 지식을 습득하는 것이 아니라, 스스로 문제를 해결하는 창의적인 방법을 찾는 능력을 기르는 것입니다.

프랑스의 소설가 베르나르 베르베르는 "우리의 뇌는 항상 달리고 싶은 본능이 있는 말 한 마리와 같다"라는 말을 했습니다. 저는 이 말을 목적지나 경쟁을 잊고 달리기의 행위 자체에 초점을 맞추다 보면, 우리의 뇌는 창조의 즐거움을 발견할 수 있다는 의미로 이해했습니다. 이와 같은 마음과 자세로 몰입할 때, 우리는 진정한 의미에서 성장할 수 있습니다.

〈내일은 코틀린(Kotlin)〉은 코틀린의 기본 개념부터 고급 기술까지 차근차근 설명하며, 다양한 예제와 실습을 통해 실력을 다져나갈 수 있도록 구성했습니다. 각 챕터를 통해 독자 여러분들은 코틀린의 다양한 기능과 활용 방법을 학습할 수 있습니다. 이를 통해 실제로 직면하는 문제들을 효과적으로 해결하고, 더 나아가 독창적이고 창의적인 사고방식을 기르는 데 도움이 되었으면 좋겠습니다.

더 멋진 내일(Tomorrow)을 위한 내일(My Career)
내일은코틀린

또한 이 책은 단순히 기술적인 부분에만 초점을 맞추지 않고, 코틀린을 사용하는 과정에서 마주할 수 있는 다양한 상황과 문제들에 대한 해결책도 제시하고자 합니다. 이를 통해 독자 여러분은 실제 현장에서 코틀린을 더욱 효과적으로 활용할 수 있는 능력을 갖추게 될 것입니다.

〈내일은 코틀린(Kotlin)〉이 여러분의 코틀린 학습 여정에 든든한 동반자가 되기를 바랍니다. 독자 여러분이 꾸준히 학습에 몰입하고, 다양한 문제 해결 방법을 배우며 자신감을 가지고 도전한다면, 넓은 지식과 경험을 통해 독창성과 역량을 키울 수 있을 것입니다.

저자 김현석

- 가천대학교 금융수학과, 소프트웨어학과 학사 졸업
- 현 법인 주식회사 엔이앱스(NE APPS ,Ltd) 대표이사
- 프로토마 근무(인공지능 스피커 개발 작업)
- 티켓몬스터 근무
- 한국창의정보문화학회 NLP 논문 저자
- 특허권 출원 1건
- 코딩 교육 5년차

수료 및 참여

- 미국 캘리포니아 PeopleSpace H.E.D.E.I 수료
- 서울대학교 AT EDUCOM 수료
- 22 예비 사회적 기업가 육성 사업 수료
- 멋쟁이사자처럼 수료
- 벤처기업협회 PSWC 참여
- 아랍에미리트 U.A.E CODE CAMP 멘토
- 한국장애인협회 애틀리케이션 협력 개발

수상

- 가천대 해커톤 대상 2회
- 동국대 캠퍼스톤 개발자상
- 도시재생 뉴딜사업 스마트분야 공모전 우수상
- 서울시 앱 공모전 장려상

도서 구성

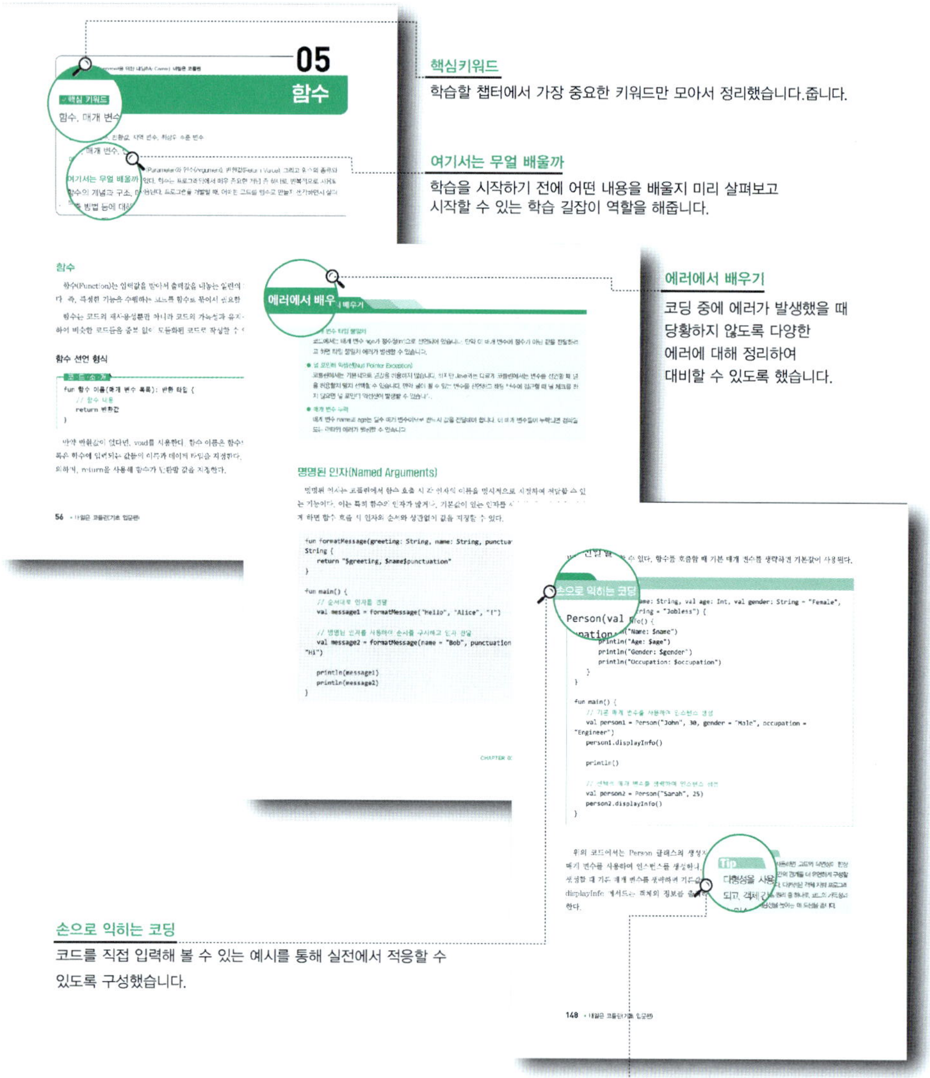

핵심 키워드
학습할 챕터에서 가장 중요한 키워드만 모아서 정리했습니다.줍니다.

여기서는 무얼 배울까
학습을 시작하기 전에 어떤 내용을 배울지 미리 살펴보고
시작할 수 있는 학습 길잡이 역할을 해줍니다.

에러에서 배우기
코딩 중에 에러가 발생했을 때
당황하지 않도록 다양한
에러에 대해 정리하여
대비할 수 있도록 했습니다.

손으로 익히는 코딩
코드를 직접 입력해 볼 수 있는 예시를 통해 실전에서 적용할 수
있도록 구성했습니다.

Tip
이론 내용을 시험 출제 유형에 맞게 학습할 수
있도록 저자만의 노하우를 담은 팁을 수록했습니다.

더 멋진 내일(Tomorrow)을 위한 내일(My Career)
내일은 코틀린

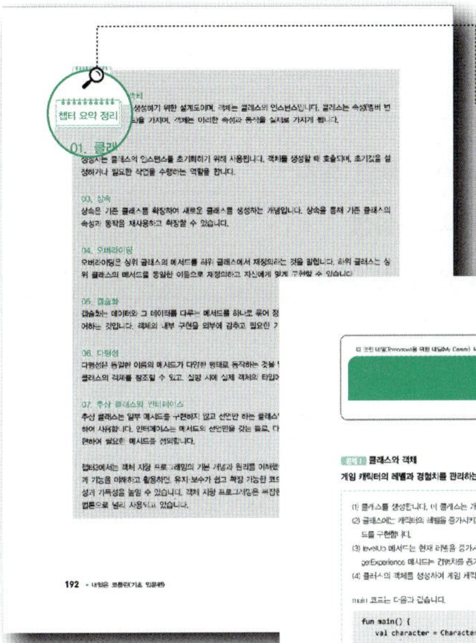

챕터 요약 정리
학습한 내용을 오랫동안 기억할 수 있도록 간단히 정리했습니다.
복습할 때 활용하면 도움이 될 것입니다.

연습문제
챕터의 마지막에 이론 학습 내용을 스스로
점검해 볼 수 있도록 연습문제를 수록했습니다.
이론 마무리를 위한 복습용으로 활용하는
것을 추천드립니다.

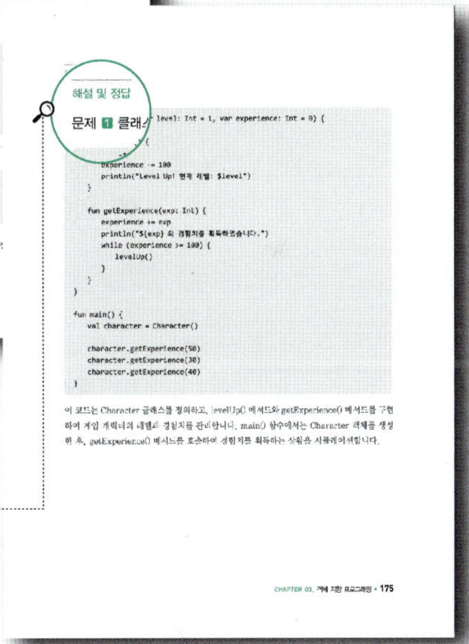

해설 및 정답
연습문제 해설을 정리하여 수록했습니다.

교재에 수록된 연습문제와 프로젝트(챕터 06, 10)를 직접 실행해볼 수 있는 소스를
다운로드할 수 있습니다.

Chapter 01
안드로이드 개발 환경 설정

01 안드로이드와 코틀린 소개	12
02 안드로이드 스튜디오와 코틀린 설치	15
03 개발 도구 및 에뮬레이터 설정	22
04 첫 코틀린 프로젝트 생성 및 실행	26

Chapter 02
코틀린 언어 기초

01 코틀린 언어 소개	30
02 변수와 데이터 타입	33
03 연산자	38
04 제어문	44
05 함수	56
06 컬렉션	65
07 연습문제	79

Chapter 03
객체 지향 프로그래밍

01 클래스와 객체	96
02 생성자	107
03 상속	121
04 오버라이딩	130
05 캡슐화	135
06 다형성	144
07 추상 클래스와 인터페이스	151
08 연습문제	162

더 멋진 내일(Tomorrow)을 위한 내일(My Career)
내일은코틀린

Chapter 04
안드로이드의 기본 개념

01	안드로이드 애플리케이션의 구조	194
02	액티비티와 프래그먼트	211
03	인텐트와 네비게이션	228
04	뷰와 뷰 그룹	259
05	연습문제	279

Chapter 05
안드로이드 UI 디자인

01	레이아웃과 위젯	298
02	텍스트와 이미지 처리	316
03	사용자 입력과 폼 구성	335
04	리스트뷰와 리사이클러뷰	373
05	연습문제	405

Chapter 06
안드로이드 기초 개발 예제

01	기초 개발 예제	432
02	랜덤게임 앱	440

더 멋진 내일(Tomorrow)을 위한 내일(My Career)

CHAPTER

01

내 일 은 코 틀 린

안드로이드 개발 환경 설정

01 안드로이드와 코틀린 소개
02 안드로이드 스튜디오와 코틀린 설치
03 개발 도구 및 애뮬레이터 설정
04 첫 코틀린 프로젝트 생성 및 실행

01

더 멋진 내일(Tomorrow)을 위한 내일(My Career) **내일은 코틀린**

안드로이드와 코틀린 소개

✓ 핵심 키워드

안드로이드, 코틀린, Java

여기서는 무얼 배울까

안드로이드 운영체제의 발전과 역사, 그리고 코틀린 언어가 안드로이드 개발에 어떻게 통합되어 사용되는지에 대해 배운다. 이를 통해 안드로이드 앱 개발의 기초를 이해하고, 코틀린 언어의 중요성 및 그것이 안드로이드 앱 개발에 미치는 영향을 파악하게 된다. 이러한 배경 지식은 코틀린을 사용한 안드로이드 앱 개발에 필요한 기본적인 이해를 제공한다.

안드로이드 개발의 소개

안드로이드 운영체제의 역사

안드로이드는 원래 안드로이드 Inc.에 의해 개발되었으며, 2005년 구글에 인수되었다. 첫 번째 상업적 버전인 Android 1.0은 2008년에 출시되었다. 이후, 안드로이드는 지속적으로 발전하여 다양한 버전이 출시되었고, 각 버전은 개선된 기능과 사용자 인터페이스를 제공한다. 특정 버전들은 안드로이드 개발에 중요한 변화를 가져왔다. 예를 들어 Android 4.0(Ice Cream Sandwich)은 휴대폰과 태블릿을 위한 단일 운영체제를 제공했고, Android 5.0(Lollipop)은 Material Design을 도입했다. 최근 버전들은 더 많은 보안 기능과 사용자 경험 개선에 중점을 두고 있다.

안드로이드가 중요한 이유

안드로이드는 현재 세계에서 가장 널리 사용되는 모바일 운영체제다. 그것은 다양한 제조사의 다양한 기기에서 사용되며, 그 범위는 스마트폰, 태블릿, 착용 가능한 기기, TV 등에 이른다. 안드로이드의 개방 소스 모델은 제조업체와 개발자들이 운영체제를 사용자 정의하고 확장할 수 있는 유연성을 제공한다. 이것은 개발자들에게 다양한 기기에서 작동하는 앱을 만들 기회를 제공한다.

코틀린 언어의 소개

코틀린의 역사

- 코틀린은 JetBrains에서 2011년에 처음 발표되었으며, 2016년에 첫 안정적인 버전이 출시되었다. JetBrains는 Java의 일부 문제점을 해결하여 개발자들의 생산성을 높이고자 코틀린을 개발했다.
- 2017년, 구글은 안드로이드 개발을 위한 공식 언어로 코틀린을 지원한다고 발표했다. 이것은 코틀린의 인기와 중요성을 크게 높였다.

코틀린의 주요 특징 및 장점

- 간결성: 코틀린은 자바와 완전히 호환되지만, 보다 간결하고 표현력이 뛰어난 문법을 제공한다. 예를 들어 코틀린은 타입 추론을 지원하며, 불필요한 **보일러플레이트 코드**[*]를 줄여준다. 코틀린의 간결한 문법은 개발자가 더 적은 코드로 동일한 기능을 구현할 수 있게 해준다. 이는 가독성을 향상시키고 유지·보수를 용이하게 한다.
- 안전성: 코틀린은 null 안전성을 포함한 여러 안전한 프로그래밍 기법을 제공한다. 이는 앱의 안정성을 향상시키고 런타임 오류를 줄인다.
- 상호 운용성: 코틀린은 자바와 100% 상호 운용이 가능하다. 즉, 기존의 자바 코드나 라이브러리를 코틀린과 함께 사용할 수 있다. 이는 기존 자바 기반 프로젝트에 코틀린을 점진적으로 도입하는 데 매우 유용하다.
- 함수형 프로그래밍과 객체 지향 프로그래밍의 조화: 코틀린은 람다 표현식, 확장 함수, 데이터 클래스 등과 같은 함수형 프로그래밍과 객체 지향 프로그래밍의 기능을 모두 지원한다. 이러한 이중성은 개발자가 더 효율적이고 강력한 소프트웨어를 개발하는 데 도움이 된다.

기초 용어 정리

* 보일러플레이트 코드(Boilerplate Code): 프로그램의 기본 구조나 패턴을 구성하기 위해 반복적으로 작성해야 하는 코드 조각을 의미한다. 이러한 코드는 특정 기능이나 로직을 수행하기 위해 필수적이지만, 코드의 실제 비즈니스 로직과는 관련이 없기 때문에 불필요하게 길어질 수 있다.

안드로이드 개발 환경의 트렌드 및 전망

안드로이드 개발 트렌드

- **Jetpack 컴포넌트의 채택**: Google의 Jetpack은 안드로이드 앱 개발을 단순화하고 가속화하는 라이브러리 및 도구 모음이다. Lifecycle, LiveData, Room, ViewModel 등과 같은 컴포넌트들은 개발 프로세스를 간소화하고 앱의 성능을 향상시키는 데 도움이 된다.
- **MVVM(Model-View-View Model) 아키텍처**: MVVM 패턴은 데이터와 비즈니스 로직을 사용자 인터페이스로부터 분리하여 앱의 유지·보수성과 확장성을 개선한다. 안드로이드 개발에서 MVVM은 데이터 바인딩과 함께 사용되어 UI 컴포넌트와 데이터 모델 간의 동기화를 간편하게 한다.
- **코틀린 사용의 증가**: 코틀린은 안드로이드 앱 개발에 있어 점점 더 많이 채택되고 있다. 코틀린 코루틴과 같은 기능은 비동기 프로그래밍을 간단하게 만들며, 개발자의 생산성을 높인다.

코틀린과 안드로이드의 미래 전망

- 코틀린은 계속해서 새로운 기능과 개선 사항을 제공할 것이다. 안드로이드 개발 플랫폼 역시 더 효율적이고 사용자 친화적인 도구와 기술로 발전할 것으로 예상된다.
- 인공 지능과 기계 학습은 모바일 앱 개발, 특히 안드로이드 개발에서 중요한 역할을 할 것으로 예상된다. 이러한 기술은 개인화된 사용자 경험을 제공하고 앱의 기능을 향상시킬 수 있다.

안드로이드 개발자가 되기 위한 기본 요구 사항

- **프로그래밍 언어의 숙련**: 코틀린과 자바는 안드로이드 앱 개발에 필수적인 프로그래밍 언어다. 개발자들은 이러한 언어들에 대한 깊은 이해와 함께, 객체 지향 프로그래밍의 원칙을 숙지해야 한다.
- **안드로이드 API와 SDK 이해**: 안드로이드 애플리케이션을 개발하려면 Android SDK와 다양한 API에 익숙해져야 한다. 이는 기기 기능을 제어하고, 다양한 하드웨어와의 상호 작용을 가능하게 한다.
- **UI/UX 디자인 원칙**: 사용자 경험(UX)과 사용자 인터페이스(UI) 디자인은 효과적인 앱 개발의 핵심 요소다. 이는 앱의 사용성과 시각적 매력을 결정짓는 중요한 부분이다.
- **버전 관리 시스템 사용**: 깃(Git)과 같은 버전 관리 시스템은 협업과 소스 코드 관리에 필수적이다. 현대의 소프트웨어 개발 환경에서 이러한 도구의 사용은 매우 중요하다.

02 안드로이드 스튜디오와 코틀린 설치

더 멋진 내일(Tomorrow)을 위한 내일(My Career) 내일은 코틀린

✓ 핵심 키워드

안드로이드 스튜디오, JDK, 에뮬레이터, AUD, SDK

여기서는 무얼 배울까

안드로이드 앱 개발을 위한 필수적인 통합 개발 환경(IDE)의 설치와 구성 방법을 익히며, 코틀린 언어를 안드로이드 개발에 적용하는 방법을 이해할 수 있다. 이는 코틀린을 사용한 안드로이드 앱 개발의 기초를 마련하는 데 필수적인 단계다.

안드로이드 스튜디오 소개

> **Tip**
> **IDE**
> 코드 작성, 디버깅, 프로젝트 관리 등 개발 전반적인 작업을 수행하는 도구입니다.

안드로이드 스튜디오의 개요

- **정의 및 목적**: 안드로이드 스튜디오는 구글이 제공하는 공식 통합 개발 환경(IDE)으로, 안드로이드 애플리케이션을 개발하기 위해 특별히 설계되었다. 자바, 코틀린 및 C++ 언어로 작성된 안드로이드 앱을 개발, 테스트, 디버깅하기 위한 다양한 도구와 기능을 제공한다.

- **주요 기능**: IDE는 코드 편집, 앱 빌드, 디버깅, 퍼포먼스 툴, 버전 관리 등 개발자가 필요로 하는 여러 기능을 내장하고 있다. 또한 안드로이드 에뮬레이터를 통해 다양한 디바이스 및 안드로이드 버전에서 애플리케이션을 테스트할 수 있는 환경을 제공한다.

- **사용자 인터페이스**: 간단하고 직관적인 사용자 인터페이스를 가지고 있으므로 개발자가 손쉽게 앱의 레이아웃을 디자인하고, 코드를 편집하며, 애플리케이션의 다양한 측면을 관리할 수 있다.

시스템 요구 사항

- **운영체제**: 안드로이드 스튜디오는 Windows, macOS, Linux 운영체제에서 실행될 수 있다. 각 운영체제에 대한 최소 및 권장 시스템 요구 사항이 있으며, 이는 안드로이드 스튜디오의 공식 웹사이트에서 확인할 수 있다.

- **메모리**: 최소 4GB RAM을 권장하나, 8GB RAM 이상이 이상적이다.

- **디스크 공간**: 최소 2GB의 자유 디스크 공간이 필요하다(안드로이드 SDK, 에뮬레이터 시스템 이미지, 캐시를 위한 추가 공간 포함). SSD 드라이브를 사용하는 것이 성능 향상에 도움이 된다.

- **해상도**: 1280×800 이상의 화면 해상도를 권장한다.

- **JDK(Java Development Kit)**: 안드로이드 스튜디오는 내장된 JDK를 사용하지만, 구버전의 안드로이드 스튜디오를 사용하는 경우, 특정 버전의 JDK를 필요로 할 수도 있다.

JDK 설치

- JDK 설치는 Oracle JDK와 OpenJDK가 있다. Oracle JDK는 오라클에서 제공하는 자바 개발 키트이며, 유료로 제공되기 때문에 상용 애플리케이션을 개발하거나 서버에 설치하는 경우 유료 라이센스가 필요하다.

- 반면에 OpenJDK는 오픈 소스 기반의 JDK이다. OpenJDK는 무료로 사용할 수 있으며, 다양한 운영체제와 플랫폼에서 사용할 수 있다. 또한 다양한 커뮤니티에 의해 개발되고 유지되기 때문에 Oracle JDK보다 더 빠르게 업그레이드 및 보안 패치를 제공한다. 따라서 우리는 OpenJDK를 설치하여 사용해볼 것이다.

- OpenJDK를 설치하기 위해서는 먼저 ADOPTIUM 사이트(https://adoptopenjdk.net/)에서 OpenJDK 다운로드를 받아야 한다.

- 다운로드 페이지에서 OS와 버전을 선택한 뒤 다운로드를 진행한다.

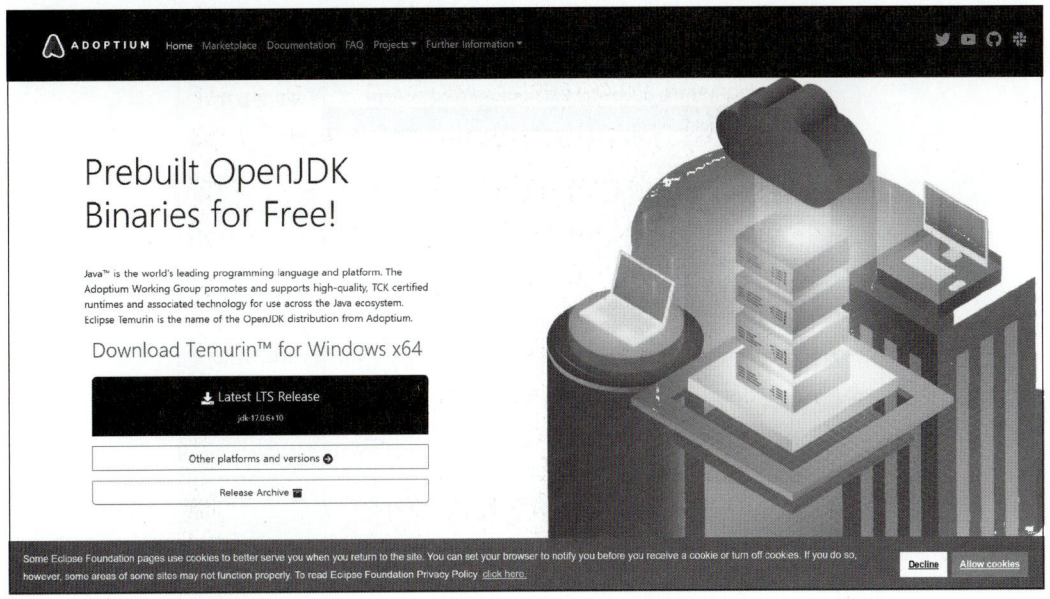

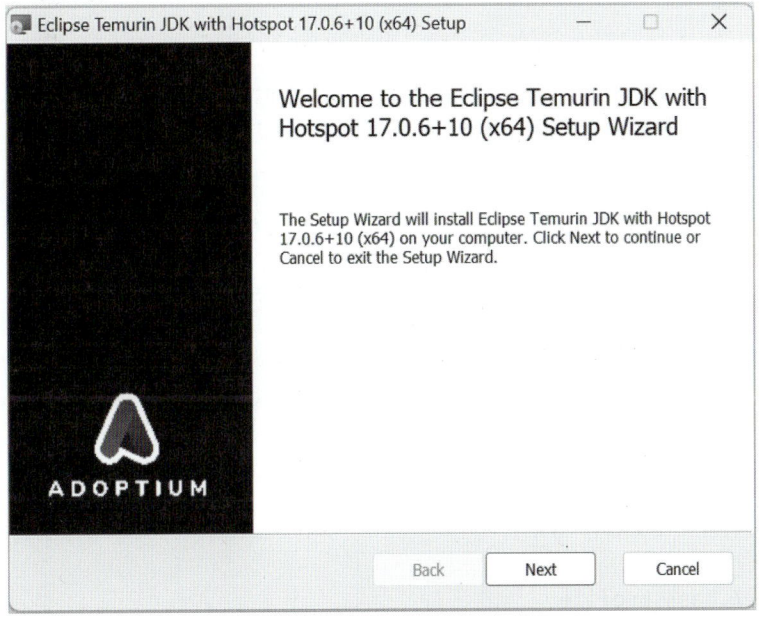

- 설치 후에는 환경 변수를 설정해야 한다.

  [Windows] 시스템 변수에서 새 변수를 추가하고, 변수 이름을 JAVA_HOME으로, 변수값은 JDK 설치 경로로 설정한다. 이후 Path 변수에도 JDK 설치 경로를 추가해주어야 한다.

CHAPTER 01. 안드로이드 개발 환경 설정 • 17

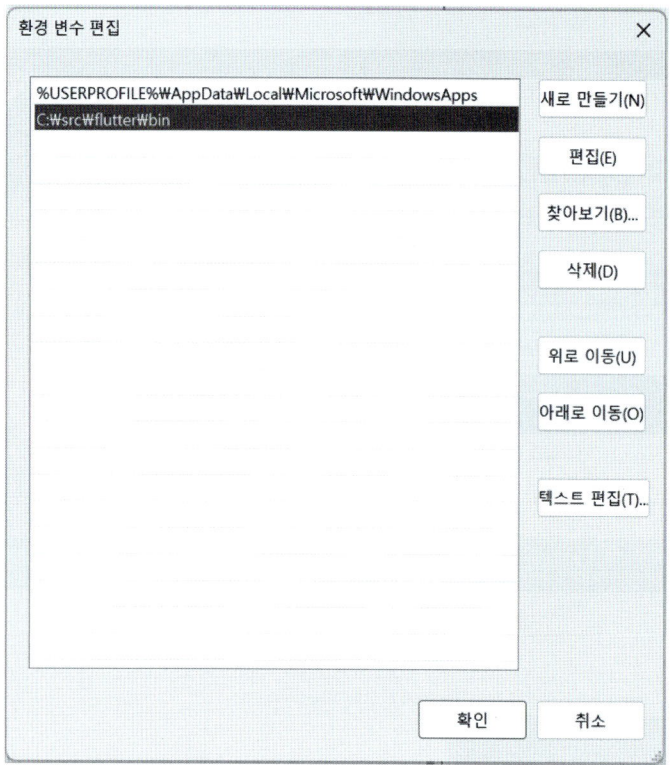

[macOS] 아래의 명령어를 입력한다.

```
java -version
```

- Java version이 안 나오는 경우 환경 변수 설정을 해주어야 한다.
[터미널의 이름이 zsh인 경우]

```
touch ~/.zshrc
open ~/.zshrc
```

[터미널의 이름이 bash인 경우]

```
touch ~/.bash_profile
open ~/.bash_profile
```

실행된 텍스트 편집기에 JDK 폴더 경로를 넣고 저장한다.

```
export
JAVA_HOME=/Library/Java/JavaVirtualMachines/[jdk.jdk]/Contents/Home
export PATH=${PATH}:/Library/Java/VirtualMachines/[jdk.jdk]/Contents/Home
```

> **더 알아보기**
>
> **jdk.jdk**
> 설치한 jdk 파일의 이름을 적으면 된다. 설치한 경로에 들어가 확인할 수 있다. 예를 들어 jdk1.8.0_222.jdk 같은 이름이 될 수 있다.

터미널의 이름이 bash인 경우 'I'를 눌러 insert 모드로 변경해주고 위 코드를 작성해준 뒤 'ESC'를 눌러 insert 모드를 종료하고 ':wq'를 입력하여 저장 후 편집기를 나온다.

안드로이드 스튜디오 설치

통합 개발 환경(IDE)

안드로이드에서 IDE로는 안드로이드 스튜디오(Android Studio), 비주얼 스튜디오 코드(Visual Studio Code), IntelliJ IDEA 등을 사용할 수 있다. 우리는 Android Studio를 설치해 보자. 안드로이드 스튜디오를 설치하는 방법은 아래와 같다.

안드로이드 스튜디오 다운로드 및 설치

안드로이드 스튜디오를 다운로드하려면, 구글의 안드로이드 스튜디오 공식 홈페이지 (https:// developer.android.com/studio)에서 다운로드 링크를 찾아 설치 파일을 다운로드한다.

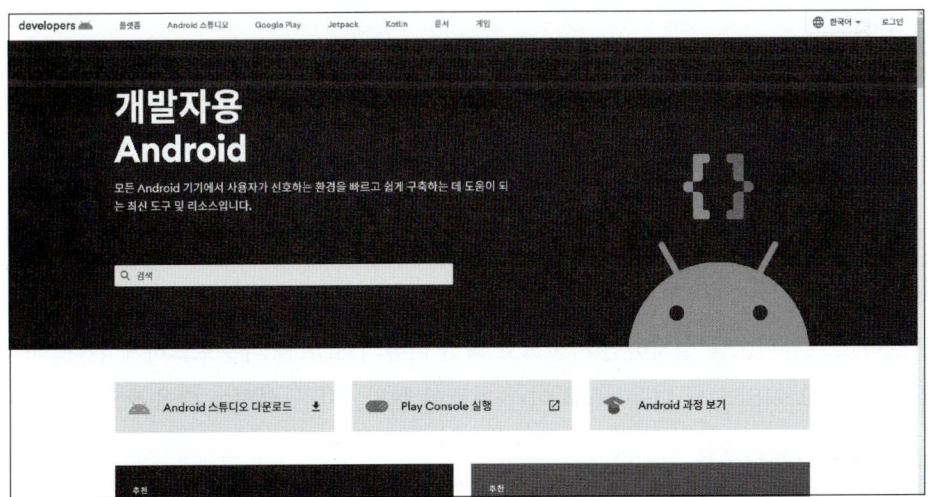

에뮬레이터(AVD)

에뮬레이터는 모바일 기기의 역할을 하는 가상 기기이다. 안드로이드 스튜디오와 함께 제공되는 에뮬레이터는 AVD(Android Virtual Device)라는 이름으로 알려져 있다. AVD는 안드로이드 스튜디오에서 자동으로 생성할 수 있으며, 안드로이드 버전, 디바이스 타입 등을 선택할 수 있다. 또한 디바이스 스킨, 메모리 크기, 해상도 등을 직접 지정할 수도 있다.

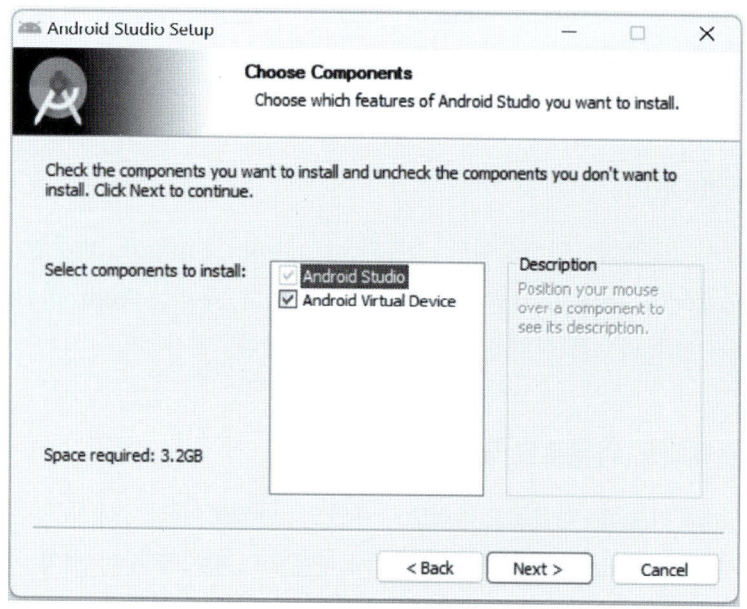

마지막으로 개발 도구 설치를 완료한 후에는 안드로이드 SDK를 설치해야 한다. 안드로이드 SDK는 안드로이드 애플리케이션 개발에 필요한 모든 라이브러리와 툴을 제공한다. 안드로이드 개발을 위해서는 안드로이드 SDK와 그에 해당하는 라이브러리와 툴도 함께 설치해야 한다.

안드로이드 SDK 설치

안드로이드 스튜디오를 설치하면 자동으로 최신 버전의 SDK를 다운로드하게 된다. 하지만 필요한 경우 수동으로 SDK를 다운로드하여 설치해야 한다. SDK 설치는 다음과 같이 진행된다.

① 안드로이드 스튜디오를 실행한다.

② Configure → SDK Manager 또는 More actions를 클릭한다.

③ 'SDK Platforms' 탭에서 필요한 안드로이드 버전을 선택한다.

④ 'SDK Tools' 탭에서 필요한 도구를 선택하여 설치한다. 필요한 도구들은 다음과 같다. 목록에 없을 시 생략해도 무방하다.

- Android SDK Build-Tools
- Android Emulator
- Android SDK Platform-Tools
- Android SDK Tools
- Android SDK Platform

AVD

AVD를 사용하기 위해서는 먼저 SDK Tools 탭에서 필요한 도구를 설치해야 한다. 필요한 도구들은 다음과 같다. 목록에 없을 시 생략해도 무방하다.

- Android Emulator Hypervisor Driver for AMD Processors 또는 Android Emulator Hypervisor Driver for Intel Processors
- Intel x86 Emulator Accelerator(HAXM installer)

> **Tip**
> **Hypervisor Driver**
> 설치해야 하는 Hypervisor Driver는 CPU 종류에 따라 다릅니다. Intel CPU를 사용하고 있다면 Intel Hypervisor Driver를 설치하고, AMD CPU를 사용하고 있다면 AMD Hypervisor Driver를 설치해야 합니다.

또한 테스트를 위해 AVD를 사용하고 싶다면 설정이 필요하다. AVD 설정은 다음과 같이 진행된다.

① 안드로이드 스튜디오를 실행한다.

② Tools → Device Manager를 클릭한다.

③ + 아이콘인 Add a new device → Create Virtual Device를 클릭한다.

④ 원하는 디바이스를 선택한다.

⑤ 시스템 이미지를 다운로드하고 선택한다.

⑥ AVD 이름을 입력하고 Finish를 클릭한다.

03 개발 도구 및 에뮬레이터 설정

더 멋진 내일(Tomorrow)을 위한 내일(My Career) **내일은 코틀린**

✓ 핵심 키워드

개발 도구, Gradle, 에뮬레이터

여기서는 무얼 배울까

Android SDK의 설치 및 관리, Gradle 설정, 그리고 개발 중인 앱을 테스트할 수 있는 가상 환경을 구축하는 안드로이드 에뮬레이터의 구성에 대해 배운다. 이러한 지식은 안드로이드 앱 개발의 효율성을 높이고, 다양한 디바이스와 환경에서 앱을 테스트하는 데 필수적이다.

개발 도구 설정

Android SDK 설정

- **SDK Manager 사용법**

  ① 안드로이드 스튜디오에서 Tools 메뉴를 통해 SDK Manager를 연다. 이곳에서 안드로이드 SDK의 설치와 관리가 이루어진다.

  ② Android SDK 'SDK Platforms' 탭에서는 사용할 수 있는 SDK 플랫폼의 목록을 볼 수 있다.

- **SDK 플랫폼 설치**: 개발할 앱이 타겟으로 하는 Android 버전에 해당하는 API 레벨을 선택한다. 일반적으로 최신 버전의 API와 몇 개의 이전 버전을 설치하는 것이 좋다.

- 필요한 API 레벨 옆의 체크 박스를 선택하고 OK 또는 Apply를 클릭하여 설치를 진행한다.

- **추가 도구 설치**: 'SDK Tools' 탭에서는 Android SDK Build-Tools, NDK, Android Emulator, Google Play Services와 같은 추가 도구들을 설치하거나 업데이트할 수 있다.

Gradle 설정

- **build.gradle 파일의 역할**: 프로젝트 레벨의 build.gradle 파일과 앱 모듈 레벨의 build.gradle 파일이 있으며, 각각 프로젝트와 앱의 빌드 설정을 관리한다.
- **라이브러리 의존성 관리**: 앱 모듈의 build.gradle 파일에서 필요한 라이브러리 의존성을 추가한다. 예를 들어 implementation 'com.android.support:appcompat-v7:28.0.0'와 같이 라이브러리를 추가할 수 있다.
- **Gradle 버전 및 플러그인 관리**: 프로젝트 레벨의 build.gradle 파일에서는 Gradle 버전과 안드로이드 Gradle 플러그인의 버전을 관리한다.

기타 개발 도구

- **버전 관리 시스템 설정**: Git과 같은 버전 관리 시스템을 사용하는 방법을 설명한다. 안드로이드 스튜디오는 Git 통합 기능을 제공하여 코드 변경 사항을 쉽게 추적하고 관리할 수 있다.
- **코드 품질 관리 도구**: 코딩 스타일 가이드라인을 설정하고, Lint 검사를 활용하여 코드 품질을 유지하는 방법을 설명한다. Lint 도구는 코드에서 잠재적인 문제점을 탐지하고 수정을 제안한다.

안드로이드 에뮬레이터 설정

에뮬레이터 소개

- **역할과 중요성**: 안드로이드 에뮬레이터는 개발 중인 애플리케이션을 실제 기기에 설치하기 전에 컴퓨터에서 테스트할 수 있도록 해주는 가상 기기다. 이를 통해 개발자는 다양한 기기의 사양, 화면 크기, 안드로이드 버전에서 애플리케이션의 호환성과 기능을 검증할 수 있다.
- **테스트 이점**: 실제 하드웨어를 구매하지 않고도 다양한 기기 및 OS 설정에서 앱을 테스트할 수 있다. 이를 통해 개발 비용을 줄이고, 애플리케이션의 보다 넓은 호환성을 확보하는 데 도움이 된다.
- **AVD Manager 사용**: 안드로이드 스튜디오에서 Tools → Device Manager를 선택하여 안드로이드 가상 디바이스(에뮬레이터) 관리자에 접근한다.

- 새 에뮬레이터 생성

    ① Create Virtual Device 버튼을 클릭하여 새 가상 디바이스 생성 프로세스를 시작한다.

    ② 기기 유형(예 휴대폰, 태블릿, TV, Wear OS)과 원하는 디바이스 프로파일을 선택한다.

- 화면 사이즈 및 해상도 설정: 선택한 디바이스 프로파일에 따라 다양한 화면 사이즈와 해상도 중에서 선택한다. 이는 애플리케이션의 레이아웃이 다양한 화면 크기에서 어떻게 보이는지 테스트하는 데 중요하다.

- 시스템 이미지 선택 및 다운로드

    ① 타겟으로 하는 안드로이드 버전에 맞는 시스템 이미지(예 x86, x86_64)를 선택한다. x86 시스템 이미지는 일반적으로 더 빠른 성능을 제공한다.

    ② Download 링크를 클릭하여 선택한 시스템 이미지를 다운로드한다.

- 에뮬레이터 실행 및 테스트

    ① 에뮬레이터 실행: 생성된 가상 디바이스를 선택하고 Launch this AVD in the emulator 버튼을 클릭한다. 에뮬레이터가 시작되면, 안드로이드 운영체제가 로드되고 가상 디바이스가 활성화된다.

    ② 앱 배포 및 테스트: 개발 중인 앱을 빌드하고 생성된 에뮬레이터에 설치하여 실행한다. 앱의 기능, 사용자 인터페이스, 성능 등을 다양한 환경에서 테스트한다.

    ③ 추가 기능 탐색: 에뮬레이터에서는 네트워크 설정, GPS 시뮬레이션, 전화 통화 및 SMS 메시지 시뮬레이션 등 다양한 추가 기능을 제공한다. 이러한 기능을 활용하여 앱을 더 광범위하게 테스트할 수 있다.

실제 기기에서의 테스트 설정

USB 디버깅 설정

개발자 옵션 활성화	• 안드로이드 기기에서 '설정' 〉 '휴대폰 정보'로 이동한다. • '빌드 번호'를 연속해서 7번 탭하여 개발자 모드를 활성화한다. 이 과정이 성공적으로 완료되면, '개발자 옵션이 활성화되었습니다'라는 메시지가 표시된다.
USB 디버깅 활성화	• '설정' 메뉴에서 '개발자 옵션'을 찾아 연다. • 'USB 디버깅' 옵션을 찾아 활성화한다. 이를 통해 PC와 기기 간의 데이터 전송과 앱 설치가 가능해진다.
연결 확인 및 문제 해결	• USB 케이블을 사용해 안드로이드 기기를 PC에 연결한다. • 연결 시 'USB 디버깅을 허용하시겠습니까?'라는 메시지가 표시되면, 'OK'를 선택하여 허용한다. • 만약 기기가 인식되지 않는 경우, 다른 USB 포트를 시도하거나 드라이버 문제를 확인한다.

실제 기기에서 앱 실행

앱 빌드 및 실행	• 안드로이드 스튜디오에서 개발 중인 앱 프로젝트를 연다. • 상단의 Run 버튼을 클릭하거나 Shift + F10 단축키를 사용하여 앱을 빌드하고 실행한다.
실제 기기 선택	연결된 기기가 'Select Deployment Target' 창에 표시되면, 테스트할 기기를 선택한다.
앱 성능 및 기능 테스트	• 앱이 실제 기기에 설치되고 실행되면, 앱의 기능, 사용자 인터페이스, 성능 등을 실제 환경에서 테스트할 수 있다. • 실제 기기에서의 테스트는 다양한 하드웨어 및 OS 기능(예 카메라, GPS, 센서 등)과의 상호 작용을 직접 확인하는 데 중요하다.

04 첫 코틀린 프로젝트 생성 및 실행

더 멋진 내일(Tomorrow)을 위한 내일(My Career) **내일은 코틀린**

✓ 핵심 키워드

프로젝트, 구조, 실행, 테스트

여기서는 무얼 배울까

안드로이드 스튜디오를 사용하여 첫 코틀린 기반 안드로이드 프로젝트를 생성하고 실행하는 방법을 배운다. 새로운 프로젝트의 설정, 코틀린 언어를 활용한 기본 앱 구조의 이해, 그리고 생성된 앱을 에뮬레이터나 실제 기기에서 실행 및 테스트하는 과정을 학습한다.

첫 코틀린 프로젝트 생성 및 실행

새 프로젝트 생성

- **안드로이드 스튜디오 시작**: 안드로이드 스튜디오를 열고 'Start a new Android Studio project'를 선택한다.
- **프로젝트 템플릿 선택**: 다양한 프로젝트 템플릿 중에서 원하는 템플릿을 선택한다. 예를 들어 Empty Activity는 기본적인 단일 화면 앱에 적합하다.
- **프로젝트 구성**: 프로젝트의 이름, 저장 위치, 사용할 언어(코틀린 선택), 최소 API 레벨 등을 설정한다.
- **프로젝트 생성**: 설정을 완료한 후 Finish 버튼을 클릭하여 프로젝트 생성 과정을 완료한다. 안드로이드 스튜디오가 프로젝트를 구성하고 필요한 파일을 생성한다.

기본 애플리케이션 구조 이해(프로젝트 구조)

생성된 프로젝트는 다음과 같은 주요 구성 요소를 포함한다.

- app: 애플리케이션의 소스 코드와 리소스를 포함하는 주 디렉토리
- manifests: AndroidManifest.xml 파일을 포함하며, 애플리케이션의 기본 설정과 권한을 정의
- java: 코틀린 소스 코드 파일이 위치하는 디렉토리
- res: 리소스 파일(예 레이아웃, 문자열, 이미지 등)을 포함하는 디렉토리
- Gradle Scripts: 프로젝트의 빌드 설정을 포함하는 Gradle 스크립트 파일들
- MainActivity.kt: 앱의 메인 액티비티를 정의하는 코틀린 파일이며, activity_main.xml은 메인 액티비티의 UI 레이아웃을 정의

간단한 앱 실행 및 테스트

- 앱 빌드 및 실행: 상단의 Run 버튼을 클릭하거나 Shift + F10 단축키를 사용하여 애플리케이션을 빌드하고 실행한다.
- 에뮬레이터 또는 실제 기기 선택: 프로젝트를 테스트할 기기를 선택한다. 에뮬레이터를 사용하거나 USB 디버깅이 활성화된 실제 안드로이드 기기에 앱을 설치할 수 있다.
- 앱 실행 확인: 앱이 선택한 에뮬레이터나 연결된 기기에서 실행되는 것을 확인한다. 기본 템플릿을 사용했다면, 간단한 화면과 기본적인 사용자 인터페이스를 볼 수 있다.
- 기본 기능 테스트: 기본적으로 제공되는 기능(예 버튼 클릭)을 테스트하여 앱이 정상적으로 작동하는지 확인한다.

챕터 요약 정리

01. 안드로이드와 코틀린 소개

안드로이드 운영체제의 역사와 발전, 그리고 구글이 개발한 현대적 프로그래밍 언어인 코틀린의 특징과 안드로이드 개발에의 통합에 대해 배웁니다. 이러한 배경 지식은 안드로이드 앱 개발과 코틀린 언어의 중요성을 이해하는 데 필요한 기본적인 이해를 제공합니다.

02. 안드로이드 스튜디오와 코틀린 설치

안드로이드 앱 개발의 핵심 도구인 안드로이드 스튜디오의 설치 및 기본 설정 방법과 코틀린 플러그인의 추가 과정을 학습합니다. 이 과정을 통해 사용자는 안드로이드 앱 개발을 위한 필수 개발 환경을 구축하고, 코틀린 언어를 사용할 준비를 할 수 있습니다.

03. 개발 도구 및 에뮬레이터 설정

Android SDK의 설치 및 관리, Gradle 설정 방법을 배우고, 안드로이드 애플리케이션을 다양한 환경에서 테스트할 수 있는 안드로이드 에뮬레이터 설정 방법을 익힙니다. 이러한 지식은 앱 개발 과정을 효율화하고, 앱을 다양한 디바이스와 환경에서 테스트하는 데 필수적입니다.

04. 첫 코틀린 프로젝트 생성 및 실행

코틀린 언어를 사용하여 안드로이드 스튜디오에서 첫 안드로이드 프로젝트를 어떻게 생성하고 실행하는지 배웁니다. 프로젝트의 기본 구조를 이해하고, 실제로 앱을 빌드하고 에뮬레이터 또는 실제 기기에서 실행하는 방법을 학습함으로써 코틀린을 사용한 안드로이드 앱 개발의 기본적인 절차를 익힙니다.

각 내용은 안드로이드 앱 개발의 기본적인 이해에서부터 실제 코틀린을 사용한 앱 개발까지의 과정을 단계별로 안내하며, 이를 통해 독자들은 안드로이드 개발에 필요한 필수 지식과 실습 경험을 얻을 수 있습니다.

CHAPTER

02

내
일
은
코
틀
린

코틀린 언어 기초

01 코틀린 언어 소개
02 변수와 데이터 타입
03 연산자
04 제어문
05 함수
06 컬렉션

01

더 멋진 내일(Tomorrow)을 위한 내일(My Career) **내일은 코틀린**

코틀린 언어 소개

✓ 핵심 키워드

코틀린, 객체 지향 프로그래밍

여기서는 무얼 배울까

컴퓨터의 기본 작동 원리와 애플리케이션을 개발할 때 사용하는 언어에 대해 학습한다. 이를 위해 코틀린 언어의 기본적인 소개를 먼저 살펴보자.

    코틀린 언어를 배우기 이전에 컴퓨터에 대해서 알아보자. 컴퓨터는 0과 1 밖에 사용하지 못하고, 덧셈 밖에 못하는 단순한 기계일 뿐이다. 그런데 우리는 어떻게 컴퓨터로 영화도 보고, 게임도 하는 등 다양한 것들을 할 수 있을까? 그 이유는 컴퓨터의 연산 속도에 있다. 0과 1 밖에 사용하지 못하고, 덧셈 밖에 못하는 단점을 엄청 빠른 연산 속도로 상쇄하는 것이다. 그것이 여러분들이 코딩에 대해 공부하고 코드를 효율적으로 잘 짜야하는 이유다.

    컴퓨터가 0과 1을 사용하는 이유는 최초의 컴퓨터 애니악에서부터 시작된다. 애니악은 굉장히 큰 컴퓨터이며 몸에 전구를 달고 있었는데, 이 전구가 켜지면 1, 꺼지면 0인 처리방식을 사용하여 현재까지도 컴퓨터가 2진법을 고수하게 되었다. 우리는 고급언어(Dart, C, JAVA 등)라고 말하는 프로그래밍 언어를 통해서 컴퓨터에게 명령을 내릴 수 있다. 하지만, 컴퓨터는 1과 0 밖에 사용하지 못하는 데 어떻게 이런 일이 가능할까? 컴퓨터에는 2진법인 기계어와 우리가 사용하는 고급언어 사이의 다리 역할을 하며 하드웨어와 밀접한 저수준 작업에 사용되는 어셈블리어라는 것도 존재한다. 이러한 조건 속에서 **컴파일러***를 통해 고급언어를 어셈블리어로, 어셈블리어를 기계어로 변환시켜 우리가 컴퓨터에게 명령을 내릴 수 있는 것이다.

기초 용어 정의

* **컴파일러**: 컴파일러는 번역기라고 할 수 있는데, 우리가 작성한 고급언어를 기계어로 번역해 준다. 또한 주어진 소스 코드를 분석하고, 문법적인 오류를 검사하는 역할도 한다.

코틀린 언어

코틀린은 JetBrains에서 개발한 현대적인 프로그래밍 언어로, 안드로이드 앱 개발을 비롯하여 서버 사이드 및 웹 프론트엔드 개발에도 적합하다. 코틀린은 자바와의 상호 운용성, 간결한 문법, 안전한 코드 작성을 가능하게 하는 특징을 가지고 있어, 개발자들에게 높은 생산성과 안정성을 제공한다.

코틀린은 자바, 스칼라 등 다양한 프로그래밍 언어의 장점을 결합하여 개발되었다. 이 언어는 정적 타입 시스템을 가지고 있으면서도, 현대적인 기능과 간결한 문법을 통해 개발자의 편의성을 높여준다. 또한 강력한 타입 추론 기능을 지원하며, 개발자가 보다 안전하고 유지·보수가 쉬운 코드를 작성할 수 있도록 도와준다.

> **Clear Comment**
>
> **정적 타이핑과 동적 타이핑**
>
> 정적 타이핑(Static Typing)과 동적 타이핑(Dynamic Typing)은 프로그래밍 언어에서 변수와 식의 타입을 어떻게 처리하는지에 대한 개념입니다.
>
> | | |
> |---|---|
> | 정적 타이핑 | • 변수와 식의 타입을 컴파일 시점에 결정하고, 타입이 고정되어 있는 언어
• 프로그래머가 변수를 선언할 때 변수의 타입을 명시하거나, 컴파일러가 변수의 타입을 추론하여 결정함
• 변수의 타입이 한 번 결정되면 실행 중에 타입이 변경되지 않음
• 컴파일러가 타입 체크를 수행하여 타입 관련 오류를 사전에 찾아내고, 코드의 안정성과 예측 가능성을 높일 수 있음 |
> | 동적 타이핑 | • 변수와 식의 타입을 실행 시점에 결정하며, 타입이 유연하게 변할 수 있는 언어
• 변수를 선언할 때 타입을 명시하지 않거나, 타입 추론이나 동적 바인딩을 통해 실행 중에 타입이 결정됨
• 변수의 타입이 실행 중에 변경될 수 있으며, 타입 체크가 런타임에 이루어짐
• 개발자에게 유연성과 편의성을 제공하지만, 실행 중에 타입 오류가 발생할 가능성이 높을 수 있음 |
>
> 지금은 변수, 타입 등의 용어 때문에 이해가 잘 안될 수 있지만, 이후에 코드와 함께 다뤄보면서 익숙해질 것이니 가볍게 이해하고 넘어가면 됩니다.

코틀린의 객체 지향성

객체(Object)란 소프트웨어 세계에서 실제로 존재하는 것을 모델링한 것이다. 즉, 객체는 실제 세계의 사물이나 개념을 프로그램적으로 모델링하여 데이터와 기능을 하나로 묶어서 표현한 것이다.

객체 지향 프로그래밍은 소프트웨어 개발에서 널리 사용되는 패러다임 중 하나로, 객체라는 개념을 통해 데이터와 기능을 묶어서 표현한다. 코틀린은 객체 지향 언어의 모든 주요 특징을 지원하며, 클래스와 객체·상속·캡슐화·다형성 등의 개념을 사용하여 코드를 구조화하고 관리한다.

코틀린을 사용하는 이유

코틀린은 안드로이드 개발을 위한 구글의 공식 언어로 채택되었으며, 자바 코드와의 높은 호환성을 가지고 있다. 코틀린은 개발자가 보다 효율적이고 간결한 코드를 작성할 수 있도록 도우며, 안전한 프로그래밍 기법을 제공한다. 코틀린의 간결한 문법과 안전한 기능은 개발자가 빠르게 애플리케이션을 개발하고 유지·보수하는 데 도움을 준다. 또한 서버 사이드 애플리케이션, 웹 프론트엔드, 데스크톱 애플리케이션 개발에도 적합하여 다양한 플랫폼에서 활용될 수 있다.

코틀린은 IntelliJ IDEA, Android Studio, Eclipse 등 다양한 IDE에서 지원되며, 특히 Android Studio에서는 코틀린의 통합 개발 환경을 제공하여 안드로이드 개발에 최적화된 경험을 제공한다.

이러한 특징 덕분에 코틀린은 빠른 실행 속도와 개발자 친화적인 기능을 모두 갖춘, 현대적인 프로그래밍 언어로 각광받고 있다. 안드로이드 앱 개발뿐만 아니라 다양한 플랫폼에서의 프로젝트에도 적합한 언어다.

코틀린에서는 main() 함수가 프로그램의 진입점이기 때문에, main() 함수가 없으면 코드가 실행되지 않는다. 모든 실행 가능한 코드는 main() 함수 내부에 위치해야 한다.

```kotlin
fun main() {
    // 여기에 코드를 작성
}
```

02

더 멋진 내일(Tomorrow)을 위한 내일(My Career) **내일은 코틀린**

변수와 데이터 타입

✓ **핵심 키워드**

변수, 데이터 타입, 식별자, 변수 선언, 주석

여기서는 무얼 배울까

우리는 컴퓨터를 사용할 때 특정 값을 저장하기 위해서 변수를 사용한다. 변수에는 데이터 타입이 있으며, 데이터 타입은 저장한 값을 관리하고 찾는 것을 용이하기 위해 정리정돈을 하는 용도라고 생각하면 좋다. 이러한 역할을 하는 변수와 데이터 타입에 대해서 알아보고 변수를 어떻게 사용하는지 살펴보자.

변수

변수란 수학에서 사용되는 수식에 따라서 변하는 값을 뜻한다. 컴퓨터에서도 마찬가지다. 변하는 수라고 해석하는 것이 변수를 이해하기 쉬울 것이다. 컴퓨터가 데이터를 사용하기 위해서는 특정 값을 저장해두기 위한 공간이 필요하고, 이러한 공간을 변수라고 부른다. 즉, 값을 저장하는 메모리 공간으로서, 그 값은 다른 값으로 대체가 가능하며 다른 값들과 연산을 하는 것을 용이하게 돕는다.

자료형(데이터 타입)

코틀린 언어에서 변수를 사용하기 위해서는 해당 변수의 데이터 타입을 지정해줘야 한다. 데이터의 종류에 따라 다른 메모리 공간에 값을 저장하여 데이터를 효율적으로 관리하고, 사용하기 위함이라고 생각하면 이해하기 쉽다. 변수의 데이터 타입은 변수가 가지는 값의 종류에 따라 결정된다. 코틀린 언어에서 지원하는 데이터 타입은 다음과 같다.

숫자형 데이터 타입

- 정수형: Int
- 실수형: Double

문자형 데이터 타입

- **문자열**: String

  컴퓨터는 문자열과 **식별자***를 구분하지 못하기 때문에 String 언어를 사용할 때는 반드시 큰따옴표("")로 묶어서 컴퓨터에게 문자열이라는 것을 알려줘야 한다.

- 코틀린에서는 문자열 안에서 특정한 의미를 가지는 특수문자들을 사용할 수 있다. 윈도우에서는 원화(₩) 문자로 역슬래시(\)를 사용한다.

\n	줄바꿈(New Line) 문자	새로운 줄로 이동하여 텍스트를 출력한다.
\t	탭(Tab) 문자	수평 탭 간격만큼 공간을 띄운다.
\\	역슬래시(Backslash)	문자열 안에서 역슬래시 자체를 출력하고자 할 때 사용한다.
$	달러 기호(Dollar sign)	변수를 참조하여 변수의 값을 문자열에 포함시킬 수 있다. 이를 문자열 **보간**** (String Interpolation)이라고 한다.
\', \"	따옴표	문자열 안에서 따옴표나 큰 따옴표를 포함시키고자 할 때 따옴표 앞에 역슬래시를 사용한다.

불리언 데이터 타입

- **참/거짓**: Boolean
- 불리언 데이터 타입은 true, false를 값으로 가진다. 초기 컴퓨터에서 이진법으로만 연산을 하던 것이 발전하여 현재에 이르러 불리언 타입으로 다양하게 사용되고 있다. 따라서 앞으로 개발을 하면서 중요한 역할을 할 것이다.

> **Tip**
> 위의 데이터 타입들을 사용하지 않고 'var'만 사용해야겠다고 생각한다면 문제가 발생합니다. 'var' 키워드를 사용하여 변수를 선언할 때는 반드시 처음부터 값을 지정해주어야 합니다. 그렇지 않으면 컴파일러가 변수의 타입을 추론할 수 없으므로 컴파일 오류가 발생하거나 변수의 타입이 자동으로 할당된 이후 같은 변수에 다른 타입의 값을 할당할 수 없는 문제가 생깁니다. 따라서 모든 데이터 타입을 숙달하는 것이 중요하며 'var' 키워드의 유연성은 코드의 가독성과 유지·보수성을 저하시킬 수 있으므로 가능한 변수의 데이터 타입을 명시하는 것이 좋습니다.

val 키워드 / Var 키워드

val 키워드	val(value)로 선언된 변수는 한 번 초기화되면 그 값을 변경할 수 없다. 즉, 불변(Immutable) 변수이므로, 주로 상수값을 저장하거나 변경되지 않아야 하는 데이터를 표현할 때 사용한다.
var 키워드	• var로 선언된 변수는 초기화 후에도 값을 변경할 수 있는 가변(Mutable) 변수이다. • 코틀린에서는 타입 추론(type inference)을 지원하므로 var로 선언한 경우에는 컴파일러가 변수의 타입을 추론하여 자동으로 할당한다. 따라서 직접 변수의 타입을 지정하지 않아도 된다.

기초 용어 정의

* **식별자(Identifier)**: 변수, 함수, 파일 등을 구분하기 위해 사용하는 이름이다.
** **보간**: 프로그래밍 언어에서 문자열 안에 변수나 표현식을 삽입하는 방법이다. 일반적으로 문자열을 구성할 때 변수나 값을 문자열에 결합하기 위해 사용된다.

변수 선언

변수에 값을 대입하는 것을 변수 선언이라고 하며, 변수명: 자료형의 형태로 이루어져 있다. 컴퓨터에서 변수의 선언 방법은 다음과 같다.

```
// 숫자형 변수의 선언
var num1: Int
var num2: Double

// 문자열 변수의 선언
var str1: String

// 불리언 변수의 선언
var flag1: Boolean
```

또한 변수 선언과 **초기화***를 함께 사용할 수 있으며, var/val 변수명: 자료형 = 값의 형태로 이루어져 있다. 변수 선언 이후 초기화를 하지 않으면 변수에는 쓰레기 값이 할당되어 있다. 컴퓨터가 메모리 특정 위치에 변수 자리를 지정하고 이상한 값이 넣어 놓는데 그것이 쓰레기 값이다. 따라서 변수를 사용하기 위해서는 반드시 초기화를 해야 한다. 컴퓨터에서 변수의 초기화 방법은 다음과 같다.

```
// 숫자형 변수의 선언
val num1: Int = 10
var num2: Int
num2 = 20
val num3: Double = 3.14

// 문자열 변수의 선언
val str1: String = "Hello, world!"

// 불리언 변수의 선언
val flag1: Boolean = true

// 변수의 타입 추론
val name = "John"   // name 변수의 타입은 String으로 추론됨
val age = 30        // age 변수의 타입은 Int로 추론됨
```

기초 용어 정의

* **초기화**: 프로그래밍에서 변수를 선언할 때, 해당 변수에 값을 처음으로 할당하는 것을 초기화(initialization)라고 한다. 초기값을 설정하지 않으면 변수는 해당 데이터 타입에 맞는 기본값(default value)으로 초기화되지만, 초기화하지 않은 변수를 사용하면 예기치 않은 결과를 초래할 수 있다.

변수의 이름은 알파벳, 숫자, 언더바(_)를 사용하여 만들 수 있으며, 첫 글자는 반드시 알파벳이나 언더바(_)로 시작해야 한다. 그러나 언더바로 시작하는 변수 이름은 특별한 의미를 가질 수 있으므로 권장하지 않는다. 컴퓨터는 대소문자를 구분하기 때문에 'num'과 'Num' 변수를 서로 다른 변수로 구분한다. 또한 같은 이름의 변수를 중복하여 선언하는 것을 피해야 한다.

위의 예시에서 변수 num1는 Int 형이며, 값으로 20을 가지고 있다. 변수 num2는 Double 형이며, 값으로 3.14를 가지고 있다. 변수 str1은 String 형이며, 값으로 Hello, world!를 가지고 있다. 변수 flag1은 boolean 형이며, 값으로 true를 가지고 있다. 마지막으로 변수 name은 String 형이며 John이라는 값을, 변수 age는 int 형이며 30의 값을 가지고 있는 것을 알 수 있다.

Nullable type

코틀린에서 물음표가 붙은 타입은 null값을 허용한다라는 의미다. 컴퓨터에서 null은 값이 존재하지 않는다라는 것을 나타내는 문자이다. 예를 들어 String?은 문자열 값 또는 null 값을 가질 수 있다.

```
var nullable : String? = null
var nonNullable : String? = "Kotlin"
```

nullable type을 사용할 때는 null 체크를 통해 안전하게 접근해야 한다. 코틀린은 null 관련 오류를 방지하기 위해 다양한 기능을 제공한다.

변수값 변경

코틀린 언어에서는 변수의 값이 변경될 수 있다. 따라서 변수값은 변수 이름을 사용하여 언제든지 변경할 수 있다.

```
var age: Int = 20
var money: Int
var name: String = "John Doe"
var isStudent: Boolean = true
var var1: Double = 14.159

age = 25 // age 변수의 값이 25로 변경됨
money = 10000 // money 변수의 값이 쓰레기 값에서 10000으로 변경됨
name = "Jane Doe" // name 변수의 값이 Jane Doe로 변경됨
isStudent = false // isStudent 변수의 값이 false로 변경됨
var1 = 3.14 // var1 변수의 값이 3.14로 변경됨
```

위의 예시에서는 변수의 값이 각각 25, Jane Doe, false, 3.14로 변경되었다.

주석

주석(Comment)은 프로그래밍 코드에서 사람이 이해할 수 있는 설명이나 메모를 작성하는 데 사용되는 문장이다. 주석은 컴파일러 또는 **인터프리터***에 의해 무시되기 때문에 프로그램 실행에 영향을 주지 않는다. 주석은 다음과 같이 두 가지 주요 유형이 있다.

라인 주석(Line Comments)

라인 주석은 // 기호를 사용하여 작성되며, 해당 라인에 대한 주석을 표시한다. 주로 코드의 일부를 설명하거나 임시적으로 코드를 비활성화하는 용도로 사용된다.

```
// 이 줄은 변수를 선언합니다.
int age = 30
```

블록 주석(Block Comments)

블록 주석은 /*와 */ 사이에 작성되며, 여러 줄에 걸친 주석을 표시하는 데 사용된다. 일반적으로 코드나 함수, 클래스 등에 대한 상세한 설명이나 문서를 작성하는 데 사용된다.

```
/*
이 부분은
여러 줄에 걸친
주석입니다.
*/
```

> **Tip**
> 주석은 코드와 함께 작성되어 가독성을 높이고, 나중에 다른 개발자나 본인이 코드를 이해하거나 유지·보수할 때 도움이 됩니다. 명확하고 간결한 주석을 작성하여 코드의 의도와 기능을 정확하게 전달할 수 있도록 노력해야 합니다.

기초 용어 정의

* **인터프리터**: 프로그래밍 언어 코드를 한 줄씩 읽어들이고, 그때마다 해당 코드를 즉시 실행하는 컴퓨터 프로그램 또는 환경이다. 이는 프로그램을 실행하기 위해 전체 코드를 한 번에 컴파일하는 대신, 코드를 한 줄씩 읽고 실행하는 방식을 사용한다.

03 연산자

더 멋진 내일(Tomorrow)을 위한 내일(My Career) 내일은 코틀린

✓ 핵심 키워드

연산자, 연산자의 종류

여기서는 무얼 배울까

컴퓨터에서 값을 연산하는 방법에 대해서 배워본다. 우리가 알고 있는 수학의 연산자와 비슷한 점이 많지만, 혼동하기 쉬운 것들이 있으니 주의해서 구별해야 한다. 간단한 예시와 함께 코틀린에서 제공하는 다양한 연산자들에 대하여 알아보자.

연산자

연산자는 하나 이상의 값을 가지고 연산을 수행하는 기호나 단어로, 프로그래밍에서 데이터를 처리하거나 비교할 때 사용된다. 코틀린 언어에서는 다양한 연산자들이 제공된다. 연산자는 특정한 동작을 수행하는 기호나 키워드를 의미하며, 다양한 유형으로 분류할 수 있다.

연산자의 종류

산술 연산자

산술 연산자는 숫자형 데이터의 덧셈, 뺄셈, 곱셈, 나눗셈 등의 수학적 연산을 수행한다.

덧셈은 + 연산자, 뺄셈은 - 연산자, 곱셈은 * 연산자, 나눗셈은 / 연산자가 사용된다.

나눗셈의 경우 / 연산자는 정수 나눗셈 연산자로, 소수점 이하 값을 버린 몫을 반환하며, 나머지는 % 연산자를 사용하여 반환할 수 있다.

```
val a: Int = 5
val b: Int = 2
```

```kotlin
// 산술 연산자 사용
val sum: Int = a + b // 7
val sub: Int = a - b // 3
val mul: Int = a * b // 10
// 정수끼리의 연산 결과는 정수, a를 Double로 변환하여 실수값을 반환
val div: Double = a.toDouble() / b // 2.5

val integerDiv: Int = a / b // 2
val remainder: Int = a % b // 1

// 문자열과의 결합
val str1: String = "Hello"
val str2: String = "world"
val sentence: String = "$str1 $str2" // Hello world
```

이러한 연산자는 숫자 데이터 타입(int, double)뿐만 아니라, 문자열과의 결합도 가능하다. 문자열과 숫자를 더하는 경우, 문자열이 우선되어 숫자는 문자열로 변환된다.

대입 연산자

대입 연산자는 값을 변수에 할당하는 연산을 수행한다. = 연산자가 일반적으로 사용되며, 값을 할당하려는 변수는 =의 왼쪽에 위치하고 할당하려는 값은 오른쪽에 위치한다. 예를 들어 int a = 10에서 = 연산자는 10이라는 값을 변수 a에 할당한다.

```kotlin
val a: Int = 5
val b: Int = 2

val c: Int = a // 5
val sum: Int = a + b // 7
```

Tip

'오른쪽의 값을 왼쪽 변수에 할당한다'라는 개념이 중요합니다. 처음에는 수학의 = 연산자 같다고 해석하여 혼동하기 쉬운데, 예를 들어 int c = a 코드의 경우 'c에 a를 할당한다.' 라고 해석하는 것보다는 a의 값 즉, 'c에 5를 할당한다.' 라고 이해하는 것이 좋습니다. 다음으로 int sum = a + b를 보고 a+b의 연산을 먼저 진행하여 'sum에 7을 할당한다.' 라고 이해하는 것이 쉽습니다.

비교 연산자

비교 연산자는 두 개의 값을 비교하고, 두 값이 서로 같은지, 큰지, 작은지 등의 결과를 반환한다. 따라서 비교 연산자에서 반환되는 값은 데이터 타입에서 배웠던 불리언 타입이라고 할 수 있다. 이를 통하면 연산 결과가 맞는지 틀린지에 대해 확인할 수 있다. 비교 연산자의 종류는 다음과 같다.

- **동등 비교 연산자(==)**: 두 개의 값이 서로 같은지를 비교한다. 만약 같으면 true를 반환하고, 다르면 false를 반환한다.

- **부등 비교 연산자(!=)**: 두 개의 값이 서로 다른지를 비교한다. 만약 다르면 true를 반환하고, 같으면 false를 반환한다.

- **대소 비교 연산자(<, >, <=, >=)**: 두 개의 값을 대소 비교한다. 작은지, 큰지, 작거나 같은지, 크거나 같은지를 비교하여 결과를 반환한다.

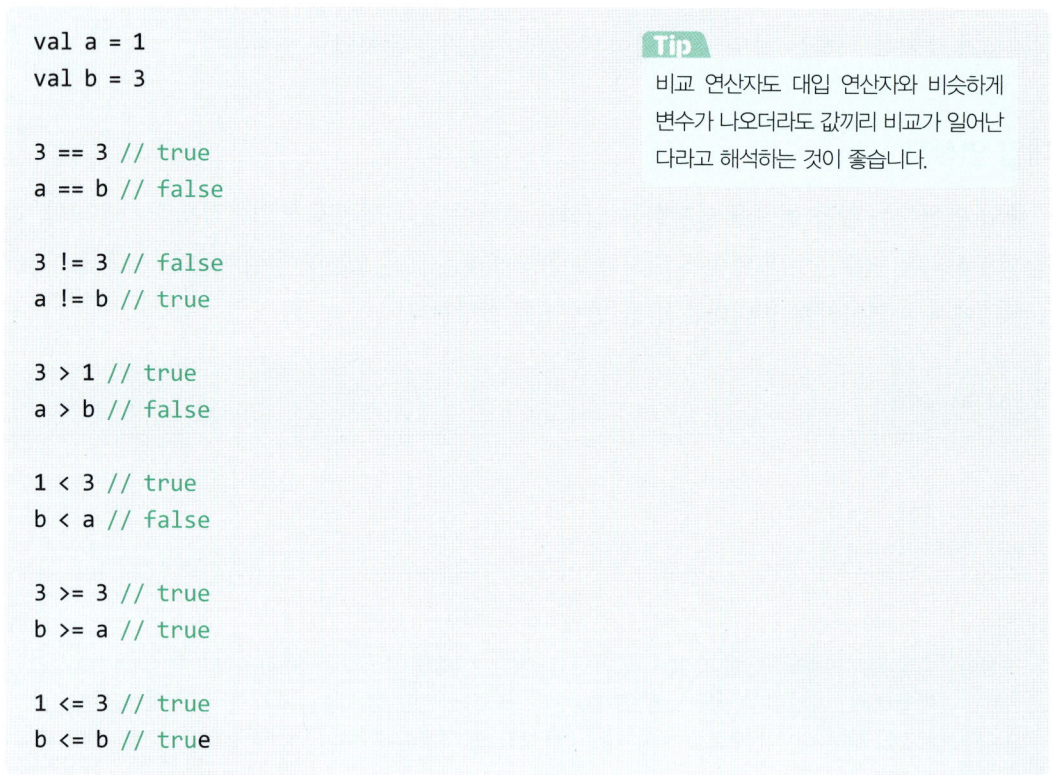

```
val a = 1
val b = 3

3 == 3 // true
a == b // false

3 != 3 // false
a != b // true

3 > 1 // true
a > b // false

1 < 3 // true
b < a // false

3 >= 3 // true
b >= a // true

1 <= 3 // true
b <= b // true
```

Tip
비교 연산자도 대입 연산자와 비슷하게 변수가 나오더라도 값끼리 비교가 일어난다고 해석하는 것이 좋습니다.

논리 연산자

논리 연산자는 불리언 데이터의 논리적 연산을 수행한다.

- &&(논리 곱, and): 양쪽 피연산자가 모두 참(true)일 경우에만 참을 반환한다.
- ||(논리 합, or): 양쪽 피연산자 중 하나 이상이 참일 경우 참을 반환한다.
- !(논리 부정, not): 피연산자가 참이면 거짓(false)을, 거짓이면 참을 반환한다.

> **Tip**
> 앞서 배웠던 동등 비교 연산자(==)에 ! 연산자를 합쳐서 부등 비교 연산자(!=) 로 바뀌는 과정을 '같다'에서 '같지 않다'로 반대의 결과값을 반환하는 것으로 함께 이해하면 좋습니다.

```
val a: Boolean = true
val b: Boolean = false

a && b // false
a || b // true
!a // false
!(a && b) || b // true
```

위 코드에서는 논리 곱 연산자를 사용하여 a && b를 계산하면 false가 반환된다. 왜냐하면 a는 참이고 b는 거짓이기 때문에, 양쪽 피연산자가 모두 참일 경우에만 참이 되는 논리 곱 연산자의 특성에 따라 false가 반환된다. 마찬가지로 논리 합 연산자 a || b는 양쪽 피연산자 중 하나 이상이 참이므로 true를 반환하고, 논리 부정 연산자 !a는 a가 참이므로 거짓인 false를 반환한다.

마지막으로 여러 개의 연산자를 함께 사용할 수 있다. a&&b의 결과 값은 false이지만, ! 연산자를 만나 true로 바뀌고, true || b 이기 때문에 true를 반환한다.

> **Clear Comment**
> 비교 연산자와 논리 연산자를 함께 사용할 때 많이 하는 실수는 다음과 같습니다. 만약, 변수 a가 1보다 크고 10보다 작다라는 것을 나타내라고 한다면 수학에서 배운대로 1 < a < 10 이라고 작성할 것입니다. 하지만 컴퓨터는 사람과 다르게 문제를 한번에 받아들일 수 없어 연산을 차례대로 진행합니다. 즉, 1 < a를 먼저 진행하고 이후에 < 10을 진행합니다. 1 < a를 진행하여 참 또는 거짓을 반환하고, 이후 연산이 (참 또는 거짓) < 10으로 진행되니 올바른 표현이라고 볼 수 없습니다. 따라서 컴퓨터에서 1 < a < 10 이라는 표현 대신에 "1 < a && a < 10" 이라는 논리 연산을 사용해야 합니다.

증감 연산자

증감 연산자는 변수의 값을 증가시키거나 감소시킬 때 사용한다. 변수 a를 선언하고, a의 크기를 증가시킨다고 생각해보자. 이를 코드로 나타내면 다음과 같다.

```
var a = 5
a = a + 3 // 8
a = a - 2 // 6
```

양변에 a가 있어 혼동된다면, 대입 연산자 개념에 대해 다시 한번 생각해보자. 대입 연산자는 오른쪽의 값을 왼쪽 변수에 대입해주는 역할을 한다. 즉, a + 3은 8, a − 2는 6이라는 값으로만 생각한다면 어렵지 않다. 위와 같은 방법으로 변수의 크기를 증가시킬 수 있지만, 이를 줄여서 간단하게 사용할 수 있다. 바로 += 와 −= 연산자를 사용하는 것이다. 두 연산자를 사용하면 간단하고 가독성이 좋게 코드를 만들어 혼동을 줄일 수 있다.

```
var a = 5
a += 3 // 8
a -= 2 // 6
```

> **Tip**
> 자주 사용하는 말을 줄임말로 바꿔서 쓰는 것처럼 자기 자신의 값을 증가, 감소시키는 연산을 줄여서 사용하는 것이라고 생각하면 이해하기 편합니다. 또한 자주 사용하기 때문에 +=와 −= 연산자에 익숙해지는 것이 좋습니다.

그렇다면 자기 자신을 얼만큼 증가시키고, 감소시키는 것이 가장 많이 사용될지 생각해보자. 당연히 하나씩 카운트하는 것이 가장 많이 사용될 것이다. 따라서 +=1, −=1도 줄여서 사용되는 증감 연산자가 존재한다. 증감 연산자는 ++와 −−를 사용하여 표현한다.

```
var i = 1
++i // 전위 증가 연산자, i의 값을 2로 증가시킨다.
i++ // 후위 증가 연산자, i의 값을 3으로 증가시킨다.
--i // 전위 감소 연산자, i의 값을 2로 감소시킨다.
i-- // 후위 감소 연산자, i의 값을 1로 감소시킨다.
```

변수를 하나씩 증가시키거나 감소시키는 경우에는 +=1, -=1 대신 ++, --를 사용하는 것이 더 간편하고 가독성이 좋다. 하지만 전위와 후위를 구별할 수 있어야 한다. 전위 증가, 감소 연산자는 코드를 실행하기 전에 값을 미리 증가, 감소시키고 코드를 실행한다. 후위 증가, 감소 연산자는 코드를 실행하고 난 뒤에 값을 증가, 감소시킨다. 정확히 구별하기 위해 다시 한번 코드를 살펴보자.

```
var i = 1
var j: Int
j = ++i // 전위 증가 연산자이므로 i의 값을 2로 증가시킨 뒤에 j에 대입한다.
j = i++ // 후위 증가 연산자이므로 j에 2를 대입한 뒤 i의 값을 3으로 증가시킨다.
j = --i // 전위 감소 연산자이므로 i의 값을 2로 감소시킨 뒤에 j에 대입한다.
j = i-- // 후위 감소 연산자이므로 j에 2를 대입한 뒤 i의 값을 1로 감소시킨다.
```

위와 같이 전위, 후위 연산자가 언제 증가, 감소되는지 정확히 구별해야 한다.

04 제어문

더 멋진 내일(Tomorrow)을 위한 내일(My Career) 내일은 코틀린

✓ 핵심 키워드

입출력, if-else, for문, while문

여기서는 무얼 배울까

컴퓨터를 더 유용하게 사용할 수 있는 제어문에 대해 학습한다. 이 과정에서 코드의 흐름을 파악하는 것이 가장 중요하다. 컴퓨터처럼 항상 정해진 조건에 따라, 즉 왼쪽에서 오른쪽, 위에서 아래 순서대로 실행된다는 것을 기억하고 살펴보자.

제어문

제어문은 프로그램에서 실행 흐름을 제어하는 구문이다. 주어진 조건에 따라서 다른 코드 블럭을 실행하거나 실행을 중지하고 다른 코드로 이동할 수 있도록 한다. 조건문은 주어진 조건식의 참, 거짓 여부에 따라서 실행할 코드 블럭을 선택한다. 제어문은 프로그램의 실행 흐름을 명확하게 제어할 수 있기 때문에, 프로그래밍에서 매우 중요한 역할을 한다. 따라서 적절한 제어문을 사용하여 실행 흐름을 효율적으로 제어할 수 있도록 연습하는 것이 중요하다. 제어문에 들어가기 앞서 코틀린에서 입력과 출력을 하는 방법에 대해 알아보자.

입출력

- **입력(Input)**: 프로그램이 외부에서 데이터를 받아들이는 것을 말한다.
- **출력(Output)**: 프로그램이 처리한 결과를 외부로 보내는 것을 말한다.

코틀린에서는 콘솔(Console) 환경에서 표준 입력(stdin)과 표준 출력(stdout)을 제공한다.

입력

코틀린에서는 readLine() 함수를 통해 사용자로부터의 표준 입력을 받을 수 있다. 예를 들어 다음과 같이 코드를 작성하면 사용자로부터 문자열을 입력받을 수 있다.

```
fun main() {
    print("Enter your name: ")
    val name = readLine()
    println("Hello, $name!")
}
```

위 코드에서 readLine() 함수는 사용자의 입력을 받아들이고, 입력된 문자열은 name 변수에 저장된다. 이 값은 String 타입으로 name 변수에 저장되고, $name!에서 $name 부분은 문자열 보간(interpolation)을 사용하여 출력된다.

또한 자바의 Scanner 클래스를 활용하여 입력을 받을 수 있다.

```
import java.util.Scanner

fun main() {
    val scanner = Scanner(System.`in`) // Scanner 객체 생성
    println("Enter your name: ")
    val name = scanner.nextLine() // 한 줄의 문자열 입력 받기
    println("Hello, $name!")

    scanner.close() // Scanner 객체 닫기
}
```

Scanner는 다양한 데이터 타입에 대해 입력을 받을 수 있는 메서드를 제공한다. 예를 들어 nextInt(), nextDouble(), nextLine() 등을 사용하여 각각 정수, 실수, 문자열을 받을 수 있다.

출력

코틀린에서 표준 출력을 하기 위해서는 print()와 println() 함수를 사용한다. 예를 들어 다음과 같이 코드를 작성하면 Hello, World!를 출력할 수 있다.

```
fun main() {
    print("Hello, World!")
    println("Hello, World!")
}
```

위 코드에서 각 함수는 인자로 전달된 문자열을 출력한다. print 함수는 출력 후 줄 바꿈을 하지 않지만, println 함수는 출력 후 자동으로 줄 바꿈을 수행한다는 차이가 있다. 이러한 값은 화면에 출력되는 것뿐 아니라, 파일이나 네트워크 등의 다른 장치로 출력될 수도 있다.

조건문

조건문은 프로그램의 흐름을 제어하는 데 사용되는 구문이다. 주어진 조건이 참(True)일 경우에만 특정 코드 블록을 실행시키거나, 거짓(False)일 경우에 다른 코드 블록을 실행시키는 등의 제어가 가능하다.

if문

- if문은 주어진 조건이 참인 경우에만 특정 코드 블록을 실행시키는 구문이다. if문은 다음과 같은 형태를 갖는다.

  코·드·소·개
  ```
  if (조건식) {
      // 조건식이 참일 때 실행할 코드
  }
  ```

  조건식이 참일 경우, 중괄호 안의 코드 블록이 실행된다. 조건식이 거짓일 경우, 코드 블록은 실행되지 않는다.

- if문에서는 else 구문을 추가하여 조건식이 거짓일 경우 실행될 코드 블록을 추가할 수 있다.

  코·드·소·개
  ```
  if (조건식) {
      // 조건식이 참일 때 실행할 코드
  } else {
      // 조건식이 거짓일 때 실행할 코드
  }
  ```

  또한 if문은 중첩해서 사용할 수 있으며, 첫 조건식이 거짓일 경우 두 번째에도 조건식을 포함한 코드 블록을 추가할 수 있다. 이는 else와 if를 함께 사용하여 간결하게 작성할 수 있다.

  코·드·소·개
  ```
  if (조건식1) {
      // 조건식이 참일 때 실행할 코드
  } else {
    if (조건식2) {
        // 조건식1이 거짓, 조건식2가 참일 때 실행할 코드
    } else {
      if (조건식3) {
          // 조건식1,2가 모두 거짓, 조건식3가 참일 때 실행할 코드
      } else {
        if (조건식4) {
  ```

```
            // 조건식1,2,3이 모두 거짓, 조건식4가 참일 때 실행할 코드
        } else {
            // 조건식1,2,3,4가 모두 거짓일 때 실행할 코드
        }
      }
    }
}

if (조건식1) {
    // 조건식이 참일 때 실행할 코드
} else if (조건식2) {
    // 조건식1이 거짓, 조건식2가 참일 때 실행할 코드
} else if (조건식3) {
    // 조건식1,2가 모두 거짓, 조건식3가 참일 때 실행할 코드
} else if (조건식4) {
    // 조건식1,2,3이 모두 거짓, 조건식4가 참일 때 실행할 코드
} else {
    // 조건식1,2,3,4가 모두 거짓일 때 실행할 코드
}
```

두 개의 if문을 보고 else if를 사용하는 이유에 대해 생각해보자. else if문을 사용할 경유 코드를 훨씬 간결하기 때문에 가독성과 유지·보수성이 높아지고 코드 작성 시 문제가 발생할 확률이 낮아진다. 하지만 두 개의 if문을 모두 원활하게 해석하여 논리적 흐름을 파악하는 것이 코드를 짜는 것에 도움을 줄 것이다. 상황에 따라서 if문 내부에 여러 개의 if문이 사용되거나 else if문을 사용하지 않는 것이 더 나은 선택이 되는 경우도 있기 때문이다.

손으로 익히는 코딩

```kotlin
fun main() {
    print("숫자를 입력하세요: ")
    val input: String? = readLine()
    val number: Int = input?.toIntOrNull() ?: -1

    if (number > 0) {
        if (number % 2 == 0) {
            println("${number}는 양수이면서 짝수입니다.")
        } else {
            println("${number})는 양수이면서 홀수입니다.")
        }
    } else if (number < 0) {
```

```
            if (number % 2 == 0) {
                println("${number}는 음수이면서 짝수입니다.")
            } else {
                println("${number}는 음수이면서 홀수입니다.")
            }
        } else {
            println("입력한 숫자는 0입니다.")
        }
    }
```

위 예시에서는 중첩된 if문을 사용하여 숫자의 부호와 홀/짝 여부에 따라 다른 메시지를 출력한다. 입력된 숫자가 양수인 경우 첫 번째 조건문이 실행되고, 음수인 경우 두 번째 조건문이 실행된다. 그리고 숫자가 0인 경우 세 번째 조건문이 실행된다. 양수 또는 음수일 때 추가적으로 숫자가 홀수인지 짝수인지를 확인하여 출력한다.

- **readLine()**: 사용자로부터 문자열을 입력받는다.
- **toIntOrNull()**: 입력받은 문자열을 정수로 변환한다. 변환에 실패하면 null을 반환한다.
- **?: -1**: 엘비스 연산자*를 사용하여 변환에 실패한 경우 기본값으로 -1을 사용한다.

조건문을 사용하여 입력받은 숫자에 대한 부호와 홀/짝 여부를 판단하고, 각 경우에 맞는 메시지를 출력한다.

이 예시는 중첩된 if문을 사용하여 다양한 조건을 처리하는 방법을 보여준다. 각각의 경우에 대한 조건을 계층적으로 처리함으로써 다양한 상황에 대한 처리를 할 수 있다.

기초 용어 정리

* **엘비스 연산자(?:)**: 주로 null 안전성을 처리하는 데 사용되는 연산자다. 왼쪽 피연산자가 null인 경우 오른쪽 피연산자의 값을 반환한다. 즉, null인 경우에 대체값을 제공하는 역할을 한다.

에러에서 배우기

- **Nullable 변수 처리 에러**
  readLine() 함수는 사용자의 입력을 받아 String? 형태로 반환합니다. 이는 nullable한 형태로, 사용자가 아무것도 입력하지 않은 경우 null이 될 수 있습니다. toIntOrNull() 함수 역시 nullable한 결과를 반환하므로 number 변수는 Int 형태로 선언할 때 nullable하지 않게 수정할 수 있습니다.
  val number: Int = input?.toIntOrNull() ?: -1

- **비교 연산 에러**
  number > 0, number < 0와 같은 부분에서 number가 nullable한 경우 비교 연산자를 사용하면 컴파일 에러가 발생할 수 있습니다. 이를 방지하기 위해 number를 nullable하지 않은 타입으로 처리하거나, **안전한 호출(?.)***을 사용하여 null 체크를 수행할 수 있습니다.

- **문자열 보간 에러**
  문자열 보간($number) 시에 nullable한 변수를 사용하는 경우 에러가 발생할 수 있습니다. 이를 방지하기 위해 안전한 호출(?.)을 사용하거나, 문자열 보간을 진행하기 전에 null 체크를 수행할 수 있습니다.

- **타입 불일치 에러**
  toIntOrNull() 함수가 null을 반환할 수 있으므로, number 변수를 Int 타입으로 강제 형변환하는 부분에서 null이 들어온 경우 ClassCastException이 발생할 수 있습니다. 이를 방지하기 위해 toIntOrNull()의 결과를 검사하고 안전하게 형 변환하는 것이 좋습니다.

when문

when문은 조건에 따라 다른 동작을 수행하는 제어문이다. 일반적으로 when문은 특정 변수의 값을 비교하고, 해당 값과 일치하는 경우에 해당하는 코드 블록을 실행한다. when문의 기본 구조는 다음과 같다.

코·드·소·개

```
when (variable) {
    value1 -> {
        // 값1과 일치하는 경우 실행할 코드
    }
    value2 -> {
        // 값2와 일치하는 경우 실행할 코드
    }
    value3 -> {
```

기초 용어 정리

* **안전한 호출(?.)**: 코틀린에서 nullable 객체에 접근할 때 사용되는 연산자다. 이 연산자는 객체가 null인지 아닌지를 확인한 후, null이 아닐 경우에만 해당 프로퍼티나 메서드에 접근하도록 한다. 이를 통해 null에 대한 안전성을 높이고, NullPointerException(에러)을 방지할 수 있다.

```
            // 값3과 일치하는 경우 실행할 코드
        }
        // 추가적인 case 문 가능
        else -> {
            // 모든 case에 해당하지 않는 경우 실행할 코드
        }
    }
```

- when 키워드로 when문을 시작한다.

- 괄호 안에는 비교할 변수를 입력한다.

- 각각의 경우(case)는 변수의 값과 비교된 후, 일치하는 경우에는 해당하는 코드 블록이 실행된다.

- when문은 해당하는 경우의 코드 블록을 실행하고 종료한다.

- else문은 모든 경우에 해당하지 않는 경우 실행된다. if문의 else와 같은 역할이다. else문은 선택적이며, 필요에 따라 사용할 수 있다.

아래는 간단한 예시다.

```
fun main() {
    val animal = "lion"

    when (animal) {
        "lion" -> println("사자입니다.")
        "tiger" -> println("호랑이입니다.")
        "elephant" -> println("코끼리입니다.")
        "giraffe" -> println("기린입니다.")
        else -> println("알 수 없는 동물입니다.")
    }
}
```

코드 결과

사자입니다.

위의 예시는 animal 변수의 값에 따라 다른 동물을 출력한다. animal이 lion인 경우 '사자입니다.'가 출력되고, animal이 tiger인 경우 '호랑이입니다.'가 출력된다. animal이 elephant인 경우 '코끼리입니다.'가 출력되고, animal이 giraffe인 경우 '기린입니다.'가 출력된다. animal의 값이 lion, tiger, elephant, giraffe가 아닌 경우 '알 수 없는 동물입니다.'가 출력된다.

when문은 대체로 if문으로 대체가 가능해보인다. 그렇다면 굳이 when문이 존재하는 이유가 무엇일까?

- **가독성 및 명확성**: 여러 개의 if-else문을 사용하여 동일한 분기 처리를 구현할 때보다 when문을 사용할 때 특히 여러 값에 대한 처리를 명시적으로 표현할 수 있다.
- **구조화된 로직**: 여러 값에 대한 다양한 동작이 필요한 경우, when문은 코드를 더 구조화된 형태로 표현할 수 있다. 이는 유지·보수성을 향상시키고 코드를 더 이해하기 쉽게 만든다.
- **성능**: when문은 몇 가지 경우에서 컴파일러나 인터프리터에 의해 최적화되어 효율적으로 분기 처리될 수 있다. 특히 값들의 패턴이나 범위를 사용할 때 최적화 효과가 더 크다.
- **다양한 패턴 지원**: when문은 값 비교 뿐만 아니라 다양한 패턴도 지원한다. 범위, 타입 체크, 커스텀 조건 등을 활용하여 복잡한 분기 처리를 단순하게 표현할 수 있다.

when문은 동적인 값에 대한 다양한 분기 로직을 구현할 수 있는 유용한 제어문이다. 다양한 조건에 따라 동작을 변경하고자 할 때 when문을 활용할 수 있다.

반복문

반복문은 동일한 작업을 여러 번 수행해야 할 때 사용되는 제어문이다. 일반적으로 반복문은 조건식과 실행 블록으로 구성되며, 조건식이 참인 동안 실행 블록을 반복해서 실행한다.

for 반복문

for 반복문은 지정된 횟수만큼 반복하는 데 주로 사용된다. 다음은 다양한 for 반복문의 기본 구문이다.

- 범위 지정된 for 루프

    코·드·소·개
    ```
    for (i in 1..10) {
        println(i)
    }
    ```

    1부터 10까지의 값을 반복한다. 범위는 .. 연산자로 지정하며, 마지막 값(10)도 포함된다.

- 거꾸로 범위 지정된 for 루프

  > 코·드·소·개

  ```
  for (i in 10 downTo 1) {
      println(i)
  }
  ```

  10부터 1까지의 값을 반복한다. downTo 키워드를 사용하여 거꾸로 반복한다.

- 범위와 증가값(step) 사용

  > 코·드·소·개

  ```
  for (i in 1..10 step 2) {
      println(i)
  }
  ```

  1부터 10까지 2씩 증가하면서 값을 반복한다. step 키워드를 사용하여 증가값을 설정할 수 있다.

- 마지막 값 미포함 범위(until) 사용

  > 코·드·소·개

  ```
  for (i in 1 until 10) {
      println(i)
  }
  ```

  1부터 9까지의 값을 반복한다. until 키워드를 사용하여 마지막 값(10)을 미포함한 범위를 생성한다.

while 반복문

while 반복문은 조건식이 참인 동안 반복하는 데 주로 사용된다. 조건식이 거짓이면 반복문을 실행하지 않는다. 다음은 while 반복문의 기본 구문이다.

> 코·드·소·개

```
while (조건식) {
    // 반복해서 실행할 코드
}
```

do-while 반복문

do-while 반복문은 while 반복문과 유사하지만, 반복문의 실행 블록을 먼저 실행한 다음에 조건식을 평가한다. 따라서 do-while 반복문은 조건식이 거짓이더라도 실행 블록을 적어도 한 번은 실행된다. 다음은 do-while 반복문의 기본 구문이다.

```
do {
    // 반복해서 실행할 코드
} while (조건식)
```

반복문을 통해 코드의 중복을 줄이고 일정한 패턴을 가진 작업을 반복해서 처리할 수 있다. 컴퓨터의 가장 큰 장점인 연산 속도가 빠르다는 것을 이용하므로 사람이 할 때 오래 걸리는 작업을 굉장히 빠르게 처리할 수 있다. 하지만 반복문을 남발하면 코드의 가독성이 떨어질 수 있으므로, 적절하게 사용해야 한다.

조건문과 반복문

조건문과 반복문은 서로 중첩해서 사용할 수 있다. 조건문은 else-if문에서 중첩하여 사용하는 것을 다뤄봤으니 중첩 반복문에 대해 알아보자.

```
for (i in 1..5) {
    var j = 0
    while (j < 3) {
        println("i: $i, j: $j")
        j++
    }
}
```

위 코드와 같이 반복문을 중첩해서 사용할 수 있다. 반복문 안에 반복문이 있으면 여러 번 실행하는 코드가 다시 한번 여러 번 실행된다라는 것을 이해하고, 코드의 흐름을 정확하게 파악할 수 있어야 한다.

또한 조건문과 반복문을 함께 사용하는 경우에는 반복문 안에서 조건문을 사용하여 반복을 계속할지 중지할지를 결정할 수 있다. 이렇게 함으로써 특정한 조건이 충족되는 경우에만 반복을 계속할 수 있으며, 불필요한 반복을 줄일 수 있다.

예를 들어 1부터 100까지의 숫자 중에서 짝수만 출력하고 싶다고 가정해보자. 이때 조건문과 반복문을 함께 사용하여 다음과 같은 코드를 작성할 수 있다.

```
for (i in 1..100) {
    if (i % 2 == 0) {
        print(i)
    }
}
```

위 코드에서는 for 반복문을 사용하여 1부터 100까지의 숫자를 반복하면서, if 조건문을 사용하여 현재 숫자가 짝수인지를 검사하고, 짝수인 경우에만 print 함수를 사용하여 해당 숫자를 출력하도록 한다. 이렇게 함으로써 반복문과 조건문을 함께 사용하여 원하는 작업을 수행할 수 있다.

손으로 익히는 코딩

```
fun main() {
    for (i in 2..9) {
        println("=== $i 단 ===")
        for (j in 1..9) {
            val result = i * j
            println("$i x $j = $result")
        }
        println("------------------")
    }
}
```

위의 코드는 2부터 9까지의 숫자에 대한 구구단을 출력한다. 바깥쪽의 for 루프는 구구단의 곱셈을 계산할 숫자를 나타내는 i를 2부터 9까지 반복한다. 안쪽의 for 루프는 각 숫자에 대한 구구단을 계산하여 출력한다. 결과는 print 함수를 사용하여 출력되며, 출력 형식은 $i x $j = $result와 같이 문자열 보간을 이용하여 구성된다.

위의 코드를 실행하면 각 단을 나타내는 헤더와 단 사이에 구분선이 추가된 구구단이 콘솔에 출력된다. 예를 들어 2단부터 9단까지의 구구단 결과가 다음과 같이 출력된다.

각 단의 헤더는 === $i 단 === 형식으로 출력되고, 단 사이에는 ------------------ 구분선이 추가되어 가독성이 높아진다.

코드 결과

```
=== 2 단 ===
2 x 1 = 2
2 x 2 = 4
2 x 3 = 6
...
2 x 9 = 18
-----------------
=== 3 단 ===
3 x 1 = 3
3 x 2 = 6
3 x 3 = 9
...
3 x 9 = 27
-----------------
...
=== 9 단 ===
9 x 1 = 9
9 x 2 = 18
9 x 3 = 27
...
9 x 9 = 81
-----------------
```

에러에서 배우기

- **반복문 조건 에러**
  반복문의 조건식을 잘못 작성하거나, 부정확한 조건을 설정하는 경우 반복문 조건 에러가 발생할 수 있습니다. 반복문의 조건을 정확하게 작성하여 원하는 동작을 수행해야 합니다.

- **출력 형식 에러**
  출력문을 잘못 작성하거나, 변수나 문자열의 형식을 정확하게 지정하지 않는 경우 출력 형식 에러가 발생할 수 있습니다. 출력문을 올바르게 작성하고, 변수와 문자열을 적절히 형식화하여 출력해야 합니다.

- **논리 에러**
  코드의 논리적인 흐름을 잘못 구성하거나, 조건문의 조건식을 잘못 작성하는 경우 논리 에러가 발생할 수 있습니다. 코드의 논리를 정확하게 구성하여 원하는 동작을 수행하도록 해야 합니다.

05 함수

더 멋진 내일(Tomorrow)을 위한 내일(My Career) **내일은 코틀린**

> **핵심 키워드**
>
> 함수, 매개 변수, 반환값, 지역 변수, 최상위 수준 변수
>
> **여기서는 무얼 배울까**
>
> 함수의 개념과 구조, 매개 변수(Parameter)와 인수(Argument), 반환값(Return Value), 그리고 함수의 종류와 호출 방법 등에 대해 배울 수 있다. 함수는 프로그래밍에서 매우 중요한 개념 중 하나로, 반복적으로 사용되는 코드를 재사용하기 위해 사용된다. 프로그램을 개발할 때, 어떠한 코드를 함수로 만들지 생각하면서 살펴보자.

함수

함수(Function)는 입력값을 받아서 출력값을 내놓는 일련의 과정을 수행하는 코드 블록을 말한다. 즉, 특정한 기능을 수행하는 코드를 함수로 묶어서 필요할 때마다 호출하여 사용할 수 있다.

함수는 코드의 재사용성뿐만 아니라 코드의 가독성과 유지·보수성을 높여준다. 함수를 사용하여 비슷한 코드들을 중복 없이 모듈화된 코드로 작성할 수 있다.

함수 선언 형식

코·드·소·개

```
fun 함수 이름(매개 변수 목록): 반환 타입 {
    // 함수 내용
    return 반환값
}
```

반환값이 없는 함수는 반환 타입을 Unit으로 정의하거나 생략할 수 있다. Unit은 반환값이 없다는 것을 의미하며, 자바의 void와 유사한 역할을 한다. Unit은 생략 가능하므로, 반환값이 없는 함수는 반환 타입을 명시하지 않아도 된다.

- **반환 타입**: 함수가 반환하는 값의 데이터 타입을 나타낸다.
- **함수 이름**: 함수를 호출하기 위한 이름을 나타낸다. 일반적으로 첫글자를 소문자로 정해준다.
- **매개 변수**: 함수에 전달되는 입력값이다. 매개 변수 목록을 통해 함수에 필요한 다양한 값들을 전달할 수 있으며, 필수적인 것은 아니므로 없을 경우 괄호 안을 비워둘 수 있다.
- **함수 내용**: 함수가 수행하는 코드 블록이다.
- **반환값**: 함수가 종료될 때 반환하는 값이다. 반환 타입이 있는 함수에서만 사용된다.
- **Unit**: 코틀린의 Unit은 반환값이 없는 함수의 반환 타입을 나타내는 특수한 타입이다. 코틀린에서 함수형 프로그래밍을 지원하기 위해 설계되었다.

코틀린에서 함수는 일급 객체(First-class Object)이다. 일급 객체란 함수가 변수에 할당될 수 있고, 다른 함수의 매개 변수로 전달될 수 있으며, 함수에서 반환될 수 있는 객체를 말한다. 이러한 특성으로 인해 코틀린에서는 함수형 프로그래밍이 가능하다.

함수를 호출할 때는 함수 이름 뒤에 괄호( )를 붙인다. 만약 함수에 매개 변수가 필요하다면, 괄호 안에 매개 변수를 지정한다. 예를 들어 다음과 같이 sum 함수를 호출할 수 있다.

```kotlin
fun sum(a: Int, b: Int): Int {
    return a + b
}

fun main() {
    val result = sum(3, 4)
    println(result)
}
```

코드 결과

```
7
```

이 예시에서는 sum 함수를 정의하고, main 함수에서 sum 함수를 호출한다. sum 함수는 두 개의 정수형 매개 변수 a와 b를 입력받아 그 합을 반환한다. main 함수에서는 sum 함수를 호출하고, 반환된 값을 result 변수에 저장하고 출력한다.

단일 표현식 함수

함수를 간결하게 정의하는 다른 방법은 등호를 사용하여 함수를 선언하는 것이다. 코틀린에서는 함수를 간단히 표현하기 위한 축약 문법도 제공된다. 이는 반환 타입을 생략하고 등호(=) 뒤에 직접 표현식을 작성하는 방식이다. 이러한 축약된 함수 선언도 일반적으로 '단일 표현식 함수' 또는 '단일식 함수'라고 부른다.

코·드·소·개
```
fun 함수_이름(매개 변수_목록): 반환_타입 = 반환값
```

위의 sum 함수를 단일 표현식 함수로 정의하면 다음과 같다.

```
fun sum(a: Int, b: Int): Int = a + b
```

람다 표현식

람다 표현식(Lambda Expression)은 함수형 프로그래밍 언어에서 함수를 간결하게 표현하기 위한 방법 중 하나다. 람다식은 익명 함수를 생성하여 코드를 간결하게 만들어주는 표현 방법이다. 일반적으로 한 줄짜리 간단한 함수를 표현할 때 사용된다.

코·드·소·개
```
{ 매개 변수 -> 표현식 }
```

여기서 매개 변수는 함수의 입력값이고, 표현식은 함수의 동작을 정의한다.

```
val sum: (Int, Int) -> Int = { x, y -> x + y }
```

이 예시에서 sum은 (Int, Int) -> Int 타입의 변수로, 두 개의 정수를 받아 정수를 반환하는 함수를 가리킨다. 람다식 { x, y -> x + y }는 두 개의 매개 변수를 받아 더한 값을 반환하는 익명 함수다.

람다식은 주로 함수형 프로그래밍에서 사용되며, 코틀린에서는 고차 함수(Higher-order Function)와 함께 자주 활용된다. 예를 들어 forEach와 같은 고차 함수에 람다식을 전달하여 간결하고 효율적인 코드를 작성할 수 있다.

지역 변수

지역 변수는 함수나 코드 블록 내에서 선언된 변수로, 해당 함수나 코드 블록 내에서만 사용 가능하다. 다른 함수나 코드 블록에서는 사용할 수 없다. 이러한 특징은 변수의 유효범위(Scope)라고도 한다. 함수나 코드 블록이 종료되면 해당 변수는 소멸되며, 다시 사용할 수 없다.

지역 변수는 주로 함수 내에서 사용되며, 함수 내부에서 임시적으로 값을 저장하거나, 특정한 연산을 수행할 때 사용된다. 함수가 실행될 때마다 새로운 지역 변수가 생성되기 때문에, 다른 함수나 코드 블록에서 동일한 변수 이름을 사용해도 서로 영향을 미치지 않는다.

지역 변수는 선언한 위치에 따라 초기값이 자동으로 할당되지 않을 수 있다. 초기값이 없는 지역 변수는 사용하기 전에 반드시 값을 할당해주어야 한다. 이를 초기화(Initialization)라고 한다.

지역 변수는 다른 변수와 마찬가지로 데이터 타입을 지정해주어야 한다. 데이터 타입에 따라 해당 변수가 저장할 수 있는 값의 종류와 범위가 결정된다. 예를 들어 정수형 데이터 타입을 사용한다면 지역 변수는 정수형 데이터만 저장할 수 있다.

지역 변수의 장점은 변수의 유효범위가 함수 내로 한정되어 있어서, 변수 이름의 중복을 피할 수 있고, 변수의 값이 다른 함수나 코드 블록에서 변경될 가능성이 적다는 점이다. 이러한 장점들은 코드의 가독성과 유지·보수성을 높이는 데 기여한다.

```
fun main() {
    val num1: Int = 10 // 지역 변수 num1 선언 및 초기화
    val num2: Double = 3.14 // 지역 변수 num2 선언 및 초기화

    println(num1)
    println(num2)
}

fun func() {
    // num1, num2 변수에 접근 불가능
}
```

코드 결과
```
10
3.14
```

지역 변수 num1과 num2는 main 함수 내에서만 유효하며, 다른 함수에서는 사용할 수 없다.

최상위 수준 변수

최상위 수준 변수(Top-level Variable)는 프로그램 전체에서 접근 가능한 변수로서, 어느 곳에서나 값을 읽거나 쓸 수 있다는 특징을 가지고 있다. 최상위 수준 변수는 프로그램 내에서 공유되어 사용되며, 프로그램이 종료될 때까지 유지된다.

최상위 수준 변수의 특징

- 함수 외부에서 선언되며, 함수 내부에서는 함수 인자를 포함하여 어떤 곳에서든지 참조할 수 있다.
- 함수 내부에서 값을 변경하더라도 함수 호출이 종료된 후에도 그 값을 유지한다.
- 자동으로 초기화되므로 초기화하지 않아도 사용할 수 있다.
- 파일의 어느 위치에서나 선언될 수 있으며, 해당 파일 내의 어떠한 함수에서도 선언하지 않고 사용할 수 있다.

최상위 수준 변수의 장점

여러 함수에서 공유할 필요가 있는 값이 있을 때, 모든 함수에서 전달하지 않고 최상위 수준 변수를 사용하면 코드가 간결해지고 유지·보수가 쉬워진다. 하지만 남용하면 코드가 복잡해지고 의도하지 않은 값의 변경이 발생할 수 있으므로, 최상위 수준 변수 사용은 신중히 결정해야 한다.

최상위 수준 변수의 예시

사용자 정보, 설정값, 시스템 설정 등을 저장할 때 사용할 수 있다. 예를 들어 다음과 같이 최상위 수준 변수를 사용하여 사용자 정보를 저장할 수 있다.

```kotlin
var globalVar: Int = 10 // 최상위 수준 변수 선언 및 초기화

fun test() {
    println(globalVar) // 최상위 수준 변수 사용
}

fun main() {
    test()
}
```

위 코드에서 globalVar는 파일의 어디서나 사용할 수 있는 최상위 수준 변수다.

최상위 수준 변수를 사용하면 여러 함수 간에 상태를 공유할 수 있어 편리하다. 그러나 프로그램이 복잡해지면 디버깅이 어려워질 수 있고, 여러 함수에서 함께 사용되기 때문에 변수값의 예기치 않은 변경이 발생할 가능성도 있다. 따라서 최상위 수준 변수를 사용할 때에는 변수의 스코프(Scope)와 생명주기(Lifetime)를 꼼꼼히 고려해야 한다.

코틀린에서는 최상위 수준 변수를 선언할 때 명시적으로 초기화해야 한다. 위 코드에서 var globalVar: Int = 10에서 초기화가 명시되어 있다. 만약 초기화를 생략하면 컴파일 오류가 발생한다.

코틀린에서는 최상위 수준 변수 대신에 최상위 수준 함수를 선호하며, 상태를 변경하는 대신 값을 반환하는 함수형 프로그래밍 스타일을 장려한다. 이로써 불변성(Immutability)을 유지하고 함수형 프로그래밍의 장점을 살릴 수 있다.

랜덤 함수

코틀린에서 랜덤 함수는 kotlin.random 패키지에 포함되어 있으며, 주로 난수 생성과 관련된 여러 기능을 제공한다. 이 패키지의 랜덤 함수들은 의사 난수를 생성하며, 생성되는 값은 예측할 수 없지만, 특정 시드(seed)를 사용하면 동일한 난수 시퀀스를 재생성할 수 있다.

주요 클래스와 함수

- Random 클래스: Random 클래스는 랜덤값을 생성하기 위한 기본 클래스이다. 기본적으로 시드를 사용하여 난수를 생성한다.
- 주요 함수
    - nextInt(from: Int, until: Int): 주어진 범위 내에서 정수를 랜덤으로 생성한다. from은 포함, until은 제외된다.
    - nextDouble(from: Double, until: Double): 주어진 범위 내에서 실수를 랜덤으로 생성한다.
    - nextBoolean(): true 또는 false값을 랜덤으로 생성한다.
    - nextFloat(from: Float, until: Float): 주어진 범위 내에서 플로트값을 랜덤으로 생성한다.

```kotlin
import kotlin.random.Random

fun main() {
    val random = Random

    // 0부터 10까지의 정수 랜덤 생성
    val randomInt = random.nextInt(0, 11)
    println("랜덤 정수: $randomInt")

    // 0.0부터 1.0 사이의 랜덤 실수 생성
    val randomDouble = random.nextDouble(0.0, 1.0)
    println("랜덤 실수: $randomDouble")

    // true 또는 false 랜덤 생성
    val randomBoolean = random.nextBoolean()
    println("랜덤 불리언: $randomBoolean")

    // 0.0부터 100.0 사이의 랜덤 실수(Float 형) 생성
    val randomFloat = random.nextFloat() * 100
    println("랜덤 플로트: $randomFloat")
}
```

시드 사용

랜덤값을 생성할 때 시드를 지정하면, 동일한 시드로부터 항상 동일한 난수 시퀀스를 생성할 수 있다. 이는 테스트나 디버깅에 유용하다.

```kotlin
fun main() {
    val seededRandom = Random(42) // 시드 42 사용

    // 동일한 시드로부터 생성된 랜덤 값
    println("랜덤 정수 (시드 42): ${seededRandom.nextInt(0, 11)}")
    println("랜덤 정수 (시드 42): ${seededRandom.nextInt(0, 11)}")
}
```

코드를 재실행하여도 이전과 같은 결과가 나오는 것을 확인할 수 있다.

손으로 익히는 코딩

```kotlin
import java.util.Scanner

var selectedTable = 0

fun printMultiplicationTable(start: Int, value: Int) {
    var i = start
    while (i <= selectedTable) {
        println("=== $i 단 ===")
        var j = 1
        while (j <= 9) {
            val result = i * j
            println("$i x $j = $result")
            j++
        }
        println("------------------")
        i += value
    }
}

fun printOptions() {
    println("1. 홀수단 출력")
    println("2. 짝수단 출력")
    println("3. 입력한 단까지 출력")
    println("4. 종료")
    print("원하는 작업 번호를 입력하세요: ")
}

fun handleUserInput(input: Int) {
    when (input) {
        1 -> {
            selectedTable = 9
            printMultiplicationTable(3, 2)
        }
        2 -> {
            selectedTable = 8
            printMultiplicationTable(2, 2)
        }
        3 -> {
            print("출력할 단을 입력하세요: ")
            selectedTable = readLine()!!.toInt()
```

```kotlin
            printMultiplicationTable(2, 1)
        }
        4 -> {
            println("프로그램을 종료합니다.")
            System.exit(0)
        }
        else -> println("잘못된 입력입니다. 다시 입력해주세요.")
    }
}

fun main() {
    val scanner = Scanner(System.`in`)
    while (true) {
        printOptions()
        val input = scanner.nextInt()
        handleUserInput(input)
        println()
    }
}
```

위의 코드를 실행하면 사용자로부터 작업 번호를 입력받아 해당 작업을 수행한다. '1'을 입력하면 홀수단(3단, 5단, 7단, 9단)이 출력되고, '2'를 입력하면 짝수단(2단, 4단, 6단, 8단)이 출력된다. '3'을 입력하면 출력할 단을 추가로 입력받아 해당 단까지 출력되며, '4'를 입력하면 프로그램이 종료된다.

위 코드에서는 readLine() 함수 대신에 자바의 Scanner를 사용하여 사용자로부터 입력을 받고, 코틀린에서의 System.exit(0)을 사용하여 프로그램을 종료하였다. 코틀린에서는 일반적으로 System.exit()를 사용하지 않고, main() 함수가 종료되면 프로그램이 자동으로 종료되는 방식을 선호 한다.

에러에서 배우기

- **함수 호출 에러**

  존재하지 않는 함수를 호출하거나, 함수의 이름을 잘못 입력하는 경우 함수 호출 에러가 발생할 수 있습니다. 함수 이름을 정확하게 입력하고, 호출하는 곳에서 함수의 인자와 반환값을 올바르게 처리해야 합니다.

- **무한 루프 에러**

  반복문이나 재귀 함수에서 탈출 조건을 정확하게 설정하지 않아 무한히 반복되는 루프가 발생할 수 있습니다. 이 경우 프로그램이 정지하지 않고 지속적으로 실행되므로 주의해야 합니다.

06 컬렉션

더 멋진 내일(Tomorrow)을 위한 내일(My Career) **내일은 코틀린**

✓ 핵심 키워드

컬렉션, 배열, 리스트, 세트, 맵, 2차원 컬렉션

여기서는 무얼 배울까

컬렉션은 프로그래밍에서 데이터를 그룹화하고 다루는 데 사용되는 중요한 개념이다. 컬렉션에서는 다양한 종류의 데이터를 저장하고 검색하며, 프로그램에서 데이터를 효과적으로 구조화하고 관리할 수 있다. 컬렉션을 다루는 데 필요한 핵심 개념과 구조에 대해 간략하게 알아보자.

컬렉션

컬렉션은 여러 개의 값을 하나의 단위로 관리하는 데이터 구조를 일컫는다. 프로그래밍에서는 주로 배열, 리스트, 세트, 맵 등이 컬렉션에 속한다. 이러한 컬렉션은 데이터를 효과적으로 구조화하고 조작할 수 있도록 도와준다. 이외에도 여러 가지 컬렉션이 있으며, 각각의 컬렉션은 특정한 용도나 특징에 맞게 설계되어 있다. 아래는 몇 가지 주요 컬렉션에 대한 설명이다.

배열(Array)

- 배열은 동일한 데이터 타입의 값을 순서대로 저장하는 선형 구조다.
- 각 요소는 인덱스를 통해 접근하며, 크기가 정적으로 고정되어 있다.

리스트(List)

- 리스트는 순서가 있는 데이터의 집합으로, 동적으로 크기가 조정될 수 있다.
- 각 요소는 인덱스를 통해 접근하며, 중복된 값을 허용할 수 있다.

세트(Set)

- 세트는 중복을 허용하지 않는 순서가 없는 데이터의 집합이다.
- 주로 고유한 값들을 관리하고자 할 때 사용된다.

맵(Map)

- 맵은 키와 값의 쌍으로 데이터를 저장하는 구조다.
- 각 키는 고유하며, 키를 통해 값에 접근할 수 있다.
- 맵은 데이터베이스에서의 테이블과 유사한 형태를 가지고 있다.

배열

동일한 데이터 타입의 값 순서대로 저장

배열은 동일한 데이터 타입의 값들을 순서대로 저장하는 선형 구조다. 모든 요소는 동일한 데이터 타입을 가져야 한다.

```kotlin
// 정수형 배열
val numbers: IntArray = intArrayOf(1, 2, 3, 4, 5)
```

인덱스를 통한 요소 접근

각 요소는 배열 내에서 고유한 인덱스를 가지며, 이를 통해 해당 요소에 직접 접근할 수 있다.

```kotlin
// 배열의 세 번째 요소에 접근
val thirdNumber: Int = numbers[2]
```

크기가 정적으로 고정됨

배열은 생성할 때 지정한 크기로 고정되며, 이후에 크기를 동적으로 변경할 수 없다.

```kotlin
// 크기가 3인 문자열 배열
val colors: Array<String> = arrayOf("red", "green", "blue")
```

배열 초기화

배열은 초기화할 때 요소를 직접 나열하거나, 지정된 크기로 생성한 후에 각 요소에 값을 할당하여 초기화할 수 있다.

```kotlin
// 직접 요소를 나열하여 배열 초기화
val weekdays: Array<String> = arrayOf("Mon", "Tue", "Wed", "Thu", "Fri")

// 크기가 5인 정수형 배열 초기화
val numbers: IntArray = IntArray(5)
```

다양한 배열 유형

코틀린에서는 다양한 배열 유형을 제공한다. 예를 들어 정수형 배열(IntArray), 문자열 배열(Array〈String〉), 불리언 배열(BooleanArray) 등이 있다.

```kotlin
// 정수형 배열
val integers: IntArray = intArrayOf(1, 2, 3, 4, 5)

// 문자열 배열
val colors: Array<String> = arrayOf("red", "green", "blue")

// 불리언 배열
val booleanArray = BooleanArray(5) { it % 2 == 0 }
```

불리언 예시에서는 에서는 배열의 크기와 초기값을 동시에 설정하며, 짝수 인덱스에는 true, 홀수 인덱스에는 false를 할당한다.

> **더 알아보기**
>
> **it**
> 코틀린에서 it는 람다 표현식 내에서 사용되는 암시적 이름으로, 주로 단일 매개 변수를 가지는 람다에서 자동으로 제공된다. 즉, 람다의 매개 변수를 명시적으로 선언하지 않고도 사용할 수 있게 해주는 기능이다. 람다 표현식은 이름이 없는 함수를 간결하게 정의할 수 있는 방법으로 (x:Int)->x+2와 같이 정의할 수 있다.

배열의 활용

배열은 동일한 데이터 타입의 값들을 효율적으로 저장하고 관리할 때 사용된다. 반복문을 활용하여 배열의 모든 요소를 확인하거나, 특정 조건을 만족하는 요소를 검색하는 등의 작업에 활용된다.

```kotlin
// 배열의 모든 요소를 출력
for (number in numbers) {
    println(number)
}
```

배열은 코틀린에서 기본적인 데이터 구조 중 하나로 데이터를 효과적으로 저장하고 처리할 때 사용되며, 특히 크기가 정해진 경우에 유용하다.

리스트

순서가 있는 데이터 집합

리스트는 데이터의 순서가 유지되는 데이터 구조다. 각 요소는 리스트 내에서 특정 위치에 위치하며, 이 순서는 인덱스를 통해 접근할 수 있다.

```kotlin
val animals: List<String> = listOf("lion", "tiger", "leopard")

// "tiger"가 포함되어 있는지 확인
val containsTiger: Boolean = animals.contains("tiger")
```

동적으로 크기가 조정될 수 있음

리스트는 동적으로 크기가 조정될 수 있다. 초기에 몇 개의 요소를 가지고 있든 나중에 필요에 따라 요소를 추가하거나 제거할 수 있다.

```kotlin
// 초기화된 리스트
val numbers: MutableList<Int> = mutableListOf(1, 2, 3)

// 동적으로 크기를 조정하여 요소 추가
numbers.add(4)
```

인덱스를 통한 요소 접근

각 요소는 리스트 내에서 고유한 인덱스를 가지며, 이를 통해 해당 요소에 직접 접근할 수 있다.

```kotlin
val fruits: List<String> = listOf("apple", "banana", "orange")

// 첫 번째 요소에 접근
val firstFruit: String = fruits[0]
```

중복된 값 허용

리스트는 중복된 값을 허용한다. 동일한 값을 여러 번 포함할 수 있으며, 각 값은 별개의 요소로 취급된다.

```kotlin
// "red"는 중복된 값으로 허용
val colors: List<String> = listOf("red", "green", "blue", "red")
```

리스트의 다양한 활용

리스트는 데이터를 일련의 순차적인 단계로 처리할 때 유용하다. 예를 들어 반복문을 사용하여 리스트의 모든 요소를 확인하거나, 특정 조건을 만족하는 요소를 검색하는 등의 작업을 수행할 수 있다.

```kotlin
val numbers: List<Int> = listOf(1, 2, 3, 4, 5)

// 리스트의 요소를 순회하며 출력
for (number in numbers) {
    println(number)
}
```

리스트는 다양한 상황에서 사용되며, 데이터를 순서대로 저장하고 조작해야 할 때 효과적이다. 코틀린에서는 불변형(List)과 가변형(MutableList)의 두 가지 종류의 리스트를 제공하며, 사용자의 요구에 따라 선택하여 활용할 수 있다.

세트

순서가 없고, 고유한 값만 저장

세트는 순서가 없고, 동일한 값을 중복해서 포함할 수 없는 컬렉션이다. 따라서 각 값의 고유성이 보장된다.

```kotlin
// 문자열 세트 초기화
val fruits: Set<String> = setOf("Apple", "Banana", "Orange")
```

중복된 값 허용하지 않음

세트에는 동일한 값을 중복해서 추가할 수 없다. 이미 포함된 값과 동일한 값을 추가하면 아무런 변화가 없다.

```kotlin
// 중복된 값이 없는 세트
val uniqueNumbers: Set<Int> = setOf(1, 2, 3, 4, 5, 1, 2)
```

가변성과 불변성

setOf 함수를 사용하면 불변성(immutable) 세트를 생성하게 된다. 변경 가능성(mutable) 세트를 생성하려면 mutableSetOf 함수를 사용한다.

```kotlin
// 불변성 세트
val immutableSet: Set<String> = setOf("A", "B", "C")

// 변경 가능성 세트
val mutableSet: MutableSet<String> = mutableSetOf("X", "Y", "Z")
```

요소 추가 및 삭제

변경 가능한 세트에서는 add 함수를 사용하여 새로운 값을 추가하거나, remove 함수를 사용하여 특정 값을 제거할 수 있다.

```kotlin
// 변경 가능성 세트
val mutableSet: MutableSet<String> = mutableSetOf("Apple", "Banana")

// 요소 추가
mutableSet.add("Orange")

// 요소 삭제
mutableSet.remove("Banana")
```

세트 연산

세트는 합집합, 교집합, 차집합 등과 같은 다양한 집합 연산을 제공한다.

```kotlin
val set1: Set<Int> = setOf(1, 2, 3, 4, 5)
val set2: Set<Int> = setOf(4, 5, 6, 7, 8)

// 합집합
val unionSet: Set<Int> = set1 union set2
```

```kotlin
// 교집합
val intersectSet: Set<Int> = set1 intersect set2

// 차집합
val subtractSet: Set<Int> = set1 subtract set2
```

세트의 활용

세트는 고유한 값들을 저장하고 중복을 피할 때 유용하다. 특히 집합 연산을 활용하여 여러 세트 간의 관계를 파악하거나, 중복을 제거하여 유니크한 값들을 유지할 때 사용된다.

```kotlin
// 중복을 허용하지 않는 세트
val uniqueNumbers: Set<Int> = setOf(1, 2, 3, 4, 5, 1, 2)
```

세트는 고유한 값을 유지하면서 순서가 필요 없는 경우에 유용하게 사용된다. 이는 중복을 방지하고 집합적인 연산을 쉽게 수행할 수 있게 해준다.

맵

키-값 쌍의 집합

맵은 키(key)와 값(value)의 쌍으로 이루어진 데이터 구조다. 각 키는 유일하며, 해당 키에 연결된 값은 중복될 수 있다.

```kotlin
// 문자열 키와 정수 값의 맵
val ageMap: Map<String, Int> = mapOf("Alice" to 25, "Bob" to 30,
    "Charlie" to 22)
```

가변성과 불변성

mapOf 함수를 사용하면 불변성(immutable) 맵을 생성하게 된다. 변경 가능성(mutable) 맵을 생성하려면 mutableMapOf 함수를 사용한다.

```kotlin
// 불변성 맵
val immutableMap: Map<String, Int> = mapOf("A" to 1, "B" to 2)

// 변경 가능성 맵
val mutableMap: MutableMap<String, Int> = mutableMapOf("X" to 10, "Y" to 20)
```

요소 추가 및 삭제

변경 가능한 맵에서는 put 함수를 사용하여 새로운 키-값 쌍을 추가하거나, remove 함수를 사용하여 특정 키의 값을 제거할 수 있다.

```kotlin
// 변경 가능성 맵
val mutableMap: MutableMap<String, Int> = mutableMapOf("A" to 1, "B" to 2)

// 요소 추가
mutableMap["C"] = 3

// 요소 삭제
mutableMap.remove("B")
```

키 및 값 접근

맵에서는 특정 키에 해당하는 값을 가져오거나, 맵의 모든 키 또는 값에 접근할 수 있다.

```kotlin
// 불변성 맵
val ages: Map<String, Int> = mapOf("Alice" to 25, "Bob" to 30,
    "Charlie" to 22)

// 특정 키에 대한 값 가져오기
val bobAge: Int? = ages["Bob"]

// 맵의 모든 키에 접근
val allNames: Set<String> = ages.keys

// 맵의 모든 값에 접근
val allAges: Collection<Int> = ages.values
```

맵의 순회

컬렉션들은 forEach 함수를 통해 간단하게 순회할 수 있다.

```kotlin
// 불변성 맵
val ages: Map<String, Int> = mapOf("Alice" to 25, "Bob" to 30,
    "Charlie" to 22)

// 맵 순회
ages.forEach { key, value ->
    println("$key is $value years old")
}
```

맵의 활용

맵은 키-값 쌍의 저장소로 사용되며, 데이터를 특정 키를 기반으로 검색하거나, 키와 값을 쉽게 관리할 때 유용하다. 예를 들어 사용자 정보, 설정값, 데이터베이스 쿼리 결과 등을 다룰 때 맵이 자주 활용된다.

```kotlin
// 사용자 정보 맵
val userInfo: Map<String, Any> = mapOf("name" to "Alice", "age" to 25,
    "isStudent" to false)
```

맵은 키와 값을 연결하여 데이터를 효과적으로 관리할 수 있다. 이를 통해 다양한 상황에서 키를 기반으로 값을 검색하고 관리하는 데 활용할 수 있다.

2차원 컬렉션

개념

2차원 컬렉션은 여러 개의 행과 열로 구성된 데이터 구조다. 주로 행렬(Matrix)이라고도 불린다. 각 요소는 두 개의 인덱스를 사용하여 접근할 수 있다. 이는 리스트의 리스트 형태로 표현될 수 있다.

```
// 2차원 리스트
val matrix: List<List<Int>> = listOf(
    listOf(1, 2, 3),
    listOf(4, 5, 6),
    listOf(7, 8, 9)
)
```

생성과 초기화

2차원 리스트는 중첩된 리스트 형태로 생성된다. 각 행은 하위 리스트로 표현되며, 각 요소는 두 개의 인덱스를 사용하여 접근할 수 있다.

```
// 2차원 리스트 초기화
val matrix: List<List<Int>> = listOf(
    listOf(1, 2, 3),
    listOf(4, 5, 6),
    listOf(7, 8, 9)
)
```

요소 접근

2차원 리스트의 특정 요소에 접근할 때는 두 개의 인덱스를 사용한다. 첫 번째 인덱스는 행을, 두 번째 인덱스는 열을 나타낸다.

```
// 요소 접근
val element: Int = matrix[1][2] // 2행 3열의 요소 (6)
```

가변성과 불변성

2차원 리스트를 변경 가능하게 만들려면 mutableListOf를 사용하여 생성한다.

```
// 가변성 2차원 리스트
val mutableMatrix: MutableList<MutableList<Int>> = mutableListOf(
    mutableListOf(1, 2, 3),
    mutableListOf(4, 5, 6),
    mutableListOf(7, 8, 9)
)
```

순회

중첩된 반복문을 사용하여 2차원 리스트를 순회할 수 있다.

```kotlin
// 2차원 리스트 순회
for (row in matrix) {
    for (element in row) {
        println(element)
    }
}
```

활용

2차원 리스트는 행렬 연산, 게임 보드, 이미지 픽셀 등 다양한 분야에서 사용된다. 특히 행과 열의 구조를 가진 데이터를 효과적으로 표현할 수 있는 장점이 있다.

```kotlin
// 행렬 곱셈
fun multiplyMatrix(a: List<List<Int>>, b: List<List<Int>>):
  List<List<Int>> {
    // 구현 생략
}
```

아래는 2차원 리스트의 예시이다.

```kotlin
fun main() {
    val map: List<List<String>> = listOf(
        listOf("*", "*", "*", "*", "*"),
        listOf("*", " ", " ", " ", "*"),
        listOf("*", " ", "P", " ", "*"),
        listOf("*", " ", " ", " ", "*"),
        listOf("*", "*", "*", "*", "*")
    )

    // 게임 맵을 출력합니다.
    for (row in map) {
        for (cell in row) {
            print(cell)
        }
        println() // 행 사이에 공백 추가
    }
}
```

위의 예시는 5×5 크기의 맵을 2차원 리스트로 표현하는 코드이다. 각 요소는 문자열로 표시되며, '*'은 벽, ' '은 빈 공간, 'P'는 플레이어를 나타낸다. 이를 출력하면 맵이 표시된다.

코드 결과
```
* * * * *
*       *
*   P   *
*       *
* * * * *
```

다차원 리스트

다차원 리스트는 2차원 이상의 차원을 가지는 리스트를 말한다. 2차원 리스트는 행과 열로 이루어져 있지만, 다차원 리스트는 그 이상의 차원을 가질 수 있다. 예를 들어 3차원 리스트는 행, 열, 그리고 높이를 가지는 리스트로 생각할 수 있다.

```kotlin
fun main() {
    // 3x3x3 크기의 3차원 리스트 초기화
    val threeDimList = List(3) { i ->
        List(3) { j ->
            List(3) { k ->
                "($i, $j, $k)"
            }
        }
    }

    // 3차원 리스트 순회
    for (dim1 in threeDimList) {
        for (dim2 in dim1) {
            for (element in dim2) {
                println(element)
            }
        }
    }
}
```

이 예시에서는 List 함수를 사용하여 3차원 리스트를 초기화하였다. 각 차원의 크기에 따라 중첩된 List를 생성하고, 초기화할 값을 설정하였다. 각 요소는 문자열 ($i, $j, $k)로 초기화되며, 이는 각 차원의 인덱스를 나타낸다. 그 후에 중첩된 for 루프를 사용하여 3차원 리스트의 각 요소에 접근하고 출력하였다. 이러한 방식을 통해 각 차원의 크기에 따라 동적으로 다차원 리스트를 생성하고 다룰 수 있다.

다차원 리스트는 다양한 상황에서 사용될 수 있다. 예를 들어 게임에서 3D 맵이나 3D 객체의 좌표를 저장하기 위해 3차원 리스트를 사용할 수 있다. 또는 다차원 데이터 구조, 이미지 처리, 과학 및 엔지니어링 계산 등 다양한 분야에서 데이터를 표현하고 다루는 데 활용될 수 있다.

손으로 익히는 코딩

```kotlin
fun main() {
    // 과일 판매 기록 리스트
    val salesRecords = mutableListOf<String>()

    // 과일 판매 함수
    fun sellFruit(fruit: String, quantity: Int) {
        // 판매 기록 추가
        val record = "판매: $quantity 개의 $fruit"
        salesRecords.add(record)

        // 판매 정보 출력
        println(record)
    }

    // 과일 재고 체크 함수
    fun checkInventory(inventory: List<String>) {
        println("현재 재고:")
        for (fruit in inventory) {
            println(fruit)
        }
    }

    // 초기 재고
    val inventory = mutableListOf("apple", "banana", "orange")

    // 과일 판매
    sellFruit("apple", 5)
    sellFruit("banana", 3)
    sellFruit("orange", 2)

    // 재고 체크
    checkInventory(inventory)
```

```
    // 과일 추가
    inventory.add("kiwi")
    inventory.add("grape")

    // 과일 판매
    sellFruit("kiwi", 4)
    sellFruit("grape", 2)

    // 재고 체크
    checkInventory(inventory)

    // 판매 기록 출력
    println("판매 기록:")
    for (record in salesRecords) {
        println(record)
    }
}
```

위의 예시는 과일 판매와 재고 관리를 위한 프로그램이다. 과일을 판매하면 판매 기록이 저장되고, 재고를 확인할 수 있다. 재고에 새로운 과일을 추가하고 판매를 진행하는 등 다양한 동작을 수행한다. 이를 통해 리스트를 활용하여 데이터를 관리하고 수정하는 방법을 익힐 수 있다.

에러에서 배우기

- **변수 미선언 에러**
  코드에서 salesRecords와 inventory 리스트가 초기화되기 전에 사용되는 경우 변수 미선언 에러가 발생할 수 있습니다. 이 경우 변수를 미리 선언하고 초기화해야 합니다.

- **타입 불일치 에러**
  sellFruit 함수의 매개 변수 quantity는 정수 타입으로 선언되었지만, 문자열이나 다른 타입의 값이 전달될 경우 타입 불일치 에러가 발생할 수 있습니다. 이를 방지하기 위해 매개 변수의 타입을 정확히 맞추어야 합니다.

- **null 안전성 에러**
  코드에서 salesRecords 리스트를 초기화할 때 빈 리스트로 선언하였기 때문에 null 체크를 하지 않아도 되지만, checkInventory 함수에서 inventory 리스트가 null인지 확인하지 않고 사용할 경우 null 참조 오류가 발생할 수 있습니다. 이 경우 null 체크를 추가하여 오류를 방지해야 합니다.

- **인덱스 범위 초과 에러**
  checkInventory 함수에서 inventory 리스트의 인덱스 범위를 초과하여 접근하는 경우 인덱스 범위 초과 오류가 발생할 수 있습니다. 이를 방지하기 위해 반복문을 사용할 때 인덱스 값을 정확하게 설정해야 합니다.

07

더 멋진 내일(Tomorrow)을 위한 내일(My Career) **내일은 코틀린**

연습문제

문제 1 조건문

다음과 같은 정수 A, B, C가 있다고 할 때, 서로의 크기를 비교하여 총 3가지 방법으로 'A가 가장 작다'라고 출력하시오.

```
val A: Int = 10
val B: Int = 20
val C: Int = 30
```

문제 2 반복문

조건문과 반복문을 조합하여 별과 공백(' ')으로 아래와 같이 5개의 모양을 만드시오.

```
1번
*
**
***
****
*****

2번
    *
   **
  ***
 ****
*****

3번
*****
****
***
**
*

4번
*****
 ****
  ***
   **
    *

5번
    **
   ****
  ******
 ********
**********
 ********
  ******
   ****
    **
```

문제 3 when문

아래의 if문을 when문으로 변경하시오.

```
val sports = "soccer"

if (sports == "soccer") {
    println("축구입니다.")
} else if (sports == "basketball") {
    println("농구입니다.")
} else if (sports == "baseball") {
    println("야구입니다.")
} else if (sports == "tennis") {
    println("테니스입니다.")
} else {
    println("기타 스포츠입니다.")
}
```

문제 4 리스트

리스트를 하나 만들고, 리스트 안에 원하는 값이 있는지 없는지 판별하는 코드를 만드시오.

```
val numbers = listOf(5, 10, 15, 20, 25, 30)

println("원하는 값 $target은 리스트의 인덱스 $index에 위치해 있습니다.")
println("원하는 값 $target을 찾을 수 없습니다.")
```

문제 5 함수(TIC TAC TOE 만들기)

TIC TAC TOE는 3×3판에서 두 명이 번갈아가면 O와 X를 써서 가로, 세로, 대각선에 3개가 놓이면 이기는 게임이다. 플레이어는 O와 X를 써서 진행한다. 친구와 대결하기, 컴퓨터와 대결하기 등으로 다양하게 만드시오(출력은 위의 함수를 이용할 수도 있음).

```kotlin
fun printBoard(board: List<List<String>>) {
    println("---------")
    for (i in 0 until 3) {
        println("| ${board[i][0]} | ${board[i][1]} | ${board[i][2]} |")
        println("---------")
    }
}
```

해설 및 정답

※ 교재에 수록한 해설 및 정답과 다르다고 해서 틀린 것이 아니라 항상 다양한 해설 방법이 있다는 것을 참고하시기 바랍니다.

문제 **1** 조건문

```
val A: Int = 10
val B: Int = 20
val C: Int = 30

// 1번
if (A < B && A < C) {
    println("A가 가장 작다.")
} else {
    println("A가 가장 작지 않다.")
}

// 2번
if (A < B) {
    if (A < C) {
        println("A가 가장 작다.")
    }
} else {
    println("A가 B보다 작지 않다.")
}

// 3번
if (A >= B) {
    println("A가 B보다 크거나 같다.")
} else if (A >= C) {
    println("A가 C보다 크거나 같다.")
} else {
    println("A가 가장 작다.")
}
```

논리연산자, 중첩 반복문, if-else 3가지의 방법으로 작성할 수 있다.

문제 **2** 반복문

```kotlin
// 1번
for (i in 1..5) {
    for (j in 1..i) {
        print('*')
    }
    println()
}

// 2번
for (i in 1..5) {
    for (j in 5 downTo i + 1) {
        print(' ')
    }
    for (k in 1..i) {
        print('*')
    }
    print(' ')
}

// 3번
for (i in 5 downTo 1) {
    for (j in 1..i) {
        print('*')
    }
    print(' ')
}

// 4번
for (i in 5 downTo 1) {
    for (j in 5 downTo i + 1) {
        print(' ')
    }
    for (k in 1..i) {
        print('*')
    }
    print(' ')
}

// 5번
for (i in 1..9) {
    if (i <= 5) {
```

```
            for (j in 5 downTo i + 1) {
                print(' ')
            }
            for (k in 1..(2 * i)) {
                print('*')
            }
            println()
        } else {
            for (j in 1..(i - 5)) {
                print(' ')
            }
            for (k in 1..(20 - 2 * i)) {
                print('*')
            }
            println()
        }
    }
```

문제 ③ when문

```
val sports = "soccer"

when (sports) {
    "soccer" -> println("축구입니다.")
    "basketball" -> println("농구입니다.")
    "baseball" -> println("야구입니다.")
    "tennis" -> println("테니스입니다.")
    else -> println("기타 스포츠입니다.")
}
```

문제 **4** 리스트

```
fun main() {
    val numbers = listOf(10, 20, 30, 40, 50)
    val target = 30
    var found = false
    var index = 0

    for ((i, value) in numbers.withIndex()) {
        if (value == target) {
            found = true
            index = i
            break
        }
    }

    if (found) {
        println("원하는 값 $target은 리스트에 있습니다. 인덱스: $index")
    } else {
        println("원하는 값 $target은 리스트에 없습니다.")
    }
}
```

위의 예제에서는 numbers라는 정수형 리스트에서 target값인 30을 찾기 위해 반복문을 사용하고 있다. 반복문을 통해 리스트의 각 요소를 확인하면서 target값과 비교하여 일치하는 값이 있는지 확인한다. 일치하는 값이 있다면 found 변수를 true로 설정하고, 해당 값의 인덱스를 index 변수에 저장한다. 반복문이 종료된 후에 found 변수를 확인하여 원하는 값이 리스트에 있는지 없는지를 출력한다.

위의 예시를 실행하면 "원하는 값 30은 리스트에 있습니다. 인덱스: 2"라는 결과가 출력된다.

```
fun findValue(list: List<Int>, target: Int): Int {
    for (i in list.indices) {
        if (list[i] == target) {
            return i // 일치하는 값의 인덱스 반환
        }
    }
    return -1 // 일치하는 값이 없을 경우 -1 반환
}

fun main() {
```

```
    val numbers = listOf(5, 10, 15, 20, 25, 30)
    val target = 15

    val index = findValue(numbers, target)
    if (index != -1) {
        println("원하는 값 $target은 리스트의 인덱스 $index에 위치해 있습니다.")
    } else {
        println("원하는 값 $target을 찾을 수 없습니다.")
    }
}
```

위의 예제에서는 findValue 함수를 정의하여 리스트에서 원하는 값을 찾는다. 함수는 리스트와 타겟값이 매개 변수로 주어지며, 반복문을 사용하여 리스트의 요소를 하나씩 확인한다. if문을 사용하여 현재 요소가 타겟값과 일치하는지 검사하고, 일치하는 값이 있을 경우 해당 인덱스를 반환한다.

main 함수에서는 numbers 리스트와 target 변수를 정의한 후 findValue 함수를 호출하여 원하는 값을 찾는다. 반환된 인덱스를 확인하여 해당하는 메시지를 출력한다. 예를 들어 위의 예시에서는 리스트에서 15를 찾고 있으므로 "원하는 값 15은 리스트의 인덱스 2에 위치해 있습니다."라는 메시지가 출력된다.

문제 5 함수(TIC TAC TOE 만들기)

① 사용자 간 대결

```
fun main() {
    val board = List(3) { MutableList(3) { " " } }

    var isPlayer1Turn = true
    var gameOver = false
    var winner = ""

    while (!gameOver) {
        printBoard(board)

        val currentPlayer = if (isPlayer1Turn)
            "플레이어 1 (X)" else "플레이어 2 (O)"
        println("$currentPlayer 차례입니다. 행과 열을 입력하세요 (0-2 사이의 숫자를
            공백으로 구분):")
```

```kotlin
        val input = readLine()
        val coordinates = input?.split(' ')

        if (coordinates?.size != 2) {
            println("잘못된 입력입니다. 다시 입력해주세요.")
            continue
        }

        val row = coordinates[0]?.toIntOrNull() ?: -1
        val col = coordinates[1]?.toIntOrNull() ?: -1

        if (row < 0 || row > 2 || col < 0 || col > 2) {
            println("잘못된 좌표입니다. 다시 입력해주세요.")
            continue
        }

        if (board[row][col] != " ") {
            println("이미 선택된 셀입니다. 다시 입력해주세요.")
            continue
        }

        board[row][col] = if (isPlayer1Turn) "X" else "O"

        if (checkGameOver(board)) {
            gameOver = true
            winner = currentPlayer
        }

        isPlayer1Turn = !isPlayer1Turn
    }

    printBoard(board)

    if (winner.isNotEmpty()) {
        println("승자: $winner")
    } else {
        println("무승부입니다!")
    }
}

fun printBoard(board: List<List<String>>) {
    println("---------")
    for (i in 0 until 3) {
```

```kotlin
            println("| ${board[i][0]} | ${board[i][1]} | ${board[i][2]} |")
            println("---------")
        }
    }

    fun checkGameOver(board: List<List<String>>): Boolean {
        // 가로 체크
        for (row in 0 until 3) {
            if (board[row][0] != " " && board[row][0] == board[row][1] &&
                board[row][0] == board[row][2]) {
                return true
            }
        }

        // 세로 체크
        for (col in 0 until 3) {
            if (board[0][col] != " " && board[0][col] == board[1][col] &&
                board[0][col] == board[2][col]) {
                return true
            }
        }

        // 대각선 체크
        if (board[0][0] != " " && board[0][0] == board[1][1] && board[0][0] ==
            board[2][2]) {
            return true
        }
        if (board[0][2] != " " && board[0][2] == board[1][1] && board[0][2] ==
            board[2][0]) {
            return true
        }

        // 무승부 체크
        for (row in 0 until 3) {
            for (col in 0 until 3) {
                if (board[row][col] == " ") {
                    return false // 아직 빈 칸이 남아있음
                }
            }
        }

        return true // 모든 칸이 채워져서 무승부
    }
```

② 컴퓨터와의 대결

```kotlin
import java.util.*

fun main() {
    val board = List(3) { MutableList(3) { " " } }

    var isPlayer1Turn = true
    var gameOver = false
    var winner = ""

    while (!gameOver) {
        printBoard(board)

        val currentPlayer = if (isPlayer1Turn) "플레이어 1 (X)" else
            "컴퓨터 (O)"

        if (isPlayer1Turn) {
            println("$currentPlayer 차례입니다. 행과 열을 입력하세요 (0-2 사이의
                숫자를 공백으로 구분):")

            val input = readLine()
            val coordinates = input?.split(' ')

            if (coordinates?.size != 2) {
                println("잘못된 입력입니다. 다시 입력해주세요.")
                continue
            }

            val row = coordinates[0]?.toIntOrNull() ?: -1
            val col = coordinates[1]?.toIntOrNull() ?: -1

            if (row < 0 || row > 2 || col < 0 || col > 2) {
                println("잘못된 좌표입니다. 다시 입력해주세요.")
                continue
            }

            if (board[row][col] != " ") {
                println("이미 선택된 셀입니다. 다시 입력해주세요.")
                continue
            }

            board[row][col] = "X"
```

```kotlin
            } else {
                println("$currentPlayer 차례입니다.")
                val random = Random()
                
                var row: Int = 0
                var col: Int = 0
                var isValidMove = false
                
                while (!isValidMove) {
                    row = random.nextInt(3)
                    col = random.nextInt(3)
                    
                    if (board[row][col] == " ") {
                        isValidMove = true
                    }
                }
                
                board[row][col] = "O"
            }
            
            if (checkGameOver(board)) {
                gameOver = true
                winner = currentPlayer
            }
            
            isPlayer1Turn = !isPlayer1Turn
        }
        
        printBoard(board)
        
        if (winner.isNotEmpty()) {
            println("승자: $winner")
        } else {
            println("무승부입니다!")
        }
    }
}

fun printBoard(board: List<List<String>>) {
    println("---------")
    for (i in 0 until 3) {
        println("| ${board[i][0]} | ${board[i][1]} | ${board[i][2]} |")
        println("---------")
```

```kotlin
    }
}

fun checkGameOver(board: List<List<String>>): Boolean {
    // 가로 체크
    for (row in 0 until 3) {
        if (board[row][0] != " " && board[row][0] == board[row][1] &&
            board[row][0] == board[row][2]) {
            return true
        }
    }

    // 세로 체크
    for (col in 0 until 3) {
        if (board[0][col] != " " && board[0][col] == board[1][col] &&
            board[0][col] == board[2][col]) {
            return true
        }
    }

    // 대각선 체크
    if (board[0][0] != " " && board[0][0] == board[1][1] && board[0][0] ==
        board[2][2]) {
        return true
    }

    if (board[0][2] != " " && board[0][2] == board[1][1] && board[0][2] ==
        board[2][0]) {
        return true
    }

    // 무승부 체크
    for (row in 0 until 3) {
        for (col in 0 until 3) {
            if (board[row][col] == " ") {
                return false // 아직 빈 칸이 남아있음
            }
        }
    }

    return true // 모든 칸이 채워져서 무승부
}
```

챕터 요약 정리

01. 코틀린 언어 소개
코틀린은 JetBrains에서 개발한 언어로, 주로 Android 앱 개발에 사용되며 Java와 100% 호환성을 제공합니다. 정적 타입 언어이면서 표현력이 뛰어나며, 간결하고 실용적인 문법을 지원합니다. 또한 함수형 프로그래밍과 객체 지향 프로그래밍을 모두 지원하여 다양한 프로그래밍 스타일을 채택할 수 있습니다.

02. 변수와 데이터 타입
코틀린에서는 변수를 선언할 때 명시적으로 타입을 지정하거나, 초기값에 따라 자동으로 타입을 추론하는 방식이 가능합니다. 다양한 기본 데이터 타입과 함께 널(null) 안전성을 강조하는 특징이 있습니다.

03. 연산자
코틀린은 기본적인 산술 연산자부터 비교 연산자, 논리 연산자 등을 지원합니다. 또한 연산자 오버로딩을 통해 사용자가 직접 연산자를 정의할 수 있는 기능도 제공합니다.

04. 제어문
조건문인 if-else문부터, when문을 사용한 조건 처리, 반복문인 for문과 while문 등 다양한 제어문이 있습니다. 특히 when문은 다양한 조건을 간결하게 표현할 수 있는 강력한 기능을 제공합니다.

05. 함수
코틀린에서 함수는 일급 객체로 취급되며, 함수형 프로그래밍의 특징을 지원합니다. 함수를 변수에 할당하거나 매개 변수로 전달하는 등의 고차 함수 개념이 도입되어 있습니다. 또한 람다식을 통해 간결하게 함수를 표현할 수 있습니다.

06. 컬렉션
코틀린은 리스트, 세트, 맵 등 다양한 컬렉션을 지원합니다. 불변(immutable) 컬렉션과 가변(mutable) 컬렉션을 제공하며, 함수형 프로그래밍 스타일을 지원하는 컬렉션 연산이 풍부합니다.

챕터 2에서는 코틀린 언어의 기본 개념을 탐험하였습니다. 변수와 데이터 타입, 연산자, 제어문, 함수, 그리고 여러 가지 컬렉션에 대해 학습하여, 다양한 프로그래밍 상황에서 코틀린을 유연하게 활용할 수 있게 되었습니다.

CHAPTER

03

내 일 은 코 틀 린

객체 지향 프로그래밍

01 클래스와 객체
02 생성자
03 상속
04 오버라이딩
05 캡슐화
06 다형성
07 추상 클래스와 인터페이스

01 클래스와 객체

더 멋진 내일(Tomorrow)을 위한 내일(My Career) **내일은 코틀린**

✓ 핵심 키워드

클래스, 프로퍼티, 메서드

여기서는 무얼 배울까

객체 지향 프로그래밍에서 클래스를 구성하는 주요 요소들을 학습한다. 클래스 선언, 프로퍼티, 메서드, 생성자, 상속, 오버라이딩, 캡슐화, 접근 제어 지시자 등 각 요소의 역할과 기능을 이해하고, 이를 통해 객체 지향 프로그래밍의 핵심 개념과 원리를 파악할 수 있다. 클래스의 구성 요소를 이해함으로써 객체 지향적인 코드를 작성하고 활용할 수 있는 기반을 마련할 수 있다.

클래스

클래스(Class)와 객체는 객체 지향 프로그래밍의 핵심 개념 중 하나다. 코틀린에서 클래스는 객체를 만들기 위한 설계도 역할을 하며, 객체는 클래스(설계도)를 바탕으로 만들어진 것이다.

클래스는 속성(프로퍼티)과 메서드(멤버 함수)로 구성된다. 속성은 클래스의 상태를 나타내고, 메서드는 클래스가 수행할 수 있는 동작을 정의한다. 예를 들어 자동차 클래스에서는 속성으로 차종, 연식, 색상 등이 있을 수 있고, 메서드로 시동 켜기, 가속하기, 브레이크 밟기 등이 있을 수 있다.

객체는 클래스를 기반으로 생성된 구체적인 **인스턴스***다. 즉, 클래스는 객체를 만들기 위한 설계도이며, 객체는 클래스를 바탕으로 만들어진 실제적인 존재다. 객체는 독립적으로 존재할 수도 있지만, 클래스 내부에 중첩되어 사용될 수도 있다.

기초 용어 정의

* **인스턴스**: 실제 데이터를 가지고 만들어진 개별적 요소, 즉 실체화된 것을 뜻한다.

클래스 선언

코·드·소·개

```
class 클래스명 {

  // 속성(프로퍼티) 선언
  var 변수명1: 데이터_타입
  var 변수명2: 데이터_타입
  // ...

  // 생성자 선언
    constructor(매개 변수1: 매개 변수_데이터_타입, 매개 변수2: 매개 변수_데이터_타입,
      ...) {
    // 생성자의 초기화 코드
  }

  // 메서드(멤버 함수) 선언
    fun 메서드명1(매개 변수1: 매개 변수_데이터_타입, 매개 변수2: 매개 변수_데이터_타입)
      : 반환_데이터_타입 {
    // 메서드의 실행 코드
  }

    fun 메서드명2(매개 변수1: 매개 변수_데이터_타입, 매개 변수2: 매개 변수_데이터_타입)
      : 반환_데이터_타입 {
    // 메서드의 실행 코드
  }

  // ...
}
```

클래스 선언은 class 키워드로 시작하며, 클래스명을 지정한다. 중괄호({}) 내에는 클래스의 속성, 생성자, 메서드 등을 선언한다. 클래스 속성에는 대개 해당 클래스가 가지는 데이터를 저장하기 위한 변수들이 선언된다. 생성자는 객체를 초기화하기 위해 사용되며, 클래스의 인스턴스를 만들기 위해 호출된다. 메서드는 클래스 안에서 정의된 함수로, 클래스가 가지는 동작을 수행한다.

클래스 안에는 다양한 프로퍼티와 메서드를 선언할 수 있다. 프로퍼티는 클래스가 가지는 속성(상태)을 나타내며, 메서드는 클래스가 수행하는 동작(기능)을 나타낸다. 이러한 프로퍼티와 메서드는 접근 제어자를 이용하여 외부에서 접근하는 것을 제한할 수 있다.

클래스는 객체를 생성하기 위한 청사진이기 때문에 클래스의 인스턴스를 생성하는 것이 일반적이다. 이를 위해서는 클래스의 생성자를 호출한다. 예를 들어 다음과 같이 Person 클래스를 정의하고 인스턴스를 생성할 수 있다.

```kotlin
class Person(var name: String = "Kim", var age: Int = 20) {

    // 생성자

    // 메서드
    fun sayHello() {
        println("Hello, my name is $name and I'm $age years old.")
    }
}
fun main() {
    var person = Person("John", 18) // 객체 생성
    person.sayHello()
}
```

코드 결과

```
Hello, my name is John and I'm 18 years old.
```

위의 코드에서 Person 클래스는 이름을 저장하는 프로퍼티 name과 name값을 출력하는 sayHello 메서드를 가지고 있다. Person 클래스의 생성자는 name을 인자로 받아 해당 프로퍼티를 초기화하는 역할을 한다. main 함수에서는 Person 클래스의 인스턴스를 생성하고 sayHello 메서드를 호출하여 이름을 출력한다.

프로퍼티(Property)

프로퍼티는 클래스의 멤버 변수로서, 클래스의 각 인스턴스(객체)마다 개별적인 값을 가지는 변수다. 각 객체가 서로 다른 값을 가질 수 있으며, 해당 클래스의 모든 메서드에서 사용할 수 있다.

프로퍼티는 클래스 내부에서 선언되며, 주로 객체의 상태를 나타내는 속성을 저장한다. 객체가 생성되면 프로퍼티는 해당 객체에 할당되고, 객체의 수명 동안 유지된다.

프로퍼티는 클래스의 객체에 따라 값이 달라질 수 있기 때문에, 객체마다 독립적으로 값을 유지한다. 이를 통해 각 객체는 자신만의 상태를 가지고 있을 수 있다. 프로퍼티는 클래스 내의 모든 메서드에서 사용할 수 있으므로, 객체의 상태를 변경하거나 조회하는 등 다양한 동작을 수행하는 데 활용된다. 쉽게 말해 프로퍼티는 해당 클래스가 가지는 속성을 나타내는 변수라고 할 수 있다.

프로퍼티의 형태

> **코·드·소·개**
>
> [접근 제어자] val/var 변수명: 데이터 타입

여기서 val은 읽기 전용(값이 변하지 않음) 프로퍼티를 선언할 때 사용하고, var는 값이 변경 가능한 프로퍼티를 선언할 때 사용한다.

- **접근 제어자(Access Modifier)**: 프로퍼티에 대한 접근 권한을 설정한다. 일반적으로 public, protected, private 또는 기본(default) 접근 제어자를 사용한다. 이를 통해 변수의 가시성과 접근 범위를 조절할 수 있다.

- **데이터 타입**: 프로퍼티의 데이터 타입을 지정한다. 변수가 저장할 수 있는 값의 유형을 나타낸다. 예를 들어 Int, String, Boolean 등의 기본 데이터 타입 또는 사용자 정의 클래스 타입을 사용할 수 있다.

- **변수명**: 프로퍼티의 이름을 지정한다. 관례상 소문자로 시작하고, 카멜 표기법(Camel Case)을 따른다.

> **Clear Comment**
>
> 표기법은 프로그래밍에서 변수, 함수, 상수, 클래스 등의 이름을 작성할 때 사용되는 규칙이나 패턴을 의미합니다. 표기법은 코드의 가독성과 일관성을 유지하며, 개발자들 사이에서의 코드 이해와 협업을 용이하게 합니다. 다양한 표기법이 존재하는데, 일반적으로 많이 사용되는 표기법 몇 가지를 알아보겠습니다.
>
> - **카멜 표기법(Camel Case)**
>   단어들을 연결할 때 첫 글자를 소문자로 작성하고, 이후 단어들의 첫 글자는 대문자로 작성합니다.
>   예) myVariable, calculateSum, getUserData
>
> - **파스칼 표기법(Pascal Case)**
>   단어들을 연결할 때 첫 글자를 대문자로 작성하고, 이후 단어들의 첫 글자도 대문자로 작성합니다.
>   예) UserModel, CalculateAverage, GetUserData
>
> - **스네이크 표기법(Snake Case)**
>   단어들을 모두 소문자로 작성하고, 단어들을 연결할 때 밑줄(_)을 사용합니다.
>   예) my_variable, calculate_sum, get_user_data
>
> - **케밥 표기법(Kebab Case)**
>   단어들을 모두 소문자로 작성하고, 단어들을 연결할 때 하이픈(-)을 사용합니다.
>   예) my-variable, calculate-sum, get-user-data
>
> 이 외에도 여러 가지 표기법이 존재하며, 팀이나 프로젝트에서 사용하는 표기법을 따르는 것이 중요합니다. 일관성 있는 표기법은 코드의 가독성을 향상시키고, 협업 시에도 코드를 이해하고 유지·보수하기 쉽게 합니다.

프로퍼티는 클래스 내부에서 다음과 같이 선언된다.

> **코·드·소·개**
> ```
> class 클래스명 {
>   var 변수명1: 데이터 타입
>   var 변수명2: 데이터 타입
>   ...
> }
> ```

프로퍼티의 예시 코드

```kotlin
class Car {
    var brand: String = "" // 프로퍼티 (프로퍼티)
    var price: Int = 0 // 프로퍼티 (프로퍼티)
}
```

위 예시에서 brand와 price는 객체의 속성으로써, 각 객체마다 서로 다른 값을 가질 수 있다. 예를 들어 다음은 Car 클래스를 사용하여 두 개의 객체를 생성하고, 각 객체의 brand와 price를 설정한 후 출력하는 예시다.

```kotlin
fun main() {
    var car1 = Car()
    car1.brand = "Tesla"
    car1.price = 50000

    var car2 = Car()
    car2.brand = "BMW"
    car2.price = 40000

    println("Car 1: ${car1.brand}, ${car1.price} dollars")
    println("Car 2: ${car2.brand}, ${car2.price} dollars")
}
```

코드 결과
```
Car 1: Tesla, 50000 dollars
Car 2: BMW, 40000 dollars
```

위 예시에서 Car 클래스의 프로퍼티 brand와 price는 각 객체마다 서로 다른 값을 가지며, 해당 값은 객체 생성 후에도 유지된다.

프로퍼티의 주요 특징

- 프로퍼티는 객체마다 독립적인 값을 가질 수 있다.
- 프로퍼티는 클래스의 모든 메서드에서 사용할 수 있다.
- 프로퍼티는 객체 생성 시에 메모리에 할당되며, 객체의 수명 동안 유지된다.
- 프로퍼티는 객체의 상태를 나타내고 객체 간에 데이터를 공유할 수 있다.

> **Tip**
> 프로퍼티를 적절하게 활용하여 클래스의 객체들이 각기 다른 상태를 가지고 독립적으로 동작할 수 있도록 설계할 수 있습니다. 이를 통해 객체 지향 프로그래밍의 핵심 개념 중 하나인 캡슐화와 정보 은닉을 구현할 수 있습니다.

메서드(Method)

메서드는 객체의 특정 행동 또는 동작을 나타내는 함수로, 객체가 수행할 수 있는 작업을 정의하는 데 사용된다. 메서드는 클래스의 객체에 의해 호출되어 실행된다. 클래스는 메서드를 사용하여 특정 동작을 정의하고, 해당 동작을 여러 번 호출할 수 있다. 메서드는 클래스의 기능과 동작을 구현하는 데 사용된다.

메서드는 클래스 내부에 작성되며, 다른 함수와 마찬가지로 이름, 매개 변수, 반환값 등을 가질 수 있다. 객체가 가지고 있는 데이터를 변경하거나, 객체의 상태를 변경하는 등의 작업을 수행할 수 있다.

다른 함수와 마찬가지로, 메서드는 호출될 때 실행되며, 클래스에서 선언된 데이터나 다른 메서드에 접근할 수 있다. 또한 메서드는 객체가 생성될 때마다 새로운 인스턴스를 생성하여 각 인스턴스마다 다른 값을 가질 수 있다.

메서드는 객체 지향 프로그래밍에서 매우 중요한 개념 중 하나이며, 객체가 가지는 동작을 구현할 수 있도록 한다. 메서드를 사용하여 객체의 행동을 정의하고, 이를 통해 객체 간의 상호 작용을 구현할 수 있다.

메서드의 형식

코·드·소·개

```
returnType methodName(parameters) {
    // method body
}
```

여기서 returnType은 메서드가 반환하는 값의 데이터 타입을 지정하며, methodName은 메서드의 이름을 나타낸다. parameters는 메서드에 전달되는 인수의 목록이다. 메서드의 구현은 중괄호 내에서 정의된다.

메서드는 클래스 외부에서 호출된다. 이를 위해 메서드는 해당 클래스의 인스턴스를 통해 호출된다. 예를 들어 Car라는 자동차 클래스를 만들고, 이를 활용하여 car 객체를 만들었을 때, car.accelerate()와 같이 자동차 객체의 accelerate 메서드를 호출할 수 있다.

메서드는 다른 메서드를 호출할 수도 있다. 이를 통해 복잡한 작업을 수행하는 메서드를 구현할 수 있다. 예를 들어 자동차 클래스의 start 메서드는 시동을 켜는 작업을 수행할 수 있다. 이 메서드는 내부적으로 ignitionOn 메서드를 호출하여 시동 장치를 켤 수 있다.

메서드는 프로퍼티를 조작할 수도 있다. 예를 들어 자동차 클래스의 accelerate 메서드는 속도를 증가시키는 데 사용되는 speed 프로퍼티를 조작할 수 있다.

메서드의 예시 코드

코·드·소·개

```
class Calculator {
    fun add(a: Int, b: Int): Int {
        return a + b
    }

    fun printMessage(message: String) {
        println(message)
    }
}

fun main() {
    var calculator = Calculator()
    var result = calculator.add(5, 3)
    println("결과: $result")
```

```
    calculator.printMessage("메서드 예시입니다.")
}
```

코드 결과

```
결과: 8
메서드 예시입니다.
```

위의 예시에서 Calculator 클래스는 add와 printMessage라는 두 개의 메서드를 가지고 있다. add 메서드는 두 개의 정수를 입력받아야 하며, 두 개의 정수를 더한 뒤 값을 반환해 준다.

printMessage는 전달받은 문자열을 바로 출력해준다.

lateinit 키워드

lateinit 키워드는 코틀린에서 변수를 선언할 때 사용되며, 변수의 초기화를 나중으로 미루고자 할 때 활용된다. 이를 통해 변수를 선언할 때 반드시 초기값을 할당하지 않아도 되고, 변수를 사용하기 전에 초기화할 수 있다.

- lateinit 키워드를 사용하는 변수는 다음과 같은 특징을 가진다.
- lateinit 키워드를 사용하여 선언된 변수는 선언 시점에 초기값을 할당하지 않아도 된다. 대신, 변수를 사용하기 전에 반드시 초기화해야 한다.
- lateinit 키워드는 기본적으로 클래스의 프로퍼티에만 적용되며, 함수나 다른 블록 내에서는 사용되지 않는다. 또한 lateinit 변수는 Non-nullable 타입이 아니라 nullable 타입으로 선언되어야 한다.
- late 변수를 초기화하기 전에 사용하면, 변수가 초기화되지 않았다는 예외가 발생한다.

```
class Example {
    lateinit var name: String

    fun main() {
        // println(name) // 초기화되지 않아 컴파일 오류 발생

        name = "John Doe" // 변수 초기화

        println(name) // John Doe 출력
    }
}
```

위 예시에서 name 변수는 lateinit 키워드를 사용하여 선언되었다. 초기화를 나중에 할 수 있기 때문에 변수를 선언할 때 초기값을 할당하지 않았다. 하지만 변수를 사용하기 전에 반드시 초기화해야 한다. 초기화 이전에 변수를 사용하면 컴파일 오류가 발생한다.

> **Tip**
> lateinit 키워드는 변수의 초기화를 늦출 수 있어 유연성을 제공합니다. 그러나 초기화되지 않은 lateinit을 사용하면 예외가 발생하므로, 신중하게 활용해야 합니다.

손으로 익히는 코딩

```kotlin
class MenuItem {
    var name: String = ""
    var price: Double = 0.0
}

class Cafe {
    private lateinit var menu: List<MenuItem>

    init {
        menu = listOf(
            createMenuItem("아메리카노", 3.5),
            createMenuItem("카페라떼", 4.0),
            createMenuItem("카푸치노", 4.5),
            createMenuItem("에스프레소", 3.0),
            createMenuItem("프라푸치노", 5.0)
        )
    }

    private fun createMenuItem(name: String, price: Double): MenuItem {
        val item = MenuItem()
        item.name = name
        item.price = price
        return item
    }

    fun displayMenu() {
        println("메뉴:")
        menu.forEach { item ->
            println("${item.name} - $${item.price}")
        }
    }

    fun placeOrder(itemName: String, quantity: Int): Double {
```

```kotlin
        menu.find { it.name == itemName }?.let { item ->
            val totalPrice = item.price * quantity
            println("주문한 메뉴: $itemName")
            println("수량: $quantity")
            println("총 가격: \$$totalPrice")
            return totalPrice
        }

        println("존재하지 않는 메뉴입니다.")
        return 0.0
    }
}

fun main() {
    val cafe = Cafe()

    println("카페 메뉴를 확인하세요.")
    cafe.displayMenu()

    val itemName = "카페라떼"
    val quantity = 2

    val totalPrice = cafe.placeOrder(itemName, quantity)
    println("결제 금액: \$$totalPrice")
}
```

> **더 알아보기**
>
> **find, let**
> - find는 컬렉션(리스트, 배열 등)에서 조건을 만족하는 첫 번째 요소를 찾아 반환하는 함수이다.
> - let은 확장 함수로, 객체(위 코드에서 item)를 안전하게 사용할 수 있도록 해주는 함수이다.

예시 코드를 통해 카페에서의 주문 및 결제 시나리오를 구현하였다.

위의 코드에서 MenuItem 클래스는 메뉴 항목을 나타내고, Cafe 클래스는 카페를 나타낸다. Cafe 클래스에는 Create MenuItem 메서드를 사용하여 생성한 menu라는 메뉴 목록이 있다.

displayMenu() 메서드는 카페의 메뉴를 출력하는 역할을 한다.

placeOrder() 메서드는 주문을 처리하고 결제 금액을 반환한다. 주어진 itemName과 일치하는 메뉴를 찾아 수량과 총 가격을 출력한다.

main() 함수에서는 Cafe 클래스의 객체를 생성한 후, 메뉴를 확인하고 placeOrder() 메서드를 호출하여 주문을 처리한 다음 결제 금액을 출력한다.

에러에서 배우기

- **변수 초기화 에러**

    MenuItem 클래스에서 name과 price를 초기화하는 생성자가 정의되어 있지만, 해당 클래스를 사용하는 Cafe 클래스에서 menu 리스트를 late 키워드로 선언하고 있습니다. late 키워드를 사용하면 변수를 선언할 때는 초기화하지 않아도 되지만 사용하기 전에는 반드시 초기화해야 합니다. 만약 menu를 선언할 때 초기값을 주지 않고 사용하면 LateInitializationError가 발생할 수 있는데, 이를 해결하기 위해서 menu 리스트를 선언할 때 빈 리스트로 초기화하거나 또는 late 키워드를 제거하고 변수를 선언하는 동시에 초기값을 주면 됩니다.

- **메뉴 찾기 에러**

    placeOrder 메서드에서 주어진 itemName과 일치하는 메뉴를 menu 리스트에서 찾습니다. 그러나 itemName과 일치하는 메뉴가 없는 경우를 처리하지 않습니다. 이 경우에는 for 루프가 모두 실행된 후에도 일치하는 메뉴를 찾지 못하면 "존재하지 않는 메뉴입니다."라는 메시지를 출력하고 return 0.0을 통해 0.0을 반환합니다. 이 경우 일치하는 메뉴를 찾지 못했을 때의 특정 예외 처리를 추가하여 에러를 방지할 수 있습니다.

- **객체 생성 에러**

    MenuItem 클래스와 Cafe 클래스에서 객체를 생성하고 있습니다. 만약 해당 클래스가 정의되어 있지 않거나 클래스 이름에 오타가 있으면 객체 생성 에러가 발생할 수 있습니다. 따라서 클래스 이름을 정확하게 작성하고 해당 클래스가 정의되어 있는지 확인해야 합니다.

- **메서드 호출 에러**

    Cafe 클래스의 displayMenu 메서드와 placeOrder 메서드는 해당 클래스의 객체를 통해 호출되어야 합니다. 이 경우 객체가 생성되지 않은 상태에서 메서드를 호출하면 에러가 발생하기 때문에 Cafe 클래스의 객체를 생성한 후에 해당 객체를 통해 메서드를 호출해야 합니다.

- **출력 형식 에러**

    displayMenu 메서드와 placeOrder 메서드에서 출력할 때 $ 기호를 사용하여 가격을 표시하고 있습니다. 하지만 문자열 내에서 $는 특수 문자로 해석되므로 출력 형식이 잘못될 수 있는데, 이를 해결하기 위해서는 $ 기호 앞에 백슬래시 \를 추가하여 이스케이프 처리를 해주어야 합니다. 예를 들어 print("\${item.price}")와 같이 출력 형식을 수정할 수 있습니다.

02

더 멋진 내일(Tomorrow)을 위한 내일(My Career) **내일은 코틀린**

생성자

> **핵심 키워드**

생성자, 인스턴스, this 키워드

여기서는 무얼 배울까

클래스의 인스턴스를 생성하고 초기화하는 역할을 하는 생성자에 대해 학습한다. 생성자를 통해 객체를 초기화하고 필요한 값들을 설정하는 방법을 배우며, 다양한 생성자의 매개 변수를 통해 다양한 초기화 방식을 제공할 수 있다. 또한 생성자를 통해 객체의 상태를 안정적으로 유지하고 초기화 과정을 효율적으로 관리할 수 있는 기술을 습득할 수 있다.

기본 생성자(Default Constructor)

생성자란 객체를 초기화하는 특별한 메서드로, 객체가 생성될 때 자동으로 호출된다. 클래스 이름과 동일한 이름을 가지며, 매개 변수를 가지지 않거나 선택적인 매개 변수를 가질 수 있다.

기본 생성자는 클래스의 인스턴스를 생성할 때 매개 변수 없이 호출되는 특별한 유형의 생성자다. 클래스 내에 명시적으로 생성자를 작성하지 않으면 컴파일러는 자동으로 기본 생성자를 추가한다. 기본 생성자는 매개 변수를 받지 않고, 일반적으로 클래스의 프로퍼티들을 초기화하는 역할을 수행한다.

기본 생성자는 매개 변수가 없으며, 클래스 이름 뒤에 괄호'()'를 붙여 선언한다. 코틀린에서는 명시적으로 선언하지 않아도 자동으로 생성되어 사용된다. 즉, 아래와 같이 생략해도 기본 생성자가 자동으로 생성된다.

> **코·드·소·개**

```
class MyClass {
    // 아무런 생성자가 없는 경우, 컴파일러가 아래와 같은 기본 생성자를 자동으로 생성
    // MyClass() {}
}
```

CHAPTER 03. 객체 지향 프로그래밍 • **107**

위의 예시에서 MyClass는 기본 생성자를 가지고 있다. 생성자의 로직은 중괄호 '{}' 안에 작성된다. 이 곳에서는 객체의 초기화 작업이나 다른 초기 설정을 수행할 수 있다.

기본 생성자는 클래스 이름과 동일한 이름을 가지며, 반환 타입을 지정하지 않는다. 생성자 내에서는 클래스의 프로퍼티를 초기화하거나, 초기 작업을 수행할 수 있다.

코·드·소·개
```
val/var myObject: MyClass = MyClass() // 기본 생성자로 객체 생성
val/var myObject = MyClass() // 기본 생성자로 객체 생성 (타입 생략)
```

기본 생성자는 클래스의 인스턴스를 생성할 때 호출된다. 위의 코드와 같이 추가적으로 작성하지 않아도 기본 생성자는 생략해서 진행 가능하다. 따라서 클래스의 인스턴스를 생성할 때, 프로퍼티의 초기값을 지정해야 하는 경우, 매개 변수가 있는 생성자를 정의하거나, 기본 생성자에서 프로퍼티의 초기값을 설정할 수 있다.

```
class Person {
    var name: String = "Unknown"
    var age: Int = 0

    // 기본 생성자
    init {
        println("Person 객체가 생성되었습니다.")
    }
}
```

위의 예시에서 Person 클래스에 기본 생성자를 정의하였다. 이제 Person 클래스로부터 객체를 생성하면, 기본 생성자가 자동으로 호출되며, 이 생성자는 name과 age를 각각 "Unknown"과 0으로 초기화하며 "Person 객체가 생성되었습니다."라는 메시지가 출력된다.

```
fun main() {
    var person = Person()
}
```

코드 결과
Person 객체가 생성되었습니다.

Tip
만약 클래스에서 생성자를 직접 정의한 경우, 기본 생성자는 자동으로 생성되지 않습니다. 따라서 클래스에서 생성자를 정의하고자 하는 경우에는 기본 생성자를 명시적으로 정의해줘야 합니다.

매개 변수가 있는 생성자(Parameterized Constructor)

매개 변수가 있는 생성자는 클래스의 인스턴스를 생성할 때 인자를 받아와서 초기화하는 생성자다. 매개 변수가 있는 생성자를 정의함으로써 객체 생성 시 초기값을 전달하고자 할 때 사용된다. 매개 변수가 있는 생성자를 사용하면 객체를 생성하는 동시에 초기값을 설정할 수 있다.

매개 변수가 있는 생성자 예시 선언

```
class Person(var/val name: String, var/val age: Int)
```

위 코드에서 Person 클래스는 name과 age라는 프로퍼티를 가지며, 매개 변수로 name과 age를 전달받아 객체를 초기화하는 생성자를 가지고 있다.

```
class Person(var name: String, var age: Int) {
    init {
        // this를 사용하여 프로퍼티와 매개 변수를 구분
        this.name = name
        this.age = age
    }
}
```

init 블록은 기본 생성자의 일부로 간주되며, 클래스가 인스턴스화될 때 실행된다. 생성자 내부에서는 this 키워드를 사용하여 프로퍼티에 접근할 수 있다. 이를 통해 생성자의 매개 변수와 프로퍼티의 이름이 같을 때 혼란을 방지할 수 있다. 예를 들어 위 코드에서 this.name과 this.age는 프로퍼티를 가리킨다.

매개 변수가 있는 생성자는 다음과 같이 인스턴스를 생성할 때 사용할 수 있다.

```
fun main() {
    var person = Person("Alice", 30)
    println(person.name)
    println(person.age)
}
```

코드 결과
```
Alice
30
```

위 코드는 Person 클래스의 매개 변수가 있는 생성자를 사용하여 person이라는 객체를 생성하고, 이후 name과 age 프로퍼티에 접근하여 값을 출력하는 예시다.

this 키워드

this 키워드는 현재 객체를 참조하는 데 사용된다. 클래스의 멤버 함수나 프로퍼티 내에서 this를 사용하면, 그 함수나 프로퍼티가 속한 객체 자신을 가리킨다.

- **멤버 변수와 지역 변수의 이름 충돌 방지**: 만약 클래스의 멤버 변수와 메서드 내의 지역 변수의 이름이 같을 경우, this를 사용해 멤버 변수를 명확히 구분할 수 있다.

```
class Person(val name: String) {
    fun printName(name: String) {
        println("Local name: $name")
        println("Class name: ${this.name}")
    }
}

fun main() {
    val person = Person("Alice")
    person.printName("Bob")
}
```

> 코드 결과
>
> Local name: Bob
> Class name: Alice

- **현재 객체를 다른 객체로 전달할 때**: 예를 들어 현재 객체를 다른 메서드나 함수로 전달할 때 this를 사용할 수 있다.

```
fun compare(person: Person): Boolean {
    return this.name == person.name
}
```

손으로 익히는 코딩

```kotlin
import kotlin.random.Random // 라이브러리 import

class Player(var name: String) {
    var score: Int = 0

    init {
        score = 0 // 초기화
    }

    fun rollDice() {
        score = Random.nextInt(6) + 1 // 랜덤 주사위 굴리기
    }
}

fun main() {
    var player1 = Player("Player 1")
    var player2 = Player("Player 2")

    repeat(3) {
        player1.rollDice()
        player2.rollDice()

        println("${player1.name}의 주사위: ${player1.score}")
        println("${player2.name}의 주사위: ${player2.score}")

        when {
            player1.score > player2.score -> println(
              "${player1.name}이 이겼습니다!")
            player2.score > player1.score -> println(
              "${player2.name}이 이겼습니다!")
            else -> println("무승부입니다!")
        }

        println("--------------------")
    }
}
```

위 코드는 두 플레이어 간의 주사위 게임을 구현한 Kotlin 코드다. 간단한 객체 지향 프로그래밍의 개념이 사용되었다.

에러에서 배우기

- **라이브러리 import 에러**
  kotlin.random.Random 라이브러리를 import하지 않았거나 잘못된 형식으로 import한 경우 해당 라이브러리에 관련된 에러가 발생할 수 있습니다.

- **생성자 선언 에러**
  클래스 내에 생성자를 정의하지 않았거나, 생성자의 형식이 잘못되었을 경우 컴파일 에러가 발생합니다. 생성자의 이름과 클래스 이름은 동일해야하며, 매개 변수의 개수와 형식이 일치해야 합니다.

- **매개 변수 에러**
  생성자에 전달되는 매개 변수의 개수나 형식이 잘못된 경우 컴파일 에러가 발생합니다. 매개 변수의 개수나 형식은 생성자 정의 부분과 호출 부분에서 일치해야 합니다.

- **초기화 에러**
  생성자에서 프로퍼티의 초기화 과정에서 예외가 발생하는 경우, 초기화 에러가 발생할 수 있습니다. 예를 들어 생성자 내에서 발생할 수 있는 오류로는 널(null) 참조 에러, 형 변환 에러, 예외 발생 등이 있습니다.

Player 클래스

- Player 클래스는 주사위 게임의 플레이어를 나타낸다.

- 주요 프로퍼티

name	플레이어의 이름을 나타내는 읽기 전용 프로퍼티로서 생성자 매개 변수로 초기화된다.
score	주사위의 숫자를 나타내는 변수로, rollDice() 메서드를 통해 갱신된다. • init: 블록에서 score를 초기화한다. • rollDice() 메서드: 1에서 6까지의 난수를 생성하여 score에 할당한다.

main 함수

- main 함수에서는 두 플레이어 객체(player1 및 player2)를 생성한다.

- repeat(3)을 통해 주사위 게임을 3번 반복한다.

- 각 반복에서 두 플레이어는 rollDice()를 호출하여 주사위를 굴린다.

- 플레이어의 주사위 숫자와 결과를 출력한다.

- when문을 사용하여 두 플레이어의 주사위 숫자를 비교하고, 승부를 판단하여 결과를 출력한다.

repeat 함수

- repeat 함수는 특정 코드 블록을 지정된 횟수만큼 반복하는 데 사용된다.
- 이 경우에는 주사위 게임을 3번 반복하도록 설정되어 있다.
- repeat 함수는 인자로 받은 횟수만큼 람다식을 반복 실행한다.

Random 클래스

- Random 클래스는 kotlin.random 패키지에서 제공되며, 난수 생성을 담당한다.
- nextInt(6) + 1을 통해 1에서 6까지의 난수를 생성한다.
- 위 코드는 객체 지향 프로그래밍의 기본 개념과 랜덤 숫자 생성, 반복문 등을 활용하여 주사위 게임을 구현한 예시다. 이를 통해 Kotlin에서의 클래스, 함수, 반복문 등의 기본 문법과 활용 방법을 익힐 수 있다.

보조 생성자(secondary constructor)

코틀린은 주(primary) 생성자와 보조(secondary) 생성자를 구분한다. 클래스 헤더에서는 주 생성자로 기본 생성자를 선언하고, 클래스 본문에서 보조 생성자를 추가적으로 선언한다.

보조 생성자는 클래스에 추가적인 생성자를 제공하는 역할을 한다. 기본 생성자 이외에 추가적인 생성자를 클래스에 정의하여 여러 가지 방법으로 인스턴스를 초기화할 수 있게 해준다. 보조 생성자는 constructor 키워드와 함께 클래스 본문에 선언된다.

코·드·소·개

```
class 클래스명(var/val 매개 변수명: 자료형) {
    // 기본 생성자

    // 보조 생성자
    constructor(매개 변수명: 자료형, 매개 변수명: 자료형) : this(매개 변수명) {
        // 초기화 코드
    }
}
```

- 보조 생성자 내에서 클래스의 프로퍼티 초기화 및 다른 초기화 코드를 작성할 수 있다.
- this(…)를 사용하여 기본 생성자나 다른 보조 생성자를 호출한다.

```kotlin
class MyClass(var property1: String) {  // 기본 생성자
    var property2: Int? = null
    var property3: Boolean? = null
    // 보조 생성자 1
    constructor(property1: String, property2: Int): this(property1) {
        // 초기화 코드
        this.property2 = property2
    }

    // 보조 생성자 2
    constructor(property1: String, property2: Int, property3: Boolean):
        this(property1, property2) {
        // 초기화 코드
        this.property2 = property2
        this.property3 = property3
    }
}
```

- 클래스 내에 여러 개의 보조 생성자를 정의할 수 있다.
- 각 보조 생성자는 서로 다른 시그니처(매개 변수 목록)를 가져야 한다.
- 클래스의 인스턴스가 생성될 때, 기본 생성자를 포함한 모든 보조 생성자가 호출된다.
- this(...)를 사용하여 다른 생성자를 호출할 때, 호출 순서에 주의해야 한다.

```kotlin
fun main() {
    // 기본 생성자를 사용한 객체 생성
    var/val myObject1 = MyClass("Value1")
    println("myObject1 - Property1: ${myObject1.property1}")

    // 첫 번째 보조 생성자를 사용한 객체 생성
    var/val myObject2 = MyClass("Value2", 42)
    println("myObject2 - Property1: ${myObject2.property1}")
    println("myObject2 - Property2: ${myObject2.property2}")

    // 두 번째 보조 생성자를 사용한 객체 생성
    var/val myObject3 = MyClass("Value3", 42, true)
    println("myObject3 - Property1: ${myObject3.property1}")
    println("myObject3 - Property2: ${myObject3.property2}")
    println("myObject3 - Property3: ${myObject3.property3}")
}
```

이 코드는 MyClass 클래스의 기본 생성자와 보조 생성자를 사용하여 세 개의 객체를 생성하고, 생성된 객체의 속성을 출력하는 예시다. 기본 생성자와 보조 생성자를 통해 객체를 생성할 수 있다.

> **손으로 익히는 코딩**

```
class Rectangle(var width: Double, var height: Double) {

    // 보조 생성자(정사각형을 위한 생성자)
    constructor(side: Double) : this(side, side)

    // 보조 생성자(사다리꼴을 위한 생성자)
    constructor(upper: Double, lower: Double, height: Double) : this((upper
        + lower) / 2, height)

    init {
        // 초기화 블록을 사용하여 초기화 로직 작성 가능
    }

    fun getArea(): Double {
        return width * height
    }
}

fun main() {
    var rect1 = Rectangle(10.0, 20.0) // 가로 10, 세로 20의 직사각형
    var rect2 = Rectangle(15.0) // 가로 15, 세로 15의 정사각형
    var rect3 = Rectangle(30.0, 40.0, 10.0) // 윗변 30, 아랫변 40, 높이 10의 사다리꼴

    println(rect1.getArea()) // 출력: 200.0
    println(rect2.getArea()) // 출력: 225.0
    println(rect3.getArea()) // 출력: 350.0
}
```

위의 예시에서 Rectangle 클래스는 width와 height 속성을 가지며, 기본 생성자와 보조 생성자를 정의하고 있다.

- **기본 생성자**: Rectangle(this.width, this.height)는 객체를 생성할 때 width와 height 값을 매개 변수로 전달받아 속성을 초기화한다.

- 보조 생성자: Rectangle.square(double side)는 정사각형을 나타내는 객체를 생성하는 데 사용된다. side 매개 변수를 전달받아 width와 height를 모두 side로 초기화한다.

- 보조 생성자: Rectangle.fromSize(Size size)는 Size 객체를 받아 해당 크기를 가지는 객체를 생성한다. size 매개 변수의 폭과 높이를 각각 width와 height로 초기화한다.

> **Tip**
> 보조 생성자는 클래스에 따라 필요한 만큼 많이 정의할 수 있으며, 각 생성자는 고유한 이름을 가져야 합니다. 이를 통해 다양한 인스턴스 생성 방식을 제공하고 코드의 가독성과 유지·보수성을 향상시킬 수 있습니다.

이 예시에서 main() 함수에서는 다양한 방법으로 Rectangle 객체를 생성하고, area 속성을 출력한다. 기본 생성자와 보조 생성자를 통해 다양한 초기화 방식을 사용할 수 있다.

에러에서 배우기

- **중복된 생성자 시그니처 에러**
  보조 생성자를 정의할 때, 다른 생성자와 시그니처가 중복되지 않도록 주의해야 합니다. 시그니처는 매개 변수의 개수와 타입으로 결정되며, 중복된 시그니처가 있다면 컴파일 에러가 발생합니다.

- **필요한 인수의 누락 에러**
  명명된 생성자를 사용하여 객체를 생성할 때, 필요한 인수가 누락되지 않도록 주의해야 합니다. 필요한 인수가 누락된 경우, 컴파일 에러가 발생하거나 예상치 못한 동작이 발생할 수 있습니다.

- **초기화 순서와 의존성 에러**
  명명된 생성자를 사용하여 프로퍼티를 초기화할 때, 의존성이 있는 변수들의 초기화 순서를 올바르게 고려해야 합니다. 변수 초기화 순서가 잘못되면 예기치 못한 동작이 발생할 수 있습니다.

- **명명된 생성자 호출 에러**
  명명된 생성자를 호출할 때, 올바른 생성자를 선택하여 호출해야 합니다. 생성자 호출 시 생성자의 이름과 인수를 정확하게 매칭시켜야 하는 데, 그렇지 않으면 컴파일 에러가 발생합니다.

companion object

companion object는 코틀린에서 클래스 내부에 정의할 수 있는 특별한 객체로, 주로 클래스 수준에서 접근 가능한 멤버를 정의할 때 사용된다. 이는 코틀린에서 Java의 static 멤버와 유사한 역할을 한다. 그러나 코틀린의 companion object는 단순한 정적 멤버 관리 이상의 기능을 제공한다.

companion object의 주요 특징

- **클래스와 연결된 객체**: companion object는 특정 클래스에 연결된 객체다. 클래스 내부에 정의되며, 해당 클래스의 인스턴스를 생성하지 않고도 companion object에 속한 멤버에 접근할 수 있다.

```kotlin
class MyClass {
    companion object {
        val myProperty = "Hello, World!"
        fun myFunction() = println("This is a companion object function.")
    }
}

fun main() {
    // 인스턴스 생성 없이 접근 가능
    println(MyClass.myProperty)
    MyClass.myFunction()
}
```

코드 결과
```
Hello, World!
This is a companion object function.
```

- **이름 없는 companion object**: 기본적으로 companion object는 이름이 없는 익명 객체로 정의된다. 그러나 필요에 따라 이름을 지정할 수 있다.

```kotlin
class MyClass {
    companion object NamedCompanion {
        fun greet() = println("Hello from NamedCompanion")
    }
}

fun main() {
    MyClass.greet() // NamedCompanion의 함수 호출
}
```

- **싱글톤* 패턴 구현**: companion object는 싱글톤 패턴처럼 클래스당 하나만 존재한다. 따라서, 특정 클래스와 관련된 유틸리티 함수나 상수 등을 정의하는 데 유용하다.
- **팩토리 메서드 패턴**: companion object는 팩토리 메서드 패턴을 구현하는 데 자주 사용된다. 이는 복잡한 객체 생성 로직을 숨기고, 보다 직관적인 객체 생성 방법을 제공한다.

```kotlin
class Person(val name: String, val age: Int) {
    companion object {
        fun create(name: String): Person {
            val defaultAge = 30
            return Person(name, defaultAge)
        }
    }
}

fun main() {
    val person = Person.create("Alice")
    println("Name: ${person.name}, Age: ${person.age}")
}
```

코드 결과
```
Name: Alice, Age: 30
```

companion object와 static의 차이점

- **멀티플 컴패니언 오브젝트**: 코틀린의 클래스는 여러 개의 companion object를 가질 수 없다. 한 클래스에 하나의 companion object만 정의할 수 있다.
- **상속 가능성**: companion object는 상속이 가능하므로, 부모 클래스의 companion object 멤버를 하위 클래스에서 재정의할 수 있다.
- **이름 지정**: companion object는 이름이 없는 경우가 많지만, 필요에 따라 이름을 붙일 수 있다. 이는 코드를 더 읽기 쉽게 만드는 데 도움을 준다.

기초 용어 정리

* **싱글톤(Singleton)**: 클래스의 인스턴스가 오직 하나만 존재하도록 보장하는 디자인 패턴이다. 이 패턴은 전역 상태를 관리해야 할 때 유용하며, 애플리케이션 전역에서 동일한 인스턴스를 공유할 수 있다.

```kotlin
class MyClass1 {
    companion object {
        val defaultName = "Default Name"
    }
}

class MyClass2 {
    companion object Named {
        val defaultName = "Named Default Name"
    }
}

fun main() {
    println(MyClass1.defaultName) // 익명 companion object 접근
    println(MyClass2.defaultName) // 네임드 companion object 접근
}
```

코드 결과

```
Default Name
Named Default Name
```

손으로 익히는 코딩

```kotlin
import kotlin.math.cos
import kotlin.math.sin
import kotlin.math.PI

class Point(var x: Double, var y: Double) {

    companion object {
        fun fromPolar(distance: Double, angle: Double): Point {
            val x = distance * cos(angle)
            val y = distance * sin(angle)
            return Point(x, y)
        }
    }

    fun printPoint(): String {
        return "($x, $y)"
    }
```

```kotlin
    }
    fun main() {
        val cartesian = Point(2.0, 3.0)
        val polar = Point.fromPolar(5.0, PI / 4)

        println(cartesian.printPoint())
        println(polar.printPoint())
    }
```

코드 결과

```
(2.0, 3.0)
(3.5355339059327378, 3.5355339059327373)
```

- **import문**: cos, sin, PI와 같은 수학 함수와 상수를 사용하기 위해 코틀린 표준 라이브러리에서 해당 항목을 가져온다.

- **Point 클래스**: Point 클래스는 두 개의 멤버 변수를 가진다. x와 y는 Double 타입으로, 한 점의 직교 좌표를 나타낸다. 이 클래스는 주 생성자를 사용하여 초기화된다.

> **Clear Comment**
> - companion object는 클래스와 밀접하게 관련된 유틸리티 함수나 상수를 정의하는 데 적합합니다. 이 경우 companion object는 해당 클래스의 인스턴스를 생성하지 않고도 접근할 수 있는 기능을 제공합니다.
> - 코틀린에서 companion object는 컴파일 시 정적 필드로 변환됩니다. 하지만 코틀린은 일반적인 정적 멤버 개념보다 더 강력한 기능을 제공하기 위해 companion object를 사용합니다. 이는 Java에서 코드와 상호 운용할 때에도 잘 작동합니다.
> - companion object는 자바의 정적 멤버와 달리 추가적인 보일러플레이트 코드 없이 정의할 수 있어 코드의 간결성을 유지할 수 있습니다. 클래스와 관련된 유틸리티 함수, 팩토리 메서드 등을 간편하게 정의할 수 있어 보다 효율적인 코드를 작성할 수 있습니다.

에러에서 배우기

사용자가 PI 대신 다른 단위로 각도를 입력할 경우
각도를 라디안으로 입력해야 하는데, 사용자가 실수로 도 단위로 입력할 수 있습니다. 이를 방지하기 위해 각도를 라디안으로 변환하는 도구를 제공하거나, 사용자가 각도를 도 단위로 입력할 경우 변환하는 로직을 추가할 수 있습니다.

03 상속

더 멋진 내일(Tomorrow)을 위한 내일(My Career) **내일은 코틀린**

> ✓ **핵심 키워드**
>
> 상속, open 키워드, 부모 클래스(Superclass), 계층, super 키워드

여기서는 무얼 배울까

객체 지향 프로그래밍의 핵심 개념인 상속에 대해 학습한다. 클래스 간의 계층적인 관계를 구성하여 코드의 재사용성을 높이고, 코드의 구조를 계층적으로 조직화하는 방법을 배운다. 상속의 개념과 특징, 상속 관계의 형성 방법 등을 배우고, 상속을 통해 확장성과 유연성을 가진 프로그램을 개발하는 방법을 익힐 수 있다.

부모 클래스

부모 클래스는 상속을 통해 자식 클래스에게 멤버 변수와 메서드를 상속해주는 클래스다. 상속(Inheritance)은 객체 지향 프로그래밍에서 클래스 간의 관계를 나타내는 중요한 개념 중 하나다. 이때 상속을 받는 클래스를 자식 클래스(Child Class) 또는 파생 클래스(Derived Class), 상속을 해주는 클래스를 부모 클래스(Parent Class) 또는 기반 클래스(Base Class)라고 한다.

- 부모 클래스는 자식 클래스가 공통적으로 가지는 필드와 메서드를 정의할 때 사용한다. 이때 부모 클래스는 자식 클래스에게 필드와 메서드를 물려주기 위해 사용된다. 부모 클래스는 다른 클래스에서도 상속받을 수 있으며, 이를 통해 상속 계층 구조를 만들 수 있다.
- 부모 클래스를 선언할 때는 자식 클래스가 상속받을 필드와 메서드를 미리 정의한다. 부모 클래스에서 선언된 필드와 메서드는 자식 클래스에서 자동으로 상속되기 때문이다.
- 부모 클래스는 자식 클래스에게 공통된 코드나 기능을 제공하는 역할을 한다. 이를 통해 코드의 중복을 피하고 유지·보수를 용이하게 한다.

부모 클래스의 선언 형식

코틀린에서 부모 클래스를 선언할 때는 open 키워드를 사용하여 클래스를 열어야(subclassing 가능하도록) 한다. 부모 클래스는 다음과 같은 형식으로 선언된다.

> **코·드·소·개**
>
> ```
> open class ParentClass {
>     // 멤버 변수
>     // 메서드
> }
> ```

부모 클래스는 앞서 배웠던 일반 클래스 선언과 open 키워드말고는 다른 것이 없어 보인다. 부모 클래스에서 중요한 것은 멤버 변수와 메서드 등을 자식 클래스에게 제공하는 역할을 하는 것이다. 또한 부모 클래스도 다른 부모 클래스의 자식 클래스가 될 수 있다.

다음은 부모 클래스의 간단한 예시다.

```
open class Animal {
    var name: String = ""
    var age: Int = 0

    fun eat() {
        println("The animal is eating.")
    }

    fun sleep() {
        println("The animal is sleeping.")
    }
}
```

위의 예시에서는 Animal 클래스가 부모 클래스다. name과 age는 멤버 변수이며, eat()과 sleep()은 메서드다. 이 클래스는 자식 클래스에서 상속받을 멤버 변수와 메서드를 정의하고 있다.

자식 클래스

자식 클래스란 부모 클래스를 상속받아 새로운 클래스를 만드는 것을 말한다. 자식 클래스는 부모 클래스의 속성과 메서드를 물려받아 사용할 수 있다. 자식 클래스는 콜론(:) 기호를 사용하여 부모 클래스를 상속받는다.

자식 클래스에서 부모 클래스의 속성과 기능을 사용하려면 super 키워드를 사용하여 부모 클래스의 생성자와 메서드에 접근할 수 있다. 이렇게 부모 클래스의 생성자를 호출하면 부모 클래스의 프로퍼티들이 초기화되고, 부모 클래스의 메서드를 호출하면 부모 클래스의 메서드가 실행된다.

자식 클래스에서는 부모 클래스에서 상속받은 속성과 기능을 그대로 사용하면서 새로운 속성과 기능을 추가할 수 있다. 이렇게 자식 클래스에서 새로 추가된 속성과 메서드를 사용하려면 해당 클래스의 인스턴스를 생성하고 접근할 수 있다.

자식 클래스 선언 형식

코·드·소·개

```
class ChildClass : ParentClass() {
    // 자식 클래스의 속성과 메서드
}
```

여기서 ChildClass는 자식 클래스의 이름을 나타내며 : 기호를 사용하여 부모 클래스인 ParentClass를 상속받는다.

자식 클래스는 부모 클래스의 속성과 메서드를 상속받기 때문에, 부모 클래스에 선언된 모든 public 및 protected 속성과 메서드를 사용할 수 있다. 자식 클래스는 부모 클래스를 상속받는 것 외에도, 부모 클래스의 생성자를 호출할 수도 있다. 이 때 사용하는 키워드가 super다.

코·드·소·개

```
open class ParentClass {
    // 부모 클래스의 속성과 메서드
}

class ChildClass : ParentClass() {
    // 자식 클래스의 속성과 메서드

    constructor() : super() {
        // 부모 클래스의 생성자 호출
        // 자식 클래스의 생성자 동작 추가
    }
}
```

위 코드에서 ChildClass의 생성자는 super()를 사용하여 부모 클래스의 기본 생성자를 호출하고 있다. 만약 부모 클래스의 매개 변수가 있는 생성자를 호출해야 하는 경우에는 super() 대신 해당 매개 변수를 전달하여 호출하면 된다.

```kotlin
open class ParentClass(val name: String, val age: Int) {
    // 부모 클래스의 속성과 메서드
}

class ChildClass : ParentClass {
    // 자식 클래스의 속성과 메서드

    constructor(name: String, age: Int) : super(name, age) {
        // 부모 클래스의 생성자 호출
        // 자식 클래스의 생성자 동작 추가
    }
}
```

예시를 통해 상속이 어떻게 동작하는지 살펴보자.

예를 들어 우리가 동물(Animal) 클래스를 만들고 그 클래스를 상속하는 고양이 클래스와 개 클래스를 만든다고 가정한다. 먼저 동물 클래스를 선언한다. 이 클래스는 name과 age라는 두 프로퍼티를 가지며, showName과 showAge라는 두 메서드를 가지고 있다.

```kotlin
open class Animal(val name: String, val age: Int) {
    // 부모 클래스의 속성과 메서드
    fun showName() {
        println("이 동물의 이름은 $name입니다.")
    }

    fun showAge() {
        println("이 동물의 나이는 $age살입니다.")
    }
}
```

그리고 이제 고양이(Cat) 클래스와 개(Dog) 클래스를 선언하여 Animal 클래스를 상속받도록 한다.

```kotlin
class Cat(name: String, age: Int) : Animal(name, age) {
    // 자식 클래스의 속성과 메서드
    fun meow() {
        println("야옹~")
    }
}

class Dog(name: String, age: Int) : Animal(name, age) {
```

```kotlin
    // 자식 클래스의 속성과 메서드
    fun bark() {
        println("멍멍!")
    }
}
```

위 코드에서 Cat 클래스와 Dog 클래스가 Animal 클래스를 상속받도록 선언하였다. 그리고 각각 meow와 bark라는 메서드를 추가했다.

이제 Cat 클래스와 Dog 클래스를 사용해보겠다.

```kotlin
fun main() {
    val kitty = Cat("나비", 2)
    kitty.showName()
    kitty.showAge()
    kitty.meow()

    val puppy = Dog("멍멍이", 3)
    puppy.showName()
    puppy.showAge()
    puppy.bark()
}
```

코드 결과

```
이 동물의 이름은 나비입니다.
이 동물의 나이는 2살입니다.
야옹~
이 동물의 이름은 멍멍이입니다.
이 동물의 나이는 3살입니다.
멍멍!
```

위 코드에서는 Cat 클래스와 Dog 클래스의 객체를 생성하고 각각의 메서드를 호출한다. 그리고 Cat 클래스는 Animal 클래스를 상속받았으므로 Animal 클래스의 메서드인 showName과 showAge도 사용할 수 있다. 즉, 상속을 이용하면 기존의 클래스를 확장하여 새로운 클래스를 만들 수 있다. 부모 클래스의 멤버 변수와 메서드를 자식 클래스에서 사용할 수 있으므로 코드의 재사용성을 높이고 중복을 피할 수 있다.

super 키워드

super 키워드는 부모 클래스의 멤버(프로퍼티나 메서드)에 접근할 때 사용된다. 하위 클래스에서 부모 클래스의 메서드를 오버라이드했을 때, super를 통해 부모 클래스의 메서드를 호출할 수 있다.

부모 클래스의 메서드 호출

하위 클래스에서 부모 클래스의 메서드를 호출할 때 super를 사용한다.

```kotlin
open class Animal {
    open fun makeSound() {
        println("동물의 울음소리")
    }
}

class Dog: Animal() {
    override fun makeSound() {
        super.makeSound() // 부모 클래스의 메서드 호출
        println("멍멍!")
    }
}

fun main() {
    val dog = Dog()
    dog.makeSound()
}
```

코드 결과

```
동물의 울음소리
멍멍!
```

부모 클래스의 생성자 호출

하위 클래스의 생성자에서 부모 클래스의 생성자를 호출할 때도 super를 사용한다.

```kotlin
open class Animal(val name: String)

class Dog(name: String): Animal(name) {
    init {
        println("강아지의 이름은 $name 입니다.")
    }
}

fun main() {
    val dog = Dog("멍멍이")
}
```

코드 결과

강아지의 이름은 멍멍이 입니다.

손으로 익히는 코딩

```kotlin
open class Nation(val name: String, val population: Int) {
    fun displayInfo() {
        println("나라: $name")
        println("인구: $population 명")
    }
}

class Korea(name: String, population: Int, val language: String) :
    Nation(name, population) {
    fun displayKoreanCulture() {
        println("한국어로 대화합니다.")
        println("한복을 입습니다.")
        // 여기에 한국의 문화에 관련된 동작을 추가할 수 있습니다.
    }
}

class UK(name: String, population: Int, val language: String) :
    Nation(name, population) {
    fun displayUKCulture() {
        println("영어로 대화합니다.")
        println("양복을 입습니다.")
        // 여기에 영국의 문화에 관련된 동작을 추가할 수 있습니다.
    }
}
```

```kotlin
class Japan(name: String, population: Int, val language: String) :
    Nation(name, population) {
    fun displayJapanCulture() {
        println("일본어로 대화합니다.")
        println("기모노를 입습니다.")
        // 여기에 일본의 문화에 관련된 동작을 추가할 수 있습니다.
    }
}

fun main() {
    val korea = Korea("대한민국", 51780579, "한국어")
    val uk = UK("영국", 67886011, "영어")
    val japan = Japan("일본", 126150000, "일본어")

    korea.displayInfo()
    korea.displayKoreanCulture()

    uk.displayInfo()
    uk.displayUKCulture()

    japan.displayInfo()
    japan.displayJapanCulture()
}
```

코드 결과

나라: 대한민국
인구: 51780579 명
한국어로 대화합니다.
한복을 입습니다.
나라: 영국
인구: 67886011 명
영어로 대화합니다.
양복을 입습니다.
나라: 일본
인구: 126150000 명
일본어로 대화합니다.
기모노를 입습니다.

위 결과는 각각 Korea, UK, Japan 객체의 정보와 해당 나라의 문화를 출력한 것이다. Korea 객체는 한국어로 대화하고 한복을 입는다. UK 객체는 영어로 대화하고 양복을 입는다. Japan 객체는 일본어로 대화하고 기모노를 입는다.

에러에서 배우기

- **부모 클래스의 생성자 호출 누락 에러**
  Korea, UK, Japan 클래스에서 각각 부모 클래스인 Nation의 생성자를 호출해야 합니다. 부모 클래스의 생성자를 호출하지 않으면 부모 클래스의 필드를 초기화할 수 없으므로 컴파일 오류가 발생합니다. 각 클래스에서 super 키워드를 사용하여 부모 클래스의 생성자를 명시적으로 호출해야 합니다.

- **부모 클래스 필드 초기화 누락**
  Korea, UK, Japan 클래스에서는 부모 클래스인 Nation의 필드를 초기화해야 합니다. 이를 위해 super 키워드를 사용하여 부모 클래스의 생성자를 호출하면서 필드값을 전달해야 합니다. 필드 초기화를 누락하면 해당 필드의 값은 기본값(null 또는 0)으로 설정되므로 의도하지 않은 동작이 발생할 수 있습니다.

04 오버라이딩

더 멋진 내일(Tomorrow)을 위한 내일(My Career) **내일은 코틀린**

✓ 핵심 키워드

오버라이딩, Override 어노테이션

여기서는 무얼 배울까

상속 관계에 있는 클래스들 사이에서 메서드의 재정의에 대해 학습한다. 오버라이딩은 부모 클래스에서 이미 정의된 메서드를 자식 클래스에서 동일한 이름으로 다시 정의하는 것을 의미한다. 이를 통해 자식 클래스는 부모 클래스의 메서드를 상속받으며, 자신의 독특한 동작을 수행할 수 있다.

메서드 오버라이딩(Method Overriding)

　메서드 오버라이딩은 자식 클래스에서 부모 클래스의 메서드를 재정의하여 사용하는 기능이다. 부모 클래스에서 정의된 메서드를 자식 클래스에서 새로운 메서드로 재정의하면, 자식 클래스 객체에서는 부모 클래스의 메서드 대신 자식 클래스의 메서드가 호출되는 것을 말한다.

　메서드 오버라이딩은 자식 클래스가 부모 클래스의 메서드를 재정의하여 자신의 동작을 구현할 수 있게 해준다. 이를 통해 다형성을 실현할 수 있으며, 부모 클래스 타입으로 선언된 객체가 실행 시점에 실제로 어떤 클래스의 메서드를 호출할지는 객체의 타입에 따라 결정된다.

> **더 알아보기**
>
> **다형성(Polymorphism)**
> 다형성은 같은 이름의 메서드가 다른 기능을 수행할 수 있도록 하는 개념으로 '06 다형성'에서 자세히 다룬다.

　메서드 오버라이딩을 사용하면 부모 클래스의 메서드를 수정하지 않고도 자식 클래스에서 해당 메서드의 기능을 변경할 수 있다. 예를 들어 부모 클래스에서 정의된 printInfo() 메서드가 있다고 가정해보면, 자식 클래스에서는 이 메서드를 재정의하여 자식 클래스의 정보를 출력할 수 있다.

메서드 오버라이딩을 하기 위해서는 부모 클래스의 메서드와 동일한 이름, 매개 변수, 반환형을 가진 메서드를 자식 클래스에서 선언해야 한다. 그리고 메서드 앞에 @override 어노테이션을 추가하여 오버라이딩하는 메서드임을 표시해야 한다.

메서드 오버라이딩 규칙

- 오버라이딩할 메서드는 접근 지정자와 반환 유형, 이름, 매개 변수의 개수와 유형이 부모 클래스의 메서드와 일치해야 한다.
- 자식 클래스에서 재정의한 메서드의 접근 지정자는 부모 클래스의 메서드보다 더 높은 접근 지정자로 변경할 수 있다. 예를 들어 부모 클래스의 protected 메서드를 자식 클래스에서 public으로 변경할 수 있다.
- 메서드를 재정의할 때, 부모 클래스의 메서드보다 더 큰 예외를 발생시킬 수 없다. 따라서 자식 클래스에서 재정의한 메서드는 부모 클래스의 메서드에서 발생할 수 있는 모든 예외를 던질 수 있다. 하지만 더 작은 예외를 던지는 것은 허용된다.
- 자식 클래스에서 부모 클래스의 메서드를 호출할 때는 super 키워드를 사용한다.

아래는 자식 클래스에서 메서드 오버라이딩을 하는 간단한 예시다.

```
open class Animal {
    open fun makeSound() {
        println("동물이 울음소리를 낸다.")
    }
}

class Cat : Animal() {
    override fun makeSound() {
        println("야옹~")
    }
}
```

위 예시에서 Animal 클래스에는 makeSound() 메서드가 있다. Cat 클래스는 Animal 클래스를 상속받았으며, makeSound() 메서드를 오버라이딩하여 새로운 기능을 추가했다.

이제 아래의 코드를 실행하면 메서드 오버라이딩의 결과를 확인할 수 있다.

```kotlin
fun main() {
    val animal = Animal()
    animal.makeSound()

    val cat = Cat()
    cat.makeSound()
}
```

위의 예시에서 makeSound() 메서드를 호출하는데, animal 객체는 Animal 클래스의 인스턴스이므로 부모 클래스인 Animal의 makeSound()메서드가 호출되어 "동물이 소리를 낸다."가 출력된다. 반면에 cat객체는 Cat클래스의 인스턴스이므로 자식 클래스인 Cat의 makeSound() 메서드가 호출되어 "야옹~"이 출력된다.

코드 결과

동물이 소리를 낸다.
야옹~

이처럼 메서드 오버라이딩을 통해 부모 클래스의 동일한 이름의 메서드를 자식 클래스에서 다시 정의함으로써, 객체의 타입에 따라 실행 시점에 어떤 메서드가 호출될지 결정된다. 이는 다형성의 한 예시로 볼 수 있다.

손으로 익히는 코딩

```kotlin
open class Movie(val title: String, val duration: Int) {
    open fun playMovie() {
        println("영화 \"$title\"을 재생합니다. 총 $duration 분의 상영 시간입니다.")
    }

    open fun displayGenre() {
        println("장르: 알 수 없음")
    }
}

class SFMovie(title: String, duration: Int) : Movie(title, duration) {
    override fun displayGenre() {
        println("장르: SF")
    }
}
```

```kotlin
class ComedyMovie(title: String, duration: Int) : Movie(title, duration) {
    override fun displayGenre() {
        println("장르: 코미디")
    }
}

fun main() {
    val movie = Movie("기생충", 132)
    val sfMovie = SFMovie("인터스텔라", 169)
    val comedyMovie = ComedyMovie("써니", 124)

    movie.playMovie()
    movie.displayGenre()
    sfMovie.playMovie()
    sfMovie.displayGenre()
    comedyMovie.playMovie()
    comedyMovie.displayGenre()
}
```

위 예시에서 Movie 클래스는 title과 duration이라는 속성과 playMovie()와 displayGenre()라는 메서드를 가지고 있다. SFMovie 클래스와 ComedyMovie 클래스에서는 Movie 클래스의 속성과 메서드를 상속받고, displayGenre() 메서드를 오버라이딩하여 각각의 장르를 추가했다.

main() 함수에서는 Movie 객체, SFMovie 객체, ComedyMovie 객체를 생성하고 각각의 메서드를 호출하여 결과를 확인한다. 실행 결과로는 부모 클래스의 메서드와 속성을 상속받은 자식 클래스에서 장르를 특정값으로 출력하는 것을 확인할 수 있다.

코드 결과

```
영화 "기생충"을 재생합니다. 총 132분의 상영 시간입니다.
장르: 알 수 없음
영화 "인터스텔라"을 재생합니다. 총 169분의 상영 시간입니다.
장르: SF
영화 "써니"을 재생합니다. 총 124분의 상영 시간입니다.
장르: 코미디
```

에러에서 배우기

- **부모 클래스의 생성자 호출 누락**
  자식 클래스인 SFMovie와 ComedyMovie에서 부모 클래스인 Movie의 생성자를 호출해야 한다. 생성자를 명시적으로 호출하지 않으면 부모 클래스의 필드가 초기화되지 않아 컴파일 에러가 발생할 수 있다.

- **부모 클래스 필드 초기화 누락**
  부모 클래스의 생성자를 호출할 때 부모 클래스의 필드를 초기화해야 한다. 필드 초기화를 누락하면 해당 필드의 값은 기본값으로 설정되므로 예상치 못한 동작이 발생할 수 있다.

- **메서드 오버라이딩 오류**
  자식 클래스에서 오버라이딩한 메서드의 시그니처(매개 변수의 타입 및 개수, 반환 타입)가 부모 클래스의 메서드와 일치해야 한다. 만약 시그니처가 일치하지 않으면 컴파일 에러가 발생한다.

- **널 포인터 예외**
  코틀린에서는 클래스의 생성자 내에서 초기화되지 않은 필드를 사용할 수 없다. 만약 생성자 내에서 초기화되지 않은 필드를 사용하면 널 포인터 예외가 발생할 수 있다.

05 캡슐화

더 멋진 내일(Tomorrow)을 위한 내일(My Career) **내일은 코틀린**

✓ 핵심 키워드

정보 은닉, 접근 제한자, Getter, Setter, Static, 상수

여기서는 무얼 배울까

정보의 은닉과 접근 제어를 통해 객체의 내부 구현을 외부로부터 감추는 개념을 학습한다. 캡슐화는 객체 지향 프로그래밍의 핵심 원칙 중 하나로, 데이터와 해당 데이터를 다루는 메서드를 하나의 단위로 묶어 캡슐화된 객체를 생성하고, 외부로부터의 직접적인 접근을 제한함으로써 객체의 무결성과 보안을 보장한다.

캡슐화(Encapsulation)

캡슐화는 객체 지향 프로그래밍에서 사용되는 개념으로, 객체의 상태를 보호하기 위해 데이터와 기능(메서드)을 하나로 묶는 것을 말한다. 이를 통해 외부에서 객체의 내부 구현에 직접적으로 접근하는 것을 제한함으로써 객체의 무결성(integrity)을 유지하고, 객체의 사용 방법을 간소화할 수 있다.

캡슐화는 객체의 내부 상태를 외부에서 직접적으로 수정할 수 없도록 하고, 오로지 객체가 제공하는 메서드를 통해서만 상태를 변경할 수 있도록 제한한다. 이를 통해 객체의 내부 구조가 변경되어도 외부 코드는 그대로 사용할 수 있으며, 객체의 내부 구현 방식을 숨길 수 있다.

캡슐화를 구현하기 위해서는 클래스 내부의 변수나 메서드에 접근할 수 있는 접근 제한자(Access Modifier)를 이용해 접근 범위를 제한하는 것이 중요하다. 코틀린에서는 기본적으로 모든 클래스와 멤버의 접근 제한자가 public이다. 그러나 명시적으로 지정하지 않으면 기본적으로 같은 모듈(패키지) 내에서만 접근 가능한 internal 제한자가 적용된다. private은 같은 클래스 내에서만 접근 가능하고, protected는 하위 클래스에서만 접근 가능하다.

코틀린에서는 모듈 내부의 클래스와 멤버에 접근하는 internal 제한자가 있다. 이는 Java의 패키지-private 접근과 유사하게 동작한다. 만약 코틀린 코드가 Java 코드와 상호 운용해야 하는 경우, 정보 은닉과 캡슐화는 자바 코드에서도 잘 동작해야 한다. 이를 위해 internal 접근 제한자를 사용할 때는 상호 운용성을 고려해야 한다.

경우에 따라 프로퍼티를 직접 노출하고 싶을 때가 있다. 이때 @JvmField 애노테이션을 사용하면 프로퍼티가 자바에서 직접 필드로 노출되도록 할 수 있다.

캡슐화를 통해 객체의 무결성을 보호하고 객체의 사용 방법을 간소화할 수 있기 때문에, 객체 지향 프로그래밍에서 매우 중요한 개념 중 하나다.

정보 은닉(Information Hiding)

정보 은닉은 객체 지향 프로그래밍에서 가장 기본적인 개념 중 하나로, 객체의 특정 데이터나 구현 방법을 외부에 감추는 것을 말한다. 이는 객체의 캡슐화에 깊은 관련이 있다. 객체 내부의 상태를 외부에서 직접 접근하지 못하도록 제한하여 객체의 내부 상태를 보호하고, 외부에서 불필요한 접근을 막아 안정성을 높이는 데 도움이 된다.

정보 은닉은 객체 내부의 데이터나 구현 방법을 외부에서 알 수 없도록 감추어진 정보를 오직 객체 자신만이 알 수 있도록 보호하고, 객체의 내부 구조가 외부에 드러나지 않도록 하는 것이다.

정보 은닉을 사용하면 객체의 내부에 저장된 데이터를 외부에서 직접적으로 접근할 수 없게 되며, 객체의 데이터가 일관성을 유지하도록 보호하는 것도 가능하다. 또한 객체의 내부 구현 방법을 외부에 노출하지 않으므로, 객체의 구현 방법이 바뀌더라도 외부 코드는 전혀 영향을 받지 않는다.

> **Tip**
> 예를 들어 클래스 내부에 선언된 멤버 변수에 대해 외부에서 직접 접근하여 값을 변경하는 것은 해당 변수의 사용 용도를 벗어나는 경우가 발생할 수 있으므로 이는 프로그램의 안정성과 신뢰성에 영향을 미칠 수 있습니다. 따라서 멤버 변수에 대한 접근을 제한함으로써 이러한 문제를 방지할 수 있습니다.

접근 제한자(Access Modifier)

정보 은닉을 구현하기 위해서는 접근 제한자를 사용한다. 접근 제한자는 클래스, 변수, 메서드 등의 멤버에 대한 접근 권한을 제어하는 키워드다. 코틀린에서는 다음과 같은 네 가지의 접근 제한자가 있으며, 이를 이용하여 멤버 변수와 메서드에 대한 접근 범위를 제한할 수 있다.

public	기본 접근 제한자로, 제약 없이 모든 클래스와 패키지에서 접근할 수 있다.
private	같은 클래스 내에서만 접근할 수 있으며, 외부에서는 접근할 수 없다.
protected	같은 클래스와 그 클래스를 상속받은 자식 클래스에서 접근할 수 있으며, 외부에서는 접근할 수 없다.
internal	같은 모듈 내에서만 접근할 수 있다. 모듈은 코틀린에서 코드의 집합으로, 일반적으로 같은 프로젝트 또는 라이브러리의 코드다.

정보 은닉을 구현하기 위해 일반적으로 클래스의 프로퍼티는 private 접근 제어 지시자로 선언된다. 이렇게 선언된 프로퍼티는 클래스 내부에서만 직접 접근할 수 있으며, 외부에서는 접근할 수 없다.

클래스 외부에서 프로퍼티에 접근하려면 해당 변수에 접근할 수 있는 public 메서드를 제공해야 한다. 이러한 메서드를 getter와 setter 메서드라고도 부른다. getter 메서드는 프로퍼티의 값을 반환하고, setter 메서드는 프로퍼티의 값을 변경하는 역할을 한다. 이렇게 getter와 setter 메서드를 통해 프로퍼티에 접근하면 정보 은닉이 유지되면서 외부에서도 필요한 데이터에 접근할 수 있게 된다.

접근 제한자 예시 코드

```
class BankAccount(private var _accountNumber: String, private var
    _balance: Int) {

    fun getBalance(): Int {
        return _balance
    }

    fun deposit(amount: Int) {
        if (amount < 0) {
            throw IllegalArgumentException("Invalid amount.")
        }
        _balance += amount
    }

    fun withdraw(amount: Int)
        if (amount < 0 || amount > _balance) {
            throw IllegalArgumentException(
                "Invalid amount or insufficient balance.")
        }
        _balance -= amount
    }
}
```

위의 예시에서 accountNumber와 balance는 private으로 선언되어 있다. 이는 외부에서 객체의 내부 데이터에 직접적으로 접근하지 못하도록 하기 위한 것이다. 대신 getBalance, deposit, withdraw와 같은 public 메서드를 제공하여, 외부에서는 이를 통해 객체에 접근할 수 있도록 한다. 이렇게 하면 객체의 내부 데이터에 대한 직접적인 접근을 제한하고, 안정성을 유지할 수 있다.

따라서 정보 은닉을 위해 클래스의 멤버 변수에 private 접근 제한자를 사용하여 외부에서 직접 접근하지 못하도록 한다. 이후 public으로 선언된 getter/setter 메서드를 통해 멤버 변수에 접근하도록 한다. 이를 통해 객체의 내부 상태를 보호하고, 객체가 스스로 자신의 상태를 관리할 수 있도록 한다.

> **Tip**
> 캡슐화를 잘 활용하면 객체의 내부 구현을 외부로부터 감추고, 객체의 인터페이스를 명확하게 정의할 수 있으며, 객체 간의 결합도를 낮출 수 있어 유지·보수와 확장성을 높일 수 있습니다.

 손으로 익히는 코딩

```kotlin
class Restaurant(private var _name: String, private var _seatingCapacity:
    Int, private var _menu: List<String>) {

    var name: String
        get() = _name
        set(value) {
            _name = value
        }

    var seatingCapacity: Int
        get() = _seatingCapacity
        set(value) {
            _seatingCapacity = value
        }

    var menu: List<String>
        get() = _menu
        set(value) {
            _menu = value
        }

    fun displayRestaurantInfo() {
        println("식당 이름: $_name")
        println("좌석 수: $_seatingCapacity")
    }

    fun displayMenu() {
        println("메뉴:")
        _menu.forEach { item -> println(item) }
    }
}
```

```kotlin
class Customer(private var _name: String, private var _partySize: Int) {

    var name: String
        get() = _name
        set(value) {
            _name = value
        }

    var partySize: Int
        get() = _partySize
        set(value) {
            _partySize = value
        }

    fun displayCustomerInfo() {
        println("고객 이름: $_name")
        println("파티 규모: $_partySize 명")
    }

    fun makeReservation(restaurant: Restaurant) {
        if (restaurant.seatingCapacity >= _partySize) {
            println("예약이 완료되었습니다.")
        } else {
            println("죄송합니다. 좌석 수가 부족하여 예약을 할 수 없습니다.")
        }
    }
}

fun main() {
    var restaurant = Restaurant("맛있는 식당", 50, listOf("피자", "스테이크",
        "파스타"))
    var customer = Customer("홍길동", 5)

    restaurant.displayRestaurantInfo()
    restaurant.displayMenu()

    customer.displayCustomerInfo()
    customer.makeReservation(restaurant)
}
```

위의 코드 예시에서 Restaurant 클래스와 Customer 클래스에 getter와 setter 메서드가 추가되었다. 이를 통해 _name, _seatingCapacity, _menu 등의 프라이빗 변수에 간접적으로 접근할 수 있게 되었다. 각 getter와 setter 메서드는 프라이빗 변수에 접근하고 값을 설정하거나 반환한다.

> **코드 결과**
>
> 식당 이름: 맛있는 식당
> 좌석 수: 50
> 메뉴:
> 피자
> 스테이크
> 파스타
> 고객 이름: 홍길동
> 파티 규모: 5 명
> 예약이 완료되었습니다.

에러에서 배우기

- **메뉴에 중복된 항목 포함**
  메뉴 항목 리스트인 _menu에 중복된 항목이 포함되어 있는 경우 처리할 수 있는 방법이 없습니다. 중복된 항목을 처리하는 로직이 추가되어야 합니다.

- **예약 불가능한 경우에 대한 처리 부족**
  Customer 클래스의 makeReservation() 메서드에서는 좌석 수가 부족한 경우에 대한 예외 처리를 하고 있지 않습니다. 이 경우에는 예약이 불가능한 상황에 대한 적절한 처리가 필요합니다.

정적 멤버와 상수

정적 멤버(Static Member)

정적 멤버는 클래스 수준에서 공유되는 멤버로서, 인스턴스 생성 없이 직접 클래스 이름을 통해 접근할 수 있다. 정적 멤버는 클래스의 모든 인스턴스가 공유하는 속성이나 동작을 정의하는 데 사용된다.

```kotlin
class MyClass {
    companion object {
        val staticVar = "Static variable"

        fun staticMethod() {
            println("Static method")
        }
    }
```

```
        }
}

// 사용법
val value = MyClass.staticVar
MyClass.staticMethod()
```

코틀린에서는 클래스 수준의 정적 멤버를 정의하기 위해 companion object를 사용한다. companion object 내부에 선언된 멤버는 클래스의 인스턴스 생성 없이 접근할 수 있다.

객체 선언(Object Declaration)

객체 선언은 싱글톤 패턴을 쉽게 구현할 수 있는 방법 중 하나다. 객체 선언은 클래스 정의 없이 객체를 선언하고 사용할 수 있다. 이러한 객체는 정적 메서드나 정적 변수를 가질 수 있다.

```
object Utils {
    fun double(x: Int): Int {
        return x * 2
    }
}

fun main() {
    val result = Utils.double(5) // 객체 선언을 통한 정적 메서드 호출
    println("Result: $result")
}
```

위 예시는 Utils라는 이름의 객체 선언을 보여준다. 이 객체는 double이라는 정적 메서드를 가지고 있으며, 이 메서드를 객체 선언을 통해 바로 호출할 수 있다. 이를 통해 싱글톤 패턴을 간단히 구현할 수 있다.

정적 멤버는 인스턴스에 종속되지 않으므로, 클래스의 상태를 변경하지 않고도 접근할 수 있다. 이를 통해 전역적인 데이터를 관리하거나 공통 기능을 재사용할 수 있다.

상수(Constants)

상수는 변하지 않는 값을 나타내는 식별자로서, 한 번 할당되면 재할당할 수 없다. 코틀린에서는 val 키워드를 사용하여 상수를 선언한다. 다음은 코틀린에서 상수를 선언하는 방법이다.

> **코·드·소·개**
> ```
> val age: Int = 30
> ```

상수는 컴파일 타임에 결정되며, 런타임 중에는 변경되지 않는다. 상수는 주로 프로그램에서 고정된 값을 사용하는 경우에 활용된다. 예를 들어 수학적인 상수(π, e 등)나 프로그램 설정, 상수키값 등을 상수로 선언할 수 있다.

```kotlin
object Constants {
    const val pi: Double = 3.14159265
    const val appName: String = "MyApp"
}

fun main() {
    println(Constants.pi)        // 출력: 3.14159265
    println(Constants.appName)   // 출력: MyApp
}
```

위의 예시에서 pi와 appName은 Constants 클래스의 정적 상수로, 클래스 이름을 통해 직접 접근할 수 있다. 이러한 정적 상수는 프로그램 전체에서 공유되는 값을 나타내는 데 사용될 수 있다.

> **Tip**
> 정적 멤버와 상수는 클래스의 인스턴스에 종속되지 않고 클래스 자체에 속해 있으므로, 클래스 이름을 통해 직접 접근할 수 있습니다. 이를 통해 코드의 모듈성과 가독성을 개선할 수 있습니다.

데이터 클래스(data class)

코틀린의 data class는 데이터를 저장하고 처리하기 위한 클래스다. 일반적인 클래스와는 달리, data class는 데이터를 표현하는 데 최적화되어 있으며, 표준적인 기능을 자동으로 제공한다. 이러한 기능은 코틀린의 코드 가독성을 높이고, 반복적인 코드를 줄여준다.

data class 정의

data class는 data 키워드를 사용하여 정의되며, 주 생성자에 선언된 프로퍼티들을 기준으로 유용한 메서드를 자동으로 생성한다. 이 클래스는 주로 데이터의 전달, 저장, 비교 등을 위해 사용된다.

> **코드 결과**
> ```
> data class User(val name: String, val age: Int)
> ```

data class의 주요 기능

- **equals() 메서드**: 두 객체의 내용이 같은지를 비교하는 데 사용된다. 일반 클래스에서는 객체의 참조를 비교하지만, data class에서는 주 생성자에 선언된 프로퍼티의 값을 기준으로 비교한다.

```
val user1 = User("Alice", 30)
val user2 = User("Alice", 30)
println(user1 == user2)  // 출력: true
```

- **hashCode() 메서드**: hashCode() 메서드는 객체의 해시 코드를 반환한다. data class에서는 주 생성자에 선언된 프로퍼티들의 해시 코드를 기반으로 한다. equals()와 hashCode()는 반드시 함께 구현되어야 하며, data class에서는 이를 자동으로 처리한다.

- **toString() 메서드**: toString() 메서드는 객체를 문자열로 표현하여 활용할 수 있게 해준다. data class는 주 생성자에 정의된 프로퍼티들을 포함한 문자열 표현을 자동으로 제공한다.

- **copy() 메서드**: copy() 메서드는 객체를 복사하면서 일부 프로퍼티의 값을 변경할 수 있게 해준다. 변경하지 않은 프로퍼티는 원본 객체의 값을 그대로 사용한다.

```
val user3 = user1.copy(age = 31)
println(user3)  // 출력: User(name=Alice, age=31)
```

- **componentN() 메서드**: data class의 각 프로퍼티에 대해 componentN() 메서드가 자동으로 생성된다. 이를 통해 data class는 구조 분해 선언(Destructuring Declarations)을 사용할 수 있다.

```
val (name, age) = user1
println("$name is $age years old")  // 출력: Alice is 30 years old
```

> **Tip**
> - data class는 반드시 주 생성자에서 최소 하나의 프로퍼티를 가져야 합니다. 주 생성자에 선언된 프로퍼티가 없으면 컴파일 오류가 발생합니다.
> - data class는 open, abstract, sealed, inner 클래스로 선언할 수 없습니다. data class는 고정된 데이터 구조를 표현하기 때문에 상속을 통한 변경 가능성이 제한됩니다.
> - data class는 일반 클래스로부터 상속받을 수 있지만, data class가 상속 계층 구조의 일부로 사용되는 것은 권장되지 않습니다. 일반적으로 데이터 구조를 단순하게 표현하기 위해 사용되기 때문입니다.

06 다형성

더 멋진 내일(Tomorrow)을 위한 내일(My Career) **내일은 코틀린**

> **✓ 핵심 키워드**
>
> 다형성, 오버로딩, 선택적 매개 변수, 명명된 인자
>
> **여기서는 무얼 배울까**
>
> 한 가지 타입이 다양한 형태로 동작할 수 있는 개념을 학습한다. 다형성은 객체 지향 프로그래밍의 핵심 개념 중 하나로, 부모 클래스의 타입으로 여러 자식 클래스의 객체를 참조하거나 인터페이스를 통해 다양한 구현체를 사용할 수 있다. 여기에서는 다형성의 개념과 원리, 다형성을 활용한 코드의 장점과 유의 사항을 학습하여 객체 지향 프로그래밍의 강력한 기능을 이해할 수 있다.

다형성(Polymorphism)

다형성은 객체 지향 프로그래밍에서 중요한 개념 중 하나로, 같은 타입이지만 서로 다른 구현을 가지는 객체들을 이용할 수 있는 방식을 말한다. 이를 통해 하나의 코드가 여러 가지 타입에 대해 작동할 수 있도록 만들어 준다.

다형성은 같은 타입의 객체가 다양한 형태로 나타날 수 있다는 아이디어에서 출발한다. 이는 상속, 추상화, 인터페이스 등을 통해 구현된다. 다형성을 이용하면 코드의 재사용성과 유연성이 증가하며, 코드의 가독성을 높일 수 있다.

다형성은 두 가지 형태로 나눌 수 있다. 하나는 메서드 오버라이딩(Overriding)이고, 다른 하나는 메서드 오버로딩(Overloading)이다. 이름이 비슷하여 헷갈려하는 경우가 많으니 확실하게 이해하고, 기억하는 것이 중요하다.

- **메서드 오버라이딩**: 상속 관계에서 부모 클래스가 가지고 있는 메서드를 자식 클래스에서 동일한 이름과 매개 변수를 가진 메서드를 정의하여 부모 클래스의 메서드를 대체하는 것이다. 이때, 자식 클래스에서 정의한 메서드가 호출된다.

- **메서드 오버로딩**: 같은 이름의 메서드를 매개 변수의 개수, 타입, 순서 등의 차이를 이용하여 여러 개 정의하는 것이다. 메서드 이름은 같지만, 매개 변수의 개수나 타입이 다르기 때문에 호출 시에 인자를 전달하는 방법에 따라서 메서드가 선택되어 호출된다.

기본 매개 변수와 명명된 인자를 활용하여 함수의 다양한 호출 방식과 다양한 매개 변수 조합을 처리할 수 있다. 코틀린에서 이러한 기능을 활용하면 함수를 호출할 때 여러 가지 방법으로 인자를 전달할 수 있으므로 같은 이름의 함수를 여러 번 만들 필요가 줄어든다. 또한 다형성을 이용하여 하나의 코드를 여러 객체에 대해 재사용할 수 있기 때문에 개발 시간과 비용을 줄일 수 있다.

오버로딩(Overloading)

오버로딩은 동일한 이름의 함수나 연산자가 서로 다른 매개 변수를 가지도록 정의하는 것을 의미한다.

함수 오버로딩(Function Overloading)

함수 오버로딩은 같은 이름을 가진 함수가 서로 다른 매개 변수 리스트(매개 변수의 개수나 타입이 다름)를 가질 때 사용된다. 이는 메서드 시그니처(메서드의 이름과 매개 변수의 조합)가 서로 다르기 때문에 가능하며, 호출 시 전달된 인수에 따라 적절한 함수가 호출된다.

```kotlin
class MathUtils {
    // 두 개의 Int 매개 변수를 받는 add 메서드
    fun add(a: Int, b: Int): Int {
        return a + b
    }

    // 두 개의 Double 매개 변수를 받는 add 메서드
    fun add(a: Double, b: Double): Double {
        return a + b
    }

    // 세 개의 Int 매개 변수를 받는 add 메서드
    fun add(a: Int, b: Int, c: Int): Int {
        return a + b + c
    }
}

fun main() {
    val mathUtils = MathUtils()

    println(mathUtils.add(2, 3))
    println(mathUtils.add(2.5, 3.5))
    println(mathUtils.add(1, 2, 3))
}
```

> **코드 결과**
> ```
> 5
> 6.0
> 6
> ```

MathUtils 클래스에는 add라는 이름의 메서드가 세 가지 버전이 정의되어 있다.

- 첫 번째 메서드는 두 개의 Int 매개 변수를 받아서 두 수를 더한 값을 반환한다.
- 두 번째 메서드는 두 개의 Double 매개 변수를 받아서 두 수를 더한 값을 반환한다.
- 세 번째 메서드는 세 개의 Int 매개 변수를 받아서 세 수를 더한 값을 반환한다.

main 함수에서 각기 다른 매개 변수를 사용하여 add 메서드를 호출한다. 호출되는 메서드는 전달된 매개 변수의 타입과 개수에 따라 결정된다.

연산자 오버로딩(Operator Overloading)

코틀린에서는 연산자 오버로딩을 통해 기본 제공 연산자(+, -, *, /, == 등)를 사용자 정의 클래스에서 사용할 수 있다. 이를 위해 연산자 함수를 정의해야 하며, 특정 키워드를 사용하여 이 작업을 수행한다.

```kotlin
data class Point(val x: Int, val y: Int)

operator fun Point.plus(other: Point): Point {
    return Point(this.x + other.x, this.y + other.y)
}

fun main() {
    val point1 = Point(1, 2)
    val point2 = Point(3, 4)
    val point3 = point1 + point2 // Point(4, 6)

    println(point3)
}
```

> **코드 결과**
> ```
> Point(x=4, y=6)
> ```

연산자 오버로딩을 정의하려면 함수 앞에 operator 키워드를 붙여야 한다.

코틀린은 특정 연산자에 대해 오버로딩할 수 있는 함수 이름을 미리 정의해놓고 있다. 예를 들어 + 연산자는 plus 함수로, - 연산자는 minus 함수로 오버로딩할 수 있다.

연산자 오버로딩을 통해 사용자 정의 클래스를 더 자연스럽게 사용할 수 있으며, 기존 연산자들을 그대로 활용할 수 있다.

> **Clear Comment**
> - 매개 변수 리스트의 차이만 허용: 함수 오버로딩은 매개 변수의 수나 타입이 다를 때만 가능합니다. 단순히 반환 타입이 다른 함수는 오버로딩할 수 없습니다.
> - 오버로딩에 따른 혼란: 너무 많은 오버로딩이 있을 경우, 함수 호출 시 어떤 버전이 호출될지 혼동되는 상황이 발생할 수 있습니다. 따라서 명확한 네이밍과 매개 변수 선택이 중요합니다.

기본 매개 변수(Default Parameters)

기본 매개 변수는 매개 변수를 필수로 요구하지 않고, 기본으로 사용할 수 있는 매개 변수다. 기본 매개 변수를 사용하면 함수 또는 메서드를 호출할 때 일부 매개 변수에 대한 값을 생략할 수 있으며, 기본값이 자동으로 할당된다.

코틀린에서는 기본 매개 변수를 정의하기 위해 등호(=)와 함께 기본값을 지정할 수 있다. 함수나 메서드를 선언할 때 매개 변수 이름 뒤에 등호와 함께 기본값을 지정하여 기본 매개 변수로 선언할 수 있다. 이렇게 선언된 매개 변수는 함수 호출 시에 생략될 수 있다. 아래는 기본 매개 변수를 사용한 예시다.

```kotlin
fun greet(name: String, greeting: String = "Hello", count: Int = 1) {
    repeat(count) {
        println("$greeting, $name!")
    }
}

fun main() {
    greet("Alice") // Hello, Alice!
    greet("Bob", greeting = "Hi") // Hi, Bob!
    greet("Charlie", count = 3) // Hello, Charlie! 3번
}
```

위 예시에서 greet 함수는 name 매개 변수는 필수로 전달되어야 하지만, greeting과 count는 기본으로 전달할 수 있다. 기본값으로 Hello와 1이 할당되어 있으며, 함수 호출 시 기본 매개 변수에 값을 전달할 수 있다. 함수를 호출할 때 기본 매개 변수를 생략하면 기본값이 사용된다.

손으로 익히는 코딩

```kotlin
class Person(val name: String, val age: Int, val gender: String = "Female",
    val occupation: String = "Jobless") {
    fun displayInfo() {
        println("Name: $name")
        println("Age: $age")
        println("Gender: $gender")
        println("Occupation: $occupation")
    }
}

fun main() {
    // 기본 매개 변수를 사용하여 인스턴스 생성
    val person1 = Person("John", 30, gender = "Male", occupation =
        "Engineer")
    person1.displayInfo()

    println()

    // 선택적 매개 변수를 생략하여 인스턴스 생성
    val person2 = Person("Sarah", 25)
    person2.displayInfo()
}
```

위의 코드에서는 Person 클래스의 생성자에서 기본 매개 변수를 사용하여 인스턴스를 생성한다. 인스턴스를 생성할 때 기본 매개 변수를 생략하면 기본값이 사용된다. displayInfo 메서드는 객체의 정보를 출력하는 역할을 한다.

> **Tip**
> 다형성을 사용하면 코드의 유연성이 향상되고, 객체 간의 관계를 더 유연하게 구성할 수 있습니다. 다형성은 객체 지향 프로그래밍의 핵심 원리 중 하나로, 코드의 가독성과 재사용성을 높이는 데 도움을 줍니다.

에러에서 배우기

- **매개 변수 타입 불일치**
  코드에서는 매개 변수 age가 정수형(Int)으로 선언되어 있습니다. 만약 이 매개 변수에 정수가 아닌 값을 전달하려고 하면 타입 불일치 에러가 발생할 수 있습니다.

- **널 포인터 익셉션(Null Pointer Exception)**
  코틀린에서는 기본적으로 널값을 허용하지 않습니다. 하지만 Java와는 다르게 코틀린에서는 변수를 선언할 때 널을 허용할지 말지 선택할 수 있습니다. 만약 널이 될 수 있는 변수를 선언하고 해당 변수에 접근할 때 널 체크를 하지 않으면 널 포인터 익셉션이 발생할 수 있습니다.

- **매개 변수 누락**
  매개 변수 name과 age는 필수 매개 변수이므로 반드시 값을 전달해야 합니다. 이 매개 변수들이 누락되면 컴파일 또는 런타임 에러가 발생할 수 있습니다.

명명된 인자(Named Arguments)

명명된 인자는 코틀린에서 함수 호출 시 각 인자의 이름을 명시적으로 지정하여 전달할 수 있는 기능이다. 이는 특히 함수의 인자가 많거나, 기본값이 있는 인자를 사용할 때 유용하다. 이렇게 하면 함수 호출 시 인자의 순서와 상관없이 값을 지정할 수 있다.

```kotlin
fun formatMessage(greeting: String, name: String, punctuation: String):
    String {
    return "$greeting, $name$punctuation"
}

fun main() {
    // 순서대로 인자를 전달
    val message1 = formatMessage("Hello", "Alice", "!")

    // 명명된 인자를 사용하여 순서를 무시하고 인자 전달
    val message2 = formatMessage(name = "Bob", punctuation = ".", greeting =
      "Hi")

    println(message1)
    println(message2)
}
```

코드 결과
```
Hello, Alice!
Hi, Bob.
```

위 코드에서 message2는 인자의 순서와 상관없이 이름을 지정해 전달하였다. 명명된 인자를 사용하면 인자를 함수 정의의 순서에 맞추지 않아도 된다. 이는 긴 인자 목록에서 특정 인자만 변경할 때 유용하다. 코틀린에서는 함수 인자에 기본값을 지정할 수 있다. 명명된 인자를 사용하면 기본값을 유지하면서 특정 인자만 선택적으로 변경할 수 있다.

손으로 익히는 코딩

```kotlin
class Button(val text: String, val color: String = "blue", val size: Int = 12)

fun createButton(text: String, color: String = "blue", size: Int = 12) {
    println("Button created with text: $text, color: $color, size: $size")
}

fun main() {
    createButton(text = "Submit") // 기본값 사용
    createButton(text = "Cancel", color = "red") // 색상 지정
    createButton(text = "Cancel", color = "red") // 색상 지정
}
```

명명된 인자는 함수 호출 시 가독성을 높이고 실수를 줄이기 위해 매우 유용한 기능이다. 특히 코틀린의 기본 인자와 결합하여 사용하면, 더욱 강력하고 유연한 코드를 작성할 수 있다. 이 기능은 복잡한 함수 호출이나 긴 인자 목록을 다룰 때 큰 도움이 되며, 특히 코드를 명확하고 이해하기 쉽게 만드는 데 중요한 역할을 한다.

07

더 멋진 내일(Tomorrow)을 위한 내일(My Career) **내일은 코틀린**

추상 클래스와 인터페이스

✓ **핵심 키워드**

추상 클래스, 추상 메서드, 인터페이스, 구현(Implementation)

여기서는 무얼 배울까

추상 클래스와 인터페이스의 정의와 사용 방법, 차이점을 학습하여 코드의 유연성과 재사용성을 더욱 높일 수 있다. 또한 추상 클래스와 인터페이스를 활용하여 다양한 타입들 간의 관계를 구성하고, 다형성을 더욱 확장할 수 있는 방법을 배우게 된다.

추상 클래스

추상 클래스(Abstract Class)는 인스턴스를 생성할 수 없는 클래스로, 다른 클래스에 상속을 해주기 위한 용도로 만들어진 클래스다. 추상 클래스는 하나 이상의 추상 메서드(Abstract Method)를 포함하고 있으며, 추상 메서드는 메서드의 시그니처(이름, 매개 변수, 반환 타입)만을 선언하고 메서드의 구현은 하위 클래스에서 담당하도록 하는 메서드다.

추상 클래스의 특징

- 추상 클래스는 인스턴스화 할 수 없다.
- 추상 클래스는 일반적인 메서드와 변수를 가질 수 있다.
- 추상 클래스는 하나 이상의 추상 메서드를 가질 수 있다.
- 추상 클래스는 자식 클래스에서 추상 메서드를 반드시 구현하도록 강제한다.

추상 클래스는 클래스 선언 시에 abstract 키워드를 사용하여 표시한다. 추상 클래스 내부에서 선언된 추상 메서드는 메서드 선언 시에 abstract 키워드를 사용하여 표시하며, 추상 클래스 내부에서 구현된 메서드는 일반적인 메서드와 동일하게 선언한다.

추상 클래스는 하위 클래스에서 상속을 받아 사용하기 때문에, 추상 클래스 내부의 추상 메서드는 하위 클래스에서 반드시 오버라이딩(재정의)을 해야 한다. 이를 통해 상속받은 하위 클래스는 추상 클래스가 가진 추상 메서드를 반드시 구현하게 되므로, 하위 클래스의 일관성과 안정성을 보장할 수 있다. 일반적으로 다음과 같은 상황에서 사용된다.

- 여러 클래스에서 공통으로 사용하는 메서드를 미리 추상 메서드로 정의해 놓고, 상속받은 클래스에서 구현하여 사용하는 경우
- 특정한 클래스를 상속받아 구현해야 하는 경우, 해당 클래스를 추상 클래스로 정의하여 강제적으로 구현하도록 하는 경우

추상 클래스는 인스턴스를 생성할 수 없기 때문에, 추상 클래스를 직접적으로 사용할 수 없고 하위 클래스에서 상속받아 사용해야 한다. 추상 클래스를 상속받은 하위 클래스는 추상 메서드를 반드시 구현해야 하기 때문에, 추상 클래스를 상속받은 하위 클래스에서는 반드시 해당 메서드를 구현해야 한다.

추상 클래스는 다른 클래스에서 공통으로 사용되는 메서드를 구현하고, 자식 클래스에서 구현해야 하는 메서드를 추상 메서드로 선언할 수 있다. 추상 클래스를 사용하면 다른 클래스에서 공통으로 사용되는 메서드를 한 곳에서 구현할 수 있으므로 코드의 재사용성이 높아진다.

예를 들어 동물(Animal) 추상 클래스가 있다고 하면, 이 추상 클래스는 makeSound()라는 추상 메서드를 가지고 있다. 이 추상 클래스를 상속받아 고양이(Cat) 클래스와 개(Dog) 클래스를 구현하면, 각 동물이 makeSound() 메서드를 구현해야 한다는 강제성을 가지게 된다. 이렇게 하면 각 동물의 울음 소리를 다르게 구현할 수 있으며, 코드의 재사용성이 높아진다.

```kotlin
abstract class Animal {
    abstract fun makeSound()
}

class Cat : Animal() {
    override fun makeSound() {
        println("Meow")
    }
}

class Dog : Animal() {
    override fun makeSound() {
        println("Bark")
    }
}
```

위 코드에서 Animal 추상 클래스는 makeSound() 메서드를 추상 메서드로 선언하고 있다.

Cat 클래스와 Dog 클래스는 Animal 클래스를 상속받아 makeSound() 메서드를 반드시 구현하여야 한다. 이렇게 함으로써, Cat 클래스와 Dog 클래스는 각각 고유한 울음 소리를 가지게 되며, 코드의 재사용성이 높아지는 효과를 볼 수 있다.

인터페이스(Interface)

인터페이스는 클래스와 마찬가지로 코틀린에서 객체 지향 프로그래밍을 구현하는 데 있어 중요한 요소 중 하나다. 인터페이스는 클래스와 달리 구현된 메서드나 변수가 없으며, 오로지 추상적인 메서드와 상수만을 가질 수 있다. 인터페이스는 프렌차이즈 계약서라고 생각하면 편하다. 프렌차이즈 업소를 개장한다고 할 때, 프렌차이즈 업체는 계약서의 내용에 따라 상호명, 메뉴, 레시피 등을 필수적으로 따라야 한다. 마찬가지로 인터페이스에서 지정한 메서드, 변수 등을 할당받은 클래스에 필수로 구현해야 한다.

인터페이스는 클래스와 마찬가지로 데이터 타입의 한 종류이며, 메서드 시그니처(Method Signature)를 정의하는 데 주로 사용된다. 메서드 시그니처는 메서드의 이름, 매개 변수의 타입과 개수, 리턴 타입으로 이루어져 있다.

인터페이스는 추상 클래스와 마찬가지로 추상적인 개념을 나타내는 것이지만, 추상 클래스와는 달리 추상 메서드(Abstract Method)만 선언할 수 있다. 추상 메서드는 메서드 시그니처만 정의하고, 구현부는 작성하지 않는다. 대신 인터페이스를 구현하는 클래스에서 추상 메서드를 반드시 구현해야 한다. 인터페이스는 클래스가 가져야 할 기능을 정의하는 일종의 계약으로 볼 수 있다.

인터페이스는 다중 상속이 가능하다. 하나의 클래스가 여러 개의 인터페이스를 구현할 수 있다. 또한 인터페이스는 다형성을 지원한다. 여러 클래스가 같은 인터페이스를 구현함으로써, 같은 동작을 수행할 수 있도록 해준다. 뿐만 아니라 인터페이스를 구현한 클래스는 인터페이스 타입으로 변수를 선언할 수 있으므로, 코드의 유연성을 높일 수 있다.

인터페이스의 특징

- **추상 메서드(Abstract Method)**: 인터페이스는 추상 메서드만을 가질 수 있다. 추상 메서드는 구현부가 없이 선언만 되어 있으며, 인터페이스를 구현하는 클래스에서 반드시 이 메서드를 구현해야 한다.
- **다형성 지원**: 여러 클래스가 같은 인터페이스를 구현하여, 같은 동작을 수행할 수 있도록 해준다.

- **다중 상속(Multiple Inheritance)**: 인터페이스는 클래스와 달리 다중 상속이 가능하다. 즉, 한 클래스는 여러 개의 인터페이스를 구현할 수 있다. 이를 통해 다양한 인터페이스의 기능을 동시에 구현할 수 있다.
- **계약(Contract)**: 인터페이스는 클래스와의 계약(Contract)이다. 인터페이스는 클래스가 가져야 할 기능을 정의하고, 해당 인터페이스를 구현하는 클래스는 이러한 기능을 반드시 구현해야 한다. 이를 통해 클래스 간의 통일된 규약을 제공하고, 코드의 일관성과 유지·보수성을 높일 수 있다.

인터페이스는 다음과 같은 형태로 정의된다.

코·드·소·개

```
interface 인터페이스명 {
    // 상수
    val 상수이름: 타입

    // 추상 메서드
    fun 추상 메서드이름(매개 변수: 타입): 반환 타입

    // 디폴트 메서드
    fun 디폴트 메서드() {
        // 디폴트 메서드의 구현
    }

    // 정적 메서드
    companion object {
        fun 정적 메서드() {
            // 정적 메서드의 구현
        }
    }

    // 중첩 인터페이스
    interface 중첩 인터페이스 {
        // 중첩 인터페이스 내용
    }
}
```

인터페이스는 클래스와는 달리 멤버 변수를 가질 수 없으며, 대신 상수(Constant)를 정의할 수 있다. 또한 추상 메서드 외에도 디폴트 메서드(Default Method)와 정적 메서드(Static Method)를 가질 수 있다. 디폴트 메서드는 인터페이스에서 기본적인 구현을 제공하며, 구현체

클래스에서 이를 재정의할 수 있다. 정적 메서드는 인스턴스 생성 없이 인터페이스명으로 직접 호출할 수 있는 메서드다.

인터페이스를 사용하면 다형성과 유연성을 높일 수 있다. 클래스들이 동일한 인터페이스를 구현하여 같은 동작을 수행할 수 있도록 하여 코드의 재사용성을 높일 수 있다. 또한 인터페이스를 활용하면 각각 다른 클래스들이 동일한 인터페이스를 구현하더라도 해당 인터페이스의 메서드를 호출하여 일관된 방식으로 사용할 수 있다.

인터페이스의 장점

- **다중 상속**: 클래스는 다중 상속을 지원하지 않지만, 인터페이스는 다중 상속을 지원한다. 클래스가 여러 개인 인터페이스를 동시에 구현함으로써 다양한 기능을 조합할 수 있다.
- **코드의 일관성**: 인터페이스를 사용하면 다양한 클래스들이 동일한 인터페이스를 구현하므로, 해당 인터페이스의 메서드를 호출하는 코드는 일관된 방식으로 작성된다. 이로써 코드의 가독성과 유지·보수성이 향상된다.
- **유연성과 확장성**: 인터페이스는 클래스의 기능을 정의하는 것이므로 해당 인터페이스를 구현하는 클래스는 필요에 따라 독자적으로 구현을 변경하거나 새로운 기능을 추가할 수 있다. 이를 통해 시스템의 유연성과 확장성을 높일 수 있다.
- **표준화와 협업**: 인터페이스는 여러 클래스 간의 공통된 기능을 표준화하여 정의한다. 이를 통해 개발자들은 동일한 인터페이스를 바탕으로 협업하고, 코드를 재사용하며, 개발 시간을 단축시킬 수 있다.

인터페이스는 클래스와 마찬가지로 다른 클래스에서 : 키워드를 사용하여 구현할 수 있다. 인터페이스를 구현하는 클래스는 인터페이스에 정의된 모든 추상 메서드를 구현해야 한다.

코·드·소·개

```
class 클래스명 : 인터페이스명 {
    // 인터페이스에 정의된 메서드 구현
}
```

인터페이스는 다형성(polymorphism)의 핵심 개념 중 하나이며, 객체 지향 프로그래밍에서 중요한 개념이다. 인터페이스를 활용하면 코드의 유연성과 재사용성을 높일 수 있다.

```kotlin
interface MyInterface {
    // 추상 메서드 선언
    fun doSomething()

    // companion object 내에 상수 선언
    companion object {
        const val MAX_COUNT: Int = 100
    }
}
```

위의 코드에서 interface 키워드는 코틀린에서 인터페이스를 정의할 때 사용된다. 그리고 companion object는 클래스의 인스턴스가 없어도 접근할 수 있는 멤버를 정의하는 데 사용된다. 따라서 상수를 companion object 내에 선언하여 인터페이스의 일부로 만들 수 있다.

추상 클래스와 인터페이스에 대한 예시는 아래와 같다.

- 추상 클래스

```kotlin
abstract class Shape(val color: String) {
    abstract fun getArea(): Double

    open fun display() {
        println("This is a $color shape.")
    }
}

class Circle(color: String, private val radius: Double) : Shape(color) {
    override fun getArea(): Double {
        return 3.14159265 * radius * radius
    }
}

class Rectangle(color: String, private val width: Double, private val
    height: Double) : Shape(color) {
    override fun getArea(): Double {
        return width * height
    }
}
```

위의 예시에서 Shape 클래스는 추상 클래스로 선언되어 있다. 이 클래스는 추상 메서드인 getArea()를 선언하고, 일반 메서드인 display()를 구현하고 있다. 또한 프로퍼티 color를 가지고 있다. Shape 클래스는 상속받는 하위 클래스에서 getArea() 메서드를 구체화하도록 요구하고, display() 메서드를 상속받은 하위 클래스에서는 재정의할 수 있다.

Circle 클래스와 Rectangle 클래스는 Shape 클래스를 상속받아 구현된 예시다. 각각의 클래스에서는 getArea() 메서드를 오버라이딩하여 도형의 면적을 계산하고, Shape 클래스에서 구현된 display() 메서드를 상속받아 도형의 색상을 출력한다. 이렇게 추상 클래스를 활용하여 공통된 동작을 구현하고, 하위 클래스에서는 특화된 동작을 구현함으로써 유연성과 재사용성을 높일 수 있다.

● 인터페이스

```
interface Animal {
    fun makeSound()
    fun move()
}

class Dog : Animal {
    override fun makeSound() {
        println("멍멍!")
    }

    override fun move() {
        println("걷기")
    }
}

class Bird : Animal {
    override fun makeSound() {
        println("짹짹!")
    }

    override fun move() {
        println("날기")
    }
}
```

```kotlin
fun main() {
    val dog: Animal = Dog()
    dog.makeSound() // 출력: 멍멍!
    dog.move() // 출력: 걷기

    val bird: Animal = Bird()
    bird.makeSound() // 출력: 짹짹!
    bird.move() // 출력: 날기
}
```

위의 코드에서 Animal은 추상 클래스로서 makeSound()와 move()라는 메서드를 가지고 있다. 이는 모든 동물이 가지는 공통된 특징이다. Dog 클래스와 Bird 클래스는 Animal 인터페이스를 구현하고 있으며, 각각 makeSound()와 move() 메서드를 구체적으로 구현한다.

이를 통해 Animal 인터페이스를 구현하는 다양한 동물 클래스를 생성할 수 있고, 각각의 동물은 makeSound()와 move() 메서드를 가지며 공통된 동작을 수행할 수 있다. 이러한 인터페이스를 이용하면 다형성을 구현하고 유연한 코드를 작성할 수 있다.

> **Tip**
> 인터페이스는 자바에서 다형성을 구현하는 주요한 도구 중 하나이며, 인터페이스를 통해 객체들을 일관된 방식으로 다룰 수 있습니다. 이는 유연하고 확장 가능한 코드를 작성하는 데 도움을 줍니다.

손으로 익히는 코딩

```kotlin
import java.util.Scanner

abstract class Animal(val name: String, val age: Int) {
    open fun eat() {
        println("$name(${age}세)이(가) 먹이를 먹습니다.")
    }

    open fun sleep() {
        println("$name(${age}세)이(가) 자고 있습니다.")
    }

    abstract fun makeSound()
}

class Lion(name: String, age: Int) : Animal(name, age) {
    override fun makeSound() {
        println("$name(${age}세)이(가) 으르렁 소리를 내면서 사자의 특징을
            보입니다.")
```

```kotlin
        }
    }

    class Elephant(name: String, age: Int) : Animal(name, age) {
        override fun makeSound() {
            println("$name(${age}세)이(가) 코끼리의 특이한 소리를 내면서 코끼리의 특징을
                보입니다.")
        }
    }

    class Penguin(name: String, age: Int) : Animal(name, age) {
        override fun makeSound() {
            println("$name(${age}세)이(가) 펭귄의 귀여운 울음소리를 내면서 펭귄의 특징을
                보입니다.")
        }
    }

    fun printOptions() {
        println("1. 사자")
        println("2. 코끼리")
        println("3. 펭귄")
        println("4. 종료")
        print("원하는 동물의 번호를 입력하세요: ")
    }

    fun handleUserInput(input: Int) {
        when (input) {
            1 -> {
                val lion = Lion("사자", 5)
                lion.eat()
                lion.makeSound()
                lion.sleep()
            }
            2 -> {
                val elephant = Elephant("코끼리", 10)
                elephant.eat()
                elephant.makeSound()
                elephant.sleep()
            }
            3 -> {
                val penguin = Penguin("펭귄", 3)
```

```kotlin
            penguin.eat()
            penguin.makeSound()
            penguin.sleep()
        }
        4 -> {
            println("프로그램을 종료합니다.")
            System.exit(0)
        }
        else -> println("잘못된 입력입니다. 다시 입력해주세요.")
    }
}

fun main() {
    val scanner = Scanner(System.`in`)
    while (true) {
        printOptions()
        val input = scanner.nextInt()
        println()

        handleUserInput(input)

        println()
    }
}
```

위 예시에서는 printOptions() 함수를 사용하여 사용자에게 동물 선택 옵션을 출력하고, handleUserInput() 함수를 사용하여 사용자의 입력에 따라 동물 객체를 생성하고 동작을 수행한다. 각 동물 클래스는 Animal 추상 클래스를 상속받고, makeSound() 메서드를 구현하여 동물의 특징을 출력한다. 사용자가 종료를 선택할 때까지 프로그램은 반복하여 동작한다.

에러에서 배우기

- **파일 읽기 오류**
  stdin.readLineSync() 메서드가 예상대로 동작하지 않을 경우 발생할 수 있습니다. 이는 파일 또는 표준 입력에 대한 오류일 수 있습니다.

- **프로그램 종료 오류**
  exit() 함수를 호출하여 프로그램을 종료할 때, 예기치 않은 종료나 종료 코드에 따라서는 프로그램이 잘못 작동할 수 있습니다.

- **잘못된 객체 생성**
  사용자 입력에 따라 동물 객체가 생성될 때 발생할 수 있는 에러는 사용자의 입력을 잘못 처리하여 잘못된 객체가 생성되는 경우입니다.

08 연습문제

더 멋진 내일(Tomorrow)을 위한 내일(My Career) **내일은 코틀린**

문제 1 클래스와 객체

게임 캐릭터의 레벨과 경험치를 관리하는 클래스를 만드시오.

(1) 클래스를 생성합니다. 이 클래스는 캐릭터의 레벨과 경험치를 속성으로 가지고 있습니다.
(2) 클래스에는 캐릭터의 레벨을 증가시키는 levelUp 메서드와 경험치를 증가시키는 getExperience 메서드를 구현합니다.
(3) levelUp 메서드는 현재 레벨을 증가시키고 경험치를 초기화합니다.
    getExperience 메서드는 경험치를 증가시키고, 일정 경험치 이상이 되면 레벨을 증가시킵니다.
(4) 클래스의 객체를 생성하여 게임 캐릭터의 레벨과 경험치를 관리합니다.

main 코드는 다음과 같습니다.

```kotlin
fun main() {
    val character = Character()

    character.getExperience(50)
    character.getExperience(30)
    character.getExperience(40)
}
```

출력 결과

```
50의 경험치를 획득하였습니다.
30의 경험치를 획득하였습니다.
40의 경험치를 획득하였습니다.
Level Up! 현재 레벨: 2
```

위의 예시 코드에서는 경험치가 100 이상이 되면 레벨 업이 되도록 설정하였다. 따라서 50, 30, 40의 경험치를 획득한 후 레벨이 2로 업그레이드되었다.

문제 2 생성자

몬스터를 나타내는 Monster 클래스를 생성하고, 생성자를 통해 몬스터의 이름과 체력을 초기화하시오. 몬스터의 이름과 체력을 출력하는 printInfo 메서드를 구현하시오. 몬스터가 공격을 하는 attack 메서드를 구현하시오.

(1) Monster 클래스를 생성합니다.
(2) Monster 클래스에는 이름(name)과 체력(health)이라는 속성을 가지고 있습니다.
(3) 생성자를 통해 이름과 체력을 초기화합니다.
(4) printInfo 메서드를 구현하여 이름과 체력을 출력합니다.
(5) attack 메서드를 구현하여 어떤 몬스터가 공격을 하는지 출력합니다.

main 코드는 다음과 같습니다.

```kotlin
fun main() {
    val monster1 = Monster("슬라임", 50)
    val monster2 = Monster("고블린", 80)

    monster1.printInfo()
    monster1.attack()
    monster2.printInfo()
    monster2.attack()
}
```

출력 결과

```
이름 : 슬라임, 체력 : 50
슬라임이(가) 공격을 시전합니다!
이름 : 고블린, 체력 : 80
고블린이(가) 공격을 시전합니다!
```

문제 3 상속

게임 캐릭터(Character)와 직업(Job)을 각각 나타내는 클래스를 생성하시오. Character 클래스는 기본적인 속성과 메서드를 갖고 있으며, Job 클래스는 특정 직업에 대한 속성과 메서드를 추가하여 Character 클래스를 상속받는다.

(1) 1번 문제에서 만들었던 Character 클래스에 체력(health) 속성을 추가하세요.
(2) Character 클래스에 공격(attack) 메서드를 구현하세요. 이 메서드는 "캐릭터가 공격합니다!"를 출력합니다.
(3) Job 클래스를 생성하세요. Job 클래스는 Character 클래스를 상속받아야 합니다.
(4) Job 클래스에 직업(job) 속성을 추가하세요.
(5) Job 클래스에 정보 출력(printJob) 메서드를 직업 정보를 출력합니다.
(6) Job 클래스에 특정 직업에 따른 스킬 사용(skill) 메서드를 구현하세요. 각 직업마다 다른 스킬을 사용할 수 있도록 구현합니다.

main 코드는 다음과 같습니다.

```kotlin
fun main() {
    val character = Character()
    character.printInfo()
    character.attack()
    character.getExperience(50)
    character.getExperience(60)
    character.printJob()

    val warrior = Job(10, 150, 0, "전사")
    warrior.printInfo()
    warrior.attack()
    warrior.useSkill()
    warrior.getExperience(80)
}
```

> **출력 결과**
>
> 현재 레벨: 1
> 현재 경험치: 0
> 체력: 100
> 캐릭터가 공격하였습니다!
> 50의 경험치를 획득하였습니다.
> 60의 경험치를 획득하였습니다.
> 레벨업! 현재 레벨: 2, 체력이 올랐습니다. 현재 체력: 120
> 현재 레벨: 2
> 현재 경험치: 10
> 체력: 120
> 직업 이름: 전사
> 캐릭터가 공격하였습니다!
> 전사의 스킬 사용!
> 80의 경험치를 획득하였습니다.
> 레벨업! 현재 레벨: 11, 체력이 올랐습니다. 현재 체력: 110

문제 4 오버라이딩

최상위 클래스로 Unit을 추가하시오. Unit을 게임 캐릭터(Character) 클래스와 몬스터(Monster) 클래스가 상속받을 수 있도록 수정하시오.

(1) Unit 클래스를 생성합니다. Character 클래스에 있던 level과 health 속성을 Unit으로 이동시키고 name 속성을 추가하세요.
(2) Unit 클래스에 printInfo, attack 메서드를 추가하세요.
(3) Character 클래스에서는 Unit 클래스를 상속받고, experience 속성만 유지합니다. printInfo 메서드는 오버라이딩하여 작업을 해주고 attack 메서드를 지워주세요.
(4) Job 클래스에서도 변경된 Character 클래스를 상속받을 수 있도록 수정해주세요. printJob 메서드를 printInfo 메서드로 수정하여 오버라이딩하여 만들어주세요.
(5) Monster 클래스에서는 Unit 클래스를 상속받고, power 속성을 추가해주세요. printInfo, attack 메서드를 오버라이딩하여 만들어주세요.

```
fun main() {
    val character = Character("초보자", 1, 100, 0)
    val warrior = Job("장군", 1, 150, 0, "전사")
    val monster = Monster("드래곤", 10, 500, 100)

    character.printInfo()
    character.attack()
    character.getExperience(50)
    character.printInfo()

    println("----------------------")

    warrior.printInfo()
    warrior.attack()
    warrior.getExperience(80)
    warrior.printInfo()
    warrior.useSkill()

    println("----------------------")

    monster.printInfo()
    monster.attack()
}
```

출력 결과

이름: 초보자
레벨: 1
체력: 100
현재 경험치: 0
초보자이(가) 공격을 시전합니다!
50의 경험치를 획득하였습니다.
이름: 초보자
레벨: 1
체력: 100
현재 경험치: 50

이름: 장군
레벨: 1
체력: 150
현재 경험치: 0
직업 이름: 전사
전사이(가) 공격을 시전하였습니다!
80의 경험치를 획득하였습니다.
이름: 장군
레벨: 1
체력: 150
현재 경험치: 80
직업 이름: 전사
전사의 스킬 사용!

이름: 드래곤
레벨: 10
체력: 500
공격력: 100
드래곤이(가) 100의 힘으로 공격을 시전합니다!

문제 5 캡슐화

Unit 클래스의 속성을 캡슐화하여 안전하게 접근할 수 있는 클래스를 구현하시오. 유닛에 공격력 속성을 추가하고, 그에 따라 몬스터에 있는 속성을 공격력 대신 타입으로 수정하시오.

(1) Unit 클래스의 변수를 private로 수정해주세요.
(2) Unit 클래스의 변수를 사용할 수 있도록 getter와 setter를 추가해주세요.
(3) Unit 클래스에 공격력 속성을 추가해주세요.
(4) 몬스터의 속성을 공격력 대신 타입으로 수정해주세요.
(5) main 코드는 문제 4 와 같습니다.

> **출력 결과**

이름: 초보자
레벨: 1
체력: 100
공격력: 10
현재 경험치: 0
초보자이(가) 공격을 시전합니다!
50의 경험치를 획득하였습니다.
이름: 초보자
레벨: 1
체력: 100
공격력: 10
현재 경험치: 50

이름: 장군
레벨: 1
체력: 150
공격력: 15
현재 경험치: 0
직업 이름: 전사
전사 장군이(가) 공격력 15으로 공격을 시전하였습니다!
80의 경험치를 획득하였습니다.
이름: 장군
레벨: 1
체력: 150
공격력: 15
현재 경험치: 80
직업 이름: 전사
전사의 스킬 사용!

이름: 드래곤
레벨: 10
체력: 500
공격력: 20
몬스터 타입: 파이어
파이어 몬스터 드래곤이(가) 공격력 20으로 공격을 시전합니다!

문제 6 다형성

게임에서 플레이어와 몬스터가 전투하는 상황을 모델링하는 프로그램을 작성하시오.

(1) 전투를 하기 위해 Unit 클래스의 attack 메서드에 누가 누구를 공격하는지 알 수 있도록 수정해주세요.
(2) Unit 클래스에서 데미지를 입을 수 있도록 takeDamage 메서드를 추가해주세요.
(3) 전투 시나리오를 구현하기 위해 플레이어(Character)와 몬스터(Monster)의 객체를 생성합니다.
(4) 전투가 종료됐을 때, 플레이어가 사망하면 결과를 출력합니다.

```kotlin
fun main() {
    val character = Character("초보자", 1, 100, 0)
    val warrior = Job("장군", 1, 150, 0, "전사")
    val monster = Monster("드래곤", 10, 500, 100, "Fire")

    character.printInfo()
    character.attack(monster)
    character.getExperience(50)
    character.printInfo()

    println("----------------------")

    warrior.printInfo()
    warrior.attack(monster)
    warrior.getExperience(80)
    warrior.printInfo()
    warrior.useSkill()

    println("----------------------")

    monster.printInfo()
    monster.attack(character)
}
```

출력 결과

이름: 초보자
레벨: 1
체력: 100
공격력: 10
현재 경험치: 0
초보자이(가) 드래곤을(를) 공격합니다!
50의 경험치를 획득하였습니다.
이름: 초보자
레벨: 1
체력: 100
공격력: 10
현재 경험치: 50

이름: 장군
레벨: 1
체력: 150
공격력: 10
현재 경험치: 0
직업: 전사
장군이(가) 드래곤을(를) 공격합니다!
80의 경험치를 획득하였습니다.
이름: 장군
레벨: 1
체력: 150
공격력: 10
현재 경험치: 80
직업: 전사
전사의 스킬을 사용합니다!

이름: 드래곤
레벨: 10
체력: 480
공격력: 100
몬스터 타입: Fire
드래곤이(가) 초보자을(를) 공격합니다!
초보자이(가) 사망했습니다!

문제 7 추상 클래스와 인터페이스

추상 클래스와 인터페이스를 추가하여 최종적으로 프로그램을 완성하시오.

(1) Unit 추상 클래스를 생성합니다. 이 클래스는 Character와 Monster 클래스에서 공통으로 사용될 속성과 메서드를 포함합니다.
(2) Character와 Monster 클래스를 추상 클래스인 Unit을 상속받도록 수정합니다.
(3) SkillUser 인터페이스를 생성하여 스킬 사용 가능한 유닛을 정의합니다.
(4) Job 클래스를 수정하여 SkillUser 인터페이스를 구현하도록 합니다. calculateDamage 메서드를 활용하여 몬스터의 타입별로 데미지의 변화를 주어 useSkill 메서드에서 사용할 수 있게 추가해보세요.
(5) 몬스터 사망 시 결과를 출력하고, onDeath() 메서드를 사용하여 경험치를 획득할 수 있도록 바꿔 봅시다.

```kotlin
fun main() {
    val character = Character("초보자", 1, 100, 0)
    val warrior = Warrior("장군", 1, 150, 0, "전사")
    val slime = Monster("슬라임", 1, 50, 20, "Water")
    val dragon = Monster("드래곤", 10, 500, 100, "Fire")

    character.printInfo()
    character.attack(slime)
    character.printInfo()

    println("----------------------")

    warrior.printInfo()
    warrior.attack(slime)
    warrior.useSkill(slime)
    warrior.printInfo()

    println("----------------------")

    dragon.printInfo()
    dragon.attack(character)
    dragon.attack(warrior)

    println("----------------------")

    warrior.printInfo()
    warrior.attack(dragon)
    warrior.useSkill(dragon)
    warrior.printInfo()
}
```

> **출력 결과**

이름: 초보자
레벨: 1
체력: 100
공격력: 10
현재 경험치: 0
초보자이(가) 슬라임에게 10의 피해를 입힙니다.
이름: 초보자
레벨: 1
체력: 100
공격력: 10
현재 경험치: 0

이름: 장군
레벨: 1
체력: 150
공격력: 10
현재 경험치: 0
직업: 전사
장군이(가) 슬라임에게 10의 피해를 입힙니다.
전사의 스킬 사용! 슬라임에게 40의 데미지를 입힙니다.
슬라임이(가) 사망했습니다!
슬라임을(를) 처치하여 경험치를 획득합니다!
100 의 경험치를 획득하였습니다.
레벨업! 현재 레벨: 2, 최대 체력이 증가하였습니다. 현재 체력: 160
이름: 장군
레벨: 2
체력: 160
공격력: 10
현재 경험치: 0
직업: 전사

이름: 드래곤
레벨: 10
체력: 500
공격력: 100
몬스터 타입: Fire
드래곤이(가) 초보자을(를) 공격합니다!
초보자이(가) 사망했습니다!
드래곤이(가) 장군을(를) 공격합니다!

이름: 장군

```
레벨: 2
체력: 60
공격력: 10
현재 경험치: 0
직업: 전사
장군이(가) 드래곤에게 10 의 피해를 입힙니다.
전사의 스킬 사용! 드래곤에게 0 의 데미지를 입힙니다.
이름: 장군
레벨: 2
체력: 60
공격력: 10
현재 경험치: 0
직업: 전사
```

해설 및 정답

문제 1 클래스와 객체

```kotlin
class Character(var level: Int = 1, var experience: Int = 0) {

    fun levelUp() {
        level++
        experience -= 100
        println("Level Up! 현재 레벨: $level")
    }

    fun getExperience(exp: Int) {
        experience += exp
        println("${exp} 의 경험치를 획득하였습니다.")
        while (experience >= 100) {
            levelUp()
        }
    }
}

fun main() {
    val character = Character()

    character.getExperience(50)
    character.getExperience(30)
    character.getExperience(40)
}
```

이 코드는 Character 클래스를 정의하고, levelUp() 메서드와 getExperience() 메서드를 구현하여 게임 캐릭터의 레벨과 경험치를 관리합니다. main() 함수에서는 Character 객체를 생성한 후, getExperience() 메서드를 호출하여 경험치를 획득하는 상황을 시뮬레이션합니다.

문제 2 생성자

```kotlin
class Monster(val name: String, var health: Int) {

    fun printInfo() {
        println("이름: $name, 체력: $health")
    }

    fun attack() {
        println("${name}이(가) 공격을 시전합니다!")
    }
}
```

위의 코드에서는 Monster 클래스를 정의하고, 생성자를 통해 이름과 체력을 설정합니다. main() 함수에서는 Monster 객체를 생성하고, printInfo() 메서드를 호출하여 몬스터를 소개하고, attack() 메서드를 호출하여 몬스터의 공격을 시뮬레이션합니다.

문제 3 상속

```kotlin
open class Character(
    var level: Int = 1,
    var experience: Int = 0,
    var health: Int = 100
) {
    open fun printInfo() {
        println("현재 레벨: $level")
        println("현재 경험치: $experience")
        println("체력: $health")
    }

    open fun levelUp() {
        level++
        experience -= 100
        health += 10 * level
        println("레벨업! 현재 레벨: $level, 체력이 올랐습니다. 현재 체력: $health")
    }

    open fun attack() {
        println("캐릭터가 공격하였습니다!")
    }

    open fun getExperience(exp: Int) {
        experience += exp
        println("${exp}의 경험치를 획득하였습니다.")
        if (experience >= 100) {
            levelUp()
        }
    }
}

class Job(
    level: Int,
    health: Int,
    experience: Int,
    private val jobTitle: String
) : Character(level, health, experience) {

    fun printjob() {
        println("직업 이름: $jobTitle")
    }

    fun useSkill() {
        println("${jobTitle}의 스킬 사용!")
    }
}
```

문제 **4** 오버라이딩

```kotlin
open class Unit(
    var name: String = "Unknown",
    var level: Int = 1,
    var health: Int = 100
) {
    open fun printInfo() {
        println("이름: $name")
        println("레벨: $level")
        println("체력: $health")
    }

    open fun attack() {
        println("${name}이(가) 공격을 시전합니다!")
    }
}

open class Character(
    name: String,
    level: Int,
    health: Int,
    var experience: Int
) : Unit(name, level, health) {

    override fun printInfo() {
        super.printInfo()
        println("현재 경험치: $experience")
    }

    open fun levelUp() {
        level++
        experience -= 100
        health += 10 * level
        println("레벨업! 현재 레벨: $level, 체력이 올랐습니다. 현재 체력: $health")
    }

    open fun getExperience(exp: Int) {
        experience += exp
        println("${exp}의 경험치를 획득하였습니다.")
        if (experience >= 100) {
            levelUp()
        }
```

```kotlin
    }
}

class Job(
    name: String,
    level: Int,
    health: Int,
    experience: Int,
    var jobTitle: String
) : Character(name, level, health, experience) {

    override fun printInfo() {
        super.printInfo()
        println("직업 이름: $jobTitle")
    }

    override fun attack() {
        println("${jobTitle}이(가) 공격을 시전하였습니다!")
    }

    fun useSkill() {
        println("${jobTitle}의 스킬 사용!")
    }
}

class Monster(
    name: String,
    level: Int,
    health: Int,
    var power: Int
) : Unit(name, level, health) {

    override fun printInfo() {
        super.printInfo()
        println("공격력: $power")
    }

    override fun attack() {
        println("${name}이(가) ${power}의 힘으로 공격을 시전합니다!")
    }
}

fun main() {
```

```kotlin
    val character = Character("초보자", 1, 100, 0)
    val warrior = Job("장군", 1, 150, 0, "전사")
    val monster = Monster("드래곤", 10, 500, 100)

    character.printInfo()
    character.attack()
    character.getExperience(50)
    character.printInfo()

    println("----------------------")

    warrior.printInfo()
    warrior.attack()
    warrior.getExperience(80)
    warrior.printInfo()
    warrior.useSkill()

    println("----------------------")

    monster.printInfo()
    monster.attack()
}
```

문제 **5** 캡슐화

```
open class Unit(
    private var name: String = "Unknown",
    private var level: Int = 1,
    private var health: Int = 100,
    private var power: Int = 10
) {
    fun getName(): String = name
    fun setName(newName: String) {
        name = newName
    }

    fun getLevel(): Int = level
    fun setLevel(newLevel: Int) {
        level = newLevel
    }

    fun getHealth(): Int = health
    fun setHealth(newHealth: Int) {
        health = newHealth
    }

    fun getPower(): Int = power
    fun setPower(newPower: Int) {
        power = newPower
    }

    open fun printInfo() {
        println("이름: $name")
        println("레벨: $level")
        println("체력: $health")
        println("공격력: $power")
    }

    open fun attack() {
        println("${name}이(가) 공격력 ${power}으로 공격을 시전합니다!")
    }
}

open class Character(
    name: String,
    level: Int,
```

```kotlin
    health: Int,
    private var experience: Int,
    power: Int = 10
) : Unit(name, level, health, power) {

    override fun printInfo() {
        super.printInfo()
        println("현재 경험치: $experience")
    }

    open fun levelUp() {
        setLevel(getLevel() + 1)
        experience -= 100
        setHealth(getHealth() + 10 * getLevel())
        setPower(getPower() + 5)
        println("레벨업! 현재 레벨: ${getLevel()}, 체력 증가: ${getHealth()},
            공격력 증가: ${getPower()}")
    }

    open fun getExperience(exp: Int) {
        experience += exp
        println("${exp}의 경험치를 획득하였습니다.")
        while (experience >= 100) {
            levelUp()
        }
    }
}

class Job(
    name: String,
    level: Int,
    health: Int,
    experience: Int,
    power: Int,
    private var jobTitle: String
) : Character(name, level, health, experience, power) {

    override fun printInfo() {
        super.printInfo()
        println("직업 이름: $jobTitle")
    }

    override fun attack() {
```

```kotlin
        println("${jobTitle} ${getName()}이(가) 공격력 ${getPower()}으로 공격을
            시전하였습니다!")
    }

    fun useSkill() {
        println("${jobTitle}의 스킬 사용!")
    }
}

class Monster(
    name: String,
    level: Int,
    health: Int,
    private var type: String,
    power: Int = 20
) : Unit(name, level, health, power) {

    override fun printInfo() {
        super.printInfo()
        println("몬스터 타입: $type")
    }

    override fun attack() {
        println("${type} 몬스터 ${getName()}이(가) 공격력 ${getPower()}으로
            공격을 시전합니다!")
    }
}
```

문제 **6** 다형성

```kotlin
open class Unit(
    private var _name: String = "Unknown",
    private var _level: Int = 1,
    private var _health: Int = 100,
    private var _power: Int = 10
) {
    val name: String
        get() = _name

    var level: Int
        get() = _level
        set(value) {
            _level = value
        }

    var health: Int
        get() = _health
        set(value) {
            _health = value
        }

    val power: Int
        get() = _power

    open fun printInfo() {
        println("이름: $name")
        println("레벨: $level")
        println("체력: $health")
        println("공격력: $power")
    }

    open fun attack(target: Unit) {
        println("${name}이(가) ${target.name}을(를) 공격합니다!")
        target.takeDamage(power)
    }

    open fun takeDamage(damage: Int) {
        _health -= damage
        if (_health <= 0) {
            _health = 0
            onDeath()
```

```kotlin
        }
    }

    open fun onDeath() {
        println("${name}이(가) 사망했습니다!")
    }
}

open class Character(
    name: String,
    level: Int,
    health: Int,
    private var _experience: Int
) : Unit(name, level, health) {

    val experience: Int
        get() = _experience

    override fun printInfo() {
        super.printInfo()
        println("현재 경험치: $experience")
    }

    open fun levelUp() {
        super.level++
        super.health += 10
        println("레벨업! 현재 레벨: ${super.level}, 최대 체력이 증가하였습니다.
            현재 체력: ${super.health}")
    }

    open fun getExperience(exp: Int) {
        _experience += exp
        println("${exp}의 경험치를 획득하였습니다.")

        if (_experience >= 100) {
            levelUp()
            _experience -= 100 // 경험치 초기화
        }
    }
}

class Job(
    name: String,
```

```kotlin
    level: Int,
    health: Int,
    experience: Int,
    private var _jobTitle: String
) : Character(name, level, health, experience) {

    val jobTitle: String
        get() = _jobTitle

    override fun printInfo() {
        super.printInfo()
        println("직업: $jobTitle")
    }

    fun useSkill() {
        println("${jobTitle}의 스킬을 사용합니다!")
    }
}

class Monster(
    name: String,
    level: Int,
    health: Int,
    power: Int,
    private var _type: String
) : Unit(name, level, health, power) {

    val type: String
        get() = _type

    override fun printInfo() {
        super.printInfo()
        println("몬스터 타입: $type")
    }
}
```

Unit 클래스에서 _name, _level, _health는 변경될 수 있으므로 var로 선언되었고, _power는 변경되지 않으므로 val로 선언되었습니다.

따라서 여러분의 코드는 적절하게 var와 val을 혼용하여 사용되었고, 상속 관계에서도 올바르게 구현되어 있습니다.

문제 **7** 추상 클래스와 인터페이스

```kotlin
abstract class Unit(
    private var _name: String = "Unknown",
    private var _level: Int = 1,
    private var _health: Int = 100,
    private var _power: Int = 10
) {
    var name: String
        get() = _name
        set(value) {
            _name = value
        }

    var level: Int
        get() = _level
        set(value) {
            _level = value
        }

    var health: Int
        get() = _health
        set(value) {
            _health = value
        }

    val power: Int
        get() = _power

    open fun printInfo() {
        println("이름: $name")
        println("레벨: $level")
        println("체력: $health")
        println("공격력: $power")
    }

    open fun attack(target: Unit) {
        println("${name}이(가) ${target.name}을(를) 공격합니다!")
        target.takeDamage(power)
    }

    open fun takeDamage(damage: Int) {
        _health -= damage
```

```kotlin
            if (_health <= 0) {
                _health = 0
                onDeath()
            }
        }

        open fun onDeath() {
            println("${name}이(가) 사망했습니다!")
        }
    }

    open class Character(
        name: String,
        level: Int,
        health: Int,
        private var _experience: Int
    ) : Unit(name, level, health) {

        var experience: Int
            get() = _experience
            set(value) {
                _experience = value
            }

        override fun printInfo() {
            super.printInfo()
            println("현재 경험치: $experience")
        }

        open fun levelUp() {
            level++
            health += 10
            println("레벨업! 현재 레벨: $level, 최대 체력이 증가하였습니다. 현재 체력: 
               $health")
        }

        open fun getExperience(exp: Int) {
            _experience += exp
            println("${exp}의 경험치를 획득하였습니다.")

            if (_experience >= 100) {
                levelUp()
                _experience -= 100 // 경험치 초기화
            }
```

```kotlin
    }

    override fun attack(target: Unit) {
        println("${name}이(가) ${target.name}에게 ${power}의 피해를 입힙니다.")
        target.takeDamage(power)

        if (target.health <= 0) {
            println("${target.name}을(를) 처치하여 경험치를 획득합니다!")
            getExperience(100)
        }
    }
}

abstract class Job(
    name: String,
    level: Int,
    health: Int,
    experience: Int,
    private var _jobTitle: String
) : Character(name, level, health, experience) {

    var jobTitle: String
        get() = _jobTitle
        set(value) {
            _jobTitle = value
        }

    abstract fun useSkill(target: Unit)
    abstract fun calculateDamage(target: Unit): Int
}

class Warrior(
    name: String,
    level: Int,
    health: Int,
    experience: Int,
    jobTitle: String
) : Job(name, level, health, experience, jobTitle) {

    private val skillDamage = 20

    override fun printInfo() {
        super.printInfo()
```

```kotlin
        println("직업: $jobTitle")
    }

    override fun useSkill(target: Unit) {
        val damage = calculateDamage(target)
        if (target is Monster) {
            println("${jobTitle}의 스킬 사용! ${target.name}에게 ${damage}의
                데미지를 입힙니다.")
            target.takeDamage(damage)
        }

        if (target.health <= 0) {
            println("${target.name}을(를) 처치하여 경험치를 획득합니다!")
            getExperience(100)
        }
    }

    override fun calculateDamage(target: Unit): Int {
        return if (target is Monster) {
            if (target.type == "Fire") {
                skillDamage - 20
            } else if (target.type == "Water") {
                skillDamage + 20
            } else {
                skillDamage
            }
        } else {
            skillDamage
        }
    }
}

class Monster(
    name: String,
    level: Int,
    health: Int,
    power: Int,
    private var _type: String
) : Unit(name, level, health, power) {

    var type: String
        get() = _type
        set(value) {
            _type = value
```

```
    }

    override fun printInfo() {
        super.printInfo()
        println("몬스터 타입: $type")
    }
}
```

> 챕터 요약 정리

01. 클래스와 객체
클래스는 객체를 생성하기 위한 설계도이며, 객체는 클래스의 인스턴스입니다. 클래스는 속성(멤버 변수)과 동작(메서드)을 가지며, 객체는 이러한 속성과 동작을 실제로 가지게 됩니다.

02. 생성자
생성자는 클래스의 인스턴스를 초기화하기 위해 사용됩니다. 객체를 생성할 때 호출되며, 초기값을 설정하거나 필요한 작업을 수행하는 역할을 합니다.

03. 상속
상속은 기존 클래스를 확장하여 새로운 클래스를 생성하는 개념입니다. 상속을 통해 기존 클래스의 속성과 동작을 재사용하고 확장할 수 있습니다.

04. 오버라이딩
오버라이딩은 상위 클래스의 메서드를 하위 클래스에서 재정의하는 것을 말합니다. 하위 클래스는 상위 클래스의 메서드를 동일한 이름으로 재정의하고 자신에게 맞게 구현할 수 있습니다.

05. 캡슐화
캡슐화는 데이터와 그 데이터를 다루는 메서드를 하나로 묶어 정보를 은닉하고 외부에서의 접근을 제어하는 것입니다. 객체의 내부 구현을 외부에 감추고 필요한 기능만을 제공합니다.

06. 다형성
다형성은 동일한 이름의 메서드가 다양한 형태로 동작하는 것을 말합니다. 상위 클래스 타입으로 하위 클래스의 객체를 참조할 수 있고, 실행 시에 실제 객체의 타입에 따라 적절한 메서드가 호출됩니다.

07. 추상 클래스와 인터페이스
추상 클래스는 일부 메서드를 구현하지 않고 선언만 하는 클래스입니다. 하위 클래스에서 이를 구체화하여 사용합니다. 인터페이스는 메서드의 선언만을 갖는 틀로, 다른 클래스에서 해당 인터페이스를 구현하여 필요한 메서드를 정의합니다.

챕터3에서는 객체 지향 프로그래밍의 기본 개념과 원리를 이해했습니다. 객체 지향 프로그래밍의 개념과 기능을 이해하고 활용하면, 유지·보수가 쉽고 확장 가능한 코드를 작성할 수 있으며, 코드의 재사용성과 가독성을 높일 수 있습니다. 객체 지향 프로그래밍은 복잡한 문제를 해결하기 위한 효율적인 방법론으로 널리 사용되고 있습니다.

CHAPTER

04

내 일 은 코 틀 린

안드로이드의 기본 개념

01 안드로이드 애플리케이션의 구조
02 액티비티와 프래그먼트
03 인텐트와 네비게이션
04 뷰와 뷰 그룹

01

더 멋진 내일(Tomorrow)을 위한 내일(My Career) 내일은 코틀린

안드로이드 애플리케이션의 구조

✓ 핵심 키워드

안드로이드, 애플리케이션, 액티비티, 서비스, 브로드캐스트, 콘텐트

여기서는 무얼 배울까

안드로이드 애플리케이션의 기본적인 구성 요소 및 액티비티, 서비스, 브로드캐스트 리시버, 콘텐트 프로바이더 등의 개념에 대해 살펴보고, 이러한 구조가 어떻게 상호 작용하는지 이해할 수 있다.

액티비티 및 화면 구성 요소

액티비티(Activity)

안드로이드 애플리케이션의 핵심 구성 요소 중 하나로, 사용자 인터페이스(UI)를 구성하는 기본 단위다. 안드로이드 앱에서 화면을 표시하고 사용자와 상호 작용하는 주요 부분이 바로 액티비티다.

액티비티는 사용자가 앱에서 수행할 수 있는 작업을 나타내며, 각각의 액티비티는 앱에서 하나 이상의 화면을 관리하고 제어한다. 예를 들어 전화 앱에서 전화 걸기 화면, 주소록 화면, 설정 화면 등 각각의 화면은 별도의 액티비티로 구성된다.

액티비티는 사용자 인터페이스 요소를 포함하고, 이벤트를 처리하여 사용자와 상호 작용한다. 사용자가 버튼을 클릭하거나 화면을 스와이프하는 등의 동작을 수행하면, 해당 액티비티에서 이벤트를 감지하고 적절히 처리한다.

액티비티는 또한 앱의 라이프사이클을 관리하고 앱의 상태 변화에 따라 적절히 대응한다. 예를 들어 다른 앱으로 전환되거나 화면이 회전될 때 액티비티는 적절한 생명주기 메서드를 호출하여 앱의 상태를 관리한다.

화면 구성 요소

액티비티를 통해 앱의 각 화면을 구성하고, 사용자와의 상호 작용을 처리함으로써 사용자 경험을 향상시키고, 앱의 기능을 제공하는 데 필수적인 역할을 수행한다. 따라서 안드로이드 앱을 개발할 때 액티비티의 개념과 사용법을 잘 이해하는 것이 중요하다.

- **사용자 인터페이스 관리**

  액티비티는 앱의 사용자 인터페이스를 구성한다. 이는 화면에 표시되는 레이아웃, 텍스트, 이미지, 버튼 등의 UI 요소를 포함한다. 사용자가 애플리케이션과 상호 작용할 때, 액티비티는 사용자 인터페이스 요소의 이벤트를 처리하고 적절한 동작을 수행한다.

- **생명주기 관리**

  액티비티는 생명주기를 가지고 있다. 이는 앱의 상태 변화에 따라 액티비티가 생성되고 종료되는 과정을 관리하는 것을 의미한다. 액티비티는 생성될 때, 시작되고(resumed) 사용자와 상호 작용하며(paused), 화면에서 완전히 가려질 때(stopped) 등의 상태 변화를 거친다. 이러한 생명주기 메서드를 통해 액티비티는 필요한 초기화 작업이나 리소스 해제 등을 수행한다.

  안드로이드에서는 액티비티의 생명주기(Lifecycle)를 관리하여 앱의 상태 변화에 따라 적절한 동작을 수행할 수 있도록 한다. 각 생명주기 메서드는 특정한 상태에 진입할 때 시스템에 의해 호출되는데, 각 메서드를 이용하여 앱의 초기화, UI 업데이트, 리소스 관리 등을 수행할 수 있다.

  > **더 알아보기**
  >
  > **생명주기**
  > 사용자가 앱을 실행하면 onCreate(), onStart(), onResume()의 순서로 메서드가 호출되며, 사용자가 다른 앱으로 이동하거나 홈 버튼을 누르면 onPause()나 onStop 메서드가 실행된다. 마지막으로 앱을 완전히 종료하면 onDestroy() 메서드가 실행된다.

- **화면 전환과 앱 흐름 제어**

  여러 액티비티가 함께 작동하여 앱의 화면 전환을 구현한다. 예를 들어 사용자가 로그인 화면에서 메인 화면으로 전환하거나 설정 화면으로 이동하는 등의 화면 전환이 이루어진다. 액티비티는 이러한 화면 전환을 통해 앱의 사용 흐름을 제어하고 사용자 경험을 개선한다.

액티비티의 생명주기

- onCreate()

  액티비티가 생성될 때 호출된다. 액티비티의 초기화 작업을 수행하는 곳으로, 주로 UI 구성이나 데이터 초기화 등의 작업을 수행한다.

- onStart()

  액티비티가 사용자에게 보여지기 직전에 호출된다. 액티비티가 사용자에게 보여지고 있지만, 아직 포커스를 받지 않은 상태다.

- onResume()

  액티비티가 사용자와 상호 작용하기 직전에 호출된다. 액티비티가 포커스를 받아 사용자와 상호 작용할 수 있는 상태다.

- onPause()

  다른 액티비티가 시작되거나 현재 액티비티가 포커스를 잃었을 때 호출된다. 일반적으로 사용자가 앱을 나가거나 다른 앱으로 전환할 때 호출된다. 이 메서드에서는 사용자 데이터를 저장하거나 네트워크 연결을 해제하는 등의 작업을 수행한다.

- onStop()

  액티비티가 더 이상 사용자에게 표시되지 않을 때 호출된다. 액티비티가 완전히 가려져 더 이상 보이지 않는 상태다.

- onDestroy()

  액티비티가 소멸되기 직전에 호출된다. 액티비티가 완전히 종료되고 소멸되는 시점이다. 이 메서드에서는 사용한 리소스를 해제하거나 실행 중인 **스레드**[*]를 종료하는 등의 정리 작업을 수행한다.

- UI 구성

  - 액티비티는 사용자와의 상호 작용을 담당하는 화면 요소들을 포함한다.

  - UI를 구성하기 위해 XML 레이아웃 파일을 사용하거나 Java 또는 Kotlin 코드에서 직접 UI 요소를 생성하고 배치할 수 있다.

  - XML 레이아웃 파일은 화면의 구조와 각 요소의 속성을 정의하는 데 사용된다. 레이아웃 매니저를 사용하여 UI 요소들을 배치할 수 있다.

기초 용어 정리

[*] **스레드(Thread)**: 프로세스 내에서 실행되는 기본적인 작업 단위로, 프로세스는 하나 이상의 스레드를 포함할 수 있다. 스레드는 프로그램의 흐름을 동시에 실행할 수 있게 해주며, 이를 통해 멀티 태스킹과 병렬 처리가 가능하다.

- UI 컴포넌트 추가
  - 액티비티에서는 다양한 UI 컴포넌트를 추가하여 사용자에게 정보를 표시하고 상호 작용할 수 있는 환경을 제공한다.
  - 예를 들어 버튼, 텍스트뷰, 이미지뷰, 리스트뷰 등의 UI 컴포넌트를 사용하여 사용자와의 상호 작용을 구현할 수 있다.
  - XML 파일에서 UI 컴포넌트를 추가하고 각 컴포넌트에 대한 속성을 설정하여 원하는 모양과 동작을 정의할 수 있다.
- 사용자 입력 및 이벤트 처리
  - 액티비티는 사용자 입력에 반응하고 이벤트를 처리하는 데 사용된다.
  - 버튼을 클릭하거나 텍스트를 입력하는 등의 사용자 입력을 감지하고, 이에 따라 원하는 동작을 수행한다.
  - 사용자 입력을 처리하기 위해 이벤트 리스너(EventListener)를 등록하고, 사용자의 동작에 따라 적절한 콜백 메서드를 호출하여 처리한다.
  - 예를 들어 버튼 클릭 시 발생하는 이벤트를 처리하기 위해 OnClickListener를 등록하고, 클릭 이벤트가 발생했을 때 실행되는 메서드를 정의한다.

서비스

서비스(Service)는 안드로이드 애플리케이션의 중요한 구성 요소 중 하나다. 주로 백그라운드에서 실행되며, 사용자 인터페이스(UI)를 갖지 않고 오랜 시간 동안 실행되거나 원격 프로세스와 상호 작용하기 위해 사용된다.

서비스는 사용자가 앱을 활성화하지 않은 상태에서도 백그라운드에서 작업을 수행할 수 있다. 이는 사용자에게는 직접적으로 보이지 않지만, 앱의 기능을 확장하고 향상시키는 데 중요한 역할을 한다.

서비스의 활용

서비스는 여러 가지 용도로 활용될 수 있다. 예를 들어 다음 상황에서 서비스가 사용될 수 있다.

- 음악 재생 서비스: 사용자가 음악 앱을 종료하더라도 음악을 계속해서 백그라운드에서 재생할 수 있도록 한다.

- **네트워크 작업 서비스**: 인터넷 연결을 통해 데이터를 가져오거나 보내는 작업을 백그라운드에서 수행한다.
- **파일 다운로드 서비스**: 사용자가 앱을 종료해도 파일 다운로드 작업을 계속할 수 있도록 한다.
- **위치 추적 서비스**: 사용자의 위치를 주기적으로 추적하고, 이를 기반으로 다양한 서비스를 제공한다.

서비스의 중요성

- **앱의 지속적인 동작**: 사용자가 앱을 종료하더라도 서비스를 통해 백그라운드에서 작업을 계속할 수 있다. 예를 들어 음악 앱에서 음악을 재생하거나, 메시지 앱에서 메시지를 수신하는 등의 작업을 지속적으로 처리할 수 있도록 한다.
- **다양한 작업 처리**: 서비스는 다양한 작업을 처리할 수 있어서 네트워크 통신, 파일 다운로드, 데이터 처리, 위치 추적 등의 다양한 기능을 제공할 수 있다.
- **앱의 성능 향상**: 서비스를 통해 앱이 백그라운드에서 작업을 처리하므로, 사용자 인터페이스(UI)의 응답성을 유지하고 사용자 경험을 향상시킬 수 있다.
- **확장성**: 서비스를 활용하면 앱의 기능을 확장할 수 있다. 백그라운드에서 실행되는 서비스를 통해 앱이 다양한 작업을 수행하고 사용자에게 추가적인 기능을 제공할 수 있다.

서비스의 생명주기 및 주요 메서드

서비스(Service) 역시 안드로이드의 생명주기(Lifecycle)를 가지고 있다. 서비스의 생명주기는 다음과 같은 주요 메서드로 구성된다.

> **더 알아보기**
>
> **서비스의 생명주기**
> 다양한 상황에 따라 호출되며, 서비스가 생성·시작·종료될 때마다 이러한 메서드들이 호출된다. 이를 통해 서비스는 적절한 시점에 초기화되고 작업을 수행하며, 필요에 따라 자원을 해제할 수 있다. 생명주기 메서드를 잘 이해하고 활용함으로써 안정적인 서비스를 구현할 수 있다.

- **onCreate()**: 서비스가 처음 생성될 때 호출되며, 서비스의 초기화 작업을 수행한다. 서비스는 이 메서드에서 한 번만 생성된다.

- onStartCommand(Intent intent, int flags, int startId): startService() 메서드가 호출되어 서비스가 시작될 때 호출된다. 이 메서드는 클라이언트로부터 인텐트(Intent)를 받아서 처리하고, 백그라운드 작업을 시작한다. onStartCommand() 메서드는 서비스가 시작된 후에 호출된다.
- onBind(Intent intent): bindService() 메서드가 호출되어 서비스가 연결될 때 호출된다. 이 메서드에서는 클라이언트와 서비스 간의 인터페이스를 정의하고 반환한다. 이 메서드는 서비스가 바인딩된 후에 호출된다.
- onDestroy(): 서비스가 종료될 때 호출된다. 이 메서드에서는 서비스의 정리 작업을 수행하고, 사용한 리소스를 해제한다. onDestroy() 메서드는 서비스가 완전히 종료된 후에 호출된다.

서비스의 주요 기능

서비스(Service)는 안드로이드 애플리케이션에서 백그라운드에서 실행되는 컴포넌트로, 사용자와의 상호 작용 없이 특정 작업을 수행한다. 주요 기능은 다음과 같다.

- 백그라운드 작업 수행: 서비스는 앱의 메인 스레드와 독립적으로 실행되며, 사용자 인터페이스(UI)와 관련된 작업 없이 백그라운드에서 작업을 수행한다. 이를 통해 사용자가 앱을 계속 사용하는 동안에도 서비스가 지속적으로 실행될 수 있다.
- 오랜 시간 동작: 서비스는 필요한 경우 오랜 시간 동안 실행될 수 있다. 예를 들어 파일 다운로드, 데이터 처리, 데이터베이스 작업, 네트워크 통신 등과 같은 오랜 시간이 걸리는 작업을 서비스에서 수행할 수 있다.
- 알림 및 통지: 서비스는 백그라운드에서 실행되는 동안에도 사용자에게 알림을 표시할 수 있다. 예를 들어 음악 재생 서비스는 알림을 통해 현재 재생 중인 곡을 표시하고 제어할 수 있다.
- 다른 앱과의 상호 작용: 서비스는 다른 애플리케이션과의 상호 작용을 통해 데이터를 공유하거나 특정 작업을 수행할 수 있다. 예를 들어 브로드캐스트 리시버를 통해 다른 앱에서 방송하는 메시지를 수신하고 처리할 수 있다.
- 영속적 실행: 서비스는 사용자가 앱을 종료하거나 화면을 전환해도 백그라운드에서 계속 실행될 수 있다. 이는 앱이 백그라운드에서 실행되는 동안에도 필요한 작업을 수행할 수 있게 해준다.

브로드캐스트 리시버

브로드캐스트 리시버(Broadcast Receiver)는 안드로이드 앱의 중요한 구성 요소 중 하나다. 이는 안드로이드 시스템에서 발생하는 다양한 이벤트나 사용자 정의 이벤트를 수신하고 처리하는 역할을 담당한다.

안드로이드 시스템은 다양한 상황에서 브로드캐스트 메시지를 발생시킨다. 예를 들어 배터리 부족, 네트워크 상태 변경, 디바이스 부팅 완료 등의 상황에서 브로드캐스트 메시지가 전송된다. 또한 개발자가 직접 사용자 정의 이벤트를 발생시키고 브로드캐스트할 수도 있다.

브로드캐스트 리시버는 이러한 브로드캐스트 메시지를 수신하고 특정 작업을 수행한다. 예를 들어 배터리 부족 알림을 받으면 사용자에게 경고 메시지를 표시하거나, 네트워크 상태 변경 메시지를 받으면 앱의 동작을 조정할 수 있다. 브로드캐스트 리시버를 사용하면 앱은 백그라운드에서 시스템 이벤트를 감지하고 적절히 대응할 수 있어서, 사용자 경험을 개선하고 앱의 기능을 확장할 수 있다.

브로드캐스트 메시지는 안드로이드 시스템이나 앱에서 발생하는 이벤트를 다른 앱이나 시스템 구성 요소에게 알리는 메커니즘이다. 이 메시지는 시스템에서 발생하는 다양한 상황을 앱에 통지하거나, 앱 간의 통신을 위해 사용된다.

개발자가 직접 사용자 정의 이벤트를 발생시키고 브로드캐스트할 수도 있다. 이는 다른 앱이나 시스템 구성 요소에게 특정 상황을 알리거나, 데이터를 전달하는 데 사용된다. 예를 들어 음악 앱에서 음악 재생이 시작되었을 때, 해당 정보를 다른 앱에 브로드캐스트하여 화면에 음악 재생 정보를 표시할 수 있다.

브로드캐스트 리시버 등록 방법

① 정적 등록(Manifest 정의)

- 브로드캐스트 리시버를 정적으로 등록하려면 안드로이드 앱의 AndroidManifest.xml 파일에 리시버를 선언해야 한다.
- 정적으로 등록된 리시버는 앱이 설치될 때 시스템에 등록되며, 앱의 생명주기와는 독립적으로 동작한다.
- ⟨receiver⟩ 요소를 사용하여 리시버를 정의하고, 어떤 브로드캐스트 메시지를 수신할 것인지 인텐트 필터를 정의한다.

② 동적 등록(코드 내에서 등록)

- 브로드캐스트 리시버를 동적으로 등록하려면 앱의 Java 또는 Kotlin 코드 내에서 등록한다.
- 앱의 실행 중에 동적으로 등록되며, 등록 해제도 가능하다.
- registerReceiver() 메서드를 사용하여 리시버를 등록하고, unregisterReceiver() 메서드를 사용하여 등록을 해제한다.

> **더 알아보기**
>
> **정적 등록과 동적 등록**
>
> | 정적 등록 | • 앱이 설치될 때 시스템에 등록되며, 앱의 생명주기와는 독립적으로 동작
• 일반적으로 앱의 필요한 모든 브로드캐스트 리시버를 정적으로 등록 |
> |---|---|
> | 동적 등록 | • 앱의 실행 중에 등록되며, 앱이 실행되는 동안만 유효
• 필요에 따라 동적으로 등록 및 해제할 수 있어 유연하게 사용할 수 있음 |

브로드캐스트 메시지의 수신 및 처리 과정

① 브로드캐스트 리시버 생성

- 앱 내에 브로드캐스트 메시지를 수신할 리시버를 작성한다.
- 이는 안드로이드 컴포넌트로, 일반적으로 BroadcastReceiver 클래스를 상속하여 구현한다.

② Intent 필터 설정

- 리시버가 수신할 브로드캐스트 메시지를 정의하기 위해 Intent 필터를 설정한다.
- Intent 필터는 리시버가 수신할 액션을 지정한다. 이것은 AndroidManifest.xml에 정적으로 등록할 때와 코드 내에서 동적으로 등록할 때 모두 사용된다.
- 브로드캐스트 리시버를 정적으로 등록하려면 앱의 AndroidManifest.xml 파일에 〈receiver〉 요소를 추가한다.
- 〈receiver〉 요소 안에는 리시버 클래스명을 지정하고, 어떤 브로드캐스트 메시지를 수신할 것인지 인텐트 필터를 정의한다.

```xml
<receiver android:name=".MyBroadcastReceiver">
    <intent-filter>
        <action android:name="android.intent.action.BOOT_COMPLETED" />
        <action android:name="android.intent.action.AIRPLANE_MODE" />
    </intent-filter>
</receiver>
```

- 〈action〉 요소를 사용하여 리시버가 수신할 브로드캐스트 액션을 정의한다.
- 위의 예시에서는 부팅 완료(BOOT_COMPLETED) 및 비행기 모드 변경(AIRPLANE_MODE) 액션을 수신한다.

③ 브로드캐스트 리시버 등록

- 정적 등록의 경우 AndroidManifest.xml에 리시버를 등록하고, 동적 등록의 경우 앱의 코드에서 registerReceiver() 메서드를 사용하여 리시버를 등록한다.

```
val receiver = MyBroadcastReceiver()
val filter = IntentFilter().apply {
    addAction(Intent.ACTION_BOOT_COMPLETED)
    addAction(Intent.ACTION_AIRPLANE_MODE_CHANGED)
}
registerReceiver(receiver, filter)
```

④ 브로드캐스트 메시지 수신

- 등록된 리시버는 시스템 또는 다른 앱에서 브로드캐스트 메시지를 보낼 때 해당 메시지를 수신한다.
- 리시버가 수신한 메시지의 액션과 데이터를 확인하여 적절한 처리를 수행한다.

⑤ 브로드캐스트 메시지 처리

- 리시버가 수신한 브로드캐스트 메시지에 따라 적절한 동작을 수행한다.
- 예를 들어 시스템 부팅이 완료되었을 때의 브로드캐스트 메시지인 ACTION_BOOT_COMPLETED를 수신하면, 리시버는 해당 이벤트에 대한 처리를 수행할 수 있다.

⑥ 리시버 해제(선택 사항)

- 동적으로 등록한 리시버는 더 이상 필요하지 않을 때 unregisterReceiver() 메서드를 호출하여 등록을 해제한다.
- 이렇게 함으로써 앱의 리소스를 효율적으로 관리하고 누수를 방지할 수 있다.

```
unregisterReceiver(receiver)
```

브로드캐스트 리시버의 생명주기

① 생성(Instantiation)

- 브로드캐스트 리시버 객체가 생성된다.
- 이 단계에서는 리시버 객체가 메모리에 로드되고 초기화된다.

② 등록(Registration)

- 브로드캐스트 리시버가 등록된다.
- 정적으로 등록되는 경우에는 앱의 AndroidManifest.xml 파일에 등록되며, 앱이 설치될 때마다 시스템에 등록된다.
- 동적으로 등록되는 경우 앱의 코드에서 registerReceiver() 메서드를 호출하여 등록된다.

③ 활성화(Activation)

- 브로드캐스트 리시버가 활성화된다.
- 활성화되면 리시버는 해당하는 브로드캐스트 메시지를 수신할 수 있다.
- 정적으로 등록된 리시버는 앱이 설치될 때부터 활성화되지만, 동적으로 등록된 리시버는 등록된 시점에서부터 활성화된다.

④ 수신(Receiving)

- 브로드캐스트 리시버가 브로드캐스트 메시지를 수신한다.
- 수신된 메시지에 따라 리시버는 적절한 동작을 수행한다.

⑤ 비활성화(Deactivation)

- 브로드캐스트 리시버가 비활성화된다.
- 정적으로 등록된 리시버는 앱이 제거될 때 비활성화되며, 동적으로 등록된 리시버는 해제되는 시점에 비활성화된다.
- 비활성화된 리시버는 해당 브로드캐스트 메시지를 더 이상 수신할 수 없다.

⑥ 해제(Unregistration)(선택 사항)

- 동적으로 등록된 리시버는 더 이상 필요하지 않을 때 unregisterReceiver() 메서드를 호출하여 해제될 수 있다.
- 이는 리소스를 효율적으로 관리하고 브로드캐스트 리시버의 불필요한 수신을 방지하는 데 도움이 된다.

활용 및 사례

브로드캐스트 리시버는 안드로이드 애플리케이션에서 다양한 시스템 이벤트를 처리하고 반응하는 데 사용된다. 다음은 브로드캐스트 리시버가 활용되는 몇 가지 예시다.

- **배터리 부족 알림(Battery Low Notification)**
  앱이 배터리 부족 상태를 감지하고 사용자에게 경고 또는 알림을 표시하는 경우에 브로드캐스트 리시버를 사용할 수 있다. 배터리 상태가 변경될 때마다 시스템은 ACTION_BATTERY_LOW 브로드캐스트를 발송하므로, 이를 수신하여 알림을 표시할 수 있다.

- **네트워크 상태 변경 감지(Network State Change Detection)**
  앱이 네트워크 연결 상태를 감지하고 처리해야 하는 경우에 브로드캐스트 리시버를 사용할 수 있다. 네트워크 상태가 변경될 때마다 시스템은 CONNECTIVITY_ACTION 브로드캐스트를 발송하므로, 이를 수신하여 네트워크 상태를 확인하고 사용자에게 알림을 제공할 수 있다.

- **화면 상태 변경 감지(Screen State Change Detection)**
  화면의 상태가 변경될 때마다 알림을 받아야 하는 경우에도 브로드캐스트 리시버를 활용할 수 있다. 화면이 켜지거나 꺼질 때마다 시스템은 ACTION_SCREEN_ON 및 ACTION_SCREEN_OFF 브로드캐스트를 발송하므로, 이를 수신하여 해당 상태에 대한 작업을 수행할 수 있다.

- **사용자 정의 이벤트 처리(Handling Custom Events)**
  앱 내에서 발생하는 사용자 정의 이벤트에 대한 처리를 위해 브로드캐스트 리시버를 사용할 수 있다. 예를 들어 사용자가 새로운 메시지를 수신하거나 특정 조건을 충족할 때마다 알림을 표시하려는 경우, 사용자 정의 브로드캐스트를 발송하여 이를 수신하고 처리할 수 있다.

보안 및 성능 최적화에 대한 고려 사항

브로드캐스트 리시버를 사용할 때에는 보안 및 성능 최적화에 대한 몇 가지 고려 사항이 있다.

- **불필요한 리시버 등록 피하기**
  앱이 시작될 때마다 불필요한 브로드캐스트 리시버를 등록하는 것은 앱의 성능을 저하시킬 수 있다. 따라서 앱에서 실제로 필요한 기능에만 리시버를 등록하고, 필요하지 않은 리시버는 제거하여 성능을 최적화해야 한다.

- 백그라운드 작업 최소화

  브로드캐스트 리시버에서 백그라운드 작업을 수행하는 경우, 이는 앱의 성능을 저하시킬 수 있다. 백그라운드에서 실행되는 작업은 시스템 리소스를 소모하므로, 필요한 경우에만 백그라운드 작업을 수행하고, 최대한 빠르게 완료하여 시스템 리소스를 효율적으로 관리해야 한다.

- 보안 검토 및 권한 확인

  브로드캐스트 리시버를 통해 전달되는 데이터에 대한 보안 검토가 필요하다. 악의적인 앱으로부터의 데이터 유출을 방지하기 위해 암호화된 연결을 사용하고, 사용자의 민감한 정보를 처리하는 경우 해당 권한을 요청하여 보안을 강화해야 한다.

> **Tip**
> 브로드캐스트 리시버의 사용은 앱의 기능을 확장하고 사용자 경험을 향상시킬 수 있지만, 보안 및 성능 문제에 유의해야 합니다. 적절한 보안 대책을 취하고 성능을 최적화하는 것이 중요합니다.

콘텐트 프로바이더

콘텐트 프로바이더(Content Provider)는 안드로이드 플랫폼에서 데이터를 관리하고 다른 애플리케이션에 데이터를 제공하는 중요한 구성 요소로, 안드로이드 애플리케이션 간에 데이터를 공유하고 관리하기 위한 표준화된 방법 중 하나다.

콘텐트 프로바이더는 데이터베이스, 파일 시스템, 네트워크 소스 등과 같은 다양한 데이터 소스에 대한 접근을 제공하고, 다른 애플리케이션에서 데이터를 읽고 쓸 수 있는 인터페이스를 제공한다. 이를 통해 한 애플리케이션에서 생성한 데이터를 다른 애플리케이션에서도 활용할 수 있게 된다.

주요한 역할 중 하나는 데이터의 보안과 접근 제어다. 콘텐트 프로바이더를 통해 데이터를 관리하면 데이터에 대한 접근 권한을 세밀하게 제어할 수 있다. 또한 데이터의 일관성과 무결성을 보장하고 여러 애플리케이션 간에 데이터를 안전하게 공유할 수 있다.

콘텐트 프로바이더는 안드로이드 시스템에서 제공하는 기본적인 데이터베이스를 포함하여 다양한 형식의 데이터에 대한 접근을 지원한다. 따라서 안드로이드 애플리케이션을 개발할 때 데이터 관리와 공유에 대한 중요한 요소로 고려되어야 한다.

역할과 중요성

콘텐트 프로바이더는 안드로이드 애플리케이션에서 데이터를 안전하게 공유하고 다른 애플리케이션 간에 데이터를 교환하는 데 매우 중요한 역할을 한다. 이러한 중요성은 다음과 같은 이유로 설명할 수 있다.

- **데이터 공유와 상호 작용**: 콘텐트 프로바이더를 사용하면 애플리케이션 간에 데이터를 공유하고 상호 작용할 수 있다. 여러 애플리케이션에서 동일한 데이터를 사용할 필요가 있는 경우, 콘텐트 프로바이더를 통해 이를 쉽게 공유할 수 있다.

- **데이터 보안과 접근 제어**: 콘텐트 프로바이더를 사용하면 데이터에 대한 접근 권한을 세밀하게 제어할 수 있다. 다른 애플리케이션에는 데이터에 대한 쓰기 또는 읽기 권한을 부여하거나 제한할 수 있다. 이를 통해 데이터의 보안성을 높일 수 있다.

- **애플리케이션 간의 효율적인 데이터 공유**: 콘텐트 프로바이더를 사용하면 여러 애플리케이션 간에 데이터를 효율적으로 공유할 수 있다. 다른 애플리케이션에서 제공하는 데이터를 쉽게 가져와 사용할 수 있으며, 이를 통해 애플리케이션의 기능을 확장하고 향상시킬 수 있다.

- **데이터 일관성 유지**: 콘텐트 프로바이더를 통해 데이터를 관리하면 데이터의 일관성을 유지하기 쉽다. 여러 애플리케이션에서 동시에 데이터를 수정하거나 업데이트할 때 데이터 일관성을 보장할 수 있다.

- **안드로이드 플랫폼의 표준화된 데이터 접근 방법**: 안드로이드에서는 콘텐트 프로바이더를 통해 데이터에 접근하는 것이 표준화된 방법이다. 따라서 안드로이드 애플리케이션을 개발할 때 데이터 관리와 공유에 대한 일관된 접근 방법을 제공한다.

주요 기능

콘텐트 프로바이더는 안드로이드 애플리케이션 간에 데이터를 관리하고 공유하는 데 사용된다. 주요 기능은 다음과 같다.

- **데이터 조회(Query)**: 콘텐트 프로바이더를 사용하여 저장된 데이터를 조회할 수 있다. 다른 애플리케이션은 **콘텐트 URI**[*]를 사용하여 콘텐트 프로바이더에 쿼리를 수행하여 필요한 데이터를 검색할 수 있다.

기초 용어 정리

[*] **콘텐트 URI(Content URI)**: 안드로이드에서 콘텐츠 제공자(Content Provider)와 상호작용할 때 사용하는 URI(Uniform Resource Identifier)이다. URI는 인터넷에서 자원을 고유하게 식별하는 문자열이다. 이는 앱 간에 데이터를 안전하게 공유할 수 있도록 돕는 방법이다.

- **데이터 삽입(Insert)**: 외부 애플리케이션이 콘텐트 프로바이더에 데이터를 추가할 수 있다. 데이터베이스나 다른 형식의 데이터 저장소에 새로운 데이터를 추가할 때 사용된다.
- **데이터 갱신(Update)**: 콘텐트 프로바이더를 사용하여 저장된 데이터를 업데이트하고 수정할 수 있다. 다른 애플리케이션은 콘텐트 URI를 통해 데이터를 업데이트하거나 수정할 수 있다.
- **데이터 삭제(Delete)**: 저장된 데이터를 삭제하거나 제거할 수 있다. 다른 애플리케이션은 콘텐트 URI를 사용하여 콘텐트 프로바이더에서 데이터를 삭제할 수 있다.
- **데이터 공유(Sharing)**: 콘텐트 프로바이더는 여러 애플리케이션 간에 데이터를 공유하는 데 사용된다. 다른 애플리케이션은 콘텐트 URI를 통해 콘텐트 프로바이더에 액세스하여 데이터를 가져올 수 있다.

구현 방법

콘텐트 프로바이더를 구현하는 방법은 다음과 같다.

- **ContentProvider 클래스 상속**: 콘텐트 프로바이더를 구현하기 위해서는 안드로이드 프레임워크에서 제공하는 ContentProvider 클래스를 상속해야 한다. 이 클래스는 추상 클래스로, 다양한 데이터 관리 및 공유 기능을 제공한다.

```kotlin
import android.content.ContentProvider

class MyContentProvider : ContentProvider() {
    // ContentProvider 구현 내용이 들어갈 부분
}
```

- **필수 메서드 구현**: ContentProvider 클래스를 상속한 후에는 다음과 같은 필수 메서드를 구현해야 한다.
    - onCreate(): 콘텐트 프로바이더가 생성될 때 호출된다. 이 메서드에서 데이터베이스 초기화 또는 다른 초기화 작업을 수행한다.
    - query(): 데이터를 조회하는 메서드로, 쿼리를 처리하고 결과를 반환한다.
    - insert(): 데이터를 추가하는 메서드로, 새로운 데이터를 삽입합니다.
    - update(): 데이터를 갱신하는 메서드로, 기존 데이터를 업데이트한다.
    - delete(): 데이터를 삭제하는 메서드로, 지정된 조건에 따라 데이터를 삭제한다.
    - getType(): MIME 유형을 반환하는 메서드로, URI의 MIME 유형을 정의한다.

```kotlin
class MyContentProvider : ContentProvider() {

    override fun onCreate(): Boolean {
        // ContentProvider 초기화 작업 수행
        return true
    }

    override fun query(uri: Uri, projection: Array<String>?, selection:
        String?, selectionArgs: Array<String>?, sortOrder: String?): Cursor? {
        // 데이터 조회 작업 수행
        return null
    }

    override fun insert(uri: Uri, values: ContentValues?): Uri? {
        // 데이터 삽입 작업 수행
        return null
    }

    override fun update(uri: Uri, values: ContentValues?, selection:
        String?, selectionArgs: Array<String>?): Int {
        // 데이터 갱신 작업 수행
        return 0
    }

    override fun delete(uri: Uri, selection: String?, selectionArgs:
        Array<String>?): Int {
        // 데이터 삭제 작업 수행
        return 0
    }

    override fun getType(uri: Uri): String? {
        // MIME 유형 반환
        return null
    }
}
```

- Content URI 정의: 콘텐트 프로바이더를 사용하는 애플리케이션에서는 데이터에 접근하기 위해 Content URI(Uniform Resource Identifier)를 사용한다. Content URI는 콘텐트 프로바이더에서 제공되는 데이터를 가리키는 데 사용된다.

```kotlin
class MyContentProvider : ContentProvider() {
    companion object {
        const val AUTHORITY = "com.example.myapp.provider"
        val CONTENT_URI: Uri = Uri.parse("content://$AUTHORITY/contacts")
    }

    // 나머지 코드 생략
}
```

- **AndroidManifest.xml에 등록**: 콘텐트 프로바이더를 사용 가능하게 하려면 앱의 Android Manifest.xml 파일에 콘텐트 프로바이더를 등록해야 한다. 〈provider〉 요소를 사용하여 콘텐트 프로바이더를 정의하고 필요한 권한을 설정한다.

```xml
<provider
    android:name=".MyContentProvider"
    android:authorities="com.example.myapp.provider"
    android:exported="false" />
```

위 코드에서 AUTHORITY는 콘텐트 프로바이더의 고유 식별자로 사용되며, CONTENT_URI는 실제 데이터에 접근하기 위한 URI이다.

보안에 대한 고려 사항

콘텐트 프로바이더를 사용할 때 보안에 대한 고려 사항은 다음과 같다.

- **데이터 접근 권한 설정**: 콘텐트 프로바이더를 통해 공유되는 데이터에 대한 접근 권한을 제어해야 한다. 애플리케이션의 중요한 데이터에 대한 접근을 제한하고, 필요한 경우 권한을 요청하도록 구성해야 한다.

- **URI 권한 설정**: 콘텐트 프로바이더에서는 Content URI를 통해 데이터에 접근한다. URI를 사용하여 데이터에 접근할 때마다 적절한 권한을 확인하고 검사해야 한다. 민감한 데이터에 대한 URI는 보호되어야 하며, 권한이 없는 앱은 해당 데이터에 접근할 수 없도록 해야 한다.

- **데이터 접근 제어**: 콘텐트 프로바이더를 통해 민감한 정보를 제공하는 경우, 데이터 접근을 제어해야 한다. 데이터베이스나 파일 시스템에 접근할 때 암호화를 사용하거나 접근을 제한하는 등의 보안 메커니즘을 적용해야 한다.

- **권한 확인**: 클라이언트 애플리케이션에서 콘텐트 프로바이더에 접근하기 전에 적절한 권한이 부여되었는지 확인해야 한다. 클라이언트는 데이터에 접근하기 위해 필요한 권한을 요청하고, 이를 프로바이더에서 검사하여 권한이 없는 경우에는 접근을 거부해야 한다.
- **보안 프로토콜 사용**: 데이터를 전송할 때는 HTTPS와 같은 보안 프로토콜을 사용하여 데이터의 안전한 전송을 보장해야 한다. 특히 네트워크를 통해 민감한 정보를 전송하는 경우에는 데이터의 무단 접근을 방지하기 위해 보안 프로토콜을 적용해야 한다.

02 액티비티와 프래그먼트

더 멋진 내일(Tomorrow)을 위한 내일(My Career) **내일은 코틀린**

✓ 핵심 키워드

액티비티, 프래그먼트, 생명주기, FragmentTransaction

여기서는 무얼 배울까

액티비티는 안드로이드 애플리케이션에서 화면을 나타내는 주요 구성 요소이며, 사용자 인터페이스와 상호 작용을 담당한다. 프래그먼트는 액티비티 내에서 재사용 가능한 UI 모듈로, 화면 구성의 유연성을 높이고 다양한 디바이스 크기에 대응할 수 있는 기능을 제공한다. 여기에서는 액티비티와 프래그먼트의 생명주기, UI 구성 방법, 상호 작용 방법 등을 학습하여 안드로이드 애플리케이션 개발에 필수적인 요소를 이해하게 된다.

우선 앞에서 배운 내용을 참고하여 프로젝트를 만들어보자. 안드로이드 스튜디오를 실행한 뒤 'New Project'→Empty Views Activity로 프로젝트 Activity를 설정한다.

액티비티의 기본 동작

UI 구성

- **XML 레이아웃 파일 생성**: 먼저, res/layout 디렉토리 또는 해당하는 리소스 디렉토리에 XML 레이아웃 파일을 생성한다. 이 파일은 액티비티의 UI를 정의하는 데 사용된다.
- **UI 컴포넌트 추가**: XML 레이아웃 파일에서 다양한 UI 컴포넌트를 추가한다. 주요 UI 컴포넌트로는 다음과 같은 것들이 있다.
  - 버튼(Button): 사용자의 클릭 이벤트를 처리하는 데 사용된다.
  - 텍스트뷰(TextView): 텍스트를 표시하는 데 사용된다.
  - 이미지뷰(ImageView): 이미지를 표시하는 데 사용된다.
  - 에디트텍스트(EditText): 사용자의 입력을 받는 데 사용된다.
  - 리스트뷰(ListView): 여러 항목을 스크롤 가능한 리스트로 표시하는 데 사용된다.

- **속성 설정**: 각 UI 컴포넌트에는 속성(attribute)이 있다. 이 속성들은 컴포넌트의 모양, 크기, 동작 등을 정의한다. XML 레이아웃 파일에서 각 컴포넌트에 필요한 속성을 지정한다.
- **액티비티와 연결**: XML 레이아웃 파일에 UI 컴포넌트를 추가한 후에는 액티비티의 코틀린 파일에서 해당 XML 레이아웃을 **인플레이트***하여 UI와 연결한다. 이를 통해 액티비티와 UI 컴포넌트가 상호 작용할 수 있게 된다.

다음은 XML 레이아웃 파일에 버튼을 추가하는 간단한 예시다.

```xml
<RelativeLayout xmlns:android="http://schemas.android.com/apk/res/android"
    xmlns:tools="http://schemas.android.com/tools"
    android:layout_width="match_parent"
    android:layout_height="match_parent"
    tools:context=".MainActivity">

    <Button
        android:id="@+id/button"
        android:layout_width="wrap_content"
        android:layout_height="wrap_content"
        android:text="Click Me" />

</RelativeLayout>
```

다음과 같이 XML 파일에서 UI 컴포넌트를 정의한 후, 액티비티의 Java 파일에서 해당 레이아웃을 로드하여 버튼과 같은 UI 컴포넌트를 사용할 수 있다.

사용자 입력 및 이벤트 처리

사용자 입력 및 이벤트 처리는 안드로이드 애플리케이션에서 중요한 부분이다. 사용자가 앱과 상호 작용하는 방식을 관리하고 제어하기 때문에 이를 잘 다루어야 한다.

- **사용자 입력에 대한 이벤트 처리**: 사용자가 화면에서 버튼을 클릭하거나 입력 필드에 텍스트를 입력하는 등의 동작을 수행할 때 애플리케이션이 이벤트를 감지하고 처리해야 한다.

기초 용어 정리

* **인플레이트(Inflate)**: XML 레이아웃 파일을 메모리에서 실제 UI 컴포넌트로 변환하는 과정을 의미한다. 인플레이트된 레이아웃은 액티비티나 프래그먼트의 UI로 사용되며, 이를 통해 XML로 정의된 UI 요소를 코드에서 사용할 수 있게 된다.

- **이벤트 리스너(Listener) 구현**: 각각의 UI 컴포넌트에는 이벤트를 감지하는 데 사용되는 리스너 인터페이스가 있다. 예를 들어 버튼을 클릭할 때 발생하는 이벤트를 처리하기 위해 OnClickListener 인터페이스를 구현할 수 있다.
- **XML 레이아웃 파일을 통한 디자인**: UI 컴포넌트를 화면에 배치하고 정렬하기 위해 XML 레이아웃 파일을 사용한다. 이 파일에는 화면에 표시할 UI 요소의 구조와 속성이 정의된다.
- **이벤트 처리 방법**: 각 UI 컴포넌트에는 특정 이벤트에 반응하기 위한 메서드가 있다. 예를 들어 버튼에 대한 클릭 이벤트를 처리하기 위해 setOnClickListener() 메서드를 사용한다. 클릭 이벤트가 발생하면 이 메서드에 전달된 리스너가 호출된다.
- **리스너 인터페이스 구현**: 이벤트를 처리하기 위해 리스너 인터페이스를 구현한다. 인터페이스의 메서드를 오버라이드하여 원하는 동작을 구현한다. 예를 들어 OnClickListener를 구현하여 버튼 클릭 이벤트를 처리할 수 있다.

레이아웃 디자인 기본 원칙

레이아웃 디자인은 사용자 인터페이스(UI)를 구성하는 과정에서 매우 중요하다. 초보자들이 UI를 구성할 때 고려해야 할 몇 가지 기본적인 원칙이 있다.

- **일관성**: 앱 내의 모든 화면은 일관된 디자인 원칙을 따라야 한다. 버튼, 텍스트, 이미지 등의 요소는 일관된 스타일과 크기로 사용되어야 하며, 사용자가 앱을 사용하는 과정에서 통일성을 느끼도록 해야 한다.
- **가시성**: 사용자가 화면의 요소를 명확하게 인식할 수 있도록 요소들을 명확하게 배치해야 한다. 중요한 기능은 사용자가 쉽게 찾을 수 있는 곳에 위치시켜야 하며, 텍스트와 아이콘은 적절하게 표시되어야 한다.
- **간결성**: UI는 가능한 간결하고 단순해야 한다. 사용자가 화면을 빠르게 이해하고 필요한 작업을 쉽게 수행할 수 있어야 한다. 불필요한 요소를 제거하고, 주요 기능에 초점을 맞추는 것이 중요하다.
- **접근성**: 모든 사용자가 앱을 사용할 수 있어야 하므로, 접근성을 고려해야 한다. 텍스트 크기, 색상 대비, 터치 크기 등의 요소를 고려하여 모든 사용자가 화면을 쉽게 읽고 상호 작용할 수 있도록 해야 한다.
- **피드백 제공**: 사용자가 어떤 작업을 수행할 때 화면에서 적절한 피드백을 제공해야 한다. 버튼 클릭 시 작업이 수행되고 있는지, 오류가 발생했는지 등의 상태를 사용자에게 명확하게 알려줘야 한다.

손으로 익히는 코딩

```xml
<!-- activity_main.xml -->

<RelativeLayout xmlns:android="http://schemas.android.com/apk/res/android"
    xmlns:tools="http://schemas.android.com/tools"
    android:layout_width="match_parent"
    android:layout_height="match_parent"
    tools:context=".MainActivity">

    <Button
        android:id="@+id/myButton"
        android:layout_width="wrap_content"
        android:layout_height="wrap_content"
        android:text="클릭하세요"
        android:layout_centerHorizontal="true"
        android:layout_marginTop="50dp"/>

    <TextView
        android:id="@+id/myTextView"
        android:layout_width="wrap_content"
        android:layout_height="wrap_content"
        android:text="안녕하세요!"
        android:layout_below="@id/myButton"
        android:layout_centerHorizontal="true"
        android:layout_marginTop="20dp"/>
</RelativeLayout>
```

이 예시에서는 RelativeLayout을 사용하여 버튼과 텍스트뷰를 중앙에 배치하고, 간단한 간격을 설정하였다. 이렇게 간단한 레이아웃을 통해 UI 구성의 기초를 익힐 수 있다

> **Tip**
> 액티비티의 재사용성을 고려하여 가능한 작은 기능 단위로 분리하고, 각각의 액티비티가 하나의 명확한 역할을 수행하도록 설계합니다. 재사용 가능한 컴포넌트를 설계하는 것은 코드의 일관성과 유지·보수성을 향상시키며, 개발자가 새로운 기능을 추가하거나 변경할 때 더욱 효율적으로 작업할 수 있도록 도와줍니다.

프래그먼트

프래그먼트는 액티비티 내에서 UI의 일부를 담당하는 모듈화된 구성 요소다. 주로 재사용 가능한 UI 구성 요소로서 설계되어, 여러 액티비티에서 동일한 UI 요소를 사용하고자 할 때 유용하다. 프래그먼트는 액티비티의 일부 영역에 삽입되어 화면을 구성하며, 액티비티의 특정 부분을 독립적으로 관리할 수 있게 해준다.

프래그먼트를 사용함으로써 액티비티는 더 작은 단위로 분할되어 관리될 수 있다. 이는 액티비티를 모듈화하여 유지·보수 및 재사용성을 향상시키는 데 도움이 된다. 예를 들어 하나의 액티비티 안에 여러 프래그먼트를 조합하여 다양한 디바이스 크기나 방향에 따라 유연하게 UI를 조정할 수 있다. 또한 동일한 프래그먼트를 여러 액티비티에서 재사용하여 일관된 UI를 제공할 수 있다.

프래그먼트는 자체적인 라이프사이클을 갖고 있으며, 액티비티와 유사한 생명주기를 가지고 있다. 이를 통해 프래그먼트는 자체적으로 초기화, 로딩, 데이터 처리 등의 작업을 수행할 수 있다. 또한 액티비티 내에서 여러 프래그먼트를 조합하여 복잡한 UI를 구성할 수 있고, 각 프래그먼트는 독립적으로 관리될 수 있다.

프래그먼트는 프래그먼트 매니저(FragmentManager)를 통해 액티비티에 추가되고 제거된다. 이를 통해 액티비티는 프래그먼트의 라이프사이클을 관리하고, 필요에 따라 동적으로 화면을 변경할 수 있다.

프래그먼트는 일반적으로 액티비티와 비슷한 형태로 구성된다. 다음은 간단한 프래그먼트의 구현 예시이다.

```kotlin
class MyFragment : Fragment() {
    // onCreateView() 메서드에서 프래그먼트의 UI를 생성하고 반환한다.
    override fun onCreateView(
        inflater: LayoutInflater, container: ViewGroup?,
        savedInstanceState: Bundle?
    ): View? {
        // 프래그먼트의 UI를 정의하고 반환한다.
        val view: View = inflater.inflate(R.layout.fragment_my,
          container, false)
        return view
    }
}
```

위의 코드에서는 onCreateView() 메서드를 사용하여 프래그먼트의 UI를 생성한다. 이 메서드는 프래그먼트가 처음으로 생성될 때 호출되며, 프래그먼트의 레이아웃을 정의하고 반환한다. 여기에서는 LayoutInflater를 사용하여 XML 레이아웃 파일을 인플레이트하여 View 객체로 반환한다.

프래그먼트 클래스는 Fragment 클래스를 상속받아야 하며, 필요한 경우 onCreateView() 외에도 다양한 메서드를 오버라이드하여 프래그먼트의 생명주기나 이벤트를 처리할 수 있다.

프래그먼트 생명주기

onAttach() 메서드

프래그먼트가 액티비티에 부착될 때 호출되는 메서드다. 프래그먼트가 액티비티와 연관되어 있음을 나타내는 이 메서드는 프래그먼트가 액티비티와의 관련성을 확립하고 초기화할 때 주로 사용된다.

코·드·소·개

```kotlin
override fun onAttach(Context: context) {
    super.onAttach(context)
    // 프래그먼트가 액티비티에 부착될 때 수행할 작업
}
```

onCreate() 메서드

프래그먼트의 생명주기에서 생성 과정이 시작될 때 호출되는 메서드다. 이 메서드에서는 프래그먼트의 초기 설정을 수행하고 필요한 작업을 초기화한다. 주로 프래그먼트의 상태 초기화, 리소스 할당, 백그라운드 작업 시작 등의 작업이 이루어진다.

코·드·소·개

```kotlin
override fun onCreate(savedInstanceState: Bundle?) {
    super.onCreate(savedInstanceState)
    // 프래그먼트의 초기 설정 및 초기화 작업 수행
}
```

onCreateView() 메서드

프래그먼트의 사용자 인터페이스(UI)를 생성하는 역할을 한다. 이 메서드에서는 XML 레이아웃 파일을 인플레이트하거나 프로그래밍 방식으로 뷰를 생성하여 반환한다. 즉, 프래그먼트가 화면에 표시될 때 그에 맞는 UI를 생성하는 작업을 담당한다.

> **코·드·소·개**
```kotlin
override fun onCreateView(
    inflater: LayoutInflater,
    container: ViewGroup?,
    savedInstanceState: Bundle?
): View? {
    // XML 레이아웃 파일을 인플레이트하여 뷰 생성
    val view = inflater.inflate(R.layout.fragment_layout, container, false)

    // 뷰 생성 후 필요한 작업 수행

    return view // 생성된 뷰 반환
}
```

onViewCreated() 메서드

onCreateView() 메서드가 완료된 후에 호출되는 콜백 메서드다. onCreateView()에서 뷰가 생성되고 UI가 준비된 후에 이 메서드가 호출된다. 따라서 onViewCreated() 메서드를 사용하여 뷰가 완전히 생성된 후에 필요한 추가적인 초기화 작업을 수행할 수 있다.

> **코·드·소·개**
```kotlin
override fun onViewCreated(view: View, savedInstanceState: Bundle?) {
    super.onViewCreated(view, savedInstanceState)

    // onCreateView()에서 생성된 뷰에 대한 작업 수행
    // 뷰 요소 초기화 및 기타 초기화 작업 수행
}
```

onActivityCreated() 메서드

프래그먼트가 속한 액티비티의 onCreate() 메서드가 완료된 후에 호출되는 콜백 메서드다. 이 메서드는 액티비티와 프래그먼트 간의 상호 작용을 위한 초기화 작업을 수행하는 데 사용된다.

> **코·드·소·개**
>
> ```
> override fun onActivityCreated(savedInstanceState: Bundle?) {
>     super.onActivityCreated(savedInstanceState)
>
>     // 액티비티와의 상호 작용 초기화
>     // 액티비티와의 통신 설정
>     // 데이터 로딩 또는 초기화 등의 작업 수행
> }
> ```

onStart() 메서드

프래그먼트가 사용자에게 표시되기 직전에 호출되는 콜백 메서드다. 이 시점에서는 프래그먼트가 사용자에게 표시되기 직전의 상태로 초기화되며, 프래그먼트의 사용 준비가 완료된 상태다.

> **코·드·소·개**
>
> ```
> override fun onStart() {
>     super.onStart()
>
>     // UI 갱신
>     // 리소스 초기화
>     // 사용자 상호 작용 설정 등의 작업 수행
> }
> ```

FragmentTransaction

FragmentTransaction은 프래그먼트를 추가·제거·대체하는 데 사용되는 객체다. 이를 통해 프래그먼트 관리 작업을 할 수 있다. FragmentTransaction 객체는 Fragment Manager()를 통해 얻을 수 있다.

FragmentTransaction 생성 순서

① 액티비티에서 프래그먼트를 관리할 때는 supportFragmentManager를 사용하여 Fragment Manager를 얻어와야 한다. 그런 다음 FragmentManager의 beginTransaction() 메서드를 호출하여 FragmentTransaction을 시작한다.

```
val fragmentManager: FragmentManager = supportFragmentManager
val fragmentTransaction: FragmentTransaction =
  fragmentManager.beginTransaction()
```

② 프래그먼트 내에서 다른 프래그먼트를 추가하거나 관리할 때는 ChildFragmentManager를 사용하여 FragmentManager를 얻어와야 한다. 그 후 beginTransaction() 메서드를 호출하여 FragmentTransaction을 시작한다.

```
var fragmentManager: FragmentManager = childFragmentManager
var fragmentTransaction: FragmentTransaction =
  FragmentManager.beginTransaction()
```

- **프래그먼트 추가**: 프래그먼트를 추가하기 위해서는 FragmentTransaction 객체의 add() 메서드를 사용한다. 이 메서드를 호출할 때는 추가할 프래그먼트의 인스턴스와 함께 사용할 컨테이너 뷰의 ID를 지정해야 한다.

```
// FragmentTransaction 객체 생성
val fragmentManager = supportFragmentManager
val fragmentTransaction = fragmentManager.beginTransaction()

// 추가할 프래그먼트의 인스턴스 생성
val fragment = ExampleFragment()

// 프래그먼트를 추가할 컨테이너 뷰의 ID와 함께 add() 메서드 호출
fragmentTransaction.add(R.id.fragment_container, fragment)

// 변경 사항을 확정
fragmentTransaction.commit()
```

여기서 R.id.fragment_container는 프래그먼트를 추가할 액티비티의 레이아웃 XML 파일에서 지정한 프래그먼트 컨테이너 뷰의 ID다. ExampleFragment는 추가할 프래그먼트의 인스턴스를 나타낸다.

프래그먼트 내에서 다른 프래그먼트를 추가할 때도 유사한 방법으로 작성할 수 있다. 다만, 이 경우에는 FragmentManager의 childFragmentManager를 사용하여 FragmentTransaction을 얻어와야 한다.

- **프래그먼트 제거**: 프래그먼트를 제거하기 위해서는 FragmentTransaction 객체의 remove() 메서드를 사용한다. 이 메서드를 호출할 때는 제거할 프래그먼트의 인스턴스를 지정해야 한다.

```kotlin
// FragmentTransaction 객체 생성
val fragmentManager = supportFragmentManager
val fragmentTransaction = fragmentManager.beginTransaction()

// 제거할 프래그먼트의 인스턴스를 참조하여 remove() 메서드 호출
fragmentTransaction.remove(fragment)

// 변경 사항을 확정
fragmentTransaction.commit()
```

여기서 fragment는 제거할 프래그먼트의 인스턴스를 나타낸다. 이제 프래그먼트가 액티비티에서 제거된다.

프래그먼트 내에서 다른 프래그먼트를 제거할 때도 유사한 방법으로 작성할 수 있다. 다만, 이 경우에도 FragmentManager의 childFragmentManager를 사용하여 FragmentTransaction을 얻어와야 한다.

- **트랜잭션 처리**: FragmentTransaction 객체를 사용하여 프래그먼트를 추가하거나 제거한 후에는 변경 사항을 확정해야 한다. 이를 위해서는 FragmentTransaction 객체의 commit() 메서드를 호출해야 한다.

commit() 메서드는 변경 사항을 액티비티의 백 스택에 추가하여 이전 상태로 롤백 가능하도록 한다. 이 과정은 액티비티의 생명주기와 관련이 있으며, 일반적으로 액티비티의 onResume() 메서드에서 호출하는 것이 권장된다.

```kotlin
// FragmentTransaction 객체 생성
val fragmentManager = supportFragmentManager
val fragmentTransaction = fragmentManager.beginTransaction()

// 프래그먼트 추가 또는 제거 등의 작업 수행

// 변경 사항을 확정
fragmentTransaction.commit()
```

이렇게 commit() 메서드를 호출하면 FragmentTransaction에서 수행한 모든 작업이 액티비티에 적용되어, 화면에 프래그먼트가 추가되거나 제거된다.

아래는 프래그먼트를 동적으로 추가하는 간단한 예시 코드다. 이 예시에서는 프래그먼트를 추가하기 위해 FragmentTransaction을 사용하고, 추가된 프래그먼트를 액티비티에 표시한다.

```kotlin
class MainActivity : AppCompatActivity() {
    override fun onCreate(savedInstanceState: Bundle?) {
        super.onCreate(savedInstanceState)
        setContentView(R.layout.activity_main)
        // 프래그먼트 매니저를 통해 프래그먼트 트랜잭션 시작
        val fragmentManager = supportFragmentManager
        val fragmentTransaction = fragmentManager.beginTransaction()

        // 추가할 프래그먼트 생성
        val fragment = ExampleFragment()

        // 프래그먼트를 컨테이너에 추가
        fragmentTransaction.add(R.id.fragment_container, fragment)

        // 트랜잭션을 커밋하여 변경 사항을 확정
        fragmentTransaction.commit()
    }
}
```

위의 코드에서 activity_main.xml 레이아웃 파일에는 프래그먼트를 추가할 프래그먼트 컨테이너가 정의되어 있어야 한다. R.id.fragment_container는 프래그먼트가 추가될 레이아웃의 ID다.

프래그먼트 컨테이너를 나타내는 XML 레이아웃 파일의 예시는 다음과 같다.

```xml
<FrameLayout
    android:id="@+id/fragment_container"
    android:layout_width="match_parent"
    android:layout_height="match_parent" />
```

이렇게 하면 ExampleFragment가 액티비티에 동적으로 추가되고, 프래그먼트가 화면에 표시된다.

여러 프래그먼트를 추가하고 제거하는 간단한 예시를 만들어보겠다. 이 예시에서는 두 가지 프래그먼트를 번갈아가며 추가하고 제거하는 기능을 구현할 것이다. 사용자는 버튼을 눌러서 프래그먼트를 추가하거나 제거할 수 있다.

activity_main.xml

 손으로 익히는 코딩

```xml
<LinearLayout
    xmlns:android="http://schemas.android.com/apk/res/android"
    android:layout_width="match_parent"
    android:layout_height="match_parent"
    android:orientation="vertical">

    <Button
        android:id="@+id/add_fragment_button"
        android:layout_width="wrap_content"
        android:layout_height="wrap_content"
        android:text="Add Fragment" />

    <Button
        android:id="@+id/remove_fragment_button"
        android:layout_width="wrap_content"
        android:layout_height="wrap_content"
        android:text="Remove Fragment" />

    <FrameLayout
        android:id="@+id/fragment_container"
        android:layout_width="match_parent"
        android:layout_height="match_parent" />

</LinearLayout>
```

fragment_first.xml

 손으로 익히는 코딩

```xml
<LinearLayout
    xmlns:android="http://schemas.android.com/apk/res/android"
    android:layout_width="match_parent"
    android:layout_height="match_parent"
    android:orientation="vertical"
    android:padding="16dp">

    <TextView
        android:id="@+id/first_fragment_text"
        android:layout_width="wrap_content"
        android:layout_height="wrap_content"
        android:text="This is the First Fragment"
        android:textSize="24sp" />

</LinearLayout>
```

fragment_second.xml

 손으로 익히는 코딩

```xml
<LinearLayout
    xmlns:android="http://schemas.android.com/apk/res/android"
    android:layout_width="match_parent"
    android:layout_height="match_parent"
    android:orientation="vertical"
    android:padding="16dp">

    <TextView
        android:id="@+id/second_fragment_text"
        android:layout_width="wrap_content"
        android:layout_height="wrap_content"
        android:text="This is the Second Fragment"
        android:textSize="24sp" />

</LinearLayout>
```

FirstFragment.kt

 손으로 익히는 코딩

```kotlin
class FirstFragment : Fragment() {

    override fun onCreateView(
        inflater: LayoutInflater,
        container: ViewGroup?,
        savedInstanceState: Bundle?
    ): View? {
        return inflater.inflate(R.layout.fragment_first, container, false)
    }
}

class SecondFragment : Fragment() {

    override fun onCreateView(
        inflater: LayoutInflater,
        container: ViewGroup?,
        savedInstanceState: Bundle?
    ): View? {
        return inflater.inflate(R.layout.fragment_second, container, false)
    }
}
```

MainActivity.kt

 손으로 익히는 코딩

```kotlin
class MainActivity : AppCompatActivity() {

    private var isFragmentDisplayed = false

    override fun onCreate(savedInstanceState: Bundle?) {
        super.onCreate(savedInstanceState)
        setContentView(R.layout.activity_main)

        val addFragmentButton: Button = findViewById(R.id.add_fragment_button)
        val removeFragmentButton: Button = findViewById(R.id.remove_fragment_button)
```

```kotlin
        addFragmentButton.setOnClickListener {
            if (isFragmentDisplayed) {
                switchFragment()
            } else {
                displayFirstFragment()
            }
        }

        removeFragmentButton.setOnClickListener {
            removeFragment()
        }
    }

    private fun displayFirstFragment() {
        val firstFragment = FirstFragment()
        val fragmentManager: FragmentManager = supportFragmentManager
        val fragmentTransaction: FragmentTransaction =
            fragmentManager.beginTransaction()

        fragmentTransaction.add(R.id.fragment_container, firstFragment)
            .addToBackStack(null)
            .commit()
        isFragmentDisplayed = true
    }

    private fun switchFragment() {
        val fragmentManager: FragmentManager = supportFragmentManager
        val currentFragment = fragmentManager.findFragmentById(
            R.id.fragment_container)

        if (currentFragment is FirstFragment) {
            val secondFragment = SecondFragment()
            val fragmentTransaction: FragmentTransaction = fragmentManager
                .beginTransaction()

            fragmentTransaction.replace(R.id.fragment_container, secondFragment)
                .addToBackStack(null)
                .commit()
        } else if (currentFragment is SecondFragment) {
            val firstFragment = FirstFragment()
```

```kotlin
            val fragmentTransaction: FragmentTransaction = fragmentManager
                .beginTransaction()

            fragmentTransaction.replace(R.id.fragment_container, firstFragment)
                .addToBackStack(null)
                .commit()
        }
    }

    private fun removeFragment() {
        val fragmentManager: FragmentManager = supportFragmentManager
        val fragment = fragmentManager.findFragmentById(
            R.id.fragment_container)

        fragment?.let {
            val fragmentTransaction: FragmentTransaction = fragmentManager
                .beginTransaction()
            fragmentTransaction.remove(it).commit()

            isFragmentDisplayed = false
        }
    }
}
```

이제 두 가지 프래그먼트를 번갈아가며 추가하고 제거할 수 있는 버튼을 가진 액티비티가 만들어졌다. 이 예시를 실행하면 버튼을 클릭하여 프래그먼트를 추가하거나 제거할 수 있다.

> **Tip**
>
> 명확한 프래그먼트 식별을 위해 각 프래그먼트에 고유한 태그를 지정하여 식별합니다. 이는 특히 백 스택을 관리하거나 프래그먼트의 상태를 유지하는 데 도움이 됩니다. 또한 FragmentTransaction을 커밋할 때는 가능한 한 앱의 상태를 고려해야 합니다. 예를 들어 사용자가 뒤로 가기 버튼을 눌렀을 때 예기치 않은 동작이 발생하지 않도록 addToBackStack()를 적절히 사용해야 합니다. 그렇기 때문에 프래그먼트의 생명주기를 이해하고 적절히 처리하는 것이 중요합니다. 액티비티의 생명주기와 프래그먼트의 생명주기가 함께 작동하므로 이를 고려하여 코드를 작성해야 합니다.

에러에서 배우기

- **NullPointerException**
  프래그먼트를 추가하거나 제거할 때 FragmentManager를 사용해야 합니다. 하지만 프래그먼트가 연결되지 않은 상태에서 FragmentManager를 호출하면 NullPointerException이 발생할 수 있습니다.

- **IllegalStateException**
  FragmentTransaction이 이미 커밋된 후에는 다시 사용할 수 없습니다. 예를 들어 한 번 프래그먼트를 추가한 후에 추가 버튼을 누르면 IllegalStateException이 발생할 수 있습니다.

- **View Inflate 오류**
  프래그먼트의 onCreateView() 메서드에서 XML 레이아웃 파일을 인플레이트하는 동안 오류가 발생할 수 있습니다. 이는 잘못된 XML 파일 경로나 레이아웃 파일에 문제가 있는 경우 발생할 수 있습니다.

- **Back Stack 관리 오류**
  addToBackStack() 메서드를 사용하여 프래그먼트를 백 스택에 추가할 때 백 스택이 제대로 관리되지 않으면 사용자가 예상치 못한 동작을 경험할 수 있습니다. 일반적으로 프래그먼트를 추가할 때마다 addToBackStack()을 호출하면, 뒤로 가기 버튼을 눌렀을 때 백 스택에 해당 프래그먼트가 추가되고, 사용자는 이전 프래그먼트로 돌아갈 수 있습니다. 하지만 addToBackStack(null)을 호출하면, 백 스택에 추가되는 프래그먼트의 이름이 null로 지정되어 백 스택을 관리하기 어려워질 수 있습니다.

- **FragmentTransaction 중복 오류**
  FragmentTransaction을 시작할 때 중복으로 시작하면 IllegalStateException이 발생할 수 있습니다. 이를 피하기 위해 FragmentTransaction을 시작하기 전에 이전 트랜잭션이 완료되었는지 확인해야 합니다.

03 인텐트와 네비게이션

더 멋진 내일(Tomorrow)을 위한 내일(My Career) **내일은 코틀린**

✓ 핵심 키워드

인텐트, 암시적 인텐트, 명시적 인텐트, 인텐트 필터, 네비게이션

여기서는 무얼 배울까

인텐트는 다른 애플리케이션 구성 요소 간에 데이터를 전달하거나 서비스를 호출하는 데 사용된다. 네비게이션은 사용자가 애플리케이션 내에서 화면 간을 전환하고 탐색하는 데 필요한 구조를 제공한다. 이러한 기능들은 사용자 경험을 향상시키고 애플리케이션의 기능을 확장하는 데 중요한 역할을 한다.

인텐트

인텐트(Intent)는 안드로이드 애플리케이션에서 컴포넌트 간 통신을 위한 메시지 객체다. 주로 사용자의 요청을 처리하거나, 애플리케이션 내에서 다른 컴포넌트로 작업을 전달하는 데 사용된다. 이를 통해 액티비티, 서비스, 브로드캐스트 리시버 등 다양한 구성 요소들이 서로 상호 작용할 수 있다.

인텐트는 명시적 인텐트(Explicit Intent)와 암시적 인텐트(Implicit Intent)로 나뉜다.

- **명시적 인텐트**: 명시적으로 대상 컴포넌트를 지정하여 특정한 작업을 수행한다.
- **암시적 인텐트**: 대상 컴포넌트를 명시적으로 지정하지 않고, 액션(Action)이나 데이터 유형에 따라 시스템에서 가장 적합한 컴포넌트를 찾아 실행한다.

인텐트의 역할

- **데이터 전달**: 부가적인 데이터를 담아서 다른 컴포넌트로 전달할 수 있으며, 이를 통해 정보를 공유하거나 다른 컴포넌트와의 상호 작용에 활용할 수 있다. 인텐트의 유연한 사용은 안드로이드 애플리케이션의 기능과 확장성을 크게 향상시킨다.
- **사용자 요청 처리**: 인텐트는 사용자가 애플리케이션 내에서 원하는 작업을 정의하는 데 사용된다. 사용자가 버튼을 클릭하거나 특정한 액션을 수행할 때 해당 액티비티나 서비스를 시작하도록 인텐트를 발생시킬 수 있다.

- **구성 요소 간 통신**: 인텐트는 애플리케이션 내의 다른 구성 요소들 간에 효율적으로 통신할 수 있는 매개체 역할을 한다. 예를 들어 액티비티에서 서비스를 시작하거나 데이터를 브로드캐스트 리시버로 전달하는 데 사용된다.
- **작업 실행**: 인텐트는 애플리케이션 내에서 특정한 작업을 실행하는 데 사용된다. 예를 들어 사용자가 이메일 앱을 실행하여 새 이메일을 작성하거나 지도 앱을 실행하여 특정 위치를 표시할 수 있다.
- **외부 애플리케이션과의 상호 작용**: 인텐트를 통해 다른 애플리케이션의 구성 요소와도 상호 작용할 수 있다. 다른 앱의 액티비티를 실행하거나, 외부 앱에 데이터를 전달하거나 외부 앱의 기능을 활용하는 데 사용된다.

> **Tip**
> 인텐트는 안드로이드 애플리케이션의 다양한 기능을 유연하게 구현할 수 있도록 도와줍니다. 사용자와 애플리케이션 간의 상호 작용을 원활하게 처리하고, 다른 구성 요소들 간의 통신을 효율적으로 관리할 수 있도록 합니다.

명시적 인텐트와 암시적 인텐트

명시적 인텐트

명시적 인텐트는 안드로이드 애플리케이션에서 특정한 대상 구성 요소를 명시적으로 지정하여 실행하는 데 사용되는 인텐트다. 이는 실행할 대상을 명확하게 지정하고자 할 때 주로 활용된다.

명시적 인텐트를 사용하면 다음과 같은 대상 구성 요소를 지정할 수 있다.

- **액티비티(Activity)**: 특정한 액티비티를 실행할 때 사용된다. 예를 들어 다른 액티비티로의 화면 전환에 사용된다.
- **서비스(Service)**: 특정한 서비스를 시작 또는 바인딩할 때 사용된다. 백그라운드에서 실행되는 작업을 수행하기 위해 서비스를 시작하는 데 사용될 수 있다.
- **브로드캐스트 리시버(Broadcast Receiver)**: 특정한 브로드캐스트 이벤트를 수신하는 리시버를 실행할 때 사용된다. 시스템 또는 다른 앱에서 발생하는 브로드캐스트 메시지를 수신하는 데 사용될 수 있다.

명시적 인텐트를 생성할 때는 실행할 대상 구성 요소의 클래스 이름 또는 액션(Action) 등을 지정하여 명확하게 대상을 결정한다. 이를 통해 애플리케이션의 특정 구성 요소를 명시적으로 시작하고 제어할 수 있다. 다음은 액티비티를 실행하기 위한 명시적 인텐트의 예시다.

> **코·드·소·개**
>
> ```
> Val intent = Intent(context, TargetActivity::class/java)
> startActivity(intent)
> ```

위 코드에서 TargetActivity는 실행할 대상 액티비티를 명시적으로 지정하고, startActivity() 메서드를 사용하여 해당 액티비티를 시작한다.

명시적 인텐트는 실행할 대상을 명확하게 지정하여 특정한 액티비티나 서비스를 시작하거나 다른 앱의 구성 요소와 상호 작용하는 데 사용된다. 이러한 특징과 함께 명시적 인텐트의 주요 사용 사례는 다음과 같다.

- **특정한 구성 요소 시작**: 명시적 인텐트는 특정한 액티비티나 서비스를 시작하는 데 사용된다. 예를 들어 앱 내에서 특정 화면을 표시하거나 특정 기능을 제공하는 서비스를 실행하는 데 사용된다.
- **다른 앱의 구성 요소 호출**: 명시적 인텐트를 사용하여 다른 앱의 액티비티나 서비스를 호출하는 데 사용된다. 이는 외부 앱의 기능을 활용하거나 다른 앱과의 상호 작용을 가능하게 한다. 예를 들어 지도 앱의 경로 검색 기능을 호출하여 경로를 표시하거나, 카메라 앱을 호출하여 이미지를 촬영하는 데 사용될 수 있다.
- **안드로이드 시스템 서비스 호출**: 명시적 인텐트를 사용하여 안드로이드 시스템 서비스를 호출하는 데 사용될 수 있다. 예를 들어 시스템 설정을 열거나 특정 기기 기능을 제어하는 데 사용된다.
- **인텐트 필터와의 연동**: 명시적 인텐트는 대상 구성 요소가 명확하므로 앱 내의 인텐트 필터와 쉽게 연동된다. 이는 앱 내에서 각 구성 요소 간의 상호 작용이 원활하게 이루어질 수 있도록 한다.

> **더 알아보기**
>
> **명시적 인텐트**
> 명시적 인텐트는 앱의 내부 구성 요소나 다른 앱의 특정 기능을 호출하는 데 유용하며, 대상을 명확하게 지정하기 때문에 보다 안전하고 정확한 상호 작용을 가능하게 한다.

암시적 인텐트

암시적 인텐트는 명확한 대상을 지정하지 않고 실행할 대상을 시스템에 의해 결정하는 인텐트 유형이다. 이는 특정한 구성 요소를 직접 지정하지 않고, 시스템에 의해 해당 인텐트를 처리할 수 있는 애플리케이션 구성 요소를 찾아 실행하는 데 사용된다.

암시적 인텐트를 사용할 때는 실행하고자 하는 작업의 일반적인 설명을 제공하고 시스템에 해당 인텐트를 처리할 수 있는 애플리케이션 구성 요소를 찾도록 한다. 다음은 웹 브라우저를 실행하는 암시적 인텐트의 예시다.

코·드·소·개

```
val intent = Intent(Intent.ACTION_VIEW, Uri.parse("https://www.example.com"))
startActivity(intent)
```

위 코드에서 Intent.ACTION_VIEW는 액션(Action)을 나타내며, Uri.parse("https://www.example.com")는 실행할 대상의 데이터(웹 페이지 주소)를 나타낸다. 이 경우, 시스템은 이 인텐트를 처리할 수 있는 웹 브라우저 애플리케이션을 찾아 실행한다.

> **Tip**
> 암시적 인텐트는 애플리케이션 간의 상호 작용이나 외부 애플리케이션의 기능을 활용하는 데 유용하게 사용됩니다. 또한 애플리케이션 개발자는 자신의 애플리케이션을 다른 애플리케이션과 연동할 때에도 암시적 인텐트를 활용할 수 있습니다.

암시적 인텐트는 명확한 대상을 지정하지 않고, 시스템에 의해 최적의 대상이 결정되는 특징을 가지고 있다. 이는 다양한 애플리케이션 간의 상호 작용을 용이하게 하며, 다양한 사용 사례를 가능하게 한다.

주요 특징과 사용 사례

- **다양한 앱 간 통신**: 암시적 인텐트는 앱 간의 통신을 용이하게 한다. 앱 개발자는 특정한 앱이나 구성 요소를 명시적으로 지정할 필요 없이, 시스템에게 작업을 처리할 수 있는 적절한 앱을 찾도록 요청할 수 있다.

- **외부 앱의 기능 호출**: 암시적 인텐트를 사용하여 외부 앱의 특정 기능을 호출하는 데 사용된다. 예 웹 브라우저 앱을 호출하여 특정 URL을 열거나, 카메라 앱을 호출하여 사진을 찍을 수 있다.

- **시스템 기본 앱 호출**: 안드로이드 시스템은 기본적인 앱을 가지고 있으며, 이러한 기본 앱들은 암시적 인텐트를 통해 호출될 수 있다. 예 연락처 앱을 호출하여 연락처 정보를 표시하거나, 지도 앱을 호출하여 지도를 표시할 수 있다.

- **기능에 따른 최적 대상 선택**: 시스템은 암시적 인텐트를 처리할 때, 등록된 앱들 중에서 가장 적합한 대상을 선택한다. 이는 사용자의 기본 설정이나 앱의 우선순위에 따라 달라질 수 있다.

인텐트의 구성 요소

액션(Action)

액션은 안드로이드 애플리케이션에서 인텐트가 수행할 작업을 지정하는 데 사용된다. 이는 주로 문자열 상수로 정의되며, 안드로이드 플랫폼에서 이미 정의된 많은 표준 액션 상수가 있다. 몇 가지 흔히 사용되는 액션 상수에는 다음과 같은 것들이 있다.

- ACTION_VIEW: 특정 데이터(예 웹 페이지 URL, 이미지, 동영상 등)를 보여주는 작업을 수행한다. 이 액션은 주로 다른 애플리케이션에서 웹 페이지, 지도, 문서, 사진 뷰어 등과의 상호 작용에 사용된다.

- ACTION_SEND: 데이터(텍스트, 이미지, 파일 등)를 다른 애플리케이션으로 전송하는 작업을 수행한다. 주로 공유 기능을 구현할 때 사용되며, 사용자가 컨텐츠를 이메일, 메시지, 소셜 미디어 등으로 공유할 수 있도록 한다.

- ACTION_CALL: 특정 전화 번호로 전화를 거는 작업을 수행한다. 전화 애플리케이션과의 상호 작용에 사용되며, 사용자가 전화 번호를 클릭하면 해당 번호로 전화를 걸 수 있다.

- ACTION_PICK: 데이터를 선택하는 작업을 수행한다. 주로 사용자가 갤러리에서 이미지를 선택하거나 연락처에서 연락처를 선택하는 등의 작업에 사용된다.

- ACTION_EDIT: 특정 데이터를 편집하는 작업을 수행한다. 텍스트 편집기, 이미지 편집기 등과의 상호 작용에 사용된다.

액션은 인텐트를 수신하는 구성 요소(액티비티, 서비스, 브로드캐스트 리시버)가 해당 작업을 수행할 수 있도록 지정한다. 예를 들어 ACTION_VIEW를 사용하여 웹 페이지 URL을 전달하면 안드로이드 시스템은 웹 브라우저를 실행하여 해당 URL을 보여준다. 이러한 방식으로 액션은 안드로이드 애플리케이션 간의 통신과 기능 실행을 용이하게 한다.

Data는 Intent와 함께 전달된다. 주로 Uri 형태로 데이터를 설정하며, setData() 메서드를 사용하여 설정한다. 데이터는 Action과 함께 사용되어, 특정 작업을 수행할 대상을 지정하는 역할을 한다.

- 전화 걸기: 전화번호를 Uri 형태로 설정하여 다이얼 패드에 표시한다.

```
val intent = Intent(Intent.ACTION_DIAL)
intent.data = Uri.parse("tel:+123456789")
startActivity(intent)
```

- **웹 페이지 열기**: 특정 웹 페이지를 열기 위해 URL을 Uri 형태로 설정한다.

  ```
  val intent = Intent(Intent.ACTION_VIEW)
  intent.data = Uri.parse("https://www.example.com")
  startActivity(intent)
  ```

- **지도에서 위치 보기**: 지도 앱을 열어 특정 위치를 표시한다.

  ```
  val intent = Intent(Intent.ACTION_VIEW)
  intent.data = Uri.parse("geo:37.7749,-122.4194")
  startActivity(intent)
  ```

Category는 Intent의 동작 방식을 보완하는 역할을 한다. 카테고리는 addCategory() 메서드를 사용해 추가되며, Intent가 처리되어야 할 방식에 대한 추가 정보를 제공한다. 카테고리는 선택 사항이며, 특정 상황에서만 사용된다.

- **Intent.CATEGORY_DEFAULT**: 기본 카테고리로, 명시적으로 설정하지 않아도 암시적으로 추가된다. 기본적인 작업을 처리할 때 사용된다.

  ```
  intent.addCategory(Intent.CATEGORY_DEFAULT)
  ```

- **Intent.CATEGORY_BROWSABLE**: 웹 브라우저와 같은 애플리케이션에서 Intent를 처리할 수 있도록 한다. 예를 들어 특정 URL을 열 때 사용된다.

  ```
  intent.addCategory(Intent.CATEGORY_BROWSABLE)
  ```

- **Intent.CATEGORY_LAUNCHER**: 런처에서 시작할 수 있는 액티비티를 지정한다. 이는 앱의 메인 화면을 구성하는 액티비티에 주로 사용된다.

  ```
  <activity android:name=".MainActivity">
      <intent-filter>
          <action android:name="android.intent.action.MAIN" />
          <category android:name="android.intent.category.LAUNCHER" />
      </intent-filter>
  </activity>
  ```

Extras는 Intent에 추가적인 정보를 담아 전달하는 역할을 한다. 주로 putExtra() 메서드를 사용하여 데이터를 Bundle 객체로 전달한다. Extras는 데이터의 타입에 따라 다양한 putExtra() 메서드를 제공한다.

- **문자열 데이터 전달**: 다른 액티비티로 사용자 이름을 전달한다.

    ```
    val intent = Intent(this, SecondActivity::class.java)
    intent.putExtra("username", "JohnDoe")
    startActivity(intent)
    ```

- **정수 데이터 전달**: 나이를 전달한다.

    ```
    val intent = Intent(this, SecondActivity::class.java)
    intent.putExtra("age", 30)
    startActivity(intent)
    ```

- **객체 전달**: 직렬화된 객체를 전달할 수도 있다. 전달하려는 객체는 Serializable 또는 Parcelable 인터페이스를 구현해야 한다.

    ```
    val intent = Intent(this, SecondActivity::class.java)
    intent.putExtra("user", User("JohnDoe", 30))
    startActivity(intent)
    ```

Flags는 Intent의 동작 방식을 변경하거나, 액티비티의 동작 방식을 제어하는 데 사용된다. Flags는 setFlags() 메서드를 사용하여 설정할 수 있으며, 여러 플래그를 함께 설정할 수 있다.

- **Intent.FLAG_ACTIVITY_NEW_TASK**: 새로운 태스크를 생성하여 액티비티를 시작한다. 일반적으로 새로운 작업 환경에서 액티비티를 실행해야 할 때 사용된다.

    ```
    val intent = Intent(this, SecondActivity::class.java)
    intent.flags = Intent.FLAG_ACTIVITY_NEW_TASK
    startActivity(intent)
    ```

- **Intent.FLAG_ACTIVITY_CLEAR_TOP**: 동일한 태스크 내에 이미 실행 중인 액티비티가 있다면, 그 액티비티 위의 모든 액티비티를 제거하고, 해당 액티비티를 다시 사용한다.

    ```
    val intent = Intent(this, MainActivity::class.java)
    intent.flags = Intent.FLAG_ACTIVITY_CLEAR_TOP
    startActivity(intent)
    ```

- **Intent.FLAG_ACTIVITY_SINGLE_TOP**: Intent.FLAG_ACTIVITY_CLEAR_TOP과 유사하지만, 만약 대상 액티비티가 현재 최상단에 있다면, 새 인스턴스를 생성하지 않고 기존 인스턴스를 사용한다.

```kotlin
val intent = Intent(this, MainActivity::class.java)
intent.flags = Intent.FLAG_ACTIVITY_SINGLE_TOP
startActivity(intent)
```

예시

```kotlin
// ACTION_VIEW: 특정 데이터를 보여주는 작업을 수행한다.
val viewIntent = Intent(Intent.ACTION_VIEW).apply {
    data = Uri.parse("https://www.example.com")
}
startActivity(viewIntent)
// ACTION_SEND: 데이터를 다른 애플리케이션으로 전송하는 작업을 수행한다.
val sendIntent = Intent(Intent.ACTION_SEND).apply {
    type = "text/plain"
    putExtra(Intent.EXTRA_TEXT, "우리의 앱을 확인해보세요!")
}
startActivity(Intent.createChooser(sendIntent, "공유하기"))
// ACTION_CALL: 특정 전화 번호로 전화를 거는 작업을 수행한다.
val callIntent = Intent(Intent.ACTION_CALL).apply {
    data = Uri.parse("tel:1234567890")
}
startActivity(callIntent)
// ACTION_PICK: 데이터를 선택하는 작업을 수행한다.
val pickIntent = Intent(Intent.ACTION_PICK).apply {
    type = "image/*"
}
startActivityForResult(pickIntent, PICK_IMAGE_REQUEST)
// ACTION_EDIT: 특정 데이터를 편집하는 작업을 수행한다.
val editIntent = Intent(Intent.ACTION_EDIT).apply {
    data = Uri.parse("content://contacts/people/1")
}
startActivity(editIntent)
```

이러한 액션 상수들은 각각의 작업에 대한 의도(Intent)를 생성하여 해당 작업을 수행할 수 있다. 각 액션은 사용자의 요청에 따라 적절한 구성 요소(액티비티, 서비스, 브로드캐스트 리시버)를 호출하여 해당 작업을 수행한다. 이를 통해 안드로이드 애플리케이션은 다른 애플리케이션과의 상호 작용 및 특정 기능 실행을 간편하게 처리할 수 있다.

데이터

데이터(Data)는 인텐트가 수행하는 작업에 필요한 정보를 지정하는 데 사용된다. 주로 URI (Uniform Resource Identifier) 형식으로 지정되며, 데이터의 유형과 위치를 나타낸다. 이를 통해 명시된 작업에 필요한 데이터를 다른 애플리케이션 또는 구성 요소와 공유할 수 있다.

데이터는 주로 데이터를 표현하는 문자열로 구성된다. 예를 들어 웹 페이지의 URL, 이미지 파일의 경로, 연락처 정보의 URI 등이 될 수 있다. 데이터는 다양한 유형의 정보를 포함할 수 있으며, 인텐트의 작업에 따라 다르게 해석될 수 있다.

인텐트의 데이터는 명시적으로 지정될 수도 있고, 암시적 인텐트의 경우 시스템에 의해 자동으로 결정될 수도 있다. 예를 들어 ACTION_VIEW 액션을 사용하는 경우, 데이터로 웹 페이지의 URL을 지정하여 해당 페이지를 열 수 있다. 또한 ACTION_SEND 액션을 사용하여 텍스트 또는 이미지 등의 데이터를 다른 애플리케이션으로 전달할 때 데이터에 필요한 정보를 포함시킬 수 있다.

> **Tip**
> 데이터는 인텐트의 일부로서, 작업을 수행하는 데 필요한 핵심 요소 중 하나이며, 인텐트를 통해 애플리케이션 간에 정보를 공유하는 데 중요한 역할을 합니다.

카테고리

카테고리(Category)는 인텐트의 추가 동작을 지정하는 데 사용된다. 이는 액티비티나 서비스가 특정한 기능을 제공하는지를 나타내며, 애플리케이션의 구성 요소가 특정 상황에서 실행될 수 있도록 도와준다.

카테고리는 주로 문자열 상수로 정의되며, 다양한 용도에 따라 다양한 카테고리가 있다. 예를 들어 "android.intent.category.LAUNCHER"는 앱의 런처 역할을 수행하는 액티비티를 지정한다. 이 카테고리를 가진 액티비티는 앱이 실행될 때 사용자의 홈 화면에 표시된다.

또 다른 예로는 "android.intent.category.BROWSABLE"가 있다. 이 카테고리는 웹 브라우저에서 열 수 있는 액티비티를 나타내며, 해당 액티비티를 통해 웹 페이지를 열 수 있다.

카테고리는 인텐트 필터에서 사용되어 특정한 유형의 인텐트만을 수신하도록 구성된 구성 요소를 지정하는 데 사용될 수도 있다. 이를 통해 애플리케이션의 구성 요소가 특정한 동작을 수행하거나 특정 상황에서만 실행되도록 제어할 수 있다.

> **더 알아보기**
>
> **카테고리**
> 카테고리는 인텐트의 추가 동작을 나타내므로, 해당하는 구성 요소가 특정 기능을 제공하거나 특정 상황에서 실행될 수 있도록 지정하는 데 사용된다.

```xml
<activity android:name=".MainActivity">
    <intent-filter>
        <action android:name="android.intent.action.MAIN" />
        <category android:name="android.intent.category.LAUNCHER" />
    </intent-filter>
</activity>
```

위 코드에서는 MainActivity를 런처 액티비티로 지정하고 있다. 따라서 앱이 실행될 때 MainActivity가 시작되며, 사용자의 홈 화면에 앱 아이콘이 표시된다.

추가 정보

추가 정보(Extras)는 인텐트에 추가적인 데이터를 포함하여 전달하는 데 사용된다. 이 데이터는 키(key)와 값(value)의 쌍으로 구성되어 있으며, 인텐트를 수신하는 구성 요소가 이를 활용하여 작업을 수행할 수 있다.

인텐트에 추가 정보를 포함시키는 방법은 다양하다. 가장 일반적인 방법은 putExtra() 메서드를 사용하여 인텐트 객체에 키-값 쌍을 추가하는 것이다. 이 메서드는 다양한 데이터 유형을 전달할 수 있으며, 이를 통해 다른 액티비티나 서비스로 데이터를 전달할 수 있다.

수신 측에서는 getExtras() 메서드를 사용하여 전달된 추가 정보를 받아올 수 있다. 이를 통해 수신 측에서는 전달된 데이터를 사용하여 원하는 작업을 수행할 수 있다. 또한 수신 측은 전달된 데이터의 유형을 확인하고 적절한 처리를 수행할 수 있다.

추가 정보는 다양한 용도로 활용될 수 있다. 예를 들어 한 화면에서 다른 화면으로 데이터를 전달하거나, 서비스에 작업을 지시하거나, 브로드캐스트 수신기에서 전달된 데이터를 처리하는 등의 경우에 사용된다. 추가 정보는 인텐트를 통해 전달되는 데이터의 양을 확장하고, 애플리케이션 간의 효율적인 데이터 교환을 가능하게 한다.

MainActivity.kt

 손으로 익히는 코딩

```kotlin
class MainActivity : AppCompatActivity() {
    // lateinit으로 초기화 지연
    private lateinit var phoneNumberEditText: EditText
```

```kotlin
    override fun onCreate(savedInstanceState: Bundle?) {
        super.onCreate(savedInstanceState)
        setContentView(R.layout.activity_main)

        phoneNumberEditText = findViewById(R.id.phoneNumberEditText)
        val callButton = findViewById<Button>(R.id.callButton)

        callButton.setOnClickListener {
            // getText() 대신 text 사용
            val phoneNumber = phoneNumberEditText.text.toString().trim()
            if (phoneNumber.isNotEmpty()) { // isEmpty() 대신 isNotEmpty() 사용
                // 전화를 걸기 위한 인텐트 생성
                val callIntent = Intent(Intent.ACTION_DIAL).apply {
                    data = Uri.parse("tel:$phoneNumber")
                }

                // 전화 걸기 앱 실행
                startActivity(callIntent)
            } else {
                Toast.makeText(this, "전화번호를 입력하세요.",
                    Toast.LENGTH_SHORT).show()
            }
        }
    }
}
```

activity_main.xml

 손으로 익히는 코딩

```xml
<RelativeLayout xmlns:android="http://schemas.android.com/apk/res/android"
    android:layout_width="match_parent"
    android:layout_height="match_parent"
    android:padding="16dp">

    <EditText
        android:id="@+id/phoneNumberEditText"
        android:layout_width="match_parent"
        android:layout_height="wrap_content"
        android:hint="전화번호 입력"
```

```xml
            android:inputType="phone" />

    <Button
        android:id="@+id/callButton"
        android:layout_width="wrap_content"
        android:layout_height="wrap_content"
        android:layout_below="@id/phoneNumberEditText"
        android:layout_marginTop="16dp"
        android:text="전화 걸기" />

</RelativeLayout>
```

이 예시에서는 ACTION_DIAL 액션을 사용하여 전화를 걸기 위한 인텐트를 생성한다. 사용자가 전화번호를 입력하고 전화 버튼을 누르면 해당 전화번호로 전화를 거는 앱이 실행된다. 입력된 전화번호는 tel 스킴을 사용하여 URI로 변환되어 인텐트에 추가된다. 사용자가 전화를 거치기 전에는 번호만 보이며, 실제 전화 걸기는 사용자가 확인 버튼을 누르는 등의 추가 작업이 필요하다.

에러에서 배우기

- **전화 기능 미지원**
  사용자의 기기가 전화 기능을 지원하지 않는 경우에는 앱이 작동하지 않을 수 있습니다. 따라서 앱에서 이를 처리하는 다른 방법이 필요합니다.

- **전화번호 형식 오류**
  사용자가 잘못된 형식의 전화번호를 입력할 수 있습니다. 이 경우에는 입력된 전화번호가 유효한지 확인하고, 필요한 형식을 갖추도록 유도해야 합니다.

- **전화 권한 부족**
  앱에서 전화 기능을 사용하기 위해서는 전화 권한이 필요합니다. 이를 누락하거나 사용자가 거부할 경우에는 앱이 정상적으로 동작하지 않을 수 있습니다.

- **Null Pointer Exception**
  전화번호를 입력하는 EditText나 전화 거는 버튼이 레이아웃에서 올바르게 찾아지지 않으면 Null Pointer Exception이 발생할 수 있습니다. 따라서 findViewById 메서드로 가져온 뷰가 null인지 확인하는 것이 중요합니다.

인텐트 필터

인텐트 필터는 안드로이드 애플리케이션에서 다른 구성 요소들 간의 상호 작용을 지정하는 데 사용되는 메커니즘이다. 이를 통해 시스템은 액티비티, 서비스, 브로드캐스트 리시버 등의 구성 요소 중에서 특정 인텐트와 일치하는 것을 선택할 수 있다.

인텐트 필터는 주로 액션, 데이터, 카테고리 등의 속성을 기반으로 인텐트를 처리할 수 있는 애플리케이션 구성 요소를 결정한다. 예를 들어 웹 페이지를 열기 위해 ACTION_VIEW 액션과 함께 URI 데이터를 사용하는 경우, 시스템은 해당 액션과 데이터를 처리할 수 있는 웹 브라우저 애플리케이션을 선택한다.

인텐트 필터는 개발자가 자신의 애플리케이션 구성 요소가 특정한 인텐트를 처리할 수 있도록 지정할 수 있게 해준다. 이를 통해 애플리케이션 간의 상호 작용이 원활하게 이루어지며, 시스템이 적절한 구성 요소를 선택하여 사용자의 요청을 처리할 수 있다.

인텐트 필터는 안드로이드 시스템이 사용자의 요청에 따라 애플리케이션의 구성 요소를 선택하는 데 사용되는 메커니즘이다. 인텐트 필터는 다음과 같은 방식으로 애플리케이션 구성 요소를 선택한다.

- **액션(Action)**: 인텐트의 액션은 수행하려는 작업을 지정한다. 예를 들어 ACTION_VIEW는 데이터를 보여주는 작업을 수행하고, ACTION_SEND는 데이터를 전송하는 작업을 수행한다. 인텐트 필터는 액션에 따라 애플리케이션 구성 요소를 선택한다.

- **데이터(Data)**: 인텐트의 데이터는 작업을 수행하는 데 필요한 정보를 지정한다. 주로 URI(Uniform Resource Identifier) 형식으로 지정되며, 데이터의 유형과 위치를 나타낸다. 인텐트 필터는 데이터를 기반으로 애플리케이션 구성 요소를 선택한다.

- **카테고리(Category)**: 카테고리는 애플리케이션 구성 요소가 제공하는 특정한 기능을 지정한다. 예를 들어 "android.intent.category.LAUNCHER"는 앱의 런처 역할을 수행하는 액티비티를 지정한다. 인텐트 필터는 카테고리를 기반으로 애플리케이션 구성 요소를 선택한다.

```xml
// 인텐트 필터를 정의하는 액티비티의 AndroidManifest.xml에서 아래와 같이 정의한다.
<activity android:name=".MainActivity">
    <intent-filter>
        <action android:name="android.intent.action.VIEW" />
        <category android:name="android.intent.category.DEFAULT" />
        <data android:scheme="http" />
    </intent-filter>
</activity>
```

위의 코드는 MainActivity 액티비티에 대한 인텐트 필터를 정의하는 부분이다. 이 인텐트 필터는 브라우저 앱이 웹 페이지를 열 때 MainActivity를 선택할 수 있도록 한다. 이를 통해 사용자가 웹 페이지 링크를 클릭했을 때 MainActivity가 실행되어 해당 링크를 처리할 수 있다.

위의 코드에서 사용된 각 구성 요소는 다음과 같은 역할을 한다.

- 액션(Action): android.intent.action.VIEW 액션은 데이터를 보여주는 작업을 수행한다. 이 경우 MainActivity가 웹 페이지를 보여주는 작업을 처리할 수 있다.
- 데이터(Data): http 스킴으로 시작하는 데이터를 처리할 수 있도록 지정한다. 이는 웹 페이지의 URL을 나타내며, MainActivity가 이를 처리할 수 있도록 한다.
- 카테고리(Category): android.intent.category.DEFAULT 카테고리는 기본 동작을 나타낸다. 즉, 이 인텐트 필터를 사용하여 특정 액티비티를 선택하도록 시스템에 요청한다.

> **Tip**
> 인텐트 필터를 통해 시스템은 사용자가 웹 페이지 링크를 클릭했을 때 MainActivity를 실행하여 해당 링크를 열도록 선택합니다. 이것이 인텐트 필터의 역할이며, 구성 요소들이 함께 사용되어 특정한 동작을 처리할 수 있도록 지정됩니다.

액티비티 간 이동

액티비티 간 이동은 안드로이드 애플리케이션에서 사용자 경험을 향상시키는 중요한 요소다. 간단히 말해, 사용자가 현재 화면에서 다른 화면으로 이동하는 것을 의미한다. 이는 사용자가 앱의 다양한 기능을 탐색하고 상호 작용할 수 있도록 한다.

액티비티란 안드로이드 앱에서 화면을 나타내는 기본적인 구성 요소다. 각각의 액티비티는 사용자 인터페이스를 구성하고 특정 작업을 수행하는 데 사용된다. 따라서 액티비티 간의 이동은 사용자가 앱의 다양한 기능을 탐색하고 활용하는 데 필수적이다.

액티비티 간 이동은 사용자가 버튼을 클릭하거나 특정한 조건이 충족되었을 때 자동으로 발생할 수도 있다. 이러한 이동은 사용자가 앱 내에서 자유롭게 탐색할 수 있도록 해주며, 앱의 사용자 경험을 향상시키는 데 중요한 역할을 한다.

액티비티 간 이동은 안드로이드 앱을 보다 동적이고 사용자 친화적으로 만들어주는 핵심 기능 중 하나이며, 이를 통해 사용자는 앱의 다양한 기능을 편리하게 이용할 수 있다.

명시적 인텐트를 사용하여 특정한 액티비티를 시작하는 것은 애플리케이션 내에서 특정한 화면으로 이동하는 기능을 구현하는 데 사용된다. 명시적 인텐트는 시작할 액티비티의 클래스명을 직접 지정하여 사용한다. 이를 통해 안드로이드 시스템은 명시적으로 지정된 액티비티를 시작하고 해당 화면을 사용자에게 표시한다.

명시적 인텐트를 사용하여 액티비티를 시작하는 과정

① 먼저, 인텐트 객체를 생성한다. 이때, 생성자에는 현재 액티비티의 컨텍스트(일반적으로는 this 키워드를 사용하여 현재 액티비티를 지정한다)와 시작할 액티비티의 클래스명을 전달한다.

② 생성된 인텐트 객체에 액티비티를 시작하는 데 필요한 추가 정보를 설정할 수 있다. 예를 들어 데이터 전달이 필요한 경우 putExtra() 메서드를 사용하여 데이터를 추가할 수 있다.

③ 마지막으로 startActivity() 메서드를 호출하여 인텐트를 실행하여 해당 액티비티를 시작한다. 이때 startActivity() 메서드의 매개 변수로는 생성한 인텐트 객체를 전달한다.

아래는 명시적 인텐트를 사용하여 특정한 액티비티를 시작하는 간단한 예시 코드다.

```
// 현재 액티비티에서 다음 액티비티를 시작하는 코드
val intent = Intent(this, NextActivity::class.java) // 다음 액티비티의
클래스명을 지정하여 인텐트 생성
intent.putExtra("key", "value") // 다음 액티비티로 데이터 전달(옵션)
startActivity(intent) // 생성한 인텐트를 사용하여 다음 액티비티 시작
```

위의 코드에서 "NextActivity"는 시작할 액티비티의 클래스명을 나타내며, startActivity() 메서드를 호출함으로써 해당 액티비티를 시작한다. 필요에 따라 putExtra() 메서드를 사용하여 데이터를 전달할 수도 있다.

액티비티 간 데이터 전달은 한 액티비티에서 다른 액티비티로 정보를 전달하는 과정을 말한다. 이를 위해 안드로이드에서는 인텐트(Intent)의 Extra를 활용한다. Extra는 키-값 쌍의 형태로 데이터를 담을 수 있는 부가적인 공간을 의미한다. 따라서 데이터를 전달할 때는 보내는 측에서 데이터를 Extra에 넣고, 받는 측에서 Extra에서 데이터를 추출하여 사용한다.

액티비티 간 데이터 전달 과정

① 데이터를 전달하는 액티비티에서 인텐트 객체를 생성한다.

② putExtra() 메서드를 사용하여 전달할 데이터를 추가한다. 이때, 데이터는 키-값 쌍으로 지정된다. 키는 데이터를 구분하기 위한 식별자이며, 값은 전달할 데이터이다.

③ startActivity() 메서드를 호출하여 다음 액티비티를 시작하면서 생성한 인텐트를 전달한다.

④ 데이터를 받는 액티비티에서 getIntent() 메서드로 전달된 인텐트 객체를 가져온다.

⑤ getXXXExtra() 메서드를 사용하여 전달된 데이터를 추출한다. 이때, XXX는 데이터 타입을 나타낸다. 예를 들어 getStringExtra()는 문자열 데이터를 추출하는 메서드이다.

이러한 방식으로 데이터를 전달하고 받을 수 있으며, 전달된 데이터를 이용하여 액티비티 간에 정보를 주고받을 수 있다.

아래는 액티비티 간 데이터 전달을 구현한 간단한 예시 코드다.

```
// 데이터를 보내는 액티비티
val intent = Intent(this, ReceivingActivity::class.java) // 인텐트 생성
intent.putExtra("key", "Hello, Activity!") // 데이터 추가
startActivity(intent) // 다음 액티비티 시작
```

```
// 데이터를 받는 액티비티
val intent = getIntent() // 전달된 인텐트 가져오기
val data = intent.getStringExtra("key") // 데이터 추출
Log.d("Received Data", data ?: "No data received") // 로그로 데이터 출력
```

위의 코드에서 "key"는 데이터를 식별하는 키이며, "Hello, Activity!"는 전달할 데이터다. 받는 측에서는 getStringExtra() 메서드를 사용하여 데이터를 추출하고, 로그로 출력하였다.

아래는 두 개의 액티비티 간에 데이터를 전달하고 이동하는 간단한 예시 코드이다.

- AndroidMainifest.xml

> **손으로 익히는 코딩**
>
> ```xml
> <activity android:name=".ReceiverActivity" />
> <activity android:name=".SenderActivity"
>     android:exported="true">
>     <intent-filter>
>         <action android:name="android.intent.action.MAIN" />
>         <category android:name="android.intent.category.LAUNCHER" />
>     </intent-filter>
> </activity>
> ```

위의 기존 activity 태그를 변경하여 ReceiverActivity와 SenderActivity를 Android Manifest.xml 파일에 등록할 수 있다. 특히 SenderActivity는 android.intent.action. MAIN과 android.intent.category.LAUNCHER를 포함하는 인텐트 필터를 가지고 있어, 애플리케이션의 시작 액티비티로 설정된다.

이렇게 함으로써, 컴퓨터(또는 Android 시스템)는 이 액티비티들이 애플리케이션의 구성 요소로 사용될 것임을 인식하게 된다.

- activity_receiver.xml(res/layout 폴더에 파일 생성)

```xml
<LinearLayout xmlns:android="http://schemas.android.com/apk/res/android"
    android:layout_width="match_parent"
    android:layout_height="match_parent"
    android:orientation="vertical"
    android:padding="16dp">

    <TextView
        android:id="@+id/text_view_message"
        android:layout_width="match_parent"
        android:layout_height="wrap_content"
        android:textSize="18sp" />

</LinearLayout>
```

- 보내는 액티비티(SenderActivity.kt)

```kotlin
class SenderActivity : AppCompatActivity() {
    override fun onCreate(savedInstanceState: Bundle?) {
        super.onCreate(savedInstanceState)
        setContentView(R.layout.activity_sender)

        // 전달할 데이터 준비
        val message = "Hello, Receiver Activity!"

        // 데이터를 담은 인텐트 생성
        val intent = Intent(this, ReceiverActivity::class.java)
        intent.putExtra("message", message)

        // 다음 액티비티로 이동
        val button = findViewById<Button>(R.id.button_send)
        button.setOnClickListener { startActivity(intent) }
    }
}
```

● 받는 액티비티(ReceiverActivity.kt)

손으로 익히는 코딩

```kotlin
class ReceiverActivity : AppCompatActivity() {
    override fun onCreate(savedInstanceState: Bundle?) {
        super.onCreate(savedInstanceState)
        setContentView(R.layout.activity_receiver)

        // 전달된 데이터 가져오기
        val intent = intent
        val message = intent.getStringExtra("message")

        // 전달된 데이터를 화면에 표시
        val textView = findViewById<TextView>(R.id.text_view_message)
        textView.text = message
    }
}
```

SenderActivity에서는 "Hello, Receiver Activity!"라는 메시지를 가진 인텐트를 생성하고, ReceiverActivity로 전달한다. ReceiverActivity에서는 전달된 메시지를 받아와 화면에 표시한다. SenderActivity의 레이아웃에는 Send Message라는 버튼이 있어 클릭하면 ReceiverActivity로 이동하도록 설정되어 있다.

이 예시를 실행하면 SenderActivity에서 ReceiverActivity로 이동하고, ReceiverActivity에서는 화면에 "Hello, Receiver Activity!"라는 메시지가 표시된다.

네비게이션 컴포넌트 소개

네비게이션 컴포넌트는 안드로이드 앱의 화면 간 이동을 관리하기 위한 고급 라이브러리다. 이를 통해 개발자는 화면 간의 네비게이션 구조를 보다 효율적으로 관리하고, 사용자 경험을 향상시킬 수 있다.

주요 기능 및 특징

- 화면 간 이동 관리: 네비게이션 컴포넌트는 화면 간의 이동을 담당한다. 이를 통해 사용자가 앱 내에서 자연스럽게 이동할 수 있다.

- **네비게이션 그래프**: 네비게이션 컴포넌트는 XML 기반의 네비게이션 그래프를 사용하여 앱의 네비게이션 구조를 정의한다. 이 그래프는 화면 간의 이동 경로를 시각적으로 나타내며, 각 화면을 목적지로 나타낸다.
- **목적지 및 액션 정의**: 네비게이션 그래프에서는 화면을 목적지로 정의하고, 각 목적지에 대한 액션을 설정할 수 있다. 이를 통해 사용자의 상호 작용에 따른 화면 전환이 가능하다.
- **Safe Args**: 네비게이션 컴포넌트는 Safe Args를 통해 타입 안전한 방식으로 데이터를 전달할 수 있다. 이를 통해 개발자는 데이터 전달 과정에서 발생할 수 있는 오류를 방지할 수 있다.
- **디자인 일관성 유지**: 네비게이션 컴포넌트를 사용하면 앱의 네비게이션 구조를 일관되게 유지할 수 있다. 이는 사용자가 앱을 보다 쉽게 이해하고 탐색할 수 있도록 도와준다.

주요 구성 요소

네비게이션 컴포넌트는 안드로이드 앱 개발에서 중요한 역할을 하며, 개발자들이 보다 효율적이고 일관된 네비게이션 구조를 구현할 수 있도록 도와준다. 네비게이션 컴포넌트의 주요 구성 요소는 다음과 같다.

- **네비게이션 그래프(Navigation Graph)**
  - 네비게이션 그래프는 앱 내에서 화면 간의 이동을 정의하는 XML 파일이다.
  - 시각적으로 이동 경로를 나타내며, 목적지와 이동 방법을 결정한다.
  - 각 화면 간의 관계를 명확히 보여주어 개발자가 앱의 전반적인 네비게이션 구조를 파악할 수 있다.

- **목적지(Destination)**
  - 네비게이션 그래프에서 이동 가능한 화면을 나타낸다.
  - 목적지는 프래그먼트, 액티비티, 커스텀 대상 등이 될 수 있다.
  - 각 목적지는 화면의 일부분을 나타내며, 사용자가 해당 화면으로 이동할 수 있다.

- **액션(Action)**
  - 액션은 사용자의 상호 작용 또는 시스템 이벤트와 연결된 동작을 정의한다.
  - 예를 들어 버튼 클릭, 메뉴 선택, 시스템 뒤로가기 버튼 등의 이벤트에 대한 반응을 정의할 수 있다.

> **Tip**
> 이러한 구성 요소들은 네비게이션 컴포넌트를 사용하여 앱의 네비게이션을 정의하고 관리하는 데 필요한 핵심적인 요소들입니다. 이를 통해 개발자는 앱의 사용자 경험을 개선하고, 네비게이션 구조를 효율적으로 관리할 수 있습니다.

- 각 액션은 사용자의 특정 동작에 대한 응답으로 화면 이동이나 다른 동작을 수행할 수 있다.

화면 간 이동을 구현하는 코드

네비게이션 컴포넌트를 사용하여 간단한 화면 간 이동을 구현하는 코드를 살펴보겠다.

● 네비게이션 그래프 정의하기

먼저, 앱의 네비게이션을 정의하는 XML 파일인 네비게이션 그래프를 작성한다. 예를 들어 nav_graph.xml 파일을 생성하고 다음과 같이 정의할 수 있다.

```xml
<navigation xmlns:android="http://schemas.android.com/apk/res/android"
    android:id="@+id/nav_graph"
    app:startDestination="@id/homeFragment">

    <fragment
        android:id="@+id/homeFragment"
        android:name="com.example.myapp.HomeFragment"
        android:label="Home"
        tools:layout="@layout/fragment_home" />

    <fragment
        android:id="@+id/detailFragment"
        android:name="com.example.myapp.DetailFragment"
        android:label="Detail"
        tools:layout="@layout/fragment_detail" />

    <!-- 다른 목적지들 추가 -->

</navigation>
```

● 액티비티에서 네비게이션 컴포넌트 설정하기

액티비티에서 네비게이션을 설정하고 네비게이션 그래프를 로드한다.

```kotlin
class MainActivity : AppCompatActivity() {
    private lateinit var navController: NavController
    private lateinit var appBarConfiguration: AppBarConfiguration
    override fun onCreate(savedInstanceState: Bundle?) {
        super.onCreate(savedInstanceState)
        setContentView(R.layout.activity_main)
        // 네비게이션 컴포넌트 설정
        navController = Navigation.findNavController(this,
```

```
            R.id.nav_host_fragment)
        // 앱 바 설정
        appBarConfiguration = AppBarConfiguration(navController.graph)
        NavigationUI.setupActionBarWithNavController(this, navController,
            appBarConfiguration)
    }
    override fun onSupportNavigateUp(): Boolean {
        // 네비게이션 이전 버튼 동작 설정
        return NavigationUI.navigateUp(navController, appBarConfiguration)
            || super.onSupportNavigateUp()
    }
}
```

- 액티비티에서 네비게이션 실행하기

  사용자 이벤트 또는 코드에서 네비게이션을 실행하여 화면 간 이동을 수행한다.

```
// MainActivity.kt 또는 Fragment 내에서
navController.navigate(R.id.detailFragment)
```

네비게이션 흐름의 구성 방법

네비게이션 그래프를 정의하고, 그 안에 목적지(Destination)와 액션(Action)을 추가하여 수행된다.

- **네비게이션 그래프 정의**: 먼저, 애플리케이션 내에서의 네비게이션 흐름을 나타내는 네비게이션 그래프를 작성한다. 이 그래프는 앱의 모든 화면 간의 이동 경로를 정의한다. 네비게이션 그래프는 XML 파일로 정의되며, 각 목적지와 이동 경로를 설정할 수 있다.

- **목적지 추가**: 네비게이션 그래프에는 앱 내에서 이동할 수 있는 모든 화면의 목적지를 추가한다. 각 목적지는 앱 내의 특정한 화면을 나타낸다. 예를 들어 홈 화면, 세부 정보 화면, 설정 화면 등을 각각의 목적지로 추가할 수 있다. 목적지는 프래그먼트, 액티비티, 커스텀 대상 등이 될 수 있다.

- **액션 추가**: 액션은 사용자의 상호 작용 또는 시스템 이벤트와 연결된 동작을 정의한다. 예를 들어 버튼 클릭 또는 뒤로가기 버튼과 같은 이벤트에 대한 반응을 정의할 수 있다. 각 목적지 간의 이동을 트리거하는 액션을 추가하여 네비게이션 흐름을 구성할 수 있다.

- **조건부 네비게이션 설정**: 네비게이션 그래프에서는 조건부 네비게이션을 설정하여 특정 조건에 따라 다른 이동 경로를 선택할 수 있다. 예를 들어 사용자의 로그인 상태에 따라 다른 목적지로 이동할 수 있도록 조건을 설정할 수 있다.
- **액션에 데이터 전달**: 액션을 통해 목적지로 이동할 때 데이터를 전달할 수 있다. 이를 통해 목적지에서 필요한 데이터를 가져와 화면을 초기화하거나 작업을 수행할 수 있다.

이러한 방법을 통해 네비게이션 흐름을 구성하고 사용자 경험을 관리할 수 있다. 네비게이션 그래프를 통해 앱 내에서의 이동 경로를 시각적으로 파악하고, 목적지 및 액션을 설정하여 사용자가 앱을 직관적으로 이용할 수 있도록 할 수 있다.

네비게이션 그래프 설정

네이게이션 그래프 파일의 구조

네비게이션 그래프 파일은 안드로이드 앱의 화면 간 이동 구조를 정의하는 XML 파일이다. 이 파일은 주로 'navigation' 디렉토리 내에 위치하며, 'nav_graph.xml'과 같은 이름으로 저장된다. 네비게이션 그래프 파일은 다음과 같은 구조를 가진다.

- 네비게이션 그래프 시작 태그

```xml
<navigation xmlns:android="http://schemas.android.com/apk/res/android"
    xmlns:app="http://schemas.android.com/apk/res-auto"
    android:id="@+id/nav_graph">
```

- 목적지(Destination)
    - 각 목적지는 앱 내에서 이동 가능한 화면을 나타낸다.
    - 목적지는 〈fragment〉, 〈activity〉 또는 〈include〉 요소를 사용하여 정의된다.
    - 다음은 프래그먼트를 목적지로 정의하는 예시이다.

    ```xml
    <fragment
        android:id="@+id/homeFragment"
        android:name="com.example.myapp.HomeFragment"
        android:label="Home"
        tools:layout="@layout/fragment_home">
    ```

    - 각 목적지에는 고유한 ID와 해당 화면을 표시하는 데 사용되는 클래스 이름이 포함된다.

- 액션(Action)
  - 액션은 사용자의 상호 작용 또는 시스템 이벤트와 연결된 동작을 정의한다.
  - 액션은 〈action〉 요소를 사용하여 정의되며, 이동 경로를 설정한다.
  - 다음은 액션을 정의하는 예시이다.

    ```
    <action
        android:id="@+id/action_homeFragment_to_detailFragment"
        app:destination="@id/detailFragment" />
    ```

위의 코드는 'homeFragment'에서 'detailFragment'로 이동하는 액션을 정의한다.

> **Tip**
> 네비게이션 그래프 파일을 편집하여 새로운 목적지를 추가하려면 적절한 요소를 추가하고 각 목적지에 대한 고유한 ID와 클래스 이름을 지정하면 됩니다. 이렇게 하면 앱의 네비게이션 구조를 유연하게 관리할 수 있습니다.

새로운 목적지를 추가하는 단계

네비게이션 그래프 파일에 새로운 목적지를 추가하는 방법은 매우 간단하다. 여기서는 목적지를 추가하는 단계를 자세히 설명하겠다.

① **네비게이션 그래프 파일 열기**: 먼저 앱의 네비게이션 그래프를 정의하는 XML 파일을 연다. 보통은 'navigation' 디렉토리 내에 위치하며, 'nav_graph.xml'과 같은 이름을 가진다.

② **새로운 목적지 추가**: 목적지는 사용자가 이동할 화면을 나타낸다. 목적지를 추가하려면 〈fragment〉 또는 〈activity〉 요소를 사용한다. 예를 들어 프래그먼트를 목적지로 추가하려면 다음과 같이 코드를 작성할 수 있다.

```
<fragment
    android:id="@+id/destination_fragment"
    android:name="com.example.myapp.MyFragment"
    android:label="fragment_destination"
    tools:layout="@layout/fragment_destination" />
```

이 코드에서는 새로운 목적지로 사용할 프래그먼트를 정의하고 있다. android:id 속성은 목적지의 고유한 식별자를 설정하고, android:name 속성에는 프래그먼트 클래스의 경로를 지정한다. android:label은 목적지를 식별하는 데 사용되는 레이블이며, tools:layout은 목적지를 시각적으로 표현하기 위해 사용된다.

만약 액티비티를 목적지로 추가하려면 〈activity〉 요소를 사용하면 된다. 이 경우에는 android:name 속성에 액티비티 클래스의 경로를 지정하면 된다.

③ **이동 경로 설정**: 목적지를 추가한 후에는 해당 목적지로 이동하는 방법을 정의해야 한다. 이를 위해 액션(Action)을 사용한다. 액션은 사용자의 상호 작용 또는 시스템 이벤트와 연결된 동작을 정의한다. 액션을 통해 사용자가 특정 버튼을 클릭하거나 뒤로 가기 버튼을 눌렀을 때 어떤 화면으로 이동할지를 설정할 수 있다.

예를 들어 사용자가 버튼을 클릭했을 때 새로 추가한 목적지로 이동하려면 액션을 설정하여야 한다.

액션을 추가하는 법

액션은 사용자의 상호 작용 또는 시스템 이벤트와 연결된 동작을 정의한다. 목적지 간의 이동을 트리거하기 위해 액션을 정의하고 사용한다. 여기서는 액션을 추가하는 방법을 설명하겠다.

- **네비게이션 그래프 파일 열기**: 먼저 앱의 네비게이션 그래프를 정의하는 XML 파일을 연다. 일반적으로 'navigation' 디렉토리 내에 위치하며, 'nav_graph.xml'과 같은 이름을 가진다.

- **액션 추가**: 목적지 간의 이동을 트리거하기 위해 액션을 추가한다. 이를 위해 〈action〉 요소를 사용한다. 아래는 예시이다.

```xml
<fragment
    android:id="@+id/firstFragment"
    android:name="com.example.myapp.FirstFragment"
    android:label="fragment_first"
    tools:layout="@layout/fragment_first" >

    <action
        android:id="@+id/action_firstFragment_to_secondFragment"
        app:destination="@id/secondFragment" />

</fragment>
```

여기서 action 요소는 firstFragment에서 secondFragment로의 이동을 트리거하는 액션을 정의한다. android:id 속성은 액션의 고유한 식별자를 설정하고, app:destination 속성은 이동할 목적지를 지정한다.

액션을 트리거하는 방법을 설정해야 한다. 이는 일반적으로 사용자의 상호 작용(예 버튼 클릭)이나 시스템 이벤트에 의해 이루어진다. 예를 들어 버튼 클릭 시 이동하는 경우 해당 버튼의 클릭 이벤트를 처리하여 액션을 트리거한다.

네비게이션 그래프에서 목적지와 액션을 적절하게 연결하여 화면 간의 이동 경로를 설정하는 방법을 설명하겠다. 또한 조건부 네비게이션을 설정하여 특정 조건에 따라 다른 이동 경로를 선택하는 방법에 대해서도 살펴보겠다.

- **목적지 및 액션 연결**

    - 목적지와 액션은 각각 고유한 ID를 가지고 있다. 이 ID를 사용하여 그래프 내에서 목적지와 액션을 서로 연결한다.

    - 액션 요소에는 목적지로 이동하는 데 필요한 정보를 지정하는 데, 목적지의 ID를 목적지 속성으로 지정한다.

    - 예를 들어 다음과 같이 액션을 정의하여 두 개의 프래그먼트 간 이동을 설정할 수 있다.

    ```xml
    <navigation xmlns:android="http://schemas.android.com/apk/res/android"
        xmlns:app="http://schemas.android.com/apk/res-auto">

        <fragment
            android:id="@+id/firstFragment"
            android:name="com.example.myapp.FirstFragment"
            android:label="First Fragment" />

        <fragment
            android:id="@+id/secondFragment"
            android:name="com.example.myapp.SecondFragment"
            android:label="Second Fragment" />

        <action
            android:id="@+id/action_firstFragment_to_secondFragment"
            app:destination="@id/secondFragment" />

    </navigation>
    ```

위 예시에서는 action_firstFragment_to_secondFragment 액션이 정의되어 있으며, 이는 첫 번째 프래그먼트에서 두 번째 프래그먼트로 이동하는 액션을 나타낸다.

- **조건부 네비게이션 설정**

    - 조건부 네비게이션을 설정하여 특정 조건에 따라 다른 이동 경로를 선택할 수 있다.

    - 이를 위해 〈action〉 요소의 app:enterAnim 및 app:exitAnim 속성을 사용하여 화면 전환 애니메이션을 정의하고, app:popUpTo 및 app:popUpToInclusive 속성을 사용하여 이동 경로를 정의한다.

- 예를 들어 다음은 조건부 네비게이션을 설정하는 방법이다.

```
<action
    android:id="@+id/action_firstFragment_to_secondFragment"
    app:destination="@id/secondFragment"
    app:popUpTo="@id/firstFragment"
    app:popUpToInclusive="true"
    app:enterAnim="@anim/slide_in_right"
    app:exitAnim="@anim/slide_out_left" />
```

위 예시에서는 action_firstFragment_to_secondFragment 액션이 실행될 때, 이전에 스택에 쌓인 모든 목적지를 팝하고 첫 번째 프래그먼트로 이동하도록 정의되어 있다. 또한 화면 전환 애니메이션도 정의되어 있다.

예시로 음악 재생 앱의 네비게이션을 설정해보겠다. 이 앱은 '음악 목록'과 '재생 중인 음악' 두 가지 핵심 화면으로 구성된다.

● fragment_music_list.xml(음악 목록 프래그먼트 레이아웃)

손으로 익히는 코딩

```xml
<LinearLayout
    xmlns:android="http://schemas.android.com/apk/res/android"
    android:layout_width="match_parent"
    android:layout_height="match_parent"
    android:orientation="vertical"
    android:gravity="center">

    <TextView
        android:layout_width="wrap_content"
        android:layout_height="wrap_content"
        android:text="음악 목록"
        android:textSize="24sp"
        android:layout_marginBottom="16dp"/>

    <Button
        android:id="@+id/button_to_now_playing"
        android:layout_width="wrap_content"
        android:layout_height="wrap_content"
        android:text="지금 재생 중" />
</LinearLayout>
```

● fragment_now_playing.xml(현재 재생 중 프래그먼트 레이아웃)

 손으로 익히는 코딩

```xml
<LinearLayout
    xmlns:android="http://schemas.android.com/apk/res/android"
    android:layout_width="match_parent"
    android:layout_height="match_parent"
    android:orientation="vertical"
    android:gravity="center">

    <TextView
        android:layout_width="wrap_content"
        android:layout_height="wrap_content"
        android:text="지금 재생 중"
        android:textSize="24sp"
        android:layout_marginBottom="16dp"/>

    <Button
        android:id="@+id/button_back_to_music_list"
        android:layout_width="wrap_content"
        android:layout_height="wrap_content"
        android:text="음악 목록으로 돌아가기" />
</LinearLayout>
```

● MusicListFragment.kt

 손으로 익히는 코딩

```kotlin
class MusicListFragment : Fragment() {

    override fun onCreateView(
        inflater: LayoutInflater, container: ViewGroup?,
        savedInstanceState: Bundle?
    ): View? {
        // 프래그먼트의 레이아웃을 인플레이트합니다.
        val view = inflater.inflate(R.layout.fragment_music_list,
            container, false)

        // 버튼을 설정하여 NowPlayingFragment로 이동합니다.
        view.findViewById<Button>(R.id.button_to_now_playing)
```

```
            .setOnClickListener {
                findNavController().navigate(
                    R.id.action_musicListFragment_to_nowPlayingFragment)
            }

        return view
    }
}
```

- NowPlayingFragment.kt

> 손으로 익히는 코딩

```
class NowPlayingFragment : Fragment() {

    override fun onCreateView(
        inflater: LayoutInflater, container: ViewGroup?,
        savedInstanceState: Bundle?
    ): View? {
        // 프래그먼트의 레이아웃을 인플레이트합니다.
        val view = inflater.inflate(R.layout.fragment_now_playing,
            container, false)

        // 버튼을 설정하여 MusicListFragment로 돌아갑니다.
        view.findViewById<Button>(R.id.button_back_to_music_list)
            .setOnClickListener {
                findNavController().navigate(
                    R.id.action_nowPlayingFragment_to_musicListFragment)
            }

        return view
    }
}
```

● activity_main.xml

 손으로 익히는 코딩

```xml
<androidx.constraintlayout.widget.ConstraintLayout
xmlns:android="http://schemas.android.com/apk/res/android"
    xmlns:app="http://schemas.android.com/apk/res-auto"
    xmlns:tools="http://schemas.android.com/tools"
    android:layout_width="match_parent"
    android:layout_height="match_parent"
    tools:context=".MainActivity">

    <androidx.appcompat.widget.Toolbar
        android:id="@+id/toolbar"
        android:layout_width="0dp"
        android:layout_height="wrap_content"
        android:background="?attr/colorPrimary"
        app:layout_constraintBottom_toTopOf="@+id/nav_host_fragment"
        app:layout_constraintEnd_toEndOf="parent"
        app:layout_constraintStart_toStartOf="parent"
        app:layout_constraintTop_toTopOf="parent"
        app:popupTheme="@style/ThemeOverlay.AppCompat.Light" />

    <fragment
        android:id="@+id/nav_host_fragment"
        android:name="androidx.navigation.fragment.NavHostFragment"
        android:layout_width="0dp"
        android:layout_height="0dp"
        app:defaultNavHost="true"
        app:layout_constraintBottom_toBottomOf="parent"
        app:layout_constraintEnd_toEndOf="parent"
        app:layout_constraintStart_toStartOf="parent"
        app:layout_constraintTop_toBottomOf="@+id/toolbar"
        app:navGraph="@navigation/nav_graph" />
</androidx.constraintlayout.widget.ConstraintLayout>
```

- nav_graph.xml(res에 navigation 폴더 생성 후 파일 생성)

 손으로 익히는 코딩

```xml
<navigation xmlns:android="http://schemas.android.com/apk/res/android"
    xmlns:app="http://schemas.android.com/apk/res-auto"
    android:id="@+id/nav_graph"
    app:startDestination="@id/musicListFragment">

    <fragment
        android:id="@+id/musicListFragment"
        android:name="com.example.myapplication.MusicListFragment"
        android:label="Music List" />

    <fragment
        android:id="@+id/nowPlayingFragment"
        android:name="com.example.myapplication.NowPlayingFragment"
        android:label="Now Playing" />

    <action
        android:id="@+id/action_musicListFragment_to_nowPlayingFragment"
        app:destination="@id/nowPlayingFragment" />

    <action
        android:id="@+id/action_nowPlayingFragment_to_musicListFragment"
        app:destination="@id/musicListFragment"
        app:popUpTo="@id/musicListFragment"
        app:popUpToInclusive="true" />

</navigation>
```

- MainActivity.kt

 손으로 익히는 코딩

```kotlin
class MainActivity : AppCompatActivity() {
    private lateinit var navController: NavController
    private lateinit var appBarConfiguration: AppBarConfiguration

    override fun onCreate(savedInstanceState: Bundle?) {
        super.onCreate(savedInstanceState)
```

```
        setContentView(R.layout.activity_main)

        // Toolbar를 액션바로 설정
        val toolbar: Toolbar = findViewById(R.id.toolbar)
        setSupportActionBar(toolbar)

        // 네비게이션 컴포넌트 설정
        navController = Navigation.findNavController(this,
          R.id.nav_host_fragment)
        appBarConfiguration = AppBarConfiguration(navController.graph)

        // 액션바에 네비게이션 그래프 연결
        NavigationUI.setupActionBarWithNavController(this, navController,
          appBarConfiguration)
    }

    override fun onSupportNavigateUp(): Boolean {
        // 네비게이션 이전 버튼 동작 설정
        return (NavigationUI.navigateUp(navController,
          appBarConfiguration)|| super.onSupportNavigateUp())
    }
}
```

네비게이션을 사용하고자 한다면 build.gradle (Module :app) 에서 다음과 같은 코드를 추가해야 한다. X.X.X 에는 버전을 입력하면 된다. 버전은 구글링을 통해 쉽게 최신 버전까지 확인이 가능하다.

> **손으로 익히는 코딩**

```
dependencies {
    ...

    implementation("androidx.navigation:navigation-ui-ktx:X.X.X")
    implementation("androidx.navigation:navigation-fragment-ktx:X.X.X")
}
```

이제 이 네비게이션 그래프를 사용하여 음악 재생 앱의 네비게이션을 설정할 수 있다. 사용자는 '음악 목록' 화면에서 '재생 중인 음악'으로 이동하고, '재생 중인 음악'에서 '음악 목록'으로 이동할 때 이전 화면의 스택을 제어할 수 있다.

04 뷰와 뷰 그룹

더 멋진 내일(Tomorrow)을 위한 내일(My Career) 내일은 코틀린

핵심 키워드

위젯, 이벤트, 속성, 레이아웃, 배치, 정렬, 패딩

여기서는 무얼 배울까

뷰는 사용자 인터페이스의 구성 요소를 나타낸다. 버튼, 텍스트뷰, 이미지뷰 등과 같이 화면에 표시되는 모든 요소가 뷰다. 뷰는 사용자와 상호 작용하며 이벤트를 처리하고 화면에 내용을 표시하는 역할을 한다. 뷰 그룹은 뷰들을 포함하고 관리하는 컨테이너 역할을 한다. 뷰 그룹은 다른 뷰나 뷰 그룹을 자식으로 가질 수 있다. 레이아웃을 정의하고 뷰들을 배치하는 데 사용된다.

뷰

뷰(View)의 의미

- 뷰(View)는 안드로이드 애플리케이션의 사용자 인터페이스(UI)를 구성하는 가장 기본적인 요소다.
- 사용자가 앱 화면에서 볼 수 있는 모든 것, 즉 텍스트, 이미지, 버튼, 입력 상자 등은 모두 뷰로 표시된다.

역할과 기능

- 뷰는 사용자와 앱 간의 상호 작용을 담당한다. 사용자가 화면을 터치하거나 제스처를 사용할 때, 뷰는 이벤트를 감지하고 처리한다.
- 각 뷰는 자체적으로 특정한 역할과 기능을 수행한다. 예를 들어 버튼 뷰는 클릭을 감지하고 특정 작업을 수행하는 등의 기능을 제공한다.

다양한 뷰(View)의 종류

- 안드로이드에서는 다양한 종류의 뷰를 제공한다. 예를 들어 텍스트를 표시하는 TextView, 이미지를 표시하는 ImageView, 사용자 입력을 받는 Button 등이 있다.
- 이러한 뷰들을 조합하여 다양한 형태의 사용자 인터페이스를 구성할 수 있다.

레이아웃을 통한 뷰(View)의 배치

- 뷰는 레이아웃(Layout) 내에서 배치된다. 레이아웃은 여러 뷰를 포함하고 배치하는 방법을 결정한다.
- 예를 들어 LinearLayout, RelativeLayout, ConstraintLayout 등의 레이아웃을 사용하여 뷰들을 구성한다.

대표적인 뷰들의 예시

- 버튼(Button): 사용자의 클릭 이벤트를 처리하고 특정 동작을 수행한다. 주로 사용자에게 어떤 작업을 수행할 수 있는 옵션을 제공하거나 액션을 트리거하는 데 사용된다.

```
<Button
    android:id="@+id/button"
    android:layout_width="wrap_content"
    android:layout_height="wrap_content"
    android:text="Click Me"
    android:onClick="onButtonClick" />
```

- 텍스트뷰(TextView): 텍스트를 표시하는 뷰로, 사용자에게 정보를 제공하는 데 사용된다. 정적인 텍스트, 동적으로 변하는 텍스트 등을 표시할 수 있다.

```
<TextView
    android:id="@+id/textView"
    android:layout_width="wrap_content"
    android:layout_height="wrap_content"
    android:text="Hello, World!"
    android:textSize="18sp" />
```

- 이미지뷰(ImageView): 이미지를 표시하는 뷰로, 그림 또는 그래픽 요소를 표시하는 데 사용된다. 앱에서 이미지를 표시할 때 사용된다.

```
<ImageView
    android:id="@+id/imageView"
    android:layout_width="200dp"
    android:layout_height="200dp"
    android:src="@drawable/ic_launcher_foreground" />
```

- 레이아웃(Layout): 여러 개의 뷰를 포함하고 정렬하는 컨테이너 역할을 한다. LinearLayout, RelativeLayout, ConstraintLayout 등 다양한 종류의 레이아웃이 있으며, 각각 다른 방식으로 뷰를 배치하고 구성한다.

```
<LinearLayout
    android:layout_width="match_parent"
    android:layout_height="match_parent"
    android:orientation="vertical">

    <!-- 뷰들을 세로로 나열하는 LinearLayout -->
    <Button
        android:layout_width="wrap_content"
        android:layout_height="wrap_content"
        android:text="Button" />

    <TextView
        android:layout_width="wrap_content"
        android:layout_height="wrap_content"
        android:text="TextView" />

</LinearLayout>
```

- 텍스트 입력란(EditText): 사용자로부터 텍스트 입력을 받을 수 있는 뷰(View)로, 키보드와 상호 작용하여 사용자 입력을 받는다. 주로 사용자가 정보를 입력하거나 편집할 때 사용된다.

```
<EditText
    android:id="@+id/editText"
    android:layout_width="match_parent"
    android:layout_height="wrap_content"
    android:hint="Enter text" />
```

- 체크 박스(CheckBox): 사용자가 선택할 수 있는 옵션을 제공하는 뷰(View)로, 사용자가 선택하거나 선택 해제할 수 있다. 예를 들어 "동의합니다" 또는 "동의하지 않습니다"와 같은 옵션을 제공할 때 사용된다.

```
<CheckBox
    android:id="@+id/checkBox"
    android:layout_width="wrap_content"
    android:layout_height="wrap_content"
    android:text="Check me" />
```

- 리스트뷰(ListView) 및 리사이클러뷰(RecyclerView): 여러 항목을 표시하는 뷰로, 반복되는 항목들을 리스트 형태로 표시할 때 사용된다. 데이터를 동적으로 표시하고 스크롤 가능한 UI를 구현할 수 있다.

```
<ListView
    android:id="@+id/listView"
    android:layout_width="match_parent"
    android:layout_height="match_parent" />
```

뷰 그룹

의미

뷰 그룹(ViewGroup)은 안드로이드 앱의 UI를 구성하는 중요한 요소 중 하나다. 이는 여러 개의 뷰를 포함하고 있는 컨테이너로, 다른 뷰들을 담는 역할을 한다. 안드로이드 앱에서 UI를 구성할 때, 화면을 나타내는 기본적인 구성 요소인 뷰를 여러 개 조합하여 화면을 설계하게 되는데, 이때 뷰들을 담고 정렬하는 역할을 하는 것이 뷰 그룹이다.

역할과 기능

뷰 그룹은 화면에 다양한 레이아웃을 구성할 수 있도록 도와준다. 예를 들어 버튼, 텍스트뷰, 이미지뷰 등의 뷰(View)를 포함하는 레이아웃을 만들거나, 여러 개의 뷰를 수평 또는 수직으로 배열하는 등의 작업을 수행할 수 있다. 뷰 그룹은 이러한 다양한 UI 디자인을 가능하게 하며, 사용자에게 더 나은 사용 경험을 제공할 수 있도록 돕는다.

대표적인 뷰 그룹의 예시

간단한 예시로는 LinearLayout, RelativeLayout, ConstraintLayout 등이 있다. 이러한 레이아웃 관리자(Layout Manager)들은 뷰 그룹의 일종으로, 각각 다른 방식으로 자식 뷰들을 배치하고 정렬하는 역할을 한다. 따라서 뷰 그룹은 안드로이드 앱에서 화면을 구성하는 핵심적인 요소 중 하나이며, UI를 구성하는 데 필수적이다.

- LinearLayout

  자식 뷰들을 일렬로 나란히 또는 수직/수평으로 스택하는 데 사용된다. 수평으로 정렬할 때는 android:orientation 속성을 horizontal으로 설정하고, 수직으로 정렬할 때는 vertical로 설정한다.

```xml
<LinearLayout
    android:layout_width="match_parent"
    android:layout_height="wrap_content"
    android:orientation="vertical">

    <TextView
        android:layout_width="wrap_content"
        android:layout_height="wrap_content"
        android:text="First TextView" />

    <TextView
        android:layout_width="wrap_content"
        android:layout_height="wrap_content"
        android:text="Second TextView" />

</LinearLayout>
```

- RelativeLayout

  자식 뷰들을 상대적인 위치에 배치하는 데 사용된다. 즉, 다른 뷰들과의 상대적인 위치를 지정하여 배치한다. 각 뷰에 대해 상대적인 위치를 지정하는 것은 뷰의 레이아웃 속성을 사용하여 설정한다.

```xml
<RelativeLayout
    android:layout_width="match_parent"
    android:layout_height="wrap_content">

    <Button
        android:id="@+id/button1"
```

```xml
        android:layout_width="wrap_content"
        android:layout_height="wrap_content"
        android:text="Button 1"
        android:layout_alignParentTop="true"
        android:layout_alignParentLeft="true" />

    <Button
        android:id="@+id/button2"
        android:layout_width="wrap_content"
        android:layout_height="wrap_content"
        android:text="Button 2"
        android:layout_alignParentTop="true"
        android:layout_alignParentRight="true" />

</RelativeLayout>
```

● ConstraintLayout

ConstraintLayout은 유연한 UI를 설계할 수 있는 상대적인 위치 지정 및 제약 조건을 사용하는 레이아웃이다. 각 뷰에 대해 다른 뷰들과의 상대적인 위치 및 연결을 제약 조건으로 설정하여 배치한다.

```xml
<androidx.constraintlayout.widget.ConstraintLayout
    android:layout_width="match_parent"
    android:layout_height="match_parent">

    <Button
        android:id="@+id/button1"
        android:layout_width="wrap_content"
        android:layout_height="wrap_content"
        android:text="Button 1"
        app:layout_constraintStart_toStartOf="parent"
        app:layout_constraintTop_toTopOf="parent" />

    <Button
        android:id="@+id/button2"
        android:layout_width="wrap_content"
        android:layout_height="wrap_content"
        android:text="Button 2"
        app:layout_constraintEnd_toEndOf="parent"
        app:layout_constraintTop_toTopOf="parent" />

</androidx.constraintlayout.widget.ConstraintLayout>
```

뷰의 속성

뷰(View)의 속성은 해당 뷰가 화면에 표시될 때의 모양, 동작, 상태 등을 결정하는 요소들을 말한다. 각 뷰는 다양한 속성을 가지고 있어서 화면의 모양과 동작을 사용자의 요구에 맞게 조정할 수 있다.

일반적으로 뷰의 속성은 XML 레이아웃 파일에서 정의되며, 이를 통해 뷰의 모양과 동작을 정의할 수 있다. 이러한 속성은 화면의 크기, 배경색, 텍스트 내용, 이미지 등을 설정할 수 있다. 또한 이벤트 처리, 사용자 입력 처리, 레이아웃 구성 등에 관련된 속성도 포함될 수 있다.

예를 들어 버튼(Button)뷰의 속성 중 일부는 다음과 같다.

- android:text: 버튼에 표시할 텍스트를 지정한다.
- android:background: 버튼의 배경색이나 배경 이미지를 설정한다.
- android:layout_width, android:layout_height: 버튼의 너비와 높이를 지정한다.
- android:onClick: 버튼을 클릭했을 때 호출될 메서드를 지정한다.

이러한 속성들을 적절히 설정하여 뷰를 디자인하고 원하는 동작을 구현할 수 있다. 속성들의 조합에 따라 화면의 모습과 동작이 결정되므로, 뷰의 속성을 잘 이해하고 활용하는 것이 안드로이드 앱을 개발하는 데 중요하다.

뷰(View)의 주요 속성은 해당 뷰의 모양, 동작, 상태 등을 결정하는 속성들을 말한다. 이러한 속성들은 XML 레이아웃 파일에서 정의되며, 뷰의 모양과 동작을 사용자의 요구에 맞게 조정할 수 있다. 주요 뷰 속성 중 일부를 살펴보겠다.

- android:id: 뷰의 고유한 식별자를 지정한다. 이를 통해 코드에서 해당 뷰를 참조할 수 있다.
- android:layout_width, android:layout_height

    – 뷰의 너비와 높이를 지정한다.

    – match_parent, wrap_content 등의 값으로 설정할 수 있다.

- android:layout_margin: 뷰와 주변 요소와의 여백을 지정한다. 상, 하, 좌, 우 여백을 설정할 수 있다.
- android:padding: 뷰의 내부 여백을 지정한다. 상, 하, 좌, 우 여백을 설정할 수 있다.
- android:background: 뷰의 배경을 설정한다. 색상이나 이미지를 지정할 수 있다.
- android:text: 텍스트를 지정한다. 텍스트뷰(TextView)와 관련된 뷰에서 사용된다.

- android:textColor: 텍스트의 색상을 지정한다. 주로 텍스트뷰와 관련된 뷰에서 사용된다.
- android:visibility: 뷰의 표시 여부를 지정한다. visible, invisible, gone 등의 값으로 설정할 수 있다.
- android:onClick: 클릭 이벤트를 처리할 메서드를 지정한다. 해당 메서드는 뷰가 클릭되었을 때 호출된다.
- android:enabled: 뷰의 활성/비활성 여부를 지정한다. 사용자의 입력을 받을 수 있는지 여부를 결정한다.

이런 속성들을 적절히 설정하여 뷰의 모양과 동작을 조정할 수 있다. 속성들은 각 뷰의 특징과 용도에 따라 다양하게 활용된다. 예를 들어 텍스트뷰는 경우 텍스트 내용과 색상을 설정하는 등의 속성이 중요하며, 버튼(Button)은 텍스트와 배경색, 클릭 이벤트 처리와 관련된 속성이 중요하다.

XML 레이아웃 파일에서 뷰(View)의 속성을 정의하는 방법은 각 뷰의 XML 태그 내에 속성을 추가하여 설정한다. 각 속성은 속성 이름과 그에 해당하는 값으로 구성된다. 아래는 XML 레이아웃 파일에서 속성을 정의하는 방법을 자세히 설명한 것이다.

- 태그 내에 속성 추가: 뷰의 XML 태그 내에 원하는 속성을 추가한다. 각 속성은 속성 이름과 값을 가진 형태로 작성된다. 예를 들어 TextView의 경우 다음과 같이 텍스트와 텍스트 색상을 설정할 수 있다.

```xml
<TextView
    android:id="@+id/myTextView"
    android:layout_width="wrap_content"
    android:layout_height="wrap_content"
    android:text="Hello, World!"
    android:textColor="#000000" />
```

- 속성값 설정: 속성값은 큰따옴표("")로 감싸서 지정한다. 각 속성은 해당하는 속성값을 가진다. 위의 예시에서는 text 속성에 "Hello, World!" 문자열을, textColor 속성에는 색상 코드 "#000000"을 설정하였다.
- 속성 이름과 값의 구분: 속성 이름과 값을 구분하기 위해 등호(=)를 사용한다. 속성 이름과 값은 콜론(:)으로 구분된다.
- 여러 개의 속성 설정: 여러 개의 속성을 한 번에 설정할 수 있다. 각 속성은 공백으로 구분하여 작성된다.

- **@+id/를 이용한 고유한 ID 설정**: 각 뷰에는 고유한 ID가 필요한 경우가 많다. 이때는 android:id 속성을 사용하여 ID를 설정할 수 있다. ID는 @+id/ 다음에 원하는 ID 이름을 작성하여 설정한다.

> **Tip**
> XML 레이아웃 파일에서는 각 뷰의 태그 내에 속성을 추가하여 원하는 모양과 동작을 설정할 수 있습니다. 설정된 속성은 해당 뷰가 앱에서 렌더링될 때 반영되어 화면에 표시됩니다.

손으로 익히는 코딩

```xml
<?xml version="1.0" encoding="utf-8"?>
<LinearLayout xmlns:android="http://schemas.android.com/apk/res/android"
    android:layout_width="match_parent"
    android:layout_height="match_parent"
    android:orientation="vertical"
    android:padding="16dp">

    <Button
        android:id="@+id/myButton"
        android:layout_width="wrap_content"
        android:layout_height="wrap_content"
        android:text="Click Me"
        android:background="@color/button_background"
        android:textColor="@color/button_text_color"
        android:layout_marginTop="16dp"
        android:layout_marginStart="16dp"
        android:layout_marginEnd="16dp"
        android:padding="12dp"
        android:onClick="onButtonClick" />

</LinearLayout>
```

〈?xml version="1.0" encoding="utf-8"?〉는 XML 문서의 시작 부분에 위치하는 XML 선언이다. 이 XML 선언은 XML 문서가 1.0 버전을 사용하고 있으며, 문자 인코딩은 UTF-8임을 나타낸다. XML 문서가 올바른 구조를 가지고 있다면, 이 선언이 없어도 XML 파서는 문서를 잘 읽고 처리할 수 있다. 문서의 가독성 및 호환성을 높이는 데 도움이 되어 선언하는 것이 권장된다.

@color/button_background와 @color/button_text_color와 같은 색상 리소스는 res/values/colors.xml 파일에서 정의할 수 있다. 이 파일에 색상을 추가하면 버튼에서 사용할 수 있다.

res/values/colors.xml 파일에 다음과 같이 색상을 정의한다.

손으로 익히는 코딩

```xml
<resources>
    ...
    <color name="button_background">#FF6200EE</color> <!-- 버튼 배경색 -->
    <color name="button_text_color">#FFFFFF</color> <!-- 버튼 텍스트 색 -->
</resources>
```

이외에도 추가로 색상을 정의하면 원하는 색상을 간편하게 사용할 수 있다.

뷰 그룹의 속성

뷰 그룹(ViewGroup)의 주요 속성들은 다양한 레이아웃 매개 변수(layout parameters)와 뷰의 배치 및 스타일을 지정하는 속성들을 포함한다. 각 속성은 뷰의 크기, 위치, 정렬, 간격 등을 제어하여 UI를 디자인하는 데 사용된다.

- **레이아웃 너비와 높이**: 뷰 그룹의 가로 너비(width)와 세로 높이(height)를 결정한다. 이 속성들은 wrap_content, match_parent 등의 값을 가질 수 있으며, 뷰의 크기를 조정하는 데 사용된다.

- **그래비티(Gravity)**: 뷰 그룹 내의 자식 뷰들의 정렬 방향을 지정한다. 즉, 자식 뷰들이 뷰 그룹 내에서 어디에 위치할지를 결정한다. top, bottom, center 등의 값이 있으며, 자식 뷰들의 배치를 제어하는 데 사용된다.

- **패딩(padding)**: 뷰의 내부 여백을 지정한다. 패딩은 뷰의 테두리와 내용 사이의 공간을 나타낸다. left, top, right, bottom 속성을 사용하여 각 방향의 패딩 값을 설정할 수 있다.

- **마진(margin)**: 뷰의 외부 여백을 지정한다. 마진은 뷰와 다른 뷰나 뷰 그룹 사이의 간격을 나타낸다. 마찬가지로 left, top, right, bottom 속성을 사용하여 각 방향의 마진 값을 설정할 수 있다.

이러한 속성들을 조합하여 뷰 그룹의 크기, 위치, 내부 여백, 외부 여백 등을 설정하여 UI를 원하는 대로 디자인할 수 있다. 이때, XML 레이아웃 파일에서는 각 속성들을 해당 뷰 그룹의 태그 안에 속성으로 지정하여 사용한다.

레이아웃 매개 변수(layout parameters)

각 뷰의 부모 레이아웃에게 해당 뷰가 어떻게 표시되어야 하는지를 지정하는 데 사용된다. 각 뷰는 자체적으로 크기와 위치를 결정할 수 있지만, 이러한 레이아웃 매개 변수를 사용하여 부모 레이아웃에게 자신의 레이아웃 속성을 전달한다.

레이아웃 매개 변수는 뷰의 부모 레이아웃의 타입에 따라 다르며, 주로 ViewGroup.LayoutParams 클래스 또는 그의 하위 클래스를 통해 정의된다. 예를 들어 LinearLayout의 경우 Linear Layout. LayoutParams를 사용하고, RelativeLayout의 경우 RelativeLayout.LayoutParams를 사용한다.

레이아웃 매개 변수에는 여러 가지 속성이 포함될 수 있다. 가장 일반적인 속성으로는 너비(width)와 높이(height)가 있다. 이 외에도 정렬 속성(gravity), 마진(margin), 가중치(weight) 등의 다양한 속성이 있다.

레이아웃 매개 변수는 주로 XML 레이아웃 파일에서 각 뷰에 적용된다. 예를 들어 Linear Layout 내에 포함된 뷰의 경우 각 뷰의 레이아웃 속성을 LinearLayout.LayoutParams를 사용하여 지정할 수 있다. 이를 통해 각 뷰가 부모 레이아웃에서 어떻게 배치되는지를 세밀하게 제어할 수 있다.

XML 레이아웃 파일에서 뷰 그룹(ViewGroup)의 속성을 정의하는 방법은 간단하다. 각 뷰 그룹에 대한 속성은 해당 뷰 그룹의 XML 태그 내에 속성으로 지정된다.

예를 들어 LinearLayout의 경우 다음과 같이 XML에서 속성을 정의할 수 있다.

```xml
<LinearLayout
    android:layout_width="match_parent"
    android:layout_height="wrap_content"
    android:orientation="vertical"
    android:gravity="center"
    android:padding="16dp"
    android:background="@color/white">

    <!-- 여기에 뷰(View)들을 추가한다 -->

</LinearLayout>
```

위 코드에서 각 속성은 다음과 같은 역할을 한다.

- android:layout_width 및 android:layout_height: 뷰 그룹의 너비와 높이를 설정한다. 여기에서 match_parent는 부모의 크기에 맞추고, wrap_content는 자식 뷰의 크기에 맞춘다.
- android:orientation: LinearLayout의 레이아웃 방향을 설정한다. 여기에서 vertical은 세로 방향으로, horizontal은 가로 방향으로 정렬됨을 의미한다.

- android:gravity: 뷰 그룹 내의 자식 뷰들의 정렬을 설정한다. 이 속성은 자식 뷰의 내용을 가운데, 왼쪽, 오른쪽 등으로 정렬하는 데 사용된다.
- android:padding: 뷰 그룹의 패딩을 설정한다. 패딩은 뷰의 경계와 내용 사이의 여백을 나타낸다.
- android:background: 뷰 그룹의 배경색이나 배경 이미지를 설정한다.

이와 같이 각 뷰 그룹의 속성은 해당 뷰 그룹의 XML 태그 내에 정의되며, 이러한 속성을 사용하여 레이아웃을 세밀하게 조정할 수 있다.

손으로 익히는 코딩

```xml
<LinearLayout
    xmlns:android="http://schemas.android.com/apk/res/android"
    android:layout_width="match_parent"
    android:layout_height="wrap_content"
    android:orientation="horizontal"
    android:gravity="center"
    android:padding="16dp"
    android:background="@color/white">

    <Button
        android:id="@+id/button1"
        android:layout_width="wrap_content"
        android:layout_height="wrap_content"
        android:text="Button 1"
        android:layout_marginRight="8dp" />

    <Button
        android:id="@+id/button2"
        android:layout_width="wrap_content"
        android:layout_height="wrap_content"
        android:text="Button 2"
        android:layout_marginRight="8dp" />

    <Button
        android:id="@+id/button3"
        android:layout_width="wrap_content"
        android:layout_height="wrap_content"
        android:text="Button 3" />

</LinearLayout>
```

위 예시에서는 LinearLayout을 사용하여 버튼을 가로로 정렬하고, 버튼 사이에는 각각 8dp의 오른쪽 마진을 두고 있다. 또한 버튼들의 텍스트는 Button 1, Button 2, Button 3으로 설정되어 있다. 이렇게 속성을 활용하여 레이아웃을 정의하면 화면에 원하는대로 뷰를 배치할 수 있다.

에러에서 배우기

- **속성 값 오류**
  속성 값이 잘못된 경우, 예를 들어 유효하지 않은 리소스 참조나 잘못된 속성 형식을 사용하는 경우 오류가 발생할 수 있습니다.

- **버튼 ID 충돌**
  버튼들의 ID가 유일해야 하는 데 중복된 ID가 사용되면 충돌이 발생할 수 있습니다.

- **리소스 참조 오류**
  사용된 리소스(예: 색상, 문자열)가 정의되어 있지 않거나, 해당 리소스를 찾을 수 없는 경우 오류가 발생할 수 있습니다.

- **레이아웃 속성 오류**
  레이아웃의 너비, 높이, 그래비티, 패딩 등의 속성이 잘못 설정되었을 경우, 레이아웃이 예상대로 동작하지 않을 수 있습니다.

- **레이아웃 관리자 오류**
  잘못된 레이아웃 관리자가 지정된 경우나, 레이아웃 관리자의 속성이 올바르게 설정되지 않은 경우 오류가 발생할 수 있습니다.

레이아웃 종류

LinearLayout

LinearLayout은 안드로이드에서 가장 간단하고 기본적인 레이아웃 중 하나로, 자식 뷰들을 수평 또는 수직으로 일렬로 배치하는 역할을 한다. 이 레이아웃은 orientation 속성을 사용하여 수평 방향(horizontal) 또는 수직 방향(vertical)으로 자식 뷰를 배치할 수 있다.

주로 단순한 UI를 설계할 때 많이 사용되며 버튼, 텍스트뷰, 이미지뷰 등을 일렬로 배치하거나 한 줄의 텍스트 입력을 받을 때 유용하게 활용된다. 예를 들어 앱의 로그인 화면에서는 사용자명 입력 필드와 비밀번호 입력 필드를 수평으로 나란히 배치하기 위해 LinearLayout이 사용될 수 있다.

LinearLayout은 가중치(weight)를 사용하여 각 자식 뷰의 크기를 조절할 수도 있다. 이를 통해 화면을 더 유연하게 구성할 수 있다. 예를 들어 수평 LinearLayout 내에서 두 개의 버튼을 배치하고 첫 번째 버튼에 가중치를 부여하여 화면의 일정 비율만큼 차지하도록 조절할 수 있다.

LinearLayout은 중첩하여 사용될 수 있으며, 수평 LinearLayout 안에 수직 LinearLayout을 넣어 더 복잡한 UI를 구성할 수 있다. 간단한 예시로, 다음과 같이 선언할 수 있다.

```
<LinearLayout
    android:layout_width="match_parent"
    android:layout_height="match_parent"
    android:orientation="horizontal">

    <!-- 수평 LinearLayout 안에 수직 LinearLayout -->
    <LinearLayout
        android:layout_width="wrap_content"
        android:layout_height="wrap_content"
        android:orientation="vertical">

        <TextView
            android:layout_width="wrap_content"
            android:layout_height="wrap_content"
            android:text="Top Text" />

        <Button
            android:layout_width="wrap_content"
            android:layout_height="wrap_content"
            android:text="Button 1" />

    </LinearLayout>

    <!-- 수평 LinearLayout 안에 다른 뷰 -->
    <Button
        android:layout_width="wrap_content"
        android:layout_height="wrap_content"
        android:text="Button 2" />

</LinearLayout>
```

위 예시에서는 외부 LinearLayout이 수평으로 정렬되어 있으며, 첫 번째 LinearLayout은 수직으로 정렬되어 있다. 이렇게 함으로써 두 개의 LinearLayout을 중첩하여 복잡한 레이아웃을 만들 수 있다.

RelativeLayout

RelativeLayout은 자식 뷰들을 상대적인 위치에 배치하는 레이아웃으로, 다양한 상황에 유연하게 대응할 수 있어서 복잡한 UI를 디자인할 때 유용하다. LinearLayout과 달리 각 자식 뷰들의 위치를 다른 뷰나 부모 레이아웃을 기준으로 상대적으로 배치할 수 있다. 이는 UI를 더 유연하게 설계할 수 있는 장점을 제공한다.

RelativeLayout은 자식 뷰들의 상대적인 위치를 지정하는 데에는 여러 가지 속성을 사용한다. 예를 들어 android:layout_above, android:layout_below, android:layout_toStartOf, android:layout_toEndOf 등의 속성을 사용하여 자식 뷰를 다른 뷰의 상단, 하단, 시작점, 끝점 등에 배치할 수 있다. 이를 통해 다양한 배치 및 정렬을 수행할 수 있다.

RelativeLayout은 뷰의 크기나 위치를 동적으로 변경해야 하는 경우에 유용하며, 다양한 화면 크기나 회전에 대응하여 레이아웃을 조정하는 데에도 효과적이다. 간단한 예시로 다음과 같이 선언할 수 있다.

```xml
<RelativeLayout
    android:layout_width="match_parent"
    android:layout_height="match_parent">

    <TextView
        android:id="@+id/textView"
        android:layout_width="wrap_content"
        android:layout_height="wrap_content"
        android:text="Hello, World!"
        android:layout_centerInParent="true" />

    <Button
        android:id="@+id/button"
        android:layout_width="wrap_content"
        android:layout_height="wrap_content"
        android:text="Click Me"
        android:layout_below="@id/textView"
        android:layout_alignParentEnd="true" />

</RelativeLayout>
```

위 예시는 RelativeLayout을 사용하여 TextView를 화면의 중앙에, Button을 TextView 아래에 오른쪽 끝에 배치하는 간단한 레이아웃을 보여준다.

FrameLayout

FrameLayout은 자식 뷰들을 겹쳐서 배치하는 레이아웃으로, 일반적으로 단일 뷰 또는 여러 뷰를 겹쳐서 표시할 때 사용된다. 이 레이아웃은 자식 뷰들을 Z축 방향으로 겹치게 하여, 하나의 화면에 여러 뷰를 표시할 때 유용하다. 예를 들어 이미지 뒤에 텍스트를 표시하거나 여러 개의 뷰 중 하나를 앞에 강조하여 표시할 때 사용된다.

FrameLayout은 자식 뷰들을 상대적으로 위치시킬 수 있지만, 일반적으로는 자식 뷰들이 겹쳐진 순서대로 위에서부터 아래로 표시된다. 따라서 첫 번째 자식 뷰가 화면의 아래쪽에 위치하고, 그 위에 오는 순서대로 다른 자식 뷰들이 겹쳐서 표시된다.

간단한 예시로 다음과 같이 선언할 수 있다.

```xml
<FrameLayout
    android:layout_width="match_parent"
    android:layout_height="match_parent">

    <ImageView
        android:id="@+id/imageView"
        android:layout_width="match_parent"
        android:layout_height="match_parent"
        android:src="@drawable/background_image" />

    <TextView
        android:id="@+id/textView"
        android:layout_width="wrap_content"
        android:layout_height="wrap_content"
        android:text="Overlay Text"
        android:layout_gravity="center" />

</FrameLayout>
```

위 예시는 FrameLayout을 사용하여 배경 이미지 위에 텍스트를 겹쳐서 표시하는 간단한 레이아웃을 보여준다. TextView는 layout_gravity 속성을 사용하여 중앙에 위치하도록 설정되었다.

ConstraintLayout

ConstraintLayout은 제약 조건을 사용하여 자식 뷰들을 배치하는 상대적으로 유연한 레이아웃이다. 이 레이아웃은 RelativeLayout과 유사한 점이 있지만, 더욱 유연하고 성능이 우수하며, 복잡한 UI를 구현할 때 매우 유용하다. ConstraintLayout을 사용하면 뷰들 간의 상대적인 위치와 크기를 지정할 수 있으며, 이는 다양한 디바이스 크기와 화면 방향에 대응할 수 있도록 도와준다.

ConstraintLayout은 각 자식 뷰에 대해 수평 및 수직 제약 조건을 설정하여 배치한다. 이 제약 조건은 뷰가 다른 뷰나 부모 레이아웃에 대해 상대적으로 어디에 위치해야 하는지를 지정한다. 제약 조건은 시작 위치, 끝 위치, 상단 위치, 하단 위치, 가로 중앙, 세로 중앙 등을 포함하여 다양한 방향으로 지정할 수 있다.

ConstraintLayout은 뷰의 가시적인 경계를 제공하고, 레이아웃 에디터에서 그래픽적으로 제약 조건을 조작할 수 있는 기능을 제공하여 디자인 프로세스를 간소화한다. 이러한 특성들은 개발자가 더 빠르고 효율적으로 복잡한 UI를 구현할 수 있도록 도와준다.

간단한 예시로, 다음과 같이 선언할 수 있다.

```xml
<androidx.constraintlayout.widget.ConstraintLayout
    android:layout_width="match_parent"
    android:layout_height="match_parent">

    <TextView
        android:id="@+id/textView"
        android:layout_width="wrap_content"
        android:layout_height="wrap_content"
        android:text="Hello, ConstraintLayout!"
        app:layout_constraintStart_toStartOf="parent"
        app:layout_constraintEnd_toEndOf="parent"
        app:layout_constraintTop_toTopOf="parent"
        app:layout_constraintBottom_toBottomOf="parent" />

</androidx.constraintlayout.widget.ConstraintLayout>
```

위 예시에서는 ConstraintLayout을 사용하여 텍스트뷰를 화면의 가운데에 배치하고 있다. ConstraintLayout을 사용하면 뷰의 시작, 끝, 상단, 하단을 부모 레이아웃에 대한 제약 조건으로 설정할 수 있다.

> 손으로 익히는 코딩

```xml
<RelativeLayout xmlns:android="http://schemas.android.com/apk/res/android"
    android:layout_width="match_parent"
    android:layout_height="match_parent">
    xmlns:app="http://schemas.android.com/apk/res-auto">

    <!-- ConstraintLayout을 사용하여 화면의 상단에 TextView 배치 -->
    <androidx.constraintlayout.widget.ConstraintLayout
        android:id="@+id/topLayout"
        android:layout_width="match_parent"
        android:layout_height="wrap_content"
        android:layout_alignParentTop="true">

        <TextView
            android:id="@+id/titleTextView"
            android:layout_width="wrap_content"
            android:layout_height="wrap_content"
            android:text="My Awesome App"
            android:textSize="24sp"
            android:textColor="@android:color/black"
            app:layout_constraintStart_toStartOf="parent"
            app:layout_constraintTop_toTopOf="parent"
            app:layout_constraintEnd_toEndOf="parent"
            app:layout_constraintBottom_toBottomOf="parent"
            android:layout_marginTop="16dp"
            android:layout_marginBottom="16dp" />
    </androidx.constraintlayout.widget.ConstraintLayout>

    <!-- LinearLayout을 사용하여 버튼을 수평으로 배치 -->
    <LinearLayout
        android:layout_width="match_parent"
        android:layout_height="wrap_content"
        android:orientation="horizontal"
        android:layout_below="@id/topLayout"
        android:padding="16dp">

        <Button
            android:layout_width="wrap_content"
            android:layout_height="wrap_content"
            android:text="Left Button" />
```

```xml
        <Button
            android:layout_width="wrap_content"
            android:layout_height="wrap_content"
            android:text="Right Button"
            android:layout_weight="1" />
    </LinearLayout>

    <!-- FrameLayout을 사용하여 이미지를 중앙에 배치 -->
    <FrameLayout
        android:layout_width="match_parent"
        android:layout_height="match_parent"
        android:layout_below="@id/topLayout">

        <ImageView
            android:layout_width="wrap_content"
            android:layout_height="wrap_content"
            android:layout_gravity="center"
            android:src="@drawable/ic_launcher_foreground" />
    </FrameLayout>

</RelativeLayout>
```

위 예시는 RelativeLayout을 기본으로 사용하여 레이아웃을 구성하고, 그 안에 각각의 레이아웃을 중첩하여 TextView, Button, ImageView 등을 배치한다. ConstraintLayout을 사용하여 상단에 TextView를 배치하고, LinearLayout을 사용하여 버튼을 수평으로 배치하며, FrameLayout을 사용하여 이미지를 중앙에 배치한다. 이렇게 여러 가지 레이아웃을 조합하여 다채로운 UI를 만들 수 있다.

에러에서 배우기

- **레이아웃 관련 에러**
  - 부모나 자식 뷰의 레이아웃 설정이 충돌하는 경우 발생할 수 있습니다. 예를 들어 뷰가 상호 배치되는 과정에서 layout_width나 layout_height 속성이 충돌하는 경우입니다.
  - Circular dependency(원형 종속성) 오류가 발생할 수 있습니다. 예를 들어 두 개 이상의 뷰가 서로에게 종속되는 경우입니다.

- **ID 관련 에러**
  - 중복된 ID가 있는 경우에 발생합니다. 각 뷰의 ID는 고유해야 합니다.
  - ID를 참조할 때 오타가 있는 경우에도 발생할 수 있습니다.

- **속성 관련 에러**
  - 올바르지 않은 레이아웃 속성 설정이 있는 경우 발생합니다. 예를 들어 올바르지 않은 layout_constraint를 설정하거나 잘못된 layout_weight를 사용하는 경우입니다.
  - 올바르지 않은 속성 값이 있는 경우에도 발생할 수 있습니다. 예를 들어 잘못된 문자열 리소스를 참조하거나 잘못된 **drawable*** 리소스를 참조하는 경우입니다.

- **이미지 관련 에러**
  사용된 이미지 리소스가 존재하지 않거나 잘못된 경로를 가리키는 경우 발생할 수 있습니다.

- **리소스 관련 에러**
  사용된 리소스가 프로젝트에 제대로 추가되어 있지 않은 경우 발생할 수 있습니다.

기초 용어 정리

* **Drawable**: Android 애플리케이션에서 그래픽 요소를 정의하고 사용할 수 있는 리소스이다. 이미지, 그래픽, 색상, 모양 등 다양한 시각적 요소를 포함할 수 있으며, 사용자 인터페이스(UI)에서 중요한 역할을 한다. 또한 Drawable 폴더는 이미지 파일을 포함하여 다양한 그래픽 리소스를 저장하는 데 사용된다.

05 연습문제

더 멋진 내일(Tomorrow)을 위한 내일(My Career) **내일은 코틀린**

문제 1 액티비티와 프래그먼트

두 개의 프래그먼트를 사용하여 메시지 전달하는 앱을 만드시오. 애플리케이션은 사용자가 첫 번째 프래그먼트에서 메시지를 입력하면, 두 번째 프래그먼트에서 해당 메시지를 표시하는 기능을 제공해야 한다.

(1) 레이아웃은 메인화면, 첫 번째 프래그먼트, 두 번째 프래그먼트 세 가지로 구성됩니다.
(2) 메인화면에서는 프래그먼트를 출력하고, 첫 번째 프래그먼트에서는 입력받을 EditText와 Button, 두 번째 프래그먼트는 전달받을 메시지를 출력할 TextView로 구성됩니다.
(3) MainActivity에서는 앱이 처음 실행되면 첫 번째 프래그먼트를 보여줍니다.
(4) FirstFragment에서는 사용자가 버튼을 누르면 입력된 텍스트를 두 번째 프래그먼트로 전달하고 프래그먼트를 교체합니다.
(5) SecondFragment에서는 메시지를 전달받아서 TextView에 표시합니다.

문제 2 인텐트와 네비게이션

간단한 모바일 게임 화면을 만드시오. 애플리케이션은 게임 시작, 랭킹, 환경 설정, 나가기 기능을 제공해야 한다.

(1) 애플리케이션은 하나의 화면으로 구성되어야 합니다. 이 화면에는 게임의 메인 메뉴가 표시되어야 합니다.
(2) 메인 메뉴에는 "게임 시작", "랭킹", "환경 설정", "나가기" 버튼이 있어야 합니다.
(3) 사용자가 "게임 시작" 버튼을 클릭하면 "게임 시작 화면입니다."라는 간단한 메시지가 표시되어야 합니다.
(4) "랭킹" 버튼을 클릭하면 "랭킹 화면입니다."라는 간단한 메시지가 표시되어야 합니다.
(5) "환경 설정" 버튼을 클릭하면 "환경 설정 화면입니다."라는 간단한 메시지가 표시되어야 합니다.
(6) "나가기" 버튼을 클릭하면 앱이 종료되어야 합니다.

문제 3 뷰와 뷰 그룹

사용자의 소셜 네트워크 프로필을 나타내는 화면을 디자인하시오. 이 프로필 화면에는 사용자의 프로필 사진, 이름, 이메일 주소, 팔로워 수, 팔로잉 수 등의 정보를 표시되어야 하며, 사용자의 프로필 아래에는 포스트 목록이 표시되어야 한다.

(1) 애플리케이션은 하나의 화면으로 구성되어야 합니다.
(2) 프로필 화면은 수직 스크롤이 가능해야 합니다.
(3) 사용자 프로필 정보와 포스트 목록은 프로필 화면에 나란히 표시되어야 합니다.
(4) 프로필 정보는 다음과 같은 요소들을 포함해야 합니다.
- 프로필 사진(ImageView)
- 사용자 이름(TextView)
- 이메일 주소(TextView)
- 팔로워 수(TextView)
- 팔로잉 수(TextView)

(5) 포스트 목록은 리스트 형태로 표시되어야 합니다. 각 포스트는 다음과 같은 요소들을 포함할 수 있습니다.
- 포스트 제목(TextView)
- 포스트 내용(TextView)
- 포스트 이미지(ImageView)
- 포스트 작성 시간(TextView)

(6) 사용자 프로필 정보와 포스트 목록 간의 간격 및 정렬은 적절하게 조정되어야 합니다.
(7) 포스트 목록은 가변적인 길이를 가질 수 있어야 하며, 스크롤이 가능해야 합니다.

해설 및 정답

문제 1 액티비티와 프래그먼트

- activity_main.xml

```xml
<?xml version="1.0" encoding="utf-8"?>
<FrameLayout xmlns:android="http://schemas.android.com/apk/res/android"
    android:id="@+id/fragment_container"
    android:layout_width="match_parent"
    android:layout_height="match_parent"/>
```

- fragment_first.xml

```xml
<?xml version="1.0" encoding="utf-8"?>
<LinearLayout xmlns:android="http://schemas.android.com/apk/res/android"
    android:layout_width="match_parent"
    android:layout_height="match_parent"
    android:orientation="vertical"
    android:padding="16dp">

    <EditText
        android:id="@+id/editText_message"
        android:layout_width="match_parent"
        android:layout_height="wrap_content"
        android:hint="Enter your message" />

    <Button
        android:id="@+id/button_send"
        android:layout_width="wrap_content"
        android:layout_height="wrap_content"
        android:text="Send Message"
        android:layout_marginTop="16dp"/>
</LinearLayout>
```

● fragment_second.xml

```xml
<?xml version="1.0" encoding="utf-8"?>
<LinearLayout xmlns:android="http://schemas.android.com/apk/res/android"
    android:layout_width="match_parent"
    android:layout_height="match_parent"
    android:orientation="vertical"
    android:gravity="center">

    <TextView
        android:id="@+id/textView_message"
        android:layout_width="wrap_content"
        android:layout_height="wrap_content"
        android:textSize="18sp"/>
</LinearLayout>
```

● MainActivity.kt

```kotlin
class MainActivity : AppCompatActivity() {

    override fun onCreate(savedInstanceState: Bundle?) {
        super.onCreate(savedInstanceState)
        setContentView(R.layout.activity_main)

        // 처음 앱이 실행되면 FirstFragment를 표시
        if (savedInstanceState == null) {
            supportFragmentManager.beginTransaction()
                .add(R.id.fragment_container, FirstFragment())
                .commit()
        }
    }
}
```

- FirstFragment.kt

```kotlin
class FirstFragment : Fragment() {

    override fun onCreateView(
        inflater: LayoutInflater, container: ViewGroup?,
        savedInstanceState: Bundle?
    ): View? {
        // 프래그먼트의 레이아웃을 인플레이트합니다.
        val view = inflater.inflate(R.layout.fragment_first, container, false)

        val editTextMessage = view.findViewById<EditText>(R.id.editText_message)
        val buttonSend = view.findViewById<Button>(R.id.button_send)

        buttonSend.setOnClickListener {
            val message = editTextMessage.text.toString()

            // SecondFragment로 메시지를 전달하고 프래그먼트를 교체합니다.
            val secondFragment = SecondFragment.newInstance(message)
            requireActivity().supportFragmentManager.beginTransaction()
                .replace(R.id.fragment_container, secondFragment)
                .addToBackStack(null)
                .commit()
        }

        return view
    }
}
```

● SecondFragment.kt

```kotlin
class SecondFragment : Fragment() {

    companion object {
        private const val ARG_MESSAGE = "message"

        fun newInstance(message: String): SecondFragment {
            val fragment = SecondFragment()
            val args = Bundle()
            args.putString(ARG_MESSAGE, message)
            fragment.arguments = args
            return fragment
        }
    }

    override fun onCreateView(
        inflater: LayoutInflater, container: ViewGroup?,
        savedInstanceState: Bundle?
    ): View? {
        // 프래그먼트의 레이아웃을 인플레이트합니다.
        val view = inflater.inflate(R.layout.fragment_second, container,
            false)

        // 전달된 메시지를 받아서 TextView에 표시합니다.
        val message = arguments?.getString(ARG_MESSAGE)
        val textViewMessage = view.findViewById<TextView>(
            R.id.textView_message)
        textViewMessage.text = message

        return view
    }
}
```

문제 **2** 인텐트와 네비게이션

● activity_main.xml

```xml
<?xml version="1.0" encoding="utf-8"?>
<RelativeLayout xmlns:android="http://schemas.android.com/apk/res/android"
    xmlns:tools="http://schemas.android.com/tools"
    android:layout_width="match_parent"
    android:layout_height="match_parent"
    tools:context=".MainActivity">

    <Button
        android:id="@+id/btn_start_game"
        android:layout_width="wrap_content"
        android:layout_height="wrap_content"
        android:layout_centerHorizontal="true"
        android:layout_marginTop="50dp"
        android:text="게임 시작" />

    <Button
        android:id="@+id/btn_ranking"
        android:layout_width="wrap_content"
        android:layout_height="wrap_content"
        android:layout_below="@id/btn_start_game"
        android:layout_centerHorizontal="true"
        android:layout_marginTop="20dp"
        android:text="랭킹" />

    <Button
        android:id="@+id/btn_settings"
        android:layout_width="wrap_content"
        android:layout_height="wrap_content"
        android:layout_below="@id/btn_ranking"
        android:layout_centerHorizontal="true"
        android:layout_marginTop="20dp"
        android:text="환경 설정" />

    <Button
        android:id="@+id/btn_exit"
        android:layout_width="wrap_content"
        android:layout_height="wrap_content"
        android:layout_below="@id/btn_settings"
        android:layout_centerHorizontal="true"
```

```
        android:layout_marginTop="20dp"
        android:text="나가기" />

</RelativeLayout>
```

● activity_ranking.xml

```
<?xml version="1.0" encoding="utf-8"?>
<RelativeLayout xmlns:android="http://schemas.android.com/apk/res/android"
    xmlns:tools="http://schemas.android.com/tools"
    android:layout_width="match_parent"
    android:layout_height="match_parent"
    tools:context=".RankingActivity">

    <TextView
        android:layout_width="wrap_content"
        android:layout_height="wrap_content"
        android:text="랭킹 화면입니다."
        android:layout_centerInParent="true"
        android:textSize="24sp" />

</RelativeLayout>
```

● activity_settings.xml

```
<?xml version="1.0" encoding="utf-8"?>
<RelativeLayout xmlns:android="http://schemas.android.com/apk/res/android"
    xmlns:tools="http://schemas.android.com/tools"
    android:layout_width="match_parent"
    android:layout_height="match_parent"
    tools:context=".SettingsActivity">

    <TextView
        android:layout_width="wrap_content"
        android:layout_height="wrap_content"
        android:text="환경 설정 화면입니다."
        android:layout_centerInParent="true"
        android:textSize="24sp" />

</RelativeLayout>
```

● activity_start_game.xml

```xml
<?xml version="1.0" encoding="utf-8"?>
<RelativeLayout xmlns:android="http://schemas.android.com/apk/res/android"
    xmlns:tools="http://schemas.android.com/tools"
    android:layout_width="match_parent"
    android:layout_height="match_parent"
    tools:context=".StartGameActivity">

    <TextView
        android:layout_width="wrap_content"
        android:layout_height="wrap_content"
        android:text="게임 시작 화면입니다."
        android:layout_centerInParent="true"
        android:textSize="24sp" />

</RelativeLayout>
```

● MainActivity.kt

```kotlin
class MainActivity : AppCompatActivity() {
    override fun onCreate(savedInstanceState: Bundle?) {
        super.onCreate(savedInstanceState)
        setContentView(R.layout.activity_main)

        // 게임 시작 버튼 클릭 시
        findViewById<Button>(R.id.btn_start_game).setOnClickListener {
            startActivity(Intent(this, StartGameActivity::class.java))
        }

        // 랭킹 버튼 클릭 시
        findViewById<Button>(R.id.btn_ranking).setOnClickListener {
            startActivity(Intent(this, RankingActivity::class.java))
        }

        // 환경 설정 버튼 클릭 시
        findViewById<Button>(R.id.btn_settings).setOnClickListener {
            startActivity(Intent(this, SettingsActivity::class.java))
        }

        // 나가기 버튼 클릭 시
```

```
        findViewById<Button>(R.id.btn_exit).setOnClickListener {
            finish()
        }
    }
}
```

- RankingActivity.kt

```
class RankingActivity : AppCompatActivity() {
    override fun onCreate(savedInstanceState: Bundle?) {
        super.onCreate(savedInstanceState)
        setContentView(R.layout.activity_ranking)
    }
}
```

- SettingsActivity.kt

```
class SettingsActivity : AppCompatActivity() {
    override fun onCreate(savedInstanceState: Bundle?) {
        super.onCreate(savedInstanceState)
        setContentView(R.layout.activity_settings)
    }
}
```

- StartGameActivity.kt

```
class StartGameActivity : AppCompatActivity() {
    override fun onCreate(savedInstanceState: Bundle?) {
        super.onCreate(savedInstanceState)
        setContentView(R.layout.activity_start_game)
    }
}
```

문제 ❸ 뷰와 뷰 그룹

- activity_profile.xml

```xml
<ScrollView
    xmlns:android="http://schemas.android.com/apk/res/android"
    android:layout_width="match_parent"
    android:layout_height="match_parent"
    android:padding="16dp">

    <LinearLayout
        android:layout_width="match_parent"
        android:layout_height="wrap_content"
        android:orientation="vertical">

        <!-- 프로필 정보 섹션 -->
        <LinearLayout
            android:layout_width="match_parent"
            android:layout_height="wrap_content"
            android:orientation="horizontal"
            android:gravity="center_vertical"
            android:layout_marginBottom="24dp">

            <ImageView
                android:id="@+id/profile_image"
                android:layout_width="80dp"
                android:layout_height="80dp"
                android:layout_marginEnd="16dp"
                android:src="@drawable/ic_profile_placeholder"
                android:scaleType="centerCrop"
                android:background=
                    "?android:attr/selectableItemBackgroundBorderless"
                android:contentDescription="@string/profile_image"/>

            <LinearLayout
                android:layout_width="wrap_content"
                android:layout_height="wrap_content"
                android:orientation="vertical">

                <TextView
                    android:id="@+id/profile_name"
                    android:layout_width="wrap_content"
                    android:layout_height="wrap_content"
```

```xml
            android:text="사용자 이름"
            android:textSize="18sp"
            android:textStyle="bold"/>

        <TextView
            android:id="@+id/profile_email"
            android:layout_width="wrap_content"
            android:layout_height="wrap_content"
            android:text="email@example.com"
            android:textSize="14sp"
            android:textColor="@android:color/darker_gray"/>

        <LinearLayout
            android:layout_width="wrap_content"
            android:layout_height="wrap_content"
            android:orientation="horizontal"
            android:layout_marginTop="8dp">

            <TextView
                android:id="@+id/profile_followers"
                android:layout_width="wrap_content"
                android:layout_height="wrap_content"
                android:text="팔로워: 100"
                android:textSize="14sp"
                android:layout_marginEnd="16dp"/>

            <TextView
                android:id="@+id/profile_following"
                android:layout_width="wrap_content"
                android:layout_height="wrap_content"
                android:text="팔로잉: 50"
                android:textSize="14sp"/>
        </LinearLayout>
    </LinearLayout>
</LinearLayout>

<!-- 포스트 목록 섹션 -->
<TextView
    android:layout_width="wrap_content"
    android:layout_height="wrap_content"
    android:text="포스트 목록"
    android:textSize="18sp"
    android:textStyle="bold"
```

```
            android:layout_marginBottom="16dp"/>

        <androidx.recyclerview.widget.RecyclerView
            android:id="@+id/recycler_view_posts"
            android:layout_width="match_parent"
            android:layout_height="wrap_content"
            android:nestedScrollingEnabled="false"/>
    </LinearLayout>
</ScrollView>
```

- item_post.xml

```
<?xml version="1.0" encoding="utf-8"?>
<LinearLayout
    xmlns:android="http://schemas.android.com/apk/res/android"
    android:layout_width="match_parent"
    android:layout_height="wrap_content"
    android:orientation="vertical"
    android:padding="16dp"
    android:layout_marginBottom="8dp"
    android:background="@android:color/white">

    <TextView
        android:id="@+id/post_title"
        android:layout_width="wrap_content"
        android:layout_height="wrap_content"
        android:text="포스트 제목"
        android:textSize="16sp"
        android:textStyle="bold"
        android:layout_marginBottom="4dp"/>

    <TextView
        android:id="@+id/post_content"
        android:layout_width="wrap_content"
        android:layout_height="wrap_content"
        android:text="포스트 내용"
        android:textSize="14sp"
        android:layout_marginBottom="8dp"/>

    <ImageView
        android:id="@+id/post_image"
        android:layout_width="match_parent"
```

```xml
        android:layout_height="200dp"
        android:layout_marginBottom="8dp"
        android:scaleType="centerCrop"
        android:src="@drawable/ic_image_placeholder"/>

    <TextView
        android:id="@+id/post_time"
        android:layout_width="wrap_content"
        android:layout_height="wrap_content"
        android:text="10분 전"
        android:textSize="12sp"
        android:textColor="@android:color/darker_gray"/>
</LinearLayout>
```

● ProfileActivity.kt

```kotlin
class ProfileActivity : AppCompatActivity() {

    override fun onCreate(savedInstanceState: Bundle?) {
        super.onCreate(savedInstanceState)
        setContentView(R.layout.activity_profile)

        // RecyclerView 설정
        val recyclerViewPosts = findViewById<RecyclerView>(R.id.recycler_view_posts)
        recyclerViewPosts.layoutManager = LinearLayoutManager(this)
        recyclerViewPosts.adapter = PostsAdapter(getDummyPosts())
    }

    private fun getDummyPosts(): List<Post> {
        // 더미 데이터 생성
        return listOf(
            Post("첫 번째 포스트", "포스트 내용 1", R.drawable.ic_image_placeholder,
                "10분 전"),
            Post("두 번째 포스트", "포스트 내용 2", R.drawable.ic_image_placeholder,
                "1시간 전"),
            Post("세 번째 포스트", "포스트 내용 3", R.drawable.ic_image_placeholder,
                "어제")
        )
    }
}
```

● PostsAdapter.kt Post 데이터 클래스 및 어댑터 클래스

```kotlin
data class Post(val title: String, val content: String, val imageResId:
  Int, val time: String)

class PostsAdapter(private val posts: List<Post>) :
    RecyclerView.Adapter<PostsAdapter.PostViewHolder>() {

    override fun onCreateViewHolder(parent: ViewGroup, viewType: Int):
      PostViewHolder {
        val view = LayoutInflater.from(parent.context).inflate(
            R.layout.item_post, parent, false)
        return PostViewHolder(view)
    }

    override fun onBindViewHolder(holder: PostViewHolder, position: Int) {
        val post = posts[position]
        holder.bind(post)
    }

    override fun getItemCount() = posts.size

    class PostViewHolder(itemView: View) : RecyclerView.ViewHolder(itemView) {
        private val title: TextView = itemView.findViewById(R.id.post_title)
        private val content: TextView = itemView.findViewById(
            R.id.post_content)
        private val image: ImageView = itemView.findViewById(
            R.id.post_image)
        private val time: TextView = itemView.findViewById(R.id.post_time)

        fun bind(post: Post) {
            title.text = post.title
            content.text = post.content
            image.setImageResource(post.imageResId)
            time.text = post.time
        }
    }
}
```

해당 코드로 앱을 실행하기 위해서는 AndroidManifest에서 시작 액티비티를 ProfileActivity로 수정해주어야 한다. 또한 ic_image_placeholder, ic_profile_placeholder 이미지 두 개를 res/drawable 폴더에 준비하여야 한다.

챕터 요약 정리

01. 안드로이드 애플리케이션의 구조
안드로이드 애플리케이션은 기본적으로 앱의 구조를 나타냅니다. 이는 앱이 여러 요소로 구성되는 방식을 설명합니다. 주요 구성 요소로는 액티비티, 서비스, 브로드캐스트 리시버, 콘텐트 프로바이더 등이 있습니다.

02. 액티비티와 프래그먼트
- 액티비티: 사용자 인터페이스 화면을 표시하는 컴포넌트입니다. 하나의 앱에는 여러 개의 액티비티가 있을 수 있으며, 각각의 액티비티는 사용자와의 상호 작용을 담당합니다.
- 프래그먼트: 사용자 인터페이스의 일부를 나타내는 독립적인 모듈입니다. 액티비티 내에서 여러 프래그먼트를 조합하여 복잡한 UI를 구성할 수 있으며, 화면의 일부를 동적으로 변경하고 재사용할 수 있습니다.

03. 인텐트와 네비게이션
- 인텐트: 컴포넌트 간에 작업을 수행하는 데 사용되는 객체입니다. 명시적 인텐트를 사용하여 액티비티 간에 데이터를 전달하거나, 암시적 인텐트를 사용하여 다른 애플리케이션의 컴포넌트를 시작할 수 있습니다.
- 네비게이션: 사용자가 앱 내에서 이동하는 방법을 관리하는 것을 의미합니다. 액티비티 간의 이동은 명시적 인텐트를 사용하거나 액티비티 간의 관계를 정의하는 네비게이션 그래프를 활용하여 수행됩니다.

04. 뷰와 뷰 그룹
- 뷰(View): 사용자 인터페이스의 기본 요소로 버튼, 텍스트뷰, 이미지뷰 등이 포함됩니다. 이들은 화면에 표시되고 사용자와 상호 작용합니다.
- 뷰 그룹(ViewGroup): 뷰의 컨테이너 역할을 합니다. 뷰 그룹은 다른 뷰나 뷰 그룹을 포함할 수 있으며, 화면의 구조를 계층적으로 구성합니다. 대표적인 뷰 그룹으로는 LinearLayout, RelativeLayout, FrameLayout 등이 있습니다.

이번 챕터에서는 안드로이드 애플리케이션의 구조와 주요 구성 요소들을 학습했습니다. 애플리케이션의 전반적인 구조를 이해하고, 액티비티와 프래그먼트를 통해 화면을 구성하는 방법을 배웠습니다. 그 다음으로는 인텐트와 네비게이션을 활용하여 애플리케이션의 다양한 화면 간 전환과 내비게이션을 관리하는 방법을 익혔습니다. 마지막으로는 뷰와 뷰 그룹을 통해 사용자 인터페이스를 설계하고 구현하는 방법을 학습했습니다. 이를 통해 안드로이드 애플리케이션 개발의 기본 원리와 구성 요소들을 이해하고 활용할 수 있게 되었습니다.

CHAPTER 05

내 일 은 코 틀 린

안드로이드 UI 디자인

01 레이아웃과 위젯
02 텍스트와 이미지 처리
03 사용자 입력과 폼 구성
04 리스트뷰와 리사이클러뷰

01 레이아웃과 위젯

더 멋진 내일(Tomorrow)을 위한 내일(My Career) **내일은 코틀린**

✓ 핵심 키워드

레이아웃, 위젯, 속성

여기서는 무얼 배울까

안드로이드 앱의 UI를 구성하는 주요 요소인 레이아웃과 위젯에 대해 배운다. 다양한 레이아웃 종류와 위젯의 활용 방법을 학습하여 UI를 효과적으로 디자인하는 방법을 익힐 수 있다.

위젯(Widget)

위젯 선택은 UI/UX 디자인 과정에서 매우 중요한 부분이다. 화면에 표시할 정보나 사용자와의 상호 작용을 고려하여 적절한 위젯을 선택해야 한다. 위젯 선택 시 다음과 같은 고려 사항이 포함된다.

위젯 선택 시 고려 사항

- **정보 표시**: 화면에 어떤 정보를 표시해야 하는지를 고려해야 한다. 예를 들어 단순한 텍스트를 표시해야 한다면 TextView를 사용하고, 이미지를 표시해야 한다면 ImageView를 사용한다.

- **사용자 입력**: 사용자로부터 어떤 종류의 입력을 받아야 하는지를 고려해야 한다. 텍스트 입력을 받아야 한다면 EditText를 사용하고, 클릭이나 터치 등의 동작을 감지해야 한다면 Button이나 ImageButton을 사용한다.

- **기능 제공**: 사용자에게 어떤 기능을 제공해야 하는지를 고려해야 한다. 예를 들어 버튼을 클릭하면 다음 화면으로 이동하거나 특정 작업을 수행하는 경우 Button을 사용한다.

- **사용자 경험**: 사용자가 UI를 사용하는 과정에서 편리하고 직관적인 경험을 제공하기 위해 위젯을 선택한다. 적절한 위젯을 선택하여 사용자가 정보를 쉽게 이해하고 상호 작용할 수 있도록 한다.

- **디자인 일관성**: 사용자에게 익숙한 인터페이스를 제공하기 위해 애플리케이션 전체의 디자인 일관성을 유지하는 것을 고려해야 한다. 기존에 사용된 위젯의 디자인과 일치하거나 유사한 위젯을 선택하는 것은 사용자가 애플리케이션을 쉽게 사용할 수 있도록 도와준다.

위젯 배치 시 고려 사항

위젯 배치는 사용자가 쉽게 정보를 찾고 애플리케이션을 사용할 수 있도록 화면의 구조를 결정하는 중요한 단계다. 이를 위해서는 다음과 같은 사항을 고려해야 한다.

- **사용자 편의성**: 사용자가 가장 많이 찾는 정보나 기능은 화면의 가장 눈에 띄는 곳에 배치해야 한다. 일반적으로는 사용자의 시선이 자연스럽게 가는 화면의 상단이나 중앙에 위치시키는 것이 좋다.
- **우선 순위**: 사용자에게 가장 중요한 정보나 기능은 더 크고 더 눈에 띄게 배치해야 한다. 예를 들어 사용자의 프로필 사진과 이름은 화면 상단에 크게 표시되어야 하고, 그 아래에 추가 정보나 기능이 나타나도록 배치될 수 있다.
- **계층 구조**: 화면을 구성할 때는 위젯들 간의 계층 구조를 고려하여 배치해야 한다. 관련된 위젯들은 함께 그룹화되어 배치되어야 하며, 사용자가 정보를 쉽게 파악할 수 있도록 구성되어야 한다.
- **일관성**: 애플리케이션 전체적으로 일관된 디자인을 유지하기 위해 위젯들의 배치도 일관성 있게 유지되어야 한다. 이는 사용자가 익숙한 인터페이스를 유지하여 쉽게 정보를 찾을 수 있도록 도와준다.
- **디자인 가이드라인 준수**: 안드로이드 디자인 가이드라인에 따라서도 위젯의 배치를 결정해야 한다. 디자인 가이드라인은 사용자 경험을 향상시키고 일관성 있는 디자인을 유지하기 위한 중요한 지침이기 때문에 준수해야 한다.

주요 속성 설정

주요 속성 설정은 각 위젯이 화면에 어떻게 표시될지를 결정하는 중요한 단계다. 이를 통해 사용자에게 보기 좋은 UI를 제공하고, 애플리케이션의 사용성을 향상시킬 수 있다. 주요 속성 설정에는 다음과 같은 항목들이 포함된다.

- **크기 조절**: 각 위젯의 크기를 조절하여 화면에 적절히 배치할 수 있다. 이를 위해 android:layout_width와 android:layout_height 속성을 사용한다. 이 속성들은 값을 wrap_content, match_parent, 고정 크기로 설정하여 위젯의 크기를 조절할 수 있다.

- **텍스트 속성**: 텍스트를 포함하는 위젯(예 TextView, Button)의 경우 텍스트의 크기, 색상, 글꼴 등을 조절할 수 있다. 이를 위해 android:textSize, android:textColor, android:textStyle 등의 속성을 사용한다.

- **배경 설정**: 위젯의 배경을 설정하여 시각적으로 더욱 눈에 띄게 표현할 수 있다. 배경은 색상, 이미지, 모양 등으로 구성될 수 있다. 이를 위해 android:background 속성을 사용한다.

- **패딩 및 마진 설정**: 위젯 주변의 간격을 조절하여 레이아웃을 더욱 균형있게 만들 수 있다. 패딩은 위젯 내부의 간격을 조절하고, 마진은 위젯과 다른 위젯 사이의 간격을 조절한다. 이를 위해 android:padding과 android:layout_margin 속성을 사용한다.

- **가시성 설정**: 위젯의 가시성을 조절하여 화면에 표시되는 상태를 제어할 수 있다. 이를 위해 android:visibility 속성을 사용하여 위젯을 보이거나 숨길 수 있다.

- **기타 속성**: 각 위젯의 특성에 따라 추가적인 속성을 설정할 수 있다. 예를 들어 Button의 경우 클릭 가능 여부를 설정하는 android:clickable 속성을 사용할 수 있다.

화면 표시

화면에 표시될 내용을 결정하는 것은 사용자가 보고 싶은 정보나 수행할 기능을 고려하여 각 위젯에 적절한 내용을 설정하는 과정이다. 이를 통해 사용자가 앱을 보고 필요한 정보를 쉽게 찾을 수 있도록 한다. 주요 내용 설정에는 다음과 같은 항목들이 포함된다.

- **텍스트 설정**: 텍스트를 표시하는 위젯(예 TextView, Button)의 경우 화면에 표시될 텍스트를 설정한다. 이는 위젯의 android:text 속성을 사용하여 설정할 수 있다. 텍스트는 사용자에게 정보를 전달하거나 사용자의 입력을 유도하는 등의 역할을 한다.

- **이미지 설정**: 이미지를 표시하는 위젯(예 ImageView)의 경우 화면에 표시될 이미지를 설정한다. 이는 위젯의 android:src 속성을 사용하여 설정할 수 있다. 이미지는 사용자에게 시각적인 정보를 제공하거나 앱의 디자인을 꾸미는 데 사용될 수 있다.

- **기능 설정**: 버튼(Button) 등의 위젯의 경우 사용자가 클릭했을 때 실행될 기능을 설정한다. 이는 버튼의 클릭 이벤트를 처리하는 방식으로 구현된다. 클릭 이벤트를 처리하기 위해 리스너(listener)를 설정하고, 해당 이벤트가 발생했을 때 실행될 동작을 정의한다.

- **기타 설정**: 각 위젯의 특성에 따라 추가적인 설정이 필요할 수 있다. 예를 들어 EditText의 경우 사용자의 입력을 받아야 하므로 입력 형식이나 입력 제한 등의 설정을 할 수 있다. 또한 위젯의 색상, 글꼴, 크기 등을 조정하여 화면의 디자인을 꾸밀 수도 있다.

스타일 및 테마

스타일

스타일은 안드로이드 앱에서 일관된 디자인을 구현하고 코드를 간결하게 유지하는 데 중요한 역할을 한다. 아래는 스타일 적용에 대한 자세한 설명이다.

- 스타일 정의
    - 스타일은 앱에서 사용되는 디자인 속성들의 모음이다. 각각의 속성은 크기, 색상, 글꼴 등과 같은 시각적 특성을 정의한다.
    - 스타일은 XML 리소스 파일에 정의되며, res/values/styles.xml과 같은 위치에 저장된다.
    - 스타일은 〈style〉 태그 내에 정의되며, 부모 스타일을 상속받을 수 있다.

- 스타일 적용
    - 스타일은 레이아웃 XML 파일이나 테마(XML 또는 Java 코드)에서 직접 적용할 수 있다.
    - 레이아웃 XML 파일에서는 각 위젯의 속성 중 style 속성을 참조하여 적용한다.
    - 테마에서는 앱의 전반적인 디자인을 설정하기 위해 앱 테마에 스타일을 적용할 수 있다.

- 스타일 상속
    - 스타일은 다른 스타일을 상속하여 재사용할 수 있다. 이를 통해 코드의 재사용성을 높일 수 있다.
    - 상속은 부모 스타일을 정의할 때 parent 속성을 사용하여 구현된다.

- 스타일 리펙토링
    - 스타일을 적용함으로써 코드의 중복을 줄이고 유지·보수를 용이하게 할 수 있다.
    - 비슷한 디자인 속성을 가진 여러 위젯에 동일한 스타일을 적용하여 일관된 디자인을 유지할 수 있다.

테마

테마는 안드로이드 앱의 전체적인 디자인을 일관되게 설정하기 위한 중요한 요소다. 아래는 테마를 적용하는 방법에 대한 자세한 설명이다.

- 테마 정의
    - 테마는 앱의 전체적인 디자인 스타일을 정의하는 데 사용된다. 텍스트 크기, 색상, 배경 등의 속성을 포함할 수 있다.

- 테마는 res/values/styles.xml 파일에 〈style〉 태그로 정의된다. 일반적으로 앱의 기본 테마는 앱의 기본 스타일을 설정한다.
- 테마는 앱 전체에 영향을 미치므로 신중하게 정의해야 한다.

- **테마 적용**
  - 테마는 앱의 AndroidManifest.xml 파일에서 앱의 〈application〉 태그 또는 액티비티의 〈activity〉 태그에 적용된다.
  - 앱의 기본 테마는 앱의 〈application〉 태그에 적용되며, 특정 액티비티에만 다른 테마를 적용할 수도 있다.

- **기본 테마 변경**
  - 안드로이드에서는 기본 테마를 제공하며, 이를 변경하여 앱의 디자인을 사용자 정의할 수 있다.
  - 기본 테마를 변경할 때에는 적절한 테마 속성을 오버라이드하여 원하는 디자인을 설정한다.

- **다크 모드와 라이트 모드**
  - 안드로이드 10부터는 시스템 레벨에서 다크 모드와 라이트 모드를 지원한다. 앱은 이에 맞게 테마를 설정하여 시스템 설정에 따라 모드를 변경할 수 있다.
  - 테마를 설정할 때는 다크 모드와 라이트 모드에 대한 대응을 고려하여야 한다.

스타일과 테마의 비교

스타일과 테마는 안드로이드 앱의 디자인을 관리하는 데 사용되는 두 가지 다른 개념이다. 스타일과 테마의 개념과 그들 간의 주요 차이점은 다음과 같다.

- **스타일(Style)**
  - 스타일은 특정 위젯이나 레이아웃에 적용되는 디자인 속성의 모음이다. 즉, 특정 위젯의 모양, 색상, 크기 등을 정의하여 코드의 중복을 줄이고 일관된 디자인을 유지할 수 있다.
  - 스타일은 res/values/styles.xml 파일에 정의되며, 〈style〉 태그 안에 스타일 속성들이 포함된다.
  - 예를 들어 특정 버튼에 대한 스타일을 정의하여 해당 버튼들에 일관된 디자인을 적용할 수 있다.

- **테마(Theme)**
  - 테마는 앱 전체의 디자인을 설정하는 데 사용된다. 즉, 앱의 색상, 스타일, 모양 등의 모든 디자인 속성을 일관되게 지정하는 역할을 한다.

- 테마는 앱의 res/values/styles.xml 파일에 정의되며, 앱의 전체 디자인을 관리하는 데 사용된다.
- 예를 들어 앱의 기본 색상 스킨이나 텍스트 스타일을 정의하는 테마를 설정하여 앱 전체의 일관된 디자인을 유지할 수 있다.

● 주요 차이점
- 스타일은 특정 위젯이나 레이아웃에 적용되는 디자인 속성의 모음이며, 테마는 앱 전체의 디자인을 설정하는 데 사용된다.
- 스타일은 특정 위젯에만 적용되고, 테마는 앱 전체에 적용된다.
- 스타일은 일반적으로 코드 내에서 직접 적용되고, 테마는 AndroidManifest.xml 파일이나 res/values/styles.xml 파일을 통해 앱에 적용된다.

스타일(Style) 예시 및 적용 방법

● 스타일 정의: 먼저 res/values/styles.xml 파일에 스타일을 정의한다. 예를 들어 〈resources〉 〈/resources〉 태그 안에 다음과 같이 버튼에 적용할 스타일을 정의할 수 있다.

```xml
<style name="MyButtonStyle" parent="Widget.AppCompat.Button">
    <item name="android:background">@drawable/custom_button_background</item>
    <item name="android:textColor">@color/custom_button_text_color</item>
    <item name="android:textSize">16sp</item>
</style>
```

● 스타일 적용: 위젯의 속성에 스타일을 지정하여 적용한다. 예를 들어 다음과 같이 Button 위젯에 위에서 정의한 스타일을 적용할 수 있다.

```xml
<Button
    android:id="@+id/myButton"
    android:layout_width="wrap_content"
    android:layout_height="wrap_content"
    style="@style/MyButtonStyle"
    android:text="Click Me" />
```

테마(Theme) 예시 및 적용 방법

- **테마 정의:** res/values/styles.xml 파일에 앱의 기본 테마를 정의한다. 예를 들어 앱의 기본 색상과 스타일을 지정할 수 있다.

```xml
<style name="AppTheme" parent="Theme.AppCompat.Light.DarkActionBar">
    <item name="colorPrimary">@color/colorPrimary</item>
    <item name="colorPrimaryDark">@color/colorPrimaryDark</item>
    <item name="colorAccent">@color/colorAccent</item>
    <item name="android:textColorPrimary">@color/textPrimary</item>
    <item name="android:textColorSecondary">@color/textSecondary</item>
    <!-- 기타 테마 속성들 -->
</style>
```

- **테마 적용:** 앱의 테마를 AndroidManifest.xml 파일에서 설정한다. 〈application〉 태그에 android:theme 속성을 사용하여 앱의 기본 테마를 지정한다.

```xml
<application
    android:theme="@style/AppTheme">
    <!-- 기타 설정 -->
</application>
```

스타일 적용 : res/values/styles.xml

손으로 익히는 코딩

```xml
<resources>
    <!-- TextView 스타일 정의 -->
    <style name="AppTextViewStyle">
        <item name="android:textColor">#333333</item>
        <item name="android:textSize">20sp</item>
        <item name="android:fontFamily">@font/roboto_regular</item>
    </style>

    <!-- Button 스타일 정의 -->
    <style name="AppButtonStyle" parent="Widget.AppCompat.Button">
        <item name="android:textColor">#FFFFFF</item>
        <item name="android:textSize">18sp</item>
        <item name="android:background">#FF4081</item>
        <item name="android:paddingVertical">12dp</item>
```

```xml
        <item name="android:paddingHorizontal">24dp</item>
        <item name="android:fontFamily">@font/roboto_bold</item>
    </style>
</resources>
```

레이아웃 XML: activity_main.xml

손으로 익히는 코딩

```xml
<LinearLayout xmlns:android="http://schemas.android.com/apk/res/android"
    android:layout_width="match_parent"
    android:layout_height="match_parent"
    android:orientation="vertical"
    xmlns:app="http://schemas.android.com/apk/res-auto">

    <TextView
        android:id="@+id/textViewTitle"
        android:layout_width="wrap_content"
        android:layout_height="wrap_content"
        android:text="Welcome to My App"
        style="@style/AppTextViewStyle"
        app:layout_constraintTop_toTopOf="parent"
        app:layout_constraintStart_toStartOf="parent"
        app:layout_constraintEnd_toEndOf="parent"
        android:padding="16dp"/>

    <Button
        android:id="@+id/buttonLogin"
        android:layout_width="wrap_content"
        android:layout_height="wrap_content"
        android:text="Login"
        style="@style/AppButtonStyle"
        app:layout_constraintTop_toBottomOf="@id/textViewTitle"
        app:layout_constraintStart_toStartOf="parent"
        app:layout_constraintEnd_toEndOf="parent"
        android:layout_marginTop="16dp"/>

</LinearLayout>
```

테마 적용

손으로 익히는 코딩

```xml
<resources>
    <!-- 앱 테마 정의 -->
    <style name="AppTheme" parent="Theme.AppCompat.Light.DarkActionBar">
        <!-- 기본 색상 -->
        <item name="colorPrimary">#FF4081</item>
        <item name="colorPrimaryDark">#C60055</item>
        <item name="colorAccent">#00B0FF</item>

        <!-- ActionBar 스타일 -->
        <item name="actionBarStyle">@style/AppTheme.ActionBar</item>
    </style>

    <!-- ActionBar 스타일 정의 -->
    <style name="AppTheme.ActionBar" parent="Widget.AppCompat.ActionBar">
        <item name="android:background">#FF4081</item>
    </style>
</resources>
```

에러에서 배우기

- **API 버전 에러**

  위와 같이 코드를 작성했을 때, styles.xml 파일의 코드에서 에러가 발생할 수 있습니다. API 버전이 다르다는 오류 메시지가 출력 될 경우, Gradle Scripts/build.gradle(Module: app)에서 해당 버전에 맞추어 minSdkVersion 오른쪽 값을 바꿔주면 됩니다.

- **폰트 관련 에러**

  해당 예시에서는 구글 폰트에서 무료로 제공되는 Roboto 폰트를 사용하였습니다. 해당 폰트를 무료로 다운로드 받거나 원하는 폰트를 추가하여 사용할 수 있습니다. 또한 폰트를 사용하기 위해서 res 폴더 안에 font 폴더를 만들고, 그 안에 폰트 파일을 넣습니다. 폰트 파일의 이름은 소문자와 언더바(_)로 이루어진 이름으로 수정한 뒤 사용하여야 합니다. (이름 수정: 파일 오른쪽 마우스 클릭 → Refactor → Rename)

- **스타일과 테마 중첩**

  해당 예시에서 작성한 스타일과 테마는 모두 styles.xml 파일 안에 작성됩니다. 전체 〈resources〉〈/resources〉 사이에 두 코드 모두 넣어주면 됩니다. 〈resources〉가 두 개가 되지 않도록 하면 적용이 잘 될 것입니다.

>  **더 알아보기**
>
> **API 버전**
> API 버전은 Android 플랫폼의 버전을 나타내며, 각 버전은 새로운 기능, 개선 사항 및 호환성 변경 사항을 포함한다. 따라서 안드로이드 앱을 개발할 때는 사용할 수 있는 API 버전을 고려해야 한다.

레이아웃 속성 설정

속성은 안드로이드 UI의 구성 요소들인 레이아웃(Layout)과 위젯(Widget)의 특징을 정의하고 제어하는 데 사용된다. 주요 속성에는 크기(Size), 위치(Position), 여백(Margin), 패딩(Padding) 등이 포함된다. 이러한 속성들을 조정하여 UI를 원하는 대로 디자인하고 배치할 수 있다.

크기(Size)

위젯이나 레이아웃의 크기를 결정한다. 크기 조정은 안드로이드에서 UI 요소인 위젯(Widget)과 레이아웃(Layout)의 크기를 결정하는 중요한 과정이다. 다양한 크기 조정자와 속성을 사용하여 UI 요소의 크기를 지정할 수 있다.

- match_parent: 요소를 부모 요소의 크기에 맞게 확장한다.
    - 부모 요소의 가로 또는 세로 크기에 맞추어 확장되므로, 해당 축의 전체 영역을 차지한다.
    - android:layout_width="match_parent" 또는 android:layout_height="match_parent"로 크기를 지정한다.
- wrap_content: 요소를 내용에 맞게 크기를 조정한다.
    - 요소의 내용물에 맞추어 크기를 조정하므로, 내용의 크기에 따라 유동적으로 변한다.
    - 내용물의 크기만큼만 차지하므로, 불필요한 공간을 차지하지 않는다.
    - android:layout_width="wrap_content" 또는 android:layout_height="wrap_content"로 크기를 지정한다.
- 고정 크기: 정확한 픽셀(Px) 값이나 dp 단위로 크기를 지정할 수 있다.
    - 특정 크기를 고정하여 요소의 크기를 설정할 수 있다.
    - android:layout_width 및 android:layout_height 속성에 dp 또는 px 값을 직접 지정한다. 예를 들어 다음과 같이 TextView를 만들고 크기를 조정할 수 있다.

```xml
<TextView
    android:layout_width="match_parent"
    android:layout_height="wrap_content"
    android:text="Hello, World!"
    android:textSize="18sp"
    android:padding="16dp" />
```

위 코드에서는 TextView가 부모 요소의 너비를 가득 채우도록(match_parent) 설정되어 있고, 내용물에 따라 높이가 자동으로 조정되도록(wrap_content) 설정되어 있다. 또한 텍스트 크기는 18sp로 설정되고, 패딩은 상하좌우 각각 16dp로 설정되어 있다.

위치(Position)

위젯이나 레이아웃이 화면 내에서 위치하는 방법을 결정한다. 위치 조정은 안드로이드에서 UI 요소인 위젯(Widget)과 레이아웃(Layout)의 위치를 결정하는 과정이다. 여러 속성을 사용하여 요소를 화면에 배치할 수 있다.

- layout_gravity: 레이아웃 내에서 요소의 위치를 지정한다.
  - 부모 레이아웃 안에서 위젯이나 레이아웃의 위치를 조정한다.
  - 주로 부모 레이아웃에 대한 상대적인 위치를 지정한다.
  - 주로 Gravity 속성으로 사용된다. 예를 들어 android:layout_gravity="center"는 부모 레이아웃의 중앙에 요소를 위치시킨다.

- layout_margin: 요소 주변의 여백을 지정한다.
  - 요소 주변에 여백을 추가하여 요소와 다른 요소 사이의 간격을 조절한다.
  - 주로 마진을 조정하여 요소 사이의 간격을 조절한다.
  - android:layout_margin 속성을 사용하여 상하좌우 여백을 동시에 설정할 수 있다. 예를 들어 android:layout_margin="16dp"는 요소 주변에 16dp의 여백을 설정한다.

- layout_marginTop, layout_marginBottom, layout_marginLeft, layout_marginRight: 상하좌우 각 방향에 대한 여백을 개별적으로 지정한다.
  - 각 방향에 대한 여백을 개별적으로 지정하여 요소의 위치를 조절한다.
  - android:layout_marginTop, android:layout_marginBottom, android:layout_marginLeft, android:layout_marginRight 속성을 사용하여 개별적으로 여백을 설정할 수 있다.

예를 들어 다음과 같이 Button을 만들고 위치를 조정할 수 있다.

```
<Button
    android:layout_width="wrap_content"
    android:layout_height="wrap_content"
    android:text="Click Me!"
    android:layout_gravity="center"
    android:layout_marginTop="16dp"
    android:layout_marginStart="16dp"
    android:layout_marginEnd="16dp" />
```

기타 속성은 안드로이드의 위젯(Widget) 및 레이아웃(Layout)에 적용할 수 있는 다양한 속성들을 포함한다. 이러한 속성들은 UI 요소의 모양, 동작, 스타일 등을 조절하는 데 사용된다. 몇 가지 주요 기타 속성을 살펴보겠다.

- 가시성(visible): UI 요소의 가시성을 설정한다.
  - android:visibility 속성을 사용하여 UI 요소의 가시성을 설정할 수 있다.
  - 가시성 옵션으로는 visible(보임), invisible(보이지 않지만 공간을 차지함), gone(보이지 않고 공간도 차지하지 않음)이 있다.

- 배경색(background): UI 요소의 배경색을 설정한다.
  - android:background 속성을 사용하여 UI 요소의 배경색을 설정할 수 있다.
  - 색상 코드나 이미지 리소스 등을 배경으로 사용할 수 있다.

- 텍스트 스타일(textStyle): 텍스트의 스타일을 설정한다.
  - android:textStyle 속성을 사용하여 텍스트의 스타일을 설정할 수 있다.
  - 스타일 옵션으로는 normal, bold, italic, bold|italic 등이 있다.

- 크기 조정(scale): UI 요소의 크기를 조정한다.
  - android:scaleX와 android:scaleY 속성을 사용하여 UI 요소의 크기를 가로 및 세로로 조정할 수 있다.
  - 값은 기본 크기의 배수로 설정된다.

- 패딩(padding): UI 요소 내부의 여백을 설정한다.
  - android:padding 속성을 사용하여 UI 요소의 내부 여백을 설정할 수 있다.
  - 상하좌우의 여백을 동시에 설정할 수도 있고, 각 방향에 대해 개별적으로 설정할 수도 있다.

- **투명도(alpha)**: UI 요소의 투명도를 조절한다.
  - android:alpha 속성을 사용하여 UI 요소의 투명도를 설정할 수 있다.
  - 값은 0에서 1 사이의 실수로 설정되며, 0에 가까울수록 투명하고 1에 가까울수록 불투명하다.
- **테두리(border)**: UI 요소의 테두리를 설정한다.
  - 테두리를 그리기 위해서는 android:background 속성에 Drawable 리소스를 사용하거나 외부 라이브러리를 활용할 수 있다.
  - 다음은 TextView의 배경색과 텍스트 스타일을 설정하는 예시이다.

```xml
<TextView
    android:layout_width="wrap_content"
    android:layout_height="wrap_content"
    android:text="Hello, World!"
    android:textColor="#FFFFFF"
    android:background="#FF0000"
    android:textStyle="bold"
    android:padding="16dp"
    android:visibility="visible"
    android:alpha="0.8" />
```

위 코드에서는 TextView의 배경색을 빨간색으로 설정하고, 텍스트 스타일을 굵은체로 설정하였다. 또한 가시성을 visible(보임)로 설정하고, 투명도를 0.8로 설정하였으며, 패딩을 적용하여 내부 여백을 설정하였다.

손으로 익히는 코딩

```xml
<!-- activity_main.xml -->
<LinearLayout xmlns:android="http://schemas.android.com/apk/res/android"
    xmlns:tools="http://schemas.android.com/tools"
    android:layout_width="match_parent"
    android:layout_height="match_parent"
    android:orientation="vertical"
    android:padding="16dp"
    android:background="#F0F0F0"
    tools:context=".MainActivity">

    <!-- Visible, Background, Text Style -->
    <TextView
        android:id="@+id/textView1"
```

```xml
        android:layout_width="wrap_content"
        android:layout_height="wrap_content"
        android:text="Visible Text"
        android:textSize="24sp"
        android:textStyle="bold"
        android:background="#FFA500"
        android:layout_marginBottom="16dp" />

    <!-- Invisible, Padding, Alpha -->
    <TextView
        android:id="@+id/textView2"
        android:layout_width="wrap_content"
        android:layout_height="wrap_content"
        android:text="Invisible Text"
        android:textSize="18sp"
        android:visibility="invisible"
        android:padding="8dp"
        android:alpha="0.5"
        android:layout_marginBottom="16dp" />

    <!-- Gone, ScaleX, ScaleY -->
    <TextView
        android:id="@+id/textView3"
        android:layout_width="wrap_content"
        android:layout_height="wrap_content"
        android:text="Gone Text"
        android:textSize="18sp"
        android:visibility="gone"
        android:scaleX="1.5"
        android:scaleY="1.5"
        android:layout_marginBottom="16dp" />

    <!-- Background Drawable -->
    <TextView
        android:id="@+id/textView4"
        android:layout_width="wrap_content"
        android:layout_height="wrap_content"
        android:text="Background Text"
        android:textSize="18sp"
        android:background="@drawable/custom_background"
        android:layout_marginBottom="16dp" />
</LinearLayout>
```

위 코드에서는 다음과 같은 설정을 적용하였다.

- 첫 번째 TextView에는 가시성을 visible(보임)로 설정하고, 배경색을 오렌지색으로 지정하였다. 또한 텍스트 스타일을 bold(굵은체)로 설정하였다.
- 두 번째 TextView에는 가시성을 invisible(보이지 않지만 공간을. 차지함)로 설정하고, 패딩을 적용하였으며, 투명도를 50%로 설정하였다.
- 세 번째 TextView에는 가시성을 gone(보이지 않고 공간도 차지하지 않음)으로 설정하고, 크기를 1.5배로 확대하였다.
- 네 번째 TextView에는 배경색을 Drawable 리소스로 지정하였다.

에러에서 배우기

- **리소스 없음**
  코드에서 참조하는 리소스가 존재하지 않을 경우 발생합니다. 예를 들어 @drawable/custom_background와 같이 사용된 Drawable 리소스가 정의되어 있지 않으면 리소스를 찾을 수 없다는 에러가 발생할 수 있습니다.
- **뷰 ID 중복**
  레이아웃 내에 중복된 뷰 ID가 있을 경우 발생합니다. 각 뷰는 고유한 ID를 가져야 하므로, 동일한 ID를 여러 뷰에 지정할 경우 충돌이 발생합니다.
- **리소스 사용량 초과**
  대용량 이미지나 많은 Drawable 리소스를 사용하는 경우 메모리 사용량이 초과되어 앱이 강제 종료될 수 있습니다.

이벤트 처리 및 동작

주요 이벤트

이벤트 처리는 사용자의 상호 작용에 따라 앱이 반응하는 과정을 의미한다. 안드로이드 앱에서 다룰 수 있는 주요 이벤트는 다음과 같다.

- **버튼 클릭 이벤트**: 사용자가 버튼을 탭할 때 발생하는 이벤트이다. 버튼 클릭 이벤트를 처리하여 사용자가 원하는 동작을 수행할 수 있다. 예를 들어 버튼을 클릭하여 다음 화면으로 이동하거나 특정 기능을 실행할 수 있다.
- **터치 이벤트**: 화면을 터치하거나 스와이프할 때 발생하는 이벤트이다. 터치 이벤트를 처리하여 화면 위젯에 대한 상호 작용을 구현할 수 있다. 예를 들어 화면을 터치하여 이미지를 확대/축소하거나 리스트를 스크롤할 수 있다.
- **키패드 입력 이벤트**: 사용자가 키패드를 사용하여 텍스트를 입력할 때 발생하는 이벤트이다.

사용자의 입력을 감지하여 텍스트 필드에 입력된 내용을 처리하거나 검증하는 등의 작업을 수행할 수 있다.

- **제스처 이벤트**: 특정 동작이나 동작의 조합을 사용하여 발생하는 이벤트이다. 예를 들어 두 손가락으로 화면을 확대하거나 두 번의 탭으로 특정 기능을 실행하는 등의 제스처를 처리할 수 있다.

이벤트 리스너 등록

안드로이드에서는 각 이벤트에 대한 처리를 위해 이벤트 리스너(EventListener)를 사용한다. 각 이벤트에 대한 적절한 리스너를 등록하고, 해당 이벤트가 발생했을 때 실행될 동작을 구현하여 사용자의 상호 작용을 처리할 수 있다. 이벤트 리스너를 등록하는 과정은 다음과 같다.

① **이벤트 리스너 인터페이스 구현**: 먼저 해당 이벤트를 처리하기 위한 인터페이스를 구현한다. 안드로이드에서는 주로 OnClickListener, OnTouchListener와 같은 인터페이스를 사용한다. 예를 들어 버튼 클릭 이벤트를 처리하기 위해서는 View.OnClickListener 인터페이스를 구현한다.

② **리스너 객체 생성**: 인터페이스를 구현한 클래스의 객체를 생성한다. 이 객체는 이벤트가 발생했을 때 호출될 메서드를 포함한다.

③ **이벤트 리스너 등록**: 해당 위젯에 이벤트 리스너를 등록한다. 이벤트가 발생했을 때 시스템은 등록된 리스너 객체의 메서드를 호출하여 이벤트를 처리한다.

④ **이벤트 처리**: 이벤트가 발생하면 시스템은 등록된 리스너 객체의 적절한 메서드를 호출하여 이벤트를 처리한다. 메서드 내에서는 사용자가 원하는 동작을 구현한다.

⑤ **이벤트 유형 결정**: 처리할 이벤트의 유형을 결정한다. 버튼 클릭, 터치, 키패드 입력 등 다양한 이벤트가 있으며, 각각에 대해 처리할 동작을 결정한다.

⑥ **동작 구현**: 이벤트 핸들러 메서드 내에서 실제로 실행될 동작을 구현한다. 이때 사용자가 기대하는 동작이나 앱의 기능에 따라 코드를 작성한다.

⑦ **동작 실행**: 이벤트가 발생했을 때 해당 동작을 실행한다. 이는 이벤트가 발생했을 때 시스템이 호출하는 이벤트 핸들러 메서드 내에서 처리된다.

예를 들어 버튼 클릭 이벤트를 처리하여 버튼이 클릭되었을 때 화면에 토스트 메시지를 표시하는 동작을 구현해보겠다. 아래는 해당 동작을 수행하는 코드다.

```kotlin
class MainActivity : AppCompatActivity(), View.OnClickListener {
    override fun onCreate(savedInstanceState: Bundle?) {
        super.onCreate(savedInstanceState)
        setContentView(R.layout.activity_main)
        // 버튼 위젯 찾기
        val myButton: Button = findViewById(R.id.my_button)
        // 이벤트 리스너 등록
        myButton.setOnClickListener(this)
    }
    // 버튼 클릭 이벤트 처리
    override fun onClick(v: View?) {
        // 버튼이 클릭되었을 때 실행될 동작 구현
        Toast.makeText(this, "버튼이 클릭되었습니다.",
            Toast.LENGTH_SHORT).show()
    }
}
```

위 코드에서 MyActivity 클래스는 OnClickListener 인터페이스를 구현하고 있다. onClick() 메서드는 버튼이 클릭되었을 때 호출되어 원하는 동작을 수행한다. myButton.setOnClickListener(this)를 통해 버튼에 이벤트 리스너가 등록되어 있으며, 클릭 이벤트가 발생하면 onClick() 메서드가 호출된다.

- activity_main.xml

손으로 익히는 코딩

```xml
<RelativeLayout xmlns:android="http://schemas.android.com/apk/res/android"
    xmlns:tools="http://schemas.android.com/tools"
    android:layout_width="match_parent"
    android:layout_height="match_parent"
    tools:context=".MainActivity">

    <ImageView
        android:id="@+id/imageView"
        android:layout_width="wrap_content"
        android:layout_height="wrap_content"
        android:src="@drawable/custom_background"
        android:layout_centerInParent="true" />

</RelativeLayout>
```

● MainActivity.kt

> 손으로 익히는 코딩

```kotlin
class MainActivity : AppCompatActivity() {
    override fun onCreate(savedInstanceState: Bundle?) {
        super.onCreate(savedInstanceState)
        setContentView(R.layout.activity_main)

        val imageView = findViewById<ImageView>(R.id.imageView)

        // 이미지뷰에 터치 이벤트 리스너 등록
        imageView.setOnTouchListener { v, event ->
            // 터치한 위치의 X, Y 좌표 가져오기
            val x = event.x
            val y = event.y

            // 터치한 위치에 이미지뷰 이동
            imageView.x = x - imageView.width / 2
            imageView.y = y - imageView.height / 2

            true
        }
    }
}
```

해당 예시에서는 ImageView 위젯에 터치 이벤트 리스너를 등록하여, 사용자가 화면을 터치할 때마다 해당 터치 위치에 이미지뷰가 이동하도록 구현되어 있다.

실제로 이 예시를 실행하면 화면을 터치할 때마다 이미지뷰가 터치한 위치로 이동하는 것을 확인할 수 있다. 이렇게 실제 코드를 작성하고 실행함으로써 이벤트가 올바르게 처리되는지 확인할 수 있다.

02 텍스트와 이미지 처리

더 멋진 내일(Tomorrow)을 위한 내일(My Career) **내일은 코틀린**

✓ 핵심 키워드

TextView, ImageView, 스타일링, 리소스

여기서는 무얼 배울까

텍스트를 스타일링 하는 방법과 텍스트 디자인 및 애플리케이션의 폰트를 설정하는 방법, 이미지를 처리하는 방법, 나아가 텍스트와 이미지를 함께 표시하는 다양한 방법을 익히고 이를 활용하여 앱의 품질과 유저 경험을 향상시키는 법을 배운다.

텍스트 스타일링

텍스트 스타일을 코드에서 동적으로 적용하는 방법은 다음과 같다.

- **스타일 객체 생성**: 먼저 새로운 스타일을 정의하고 필요한 속성을 설정하는 스타일 객체를 생성한다. 이때 TextAppearanceSpan 클래스를 사용하여 스타일을 정의할 수 있다.

- **스타일 적용**: 생성한 스타일 객체를 SpannableString 또는 SpannableStringBuilder 객체와 함께 사용하여 특정 텍스트에 스타일을 적용한다. 이를 위해 setSpan() 메서드를 사용하여 스타일을 적용할 텍스트 범위를 지정한다.

예를 들어 특정 텍스트를 굵게 표시하고 색상을 변경하려면 다음과 같이 코드를 작성할 수 있다.

```kotlin
// 텍스트 스타일을 정의하는 Span 객체 생성
val boldSpan = StyleSpan(Typeface.BOLD)
val colorSpan = ForegroundColorSpan(Color.RED)
// 스타일을 적용할 텍스트 생성
val spannableString = SpannableString("Bold Red Text")
// 스타일을 텍스트에 적용
spannableString.setSpan(boldSpan, 0, 5, Spanned.SPAN_EXCLUSIVE_EXCLUSIVE)
// 처음 5글자에 굵게 스타일 적용
spannableString.setSpan(colorSpan, 0, 5, Spanned.SPAN_EXCLUSIVE_EXCLUSIVE)
// 처음 5글자의 색상을 빨간색으로 변경
```

```
// TextView에 스타일이 적용된 텍스트 설정
textView.text = spannableString
```

위 코드에서 StyleSpan은 텍스트의 스타일을 정의하고, ForegroundColorSpan은 텍스트의 색상을 정의한다. 그리고 setSpan() 메서드를 사용하여 텍스트의 특정 범위에 스타일을 적용한다. 마지막으로 스타일이 적용된 텍스트를 TextView에 설정하여 화면에 표시한다.

텍스트 설정 방법

● 텍스트 포맷 설정

숫자 포맷	숫자를 특정 형식에 맞게 표시할 수 있다. 예를 들어 소수점 자리수를 지정하거나 퍼센트 형식으로 변환할 수 있다. 이를 위해 DecimalFormat 클래스를 사용한다.
날짜 및 시간 포맷	날짜와 시간을 특정 형식에 맞게 표시할 수 있다. 예를 들어 "yyyy-MM-dd" 형식으로 날짜를 표시할 수 있다. 이를 위해 SimpleDateFormat 클래스를 사용한다.
특수한 형식의 텍스트 포맷	금액이나 주소와 같은 특수한 형식의 텍스트를 표시할 때에도 포맷을 설정할 수 있다.

● 텍스트 정렬 설정

TextView의 gravity 속성을 사용하여 텍스트의 정렬을 설정할 수 있다. 이 속성은 가로 정렬과 세로 정렬을 모두 다룰 수 있다.

가로 정렬	텍스트를 좌측, 가운데, 우측으로 정렬할 수 있다. gravity 속성에 left, center, right 값을 지정하여 가로 정렬을 설정한다.
세로 정렬	텍스트를 상단, 중앙, 하단으로 정렬할 수 있다. gravity 속성에 top, center_vertical, bottom 값을 지정하여 세로 정렬을 설정한다.

아래는 각각의 설정을 적용하는 예시 코드다.

```
// 숫자 포맷 설정 예제
val number = 12345.6789
// 소수점 두 자리까지 표시하고, 천 단위마다 쉼표(,)를 추가한다.
val decimalFormat = DecimalFormat("#,###.##")
val formattedNumber = decimalFormat.format(number)
// 날짜 포맷 설정 예제
val simpleDateFormat = SimpleDateFormat("yyyy-MM-dd") // 날짜 형식을 지정한다.
// 현재 날짜를 지정한 형식에 맞게 포맷한다
val formattedDate = simpleDateFormat.format(Date())
// 텍스트 정렬 설정 예제
val textView: TextView = findViewById(R.id.textView)
```

```
textView.gravity = Gravity.CENTER // TextView를 가로로 중앙 정렬한다
textView.gravity = Gravity.CENTER_VERTICAL // TextView를 세로로 중앙 정렬한다.
```

이벤트 처리 방법

TextView에서 다룰 수 있는 이벤트는 클릭 이벤트와 이외에도 다양하다. 몇 가지 추가적인 이벤트 처리 방법을 살펴보겠다.

- 스크롤 이벤트 처리(OnTouchListener)
  - TextView에 스크롤 이벤트를 처리하기 위해 OnTouchListener를 등록할 수 있다. TextView를 스크롤할 때 발생하는 이벤트를 처리할 수 있다.
  - setOnTouchListener() 메서드를 사용하여 TextView에 OnTouchListener를 등록하고, onTouch() 메서드를 구현하여 터치 이벤트를 처리한다.

```
textView.setOnTouchListener { v, event ->
    when (event.action) {
        MotionEvent.ACTION_DOWN -> {
            textView.setTextColor(Color.RED)
            true
        }
        MotionEvent.ACTION_UP -> {
            textView.setTextColor(Color.BLACK)
            true
        }
        else -> false
    }
}
```

- 텍스트 변경 이벤트 처리(TextWatcher)
  - TextView의 텍스트가 변경될 때마다 발생하는 이벤트를 처리하기 위해 TextWatcher를 등록할 수 있다. TextView의 텍스트를 모니터링하고 변경 사항에 반응할 수 있다.
  - addTextChangedListener() 메서드를 사용하여 TextView에 TextWatcher를 등록하고, onTextChanged() 등의 메서드를 구현하여 텍스트 변경 이벤트를 처리한다.

```
editText.addTextChangedListener(object : TextWatcher {
    override fun beforeTextChanged(s: CharSequence?, start: Int, count:
```

```
            Int, after: Int) {
            // 텍스트 변경 전에 호출됨
        }
        override fun onTextChanged(s: CharSequence?, start: Int, before:
            Int, count: Int) {
            // 텍스트가 변경될 때 호출됨
            textView.text = "입력 중: $s"
        }
        override fun afterTextChanged(s: Editable?) {
            // 텍스트 변경 후에 호출됨
        }
    })
```

손으로 익히는 코딩

```xml
<!-- activity_main.xml-->
<RelativeLayout xmlns:android="http://schemas.android.com/apk/res/android"
    xmlns:tools="http://schemas.android.com/tools"
    android:layout_width="match_parent"
    android:layout_height="match_parent"
    tools:context=".MainActivity">

    <TextView
        android:id="@+id/textView"
        android:layout_width="wrap_content"
        android:layout_height="wrap_content"
        android:layout_centerInParent="true" />

</RelativeLayout>
```

손으로 익히는 코딩

```kotlin
class MainActivity : AppCompatActivity() {
    private lateinit var textView: TextView
    private val fullText = "안녕하세요! 타이핑 효과 예제입니다."
    private var index = 0
    private val delay: Long = 100 // 타이핑 속도(밀리초)

    override fun onCreate(savedInstanceState: Bundle?) {
        super.onCreate(savedInstanceState)
        setContentView(R.layout.activity_main)
```

```kotlin
        textView = findViewById(R.id.textView)

        // Handler를 사용하여 일정 시간마다 텍스트 추가
        val handler = Handler()
        handler.postDelayed(object : Runnable {
            override fun run() {
                if (index <= fullText.length) {
                    textView.text = fullText.substring(0, index++)
                    handler.postDelayed(this, delay)
                }
            }
        }, delay)
    }
}
```

위 코드는 TextView에 "안녕하세요! 타이핑 효과 예시이다."라는 텍스트를 하나씩 추가하는 타이핑 효과를 구현한다. 타이핑 속도는 DELAY 상수를 통해 조절할 수 있다.

이 예시를 실행하면 텍스트가 점차적으로 나타나는 효과를 볼 수 있다. 사용자가 텍스트를 타이핑하는 듯한 느낌을 줄 수 있어 재미있는 UI 효과를 제공할 수 있다.

에러에서 배우기

- **IndexOutOfBoundsException**
  fullText.substring(0, index++)에서 index가 fullText의 길이를 초과할 때 발생할 수 있습니다. 이는 fullText의 길이를 넘어가는 인덱스에 접근하려고 할 때 발생할 수 있습니다.

- **Memory Leak**
  Handler를 사용하여 메시지를 반복적으로 보낼 때, 액티비티가 종료되어도 Handler가 계속해서 메시지를 보낼 수 있습니다. 이는 메모리 누수를 유발할 수 있습니다. 액티비티가 종료될 때 Handler를 정리하는 것이 중요합니다.

- **Concurrency Issues**
  Handler를 사용하여 UI를 업데이트할 때, 메인 스레드가 아닌 백그라운드 스레드에서 UI를 업데이트하려고 시도하면 CalledFromWrongThreadException이 발생할 수 있습니다. Handler를 사용하여 UI 업데이트가 메인 스레드에서 수행되도록 보장해야 합니다.

- **Infinite Loop**
  handler.postDelayed(this, delay)에서 delay가 0이거나 음수일 경우, 반복적으로 run() 메서드가 호출되는데, 이는 무한 루프를 발생시킬 수 있습니다. 이는 앱의 응답성을 떨어뜨릴 수 있습니다.

이미지 처리

이미지의 크기 및 비율을 조절하는 방법은 ImageView의 크기 조절과 scaleType 속성을 이용하여 설정할 수 있다. 여기에는 코드에서 동적으로 스타일을 적용하는 방법을 중점적으로 다룰 수 있다. 아래는 해당 부분에 대한 자세한 설명이다.

- ImageView의 크기 조절
    - XML 레이아웃에서 ImageView의 너비와 높이를 직접 설정하여 크기를 조절할 수 있다. 예를 들어 android:layout_width 및 android:layout_height 속성을 사용하여 크기를 지정할 수 있다.
    - 또한 코드에서 LayoutParams를 이용하여 ImageView의 너비와 높이를 동적으로 변경할 수 있다. 이때는 setWidth() 및 setHeight() 메서드를 사용하여 크기를 조절한다.

- scaleType 속성을 이용한 이미지 배치 설정
    - ImageView의 scaleType 속성을 사용하여 이미지의 화면 배치 방식을 설정할 수 있다. 이 속성은 XML에서 설정할 수도 있고, 코드에서도 설정할 수 있다.
    - 여러 가지 scaleType 옵션 중에서는 fitXY, centerCrop, centerInside 등이 있다. 각각의 옵션은 이미지를 어떻게 화면에 배치할지 결정한다.

아래는 코드에서 동적으로 스타일을 적용하여 ImageView의 크기 및 scaleType을 설정하는 예시이다.

```kotlin
// ImageView 동적으로 생성 및 설정
val imageView = ImageView(context)

// 이미지 리소스 설정
imageView.setImageResource(R.drawable.image_resource)

// ImageView의 LayoutParams 생성
val layoutParams = LinearLayout.LayoutParams(
    LinearLayout.LayoutParams.MATCH_PARENT,  // 너비를 match_parent로 설정
    LinearLayout.LayoutParams.WRAP_CONTENT   // 높이를 wrap_content로 설정
)

// ImageView에 LayoutParams 설정
imageView.layoutParams = layoutParams
```

```
// scaleType 설정 (예: centerCrop)
imageView.scaleType = ImageView.ScaleType.CENTER_CROP

// 생성한 ImageView를 부모 레이아웃에 추가
parentLayout.addView(imageView)
```

이와 같이 코드에서 동적으로 ImageView를 생성하고 설정할 수 있다. 이때 layoutParams를 이용하여 ImageView의 크기를 설정하고, scaleType을 이용하여 이미지의 배치 방식을 지정할 수 있다.

리소스 관리 및 로드 방법

이미지 리소스를 로드하고 디바이스에 표시하는 과정은 안드로이드 앱에서 매우 일반적이다. 이를 위해서는 리소스 관리 및 로드 방법을 이해해야 한다. 아래는 해당 부분에 대한 자세한 설명이다.

- 리소스 관리
  - 안드로이드 앱에서는 이미지 리소스를 drawable 디렉토리에 저장한다. 이 디렉토리는 res 폴더 내에 위치하며, 각각의 이미지는 drawable 디렉토리 내부에 별도의 하위 디렉토리 없이 직접 저장된다.
  - 일반적으로 이미지 파일은 PNG 또는 JPEG 형식으로 저장되며, 고밀도(dpi) 및 저밀도(dpi)의 화면에 대응하기 위해 다양한 해상도의 이미지를 제공할 수 있다.

- 이미지 리소스 로드
  - 이미지 리소스를 로드하기 위해 ImageView를 사용한다. ImageView는 화면에 이미지를 표시하는 데 사용되는 위젯이다.
  - 이미지 리소스를 로드할 때는 setImageResource(), setImageDrawable(), setImageBitmap() 등의 메서드를 사용한다. 각각의 메서드는 리소스 ID, Drawable 객체 또는 Bitmap 객체를 파라미터로 받아 이미지를 설정한다.

- 주의할 점
  - 대용량 이미지를 사용할 경우 메모리 부족 문제가 발생할 수 있으므로, 이미지를 로드할 때 메모리 사용량을 고려해야 한다. 큰 해상도의 이미지를 사용할 경우 메모리 소비를 소화하기 위해 이미지를 압축하거나 해상도를 줄일 수 있다.

- 이미지 리소스를 사용할 때는 반드시 메모리 누수를 방지하기 위해 해당 리소스를 해제해야 한다. 액티비티나 프래그먼트가 소멸될 때 onDestroy() 메서드에서 사용한 리소스를 해제하는 것이 좋다.

이미지 처리 기능

이미지 처리 기능은 안드로이드에서 이미지를 동적으로 변경하거나 조작하는 데 사용된다. 아래에서는 이미지의 스케일링, 회전, 자르기 등의 처리 방법에 대해 자세히 설명하겠다.

- 이미지 스케일링(Scaling)
  - 이미지 스케일링은 이미지의 크기를 조정하는 작업이다. 안드로이드에서는 ImageView의 scaleType 속성을 사용하여 이미지의 크기 조정 방식을 설정할 수 있다.
  - 주요한 scaleType 옵션으로는 center, centerCrop, centerInside, fitCenter, fitStart, fitEnd, fitXY 등이 있다. 각각의 옵션은 이미지를 어떻게 화면에 맞춰 표시할지를 결정한다.

```xml
<ImageView
    android:id="@+id/imageView"
    android:layout_width="match_parent"
    android:layout_height="match_parent"
    android:scaleType="centerCrop"
    android:src="@drawable/your_image" />
```

- 이미지 회전(Rotation)
  - 이미지 회전은 이미지를 시계 방향 또는 반시계 방향으로 회전시키는 작업이다. 이는 ImageView의 rotation 속성을 사용하여 수행할 수 있다.
  - 또한 프로그래밍 방식으로 이미지를 회전시키려면 ImageView의 setRotation() 메서드를 사용할 수 있다.

```xml
<ImageView
    android:id="@+id/imageView"
    android:layout_width="wrap_content"
    android:layout_height="wrap_content"
    android:rotation="90"
    android:src="@drawable/your_image" />
```

- 이미지 자르기(Cropping)
  - 이미지 자르기는 이미지의 일부분을 잘라내어 표시하는 작업이다. 안드로이드에서는 일부 외부 라이브러리를 사용하여 이미지 자르기 기능을 구현할 수 있다.
  - 자주 사용되는 라이브러리로는 Picasso, Glide 등이 있으며, 이러한 라이브러리를 사용하여 이미지를 특정 영역으로 자르고 ImageView에 표시할 수 있다.

    ```
    Glide.with(context)
        .load(R.drawable.your_image)
        .centerCrop()
        .into(imageView)
    ```

- 이미지 동적 변경

  이미지를 동적으로 변경하려면 앱의 로직에 따라 이미지를 프로그래밍 방식으로 로드하고 표시해야 한다. 이를 위해 ImageView의 setImageResource(), setImageDrawable(), setImageBitmap() 등의 메서드를 사용하여 이미지를 변경할 수 있다.

    ```
    imageView.setImageResource(R.drawable.new_image)
    ```

이미지 처리 방법(OnClickListener 제외)

이미지에 대한 클릭 이벤트 처리나 터치 제스처 등을 다루는 방법은 여러 가지가 있다. 다음은 OnClickListener 이외의 다른 이벤트 처리 방법이다.

- OnTouchListener 사용하기: OnTouchListener를 사용하여 이미지에 터치 이벤트를 처리할 수 있다. onTouch() 메서드를 구현하여 터치 이벤트를 감지하고 원하는 동작을 수행할 수 있다.

    ```
    imageView.setOnTouchListener { v, event ->
        // 터치 이벤트 처리
        true // 이벤트 처리 후 이벤트 소비 여부를 반환
    }
    ```

- GestureDetector 사용하기: GestureDetector를 사용하여 이미지에 다양한 터치 제스처를 처리할 수 있다. GestureDetector를 초기화하고 onSingleTapConfirmed(), onDoubleTap(), onLongPress() 등의 메서드를 오버라이드하여 원하는 제스처를 처리할 수 있다.

```kotlin
val gestureDetector = GestureDetector(this, object :
    GestureDetector.SimpleOnGestureListener() {
    override fun onSingleTapConfirmed(e: MotionEvent?): Boolean {
        // 단일 탭 이벤트 처리
        return true
    }
    override fun onLongPress(e: MotionEvent?) {
        // 롱 프레스 이벤트 처리
    }
})
imageView.setOnTouchListener { v, event ->
    gestureDetector.onTouchEvent(event)
}
```

- **커스텀 TouchListener 구현하기**: View 클래스를 상속받아 자신만의 커스텀 TouchListener를 구현할 수도 있다. onTouchEvent() 메서드를 오버라이드하여 터치 이벤트를 처리한다.

```kotlin
class CustomTouchListener : View.OnTouchListener {
    override fun onTouch(v: View?, event: MotionEvent?): Boolean {
        // 터치 이벤트 처리
        return true
    }
}
// 사용 예시
val customTouchListener = CustomTouchListener()
imageView.setOnTouchListener(customTouchListener)
```

위의 코드에서 Future〈void〉는 main 함수가 비동기로 실행됨을 나타낸다. await 키워드와 함께 사용하여 GoogleFonts.loadFont 함수가 완료될 때까지 기다린다. loadFont 함수는 폰트를 비동기적으로 로드하고, 작업이 완료되면 반환된 Future가 완료된다.

activity_zoomable_image

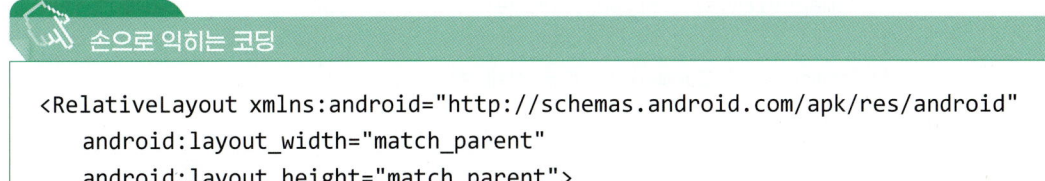

```xml
<RelativeLayout xmlns:android="http://schemas.android.com/apk/res/android"
    android:layout_width="match_parent"
    android:layout_height="match_parent">
```

```xml
    <ImageView
        android:id="@+id/imageView"
        android:layout_width="match_parent"
        android:layout_height="match_parent"
        android:scaleType="centerCrop"
        android:src="@drawable/ic_image"
        android:contentDescription="@string/profile_image" />

</RelativeLayout>
```

ZoomableImageActivity.kt

손으로 익히는 코딩

```kotlin
class ZoomableImageActivity : AppCompatActivity() {

    private lateinit var imageView: ImageView
    private var isZoomed = false

    override fun onCreate(savedInstanceState: Bundle?) {
        super.onCreate(savedInstanceState)
        setContentView(R.layout.activity_zoomable_image)

        imageView = findViewById(R.id.imageView)

        // 이미지뷰에 클릭 이벤트 리스너 등록
        imageView.setOnClickListener {
            // 이미지 확대/축소 토글
            if (isZoomed) {
                // 이미지 축소
                imageView.scaleType = ImageView.ScaleType.CENTER_CROP
            } else {
                // 이미지 확대
                imageView.scaleType = ImageView.ScaleType.CENTER_INSIDE
            }
            isZoomed = !isZoomed // 토글 상태 변경
        }
    }
}
```

이 예시는 이미지뷰를 클릭할 때마다 이미지의 크기를 토글하여 확대 또는 축소하는 동작을 구현한다. 사용자가 이미지를 터치할 때마다 이미지의 확대/축소 상태가 변경된다.

텍스트와 이미지의 조합

텍스트와 이미지를 함께 표시하는 다양한 방법은 UI 디자인의 창의성과 요구 사항에 따라 다양하다. 주요한 배치 방법 몇 가지를 살펴보겠다.

주요 배치 방법

- **텍스트 위에 이미지 배치**: 텍스트 위에 이미지를 배치하는 방법은 일반적으로 텍스트와 관련된 이미지를 함께 표시할 때 사용된다. 예를 들어 상품 설명에서 제목 위에 해당 상품의 이미지를 배치하는 것이 일반적이다. 이러한 배치 방식은 텍스트와 이미지가 연관되어 있음을 강조할 수 있다.

- **이미지와 텍스트 나란히 배치**: 이미지와 텍스트를 가로로 나란히 배치하는 방법은 정보를 시각적으로 조직화하고 눈길을 끌기 위해 사용된다. 예를 들어 뉴스 기사에서 기사 제목과 관련 이미지가 나란히 표시되는 것을 볼 수 있다. 이러한 배치 방식은 사용자의 시선을 텍스트와 이미지 모두에 집중시킬 수 있다.

- **텍스트와 이미지 삽입**: 텍스트 중간에 이미지를 삽입하여 텍스트의 내용을 시각적으로 보강하는 방법도 있다. 예를 들어 글 내용 중간에 관련 이미지를 삽입하여 내용을 더욱 생동감 있게 만들 수 있다. 이러한 배치 방식은 텍스트의 내용을 시각적으로 보충하고 확장할 수 있다.

- **텍스트 및 이미지 그룹화**: 텍스트와 이미지를 그룹화하여 함께 표시하는 방법도 있다. 예를 들어 제품 카드에서 제품 이름과 가격이 함께 표시되고 그 옆에 제품 이미지가 함께 그룹화되어 표시될 수 있다. 이러한 배치 방식은 관련 정보를 시각적으로 묶어 사용자에게 더욱 명확한 컨텍스트를 제공할 수 있다.

코드 작성 방법

위에서 텍스트와 이미지로 이루어진 주요 배치들을 설명하였다. 해당 배치들을 코드로 나타내려면 어떻게 작성해야할지 생각해보자.

- LinearLayout 사용

수평 배치	LinearLayout을 사용하여 텍스트와 이미지를 수평으로 배치할 수 있다. orientation 속성을 "horizontal"로 설정하고, 각각의 TextView와 ImageView를 추가한다.
수직 배치	수직으로 배치할 경우 orientation 속성을 "vertical"로 설정하여 TextView와 ImageView를 순서대로 추가한다.

```xml
<LinearLayout
    android:layout_width="match_parent"
    android:layout_height="wrap_content"
    android:orientation="horizontal">

    <TextView
        android:layout_width="wrap_content"
        android:layout_height="wrap_content"
        android:text="텍스트" />

    <ImageView
        android:layout_width="wrap_content"
        android:layout_height="wrap_content"
        android:src="@drawable/image" />

</LinearLayout>
```

- RelativeLayout 사용

RelativeLayout을 사용하면 텍스트와 이미지의 상대적인 위치를 설정할 수 있다. 각각의 TextView와 ImageView에 layout_alignParentTop, layout_alignParentBottom, layout_alignParentLeft, layout_alignParentRight 등의 속성을 사용하여 상대적인 위치를 지정할 수 있다.

```xml
<RelativeLayout
    android:layout_width="match_parent"
    android:layout_height="wrap_content">

    <TextView
        android:id="@+id/textView"
        android:layout_width="wrap_content"
        android:layout_height="wrap_content"
        android:text="텍스트"
        android:layout_alignParentTop="true"
        android:layout_alignParentStart="true"/>
```

```xml
<ImageView
    android:id="@+id/imageView"
    android:layout_width="wrap_content"
    android:layout_height="wrap_content"
    android:src="@drawable/image"
    android:layout_below="@id/textView"
    android:layout_alignParentEnd="true"/>

</RelativeLayout>
```

● ConstraintLayout 사용

ConstraintLayout은 유연한 레이아웃으로, 텍스트와 이미지를 상대적인 위치에 배치할 수 있다. 각 요소에 제약 조건을 설정하여 상대적인 위치를 지정할 수 있다. 이를 통해 텍스트와 이미지의 상호 작용을 자유롭게 조절할 수 있다.

```xml
<androidx.constraintlayout.widget.ConstraintLayout
    android:layout_width="match_parent"
    android:layout_height="wrap_content">

    <TextView
        android:id="@+id/textView"
        android:layout_width="wrap_content"
        android:layout_height="wrap_content"
        android:text="텍스트"
        app:layout_constraintTop_toTopOf="parent"
        app:layout_constraintStart_toStartOf="parent"/>

    <ImageView
        android:id="@+id/imageView"
        android:layout_width="wrap_content"
        android:layout_height="wrap_content"
        android:src="@drawable/image"
        app:layout_constraintTop_toBottomOf="@id/textView"
        app:layout_constraintEnd_toEndOf="parent"/>

</androidx.constraintlayout.widget.ConstraintLayout>
```

- **FrameLayout 사용**

FrameLayout은 겹쳐진 뷰를 표시하는 데 유용하다. 텍스트와 이미지를 겹쳐서 표시하려는 경우에 사용할 수 있다. 이미지를 맨 아래에 배치하고, 그 위에 텍스트를 배치하여 겹쳐진 효과를 줄 수 있다.

```xml
<FrameLayout
    android:layout_width="match_parent"
    android:layout_height="match_parent">

    <ImageView
        android:id="@+id/imageView"
        android:layout_width="match_parent"
        android:layout_height="match_parent"
        android:src="@drawable/image" />

    <TextView
        android:layout_width="wrap_content"
        android:layout_height="wrap_content"
        android:text="텍스트"
        android:layout_gravity="center"/>

</FrameLayout>
```

화면 표시 방법

텍스트와 이미지를 동적으로 조합하는 경우, 서버에서 받은 데이터나 사용자의 입력에 따라 텍스트나 이미지가 변경될 수 있다. 이를 처리하기 위해 안드로이드에서는 동적으로 데이터를 로드하고 화면에 표시하는 방법을 제공한다.

- **텍스트 동적 조합**
  - 서버에서 받은 데이터를 기반으로 TextView의 text 속성을 동적으로 변경할 수 있다. 서버에서 받은 데이터를 파싱하여 TextView에 설정하거나, 사용자가 입력한 내용을 TextView에 표시하는 경우에도 동일한 방법을 사용한다.
  - 데이터의 동적 변경을 감지하기 위해 필요한 경우 LiveData나 ViewModel 등의 아키텍처 구성 요소를 사용하여 데이터 관찰을 구현할 수 있다. 데이터가 변경될 때마다 화면을 업데이트한다.

- 이미지 동적 조합
  - 이미지를 동적으로 변경하는 경우에는 ImageView의 setImageResource(), setImageDrawable(), setImageBitmap() 등의 메서드를 사용하여 이미지를 설정한다. 서버에서 받은 이미지 URL을 기반으로 이미지를 다운로드하여 설정할 수도 있다.
  - 이미지 로딩을 비동기적으로 처리하기 위해 AsyncTask나 썸네일 로더 라이브러리 등을 사용하여 백그라운드에서 이미지를 로드하고 표시한다.
- 텍스트와 이미지의 조합
  - 서버에서 받은 데이터에 따라 텍스트와 이미지를 함께 동적으로 조합할 수 있다. 예를 들어 상품 정보 앱에서는 상품명과 가격을 TextView에 표시하고, 상품 이미지를 ImageView에 표시하는 방식으로 화면을 구성할 수 있다.
  - 데이터가 동적으로 변경될 때마다 텍스트와 이미지를 업데이트하여 사용자에게 실시간으로 반영된다.

activity_main.xml

```xml
<RelativeLayout xmlns:android="http://schemas.android.com/apk/res/android"
    xmlns:tools="http://schemas.android.com/tools"
    android:layout_width="match_parent"
    android:layout_height="match_parent"
    tools:context=".MainActivity">

    <TextView
        android:id="@+id/textView"
        android:layout_width="wrap_content"
        android:layout_height="wrap_content"
        android:text="Original Text"
        android:layout_centerInParent="true" />

    <ImageView
        android:id="@+id/imageView"
        android:layout_width="wrap_content"
        android:layout_height="wrap_content"
        android:src="@drawable/image"/>

</RelativeLayout>
```

MainActivity.kt

```kotlin
class MainActivity : AppCompatActivity() {

    private lateinit var textView: TextView
    private lateinit var imageView: ImageView

    override fun onCreate(savedInstanceState: Bundle?) {
        super.onCreate(savedInstanceState)
        setContentView(R.layout.activity_main)

        textView = findViewById(R.id.textView)
        imageView = findViewById(R.id.imageView)

        // 텍스트뷰 클릭 이벤트 처리
        textView.setOnClickListener {
            // 이미지 변경
            imageView.setImageResource(R.drawable.new_image)
        }

        // 이미지뷰 클릭 이벤트 처리
        imageView.setOnClickListener {
            // 텍스트 변경
            textView.text = "New Text"
        }
    }
}
```

위 코드에서 R.drawable.new_image는 이미지뷰에 설정할 새로운 이미지의 리소스 ID를 나타낸다. 또한 "New Text"는 텍스트뷰에 표시될 새로운 텍스트다. 이 코드를 실행하면 텍스트뷰를 클릭하면 이미지가 변경되고, 이미지뷰를 클릭하면 텍스트가 변경되는 것을 확인할 수 있다.

손으로 익히는 코딩

```xml
<RelativeLayout xmlns:android="http://schemas.android.com/apk/res/android"
    xmlns:tools="http://schemas.android.com/tools"
    android:layout_width="match_parent"
    android:layout_height="match_parent"
    android:padding="16dp"
    tools:context=".MainActivity">
```

```xml
<ImageView
    android:id="@+id/imageView"
    android:layout_width="200dp"
    android:layout_height="200dp"
    android:src="@drawable/image"
    android:layout_centerHorizontal="true"
    android:scaleType="centerCrop"/>

<TextView
    android:id="@+id/textView"
    android:layout_width="wrap_content"
    android:layout_height="wrap_content"
    android:layout_below="@id/imageView"
    android:text="Hello, World!"
    android:textSize="36sp"
    android:textColor="#000"
    android:layout_marginTop="16dp"
    android:layout_centerHorizontal="true"/>

</RelativeLayout>
```

손으로 익히는 코딩

```kotlin
class MainActivity : AppCompatActivity() {

    private lateinit var textView: TextView
    private lateinit var imageView: ImageView
    private var num: Int = 0

    override fun onCreate(savedInstanceState: Bundle?) {
        super.onCreate(savedInstanceState)
        setContentView(R.layout.activity_main)

        textView = findViewById(R.id.textView)
        imageView = findViewById(R.id.imageView)

        // 텍스트 클릭 이벤트 처리
        textView.setOnClickListener {
            textView.text = num.toString()
            num++
```

```
            }
            // 이미지 클릭 이벤트 처리
            imageView.setOnClickListener {
                if(num %2 == 0) {
                    imageView.setImageResource(R.drawable.new_image)
                }
                else {
                    imageView.setImageResource(R.drawable.image)
                }
            }
        }
    }
```

이 예시는 텍스트뷰를 클릭할 때마다 텍스트의 숫자가 1씩 증가하는 형태다. 이미지뷰는 텍스트뷰의 숫자가 짝수일 경우, 홀수일 경우에 따라서 클릭 시 이미지가 변경된다.

03 사용자 입력과 폼 구성

더 멋진 내일(Tomorrow)을 위한 내일(My Career) **내일은 코틀린**

✓ 핵심 키워드

사용자 입력, 폼 구성, EditText, Radio Button, Check box, Validation

여기서는 무얼 배울까

안드로이드 앱에서 사용자로부터 입력을 받고 처리하는 방법을 학습한다. 이 부분에서는 EditText, Button 등의 위젯을 사용하여 사용자 입력을 받는 방법과 입력 데이터를 처리하는 방법을 다룬다. 또한 사용자 입력 유효성 검사, 입력 폼 디자인, 키보드 관리 등의 주제도 다루어 사용자가 쉽게 상호 작용할 수 있는 앱을 개발하는 방법을 익힐 수 있다.

사용자 입력 요소

텍스트 필드(EditText)

안드로이드 앱에서 사용자에게 텍스트를 입력받을 수 있는 기본적인 입력 요소다. 이를 통해 사용자는 텍스트를 입력하고 앱에 정보를 제공할 수 있다. 텍스트 필드는 주로 사용자 이름, 이메일 주소, 비밀번호 등을 입력하는 데 사용된다. 이제 텍스트 필드의 역할과 사용법에 대해 자세히 살펴보겠다.

텍스트 필드의 역할

- 텍스트 필드는 사용자로부터 텍스트를 입력받는 데 사용된다.
- 사용자가 입력한 텍스트는 앱에서 처리되거나 저장될 수 있다.
- 사용자의 입력에 따라 앱이 동적으로 반응할 수 있도록 한다.

사용법

- XML 레이아웃 파일에서 〈EditText〉 태그를 사용하여 텍스트 필드를 정의한다.

- android:hint 속성을 사용하여 사용자에게 입력할 텍스트를 안내할 수 있다. 이는 선택적으로 사용할 수 있다.
- android:inputType 속성을 사용하여 입력 텍스트의 유형을 제한할 수 있다. 예를 들어 이메일 주소, 비밀번호, 숫자 등을 입력할 때 각각 다른 키보드 레이아웃을 표시할 수 있다.
- android:maxLength 속성을 사용하여 입력할 수 있는 최대 길이를 제한할 수 있다.
- 자바 코드에서는 EditText 객체를 생성하고 사용한다. findViewById() 메서드를 사용하여 XML 레이아웃에서 정의한 EditText를 찾아온 후, 이를 변수에 할당하여 사용한다.
- 사용자가 입력한 텍스트를 얻으려면 getText() 메서드를 사용한다.
- 키보드의 다양한 타입과 입력 제약 사항
  - android:inputType 속성을 통해 키보드의 다양한 타입을 설정할 수 있다. 예를 들어 textEmailAddress는 이메일 주소를 입력받을 때 이메일 관련 키보드를 표시하며, textPassword는 비밀번호를 입력받을 때 입력한 문자를 가리는 키보드를 표시한다.
  - inputType을 설정하여 사용자가 입력할 수 있는 문자의 종류를 제한할 수도 있다. 예를 들어 textCapSentences를 설정하면 첫 번째 단어를 대문자로 시작하는 키보드가 나타난다.

라디오 버튼과 라디오 그룹

라디오 버튼(RadioButton)과 라디오 그룹(RadioGroup)은 안드로이드 앱에서 여러 옵션 중 하나를 선택할 수 있는 UI 요소다. 이들의 역할과 사용법에 대해 자세히 설명하겠다.

- 라디오 버튼(RadioButton)의 역할과 사용법
  - 라디오 버튼은 여러 개의 옵션 중에서 단 하나만 선택할 수 있도록 하는 UI 요소다.
  - 사용자는 라디오 버튼 중 하나를 선택하여 해당 옵션을 선택할 수 있다.
  - 각각의 라디오 버튼은 고유한 ID를 가져야 하며, 하나의 라디오 버튼만 선택할 수 있다.
  - 사용자가 라디오 버튼을 선택하면 다른 라디오 버튼들은 자동으로 선택 해제된다.
- 라디오 그룹(RadioGroup)의 역할과 사용법
  - 라디오 그룹은 라디오 버튼을 그룹화하여 사용자가 여러 옵션 중 하나를 선택할 수 있도록 한다.
  - 하나의 라디오 그룹 안에 여러 개의 라디오 버튼을 넣어서 그룹으로 만든다.
  - 라디오 그룹을 사용하면 하나의 그룹 안에서는 한 번에 하나의 라디오 버튼만 선택할 수 있다.

체크 박스

체크 박스(CheckBox)는 안드로이드 앱에서 다중 선택이 가능한 UI 요소다. 여러 개의 옵션 중 사용자가 필요한 옵션을 선택할 수 있도록 한다. 이제 체크 박스의 역할과 사용법, 다중 선택이 가능한 특징 및 여러 개의 옵션 중 하나 이상을 선택하는 방법에 대해 자세히 설명하겠다.

- 체크 박스의 역할과 사용법
    - 체크 박스는 사용자가 여러 옵션 중 하나 이상을 선택할 수 있도록 하는 UI 요소다.
    - 사용자가 체크 박스를 선택하면 해당 옵션이 선택되고, 선택을 해제하면 해당 옵션이 선택 해제된다.
    - 각 체크 박스는 고유한 ID를 가져야 하며, 사용자가 선택한 옵션을 식별하기 위해 사용된다.
    - 필요에 따라 체크 박스에 텍스트를 추가하여 사용자에게 선택할 옵션을 설명할 수 있다.

- 다중 선택이 가능한 체크 박스의 특징
    - 체크 박스는 다중 선택이 가능하기 때문에 사용자가 여러 개의 옵션을 동시에 선택할 수 있다.
    - 각 체크 박스는 독립적으로 작동하므로 사용자가 여러 개의 옵션을 선택할 수 있다.

- 여러 개의 옵션 중 하나 이상을 선택하는 방법
    - 여러 개의 체크 박스를 그룹화하여 사용자가 하나 이상의 옵션을 선택할 수 있도록 한다.
    - 사용자가 여러 개의 옵션을 선택할 수 있는지 여부는 개발자가 제어한다.
    - 하나의 그룹에 여러 개의 체크 박스를 추가하고, 사용자가 선택한 옵션을 처리하는 방법은 프로그램에 따라 다르다.

스피너(Spinner)와 드롭다운 목록

스피너(Spinner)와 드롭다운 목록은 안드로이드 앱에서 여러 항목 중에서 하나를 선택할 수 있는 UI 요소다. 이들의 역할과 사용법, 드롭다운 목록의 특징, 그리고 스피너를 통해 다양한 선택지를 제공하는 방법에 대해 자세히 설명하겠다.

- 스피너(Spinner)와 드롭다운 목록의 역할과 사용법
    - 스피너는 사용자에게 여러 항목 중 하나를 선택할 수 있는 드롭다운 목록을 제공한다.
    - 스피너는 일반적으로 텍스트를 터치하여 드롭다운 목록을 열고, 그 목록에서 원하는 항목을 선택한다.

- 사용자가 스피너를 터치하면 드롭다운 목록이 나타나며, 여기에서 사용자는 원하는 항목을 선택할 수 있다.
- 선택된 항목은 스피너의 텍스트 영역에 표시된다.
- 여러 항목 중 하나를 선택할 수 있는 드롭다운 목록의 특징
  - 드롭다운 목록은 사용자에게 여러 옵션 중에서 하나를 선택할 수 있는 방법을 제공한다.
  - 사용자가 목록을 열면 다른 항목들은 숨겨지며, 선택된 항목만 표시된다.
  - 목록에서 선택된 항목은 해당 스피너의 현재 선택 항목으로 설정된다.

텍스트 입력

텍스트 필드는 XML 레이아웃 파일에서 〈EditText〉 태그를 사용하여 정의된다. 텍스트 필드를 추가하려는 부분에 〈EditText〉 태그를 사용하여 레이아웃을 구성한다.

```
<EditText
    android:id="@+id/editText"
    android:layout_width="match_parent"
    android:layout_height="wrap_content"
    android:hint="Enter your text here" />
```

속성 설정

- android:id: 텍스트 필드를 고유하게 식별하는 데 사용되는 ID다.
- android:layout_width, android:layout_height: 텍스트 필드의 너비와 높이를 설정한다. match_parent나 wrap_content와 같은 값을 사용할 수 있다.
- android:hint: 텍스트 필드에 입력할 힌트 텍스트를 설정한다. 이는 사용자가 텍스트를 입력할 때 보이는 임시 텍스트로, 입력 필드가 비어 있을 때 보인다.
- 기타 다양한 속성을 사용하여 텍스트 색상, 글꼴 크기, 배경 색상 등을 설정할 수 있다.

위의 예시에서는 사용자가 텍스트를 입력하기 위한 텍스트 필드를 정의하고 있다. 사용자에게 "Enter your text here"라는 힌트를 제공하여 어떤 종류의 텍스트를 입력해야 하는지 안내하고 있다.

android:inputType 속성

android:inputType 속성은 텍스트 필드(EditText)에 입력할 수 있는 데이터 유형을 제한하는 데 사용된다. 이 속성을 사용하여 사용자가 입력할 수 있는 데이터의 종류를 제어하고 특정 키패드 레이아웃을 활성화할 수 있다. 아래에서는 몇 가지 일반적인 예시를 제시하겠다.

- 숫자 키패드 활성화
  - 사용자가 숫자만 입력해야 하는 경우에는 number 또는 numberDecimal 값을 android:inputType 속성에 지정한다.
  - number: 정수만 입력할 수 있는 숫자 키패드가 활성화된다.
  - numberDecimal: 소수점이 있는 수를 입력할 수 있는 숫자 키패드가 활성화된다.

```xml
<EditText
    android:id="@+id/editTextNumber"
    android:layout_width="match_parent"
    android:layout_height="wrap_content"
    android:hint="Enter a number"
    android:inputType="number" />
```

- 이메일 키패드 활성화
  - 사용자가 이메일 주소를 입력해야 하는 경우에는 textEmailAddress 값을 android:inputType 속성에 지정한다.
  - 이렇게 하면 이메일 주소를 입력할 수 있는 키패드 레이아웃이 활성화된다.

```xml
<EditText
    android:id="@+id/editTextEmail"
    android:layout_width="match_parent"
    android:layout_height="wrap_content"
    android:hint="Enter your email"
    android:inputType="textEmailAddress" />
```

- 비밀번호 힌트 및 숨기기
  - 비밀번호를 입력 받는 경우에는 textPassword 값을 android:inputType 속성에 지정한다.
  - 이렇게 하면 사용자가 입력한 비밀번호가 마스킹되어 보인다.

```xml
<EditText
    android:id="@+id/editTextPassword"
    android:layout_width="match_parent"
    android:layout_height="wrap_content"
    android:hint="Enter your password"
    android:inputType="textPassword" />
```

이렇게 android:inputType 속성을 사용하여 텍스트 필드에 입력할 수 있는 데이터 타입을 제한할 수 있다. 이를 통해 사용자가 올바른 데이터를 입력할 수 있도록 안내하고, 입력 키패드를 적절하게 제어하여 사용자 경험을 개선할 수 있다.

android:maxLength 속성

입력 제약 사항을 설정하는 데 사용되는 주요 속성은 android:maxLength다. 이 속성을 사용하여 텍스트 필드에 입력할 수 있는 최대 길이를 제한할 수 있다. 또한 다양한 입력 제약 사항을 설정하는 방법을 설명하겠다.

- **최대 길이 제한**
  - android:maxLength 속성을 사용하여 텍스트 필드에 입력할 수 있는 최대 길이를 설정할 수 있다.
  - 이 속성에는 양의 정수값을 지정하며, 해당 값은 허용되는 최대 문자 수를 나타낸다.
  - 사용자가 이 값 이상의 문자를 입력하려고 시도하면 입력이 거부된다.

```xml
<EditText
    android:id="@+id/editText"
    android:layout_width="match_parent"
    android:layout_height="wrap_content"
    android:hint="Enter text"
    android:maxLength="10" />
```

- **다양한 입력 제약 사항**
  - android:inputType과 함께 사용하여 특정 유형의 입력을 제한할 수 있다. 예를 들어 이메일 주소를 입력하도록 강제할 수 있다.
  - android:lines 및 android:maxLines 속성을 사용하여 입력 필드의 텍스트 줄 수를 제한할 수 있다.

- android:imeOptions 속성을 사용하여 키보드의 동작을 제어할 수 있다. 예를 들어 "다음" 버튼을 "완료"로 변경하여 사용자가 입력을 마치면 키보드를 닫을 수 있다.

```xml
<EditText
    android:id="@+id/editTextEmail"
    android:layout_width="match_parent"
    android:layout_height="wrap_content"
    android:hint="Enter email"
    android:inputType="textEmailAddress"
    android:maxLength="50"
    android:lines="1"
    android:maxLines="1"
    android:imeOptions="actionDone" />
```

위의 예시에서는 사용자가 최대 50자까지 입력할 수 있는 이메일 주소 필드를 정의하고 있다. 또한 입력 필드가 한 줄로 제한되어 있으며, 입력을 완료하면 키보드가 닫히도록 설정되어 있다.

android:maxLength 속성을 사용하여 입력 필드의 최대 길이를 제한하는 것 외에도 다양한 속성을 조합하여 사용자의 입력을 제어하고 제약 사항을 설정할 수 있다.

TextWatcher와 EditText 활용 방법

사용자가 텍스트를 입력하거나 변경할 때 이를 감지하고 처리하는 방법은 TextWatcher 인터페이스를 구현하거나 EditText의 다양한 메서드를 사용하여 처리할 수 있다. 이를 통해 입력되는 텍스트를 모니터링하고 필요한 작업을 수행할 수 있다.

- TextWatcher 인터페이스를 사용하는 방법

  TextWatcher 인터페이스는 텍스트의 변경을 감지하는 데 사용된다. 이 인터페이스를 구현하면 beforeTextChanged, onTextChanged, afterTextChanged 메서드를 재정의하여 텍스트 입력 이벤트를 처리할 수 있다.

  - beforeTextChanged: 텍스트가 변경되기 전에 호출된다.
  - onTextChanged: 텍스트가 변경될 때 호출된다.
  - afterTextChanged: 텍스트가 변경된 후에 호출된다.

```kotlin
editText.addTextChangedListener(object : TextWatcher {
    override fun beforeTextChanged(s: CharSequence?, start: Int, count:
        Int, after: Int) {
        // 텍스트 변경 전에 실행되는 코드
    }

    override fun onTextChanged(s: CharSequence?, start: Int, before:
        Int, count: Int) {
        // 텍스트가 변경될 때 실행되는 코드
    }

    override fun afterTextChanged(s: Editable?) {
        // 텍스트 변경 후에 실행되는 코드
    }
})
```

● EditText의 다양한 메서드를 사용하는 방법

addTextChangedListener: TextWatcher 인터페이스를 구현한 객체를 등록하여 텍스트 변경 이벤트를 감지할 수 있다.

– getText(): EditText에서 현재 입력된 텍스트를 가져올 수 있다.

– setText(): EditText에 텍스트를 설정할 수 있다.

– 기타 다양한 메서드를 사용하여 텍스트를 조작하고 처리할 수 있다.

```kotlin
editText.addTextChangedListener(object : TextWatcher {
    override fun beforeTextChanged(s: CharSequence?, start: Int, count:
        Int, after: Int) {
        // 텍스트 변경 전에 실행되는 코드
    }

    override fun onTextChanged(s: CharSequence?, start: Int, before: Int,
        count: Int) {
        // 텍스트가 변경될 때 실행되는 코드
    }

    override fun afterTextChanged(s: Editable?) {
        // 텍스트 변경 후에 실행되는 코드
    }
})
```

```
// EditText에서 텍스트 가져오기
val text = editText.text.toString()

// EditText에 텍스트 설정하기
editText.setText("New text")
```

이러한 방법을 사용하여 EditText에서 텍스트 입력 이벤트를 감지하고 처리할 수 있다. 텍스트가 변경될 때마다 필요한 작업을 수행하여 사용자에게 편리한 기능을 제공할 수 있다.

텍스트 입력 뷰(EditText 제외)

EditText 외에도 텍스트 입력을 위한 다른 뷰들이 있다. 몇 가지 주요한 예시를 살펴보겠다.

- AutoCompleteTextView
    - 사용자가 입력하는 동안 자동 완성 기능을 제공하는 텍스트뷰이다.
    - 사용자가 입력하는 내용에 따라 미리 정의된 텍스트 목록에서 일치하는 항목을 추천해준다.
    - 사용자의 입력을 보조하여 효율적인 데이터 입력을 도와준다.

- MultiAutoCompleteTextView
    - 여러 값을 동시에 입력할 수 있는 AutoCompleteTextView의 확장 버전이다.
    - 사용자가 입력하는 동안 자동 완성 기능을 제공하며, 쉼표(,)나 공백 등을 기준으로 여러 항목을 구분하여 입력할 수 있다.

- SearchView
    - 검색 기능을 제공하는 뷰로, 주로 액션바나 툴바에 위치한다.
    - 사용자가 검색어를 입력하면 해당 검색어에 맞는 결과를 표시하는 데 사용된다.
    - 텍스트 입력 기능뿐만 아니라 검색어 입력 후 엔터키를 누르거나 검색 버튼을 클릭하는 등의 이벤트 처리도 포함된다.

- TextInputEditText
    - Material Design 라이브러리에서 제공하는 텍스트 입력을 위한 특별한 EditText이다.
    - TextInputLayout과 함께 사용되어 라벨 표시, 힌트 표시 등과 같은 추가적인 기능을 제공한다.

손으로 익히는 코딩

```xml
<LinearLayout xmlns:android="http://schemas.android.com/apk/res/android"
    xmlns:tools="http://schemas.android.com/tools"
    android:layout_width="match_parent"
    android:layout_height="match_parent"
    android:orientation="vertical"
    android:padding="16dp"
    tools:context=".MainActivity">

    <EditText
        android:id="@+id/editText"
        android:layout_width="match_parent"
        android:layout_height="wrap_content"
        android:hint="Enter your text"
        android:inputType="text"
        android:layout_marginBottom="16dp"/>

    <Button
        android:id="@+id/buttonCheck"
        android:layout_width="wrap_content"
        android:layout_height="wrap_content"
        android:text="Check Text" />

    <TextView
        android:id="@+id/textViewResult"
        android:layout_width="wrap_content"
        android:layout_height="wrap_content"
        android:layout_marginTop="16dp"
        android:textColor="@android:color/black"
        android:textSize="18sp" />

</LinearLayout>
```

손으로 익히는 코딩

```kotlin
class MainActivity : AppCompatActivity() {

    private lateinit var editText: EditText
    private lateinit var buttonCheck: Button
    private lateinit var textViewResult: TextView
```

```kotlin
    override fun onCreate(savedInstanceState: Bundle?) {
        super.onCreate(savedInstanceState)
        setContentView(R.layout.activity_main)

        editText = findViewById(R.id.editText)
        buttonCheck = findViewById(R.id.buttonCheck)
        textViewResult = findViewById(R.id.textViewResult)

        editText.addTextChangedListener(object : TextWatcher {
            override fun beforeTextChanged(s: CharSequence?, start: Int,
                count: Int, after: Int) {}

            override fun onTextChanged(s: CharSequence?, start: Int, before:
                Int, count: Int) {}

            override fun afterTextChanged(s: Editable?) {
                textViewResult.text = "" // 텍스트를 초기화

                // EditText에서 입력된 텍스트 가져오기
                val inputText = s.toString()
                val targetWord = "android" // 비교할 단어 설정

                if (inputText.toLowerCase() == targetWord) {
                    textViewResult.text = "You entered the magic word: $targetWord"
                }
            }
        })

        buttonCheck.setOnClickListener {
            val inputText = editText.text.toString()
            val targetWord = "android"

            if (inputText.toLowerCase() == targetWord) {
                textViewResult.text = "키워드 입력 성공 : $targetWord"
            } else {
                textViewResult.text = "android라고 입력해보세요."
            }
        }
    }
}
```

라디오 버튼과 체크 박스

라디오 버튼

라디오 버튼(RadioButton)은 사용자에게 여러 개의 선택지 중에서 단 하나의 옵션을 선택할 수 있는 방법을 제공하는 UI 요소다. 여러 개의 라디오 버튼 중에서는 항상 하나의 라디오 버튼만 선택되어 있으며, 다른 라디오 버튼을 선택하면 이전에 선택한 라디오 버튼이 자동으로 해제된다.

라디오 버튼은 일반적으로 옵션 선택이 필요한 폼이나 설정 화면에서 사용된다. 예를 들어 성별을 선택하거나 특정 옵션을 설정할 때 라디오 버튼을 사용할 수 있다.

라디오 버튼은 사용자가 선택할 수 있는 옵션의 목록을 제공하며, 사용자는 이 중 하나의 옵션을 선택할 수 있다. 선택지가 여러 개일 때 라디오 버튼을 사용하면 사용자가 선택한 옵션을 한눈에 알아볼 수 있으며, 여러 옵션 중 하나만 선택되도록 보장할 수 있다.

라디오 버튼은 일반적으로 라디오 그룹(RadioGroup) 안에 배치되어 있다. 라디오 그룹은 단 하나의 라디오 버튼만 선택되도록 제어하는 역할을 한다. 라디오 그룹에 속한 라디오 버튼 중 하나를 선택하면 다른 라디오 버튼들은 자동으로 선택 해제된다.

라디오 버튼은 사용자에게 명확한 선택지를 제공하여 사용자 경험을 향상시키는 데 도움이 된다. 사용자가 선택할 수 있는 옵션들이 명확하고 사용자가 이해하기 쉬울수록, 라디오 버튼을 사용하는 것이 좋다.

라디오 그룹

라디오 그룹(RadioGroup)은 여러 개의 라디오 버튼(RadioButton)을 그룹화하여 단 하나의 버튼만 선택되도록 하는 데 사용되는 레이아웃 요소다. 라디오 그룹을 사용하면 사용자가 여러 옵션 중 하나를 선택할 수 있도록 제어할 수 있다.

라디오 그룹은 여러 라디오 버튼을 단일 그룹으로 묶어주는 역할을 한다. 그리고 사용자가 그룹 내에서 라디오 버튼 중 하나를 선택하면 다른 버튼들은 자동으로 선택 해제된다. 즉, 라디오 그룹을 사용하면 단 하나의 옵션만을 선택할 수 있도록 제한할 수 있다.

라디오 그룹은 다음과 같은 특징을 갖는다.

- **단일 선택**: 라디오 그룹 내에서는 오직 하나의 라디오 버튼만 선택할 수 있다. 한 번에 여러 개의 버튼을 동시에 선택할 수 없다.

- **그룹화**: 라디오 그룹에 속한 모든 라디오 버튼은 단일 그룹으로 묶인다. 이는 사용자가 그룹 내에서 하나의 옵션만 선택할 수 있도록 보장한다.
- **제어**: 사용자가 라디오 버튼을 클릭하여 선택할 때마다, 라디오 그룹은 다른 버튼들의 선택 상태를 자동으로 업데이트하여 단일 선택이 유지되도록 한다.

라디오 그룹을 사용하면 사용자가 여러 옵션 중 하나를 선택할 수 있도록 하면서도 단일 선택의 원칙을 지켜주는 것이 가능하다. 이는 사용자 경험을 향상시키고 사용자가 의도치 않은 선택을 할 가능성을 줄여준다.

XML 레이아웃 파일에서 정의

라디오 버튼과 라디오 그룹을 XML 레이아웃 파일에서 정의하는 방법을 설명하겠다.

- **라디오 버튼(RadioButton) 정의**
  - 먼저 각각의 라디오 버튼을 정의한다. 각 라디오 버튼에는 고유한 ID를 부여해야 한다.
  - android:id 속성을 사용하여 각 라디오 버튼에 고유한 ID를 할당한다.

```xml
<RadioButton
    android:id="@+id/radioButtonOption1"
    android:layout_width="wrap_content"
    android:layout_height="wrap_content"
    android:text="Option 1" />

<RadioButton
    android:id="@+id/radioButtonOption2"
    android:layout_width="wrap_content"
    android:layout_height="wrap_content"
    android:text="Option 2" />

<RadioButton
    android:id="@+id/radioButtonOption3"
    android:layout_width="wrap_content"
    android:layout_height="wrap_content"
    android:text="Option 3" />
```

- **라디오 그룹(RadioGroup) 정의**
  - 라디오 그룹을 정의하여 위에서 정의한 각 라디오 버튼을 그룹화한다.

- 모든 라디오 버튼을 하나의 라디오 그룹으로 묶기 위해 android:id 속성을 사용하여 라디오 그룹에 고유한 ID를 할당한다.
- android:orientation 속성을 사용하여 라디오 버튼을 가로로 배치할지, 세로로 배치할지를 결정한다.

```xml
<RadioGroup
    android:id="@+id/radioGroupOptions"
    android:layout_width="wrap_content"
    android:layout_height="wrap_content"
    android:orientation="vertical">

    <!-- 라디오 버튼들을 이곳에 추가한다 -->

</RadioGroup>
```

● 라디오 버튼 그룹화

- 위에서 정의한 각 라디오 버튼을 라디오 그룹에 속하도록 설정한다.
- 각 라디오 버튼의 android:layout_width와 android:layout_height 속성을 wrap_content로 설정하여 적절한 크기를 갖도록 한다.
- android:text 속성을 사용하여 각 라디오 버튼에 표시될 텍스트를 설정할 수 있다.

```xml
<RadioGroup
    android:id="@+id/radioGroupOptions"
    android:layout_width="wrap_content"
    android:layout_height="wrap_content"
    android:orientation="vertical">

    <RadioButton
        android:id="@+id/radioButtonOption1"
        android:layout_width="wrap_content"
        android:layout_height="wrap_content"
        android:text="Option 1" />

    <RadioButton
        android:id="@+id/radioButtonOption2"
        android:layout_width="wrap_content"
        android:layout_height="wrap_content"
        android:text="Option 2" />
```

```xml
<RadioButton
    android:id="@+id/radioButtonOption3"
    android:layout_width="wrap_content"
    android:layout_height="wrap_content"
    android:text="Option 3" />

</RadioGroup>
```

위와 같이 XML 레이아웃 파일에서 각 라디오 버튼에 고유한 ID를 부여하고, 이들을 하나의 라디오 그룹으로 묶어주면 사용자가 단 하나의 옵션만 선택할 수 있도록 제어할 수 있다.

체크 박스

체크 박스(CheckBox)는 여러 옵션 중에서 사용자가 하나 이상의 옵션을 선택할 수 있는 선택 항목이다. 라디오 버튼과는 달리 하나 이상의 옵션을 동시에 선택할 수 있다. 이러한 특성 때문에 사용자가 여러 항목 중에서 선택할 필요가 있는 경우에 주로 사용된다.

체크 박스는 보통 "체크" 표시가 표시된 사각형 모양의 상자로 표현되며, 사용자는 이 상자를 클릭하여 해당 옵션을 선택하거나 선택을 해제할 수 있다.

체크 박스의 주요 특징은 다음과 같다.

- **다중 선택**: 사용자가 하나 이상의 옵션을 선택할 수 있다. 따라서 여러 옵션 중에서 선택해야 하는 경우에 유용하게 사용된다.
- **독립적인 선택**: 각 체크 박스는 독립적으로 선택될 수 있다. 즉, 하나의 체크 박스를 선택하더라도 다른 체크 박스에는 영향을 주지 않는다.
- **선택 상태 표시**: 선택된 체크 박스는 보통 "체크" 표시가 나타나며, 선택되지 않은 체크 박스는 빈 상자로 표시된다. 이를 통해 사용자는 현재 선택된 옵션을 쉽게 확인할 수 있다.

체크 박스는 다양한 UI 요소에 사용된다. 예를 들어 사용자가 관심 있는 항목을 선택할 때, 사용자가 원하는 기능을 활성화 또는 비활성화할 때 등에 사용된다. 사용자가 여러 항목을 선택해야 하는 경우에는 체크 박스를 사용하여 간편하게 여러 옵션을 선택할 수 있다.

XML 레이아웃 파일에서 정의하는 방법

체크 박스를 XML 레이아웃 파일에서 정의하는 방법에 대해 설명하겠다.

- 체크 박스 정의
  - 각 체크 박스를 정의하고, 각각에 고유한 ID를 부여한다.
  - android:id 속성을 사용하여 각 체크 박스에 고유한 ID를 할당한다.

```xml
<CheckBox
    android:id="@+id/checkBoxOption1"
    android:layout_width="wrap_content"
    android:layout_height="wrap_content"
    android:text="Option 1" />

<CheckBox
    android:id="@+id/checkBoxOption2"
    android:layout_width="wrap_content"
    android:layout_height="wrap_content"
    android:text="Option 2" />

<CheckBox
    android:id="@+id/checkBoxOption3"
    android:layout_width="wrap_content"
    android:layout_height="wrap_content"
    android:text="Option 3" />
```

- 체크 박스의 독립적인 선택 설정

  각 체크 박스는 독립적으로 선택될 수 있어야 한다. 이를 위해 각 체크 박스에는 고유한 ID가 필요하고, 사용자가 원하는 옵션을 선택할 수 있도록 설정되어야 한다.

- 체크 박스 속성 설정
  - 체크 박스의 속성을 설정하여 체크 박스의 모양과 동작을 사용자의 요구에 맞게 변경할 수 있다.
  - android:layout_width와 android:layout_height 속성을 사용하여 체크 박스의 크기를 설정한다.
  - android:text 속성을 사용하여 체크 박스 옆에 표시될 텍스트를 지정할 수 있다.

```xml
<CheckBox
    android:id="@+id/checkBoxOption1"
    android:layout_width="wrap_content"
    android:layout_height="wrap_content"
    android:text="Option 1" />
```

- 체크 박스 그룹화(선택적)
    - 필요에 따라 여러 체크 박스를 하나의 그룹으로 묶어서 사용자가 여러 옵션을 선택할 수 있도록 설정할 수 있다.
    - 그러나 체크 박스는 기본적으로 독립적으로 선택될 수 있으므로 그룹화는 선택 사항이다.

위와 같이 XML 레이아웃 파일에서 각 체크 박스에 고유한 ID를 부여하고, 사용자가 여러 옵션을 선택할 수 있도록 설정하여 체크 박스를 정의할 수 있다.

라디오 버튼과 체크 박스의 이벤트 처리

라디오 버튼과 체크 박스의 이벤트 처리는 사용자가 버튼을 선택하거나 선택 해제할 때 발생하는 이벤트를 감지하고 그에 따른 동작을 수행하는 과정을 의미한다. 안드로이드에서는 이를 위해 각각의 라디오 버튼과 체크 박스에 리스너(listener)를 등록하여 사용자의 입력을 처리한다.

라디오 버튼과 체크 박스의 이벤트 처리를 위해 다음 두 가지 방법을 사용할 수 있다.

- XML에서 onClick 속성 사용
    - 각 라디오 버튼과 체크 박스에 android:onClick 속성을 추가하여 클릭 이벤트를 처리할 메서드를 지정한다.
    - 해당 메서드는 액티비티나 프래그먼트에서 정의되어야 한다.

```xml
<RadioButton
    android:id="@+id/radioButtonOption1"
    android:layout_width="wrap_content"
    android:layout_height="wrap_content"
    android:text="Option 1"
    android:onClick="onRadioButtonClicked" />

<CheckBox
    android:id="@+id/checkBoxOption1"
    android:layout_width="wrap_content"
    android:layout_height="wrap_content"
    android:text="Option 1"
    android:onClick="onCheckBoxClicked" />
```

```kotlin
fun onRadioButtonClicked(view: View) {
    if (view is RadioButton) {
        val checked = view.isChecked
        when (view.id) {
            R.id.radioButtonOption1 -> {
                if (checked) {
                    // Option 1이 선택되었을 때 수행할 동작
                }
            }
            // 다른 라디오 버튼에 대한 처리도 추가 가능
        }
    }
}

fun onCheckBoxClicked(view: View) {
    if (view is CheckBox) {
        val checked = view.isChecked
        when (view.id) {
            R.id.checkBoxOption1 -> {
                if (checked) {
                    // Option 1이 선택되었을 때 수행할 동작
                } else {
                    // Option 1이 선택 해제되었을 때 수행할 동작
                }
            }
            // 다른 체크 박스에 대한 처리도 추가 가능
        }
    }
}
```

- 리스너(Listener)를 코드에서 등록

각 라디오 버튼과 체크 박스에 대해 리스너를 직접 등록하여 클릭 이벤트를 처리한다. 리스너는 클릭 이벤트가 발생했을 때 호출될 메서드를 정의한다.

```kotlin
val radioButtonOption1: RadioButton =
    findViewById(R.id.radioButtonOption1)
radioButtonOption1.setOnCheckedChangeListener { buttonView, isChecked ->
    if (isChecked) {
        // Option 1이 선택되었을 때 수행할 동작
    }
}
```

```kotlin
val checkBoxOption1: CheckBox = findViewById(R.id.checkBoxOption1)
checkBoxOption1.setOnCheckedChangeListener { buttonView, isChecked ->
    if (isChecked) {
        // Option 1이 선택되었을 때 수행할 동작
    } else {
        // Option 1이 선택 해제되었을 때 수행할 동작
    }
}
```

이러한 방법을 통해 사용자가 라디오 버튼이나 체크 박스를 선택할 때 발생하는 이벤트를 감지하고 그에 따른 동작을 수행할 수 있다.

손으로 익히는 코딩

```xml
<LinearLayout xmlns:android="http://schemas.android.com/apk/res/android"
    xmlns:tools="http://schemas.android.com/tools"
    android:layout_width="match_parent"
    android:layout_height="match_parent"
    android:orientation="vertical"
    tools:context=".MainActivity">
    <CheckBox
        android:id="@+id/checkBoxSeoul"
        android:layout_width="wrap_content"
        android:layout_height="wrap_content"
        android:text="서울" />

    <CheckBox
        android:id="@+id/checkBoxBusan"
        android:layout_width="wrap_content"
        android:layout_height="wrap_content"
        android:text="부산" />

    <CheckBox
        android:id="@+id/checkBoxJeju"
        android:layout_width="wrap_content"
        android:layout_height="wrap_content"
        android:text="제주" />

    <Button
        android:id="@+id/buttonConfirm"
        android:layout_width="wrap_content"
        android:layout_height="wrap_content"
        android:text="확인" />
</LinearLayout>
```

해당 코드는 activity_main.xml의 원하는 부분에 넣어주면 된다.

손으로 익히는 코딩

```kotlin
class MainActivity : AppCompatActivity() {

    private lateinit var checkBoxSeoul: CheckBox
    private lateinit var checkBoxBusan: CheckBox
    private lateinit var checkBoxJeju: CheckBox
    private lateinit var buttonConfirm: Button

    override fun onCreate(savedInstanceState: Bundle?) {
        super.onCreate(savedInstanceState)
        setContentView(R.layout.activity_main)

        checkBoxSeoul = findViewById(R.id.checkBoxSeoul)
        checkBoxBusan = findViewById(R.id.checkBoxBusan)
        checkBoxJeju = findViewById(R.id.checkBoxJeju)
        buttonConfirm = findViewById(R.id.buttonConfirm)

        buttonConfirm.setOnClickListener {
            val selectedPlaces = StringBuilder("선택한 여행지: ")

            if (checkBoxSeoul.isChecked) {
                selectedPlaces.append("서울, ")
            }
            if (checkBoxBusan.isChecked) {
                selectedPlaces.append("부산, ")
            }
            if (checkBoxJeju.isChecked) {
                selectedPlaces.append("제주, ")
            }

            // 마지막 콤마 제거
            if (selectedPlaces.length > 0) {
                selectedPlaces.delete(selectedPlaces.length - 2, selectedPlaces.length)
            }

            Toast.makeText(this, selectedPlaces.toString(), Toast.LENGTH_SHORT).show()
        }
    }
}
```

위의 예시는 사용자가 체크 박스를 선택하고 확인 버튼을 누르면 선택된 여행지를 확인할 수 있는 간단한 앱이다. 사용자가 체크 박스를 선택할 때마다 선택된 항목을 메시지로 만들어 화면에 토스트 메시지로 출력한다. 이 예시를 통해 체크 박스의 사용과 이벤트 처리 방법을 익힐 수 있다.

에러에서 배우기

- **StringIndexOutOfBoundsException**
  선택한 여행지를 저장하는 StringBuilder에 요소가 없는데도 마지막 콤마를 삭제하려고 할 때 발생할 수 있습니다. 이를 방지하기 위해 마지막 콤마를 삭제하기 전에 selectedPlaces의 길이를 확인해야 합니다.
- **ResourceNotFoundException**
  setContentView() 메서드에서 전달된 레이아웃 파일이 존재하지 않거나 잘못된 경우 발생합니다.
- **Toast.makeText() context parameter issue**
  Toast.makeText() 메서드의 첫 번째 인수로 전달된 컨텍스트가 유효하지 않은 경우 발생합니다. Activity의 컨텍스트를 사용해야 합니다.

스피너와 드롭다운 목록

스피너(Spinner)와 드롭다운 목록은 안드로이드 앱에서 사용자가 여러 항목 중 하나를 선택할 수 있는 UI 요소다. 일반적으로 클릭하면 여러 옵션이 펼쳐지며, 사용자는 그 중 하나를 선택할 수 있다.

스피너는 텍스트 필드와 드롭다운 화살표 아이콘이 함께 표시되며, 사용자가 텍스트 필드를 터치하면 옵션 목록이 펼쳐진다. 드롭다운 목록은 보통 텍스트나 아이콘이 표시된 버튼을 클릭하면 옵션 목록이 표시된다.

스피너와 드롭다운 목록은 선택지가 많은 경우에 특히 유용하며, 사용자가 명확하게 선택지를 확인하고 편리하게 선택할 수 있도록 도와준다. 예를 들어 날짜, 시간, 국가, 언어, 카테고리 등 다양한 옵션을 제공할 때 사용될 수 있다.

UI 요소 및 적합한 상황

스피너와 드롭다운 목록은 사용자가 여러 옵션 중 하나를 선택해야 하는 경우에 매우 유용하다. 이러한 UI 요소들은 다음과 같은 상황에서 특히 적합하다.

- **다중 선택지 제공**: 사용자가 여러 가지 옵션 중에서 선택해야 하는 경우에 스피너나 드롭다운 목록을 사용할 수 있다. 예를 들어 언어, 국가, 도시, 카테고리 등의 여러 옵션 중에서 사용자가 하나를 선택해야 할 때 사용된다.

- **옵션의 개수가 많은 경우**: 옵션이 많은 경우에는 라디오 버튼이나 체크 박스보다는 스피너나 드롭다운 목록을 사용하는 것이 좋다. 라디오 버튼이나 체크 박스는 옵션이 많아질수록 UI를 혼란스럽게 만들 수 있지만, 스피너는 옵션 목록을 간결하게 유지할 수 있다.
- **공간 절약**: 스피너는 화면 공간을 효율적으로 활용할 수 있는 UI 요소다. 버튼을 클릭하면 옵션 목록이 펼쳐지므로, 선택지가 많은 경우에도 UI를 간결하게 유지할 수 있다.
- **선택지의 명확한 표시**: 사용자가 선택할 수 있는 옵션들을 명확하게 보여주고 싶을 때 스피너나 드롭다운 목록을 사용할 수 있다. 이는 사용자에게 선택의 폭을 시각적으로 제공하여 선택을 용이하게 만든다.

따라서 다양한 선택지를 제공하고, 사용자가 쉽게 선택할 수 있도록 도와야 할 때에는 스피너나 드롭다운 목록을 사용하는 것이 좋다.

구성 요소

스피너와 드롭다운 목록은 주로 두 가지 구성 요소로 이루어져 있다.

- **스피너 또는 드롭다운 버튼**

  이는 사용자가 클릭하여 옵션 목록을 표시하도록 하는 버튼이나 텍스트 필드다. 사용자가 이 버튼을 클릭하면 옵션 목록이 나타난다. 스피너는 보통 텍스트 필드와 드롭다운 화살표로 이루어져 있다. 사용자가 텍스트 필드를 클릭하면 옵션 목록이 표시된다.

- **옵션 목록**

  이는 사용자가 선택할 수 있는 여러 옵션들을 포함한 목록이다. 스피너를 클릭하면 이 목록이 펼쳐지며, 사용자는 여기서 원하는 옵션을 선택할 수 있다. 각 옵션은 목록에서 표시되는 텍스트와 선택 시 해당 값을 나타내는 데이터로 구성된다.

구조

스피너나 드롭다운 목록은 일반적으로 다음과 같은 구조를 가진다.

```
<Spinner
    android:id="@+id/spinner"
    android:layout_width="wrap_content"
    android:layout_height="wrap_content" />
```

또한 스피너에는 사용자가 선택할 수 있는 여러 옵션들이 포함된 어댑터(Adapter)가 필요하다. 이 어댑터는 옵션 목록을 스피너에 바인딩하고 각 항목을 표시하는 역할을 한다. 스피너에 옵션 목록을 설정하고 선택된 항목을 처리하는 데 필요한 작업은 프로그래밍 방식으로 처리된다.

스피너를 액티비티나 프래그먼트에서 초기화해야 한다. 이때 findViewById() 메서드를 사용하여 XML에서 정의한 스피너를 찾아야 한다.

```
val spinner: Spinner = findViewById(R.id.spinner)
```

스피너에 표시할 항목들을 정의해야 한다. 이를 위해 ArrayAdapter나 BaseAdapter 등의 어댑터(Adapter)를 사용한다. 예를 들어 ArrayAdapter를 사용하여 문자열 배열을 스피너에 추가할 수 있다.

```
val options = arrayOf("옵션 1", "옵션 2", "옵션 3")
val adapter = ArrayAdapter(this, android.R.layout.simple_spinner_item,
    options)
spinner.adapter = adapter
```

사용자가 항목을 선택했을 때 수행할 동작을 정의하기 위해 선택 리스너를 설정할 수 있다. 사용자가 스피너에서 항목을 선택할 때 발생하는 이벤트를 처리하는 방법은 스피너의 OnItemSelectedListener 인터페이스를 구현하여 항목 선택 이벤트를 감지하고 처리하는 것이다.

- **OnItemSelectedListener 구현**: 스피너에서 항목을 선택하는 이벤트를 처리하기 위해 OnItemSelectedListener 인터페이스를 구현한다.

- **onItemSelected()**: 사용자가 스피너에서 항목을 선택했을 때 호출되는 메서드다. 선택한 항목의 위치(position)을 통해 선택된 항목에 대한 작업을 수행할 수 있다. 이때 position을 통해 해당 항목에 대한 데이터를 얻을 수 있다.

- **onNothingSelected()**: 사용자가 아무 항목도 선택하지 않았을 때 호출되는 메서드다. 이러한 경우 기본값을 설정하거나 사용자에게 선택하도록 안내하는 등의 방법으로 처리를 구현할 수 있다.

```
spinner.onItemSelectedListener = object :
    AdapterView.OnItemSelectedListener {
    override fun onItemSelected(parent: AdapterView<*>?, view: View?,
        position: Int, id: Long) {
        // 선택된 항목에 대한 동작 수행
        val selectedItem = options[position]
```

```
        Toast.makeText(applicationContext, "선택된 항목: $selectedItem",
            Toast.LENGTH_SHORT).show()
    }

    override fun onNothingSelected(parent: AdapterView<*>?) {
        // 선택된 항목이 없을 때 수행할 동작
    }
}
```

이렇게 설정된 스피너는 앱에서 옵션 목록을 보여주고, 사용자가 선택한 항목에 대한 작업을 처리할 수 있게 된다.

사용자 정의 방법

스피너나 드롭다운 목록을 사용자 정의하여 보다 사용자 친화적인 UI를 만들 수 있다. 다음은 몇 가지 사용자 정의 방법이다.

- **커스텀 레이아웃 사용**: 스피너의 기본적인 레이아웃 대신 커스텀한 레이아웃을 사용하여 각 항목의 모양을 변경할 수 있다. 이를 위해 스피너에 사용할 커스텀 레이아웃을 정의하고, 이 레이아웃을 어댑터에 연결하여 사용한다.

- **커스텀 어댑터 사용**: ArrayAdapter나 SimpleCursorAdapter 등의 기본 어댑터 대신 커스텀 어댑터를 사용하여 각 항목의 모양이나 데이터를 변경할 수 있다. 이를 통해 항목의 텍스트, 이미지 등을 자유롭게 표시할 수 있다.

- **항목의 색상 변경**: 각 항목의 배경색이나 텍스트 색상을 변경하여 사용자 정의할 수 있다. 이를 통해 선택된 항목이나 비선택 항목을 시각적으로 구분할 수 있다.

- **선택된 항목 강조**: 사용자가 선택한 항목을 강조하여 시각적으로 나타낼 수 있다. 예를 들어 선택된 항목의 배경색을 변경하거나 특별한 효과를 줄 수 있다.

- **드롭다운 목록의 크기 및 모양 변경**: 드롭다운 목록의 크기나 모양을 변경하여 보다 사용자 친화적인 UI를 만들 수 있다. 이를 통해 목록이 너무 크지 않게 하거나, 아이콘 등의 추가 요소를 표시할 수 있다.

손으로 익히는 코딩

```xml
<Spinner
    android:id="@+id/spinnerDestinations"
    android:layout_width="match_parent"
```

```xml
        android:layout_height="wrap_content"/>

    <ImageView
        android:id="@+id/imageDestination"
        android:layout_width="match_parent"
        android:layout_height="wrap_content"
        android:src="@drawable/default_image"
        android:scaleType="fitCenter"/>
```

 손으로 익히는 코딩

```kotlin
class MainActivity : AppCompatActivity() {
    private lateinit var spinnerDestinations: Spinner
    private lateinit var imageDestination: ImageView

    override fun onCreate(savedInstanceState: Bundle?) {
        super.onCreate(savedInstanceState)
        setContentView(R.layout.activity_main)

        spinnerDestinations = findViewById(R.id.spinnerDestinations)
        imageDestination = findViewById(R.id.imageDestination)

        val destinations = arrayOf("서울", "파리", "뉴욕", "도쿄")
        val adapter = ArrayAdapter(this, android.R.layout.simple_spinner_item,
            destinations)
        adapter.setDropDownViewResource(
            android.R.layout.simple_spinner_dropdown_item)
        spinnerDestinations.adapter = adapter

        spinnerDestinations.onItemSelectedListener = object :
            AdapterView.OnItemSelectedListener {
            override fun onItemSelected(parent: AdapterView<*>?, view: View?,
                position: Int, id: Long) {
                val selectedDestination = destinations[position]
                val imageResId = getImageResource(selectedDestination)
                imageDestination.setImageResource(imageResId)
                Toast.makeText(applicationContext, "선택한 여행지: 
                    $selectedDestination", Toast.LENGTH_SHORT).show()
            }

            override fun onNothingSelected(parent: AdapterView<*>?) {
                // 아무 것도 선택되지 않았을 때의 처리
            }
```

```
            }
        }

        private fun getImageResource(destination: String): Int {
            return when (destination) {
                "서울" -> R.drawable.seoul
                "파리" -> R.drawable.paris
                "뉴욕" -> R.drawable.new_york
                "도쿄" -> R.drawable.tokyo
                else -> R.drawable.default_image
            }
        }
    }
```

위의 예시는 사용자가 드롭다운 목록을 통해 여행지를 선택하고 선택한 여행지에 대한 정보를 확인할 수 있게 구성된 앱이다. 사용자가 선택한 여행지에 따라 추가적인 기능을 구현하여 더욱 흥미로운 앱을 만들어볼 수 있다.

> **Tip**
> drawable 폴더에 seoul.jpg, paris.jpg, new_york.jpg, tokyo.jpg와 같은 여행지에 대한 이미지를 추가합니다. 필요에 따라 이미지 크기를 조정할 수 있습니다.

폼 유효성 검사

폼 유효성 검사는 사용자로부터 입력받은 데이터의 정확성과 일관성을 보장하는 데 매우 중요한 역할을 한다. 여러 이유로 폼 유효성 검사의 중요성은 다음과 같다.

중요성

- **데이터의 일관성 보장**: 사용자가 폼을 통해 제출한 데이터가 일관성 있고 정확한지 확인하는 것은 애플리케이션의 데이터의 일관성을 보장하는 데 중요하다. 잘못된 데이터가 데이터베이스에 저장되면 애플리케이션의 신뢰성과 정확성에 영향을 미칠 수 있다.
- **보안 강화**: 폼 유효성 검사는 악의적인 사용자로부터의 입력을 방지하는 데 도움을 준다. 입력 필드를 통해 올바르지 않은 데이터가 전송되는 것을 방지함으로써 시스템의 보안을 강화할 수 있다.
- **사용자 경험 향상**: 사용자가 폼을 채우고 제출할 때 오류 메시지 없이 유효성 검사를 거쳐야 한다. 올바르지 않은 데이터를 제출한 후에 오류 메시지를 받는 것은 사용자의 혼란을 야기할 수 있다. 따라서 폼 유효성 검사는 사용자 경험을 향상시키는 데 큰 역할을 한다.

- 비즈니스 목적 달성: 정확하고 일관된 데이터를 수집하고 처리함으로써 비즈니스 목적을 달성할 수 있다. 잘못된 데이터는 비즈니스 의사 결정에 오류를 일으킬 수 있으며, 이는 비즈니스 성과에 영향을 미칠 수 있다.

따라서 폼 유효성 검사는 데이터의 정확성, 보안, 사용자 경험 및 비즈니스 목적 달성에 모두 중요한 역할을 한다. 이를 통해 안정적이고 신뢰할 수 있는 애플리케이션을 개발하고 유지할 수 있다.

필수 입력 필드의 유효성 검사 방법

필수 입력 필드의 유효성 검사는 사용자가 반드시 입력해야 하는 정보를 누락하지 않도록 보장하는 데 매우 중요하다. 사용자에게 알맞은 안내와 함께 필수 입력 필드를 강조하는 것이 좋다. 아래는 필수 입력 필드의 유효성 검사 방법에 대한 자세한 설명이다.

- 안내 문구 표시: 필수 입력 필드를 강조하기 위해 사용자에게 해당 필드가 필수 입력 필드임을 명확하게 알려준다. 일반적으로 필드 레이블 옆에 빨간색 별표(*) 또는 "필수"라는 텍스트를 표시하여 사용자가 주의를 기울일 수 있도록 한다.

- 클라이언트 측 유효성 검사: 사용자가 입력한 데이터를 실시간으로 검사하여 필수 입력 필드가 비어 있는지 확인한다. 웹 애플리케이션의 경우 JavaScript를 사용하여 클라이언트 측에서 유효성 검사를 수행할 수 있다. 이를 통해 사용자가 폼을 제출하기 전에 누락된 필수 입력 필드를 식별할 수 있다.

- 서버 측 유효성 검사: 클라이언트 측 유효성 검사만으로는 보안 상의 이유로 충분하지 않을 수 있다. 따라서 서버 측에서도 반드시 필수 입력 필드가 비어 있는지 확인해야 한다. 이를 통해 악의적인 사용자가 클라이언트 측에서 유효성 검사를 우회하는 것을 방지할 수 있다.

- 오류 메시지 표시: 사용자가 필수 입력 필드를 누락한 경우 적절한 오류 메시지를 표시하여 어떤 필드를 입력해야 하는지 사용자에게 알려준다. 오류 메시지는 명확하고 이해하기 쉬워야 하며, 필드 레이블과 함께 표시되어야 한다.

- 포커스 이동: 필수 입력 필드를 누락한 경우 사용자의 입력을 유도하기 위해 자동으로 해당 필드로 포커스를 이동하는 것이 좋다. 이를 통해 사용자가 필수 입력 필드를 간편하게 찾을 수 있다.

필수 입력 필드의 유효성 검사를 통해 사용자가 누락한 필드를 쉽게 식별하고 적절한 데이터를 입력하도록 유도할 수 있다. 이는 사용자 경험을 향상시키고 데이터의 정확성을 보장하는 데 중요한 역할을 한다.

입력 형식 검사 수행 방법

입력 형식 검사는 사용자가 올바른 형식으로 데이터를 입력했는지 확인하는 과정이다. 다양한 형식의 데이터를 입력받는 폼에서 입력 형식 검사는 매우 중요하다. 아래는 입력 형식 검사를 수행하는 방법에 대한 자세한 설명이다.

- **정규 표현식 사용**: 정규 표현식은 특정 패턴에 맞는 문자열을 검사하는 데 사용된다. 이를 통해 이메일 주소, 전화 번호, 우편 번호 등과 같은 형식을 검사할 수 있다. 예를 들어 이메일 주소의 유효성을 검사하기 위해 정규 표현식을 사용할 수 있다.

- **내장된 유효성 검사 기능 사용**: 몇몇 프레임워크 및 플랫폼은 내장된 유효성 검사 기능을 제공한다. 예를 들어 안드로이드에서는 EditText 위젯에 입력 형식을 지정할 수 있는 inputType 속성을 사용하여 숫자, 이메일 주소, 비밀번호 등의 형식을 강제할 수 있다.

- **사용자 정의 유효성 검사 로직 구현**: 특정 형식의 데이터를 검사하기 위해 사용자 정의 유효성 검사 로직을 구현할 수 있다. 이는 클라이언트 측이나 서버 측에서 모두 가능하다. 사용자 정의 유효성 검사를 통해 입력된 데이터를 특정 조건에 따라 확인할 수 있다.

- **오류 메시지 표시**: 유효성 검사에서 실패한 경우 사용자에게 적절한 오류 메시지를 표시하여 어떤 부분이 잘못되었는지 알려준다. 이를 통해 사용자가 올바른 형식으로 데이터를 입력하도록 유도할 수 있다.

- **클라이언트 측 및 서버 측 유효성 검사 조합**: 클라이언트 측에서는 실시간으로 사용자의 입력을 검사하여 빠르게 피드백을 제공하고, 서버 측에서는 추가적인 보안 및 신뢰성을 위해 데이터를 재검사할 수 있다.

입력 형식 검사를 통해 사용자가 올바른 형식의 데이터를 입력하도록 유도하고, 애플리케이션의 안정성과 보안을 보장할 수 있다.

검증 로직 구현 단계

검증 로직을 구현하여 각 유효성 검사 항목에 대한 입력 데이터를 실제로 검사할 수 있다. 아래는 검증 로직을 구현하는 단계에 대한 자세한 설명이다.

① **필수 입력 필드 검증**: 필수 입력 필드에 대한 검증은 해당 필드가 비어 있는지 확인하는 것으로 시작한다. 먼저 사용자가 입력한 데이터를 가져온다.

```
val userInput = editText.text.toString()
```

② 입력된 데이터가 비어 있는지 확인한다.

```
if (userInput.isEmpty()) {
    // 에러 처리 로직 추가
}
```

③ **입력 형식 검증**: 입력 데이터의 형식이 올바른지 확인하는 것이 중요하다. 예를 들어 이메일 주소 형식이 올바른지, 숫자 필드에 숫자만 입력되었는지 등을 검증한다.

```
val emailPattern = "[a-zA-Z0-9._-]+@[a-z]+\\.+[a-z]+".toRegex()
if (!userInput.matches(emailPattern)) {
    // 이메일 형식이 올바르지 않음
    // 에러 처리 로직 추가
}
```

④ **비밀번호 확인**: 비밀번호와 비밀번호 확인 필드의 값이 일치하는지 검증한다.

```
val password = editTextPassword.text.toString()
val confirmPassword = editTextConfirmPassword.text.toString()

if (password != confirmPassword) {
    // 비밀번호와 비밀번호 확인이 일치하지 않음
    // 에러 처리 로직 추가
}
```

⑤ **다른 사용자 정의 검증**: 특정한 요구 사항에 맞게 사용자 정의 검증 로직을 추가할 수 있다. 예를 들어 입력한 날짜가 특정 범위 내에 있는지, 입력한 값이 특정 패턴을 따르는지 등을 검증할 수 있다.

폼 제출 절차

폼을 제출하기 전에 모든 유효성 검사가 통과되었는지 확인하여 데이터 손실이나 오류를 방지할 수 있다. 아래는 폼 제출을 위한 절차에 대한 자세한 설명이다.

① **제출 버튼 클릭 리스너 설정**: 먼저, 제출 버튼에 클릭 리스너를 설정하여 사용자가 폼을 제출할 때의 동작을 정의한다.

```
submitButton.setOnClickListener {
    submitForm()
}
```

② **폼 제출 함수 구현**: 제출 버튼이 클릭될 때 호출되는 함수를 구현한다. 이 함수에서는 모든 유효성 검사를 수행하고, 검사가 통과되면 폼을 제출한다.

```
private fun submitForm() {
    // 각 입력 필드에서 데이터를 가져옴
    val userInput = editText.text.toString()
    val password = editTextPassword.text.toString()
    val confirmPassword = editTextConfirmPassword.text.toString()

    // 유효성 검사 실행
    if (validateInput(userInput, password, confirmPassword)) {
        // 모든 검사가 통과되면 폼을 제출함
        submitData(userInput, password)
    }
}
```

③ **유효성 검사 함수 구현**: 실제 유효성 검사를 수행하는 함수를 구현한다. 모든 검사가 통과되면 true를 반환하고, 그렇지 않으면 false를 반환한다.

```
private fun validateInput(userInput: String, password: String,
    confirmPassword: String): Boolean {
    // 필수 입력 필드 검사
    if (userInput.isEmpty() || password.isEmpty() || confirmPassword.isEmpty()) {
        Toast.makeText(context, "모든 필드를 입력하세요.", Toast.LENGTH_SHORT).show()
        return false
    }

    // 비밀번호 확인 검사
    if (password != confirmPassword) {
        Toast.makeText(context, "비밀번호가 일치하지 않습니다.", Toast.LENGTH_SHORT).show()
        return false
    }

    // 그 외 다른 유효성 검사 수행 가능

    return true
}
```

④ **폼 제출 함수 구현**: 유효성 검사를 모두 통과한 경우 실제로 데이터를 제출하는 함수를 구현한다.

```kotlin
private fun submitData(userInput: String, password: String) {
    // 데이터를 서버로 전송하거나 로컬 저장소에 저장하는 등의 작업 수행
    // 예: 서버로 데이터 전송
}
```

폼 제출 함수에서는 유효성 검사를 모두 통과한 데이터를 서버로 전송하거나 로컬 저장소에 저장하는 등의 작업을 수행한다. 이를 통해 사용자가 올바른 데이터만 제출하도록 보장할 수 있다.

손으로 익히는 코딩

```xml
<EditText
    android:id="@+id/editTextName"
    android:layout_width="match_parent"
    android:layout_height="wrap_content"
    android:hint="이름"/>

<EditText
    android:id="@+id/editTextEmail"
    android:layout_width="match_parent"
    android:layout_height="wrap_content"
    android:hint="이메일"/>

<EditText
    android:id="@+id/editTextPassword"
    android:layout_width="match_parent"
    android:layout_height="wrap_content"
    android:hint="비밀번호"
    android:inputType="textPassword"/>

<EditText
    android:id="@+id/editTextConfirmPassword"
    android:layout_width="match_parent"
    android:layout_height="wrap_content"
    android:hint="비밀번호 확인"
    android:inputType="textPassword"/>

<Button
    android:id="@+id/submitButton"
```

```
            android:layout_width="wrap_content"
            android:layout_height="wrap_content"
            android:text="제출"/>
```

 손으로 익히는 코딩

```kotlin
class MainActivity : AppCompatActivity() {
    private fun validateForm(): Boolean {
        val editTextName: TextView = findViewById(R.id.editTextName)
        val editTextEmail: TextView = findViewById(R.id.editTextEmail)
        val editTextPassword: TextView = findViewById(R.id.editTextPassword)
        val editTextConfirmPassword: TextView = findViewById(
            R.id.editTextConfirmPassword)

        val name = editTextName.text.toString()
        val email = editTextEmail.text.toString()
        val password = editTextPassword.text.toString()
        val confirmPassword = editTextConfirmPassword.text.toString()

        // 필수 입력 필드 검사
        if (name.isEmpty() || email.isEmpty() || password.isEmpty() ||
            confirmPassword.isEmpty()) {
            showError("모든 필드를 입력하세요.")
            return false
        }

        // 이메일 형식 검사
        if (!isValidEmail(email)) {
            showError("유효한 이메일 주소를 입력하세요.")
            return false
        }

        // 비밀번호 확인 검사
        if (password != confirmPassword) {
            showError("비밀번호가 일치하지 않는다.")
            return false
        }

        return true
    }
```

```kotlin
    private fun isValidEmail(email: String): Boolean {
        // 간단한 이메일 형식 검사 로직을 작성할 수 있음
        return android.util.Patterns.EMAIL_ADDRESS.matcher(email).matches()
    }

    private fun showError(message: String) {
        Toast.makeText(this, message, Toast.LENGTH_SHORT).show()
    }

    override fun onCreate(savedInstanceState: Bundle?) {
        super.onCreate(savedInstanceState)
        setContentView(R.layout.activity_main)

        val submitButton: Button = findViewById(R.id.submitButton)
        submitButton.setOnClickListener {
            if (validateForm()) {
                // 폼이 유효하면 제출 처리를 수행함
                submitData()
            }
        }
    }

    private fun submitData() {
        // 유효한 데이터를 서버로 전송하거나 다른 작업을 수행함
    }
}
```

위의 예시에서는 사용자의 입력을 검증하여 필수 필드가 비어 있거나 이메일 형식이 올바르지 않으면 에러를 표시한다. 유효한 데이터일 경우에만 제출을 허용하고, 제출 버튼 클릭 시 데이터를 서버로 전송하거나 다른 작업을 수행할 수 있다.

키보드와 입력 관리

키보드 관리는 사용자 경험을 향상시키는 데 중요한 부분이다. 아래에서는 화면 가리기 방지와 키보드 숨기기에 대해 자세히 설명하겠다.

화면 가리기 방지

사용자가 입력 요소를 선택하면 키보드가 자동으로 올라와서 화면의 일부를 가리게 된다. 이러한 상황을 방지하기 위해 다음과 같은 방법을 사용할 수 있다.

- AdjustResize: AndroidManifest.xml 파일의 해당 액티비티에 android:window Soft InputMode="adjustResize" 속성을 추가한다. 이렇게 하면 키보드가 올라올 때 화면이 조정되어 입력 요소가 가려지지 않는다.

```
<activity
    android:name=".YourActivity"
    android:windowSoftInputMode="adjustResize">
</activity>
```

- ScrollView 사용: 입력 요소가 포함된 레이아웃을 ScrollView로 감싸면 사용자가 스크롤하여 키보드가 가린 부분을 볼 수 있다.

```
<ScrollView
    android:layout_width="match_parent"
    android:layout_height="match_parent">

    <!-- 입력 요소들을 포함한 내용 -->

</ScrollView>
```

- 전체 화면 조정: adjustPan 속성을 사용하여 화면을 키보드에 가릴 부분만큼 위로 이동시킬 수 있다. 하지만 전체 화면 조정은 사용자 경험을 저하시킬 수 있으므로 조심스럽게 사용해야 한다.

키보드 숨기기

입력이 완료되었을 때 키보드를 숨기는 것은 사용자 경험을 향상시키는 데 도움이 된다. 다음은 키보드를 숨기는 방법이다.

- 키보드 닫기 버튼: 사용자가 입력이 완료되면 키보드 닫기 버튼을 제공하여 클릭하면 키보드를 숨길 수 있도록 한다.

```
val imm = getSystemService(Context.INPUT_METHOD_SERVICE) as
    InputMethodManager
imm.hideSoftInputFromWindow(view.windowToken, 0)
```

- **외부 터치 감지**: 키보드 영역 외부를 터치하면 키보드를 숨길 수 있도록 하는 기능을 추가한다.

  ```
  override fun dispatchTouchEvent(ev: MotionEvent): Boolean {
      if (currentFocus != null) {
          val imm = getSystemService(Context.INPUT_METHOD_SERVICE) as
              InputMethodManager
          imm.hideSoftInputFromWindow(currentFocus!!.windowToken, 0)
      }
      return super.dispatchTouchEvent(ev)
  }
  ```

- **입력 완료 동작 감지**: 특정 입력 요소에 입력이 완료되었음을 감지하고, 입력을 처리하고 나면 키보드를 자동으로 숨긴다.

  ```
  editText.setOnEditorActionListener { _, actionId, _ ->
      if (actionId == EditorInfo.IME_ACTION_DONE) {
          // 입력 완료 처리 후 키보드 숨기기
          val imm = getSystemService(Context.INPUT_METHOD_SERVICE) as
              InputMethodManager
          imm.hideSoftInputFromWindow(editText.windowToken, 0)
          true
      } else {
          false
      }
  }
  ```

포커스 관리

포커스 관리는 사용자가 앱 내에서 필요한 요소에 접근할 수 있도록 하는 중요한 부분이다. 아래에서는 입력 요소에 포커스를 주는 방법과 포커스를 제어하는 방법에 대해 설명하겠다.

- **입력 요소에 포커스 주기**

  - **XML에서 설정**: XML 레이아웃 파일에서 android:focusable="true" 및 android:focusableInTouchMode="true" 속성을 사용하여 해당 입력 요소에 포커스를 줄 수 있다. 또한 android:nextFocusDown, android:nextFocusUp, android:nextFocusForward 등의 속성을 사용하여 다음 포커스 위치를 지정할 수 있다.

```xml
<EditText
    android:id="@+id/editText"
    android:layout_width="wrap_content"
    android:layout_height="wrap_content"
    android:focusable="true"
    android:focusableInTouchMode="true" />
```

- 프로그래밍 방식: requestFocus() 메서드를 사용하여 코드에서 특정 입력 요소에 포커스를 주는 것이 가능하다.

```
editText.requestFocus()
```

● 포커스 제어

- 다음 포커스 지정: nextFocusDown, nextFocusUp, nextFocusForward 등의 XML 속성을 사용하여 다음 포커스 위치를 지정할 수 있다. 이를 통해 사용자의 이동 경로를 제어할 수 있다.

```xml
<EditText
    android:id="@+id/editText1"
    android:layout_width="wrap_content"
    android:layout_height="wrap_content"
    android:nextFocusDown="@+id/editText2" />

<EditText
    android:id="@+id/editText2"
    android:layout_width="wrap_content"
    android:layout_height="wrap_content" />
```

- 포커스 이동 감지: setOnFocusChangeListener() 메서드를 사용하여 포커스가 변경될 때 이를 감지하고 적절한 동작을 수행할 수 있다.

```
editText.setOnFocusChangeListener { view, hasFocus ->
    if (hasFocus) {
        // 포커스를 얻었을 때 수행할 동작
    } else {
        // 포커스를 잃었을 때 수행할 동작
    }
}
```

- 키보드 제어: 다음 포커스로 이동할 때 키보드를 자동으로 열거나 닫는 등의 동작을 제어할 수 있다. 이를 통해 사용자 경험을 개선할 수 있다.

입력 관련 이벤트는 사용자의 상호 작용을 감지하고 애플리케이션에서 이에 대응하는 것을 돕는 중요한 부분이다. 아래에서는 입력 이벤트를 감지하고 처리하는 방법에 대해 자세히 설명하겠다.

입력 이벤트 감지 및 처리 방법

- 입력 이벤트 감지
    - 리스너 등록: 입력 이벤트를 감지하려면 해당 뷰에 대한 리스너를 등록해야 한다. 예를 들어 버튼 클릭 이벤트를 감지하려면 setOnClickListener() 메서드를 사용하여 OnClickListener를 등록한다.
    - 키 입력 이벤트: EditText나 TextView 등의 입력 요소에서 키 입력 이벤트를 감지하려면 setOnKeyListener() 메서드를 사용하여 KeyListener를 등록한다. 이를 통해 특정 키 입력을 감지하고 원하는 동작을 수행할 수 있다.
    - 터치 이벤트: View나 ViewGroup에서 터치 이벤트를 감지하려면 setOnTouchListener() 메서드를 사용하여 OnTouchListener를 등록한다. 이를 통해 터치, 드래그, 스와이프 등의 사용자 제스처를 감지할 수 있다.
- 입력 확인 및 처리
    - 이벤트 핸들러 구현: 등록한 리스너에서 사용자의 입력 동작을 확인하고 적절한 처리를 수행한다. 예를 들어 버튼이 클릭되었을 때의 동작을 구현하거나 EditText에 입력된 텍스트를 확인하여 유효성을 검사하는 등의 작업을 수행한다.
    - 조건부 처리: 이벤트 핸들러 내에서 사용자의 입력에 따라 조건부로 다른 동작을 수행할 수 있다. 예를 들어 버튼 클릭에 따라 다른 화면으로 이동하거나, 입력된 내용을 데이터베이스에 저장하거나, 입력 양식의 유효성을 검사하는 등의 처리를 구현할 수 있다.

손으로 익히는 코딩

```
<AutoCompleteTextView
        android:id="@+id/autoCompleteTextView"
        android:layout_width="match_parent"
        android:layout_height="wrap_content"
        android:hint="Select a color"
        android:textSize="18sp" />
```

손으로 익히는 코딩

```kotlin
class MainActivity : AppCompatActivity() {

    override fun onCreate(savedInstanceState: Bundle?) {
        super.onCreate(savedInstanceState)
        setContentView(R.layout.activity_main)

        val autoCompleteTextView = findViewById<AutoCompleteTextView>(
            R.id.autoCompleteTextView)

        val colors = arrayOf("Red", "Green", "Blue", "Yellow", "Purple") // 색상 목록
        val adapter = ArrayAdapter(this,
            android.R.layout.simple_dropdown_item_1line, colors)
        autoCompleteTextView.setAdapter(adapter)

        autoCompleteTextView.setOnItemClickListener { parent, view, position, id ->
            val selectedColor = (view as TextView).text.toString()
            val backgroundColor = when (selectedColor) {
                "Red" -> Color.RED
                "Green" -> Color.GREEN
                "Blue" -> Color.BLUE
                "Yellow" -> Color.YELLOW
                "Purple" -> Color.parseColor("#800080") // 사용자 정의 색상
                else -> Color.WHITE
            }
            window.decorView.setBackgroundColor(backgroundColor)
        }

        autoCompleteTextView.setOnFocusChangeListener { _, hasFocus ->
            if (!hasFocus) {
                val input = autoCompleteTextView.text.toString()
                if (input !in colors) {
                    autoCompleteTextView.setText("")
                }
            }
        }
    }
}
```

04

더 멋진 내일(Tomorrow)을 위한 내일(My Career) **내일은 코틀린**

리스트뷰와 리사이클러뷰

☑ **핵심 키워드**

리스트뷰, 어댑터, 리사이클러뷰, 레이아웃 매니저, 뷰 홀더

여기서는 무얼 배울까

안드로이드 앱에서 다양한 형태의 목록 UI를 구현하는 방법을 배운다. 리스트뷰와 리사이클러뷰의 기본적인 사용법부터 데이터 표시, 사용자 상호 작용 처리, 성능 최적화 등을 다룬다. 또한 어댑터와 레이아웃 매니저를 통해 목록 UI를 커스터마이징하는 방법도 배울 수 있다.

리스트뷰

　리스트뷰(ListView)는 안드로이드 앱에서 사용자에게 스크롤 가능한 목록을 제공하는 UI 요소다. 이 목록은 일반적으로 텍스트, 이미지 또는 복합적인 항목들로 구성된다. 리스트뷰는 사용자가 여러 항목 중 하나를 선택하거나 목록을 스크롤하여 내용을 탐색할 수 있도록 한다.

　리스트뷰는 다양한 용도로 사용된다. 예를 들어 앱의 설정 화면에서 옵션 목록을 제공하거나, 연락처 목록을 표시하거나, 뉴스 기사 목록을 제공하는 등 다양한 형태로 활용될 수 있다. 주로 비슷한 형식의 데이터를 여러 개의 항목으로 표시할 때 사용된다.

리스트뷰의 주요 역할

- **데이터 표시**: 리스트뷰는 데이터를 시각적으로 표시하여 사용자에게 정보를 제공한다. 이 데이터는 어댑터를 통해 리스트뷰에 연결된다.
- **상호 작용**: 사용자는 리스트뷰를 스크롤하여 목록을 탐색하고, 항목을 터치하여 해당 항목에 대한 세부 정보를 볼 수 있다.
- **이벤트 처리**: 리스트뷰는 사용자의 상호 작용에 대응하여 이벤트를 처리한다. 예를 들어 항목을 클릭하면 해당 항목에 대한 액션을 수행할 수 있다.

리스트뷰는 안드로이드 앱에서 매우 일반적으로 사용되는 UI 요소이며, 데이터를 목록 형태로 표시하는 데 효과적이다. 사용자가 다양한 항목을 쉽게 탐색하고 선택할 수 있도록 도와주는 중요한 역할을 한다.

리스트뷰의 주요 특징

- **스크롤 가능한 목록**: 리스트뷰는 여러 항목으로 구성된 목록을 스크롤할 수 있도록 제공한다. 사용자가 목록을 위아래로 스크롤하여 내용을 탐색할 수 있다.
- **다양한 데이터 형식 지원**: 리스트뷰는 다양한 형식의 데이터를 표시할 수 있다. 텍스트, 이미지, 체크 박스, 버튼 등 다양한 UI 요소를 포함한 복합적인 항목들을 리스트뷰에 표시할 수 있다.
- **재사용 가능한 항목 뷰**: 리스트뷰는 화면에 표시되는 항목들을 동적으로 재사용하여 메모리를 효율적으로 관리한다. 이를 통해 많은 수의 항목을 효율적으로 처리할 수 있다.
- **다양한 레이아웃 형태**: 리스트뷰는 다양한 레이아웃 형태를 지원한다. 단일 항목 뷰, 다중 항목 뷰, 그리드 형태의 레이아웃 등 다양한 스타일의 목록을 구현할 수 있다.
- **상호 작용 가능**: 사용자는 리스트뷰의 항목을 터치하여 선택하거나, 길게 눌러서 다양한 동작을 수행할 수 있다. 이를 통해 사용자가 리스트뷰의 내용을 탐색하고 상호 작용할 수 있다.

리스트뷰는 이러한 특징들을 통해 다양한 형태의 목록을 효과적으로 표시하고, 사용자가 목록을 편리하게 탐색하고 상호 작용할 수 있도록 지원한다.

XML 레이아웃 파일에서 리스트뷰를 정의하는 방법

- **XML에서 리스트뷰 추가**: 먼저, XML 레이아웃 파일에 〈ListView〉 요소를 추가하여 리스트뷰를 정의한다. 이때 〈ListView〉 요소의 속성을 설정하여 리스트뷰의 크기, 위치 및 스타일을 지정할 수 있다.
- **속성 설정**: 〈ListView〉 요소에는 여러 가지 속성을 설정할 수 있다. 주요 속성은 다음과 같다.
    - android:id: 리스트뷰의 고유 식별자를 지정한다.
    - android:layout_width와 android:layout_height: 리스트뷰의 너비와 높이를 지정한다. match_parent나 wrap_content 등을 사용하여 크기를 조정할 수 있다.
    - 기타 속성: padding, margin, background 등의 속성을 사용하여 리스트뷰의 스타일을 지정할 수 있다.

예를 들어 아래는 리스트뷰를 간단히 정의하는 XML 코드의 예시다.

```xml
<ListView
    android:id="@+id/listView"
    android:layout_width="match_parent"
    android:layout_height="wrap_content"
    android:padding="16dp"
    android:background="@android:color/white" />
```

위 코드에서는 리스트뷰의 id를 listView로 설정하고, 너비는 부모에 맞게, 높이는 컨텐츠에 맞게 설정하였다. 또한 padding을 추가하여 내부 여백을 설정하고, 배경색을 흰색으로 지정하였다. 이와 같이 XML 레이아웃 파일에서 리스트뷰를 정의하고 속성을 설정하여 원하는 형태로 디자인할 수 있다.

어댑터(Adapter)

리스트뷰와 데이터 소스를 연결하는 핵심 요소이다. 어댑터는 데이터 소스로부터 데이터를 가져와 리스트뷰에 표시하는 역할을 한다. 어댑터를 사용하여 데이터를 리스트뷰에 표시하는 일반적인 방법은 다음과 같다.

- **어댑터 클래스 생성**: 먼저 어댑터 클래스를 생성한다. 이 클래스는 BaseAdapter나 ArrayAdapter와 같은 어댑터 클래스를 상속하거나 구현한다. 어댑터 클래스는 데이터 소스와 리스트뷰 사이의 중개자 역할을 한다.

- **데이터 소스 설정**: 어댑터 클래스에서 데이터 소스를 설정한다. 이 데이터 소스는 리스트뷰에 표시할 항목들의 목록이 된다. 이 데이터 소스는 배열, 리스트, 데이터베이스 결과셋 등의 형태일 수 있다.

- **getView() 메서드 구현**: 어댑터 클래스에서는 getView() 메서드를 구현한다. 이 메서드는 각 항목의 뷰를 반환하는 역할을 한다. getView() 메서드는 리스트뷰에서 각 항목을 표시할 때마다 호출된다. getView() 메서드에서는 항목의 뷰를 생성하고 데이터를 바인딩하여 반환한다.

- **어댑터 설정**: 액티비티나 프래그먼트에서 리스트뷰와 어댑터를 연결한다. 이때 리스트뷰의 setAdapter() 메서드를 사용하여 어댑터를 설정한다.

예를 들어 ArrayAdapter를 사용하여 문자열 배열을 리스트뷰에 표시하는 경우 다음과 같이 작성할 수 있다.

```
val listView = findViewById<ListView>(R.id.listView)
val data = arrayOf("Item 1", "Item 2", "Item 3")

val adapter = ArrayAdapter(this, android.R.layout.simple_list_item_1, data)
listView.adapter = adapter
```

위 코드에서는 문자열 배열인 data를 ArrayAdapter에 전달하여 어댑터를 생성하고, 리스트뷰에 어댑터를 설정하였다. 이제 리스트뷰는 data 배열의 각 항목을 표시한다. 이와 같이 어댑터를 사용하여 데이터를 리스트뷰에 표시할 수 있다. 데이터의 변경이나 리스트뷰의 스크롤 등의 이벤트가 발생할 때마다 어댑터가 적절한 처리를 수행하여 리스트뷰를 업데이트한다.

항목 레이아웃을 정의하는 과정

리스트뷰에서 각 항목을 표시하는 레이아웃을 정의하는 것은 리스트뷰의 각 아이템에 대한 UI를 결정하는 과정이다. 각 항목 레이아웃은 리스트뷰의 각 아이템을 표시하는 데 사용된다. 항목 레이아웃을 정의하는 과정은 다음과 같다.

① 레이아웃 파일 생성: 항목 레이아웃을 정의하기 위해 res/layout 디렉토리에 XML 레이아웃 파일을 생성한다. 이 파일은 리스트뷰의 각 항목에 대한 UI를 설계하는 데 사용된다.

② UI 구성 요소 추가: 레이아웃 파일에서 각 항목에 표시될 UI 구성 요소를 추가한다. 예를 들어 텍스트뷰, 이미지뷰, 버튼 등을 사용하여 각 항목의 모양과 내용을 정의할 수 있다.

③ 데이터 바인딩: 항목 레이아웃에 표시될 데이터를 바인딩한다. 어댑터의 getView() 메서드에서 각 항목의 뷰를 생성할 때, 해당 레이아웃에 데이터를 설정하여 항목의 내용을 표시한다.

예를 들어 간단한 텍스트 항목을 표시하는 리스트뷰의 항목 레이아웃을 정의하는 XML 파일은 다음과 같을 수 있다.

```xml
<!-- list_item_layout.xml -->
<TextView
    xmlns:android="http://schemas.android.com/apk/res/android"
    android:id="@+id/textView"
    android:layout_width="match_parent"
    android:layout_height="wrap_content"
    android:textSize="18sp"
    android:padding="16dp"
    android:textColor="@android:color/black" />
```

이렇게 정의된 항목 레이아웃은 단일 텍스트뷰로 구성되어 있다. 이 레이아웃은 각 항목에 표시될 텍스트를 표시하기 위해 사용된다. 이 항목 레이아웃은 다른 UI 요소로 확장될 수 있으며, 데이터 바인딩을 통해 각 항목의 내용을 동적으로 설정할 수 있다.

이와 같이 각 항목에 표시될 UI 요소를 정의하여 항목 레이아웃을 생성하면, 리스트뷰가 각 항목을 표시할 때 이 레이아웃을 사용하여 UI를 생성한다.

activity_main.xml

```xml
<RelativeLayout xmlns:android="http://schemas.android.com/apk/res/android"
    xmlns:tools="http://schemas.android.com/tools"
    android:layout_width="match_parent"
    android:layout_height="match_parent"
    tools:context=".MainActivity">

    <ListView
        android:id="@+id/listView"
        android:layout_width="match_parent"
        android:layout_height="match_parent" />

</RelativeLayout>
```

list_item_layout.xml

```xml
<TextView
    xmlns:android="http://schemas.android.com/apk/res/android"
    android:id="@+id/textView"
    android:layout_width="match_parent"
    android:layout_height="wrap_content"
    android:textSize="18sp"
    android:padding="16dp"
    android:textColor="@android:color/black" />
```

MainActivity.kt

> 손으로 익히는 코딩

```kotlin
class MainActivity : AppCompatActivity() {

    override fun onCreate(savedInstanceState: Bundle?) {
        super.onCreate(savedInstanceState)
        setContentView(R.layout.activity_main)

        val listView = findViewById<ListView>(R.id.listView)

        // 리스트뷰에 표시할 데이터
        val data = listOf("Apple", "Banana", "Cherry", "Date", "Elderberry")

        // 어댑터 생성 및 설정
        val adapter = ArrayAdapter(this, R.layout.list_item_layout, data)
        listView.adapter = adapter
    }
}
```

이 예시는 액티비티의 onCreate() 메서드에서 리스트뷰를 초기화하고, 고정된 텍스트 항목을 리스트뷰에 표시하는 방법을 보여준다. 리스트뷰에는 Apple, Banana, Cherry, Date, Elderberry라는 텍스트가 표시된다. 리스트뷰의 각 항목은 list_item_layout.xml에서 정의된 TextView로 구성된다.

리사이클러뷰

리사이클러뷰(RecyclerView)는 안드로이드에서 스크롤 가능한 목록을 표시하는 뷰 그룹이다. 기본적으로 여러 개의 항목을 수직 또는 수평으로 스크롤하여 표시하며, 이는 리스트와 비슷한 역할을 한다.

주로 많은 양의 데이터를 동적으로 표시해야 하는 상황에서 사용된다. 예를 들어 소셜 미디어 피드, 쇼핑 목록, 채팅 목록 등과 같이 반복적으로 나타나는 항목들을 보여줄 때 유용하다.

핵심 역할

- **데이터 관리**: 리사이클러뷰는 어댑터(Adapter)를 통해 데이터를 관리한다. 어댑터는 데이터를 리사이클러뷰에 바인딩하여 화면에 표시한다.
- **뷰 재활용**: 리사이클러뷰는 화면에 표시되는 항목들을 재활용하여 메모리 사용량을 최적화한다. 화면에 보이지 않는 항목은 재활용 풀에 저장되어 다시 사용된다.
- **레이아웃 관리**: 리사이클러뷰는 레이아웃 매니저(LayoutManager)를 통해 항목들을 배치한다. 수직, 수평, 그리드 형태 등 다양한 레이아웃을 지원한다.

기본적으로 리사이클러뷰는 사용자가 스크롤할 때 동적으로 데이터를 로드하고 화면에 표시하여 효율적으로 메모리를 관리한다. 또한 리사이클러뷰를 사용하면 사용자 정의 레이아웃을 구성하여 다양한 디자인을 적용할 수 있다.

주요 특징

- **스크롤 가능한 목록**: 리사이클러뷰는 대규모 데이터를 스크롤 가능한 목록으로 표시할 수 있다. 사용자가 화면을 스크롤할 때 동적으로 데이터를 로드하여 보여주므로, 많은 양의 데이터도 효율적으로 처리할 수 있다.
- **데이터 바인딩**: 리사이클러뷰는 어댑터(Adapter)를 통해 데이터를 화면에 바인딩한다. 이를 통해 데이터와 뷰를 연결하여 각 항목을 효율적으로 표시할 수 있다.
- **뷰 재활용**: 리사이클러뷰는 화면에 표시되는 항목들을 재활용하여 메모리 사용량을 최적화한다. 화면에서 사라진 항목은 재활용 풀에 저장되어 다음에 나타날 항목에 재활용된다.
- **레이아웃 매니저**: 리사이클러뷰는 레이아웃 매니저(LayoutManager)를 사용하여 항목들을 배치한다. 수직, 수평, 그리드 형태 등 다양한 레이아웃을 지원하므로 다양한 디자인을 구현할 수 있다.
- **애니메이션 지원**: 리사이클러뷰는 항목 추가, 제거, 변경 등의 애니메이션을 지원한다. 이를 통해 사용자 경험을 향상시키고 인터랙티브한 UI를 제공할 수 있다.

리사이클러뷰는 리스트뷰와 비교하여 유연성과 성능이 뛰어나며, 대부분의 안드로이드 애플리케이션에서 많이 사용되고 있다.

XML 레이아웃에서 리사이클러뷰를 정의하는 방법

- **레이아웃 파일에서 리사이클러뷰 추가**: 우선 사용할 레이아웃 파일(XML 파일)을 연다. 리사이클러뷰를 추가할 부분을 선택한다.

- **리사이클러뷰 요소 추가**: 리사이클러뷰를 추가하기 위해 XML 파일에서 〈RecyclerView〉 요소를 추가한다. 이때 레이아웃의 크기와 위치를 지정할 수 있다. 예를 들어 android:layout_width와 android:layout_height 속성을 사용하여 크기를 설정할 수 있다.

- **레이아웃 매니저 설정**: 리사이클러뷰에는 레이아웃 매니저(Layout Manager)를 설정해야 한다. 레이아웃 매니저는 리사이클러뷰의 항목들을 배치하는 역할을 한다. 예를 들어 수직으로 항목을 배치하려면 LinearLayoutManager를 사용하고, 그리드 형태로 배치하려면 GridLayoutManager를 사용한다. 리사이클러뷰에 레이아웃 매니저를 설정하기 위해서는 app:layoutManager 속성을 사용한다.

- **기타 속성 설정**: 리사이클러뷰에 필요한 기타 속성들을 설정할 수 있다. 예를 들어 android:id 속성을 사용하여 리사이클러뷰에 고유한 식별자를 부여할 수 있다.

```xml
<androidx.recyclerview.widget.RecyclerView
    android:id="@+id/recyclerView"
    android:layout_width="match_parent"
    android:layout_height="match_parent"
    app:layoutManager="androidx.recyclerview.widget.LinearLayoutManager"
/>
```

위 예시에서는 RecyclerView를 추가하고, layout_width와 layout_height를 match_parent로 설정하여 부모 레이아웃에 맞게 크기를 지정하였다. 또한 layoutManager 속성을 사용하여 리사이클러뷰에 LinearLayoutManager를 설정하였다.

어댑터를 사용하여 데이터를 리사이클러뷰에 표시하는 방법

리사이클러뷰와 데이터 소스를 연결하는 과정은 어댑터(Adapter)를 사용하는 것으로 이루어진다. 어댑터는 데이터를 리사이클러뷰에 제공하고 각 항목을 표시하는 역할을 한다. 아래는 어댑터를 사용하여 데이터를 리사이클러뷰에 표시하는 방법이다.

- **어댑터 클래스 생성**: 먼저 어댑터 클래스를 생성한다. 이 클래스는 RecyclerView.Adapter를 상속해야 하며, 제네릭 타입으로 ViewHolder를 지정해야 한다.

- **ViewHolder 클래스 생성**: 어댑터 내부에 ViewHolder 클래스를 정의한다. ViewHolder 클래스는 리사이클러뷰에서 각 항목의 뷰를 보관하는 역할을 한다. 필요에 따라 ViewHolder 클래스 내부에서 항목에 대한 뷰들을 참조하고 연결할 수 있다.

- **어댑터 메서드 구현**: onCreateViewHolder(), onBindViewHolder(), getItemCount() 메서드를 구현한다.

    - onCreateViewHolder(): ViewHolder를 생성하고 뷰를 만들기 위한 레이아웃 인플레이터를 설정한다.

    - onBindViewHolder(): ViewHolder와 데이터를 바인딩하여 각 항목의 뷰를 업데이트한다.

    - getItemCount(): 데이터 소스의 크기를 반환한다.

- **리사이클러뷰에 어댑터 연결**: 생성한 어댑터를 리사이클러뷰에 연결한다. 이때 setAdapter() 메서드를 사용하여 어댑터를 설정한다.

- **데이터 변경 감지**: 데이터가 변경되면 어댑터에게 알려주어야 한다. 데이터 변경 시 notifyDataSetChanged() 메서드를 호출하여 리사이클러뷰에 변경 사항을 반영한다.

이러한 과정을 통해 어댑터를 사용하여 데이터를 리사이클러뷰에 표시할 수 있다. 어댑터를 통해 데이터와 뷰를 연결함으로써 동적이고 유연한 리스트 형태의 인터페이스를 구현할 수 있다.

activity_main.xml

> 손으로 익히는 코딩

```xml
<?xml version="1.0" encoding="utf-8"?>
<LinearLayout xmlns:android="http://schemas.android.com/apk/res/android"
    android:layout_width="match_parent"
    android:layout_height="match_parent"
    android:orientation="vertical">

    <androidx.recyclerview.widget.RecyclerView
        android:id="@+id/recyclerView"
        android:layout_width="match_parent"
        android:layout_height="match_parent" />

</LinearLayout>
```

item_layout.xml

```xml
<?xml version="1.0" encoding="utf-8"?>
<TextView xmlns:android="http://schemas.android.com/apk/res/android"
    android:id="@+id/textView"
    android:layout_width="match_parent"
    android:layout_height="wrap_content"
    android:textSize="18sp"
    android:padding="16dp" />
```

MainActivity.kt

```kotlin
class MainActivity : AppCompatActivity() {

    override fun onCreate(savedInstanceState: Bundle?) {
        super.onCreate(savedInstanceState)
        setContentView(R.layout.activity_main)

        val items = listOf("Item 1", "Item 2", "Item 3")

        val recyclerView = findViewById<RecyclerView>(R.id.recyclerView)
        recyclerView.layoutManager = LinearLayoutManager(this)
        recyclerView.adapter = MyAdapter(items)
    }
}
```

MyAdapter.kt

 손으로 익히는 코딩

```kotlin
class MyAdapter(private val items: List<String>) :
    RecyclerView.Adapter<MyAdapter.ViewHolder>() {

    override fun onCreateViewHolder(parent: ViewGroup, viewType: Int):
        ViewHolder {
        val view = LayoutInflater.from(parent.context).inflate(android.R.layout
            .simple_list_item_1, parent, false)
        return ViewHolder(view)
    }

    override fun onBindViewHolder(holder: ViewHolder, position: Int) {
        val item = items[position]
        holder.bind(item)
    }

    override fun getItemCount(): Int {
        return items.size
    }

    class ViewHolder(itemView: View) : RecyclerView.ViewHolder(itemView) {
        private val textView: TextView = itemView.findViewById(android.R.id.text1)

        fun bind(item: String) {
            textView.text = item
        }
    }
}
```

이 예시에서는 각 항목이 문자열로 표시되고, 간단한 문자열 목록을 사용하여 어댑터를 초기화한다. 이 방법은 간단한 목록을 표시할 때 유용할 수 있다. 하지만 복잡한 데이터를 표시하거나 데이터를 관리해야 할 경우에는 데이터 모델을 사용하는 것이 좋다.

> **Tip**
> 일반적으로 Android 프로젝트에서 리사이클러뷰를 사용하기 위해 다음 의존성을 build.gradle 파일에 추가해야 합니다.
> Implementation("androidx.recyclerview:recyclerview:X.X.X") 를 추가하면 됩니다.

> **에러에서 배우기**
>
> - Adapter Not Set
>   RecyclerView에 어댑터를 설정하지 않았을 때 발생할 수 있습니다. RecyclerView에는 반드시 어댑터를 설정해야 합니다.
> - Data Binding Issue
>   MyAdapter 클래스에서 데이터를 바인딩할 때 발생할 수 있습니다. 이 경우, bind() 메서드에서 데이터를 정확하게 설정했는지 확인해야 합니다.
> - Layout Manager Not Initialized
>   LinearLayoutManager를 초기화하지 않았을 때 발생할 수 있습니다. RecyclerView에는 적절한 레이아웃 매니저가 설정되어야 합니다.

레이아웃 매니저(Layout Manager)

레이아웃 매니저는 안드로이드에서 뷰 그룹(ViewGroup)의 자식 뷰들을 화면에 배치하는 역할을 담당하는 클래스다. 안드로이드에서는 레이아웃 매니저를 사용하여 화면의 구성 요소들을 효율적으로 배치하고 관리할 수 있다. 이러한 레이아웃 매니저는 RecyclerView, LinearLayout, FrameLayout 등과 같은 여러 레이아웃 클래스에서 사용된다.

역할

- **뷰의 배치**: 레이아웃 매니저는 자식 뷰들을 화면에 배치하는 역할을 한다. 뷰의 위치, 크기, 간격 등을 결정하여 화면에 효율적으로 배치한다.

- **스크롤 지원**: 스크롤이 필요한 경우, 레이아웃 매니저는 스크롤 가능한 뷰들을 생성하고 관리한다. 사용자가 스크롤할 때마다 새로운 뷰를 생성하거나 기존 뷰를 재사용하여 스크롤 효율성을 유지한다.

- **레이아웃 관리**: 레이아웃 매니저는 뷰의 계층 구조와 관련된 레이아웃 속성을 관리한다. 이를 통해 뷰들이 올바른 순서와 위치에 배치되도록 보장한다.

- **동적인 레이아웃 변경**: 화면의 상태가 변할 때마다 레이아웃 매니저는 동적으로 레이아웃을 조정하여 화면의 변화에 대응한다. 예를 들어 화면의 크기가 변경되거나 새로운 데이터가 추가될 때마다 레이아웃을 업데이트한다.

이렇게 레이아웃 매니저는 안드로이드 앱의 UI를 구성하고 관리하는 핵심적인 역할을 담당하며, UI의 효율성과 유연성을 제공한다.

기본 동작

- **레이아웃 매니저의 선택**: 각각의 레이아웃 클래스(예 LinearLayout, GridLayout Manager 등)는 자체적인 레이아웃 매니저를 가지고 있다. 레이아웃을 사용할 때는 해당 레이아웃 클래스에 맞는 레이아웃 매니저를 선택하여 사용한다.

- **레이아웃 속성 설정**: 레이아웃 매니저를 설정할 때는 해당 레이아웃 클래스에 맞는 속성을 설정한다. 이 속성은 뷰의 배치 방향, 간격, 정렬 방식 등을 결정한다.

- **뷰의 측정과 배치**: 레이아웃 매니저는 뷰의 측정(Measuring)과 배치(Layouting) 과정을 거친다. 측정 단계에서는 각 뷰의 크기와 위치를 결정하고, 배치 단계에서는 이를 기반으로 실제로 화면에 뷰를 배치한다.

- **스크롤 처리**: 스크롤이 필요한 경우, 레이아웃 매니저는 스크롤 가능한 뷰를 생성하고 관리한다. 스크롤이 발생하면 레이아웃 매니저는 새로운 뷰를 생성하거나 기존 뷰를 재사용하여 스크롤 효율성을 유지한다.

- **레이아웃 변경 처리**: 화면의 상태가 변경될 때마다(예 화면 회전, 창 크기 변경 등) 레이아웃 매니저는 동적으로 레이아웃을 조정하여 화면의 변화에 대응한다. 이를 통해 UI의 일관성을 유지하고 사용자 경험을 향상시킨다.

위의 기본 동작을 이해하면 레이아웃 매니저를 효과적으로 활용하여 다양한 UI를 구성할 수 있다.

내장 레이아웃 매니저

안드로이드에서 제공하는 몇 가지 내장된 레이아웃 매니저는 다음과 같다.

- LinearLayoutManager
    - 특징: 선형으로 뷰를 배치하는 매니저로, 수평 또는 수직 방향으로 아이템을 배치할 수 있다.
    - 사용 사례: 주로 리스트뷰와 같이 수직 또는 수평으로 아이템을 배치하는 경우에 사용된다.

    ```
    // RecyclerView의 LayoutManager로 LinearLayoutManager를 설정한다.
    recyclerView.layoutManager = LinearLayoutManager(context)

    // 뷰를 수직으로 배치하도록 LinearLayoutManager를 설정한다.
    layoutManager.orientation = LinearLayoutManager.VERTICAL

    // 뷰를 수평으로 배치하도록 LinearLayoutManager를 설정한다.
    layoutManager.orientation = LinearLayoutManager.HORIZONTAL
    ```

- GridLayoutManager

    - 특징: 격자 형태로 뷰를 배치하는 매니저로, 그리드의 행과 열을 지정하여 아이템을 배치할 수 있다.
    - 사용 사례: 그리드 형태로 아이템을 표시하는 경우에 사용된다. 주로 이미지 갤러리나 타일 형태의 UI에 적합하다.

    ```
    // RecyclerView의 LayoutManager로 GridLayoutManager를 설정한다.
    recyclerView.layoutManager = GridLayoutManager(context, spanCount)

    // 그리드의 열 수를 설정하여 GridLayoutManager를 생성한다.
    val layoutManager = GridLayoutManager(context, spanCount)

    // 뷰를 수직으로 배치하도록 GridLayoutManager를 설정한다.
    layoutManager.orientation = GridLayoutManager.VERTICAL

    // 뷰를 수평으로 배치하도록 GridLayoutManager를 설정한다.
    layoutManager.orientation = GridLayoutManager.HORIZONTAL
    ```

- StaggeredGridLayoutManager

    - 특징: 그리드 형태로 뷰를 배치하지만 각 행이나 열의 높이(또는 너비)가 다를 수 있다. 이를 통해 불규칙한 UI를 생성할 수 있다.
    - 사용 사례: 이미지 갤러리나 피드 스타일의 UI에서 이미지나 카드를 다르게 배치하고 싶은 경우에 사용된다.

    ```
    // RecyclerView의 LayoutManager로 StaggeredGridLayoutManager를 설정한다.
    recyclerView.layoutManager = StaggeredGridLayoutManager(spanCount,
        orientation)

    // 그리드의 열 수와 방향을 설정하여 StaggeredGridLayoutManager를 생성한다.
    val layoutManager = StaggeredGridLayoutManager(spanCount, orientation)
    ```

- LinearLayoutCompat(AndroidX 라이브러리에서 제공)

    - 특징: 이전 버전의 LinearLayout과 호환되는 레이아웃 매니저다. 호환성을 유지하면서도 새로운 기능을 사용할 수 있다.
    - 사용 사례: 이전 버전과의 호환성을 유지하면서도 최신 기능을 활용하고 싶은 경우에 사용된다.

```xml
<!-- XML 레이아웃에서 LinearLayoutCompat을 정의한다. -->
<androidx.appcompat.widget.LinearLayoutCompat
    android:layout_width="match_parent"
    android:layout_height="wrap_content"
    android:orientation="vertical"
    ... >

    <!-- 하위 뷰들을 추가한다. -->

</androidx.appcompat.widget.LinearLayoutCompat>
```

각 내장된 레이아웃 매니저는 특정한 레이아웃을 효율적으로 배치하고 관리하는 데 도움을 준다. 적절한 매니저를 선택하여 UI를 구성하면 더 나은 사용자 경험을 제공할 수 있다.

커스텀 레이아웃 매니저

커스텀 레이아웃 매니저를 만드는 것은 안드로이드 앱에서 특정한 레이아웃 배치 및 스크롤 동작을 제어하고자 할 때 유용하다. 커스텀 레이아웃 매니저를 만드는 주요 단계와 기능은 다음과 같다.

- LayoutManager 클래스 상속: 커스텀 레이아웃 매니저를 만들기 위해선 RecyclerView.LayoutManager 클래스를 상속해야 한다.
- 필수 메서드 구현
    - onCreateViewHolder(): 새로운 뷰 홀더 객체를 생성하는 메서드다.
    - onLayoutChildren(): 자식 뷰의 위치 및 크기를 결정하여 레이아웃을 구성하는 메서드다.
- 스크롤 동작 제어
    - scrollVerticallyBy() 또는 scrollHorizontallyBy() 메서드를 오버라이드하여 수직 또는 수평 스크롤 동작을 제어한다.
    - canScrollVertically() 또는 canScrollHorizontally() 메서드를 오버라이드하여 스크롤 가능 여부를 설정한다.
- 레이아웃 크기 및 측정 제어
    - onMeasure() 메서드를 오버라이드하여 레이아웃의 크기를 측정하고 제어한다.
    - setMeasuredDimension() 메서드를 사용하여 레이아웃의 크기를 지정한다.

- 뷰 재사용 및 캐싱
  - RecyclerView.Recycler와 RecyclerView.State를 사용하여 뷰를 재사용하고 레이아웃을 최적화한다.
  - getChildCount(), getChildAt(), getDecoratedMeasuredWidth() 등의 메서드를 사용하여 뷰를 관리한다.
- 애니메이션 및 레이아웃 변환
  - 뷰의 추가, 제거, 이동 등의 애니메이션을 제어한다.
  - LayoutTransition 클래스를 사용하여 레이아웃 변환을 설정할 수 있다.

커스텀 레이아웃 매니저를 만들면 RecyclerView의 동작을 완전히 제어할 수 있으며, 특정한 레이아웃 구성이나 동작을 구현할 수 있다. 유연한 UI를 위해 필요한 기능을 포함하여 사용자 정의할 수 있다.

뷰의 배치 방향 설정

레이아웃 매니저를 사용하여 뷰의 배치 방향을 설정하는 방법은 다양한데, 주로 수직, 수평, 그리드 등의 방향이 사용된다. 각 방향별로 설정하는 방법은 다음과 같다.

- 수직 방향(Vertical)
  - LinearLayoutManager.VERTICAL 상수를 사용하여 수직 방향으로 레이아웃 매니저를 초기화한다.
  - RecyclerView의 setLayoutManager() 메서드를 사용하여 레이아웃 매니저를 설정한다.
- 수평 방향(Horizontal)
  - LinearLayoutManager.HORIZONTAL 상수를 사용하여 수평 방향으로 레이아웃 매니저를 초기화한다.
  - RecyclerView의 setLayoutManager() 메서드를 사용하여 레이아웃 매니저를 설정한다.
- 그리드 방향(Grid)
  - GridLayoutManager을 사용하여 그리드 형태로 레이아웃 매니저를 초기화한다.
  - 생성자에는 컨텍스트, 열의 수 및 방향 등의 매개 변수를 전달하여 그리드의 구성을 설정한다.
  - RecyclerView의 setLayoutManager() 메서드를 사용하여 레이아웃 매니저를 설정한다.

● 다양한 레이아웃 방향 설정

- LinearLayoutManager 또는 GridLayoutManager의 생성자 또는 setOrientation() 메서드를 사용하여 레이아웃 방향을 설정할 수 있다.
- 수직 또는 수평 방향으로 설정하거나, 반대 방향으로 설정할 수 있다.

아래는 각 방향별로 레이아웃 매니저를 설정하는 예시 코드다.

```kotlin
// 수직 방향 설정 예시
val layoutManagerVertical = LinearLayoutManager(this,
  LinearLayoutManager.VERTICAL, false)
recyclerView.layoutManager = layoutManagerVertical

// 수평 방향 설정 예시
val layoutManagerHorizontal = LinearLayoutManager(this,
  LinearLayoutManager.HORIZONTAL, false)
recyclerView.layoutManager = layoutManagerHorizontal

// 그리드 방향 설정 예시
val layoutManagerGrid = GridLayoutManager(this, 2) // 2열의 그리드 설정
recyclerView.layoutManager = layoutManagerGrid
```

위와 같이 각 방향에 따라 LinearLayoutManager 또는 GridLayoutManager을 초기화하고 RecyclerView에 설정함으로써 뷰의 배치 방향을 설정할 수 있다.

주요 속성

각 레이아웃 매니저는 뷰의 배치 방식, 크기, 간격 등을 조절하기 위한 다양한 속성을 제공한다. 주요한 속성들은 다음과 같다.

● LinearLayoutManager

- orientation: 리스트의 방향을 설정한다. 기본값은 수직(Vertical)이며, 수평(Horizontal)으로도 설정할 수 있다.
- reverseLayout: 레이아웃을 역순으로 배치할지 여부를 설정한다. 기본값은 false다.
- stackFromEnd: 마지막 아이템을 기준으로 아이템을 스택할지 여부를 설정한다. 기본값은 false다.

```kotlin
// 리스트의 방향을 수직으로 설정한다.
layoutManager.orientation = LinearLayoutManager.VERTICAL

// 리스트의 방향을 수평으로 설정한다.
layoutManager.orientation = LinearLayoutManager.HORIZONTAL

// 리스트를 역순으로 배치한다.
layoutManager.reverseLayout = true

// 마지막 아이템을 기준으로 아이템을 스택합니다.
layoutManager.stackFromEnd = true
```

- GridLayoutManager

  - spanCount: 그리드의 열 수를 설정한다.

  - orientation: 그리드의 방향을 설정한다. 기본값은 수직(Vertical)이며, 수평(Horizontal)으로도 설정할 수 있다.

  - reverseLayout: 레이아웃을 역순으로 배치할지 여부를 설정한다. 기본값은 false다.

    ```kotlin
    // 그리드의 열 수를 설정한다.
    val spanCount = 2
    layoutManager.spanCount = spanCount

    // 그리드의 방향을 수직으로 설정한다.
    layoutManager.orientation = GridLayoutManager.VERTICAL

    // 그리드를 역순으로 배치한다.
    layoutManager.reverseLayout = true
    ```

- StaggeredGridLayoutManager

  - spanCount: 그리드의 열 수를 설정한다.

  - orientation: 그리드의 방향을 설정한다. 기본값은 수직(Vertical)이며, 수평(Horizontal)으로도 설정할 수 있다.

    ```kotlin
    // 그리드의 열 수를 설정한다.
    val spanCount = 3
    layoutManager.spanCount = spanCount

    // 그리드의 방향을 수평으로 설정한다.
    layoutManager.orientation = StaggeredGridLayoutManager.HORIZONTAL
    ```

● 모든 레이아웃 매니저 공통 속성

- itemDecoration: 각 아이템 사이의 간격을 조절하기 위한 ItemDecoration 객체를 설정한다.
- itemAnimator: 아이템이 추가되거나 제거될 때 애니메이션 효과를 설정한다.
- smoothScrollToPosition: 스크롤을 부드럽게 이동시키는지 여부를 설정한다.
- scrollToPositionWithOffset: 특정 위치로 스크롤할 때 오프셋값을 설정한다.
- isAutoMeasureEnabled: 자동 측정 기능을 활성화할지 여부를 설정한다.

```
// 각 아이템 사이의 간격을 조절하기 위한 ItemDecoration 객체를 설정한다.
val itemDecoration = DividerItemDecoration(context,
    DividerItemDecoration.VERTICAL)
recyclerView.addItemDecoration(itemDecoration)

// 아이템이 추가되거나 제거될 때 애니메이션 효과를 설정한다.
recyclerView.itemAnimator = DefaultItemAnimator()

// 스크롤을 부드럽게 이동시키는지 여부를 설정한다.
recyclerView.isSmoothScrollingEnabled = true
```

이러한 속성들을 사용하여 레이아웃 매니저가 뷰를 배치하고 관리하는 방식을 세밀하게 제어할 수 있다. 설정된 속성에 따라 화면에 표시되는 뷰의 모양과 동작이 변경된다.

activity_main.xml

> 손으로 익히는 코딩

```xml
<?xml version="1.0" encoding="utf-8"?>
<LinearLayout xmlns:android="http://schemas.android.com/apk/res/android"
    android:layout_width="match_parent"
    android:layout_height="match_parent"
    android:orientation="vertical">

    <androidx.recyclerview.widget.RecyclerView
        android:id="@+id/recyclerView"
        android:layout_width="match_parent"
        android:layout_height="match_parent" />

</LinearLayout>
```

MainActivity.kt

 손으로 익히는 코딩

```kotlin
class MainActivity : AppCompatActivity() {

    override fun onCreate(savedInstanceState: Bundle?) {
        super.onCreate(savedInstanceState)
        setContentView(R.layout.activity_main)

        val tripDestinations = listOf(
            "Paris (2024-07-01 ~ 2024-07-05)",
            "Tokyo (2024-08-15 ~ 2024-08-20)",
            "New York (2024-09-10 ~ 2024-09-15)"
        )

        val recyclerView = findViewById<RecyclerView>(R.id.recyclerView)
        val layoutManager = GridLayoutManager(this, 2)
        recyclerView.layoutManager = layoutManager
        recyclerView.addItemDecoration(TripItemDecoration())
        recyclerView.adapter = TripAdapter(tripDestinations)
    }
}
```

TripAdapter.kt

 손으로 익히는 코딩

```kotlin
class TripAdapter(private val items: List<String>) :
    RecyclerView.Adapter<TripAdapter.ViewHolder>() {

    override fun onCreateViewHolder(parent: ViewGroup, viewType: Int):
            ViewHolder {
        val view = LayoutInflater.from(parent.context).inflate(android.R.layout.
            simple_list_item_1, parent, false)
        return ViewHolder(view)
    }

    override fun onBindViewHolder(holder: ViewHolder, position: Int) {
        val item = items[position]
        holder.bind(item)
```

```kotlin
            // 각 아이템의 배경색 설정
            if (position % 2 == 0) {
                holder.itemView.setBackgroundColor(Color.LTGRAY)
            } else {
                holder.itemView.setBackgroundColor(Color.WHITE)
            }
        }

        override fun getItemCount(): Int {
            return items.size
        }

        class ViewHolder(itemView: View) : RecyclerView.ViewHolder(itemView) {
            private val textView: TextView = itemView.findViewById(android.R.id.text1)

            fun bind(item: String) {
                textView.text = item
            }
        }
    }
```

TripItemDecoration.kt

> 손으로 익히는 코딩

```kotlin
class TripItemDecoration : RecyclerView.ItemDecoration() {

    private val dividerHeight = 16 // 간격 크기
    private val paint = Paint()

    init {
        paint.color = Color.GRAY // 간격 색상
        paint.strokeWidth = dividerHeight.toFloat()
    }

    override fun onDrawOver(c: Canvas, parent: RecyclerView, state:
        RecyclerView.State) {
        val left = parent.paddingLeft.toFloat()
        val right = parent.width - parent.paddingRight.toFloat()
```

```
        val childCount = parent.childCount
        for (i in 0 until childCount - 1) {
            val child = parent.getChildAt(i)
            val params = child.layoutParams as RecyclerView.LayoutParams
            val top = child.bottom + params.bottomMargin.toFloat()
            val bottom = top + dividerHeight
            c.drawLine(left, top, right, bottom, paint)
        }
    }
}
```

tripDestinations 리스트의 각 항목에 대해 도시와 여행 일정을 나타내는 문자열을 사용한다. 아이템 간의 간격을 조절하기 위해 ItemDecoration을 추가하고, 각 아이템의 배경색을 다르게 표시하여 시각적으로 구분하였다. LinearLayoutManager를 활용하여 RecyclerView의 아이템을 세로로 배치하고, ItemDecoration을 사용하여 아이템 간의 간격을 조절하고, 각 아이템의 배경색을 다르게 표시하였다.

에러에서 배우기

- **ClassCastException**
  TripItemDecoration에서 getChildAt 메서드로 얻은 child의 layoutParams를 RecyclerView.LayoutParams로 캐스트할 때, 올바르지 않은 레이아웃 파라미터를 가진 경우에 발생할 수 있습니다.
- **IllegalStateException**
  RecyclerView에 두 개 이상의 아이템 장식이 설정된 경우, onDrawOver 메서드에서 여러 번의 선 그리기를 시도할 때 발생할 수 있습니다.
- **IllegalArgumentException**
  RecyclerView의 레이아웃 매니저로 null을 설정하려고 할 때 발생할 수 있습니다. 또한 TripItemDecoration에서 paint의 속성이 null일 때 발생할 수 있습니다.

성능 최적화

리스트뷰와 리사이클러뷰는 모두 대량의 데이터를 효율적으로 표시하기 위한 안드로이드의 UI 컴포넌트다. 그러나 대량의 데이터를 표시하거나 다양한 레이아웃을 구현해야 하는 경우에는 리사이클러뷰를 사용하는 것이 좋다. 리스트뷰는 단순한 UI 구현이 필요한 경우에 사용할 수 있지만, 성능이나 확장성 면에서 제한이 있을 수 있다.

리사이클러뷰의 주요 이점

리사이클러뷰는 리스트뷰에 비해 성능상 여러 가지 이점을 가지고 있으며, 다음과 같이 정리할 수 있다.

뷰 홀더 패턴 (View Holder Pattern) 사용	• 리사이클러뷰는 뷰 홀더 패턴을 사용하여 화면에 보이는 항목의 뷰만 생성하고 재활용한다. 이는 메모리 사용량을 줄이고 성능을 향상시킨다. • 리스트뷰는 각 항목의 뷰를 개별적으로 생성하고 관리한다. 스크롤할 때마다 새로운 항목의 뷰를 생성하여 메모리를 많이 사용하고, 화면을 그릴 때마다 레이아웃을 다시 계산해야 한다.
재사용 가능한 컴포넌트 사용	• 리사이클러뷰는 재사용 가능한 컴포넌트인 뷰 홀더를 통해 데이터를 표시한다. 이는 각 항목의 뷰를 생성하는 데 드는 비용을 줄여준다. • 리스트뷰는 항목의 뷰를 재사용하지 않고 새로 생성하는 방식이기 때문에 화면 스크롤 시 느린 반응이 발생할 수 있다.
다양한 레이아웃 매니저 (Layout Manager)	• 리사이클러뷰는 다양한 레이아웃 매니저를 제공하여 다양한 레이아웃을 구현할 수 있다. 이는 UI를 유연하게 설계하고 다양한 요구 사항에 맞추어 데이터를 표시할 수 있도록 한다. • 리스트뷰는 단순한 리스트 형태의 UI를 구현하는 데 제한이 있지만, 리사이클러뷰는 그리드, 스택, 플로우 등 다양한 형태의 UI를 구현할 수 있다.
애니메이션 지원	• 리사이클러뷰는 항목 추가, 제거, 이동 등의 애니메이션을 지원한다. 이를 통해 사용자 경험을 향상시키고 UI를 더 생동감 있게 만들 수 있다. • 리스트뷰는 기본적으로 애니메이션을 지원하지 않기 때문에 추가적인 작업이 필요하다.

이러한 이유로 리사이클러뷰는 메모리 효율성, 성능 향상, 확장성 등 다양한 면에서 리스트뷰보다 우수하며, 대규모 데이터를 표시하는 등의 작업에 더 적합한 컴포넌트다.

레이아웃 매니저가 리사이클러뷰 성능에 미치는 영향

레이아웃 매니저는 리사이클러뷰의 성능에 중대한 영향을 미치는 주요 구성 요소 중 하나다. 다음은 레이아웃 매니저가 리사이클러뷰의 성능에 어떤 영향을 미치는지에 대한 설명이다.

- 아이템 배치 및 재사용 관리
    - 레이아웃 매니저는 리사이클러뷰의 아이템을 화면에 배치하는 방법을 결정한다. 효율적인 아이템 배치 알고리즘을 사용하면 화면에 많은 아이템을 빠르게 표시할 수 있다.
    - 레이아웃 매니저는 또한 아이템의 재사용을 관리한다. 뷰 홀더 패턴을 사용하여 화면에 표시되는 아이템의 뷰를 효율적으로 재사용함으로써 메모리 사용량을 줄이고 성능을 향상시킨다.

- **스크롤 성능 및 부드러운 애니메이션**
  - 적절한 레이아웃 매니저 선택은 스크롤 성능에 직접적인 영향을 미친다. 효율적인 아이템 배치 알고리즘을 사용하고 아이템 재사용을 잘 관리하는 레이아웃 매니저는 부드러운 스크롤과 반응성 있는 사용자 경험을 제공할 수 있다.
  - 레이아웃 매니저가 제공하는 애니메이션 지원 기능을 활용하여 아이템의 추가, 제거, 이동 등의 애니메이션을 부드럽게 처리할 수 있다.
- **다양한 레이아웃 구성 및 유연성**
  - 리사이클러뷰는 다양한 레이아웃 매니저를 제공하므로 다양한 레이아웃 구성을 구현할 수 있다. 이를 통해 다양한 화면 구성 및 사용자 인터페이스를 구현할 수 있다.
  - 예를 들어 선형 레이아웃 매니저를 사용하여 리스트 형식의 UI를 만들거나, 그리드 레이아웃 매니저를 사용하여 격자 형식의 UI를 만들 수 있다.
  - 레이아웃 매니저를 효율적으로 선택하고 구성하면 리사이클러뷰의 성능이 크게 향상되며, 다양한 형식의 UI를 유연하게 구현할 수 있다. 따라서 애플리케이션의 요구 사항에 맞게 적절한 레이아웃 매니저를 선택하는 것이 중요하다.

뷰 홀더 패턴

뷰 홀더 패턴은 안드로이드에서 리스트뷰나 리사이클러뷰와 같은 리스트 형태의 UI를 구현할 때 성능을 향상시키기 위해 사용되는 패턴 중 하나다.

일반적으로 리스트뷰나 리사이클러뷰는 화면에 보여질 아이템들을 위한 뷰를 동적으로 생성한다. 그러나 매번 새로운 뷰를 생성하는 것은 메모리 사용량과 성능에 부담이 된다. 뷰 홀더 패턴은 이러한 문제를 해결하여 메모리 사용량을 줄이고 성능을 최적화한다.

뷰 홀더 패턴의 핵심 아이디어는 다음과 같다.

- **ViewHolder 클래스 구현**: ViewHolder 클래스는 리스트뷰나 리사이클러뷰의 각 아이템을 위한 뷰를 보유한다. 이 클래스는 리스트뷰나 리사이클러뷰의 getView() 또는 onCreateViewHolder() 메서드에서 호출되어 뷰를 초기화하고 유지한다.
- **뷰의 재사용**: 리스트뷰나 리사이클러뷰는 화면에 표시될 수 있는 아이템의 개수만큼 ViewHolder 객체를 생성한다. 화면에서 사라지는 아이템의 뷰는 재사용될 수 있도록 뷰 홀더에 저장된다. 따라서 새로운 아이템이 화면에 표시될 때마다 새로운 뷰를 생성하는 것이 아니라 기존의 뷰를 재사용하여 화면에 표시한다.

● **데이터와 뷰의 바인딩**: onBindViewHolder() 메서드에서는 ViewHolder와 데이터를 바인딩하여 화면에 표시될 내용을 설정한다. 이 과정에서는 새로운 데이터가 화면에 표시될 때마다 해당하는 뷰 홀더의 뷰가 업데이트된다.

뷰 홀더 패턴을 사용하면 화면에 표시되는 아이템의 개수만큼만 뷰를 생성하여 메모리 사용량을 최소화할 수 있다. 또한 뷰의 재사용을 통해 화면 스크롤이 부드럽고 빠르게 이루어질 수 있다. 따라서 리스트뷰나 리사이클러뷰를 구현할 때는 뷰 홀더 패턴을 적용하여 성능을 최적화하는 것이 좋다.

아이템 애니메이션 구현 방법

리사이클러뷰에서 아이템 애니메이션을 사용하면 아이템이 추가되거나 제거될 때 애니메이션 효과를 부여하여 화면 전환을 부드럽게 만들 수 있다. 이는 사용자 경험을 향상시키고 앱의 시각적 매력을 높이는 데 도움이 된다. 아이템 애니메이션을 구현하는 방법은 다음과 같다.

● **애니메이션 리소스 작성**: 먼저 아이템 추가, 제거 등의 상황에서 사용될 애니메이션을 정의하는 XML 리소스 파일을 작성한다. 예를 들어 fade in, slide in 등의 애니메이션을 정의할 수 있다.

```xml
<!-- fade_in.xml -->
<set xmlns:android="http://schemas.android.com/apk/res/android">
    <alpha
        android:duration="500"
        android:fromAlpha="0.0"
        android:toAlpha="1.0" />
</set>
```

● **애니메이션 리소스 설정**: 정의한 애니메이션 리소스를 리사이클러뷰에 설정한다. 이를 위해 RecyclerView.ItemAnimator 클래스를 사용한다. RecyclerView.ItemAnimator 클래스는 아이템이 추가되거나 제거될 때 애니메이션을 처리하는 기능을 제공한다.

● **ItemAnimator 설정**: RecyclerView의 setItemAnimator() 메서드를 사용하여 애니메이션을 적용할 ItemAnimator 객체를 설정한다. 이를 통해 RecyclerView에서 아이템 애니메이션을 활성화할 수 있다.

```kotlin
class CustomItemAnimator : RecyclerView.ItemAnimator() {
    override fun animateAdd(holder: RecyclerView.ViewHolder?): Boolean {
        holder?.itemView?.alpha = 0f
        val animator = ObjectAnimator.ofFloat(holder?.itemView, "alpha",
            0f, 1f)
        animator.duration = 500
        animator.start()
        return true
    }
    // animateRemove(), animateMove(), animateChange() 등의 메서드도 구현한다.
}
```

- **애니메이션 사용**: 이제 리사이클러뷰에 새로운 아이템이 추가되거나 제거될 때 애니메이션이 적용된다. RecyclerView에서 애니메이션을 처리하므로 애니메이션을 별도로 관리할 필요가 없다.

```kotlin
val recyclerView = findViewById<RecyclerView>(R.id.recyclerView)
val layoutManager = LinearLayoutManager(this)
recyclerView.layoutManager = layoutManager
recyclerView.itemAnimator = CustomItemAnimator()
recyclerView.adapter = YourAdapter(dataList)
```

아이템 애니메이션을 사용하면 사용자가 화면을 스크롤할 때마다 부드러운 애니메이션 효과를 볼 수 있다. 이는 앱의 시각적 품질을 향상시키고 사용자에게 더 나은 사용자 경험을 제공하는 데 도움이 된다.

리사이클러뷰에서 성능을 향상 시키기 위한 기타 방법

- **이미지 로딩 라이브러리 사용**: 이미지를 동적으로 로드하는 경우, 이미지 로딩 라이브러리를 사용하여 성능을 향상시킬 수 있다. Glide나 Picasso와 같은 라이브러리는 이미지 로딩 및 캐싱을 효율적으로 처리하여 메모리 사용량을 최적화하고 네트워크 대역폭을 절약할 수 있다.

- **데이터 바인딩 사용**: 데이터 바인딩을 사용하면 XML 레이아웃에서 뷰와 데이터를 직접 바인딩할 수 있다. 이를 통해 코드를 간결하게 유지하고 뷰 갱신 작업을 효율적으로 처리할 수 있으며, 성능을 향상시킬 수 있다.

- **ViewHolder 패턴 최적화**: ViewHolder 패턴을 사용하여 리사이클러뷰의 각 아이템에 대한 뷰 홀더를 재활용할 수 있다. 뷰 홀더를 올바르게 구현하고 재사용할 수 있도록 설계함으로써 불필요한 객체 생성을 줄이고 성능을 개선할 수 있다.

- **아이템 최적화**: 리사이클러뷰의 각 아이템은 최대한 가볍게 유지해야 한다. 불필요한 복잡도를 줄이고 메모리 사용을 최적화하기 위해 아이템 레이아웃을 단순화하고 불필요한 뷰나 리소스를 제거해야 한다.

- **백그라운드 스레드 사용**: 데이터 로딩이나 처리와 같은 작업은 백그라운드 스레드에서 처리하여 UI 스레드의 부하를 최소화해야 한다. 이를 통해 화면이 부드럽게 유지되고 사용자 경험이 향상된다.

- **디바이스 성능 고려**: 리사이클러뷰를 사용하는 앱을 개발할 때는 다양한 디바이스에서의 성능을 고려해야 한다. 디바이스의 메모리, 프로세서 속도 등을 고려하여 최적화된 앱을 제공할 수 있도록 설계해야 한다.

activity_main.xml

 손으로 익히는 코딩

```xml
<?xml version="1.0" encoding="utf-8"?>
<RelativeLayout xmlns:android="http://schemas.android.com/apk/res/android"
    xmlns:tools="http://schemas.android.com/tools"
    android:layout_width="match_parent"
    android:layout_height="match_parent"
    tools:context=".MainActivity">

    <androidx.recyclerview.widget.RecyclerView
        android:id="@+id/recyclerView"
        android:layout_width="match_parent"
        android:layout_height="match_parent"
        android:padding="16dp"
        android:layout_above="@+id/btnAdd" />

    <Button
        android:id="@+id/btnRemove"
        android:layout_width="wrap_content"
        android:layout_height="wrap_content"
        android:layout_alignParentBottom="true"
        android:layout_centerHorizontal="true"
        android:layout_marginBottom="16dp"
        android:text="Remove Destination"
        android:onClick="removeDestination" />
```

```xml
    <Button
        android:id="@+id/btnAdd"
        android:layout_width="wrap_content"
        android:layout_height="wrap_content"
        android:layout_above="@id/btnRemove"
        android:layout_centerHorizontal="true"
        android:layout_marginBottom="16dp"
        android:text="Add Destination"
        android:onClick="addDestination" />

</RelativeLayout>
```

item_trip.xml

> 손으로 익히는 코딩

```xml
<?xml version="1.0" encoding="utf-8"?>
<LinearLayout xmlns:android="http://schemas.android.com/apk/res/android"
    android:layout_width="match_parent"
    android:layout_height="wrap_content"
    android:orientation="vertical"
    android:padding="16dp">

    <TextView
        android:id="@+id/destinationTextView"
        android:layout_width="wrap_content"
        android:layout_height="wrap_content"
        android:textSize="18sp"
        android:textStyle="bold" />

</LinearLayout>
```

MainActivity.kt

 손으로 익히는 코딩

```kotlin
class MainActivity : AppCompatActivity() {

    private lateinit var recyclerView: RecyclerView
    private lateinit var adapter: TripAdapter

    override fun onCreate(savedInstanceState: Bundle?) {
        super.onCreate(savedInstanceState)
        setContentView(R.layout.activity_main)

        recyclerView = findViewById(R.id.recyclerView)
        recyclerView.layoutManager = LinearLayoutManager(this)
        adapter = TripAdapter()
        recyclerView.adapter = adapter
        val animator = SlideInLeftAnimator()
        recyclerView.itemAnimator = animator
    }

    fun addDestination(view: View) {
        val destination = "New Destination"
        adapter.addDestination(destination)
        recyclerView.smoothScrollToPosition(adapter.itemCount - 1)
        recyclerView.layoutManager?.smoothScrollToPosition(recyclerView,
            null, adapter.itemCount - 1)
    }

    fun removeDestination(view: View) {
        if (adapter.itemCount > 0) {
            adapter.removeDestination()
        }
    }
}
```

TripAdapter.kt

 손으로 익히는 코딩

```kotlin
class TripAdapter : RecyclerView.Adapter<TripAdapter.ViewHolder>() {

    private val destinations: MutableList<String> = mutableListOf()

    override fun onCreateViewHolder(parent: ViewGroup, viewType: Int):
        ViewHolder {
        val view = LayoutInflater.from(parent.context).inflate(
            R.layout.item_trip, parent, false)
        return ViewHolder(view)
    }

    override fun onBindViewHolder(holder: ViewHolder, position: Int) {
        val destination = destinations[position]
        holder.bind(destination)
    }

    override fun getItemCount(): Int {
        return destinations.size
    }

    fun addDestination(destination: String) {
        destinations.add(destination)
        notifyItemInserted(destinations.size - 1)
        notifyItemChanged(destinations.size - 2)
    }


    fun removeDestination() {
        if (destinations.isNotEmpty()) {
            destinations.removeAt(destinations.size - 1)
            notifyItemRemoved(destinations.size-1)
        }
    }

    inner class ViewHolder(itemView: View) : RecyclerView.ViewHolder(itemView) {
        fun bind(destination: String) {
            itemView.findViewById<TextView>(R.id.destinationTextView).text =
                destination
        }
    }
```

SliderInLeftAnimator.kt

 손으로 익히는 코딩

```kotlin
class SlideInLeftAnimator : SimpleItemAnimator() {

    override fun animateAdd(holder: RecyclerView.ViewHolder): Boolean {
        val view = holder.itemView
        view.translationX = -view.width.toFloat()
        view.alpha = 0f
        val animator = ObjectAnimator.ofFloat(view, "translationX", 0f)
        animator.startDelay = 100
        animator.duration = 300
        animator.addListener(object : Animator.AnimatorListener {
            override fun onAnimationStart(animation: Animator) {}
            override fun onAnimationEnd(animation: Animator) {}
            override fun onAnimationCancel(animation: Animator) {}
            override fun onAnimationRepeat(animation: Animator) {}
        })
        animator.start()
        return true
    }

    override fun animateRemove(holder: RecyclerView.ViewHolder): Boolean {
        val view = holder.itemView
        val animator = ObjectAnimator.ofFloat(view, "translationX",
            -view.width.toFloat())
        animator.duration = 300
        animator.addListener(object : Animator.AnimatorListener {
            override fun onAnimationStart(animation: Animator) {}
            override fun onAnimationEnd(animation: Animator) {}
            override fun onAnimationCancel(animation: Animator) {}
            override fun onAnimationRepeat(animation: Animator) {}
        })
        animator.start()
        return true
    }
```

```
    override fun animateMove(
        holder: RecyclerView.ViewHolder?,
        fromX: Int,
        fromY: Int,
        toX: Int,
        toY: Int
    ): Boolean {
        return false
    }

    override fun animateChange(
        oldHolder: RecyclerView.ViewHolder,
        newHolder: RecyclerView.ViewHolder,
        fromLeft: Int,
        fromTop: Int,
        toLeft: Int,
        toTop: Int
    ): Boolean {
        return false
    }

    override fun runPendingAnimations() {}

    override fun endAnimation(item: RecyclerView.ViewHolder) {}

    override fun endAnimations() {}

    override fun isRunning(): Boolean {
        return false
    }
}
```

위 예시에서 사용자는 Add Destination 버튼을 클릭하여 새로운 목적지를 추가하거나 Remove Destination 버튼을 클릭하여 마지막 목적지를 제거할 수 있다.

05 연습문제

더 멋진 내일(Tomorrow)을 위한 내일(My Career) **내일은 코틀린**

문제 1 레이아웃과 위젯

간단한 계산기 앱의 UI를 만드시오.

(1) 다양한 레이아웃과 위젯을 사용하여 계산기 UI를 설계합니다.
(2) 숫자 버튼(0~9)과 연산자 버튼(+, −, *, /)을 포함하여 기본적인 계산기 기능을 구현합니다.
(3) 결과를 표시할 TextView를 상단에 배치합니다.
(4) 결과 버튼(=)을 추가하여 간단한 연산이 가능하도록 처리해 봅시다.

문제 2 텍스트 스타일링 앱 만들기

다양한 텍스트 스타일링을 적용하여 텍스트의 폰트, 크기, 색상, 배치 등을 변경할 수 있는 앱을 만드시오.

(1) 텍스트의 크기를 키우고, 줄일 수 있는 버튼을 추가합니다.
(2) 텍스트를 가운데, 왼쪽, 오른쪽 정렬할 수 있는 버튼을 추가합니다.
(3) 텍스트에 볼드, 이탤릭, 밑줄 등의 스타일을 적용할 수 있는 버튼을 추가합니다.
(4) 텍스트의 색상과 배경 색상을 변경할 수 있는 기능을 추가합니다.
(5) 텍스트 스타일링을 초기화시켜줄 버튼을 추가합니다.
(6) 버튼을 눌렀을 때, 텍스트에 적용할 수 있는 기능을 추가합니다.

문제 3 사용자 입력과 폼 구성

SNS 게시물 작성 UI를 만드시오.

(1) 이미지 선택을 하기 위한 버튼을 만들고 선택 기능을 추가합니다.
(2) 선택한 이미지를 볼 수 있도록 이미지뷰를 추가합니다.
(3) 게시물 내용을 입력하기 위한 텍스트 입력 필드를 추가합니다.
(4) 위치 정보 텍스트 입력 필드를 추가합니다.
(5) 해시태그 텍스트 입력 필드를 추가합니다.
(6) 댓글 입력, 게시물 숨기기, 자동 공유 설정을 체크 박스로 추가합니다.
(7) 게시물 업로드 버튼을 추가하여 입력 필드가 비어있으면 "모든 항목을 입력해주세요."라고 토스트 메시지를 출력하고, 입력이 다 되었다면 "게시물이 업로드되었습니다."라고 게시물 업로드 토스트 메시지를 출력합니다.

문제 4 리스트와 리사이클러뷰

식단 관리 앱 예시에서는 식단 항목을 리스트로 관리하고 ListView를 사용하여 간단하게 구현하시오.

(1) 검색, 추가 버튼 및 리스트뷰를 포함하는 메인 레이아웃을 추가합니다.
(2) 각 식단 항목의 레이아웃을 만들어줍니다. 식단 이름, 칼로리, 추가 정보 순으로 세로로 나열하여 추가될 수 있도록 합니다.
(3) 식단 데이터를 나타내는 데이터 클래스를 추가합니다.
(4) 식단 추가를 하기 위해 화면 레이아웃 파일을 추가합니다. 마찬가지로 식단 이름, 칼로리, 추가 정보를 입력받고 추가할 수 있도록 버튼을 만들어줍니다.
(5) 식단 항목을 리스트에 추가하고, 리스트뷰를 통해 항목을 표시하는 메인 액티비티를 추가합니다.
(6) 사용자가 식단 정보를 입력하고 저장 버튼을 누르면 메인 액티비티로 반환할 수 있도록 액티비티를 추가합니다.

해설 및 정답

문제 1 레이아웃과 위젯

● activity_main.xml

```xml
<?xml version="1.0" encoding="utf-8"?>
<GridLayout xmlns:android="http://schemas.android.com/apk/res/android"
    xmlns:tools="http://schemas.android.com/tools"
    android:layout_width="match_parent"
    android:layout_height="match_parent"
    android:columnCount="4"
    android:rowCount="5"
    android:padding="16dp"
    android:orientation="horizontal"
    tools:context=".MainActivity">

    <!-- 결과를 표시할 TextView -->
    <TextView
        android:id="@+id/textViewResult"
        android:layout_width="0dp"
        android:layout_height="wrap_content"
        android:layout_columnSpan="4"
        android:gravity="end"
        android:padding="8dp"
        android:text="0"
        android:textSize="24sp"
        android:background="#EEEEEE"
        android:minHeight="48dp"
        android:maxHeight="48dp"
        android:layout_gravity="fill_horizontal" />

    <!-- 숫자 버튼 (1-9) -->
    <Button
        android:id="@+id/btn_1"
        android:text="1"
        android:layout_row="1"
        android:layout_column="0"
        android:layout_margin="4dp"

    <Button
        android:id="@+id/btn_2"
        android:text="2"
```

```xml
        android:layout_row="1"
        android:layout_column="1"
        android:layout_margin="4dp"

<Button
    android:id="@+id/btn_3"
    android:text="3"
    android:layout_row="1"
    android:layout_column="2"
    android:layout_margin="4dp"

<Button
    android:id="@+id/btn_plus"
    android:text="+"
    android:layout_row="1"
    android:layout_column="3"
    android:layout_margin="4dp"

<!-- 2번 줄 -->
<Button
    android:id="@+id/btn_4"
    android:text="4"
    android:layout_row="2"
    android:layout_column="0"
    android:layout_margin="4dp"

<Button
    android:id="@+id/btn_5"
    android:text="5"
    android:layout_row="2"
    android:layout_column="1"
    android:layout_margin="4dp"

<Button
    android:id="@+id/btn_6"
    android:text="6"
    android:layout_row="2"
    android:layout_column="2"
    android:layout_margin="4dp"

<Button
    android:id="@+id/btn_minus"
    android:text="-"
```

```xml
        android:layout_row="2"
        android:layout_column="3"
        android:layout_margin="4dp"

<!-- 3번 줄 -->
<Button
    android:id="@+id/btn_7"
    android:text="7"
    android:layout_row="3"
    android:layout_column="0"
    android:layout_margin="4dp"

<Button
    android:id="@+id/btn_8"
    android:text="8"
    android:layout_row="3"
    android:layout_column="1"
    android:layout_margin="4dp"

<Button
    android:id="@+id/btn_9"
    android:text="9"
    android:layout_row="3"
    android:layout_column="2"
    android:layout_margin="4dp"

<Button
    android:id="@+id/btn_multiply"
    android:text="*"
    android:layout_row="3"
    android:layout_column="3"
    android:layout_margin="4dp"

<!-- 4번 줄 -->
<Button
    android:id="@+id/btn_0"
    android:text="0"
    android:layout_row="4"
    android:layout_column="1"
    android:layout_columnSpan="2"
    android:layout_margin="4dp"

<Button
```

```xml
        android:id="@+id/btn_delete"
        android:text="del"
        android:layout_row="4"
        android:layout_column="0"
        android:layout_margin="4dp"

    <Button
        android:id="@+id/btn_calculate"
        android:text="="
        android:layout_row="4"
        android:layout_column="2"
        android:layout_margin="4dp"

    <Button
        android:id="@+id/btn_divide"
        android:text="/"
        android:layout_row="4"
        android:layout_column="3"
        android:layout_margin="4dp"

</GridLayout>
```

● MainActivity.kt

```kotlin
class MainActivity : AppCompatActivity() {
    private lateinit var resultTextView: TextView
    private var isNewInput = true  // 입력이 처음인지 여부를 추적

    override fun onCreate(savedInstanceState: Bundle?) {
        super.onCreate(savedInstanceState)
        setContentView(R.layout.activity_main)
        resultTextView = findViewById(R.id.textViewResult)

        // 숫자 버튼 클릭 리스너 설정
        val numberButtons = listOf(
            R.id.btn_0, R.id.btn_1, R.id.btn_2, R.id.btn_3, R.id.btn_4,
            R.id.btn_5, R.id.btn_6, R.id.btn_7, R.id.btn_8, R.id.btn_9
        )
        numberButtons.forEach { id ->
            findViewById<Button>(id).setOnClickListener { appendNumber((it
                as Button).text.toString()) }
        }
```

```kotlin
    // 연산자 버튼 클릭 리스너 설정
    findViewById<Button>(R.id.btn_plus).setOnClickListener {
        appendOperator("+") }
    findViewById<Button>(R.id.btn_minus).setOnClickListener {
        appendOperator("-") }
    findViewById<Button>(R.id.btn_multiply).setOnClickListener {
        appendOperator("*") }
    findViewById<Button>(R.id.btn_divide).setOnClickListener {
        appendOperator("/") }

    // 계산 버튼 클릭 리스너 설정
    findViewById<Button>(R.id.btn_calculate).setOnClickListener {
        calculateResult() }

    // 삭제 버튼 클릭 리스너 설정
    findViewById<Button>(R.id.btn_delete).setOnClickListener {
       onDeleteClick() }
}

// 입력 필드에 숫자 추가
private fun appendNumber(number: String) {
    if (isNewInput) {
        // 새로 입력할 때 이전 값을 무시하고 현재 숫자로 시작
        resultTextView.text = number
        isNewInput = false
    } else {
        val currentText = resultTextView.text.toString()
        resultTextView.text = currentText + number
    }
}

// 입력 필드에 연산자 추가
private fun appendOperator(operator: String) {
    val currentText = resultTextView.text.toString()
    if (currentText.isNotEmpty() && currentText.last() !in listOf('+',
       '-', '*', '/')) {
        resultTextView.text = currentText + operator
        isNewInput = false
    }
}

// 삭제 버튼 기능
```

```kotlin
        private fun onDeleteClick() {
            val currentText = resultTextView.text.toString()
            if (currentText.isNotEmpty()) {
                resultTextView.text = currentText.dropLast(1)
            }
        }

        // 계산 결과 표시
        private fun calculateResult() {
            val expression = resultTextView.text.toString()
            try {
                val result = eval(expression)
                resultTextView.text = result.toString()
                isNewInput = true    // 계산 후 새로운 입력으로 전환
            } catch (e: Exception) {
                resultTextView.text = "Error"
                isNewInput = true
            }
        }

        // 계산 수행
        private fun eval(expression: String): Double {
            return expression.split("+", "-", "*", "/")
                .map { it.toDouble() }
                .reduce { acc, value ->
                    when {
                        expression.indexOf('+') != -1 -> acc + value
                        expression.indexOf('-') != -1 -> acc - value
                        expression.indexOf('*') != -1 -> acc * value
                        expression.indexOf('/') != -1 -> acc / value
                        else -> throw IllegalArgumentException("Invalid
                           expression")
                    }
                }
        }
    }
```

문제 **2** 텍스트 스타일링 앱 만들기

● activity_main.xml

```xml
<?xml version="1.0" encoding="utf-8"?>
<LinearLayout xmlns:android="http://schemas.android.com/apk/res/android"
    xmlns:tools="http://schemas.android.com/tools"
    android:layout_width="match_parent"
    android:layout_height="match_parent"
    xmlns:app="http://schemas.android.com/apk/res-auto"
    android:orientation="vertical"
    android:padding="16dp"
    tools:context=".MainActivity">

    <!-- 텍스트를 표시할 TextView -->
    <TextView
        android:id="@+id/textView"
        android:layout_width="match_parent"
        android:layout_height="wrap_content"
        android:text="Hello, World!"
        android:textSize="24sp"
        android:layout_marginTop="16dp"
        android:gravity="center"
        app:layout_constraintTop_toTopOf="parent"
        app:layout_constraintStart_toStartOf="parent"
        app:layout_constraintEnd_toEndOf="parent" />

    <!-- 폰트 크기 변경 버튼 -->
    <LinearLayout
        android:layout_width="match_parent"
        android:layout_height="wrap_content"
        android:orientation="horizontal"
        android:gravity="center"
        android:layout_marginTop="16dp">

        <Button
            android:id="@+id/buttonIncreaseSize"
            android:layout_width="wrap_content"
            android:layout_height="wrap_content"
            android:text="Increase Size" />

        <Button
            android:id="@+id/buttonDecreaseSize"
            android:layout_width="wrap_content"
```

```xml
        android:layout_height="wrap_content"
        android:text="Decrease Size" />
</LinearLayout>

<!-- 텍스트 정렬 버튼 -->
<LinearLayout
    android:layout_width="match_parent"
    android:layout_height="wrap_content"
    android:orientation="horizontal"
    android:gravity="center"
    android:layout_marginTop="16dp">

    <Button
        android:id="@+id/buttonAlignLeft"
        android:layout_width="wrap_content"
        android:layout_height="wrap_content"
        android:text="Align Left" />

    <Button
        android:id="@+id/buttonAlignCenter"
        android:layout_width="wrap_content"
        android:layout_height="wrap_content"
        android:text="Align Center" />

    <Button
        android:id="@+id/buttonAlignRight"
        android:layout_width="wrap_content"
        android:layout_height="wrap_content"
        android:text="Align Right" />
</LinearLayout>

<!-- 텍스트 스타일 버튼 -->
<LinearLayout
    android:layout_width="match_parent"
    android:layout_height="wrap_content"
    android:orientation="horizontal"
    android:gravity="center"
    android:layout_marginTop="16dp">

    <Button
        android:id="@+id/buttonBold"
        android:layout_width="wrap_content"
        android:layout_height="wrap_content"
        android:text="Bold" />
```

```xml
    <Button
        android:id="@+id/buttonItalic"
        android:layout_width="wrap_content"
        android:layout_height="wrap_content"
        android:text="Italic" />

    <Button
        android:id="@+id/buttonUnderline"
        android:layout_width="wrap_content"
        android:layout_height="wrap_content"
        android:text="Underline" />
</LinearLayout>

<!-- 텍스트 색상 변경 버튼 -->
<LinearLayout
    android:layout_width="match_parent"
    android:layout_height="wrap_content"
    android:orientation="horizontal"
    android:gravity="center"
    android:layout_marginTop="16dp">

    <Button
        android:id="@+id/buttonRed"
        android:layout_width="wrap_content"
        android:layout_height="wrap_content"
        android:text="Red" />

    <Button
        android:id="@+id/buttonGreen"
        android:layout_width="wrap_content"
        android:layout_height="wrap_content"
        android:text="Green" />

    <Button
        android:id="@+id/buttonBlue"
        android:layout_width="wrap_content"
        android:layout_height="wrap_content"
        android:text="Blue" />
</LinearLayout>

<!-- 텍스트 배경 색상 변경 버튼 -->
<LinearLayout
    android:layout_width="match_parent"
```

```xml
        android:layout_height="wrap_content"
        android:orientation="horizontal"
        android:gravity="center"
        android:layout_marginTop="16dp">

        <Button
            android:id="@+id/buttonBgRed"
            android:layout_width="wrap_content"
            android:layout_height="wrap_content"
            android:text="Bg Red" />

        <Button
            android:id="@+id/buttonBgGreen"
            android:layout_width="wrap_content"
            android:layout_height="wrap_content"
            android:text="Bg Green" />

        <Button
            android:id="@+id/buttonBgBlue"
            android:layout_width="wrap_content"
            android:layout_height="wrap_content"
            android:text="Bg Blue" />
    </LinearLayout>

    <!-- 초기화 버튼 -->
    <LinearLayout
        android:layout_width="match_parent"
        android:layout_height="wrap_content"
        android:orientation="horizontal"
        android:gravity="center"
        android:layout_marginTop="32dp">
    <Button
        android:id="@+id/buttonReset"
        android:layout_width="200dp"
        android:layout_height="60dp"
        android:text="Reset"
        android:textSize="18sp"
        app:layout_constraintTop_toBottomOf="@id/buttonBgRed"
        app:layout_constraintStart_toStartOf="parent"
        app:layout_constraintEnd_toEndOf="parent"/>
    </LinearLayout>

</LinearLayout>
```

● MainActivity.kt

```kotlin
class MainActivity : AppCompatActivity() {

    private lateinit var textView: TextView
    private var textSize = 24f

    override fun onCreate(savedInstanceState: Bundle?) {
        super.onCreate(savedInstanceState)
        setContentView(R.layout.activity_main)

        textView = findViewById(R.id.textView)

        findViewById<Button>(R.id.buttonIncreaseSize).setOnClickListener {
            textSize += 2
            textView.textSize = textSize
        }

        findViewById<Button>(R.id.buttonDecreaseSize).setOnClickListener {
            textSize -= 2
            textView.textSize = textSize
        }

        findViewById<Button>(R.id.buttonAlignLeft).setOnClickListener {
            textView.gravity = Gravity.START
        }

        findViewById<Button>(R.id.buttonAlignCenter).setOnClickListener {
            textView.gravity = Gravity.CENTER
        }

        findViewById<Button>(R.id.buttonAlignRight).setOnClickListener {
            textView.gravity = Gravity.END
        }

        findViewById<Button>(R.id.buttonBold).setOnClickListener {
            val spannableString = SpannableString(textView.text)
            spannableString.setSpan(StyleSpan(Typeface.BOLD), 0,
                spannableString.length, Spannable.SPAN_EXCLUSIVE_EXCLUSIVE)
            textView.text = spannableString
        }

        findViewById<Button>(R.id.buttonItalic).setOnClickListener {
```

```kotlin
            val spannableString = SpannableString(textView.text)
            spannableString.setSpan(StyleSpan(Typeface.ITALIC), 0,
                spannableString.length, Spannable.SPAN_EXCLUSIVE_EXCLUSIVE)
            textView.text = spannableString
        }

        findViewById<Button>(R.id.buttonUnderline).setOnClickListener {
            val spannableString = SpannableString(textView.text)
            spannableString.setSpan(UnderlineSpan(), 0,
                spannableString.length, Spannable.SPAN_EXCLUSIVE_EXCLUSIVE)
            textView.text = spannableString
        }

        findViewById<Button>(R.id.buttonRed).setOnClickListener {
            textView.setTextColor(Color.RED)
        }

        findViewById<Button>(R.id.buttonGreen).setOnClickListener {
            textView.setTextColor(Color.GREEN)
        }

        findViewById<Button>(R.id.buttonBlue).setOnClickListener {
            textView.setTextColor(Color.BLUE)
        }

        findViewById<Button>(R.id.buttonBgRed).setOnClickListener {
            textView.setBackgroundColor(Color.RED)
        }

        findViewById<Button>(R.id.buttonBgGreen).setOnClickListener {
            textView.setBackgroundColor(Color.GREEN)
        }

        findViewById<Button>(R.id.buttonBgBlue).setOnClickListener {
            textView.setBackgroundColor(Color.BLUE)
        }

        findViewById<Button>(R.id.buttonReset).setOnClickListener {
            resetTextView()
        }
    }

    private fun resetTextView() {
        textView.text = "Hello, World!"
```

```
        textView.textSize = 24f
        textView.setTextColor(Color.BLACK)
        textView.setBackgroundColor(Color.TRANSPARENT)
        textView.gravity = Gravity.CENTER
    }
}
```

- 텍스트 표시: 화면 상단에 "Hello, World!" 텍스트를 표시하는 TextView가 있습니다.

- 폰트 크기 변경: Increase Size 버튼과 Decrease Size 버튼을 통해 텍스트의 크기를 변경할 수 있습니다.

- 텍스트 정렬: Align Left, Align Center, Align Right 버튼을 통해 텍스트의 정렬을 변경할 수 있습니다.

- 텍스트 스타일 변경: Bold, Italic, Underline 버튼을 통해 텍스트의 스타일을 변경할 수 있습니다.

- 텍스트 색상 변경: Red, Green, Blue 버튼을 통해 텍스트의 색상을 변경할 수 있습니다.

- 텍스트 배경 색상 변경: Bg Red, Bg Green, Bg Blue 버튼을 통해 텍스트의 배경 색상을 변경할 수 있습니다.

- 초기화 버튼: Reset 버튼을 통해 모든 설정을 초기화할 수 있습니다.

문제 ③ 사용자 입력과 폼 구성

● activity_main.xml

```xml
<?xml version="1.0" encoding="utf-8"?>
<LinearLayout xmlns:android="http://schemas.android.com/apk/res/android"
    android:layout_width="match_parent"
    android:layout_height="match_parent"
    android:orientation="vertical"
    android:padding="16dp">

    <Button
        android:id="@+id/image_select_button"
        android:layout_width="match_parent"
        android:layout_height="wrap_content"
        android:text="이미지 선택" />

    <ImageView
        android:id="@+id/selected_image_view"
        android:layout_width="match_parent"
        android:layout_height="200dp"
        android:layout_marginTop="16dp"
        android:scaleType="centerCrop" />

    <EditText
        android:id="@+id/text_input_field"
        android:layout_width="match_parent"
        android:layout_height="wrap_content"
        android:hint="게시물 내용을 입력하세요"
        android:layout_marginTop="32dp"
        android:maxLines="3" />

    <EditText
        android:id="@+id/location_input_field"
        android:layout_width="match_parent"
        android:layout_height="wrap_content"
        android:hint="위치 입력" />

    <EditText
        android:id="@+id/hashtag_input_field"
        android:layout_width="match_parent"
        android:layout_height="wrap_content"
        android:hint="해시태그 입력(#태그1 #태그2)" />
```

```xml
<LinearLayout
    android:layout_width="match_parent"
    android:layout_height="wrap_content"
    android:orientation="horizontal"
    android:layout_marginTop="16dp">

    <CheckBox
        android:id="@+id/comment_input_field"
        android:layout_width="wrap_content"
        android:layout_height="wrap_content"
        android:text="댓글 입력" />

    <CheckBox
        android:id="@+id/hide_checkbox"
        android:layout_width="wrap_content"
        android:layout_height="wrap_content"
        android:text="게시물 숨기기" />

    <CheckBox
        android:id="@+id/auto_share"
        android:layout_width="wrap_content"
        android:layout_height="wrap_content"
        android:text="자동공유" />
</LinearLayout>

<Button
    android:id="@+id/upload_button"
    android:layout_width="match_parent"
    android:layout_height="wrap_content"
    android:text="게시물 업로드" />

</LinearLayout>
```

● MainActivity.kt

```kotlin
class MainActivity : AppCompatActivity() {

    private lateinit var textInputField: EditText
    private lateinit var imageSelectButton: Button
    private lateinit var locationInputField: EditText
    private lateinit var hashtagInputField: EditText
```

```kotlin
    private lateinit var uploadButton: Button
    private lateinit var selectedImageView: ImageView

    companion object {
        private const val PICK_IMAGE_REQUEST = 1
    }

    override fun onCreate(savedInstanceState: Bundle?) {
        super.onCreate(savedInstanceState)
        setContentView(R.layout.activity_main)

        // 각 UI 컴포넌트 연결
        textInputField = findViewById(R.id.text_input_field)
        imageSelectButton = findViewById(R.id.image_select_button)
        selectedImageView = findViewById(R.id.selected_image_view)
        locationInputField = findViewById(R.id.location_input_field)
        hashtagInputField = findViewById(R.id.hashtag_input_field)
        uploadButton = findViewById(R.id.upload_button)

        // 이미지 선택 버튼 클릭 리스너 설정
        imageSelectButton.setOnClickListener {
            selectImage()
        }
        // 업로드 버튼 클릭 리스너 설정
        uploadButton.setOnClickListener {
            uploadPost()
        }
    }

    private fun selectImage() {
        val intent = Intent(Intent.ACTION_PICK,
            MediaStore.Images.Media.EXTERNAL_CONTENT_URI)
        startActivityForResult(intent, PICK_IMAGE_REQUEST)
    }

    override fun onActivityResult(requestCode: Int, resultCode: Int, data:
        Intent?) {
        super.onActivityResult(requestCode, resultCode, data)
        if (requestCode == PICK_IMAGE_REQUEST && resultCode ==
            Activity.RESULT_OK && data != null && data.data != null) {
            val selectedImageUri: Uri? = data.data
            selectedImageView.setImageURI(selectedImageUri)
        }
```

```kotlin
    }

    private fun uploadPost() {
        // 입력된 게시물 데이터 가져오기
        val text = textInputField.text.toString()
        val location = locationInputField.text.toString()
        val hashtags = hashtagInputField.text.toString()

        // 유효성 검사
        if (text.isEmpty() || location.isEmpty() || hashtags.isEmpty()) {
            Toast.makeText(this, "모든 항목을 입력해주세요.",
                Toast.LENGTH_SHORT).show()
            return
        }

        // 게시물 업로드 처리
        Toast.makeText(this, "게시물이 업로드되었습니다.", Toast.LENGTH_SHORT).show()
    }
}
```

위 코드에서 이미지 부분은 selectImage 메서드에서 이미지 선택을 위한 인텐트를 시작합니다. onActivityResult 메서드에서 선택된 이미지를 ImageView에 설정합니다. XML 레이아웃 파일에 ImageView에서 선택된 이미지를 표시합니다.

문제 4 리스트와 리사이클러뷰

- activity_main.xml

```xml
<?xml version="1.0" encoding="utf-8"?>
<LinearLayout xmlns:android="http://schemas.android.com/apk/res/android"
    android:layout_width="match_parent"
    android:layout_height="match_parent"
    android:orientation="vertical"
    android:padding="16dp">

    <EditText
        android:id="@+id/search_edit_text"
        android:layout_width="match_parent"
        android:layout_height="wrap_content"
        android:hint="Search meals"
        android:layout_marginBottom="16dp"/>

    <Button
        android:id="@+id/add_meal_button"
        android:layout_width="match_parent"
        android:layout_height="wrap_content"
        android:text="Add Meal"
        android:layout_marginBottom="16dp"/>

    <ListView
        android:id="@+id/meal_list_view"
        android:layout_width="match_parent"
        android:layout_height="0dp"
        android:layout_weight="1"/>

</LinearLayout>
```

● item_meal.xml

```xml
<?xml version="1.0" encoding="utf-8"?>
<LinearLayout xmlns:android="http://schemas.android.com/apk/res/android"
    android:layout_width="match_parent"
    android:layout_height="wrap_content"
    android:orientation="vertical"
    android:padding="16dp">

    <TextView
        android:id="@+id/meal_name_text_view"
        android:layout_width="match_parent"
        android:layout_height="wrap_content"
        android:text="Meal Name"
        android:textSize="18sp"
        android:textStyle="bold"/>

    <TextView
        android:id="@+id/meal_calories_text_view"
        android:layout_width="match_parent"
        android:layout_height="wrap_content"
        android:text="Calories: 0 kcal"
        android:textSize="16sp"/>

    <TextView
        android:id="@+id/meal_nutrition_text_view"
        android:layout_width="match_parent"
        android:layout_height="wrap_content"
        android:text="Nutrition Info"
        android:textSize="14sp"/>

</LinearLayout>
```

● Meal.kt

```kotlin
data class Meal(
    val name: String,
    val calories: String,
    val nutrition: String
)
```

● MealAdapter.kt

```kotlin
class MealAdapter(private val context: Context, private val meals:
    MutableList<Meal>) : BaseAdapter() {

    override fun getCount(): Int {
        return meals.size
    }

    override fun getItem(position: Int): Any {
        return meals[position]
    }

    override fun getItemId(position: Int): Long {
        return position.toLong()
    }

    override fun getView(position: Int, convertView: View?, parent:
        ViewGroup?): View {
        val view: View = convertView ?: LayoutInflater.from(context)
            .inflate(R.layout.item_meal, parent, false)

        val meal = meals[position]

        val mealNameTextView = view.findViewById<TextView>(
            R.id.meal_name_text_view)
        val mealCaloriesTextView = view.findViewById<TextView>(
            R.id.meal_calories_text_view)
        val mealNutritionTextView = view.findViewById<TextView>(
            R.id.meal_nutrition_text_view)

        mealNameTextView.text = meal.name
        mealCaloriesTextView.text = meal.calories
        mealNutritionTextView.text = meal.nutrition

        return view
    }
}
```

● AddMealActivity.kt

```kotlin
class AddMealActivity : AppCompatActivity() {

    private lateinit var mealNameEditText: EditText
    private lateinit var mealCaloriesEditText: EditText
    private lateinit var mealNutritionEditText: EditText
    private lateinit var saveMealButton: Button

    override fun onCreate(savedInstanceState: Bundle?) {
        super.onCreate(savedInstanceState)
        setContentView(R.layout.activity_add_meal)

        mealNameEditText = findViewById(R.id.meal_name_edit_text)
        mealCaloriesEditText = findViewById(R.id.meal_calories_edit_text)
        mealNutritionEditText = findViewById(R.id.meal_nutrition_edit_text)
        saveMealButton = findViewById(R.id.save_meal_button)

        saveMealButton.setOnClickListener {
            saveMeal()
        }
    }

    private fun saveMeal() {
        val mealName = mealNameEditText.text.toString()
        val mealCalories = mealCaloriesEditText.text.toString()
        val mealNutrition = mealNutritionEditText.text.toString()

        if (mealName.isEmpty() || mealCalories.isEmpty() ||
            mealNutrition.isEmpty()) {
            setResult(Activity.RESULT_CANCELED)
        } else {
            val resultIntent = Intent().apply {
                putExtra("name", mealName)
                putExtra("calories", mealCalories)
                putExtra("nutrition", mealNutrition)
            }
            setResult(Activity.RESULT_OK, resultIntent)
        }
        finish()
    }
}
```

● MainActivity.kt

```kotlin
class MainActivity : AppCompatActivity() {

    private lateinit var mealListView: ListView
    private lateinit var addMealButton: Button
    private lateinit var searchEditText: EditText

    private lateinit var mealAdapter: MealAdapter
    private lateinit var addMealActivityResultLauncher:
        ActivityResultLauncher<Intent>

    private val meals = mutableListOf(
        Meal("Breakfast", "300 kcal", "Carbs: 50g, Protein: 20g, Fat: 10g"),
        Meal("Lunch", "600 kcal", "Carbs: 80g, Protein: 30g, Fat: 20g"),
        Meal("Dinner", "500 kcal", "Carbs: 70g, Protein: 25g, Fat: 15g")
    )

    override fun onCreate(savedInstanceState: Bundle?) {
        super.onCreate(savedInstanceState)
        setContentView(R.layout.activity_main)

        mealListView = findViewById(R.id.meal_list_view)
        addMealButton = findViewById(R.id.add_meal_button)
        searchEditText = findViewById(R.id.search_edit_text)

        mealAdapter = MealAdapter(this, meals)
        mealListView.adapter = mealAdapter
        // ActivityResultLauncher 등록
        addMealActivityResultLauncher = registerForActivityResult(
            ActivityResultContracts.StartActivityForResult()
        ) { result ->
            if (result.resultCode == Activity.RESULT_OK) {
                val data = result.data
                val name = data?.getStringExtra("name") ?:
                    return@registerForActivityResult
                val calories = data.getStringExtra("calories") ?:
                    return@registerForActivityResult
                val nutrition = data.getStringExtra("nutrition") ?:
                    return@registerForActivityResult

                val newMeal = Meal(name, calories, nutrition)
                meals.add(newMeal)
```

```
            mealAdapter.notifyDataSetChanged()
        }
    }

    addMealButton.setOnClickListener {
        val intent = Intent(this, AddMealActivity::class.java)
        addMealActivityResultLauncher.launch(intent)
    }

    searchEditText.addTextChangedListener {
        val query = it.toString()
        val filteredMeals = meals.filter { meal ->
            meal.name.contains(query, ignoreCase = true)
        }
        mealAdapter = MealAdapter(this, filteredMeals.toMutableList())
        mealListView.adapter = mealAdapter
    }
    }
}
```

data class는 Kotlin에서 제공하는 특별한 클래스 형태입니다. 일반적인 클래스와 달리, data class는 데이터 저장 및 처리를 위한 목적으로 사용됩니다. Meal 데이터 클래스를 생성하여 식단 정보를 나타냅니다. data class를 사용하여 식단 이름, 칼로리, 추가정보 String값들을 사용할 수 있도록 합니다.

- AddMealActivity를 사용하기 위해 AndroidManifest에서 〈activity android:name=".AddMealActivity" /〉를 추가합니다.

- MealAdapter 커스텀 어댑터를 작성하여 리스트뷰에 데이터를 바인딩합니다.

- MainActivity에서 MealAdapter를 사용하여 데이터를 관리하고 표시합니다.

챕터 요약 정리

01. 레이아웃과 위젯
레이아웃은 화면에 UI 요소들을 배치하는 데 사용됩니다. ConstraintLayout, LinearLayout, Relative Layout 등 다양한 레이아웃을 사용하여 UI를 구성할 수 있습니다. 위젯은 사용자 인터페이스를 구성하는 요소로, 버튼, 텍스트뷰, 이미지뷰 등이 있습니다. 위젯은 레이아웃 내에 배치되어 사용자와 상호 작용합니다.

02. 텍스트와 이미지 처리
안드로이드에서 텍스트는 TextView를 통해 표시되며, 다양한 속성을 사용하여 스타일링할 수 있습니다. 이미지 처리는 ImageView를 사용하여 이미지를 표시하고, 이미지 리소스를 로드하거나 비트맵으로 변환하여 표시할 수 있습니다. 또한 텍스트와 이미지를 함께 표시하는 것도 가능하며, 텍스트와 이미지를 함께 사용하는 다양한 디자인 패턴을 익힐 수 있습니다.

03. 사용자 입력과 폼 구성
사용자 입력은 EditText, Button, CheckBox 등을 사용하여 구현됩니다. 사용자 입력을 받고 처리하는 방법을 배우고, 입력값의 유효성을 검사하는 방법을 익힐 수 있습니다. 폼은 여러 입력 요소를 그룹화하여 사용자에게 정보를 입력하도록 하는 데 사용됩니다. 폼을 효과적으로 구성하고 처리하는 방법을 배울 수 있습니다.

04. 리스트와 리사이클러뷰
리스트는 여러 항목을 세로로 나열하여 표시하는 데 사용됩니다. ListView, RecyclerView 등을 사용하여 리스트를 구현할 수 있으며, 각 항목의 클릭 이벤트를 처리하는 방법을 익힐 수 있습니다. 리사이클러뷰는 리스트를 표시하기 위한 고급 위젯으로, 성능과 유연성이 뛰어납니다. 리사이클러뷰를 사용하여 동적인 리스트를 구현하고, 각 항목의 뷰를 재활용하여 메모리 사용량을 최적화하는 방법을 배울 수 있습니다.

안드로이드 UI 디자인에서 배운 내용은 UI를 다양한 방식으로 구성하는 방법을 포함합니다. 이를 통해 사용자와의 상호 작용을 향상시키고, 앱의 사용자 경험을 개선할 수 있습니다. 텍스트와 이미지를 다루는 방법을 익히며, 사용자 입력을 처리하고 폼을 만드는 방법을 배웠습니다. 리스트와 리사이클러뷰를 활용하여 동적인 내용을 표시하고, 스타일과 테마를 사용하여 일관된 디자인을 유지하는 방법도 배웠습니다. 이러한 기술을 통해 안드로이드 앱의 UI를 보다 효과적으로 디자인하고 관리할 수 있습니다.

CHAPTER

06

내
일
은
코
틀
린

안드로이드 기초 개발 예제

01 기초 개발 예제
02 랜덤게임 앱

01 기초 개발 예제

더 멋진 내일(Tomorrow)을 위한 내일(My Career) 내일은 코틀린

✓ 핵심 키워드

스플래시, 애니메이션, 로딩 애니메이션

여기서는 무얼 배울까

앱을 처음 실행할 때 나오는 스플래시 화면을 사용하는 이유에 대해서 알아보고, 애플리케이션 로고와 함께 앱 이름과 버전을 애니메이션을 이용하여 출력하는 법을 학습한다. 자신만의 스플래시 화면을 디자인할 수 있다.

스플래시 화면(Splash Screen)

게임이나 프로그램이 시작되는 동안 나타나는 화면을 스플래시 화면이라고 한다. 스플래시 화면을 사용하는 이유는 다음과 같다.

- **브랜딩 및 앱 아이덴티티 강화**: 스플래시 화면은 앱을 실행할 때 첫 화면으로 나타나는데, 이를 통해 앱의 로고, 이름 및 디자인 요소를 강조하여 브랜딩과 앱의 아이덴티티를 강화할 수 있다.

- **초기화 시간 감추기**: 앱이 초기화되는 동안 스플래시 화면을 보여줌으로써 사용자에게 초기화 시간이 필요한 것처럼 느끼지 않게 한다. 이는 사용자에게 앱이 빠르게 로드되는 것처럼 느끼게 하므로 사용자 경험을 개선할 수 있다.

- **로고 및 앱 정보 표시**: 스플래시 화면을 통해 앱의 로고, 이름, 버전정보 등을 표시하여 사용자에게 앱의 신뢰성을 전달하고 업데이트 여부를 알리는 데 도움을 줄 수 있다.

스플래시 화면 구현 단계

① 스플래시 액티비티 구현(activity_splash.xml)

```xml
<?xml version="1.0" encoding="utf-8"?>
<LinearLayout xmlns:android="http://schemas.android.com/apk/res/android"
    xmlns:tools="http://schemas.android.com/tools"
    android:layout_width="match_parent"
    android:layout_height="match_parent"
    tools:context=".SplashActivity"
    android:orientation="vertical">
    <ImageView
        android:layout_width="match_parent"
        android:layout_height="match_parent"
        android:src="@drawable/splash_image"/>
</LinearLayout>
```

② 스플래시 화면 동작 로직 구현

```kotlin
import android.content.Intent
import android.os.Bundle
import androidx.appcompat.app.AppCompatActivity
import android.os.Handler
import android.os.Looper

class SplashActivity: AppCompatActivity() {
    override fun onCreate(savedInstanceState: Bundle?) {
        super.onCreate(savedInstanceState)
        setContentView(R.layout.activity_splash)

        // 일정 시간 후 메인 액티비티로 전환
        Handler(Looper.getMainLooper()).postDelayed({
            startActivity(Intent(this, MainActivity::class.java))
            finish()
        }, 2000) // 2초 동안 스플래시 화면 표시
    }
}
```

앱 초기화 작업이나 타이머를 설정하여 일정 시간 후에 MainActivity 화면으로 전환한다.

③ 프로젝트 설정

```xml
<activity
    android:name=".SplashActivity"
    android:exported="true"
    android:theme="@style/Theme.Design.NoActionBar" >
    <intent-filter>
        <action android:name="android.intent.action.MAIN" />
        <category android:name="android.intent.category.LAUNCHER" />
    </intent-filter>
</activity>

<activity android:name=".MainActivity" />
```

AndroidManifest.xml 파일에서 스플래시 액티비티를 선언하고, 적절한 스타일을 설정한다.

애니메이션

로고나 다른 그래픽 요소에 애니메이션 효과를 적용하여 동적이고 흥미로운 스플래시 화면을 만들 수 있다.

XML 애니메이션을 사용하여 스플래시 화면의 뷰에 애니메이션을 적용할 수 있다. 예를 들어 페이드 인 애니메이션을 로고에 적용할 수 있다.

① res/anim/fade_in.xml 파일을 생성하고, 다음과 같이 작성한다.

```xml
<?xml version="1.0" encoding="utf-8"?>
<alpha xmlns:android="http://schemas.android.com/apk/res/android"
    android:duration="2000"
    android:fromAlpha="0.0"
    android:toAlpha="1.0">
</alpha>
```

이 애니메이션은 2초 동안(2000ms) 투명도(알파값)를 0에서 1로 변경하여 페이드 인 효과를 준다.

② SplashActivity.kt에서 애니메이션을 로고에 적용한다.

```
import android.view.animation.AnimationUtils
import android.widget.ImageView

class SplashActivity: AppCompatActivity() {
    override fun onCreate(savedInstanceState: Bundle?) {
        …

        val logo = findViewById<ImageView>(R.id.logo)
        val fadeIn = AnimationUtils.loadAnimation(this, R.anim.fade_in)
        logo.startAnimation(fadeIn)

        …
    }
}
```

이 코드는 logo 이미지뷰에 페이드 인 애니메이션을 적용하고, 3초 후에 메인 액티비티로 전환한다.

③ Activity에서 ImageView를 불러올 수 있도록 activity_splash.xml의 ImageView에 아이디를 추가하여야 한다.

```
<ImageView
    android:id="@+id/logo"
    android:layout_width="match_parent"
    android:layout_height="match_parent"
    android:src="@drawable/splash_image"/>
```

이와 같이 XML 애니메이션은 단순한 애니메이션 효과를 추가할 때 유용하다. 애니메이션 XML 파일을 작성하고, 이를 뷰에 적용한다. 또한 애니메이션 관련 라이브러리를 사용하여 복잡한 애니메이션도 구현 가능하다.

앱 이름 및 버전

스플래시 화면에 앱의 이름과 버전 정보를 표시할 수 있다. 이는 사용자에게 앱의 신뢰성과 업데이트 여부를 알리는 데 도움이 된다.

① 스플래시 화면의 XML 레이아웃 파일에서 앱 이름과 버전을 표시할 TextView를 추가한다.

```xml
<?xml version="1.0" encoding="utf-8"?>
<LinearLayout xmlns:android="http://schemas.android.com/apk/res/android"
    xmlns:tools="http://schemas.android.com/tools"
    android:layout_width="match_parent"
    android:layout_height="match_parent"
    tools:context=".SplashActivity"
    android:orientation="vertical"
    android:gravity="center">
    <ImageView
        android:id="@+id/logo"
        android:layout_width="wrap_content"
        android:layout_height="wrap_content"
        android:layout_gravity="center"
        android:src="@drawable/splash_image"/>

    <!-- 앱 이름 텍스트 -->
    <TextView
        android:id="@+id/appNameTextView"
        android:layout_width="wrap_content"
        android:layout_height="wrap_content"
        android:layout_marginTop="16dp"
        android:text="@string/app_name"
        android:textColor="@android:color/white"
        android:textSize="24sp"/>

    <!-- 버전 텍스트 -->
    <TextView
        android:id="@+id/appVersionTextView"
        android:layout_width="wrap_content"
        android:layout_height="wrap_content"
        android:layout_marginTop="8dp"
        android:textColor="@android:color/white"
        android:textSize="14sp"/>
</LinearLayout>
```

② SplashActivity에서 앱의 버전을 동적으로 가져와 TextView에 설정한다.

```
import android.widget.TextView

class SplashActivity: AppCompatActivity() {
    override fun onCreate(savedInstanceState: Bundle?) {
        …

        val appNameTextView = findViewById<TextView>(R.id.appNameTextView)
        val appVersionTextView = findViewById<TextView>(R.id.appVersionTextView)
        val versionName = getAppVersionName()
        appVersionTextView.text = getString(R.string.version_format, versionName)


        …
    }

    private fun getAppVersionName(): String {
        return try {
            val packageInfo: PackageInfo = packageManager.getPackageInfo(
                packageName, 0)
            packageInfo.versionName ?: "1.0"
        } catch (e: PackageManager.NameNotFoundException) {
            "1.0"
        }
    }
}
```

getAppVersionName 함수는 PackageManager를 사용하여 앱의 버전 이름을 가져온다. packageName과 버전 코드를 통해 버전 정보를 가져온다. 예외 발생 시 기본값 "1.0"을 반환한다.

③ res/values/strings.xml 파일에 버전 텍스트 형식을 추가한다.

```
<resources>
    <string name="app_name">스플래시 앱</string>
    <string name="version_format">Version %1$s</string>
</resources>
```

version_format에서 버전 텍스트의 형식을 지정한다. %1$s는 getString(R.string.version_format, versionName) 호출 시 versionName으로 대체된다.

로딩 애니메이션

스플래시 화면에 로딩 애니메이션을 별도로 구현하여 로딩 상태를 시각적으로 표현할 수 있다. 로딩 애니메이션은 다양한 곳에서 활용할 수 있다. 예를 들어 로딩바를 구현하고자 위한 방법은 다음과 같다.

① 스플래시 화면 레이아웃 파일(activity_splash.xml)에 ProgressBar를 추가한다.

```xml
<ProgressBar
    android:id="@+id/loadingProgressBar"
    style="?android:attr/progressBarStyleHorizontal"
    android:layout_width="match_parent"
    android:layout_height="wrap_content"
    android:layout_marginTop="16dp"
    android:indeterminate="true"
    android:layout_marginLeft="16dp"
    android:layout_marginRight="16dp"/>
```

② 일반적으로 스플래시 화면에서는 ProgressBar의 상태를 제어할 필요가 없다. 그러나 만약 앱 초기화 작업이 완료될 때까지 ProgressBar를 보여주고 싶다면, 작업 완료 후에 ProgressBar를 숨기거나 제거할 수 있다. 또한 로딩의 특정 진행 상황을 나타내도록 설정하려면, 정량적 진행 상태를 나타내는 방식으로 구성해야 한다.

```xml
<ProgressBar
    android:id="@+id/loadingProgressBar"
    style="?android:attr/progressBarStyleHorizontal"
    android:layout_width="match_parent"
    android:layout_height="wrap_content"
    android:layout_marginTop="16dp"
    android:layout_marginLeft="16dp"
    android:layout_marginRight="16dp"
    android:max="100"
    android:progress="0"/>
```

android:max="100"를 사용하여 ProgressBar의 최대 값을 100으로 설정한다. 이는 진행률을 백분율로 나타내기 위함이다. 추가적으로 android:progress="0"을 통해 초기 진행률을 0으로 설정할 수 있다.

③ SplashActivity.kt에서 ProgressBar의 진행률을 일정 간격으로 업데이트하는 코드를 추가한다.

```kotlin
import android.widget.ProgressBar

class SplashActivity: AppCompatActivity() {
    private lateinit var progressBar: ProgressBar
    private var progressStatus = 0
    private val handler = Handler(Looper.getMainLooper())

    override fun onCreate(savedInstanceState: Bundle?) {
        …

        progressBar = findViewById<ProgressBar>(R.id.loadingProgressBar)

        Thread {
            while (progressStatus < 100) {
                progressStatus += 1
                handler.post {
                    progressBar.progress = progressStatus
                }
                Thread.sleep(30)
            }
            // 메인 액티비티로 전환
            startActivity(Intent(this, MainActivity::class.java))
            finish()
        }.start()
    }
    …
}
```

- **ProgressBar 초기화**: ProgressBar 객체를 초기화하고, 초기 진행 상태(progressStatus)를 0으로 설정한다.

- **Handler와 Thread 사용**: Handler를 사용하여 UI 스레드에서 ProgressBar의 진행 상태를 업데이트한다. Thread 내부에서 progressStatus를 증가시키고, handler.post를 사용하여 ProgressBar의 progress 속성을 업데이트한다.

- **진행률 업데이트**: progressStatus를 1씩 증가시키며, 30밀리초마다 ProgressBar의 상태를 업데이트한다. 이는 3초 동안 ProgressBar가 100% 완료되도록 설정하는 것이다.

- **메인 액티비티 전환**: progressStatus가 100에 도달하면, 메인 액티비티로 전환한다.

02

더 멋진 내일(Tomorrow)을 위한 내일(My Career) **내일은 코틀린**

랜덤게임 앱

✓ 핵심 키워드

팝업, showDialog, CustomPaint, AnimationController, 로고

여기서는 무얼 배울까

챕터 4와 5에서 배운 것들을 활용하여 게임 앱을 만들어보자. 여러 개의 게임을 할 수 있도록 여러 페이지로 구성된 앱을 구현한다. 앱 내부에서 사용하는 팝업에서 데이터를 전달하는 법을 사용해보고 다양한 UI를 적용시킨다. 앱을 만들고 난 뒤 앱 이름과 로고를 수정하여 나만의 애플리케이션을 만들어보자.

아이디어 및 기획

애플리케이션의 주요 아이디어를 정리하고 기획 단계를 통해 다음 랜덤게임을 할 수 있는 서비스를 만들어보자.

로또 게임

국내 로또 당첨 확률을 체감할 수 있게 돕는 게임이다. 로또 1등 당첨의 확률은 1 / 8,145,060로 대략 2^{23}이라고 할 수 있다. 이지선다를 연속으로 23번 맞추게 되면 1등의 확률과 비슷하다고 할 수 있다. 2등은 20번, 3등은 15번, 4등은 9번과 10번 사이, 5등은 5번과 6번 사이의 확률이라고 할 수 있다. 2개의 버튼을 만들어서 랜덤으로 통과할 수 있게 해보자.

몬티홀 딜레마 게임

몬티홀 문제는 캐나다-미국 TV 프로그램 사회자가 진행하던 미국 오락 프로그램에서 유래한 확률 문제다. 닫혀 있는 문 3개 뒤에 자동차 한 대와 염소 두 마리 중 한 마리가 하나씩 있을 때, 자동차가 있는 문을 고르는 것이다. 몬티홀 딜레마는 참가자가 첫 번째 선택을 했을 때, 염소가 있는 문을 하나 열어주고, 선택을 바꿀 수 있는 기회를 제공한다. 이때 선택을 바꾸는 것이 유리할지가 몬티홀 딜레마 문제라고 할 수 있다. 문 뒤에 상품을 하나 숨겨놓고 자동차를 찾아보는 몬티홀 딜레마 문제를 만들어본다.

돌림판 게임

돌아가는 원판에 원하는 것들 쓴 다음 판을 돌렸을 때, 화살표가 가르키고 있는 위치가 당첨이 되는 추첨 게임이다. 사용자가 원하는 값들을 원판에 입력할 수 있도록 하고, 원판을 돌려서 최종 결과가 출력될 수 있도록 구현한다.

사다리타기 게임

사다리타기 또는 고스트 레그(Ghost Leg)는 제비뽑기의 일종으로 세로줄 사이에 가로줄을 겹치지 않게 무작위로 그은 다음 위에서 아래로 선을 따라 내려가면서 최종적으로 도달하여 결과를 정하는 게임이다. 사다리 게임에 참여할 인원 수를 설정하고, 사용자 입력 기능을 추가하여 입력과 결과를 전달받은 후 전체 결과를 보여주는 기능도 추가한다.

게임 선택화면

우선 메인 페이지에서 게임 선택화면을 작성해보자. 선택지는 5가지로 로또 게임, 몬티홀 딜레마 게임, 돌림판 게임, 사다리타기 게임, 종료 버튼으로 구성한다.

activity_main.xml

```xml
<?xml version="1.0" encoding="utf-8"?>
<LinearLayout xmlns:android="http://schemas.android.com/apk/res/android"
    android:layout_width="match_parent"
    android:layout_height="match_parent"
    android:orientation="vertical"
    android:gravity="center"
    android:padding="16dp">

    <Button
        android:id="@+id/buttonLottoGame"
        android:layout_width="match_parent"
        android:layout_height="wrap_content"
        android:text="로또 게임"
        android:layout_marginTop="16dp" />

    <Button
        android:id="@+id/buttonMontyHallGame"
        android:layout_width="match_parent"
```

```xml
        android:layout_height="wrap_content"
        android:text="몬티홀 딜레마 게임"
        android:layout_marginTop="16dp" />

    <Button
        android:id="@+id/buttonRouletteGame"
        android:layout_width="match_parent"
        android:layout_height="wrap_content"
        android:text="돌림판 게임"
        android:layout_marginTop="16dp" />

    <Button
        android:id="@+id/buttonLadderGame"
        android:layout_width="match_parent"
        android:layout_height="wrap_content"
        android:text="사다리 타기 게임"
        android:layout_marginTop="16dp" />

    <Button
        android:id="@+id/buttonExit"
        android:layout_width="match_parent"
        android:layout_height="wrap_content"
        android:text="종료"
        android:layout_marginTop="16dp" />
</LinearLayout>
```

팝업(Pop-up)

게임 선택화면에서 선택 시 팝업창을 만들고 인원수나 게임의 종류를 선택할 수 있게 한다. 게임별로 다양하게 입력을 받아보고 인텐트를 활용하여 각 게임 클래스로 값을 전달한다.

MainActivity.kt

```kotlin
class MainActivity: AppCompatActivity() {

    companion object {
        private const val SET_ROULETTE_REQUEST = 1
        const val EXTRA_LOTTO_GAME_LEVEL =
            "com.example.myapplication.LOTTO_GAME_LEVEL"
```

```kotlin
        const val EXTRA_LADDER_PARTICIPANTS =
            "com.example.myapplication.LADDER_PARTICIPANTS"
    }

    override fun onCreate(savedInstanceState: Bundle?) {
        super.onCreate(savedInstanceState)
        setContentView(R.layout.activity_main)

        val buttonLadderGame: Button = findViewById(R.id.buttonLadderGame)
        val buttonMontyHallGame: Button = findViewById(
            R.id.buttonMontyHallGame)
        val buttonRouletteGame: Button = findViewById(
            R.id.buttonRouletteGame)
        val buttonLottoGame: Button = findViewById(R.id.buttonLottoGame)
        val buttonExit: Button = findViewById(R.id.buttonExit)

        buttonLottoGame.setOnClickListener {
            showLottoGameDialog()
        }

        buttonMontyHallGame.setOnClickListener {
            showMontyHallGameDialog()
        }

        buttonRouletteGame.setOnClickListener {
            showRouletteGameDialog()
        }

        buttonLadderGame.setOnClickListener {
            showLadderGameDialog()
        }

        buttonExit.setOnClickListener {
            finish()
        }
    }

    private fun showLottoGameDialog() {
        val items = arrayOf("1등", "2등", "3등", "4등", "5등")
        AlertDialog.Builder(this)
            .setTitle("등수 선택")
            .setItems(items) { dialog, which ->
                val selected = items[which]
```

```kotlin
            val intent = Intent(this, LottoGameActivity::class.java)
            intent.putExtra(EXTRA_LOTTO_GAME_LEVEL, selected)
            startActivity(intent)
        }
        .setNegativeButton("취소", null)
        .show()
}

private fun showMontyHallGameDialog() {
    val items = arrayOf("3개의 문", "4개의 문", "5개의 문")
    AlertDialog.Builder(this)
        .setTitle("문의 수 선택")
        .setItems(items) { dialog, which ->
            val selected = items[which].replace("문", "").toInt()
            val intent = Intent(this, MontyHallGameActivity::class.java)
            intent.putExtra("numberOfDoors", selected)
            startActivity(intent)
        }
        .setNegativeButton("취소", null)
        .show()
}

private fun showRouletteGameDialog() {
    val inflater = LayoutInflater.from(this)
    val view = inflater.inflate(R.layout.seekbar_dialog, null)

    val seekBar = view.findViewById<SeekBar>(R.id.seekBar)
    val seekBarValueTextView = view.findViewById<TextView>(
        R.id.seekBarValueTextView)

    seekBar.progress = 0
    seekBarValueTextView.text = "4"

    seekBar.setOnSeekBarChangeListener(object: SeekBar.OnSeekBarChangeListener {
        override fun onProgressChanged(seekBar: SeekBar?, progress: Int,
            fromUser: Boolean) {
            val value = progress + 4
            seekBarValueTextView.text = value.toString()
        }

        override fun onStartTrackingTouch(seekBar: SeekBar?) {}

        override fun onStopTrackingTouch(seekBar: SeekBar?) {}
```

```kotlin
        })

        AlertDialog.Builder(this)
            .setTitle("돌림판 칸 수 선택")
            .setView(view)
            .setPositiveButton("확인") { dialog, _ ->
                val selectedNumber = seekBar.progress + 4
                val intent = Intent(this, SetRouletteActivity::class.java)
                intent.putExtra("numberOfSlots", selectedNumber)
                startActivityForResult(intent, SET_ROULETTE_REQUEST)
            }
            .setNegativeButton("취소", null)
            .show()
    }

    private fun showLadderGameDialog() {
        val inflater = LayoutInflater.from(this)
        val view = inflater.inflate(R.layout.number_picker_dialog, null)

        val numberPicker = view.findViewById<NumberPicker>(R.id.numberPicker)
        numberPicker.minValue = 4
        numberPicker.maxValue = 10
        numberPicker.wrapSelectorWheel = true

        AlertDialog.Builder(this)
            .setTitle("사다리타기 인원 수 선택")
            .setView(view)
            .setPositiveButton("확인") { dialog, _ ->
                val selectedNumber = numberPicker.value
                val intent = Intent(this, LadderInputActivity::class.java)
                intent.putExtra(EXTRA_LADDER_PARTICIPANTS, selectedNumber)
                startActivity(intent)
            }
            .setNegativeButton("취소", null)
            .show()
    }

    override fun onActivityResult(requestCode: Int, resultCode: Int, data:
        Intent?) {
        super.onActivityResult(requestCode, resultCode, data)
        if (requestCode == SET_ROULETTE_REQUEST && resultCode == RESULT_OK) {
            val sections = data?.getStringArrayListExtra("sections")
            val intent = Intent(this, RouletteActivity::class.java)
```

```
            intent.putStringArrayListExtra("sections", sections)
            startActivity(intent)
        }
    }
}
```

위의 코드는 다이얼로그를 통해 로또 등급, 인원수, 문의 개수 등을 선택할 수 있도록 구현한 것이다. 각 버튼을 누르면 해당 팝업창이 나타나며, 버튼의 콜백 함수에서는 각 상황에 맞는 동작을 추가하면 된다.

SeekBar의 슬라이더를 통해 숫자를 선택할 수 있다. 이는 사용자가 직접 값을 조절하는 방식으로 사용하기에 적합하다.

- **Custom Layout Inflate**: LayoutInflater를 사용하여 seekbar_dialog.xml 레이아웃을 인플레이트한다.

- **SeekBar와 TextView 설정**: SeekBar는 max가 6으로 설정되어 있어, 0부터 6까지의 값을 가질 수 있다. 이는 4에서 10까지의 값을 나타내기 위해 조정된다. TextView는 현재 선택된 값을 표시하고, 초기값은 4로 설정한다.

- **SeekBar 변화 감지**: OnSeekBarChangeListener를 사용하여 사용자가 SeekBar를 조절할 때마다 progress 값을 감지한다. progress값에 4를 더하여 실제 선택된 값을 계산하고, 이를 TextView에 표시한다.

- **다이얼로그 생성**: 다이얼로그가 생성되고, 사용자가 확인 버튼을 누르면 선택된 숫자 값을 처리하는 로직을 추가할 수 있다.

seekbar_dialog.xml

```xml
<?xml version="1.0" encoding="utf-8"?>
<LinearLayout xmlns:android="http://schemas.android.com/apk/res/android"
    android:layout_width="wrap_content"
    android:layout_height="wrap_content"
    android:orientation="vertical"
    android:padding="16dp">

    <TextView
        android:id="@+id/seekBarValueTextView"
        android:layout_width="wrap_content"
        android:layout_height="wrap_content"
        android:text="4"
        android:layout_gravity="center_horizontal"
        android:textSize="18sp"
        android:layout_marginBottom="8dp" />

    <SeekBar
        android:id="@+id/seekBar"
        android:layout_width="match_parent"
        android:layout_height="wrap_content"
        android:max="6" />
</LinearLayout>
```

NumberPicker는 사용자가 선택할 수 있는 숫자 범위를 지정할 수 있는 위젯이다. 이를 사용하여 사용자가 숫자값을 직접 선택할 수 있다.

- Custom Layout Inflater: LayoutInflater를 사용하여 number_picker_dialog.xml 레이아웃 파일을 인플레이트한다.

- NumberPicker 설정: minValue와 maxValue를 설정하여 사용자가 선택할 수 있는 숫자의 범위를 최소 4, 최대 10으로 설정한다. wrapSelectorWheel 속성을 true로 설정하여, 사용자가 최대값에서 다시 최솟값으로 되돌아가는 방식으로 선택할 수 있게 한다.

- AlertDialog 생성 및 설정: AlertDialog.Builder를 사용하여 커스텀뷰를 포함한 다이얼로그를 생성한다. setView(view)를 사용하여 커스텀 레이아웃을 다이얼로그에 설정하고, setPositiveButton을 통해 사용자가 확인 버튼을 눌렀을 때 선택된 숫자를 처리하는 로직을 추가한다.

number_picker_dialog.xml

```xml
<?xml version="1.0" encoding="utf-8"?>
<LinearLayout xmlns:android="http://schemas.android.com/apk/res/android"
    android:layout_width="wrap_content"
    android:layout_height="wrap_content"
    android:orientation="vertical"
    android:padding="16dp">

    <NumberPicker
        android:id="@+id/numberPicker"
        android:layout_width="wrap_content"
        android:layout_height="wrap_content"
        android:layout_gravity="center"/>
</LinearLayout>
```

로또 게임

로또 게임을 위한 로직을 설정하고, 사용자가 AlertDialog에서 등수를 선택하게 한다. 해당 등수에 맞는 게임에서는 사용자가 두 개의 상자(버튼) 중 하나를 선택한다. 이때, 올바른 상자를 선택하면 다음 단계로 넘어가고, 틀리면 게임이 종료된다.

activity_lotto_game.xml

현재 단계와 두 개의 버튼을 표시한다. 사용자가 선택한 버튼에 따라 게임이 진행된다.

```xml
<LinearLayout xmlns:android="http://schemas.android.com/apk/res/android"
    android:layout_width="match_parent"
    android:layout_height="match_parent"
    android:orientation="vertical"
    android:gravity="center"
    android:padding="16dp">

    <TextView
        android:id="@+id/stageTextView"
        android:layout_width="wrap_content"
        android:layout_height="wrap_content"
        android:textSize="24sp"
        android:layout_marginBottom="32dp"
```

```xml
        android:text="현재 단계: 1 / 23" />

    <Button
        android:id="@+id/button1"
        android:layout_width="wrap_content"
        android:layout_height="wrap_content"
        android:layout_margin="8dp"
        android:text="버튼 1" />

    <Button
        android:id="@+id/button2"
        android:layout_width="wrap_content"
        android:layout_height="wrap_content"
        android:layout_margin="8dp"
        android:text="버튼 2" />
</LinearLayout>
```

LottoGameActivity.kt

사용자가 버튼을 선택하면 올바른 선택인지 확인하고, 올바르면 다음 단계로 넘어가고, 틀리면 게임이 종료된다.

```kotlin
class LottoGameActivity: AppCompatActivity() {

    private var currentStage = 1
    private var maxStage = 23
    private lateinit var correctButton: Button
    private lateinit var wrongButton: Button
    private lateinit var stageTextView: TextView
    private var correctChoice: Int = 0

    override fun onCreate(savedInstanceState: Bundle?) {
        super.onCreate(savedInstanceState)
        setContentView(R.layout.activity_lotto_game)

        stageTextView = findViewById(R.id.stageTextView)
        correctButton = findViewById(R.id.button1)
        wrongButton = findViewById(R.id.button2)

        val gameLevel = intent.getStringExtra(
            MainActivity.EXTRA_LOTTO_GAME_LEVEL)
```

```kotlin
        maxStage = when (gameLevel) {
            "1등" -> 23
            "2등" -> 20
            "3등" -> 15
            "4등" -> Random.nextInt(9, 11)
            "5등" -> Random.nextInt(5, 7)
            else -> 1
        }

        setNewStage()

        correctButton.setOnClickListener { handleChoice(true) }
        wrongButton.setOnClickListener { handleChoice(false) }
    }

    private fun setNewStage() {
        stageTextView.text = "현재 단계: $currentStage / $maxStage"
        correctChoice = Random.nextInt(2)
    }

    private fun handleChoice(isCorrect: Boolean) {
        if (isCorrect == (correctChoice == 0)) {
            if (currentStage < maxStage) {
                currentStage++
                setNewStage()
            } else {
                Toast.makeText(this, "축하합니다! 게임을 완료했습니다.",
                    Toast.LENGTH_LONG).show()
                finish()
            }
        } else {
            Toast.makeText(this, "게임 오버! 잘못된 선택입니다.",
                Toast.LENGTH_LONG).show()
            finish()
        }
    }
}
```

선택한 등수에 따라 maxStage를 설정하고 setNewStage 메서드를 통해 매 단계마다 올바른 버튼과 틀린 버튼을 랜덤하게 설정한다.

몬티홀 문제

몬티홀 문제를 해결하기 위해 선택된 문의 수에 따라 게임을 설정한다. 게임이 진행되는 동안 참가자가 문을 선택하고, 사회자가 염소가 있는 문을 열어 준 후, 참가자가 선택을 바꿀 수 있는 기회를 제공하는 로직을 구현한다.

activity_monty_hall_game.xml

```xml
<LinearLayout xmlns:android="http://schemas.android.com/apk/res/android"
    android:layout_width="match_parent"
    android:layout_height="match_parent"
    android:orientation="vertical"
    android:padding="16dp"
    android:gravity="center">

    <LinearLayout
        android:id="@+id/doorsContainer"
        android:layout_width="match_parent"
        android:layout_height="0dp"
        android:layout_weight="1"
        android:orientation="horizontal"
        android:gravity="center">
    </LinearLayout>

    <TextView
        android:id="@+id/resultTextView"
        android:layout_width="wrap_content"
        android:layout_height="wrap_content"
        android:textSize="18sp"
        android:layout_marginTop="16dp"
        android:gravity="center"
        android:text="문을 선택해주세요." />

    <LinearLayout
        android:layout_width="wrap_content"
        android:layout_height="wrap_content"
        android:orientation="horizontal"
        android:gravity="center">

        <Button
            android:id="@+id/confirmButton"
```

```xml
            android:layout_width="wrap_content"
            android:layout_height="wrap_content"
            android:text="확인"
            android:layout_marginTop="16dp"
            android:visibility="gone" />

        <Button
            android:id="@+id/retryButton"
            android:layout_width="wrap_content"
            android:layout_height="wrap_content"
            android:text="다시하기"
            android:layout_marginLeft="16dp"
            android:layout_marginTop="16dp"
            android:visibility="gone" />
    </LinearLayout>
</LinearLayout>
```

Linear Layout인 doorsContainer에서 선택한 문의 개수에 따라 이미지를 동적으로 추가할 예정이다. 그리고 결과 확인과 다시하기를 위한 버튼을 추가하였다.

MontyHallGameActivity.kt

```kotlin
class MontyHallGameActivity: AppCompatActivity() {

    private var numberOfDoors = 3
    private var carBehindDoor = -1
    private var userSelection = -1
    private var revealedDoor = -1
    private lateinit var doorsContainer: LinearLayout
    private lateinit var resultTextView: TextView
    private lateinit var confirmButton: Button
    private lateinit var retryButton: Button
    private var gameStage = 0
    private val doors = mutableListOf<ImageView>()

    override fun onCreate(savedInstanceState: Bundle?) {
        super.onCreate(savedInstanceState)
        setContentView(R.layout.activity_monty_hall_game)

        numberOfDoors = intent.getIntExtra("numberOfDoors", 3)
        carBehindDoor = Random.nextInt(numberOfDoors)
```

```kotlin
        doorsContainer = findViewById(R.id.doorsContainer)
        resultTextView = findViewById(R.id.resultTextView)
        confirmButton = findViewById(R.id.confirmButton)
        retryButton = findViewById(R.id.retryButton)

        setupDoors()
    }

    private fun setupDoors() {
        doorsContainer.removeAllViews()
        doors.clear()

        for (i in 0 until numberOfDoors) {
            val imageView = ImageView(this).apply {
                layoutParams = LinearLayout.LayoutParams(0, LinearLayout.
                  LayoutParams.MATCH_PARENT, 1f).apply {
                    setMargins(8, 0, 8, 0) // Margin between doors
                }
                setImageResource(R.drawable.box)
                tag = i
                scaleType = ImageView.ScaleType.FIT_CENTER
                adjustViewBounds = true
                setOnClickListener { onDoorSelected(i) }
            }

            doors.add(imageView)
            doorsContainer.addView(imageView)
        }
    }

    private fun onDoorSelected(doorIndex: Int) {
        if (gameStage == 0) {
            userSelection = doorIndex
            revealGoatDoor()
            gameStage = 1
            disableDoors()
        } else if (gameStage == 1) {
            if (doorIndex != revealedDoor) {
                userSelection = doorIndex
            }
            revealResult()
        }
    }
```

```kotlin
private fun disableDoors() {
    doors.forEach { it.isEnabled = false }
}

private fun revealGoatDoor() {
    val possibleDoors = (0 until numberOfDoors).filter { it !=
        userSelection && it != carBehindDoor }
    revealedDoor = possibleDoors.random()

    doors[revealedDoor].setImageResource(R.drawable.goat)
    resultTextView.text =
        "문 ${revealedDoor + 1} 뒤에 염소가 있습니다. 선택을 바꾸시겠습니까?"
    confirmButton.visibility = Button.VISIBLE
    confirmButton.setOnClickListener {
        enableDoorsExcept(revealedDoor)
        resultTextView.text = "문을 선택해주세요."
        confirmButton.visibility = Button.GONE
    }
}

private fun enableDoorsExcept(exceptIndex: Int) {
    doors.forEachIndexed { index, imageView ->
        imageView.isEnabled = index != exceptIndex
    }
}

private fun revealResult() {
    disableDoors()

    for (i in doors.indices) {
        val resId = if (i == carBehindDoor) R.drawable.car else R.drawable.goat
        doors[i].setImageResource(resId)
    }

    val resultMessage = if (userSelection == carBehindDoor) {
        "축하합니다! 자동차를 찾았습니다!"
    } else {
        "안타깝습니다. 염소를 찾았습니다."
    }

    resultTextView.text = resultMessage
    confirmButton.visibility = Button.VISIBLE
```

```kotlin
        retryButton.visibility = Button.VISIBLE

    confirmButton.setOnClickListener {
        val intent = Intent(this, MainActivity::class.java)
        intent.addFlags(Intent.FLAG_ACTIVITY_CLEAR_TOP or Intent
            .FLAG_ACTIVITY_NEW_TASK)
        startActivity(intent)
        finish()
    }

    retryButton.setOnClickListener {
        val intent = Intent(this, MontyHallGameActivity::class.java)
        intent.addFlags(Intent.FLAG_ACTIVITY_CLEAR_TOP or Intent
            .FLAG_ACTIVITY_NEW_TASK)
        startActivity(intent)
        finish()
    }
   }
}
```

onCreate 메서드에서 intent.getIntExtra("numberOfDoors", 3)를 사용하여 인텐트에서 전달된 문의 수를 받아온다. 기본값으로 3을 설정하여 오류 상황에 대비한다.

setupDoors() 메서드에서 numberOfDoors에 따라 동적으로 ImageView를 생성하고 doorsContainer에 추가한다. 각 ImageView는 LinearLayout.LayoutParams의 layout_weight 속성을 1f로 설정하여 동일한 비율로 공간을 차지한다. 상자는 box 이미지로, 공개 시 염소는 goat, 자동차는 car 이미지로 변경한다.

disableDoors는 문 선택 후 모든 문을 비활성화하고, enableDoorsExcept는 특정 문을 제외한 나머지 문을 클릭할 수 있도록 설정한다. 결과가 표시된 후 confirmButton과 retryButton이 나타나도록 설정했다. confirmButton 클릭 시 메인 화면으로 이동하고, retryButton 클릭 시 게임 설정 화면으로 돌아간다.

돌림판 게임

돌림판 클래스를 구현하여 사용자가 선택한 숫자에 따라 돌림판을 구성하고, 돌림판을 돌리면 하나의 최종 결과가 출력되는 로직을 추가한다. 최종 결과를 확인한 후에는 다시 메인 화면으로 돌아갈 수 있도록 설정한다.

activity_roulette.xml

```xml
<LinearLayout xmlns:android="http://schemas.android.com/apk/res/android"
    android:layout_width="match_parent"
    android:layout_height="match_parent"
    android:orientation="vertical"
    android:padding="16dp"
    android:gravity="center">

    <com.example.myapplication.CustomRouletteView
        android:id="@+id/customRouletteView"
        android:layout_width="wrap_content"
        android:layout_height="wrap_content"
        android:layout_gravity="center"
        android:layout_weight="1" />

    <TextView
        android:id="@+id/resultTextView"
        android:layout_width="wrap_content"
        android:layout_height="wrap_content"
        android:text="결과: "
        android:textSize="24sp"
        android:layout_marginBottom="24dp" />

    <Button
        android:id="@+id/spinButton"
        android:layout_width="wrap_content"
        android:layout_height="wrap_content"
        android:text="돌림판 돌리기"
        android:layout_marginBottom="16dp" />

    <Button
        android:id="@+id/confirmButton"
        android:layout_width="wrap_content"
        android:layout_height="wrap_content"
        android:text="확인" />
</LinearLayout>
```

각 룰렛 칸에 어떤 값을 넣을지 입력받고, 이미지 대신 커스텀뷰를 사용하여 동적으로 룰렛을 생성할 수 있다. 이 방식에서는 룰렛의 칸 수에 따라 칸의 개수와 내용을 동적으로 설정할 수 있으며, 각 칸의 내용은 사용자가 직접 입력할 수 있다.

activity_set_roulette.xml

```xml
<LinearLayout xmlns:android="http://schemas.android.com/apk/res/android"
    android:layout_width="match_parent"
    android:layout_height="match_parent"
    android:orientation="vertical"
    android:padding="16dp">

    <LinearLayout
        android:id="@+id/inputContainer"
        android:layout_width="match_parent"
        android:layout_height="wrap_content"
        android:orientation="vertical" />

    <Button
        android:id="@+id/confirmButton"
        android:layout_width="wrap_content"
        android:layout_height="wrap_content"
        android:text="확인"
        android:layout_gravity="center" />
</LinearLayout>
```

SetRouletteActivity.kt

```kotlin
class SetRouletteActivity: AppCompatActivity() {

    private lateinit var inputContainer: LinearLayout
    private lateinit var confirmButton: Button
    private val sectionInputs = mutableListOf<EditText>()

    override fun onCreate(savedInstanceState: Bundle?) {
        super.onCreate(savedInstanceState)
        setContentView(R.layout.activity_set_roulette)

        inputContainer = findViewById(R.id.inputContainer)
        confirmButton = findViewById(R.id.confirmButton)

        val numberOfSlots = intent.getIntExtra("numberOfSlots", 4)
        for (i in 1..numberOfSlots) {
            val editText = EditText(this)
            editText.hint = "칸 $i 입력"
```

```
            sectionInputs.add(editText)
            inputContainer.addView(editText)
        }

        confirmButton.setOnClickListener {
            val sections = sectionInputs.map { it.text.toString() }
            val resultIntent = Intent().apply {
                putStringArrayListExtra("sections", ArrayList(sections))
            }
            setResult(RESULT_OK, resultIntent)
            finish()
        }
    }
}
```

사용자가 각 섹션의 내용을 입력할 수 있는 액티비티이다. 입력된 값을 인텐트를 통해 Roulette Activity로 전달한다.

CustomRouletteView.kt

```
class CustomRouletteView @JvmOverloads constructor(
    context: Context,
    attrs: AttributeSet? = null,
    defStyleAttr: Int = 0
): View(context, attrs, defStyleAttr) {

    private var sections: List<String> = emptyList()
    private var paint: Paint = Paint(Paint.ANTI_ALIAS_FLAG).apply {
        textSize = 48f
        color = Color.BLACK
        textAlign = Paint.Align.CENTER
    }
    private var bgPaint: Paint = Paint(Paint.ANTI_ALIAS_FLAG)

    fun setSections(sections: List<String>) {
        this.sections = sections
        invalidate()
    }

    override fun onDraw(canvas: Canvas) {
```

```kotlin
        super.onDraw(canvas)
        if (sections.isEmpty()) return

        val angle = 360f / sections.size
        val radius = min(width, height) / 2f
        val centerX = width / 2f
        val centerY = height / 2f

        for (i in sections.indices) {
            bgPaint.color = getRandomColor()

            canvas.drawArc(
                centerX - radius,
                centerY - radius,
                centerX + radius,
                centerY + radius,
                i * angle,
                angle,
                true,
                bgPaint
            )

            val x = centerX + (radius / 1.5f) * cos(Math.toRadians((i * angle +
                angle / 2).toDouble())).toFloat()
            val y = centerY + (radius / 1.5f) * sin(Math.toRadians((i * angle +
                angle / 2).toDouble())).toFloat()
            canvas.drawText(sections[i], x, y, paint)
        }
    }

    private fun getRandomColor(): Int {
        val random = Random.Default
        return Color.argb(255, random.nextInt(256), random.nextInt(256),
            random.nextInt(256))
    }
}
```

@JvmOverloads은 코틀린에서 기본 인자를 사용하여 자바(Java)와의 호환성을 제공하는 어노테이션이다. sections은 사용자가 입력한 각 섹션의 내용을 담고 있는 리스트다. onDraw와 Canvas를 사용하여 각 섹션의 텍스트를 그린다.

RouletteActivity.kt

```kotlin
class RouletteActivity: AppCompatActivity() {

    private lateinit var customRouletteView: CustomRouletteView
    private lateinit var resultTextView: TextView
    private lateinit var spinButton: Button
    private lateinit var confirmButton: Button
    private var isSpinning = false

    override fun onCreate(savedInstanceState: Bundle?) {
        super.onCreate(savedInstanceState)
        setContentView(R.layout.activity_roulette)

        customRouletteView = findViewById(R.id.customRouletteView)
        resultTextView = findViewById(R.id.resultTextView)
        spinButton = findViewById(R.id.spinButton)
        confirmButton = findViewById(R.id.confirmButton)

        val sections = intent.getStringArrayListExtra("sections")
        customRouletteView.setSections(sections ?: listOf(""))

        spinButton.setOnClickListener {
            if (!isSpinning) {
                spinRoulette(sections ?: listOf(""))
            }
        }

        confirmButton.setOnClickListener {
            finish()
        }
    }

    private fun spinRoulette(sections: List<String>) {
        isSpinning = true
        val rotationAngle = 3600f + Random.nextInt(360)
        val resultIndex = Random.nextInt(sections.size)
        val finalAngle = rotationAngle + (360f / sections.size) * resultIndex

        val animator = ObjectAnimator.ofFloat(customRouletteView,
            "rotation", 0f, finalAngle)
        animator.duration = 3000
        animator.interpolator = AccelerateDecelerateInterpolator()
```

```
        animator.addListener(object: AnimatorListenerAdapter() {
            override fun onAnimationEnd(animation: Animator) {
                super.onAnimationEnd(animation)
                val result = sections[resultIndex]
                resultTextView.text = "결과: $result"
                isSpinning = false
            }
        })
        animator.start()
    }
}
```

RouletteActivity에서 사용자가 입력한 값을 받아와 커스텀뷰에 반영하고, 애니메이션을 적용한다.

사다리타기 게임

입력 화면과 출력 화면을 완전히 분리하고, 입력이 완료된 후 새로운 화면에서 사다리타기 게임을 진행하도록 구현한다.

activity_ladder_input.xml

```xml
<LinearLayout xmlns:android="http://schemas.android.com/apk/res/android"
    android:layout_width="match_parent"
    android:layout_height="match_parent"
    android:orientation="vertical"
    android:padding="16dp">

    <LinearLayout
        android:id="@+id/inputContainer"
        android:layout_width="match_parent"
        android:layout_height="wrap_content"
        android:orientation="vertical"
        android:layout_marginBottom="16dp" />

    <LinearLayout
        android:id="@+id/resultContainer"
        android:layout_width="match_parent"
        android:layout_height="wrap_content"
```

```xml
        android:orientation="vertical"
        android:layout_marginBottom="16dp" />

    <Button
        android:id="@+id/startButton"
        android:layout_width="wrap_content"
        android:layout_height="wrap_content"
        android:text="게임 시작" />
</LinearLayout>
```

LadderInputActivity는 사용자로부터 참가자와 결과를 입력받는다. 입력된 값을 인텐트로 전달하여 LadderGameActivity를 시작한다.

LadderInputActivity.kt

```kotlin
class LadderInputActivity: AppCompatActivity() {

    private lateinit var inputContainer: LinearLayout
    private lateinit var resultContainer: LinearLayout
    private lateinit var startButton: Button
    private var numberOfParticipants: Int = 4
    private val participantInputs = mutableListOf<EditText>()
    private val resultInputs = mutableListOf<EditText>()

    override fun onCreate(savedInstanceState: Bundle?) {
        super.onCreate(savedInstanceState)
        setContentView(R.layout.activity_ladder_input)

        numberOfParticipants = intent.getIntExtra(MainActivity.EXTRA_
            LADDER_PARTICIPANTS, 4)

        inputContainer = findViewById(R.id.inputContainer)
        resultContainer = findViewById(R.id.resultContainer)
        startButton = findViewById(R.id.startButton)

        setupInputFields()
        setupResultFields()

        startButton.setOnClickListener {
            startLadderGame()
        }
```

```kotlin
    }

    private fun setupInputFields() {
        for (i in 1..numberOfParticipants) {
            val editText = EditText(this)
            editText.hint = "참가자 $i"
            participantInputs.add(editText)
            inputContainer.addView(editText)
        }
    }

    private fun setupResultFields() {
        for (i in 1..numberOfParticipants) {
            val editText = EditText(this)
            editText.hint = "결과 $i"
            resultInputs.add(editText)
            resultContainer.addView(editText)
        }
    }

    private fun startLadderGame() {
        val participants = participantInputs.map { it.text.toString() }
        val results = resultInputs.map { it.text.toString() }

        val intent = Intent(this, LadderGameActivity::class.java).apply {
            putStringArrayListExtra("participants", ArrayList(participants))
            putStringArrayListExtra("results", ArrayList(results))
        }
        startActivity(intent)
    }
}
```

CustomLadderView.kt

```kotlin
class CustomLadderView @JvmOverloads constructor(
    context: Context,
    attrs: AttributeSet? = null,
    defStyleAttr: Int = 0
): View(context, attrs, defStyleAttr) {

    private var ladder: Ladder = Ladder(emptyList())
```

```kotlin
    private var numberOfParticipants = 0
    private val paint = Paint(Paint.ANTI_ALIAS_FLAG).apply {
        color = Color.BLACK
        strokeWidth = 5f
    }

    fun setLadder(ladder: Ladder, numberOfParticipants: Int) {
        this.ladder = ladder
        this.numberOfParticipants = numberOfParticipants
        invalidate()
    }

    override fun onDraw(canvas: Canvas) {
        super.onDraw(canvas)
        drawLadder(canvas)
    }

    private fun drawLadder(canvas: Canvas) {
        val padding = 50f
        val availableWidth = width - padding * 2
        val columnWidth = availableWidth / (numberOfParticipants - 1).toFloat()
        val availableHeight = height - padding * 2
        val stepHeight = availableHeight / (numberOfParticipants + 1).toFloat()

        // 세로선 그리기
        for (i in 0 until numberOfParticipants) {
            val x = padding + i * columnWidth
            canvas.drawLine(x, padding, x, padding + availableHeight, paint)
        }

        // 가로선 그리기
        ladder.lines.forEach { line ->
            val startX = padding + line.from * columnWidth
            val endX = padding + line.to * columnWidth
            val y = padding + line.position * (availableHeight / 100f)
            canvas.drawLine(startX, y, endX, y, paint)
        }
    }
}
```

- **setLadder**: 외부에서 사다리와 참가자 수를 설정하는 메서드다. 값이 설정되면 invalidate() 를 호출하여 뷰를 다시 그리도록 한다.

- **onDraw**: 뷰가 그려질 때 호출되는 메서드다. drawLadder 메서드를 호출하여 사다리를 그린다.

- **drawLadder**: 사다리를 실제로 그리는 메서드다. 패딩을 고려하여 가로, 세로 크기와 열 너비, 단계 높이를 계산한다. 참가자 수에 따라 세로선을 그린다. 각 참가자마다 하나의 세로선을 생성한다. 각 가로선은 시작 인덱스와 끝 인덱스, 그리고 위치에 따라 ladder.lines를 순회하며 그린다.

activity_ladder_game.xml

```xml
<LinearLayout xmlns:android="http://schemas.android.com/apk/res/android"
    android:layout_width="match_parent"
    android:layout_height="match_parent"
    android:orientation="vertical">

    <FrameLayout
        android:layout_width="match_parent"
        android:layout_height="0dp"
        android:layout_weight="3"
        android:background="#E0E0E0">

        <com.example.myapplication.CustomLadderView
            android:id="@+id/customLadderView"
            android:layout_width="match_parent"
            android:layout_height="match_parent" />
    </FrameLayout>

    <LinearLayout
        android:layout_width="match_parent"
        android:layout_height="0dp"
        android:layout_weight="2"
        android:orientation="vertical"
        android:padding="16dp">

        <TextView
            android:id="@+id/resultTextView"
            android:layout_width="wrap_content"
            android:layout_height="wrap_content"
```

```xml
            android:textSize="18sp"
            android:layout_marginTop="16dp"
            android:gravity="center"
            android:text="결과: \n" />

    <Button
        android:id="@+id/confirmButton"
        android:layout_width="wrap_content"
        android:layout_height="wrap_content"
        android:text="확인"
        android:layout_marginTop="16dp"
        android:visibility="gone" />
    </LinearLayout>
</LinearLayout>
```

LadderGameActivity.kt

```kotlin
data class LadderLine(val from: Int, val to: Int, val position: Float)
data class Ladder(val lines: List<LadderLine>)

class LadderGameActivity: AppCompatActivity() {

    private lateinit var customLadderView: CustomLadderView
    private lateinit var resultTextView: TextView
    private lateinit var confirmButton: Button
    private var ladder: Ladder = Ladder(emptyList())
    private var gameResults: List<Pair<String, String>> = listOf()

    override fun onCreate(savedInstanceState: Bundle?) {
        super.onCreate(savedInstanceState)
        setContentView(R.layout.activity_ladder_game)

        customLadderView = findViewById(R.id.customLadderView)
        resultTextView = findViewById(R.id.resultTextView)
        confirmButton = findViewById(R.id.confirmButton)

        val participants = intent.getStringArrayListExtra("participants") ?:
          listOf()
        val results = intent.getStringArrayListExtra("results") ?: listOf()

        confirmButton.setOnClickListener {
```

```kotlin
            val intent = Intent(this, MainActivity::class.java)
            intent.addFlags(Intent.FLAG_ACTIVITY_CLEAR_TOP or Intent
                .FLAG_ACTIVITY_NEW_TASK)
            startActivity(intent)
            finish()
        }

        Handler(Looper.getMainLooper()).postDelayed({
            ladder = generateLadder(participants.size)
            customLadderView.setLadder(ladder, participants.size)
            startLadderGame(participants, results)
        }, 1500)
    }

    private fun generateLadder(participantCount: Int): Ladder {
        val lines = mutableListOf<LadderLine>()
        val random = kotlin.random.Random

        for (i in 0 until participantCount - 1) {
            val numLines = random.nextInt(1, participantCount)
            for (j in 0 until numLines) {
                val from = i
                val position = random.nextFloat() * 100
                lines.add(LadderLine(from, from + 1, position))
            }
        }

        return Ladder(lines)
    }

    private fun startLadderGame(participants: List<String>, results:
        List<String>) {
        gameResults = calculateGameResults(participants, results)
        showResultsSequentially(participants)
    }

    private fun showResultsSequentially(participants: List<String>) {
        var delay = 0L

        participants.forEachIndexed { index, _ ->
            customLadderView.postDelayed({
                val result = gameResults[index]
                resultTextView.append("${result.first} -> ${result.second}\n")
```

```kotlin
            }, delay)

            delay += 1500L
        }

        customLadderView.postDelayed({
            confirmButton.visibility = Button.VISIBLE
        }, delay)
    }

    private fun calculatePath(startIndex: Int): List<Int> {
        var currentIndex = startIndex
        val path = mutableListOf(currentIndex)

        ladder.lines.sortedBy { it.position }.forEach { line ->
            if (line.from == currentIndex) {
                currentIndex = line.to
                path.add(currentIndex)
            } else if (line.to == currentIndex) {
                currentIndex = line.from
                path.add(currentIndex)
            }
        }

        return path
    }

    private fun calculateGameResults(participants: List<String>, results:
        List<String>): List<Pair<String, String>> {
        return participants.mapIndexed { index, participant ->
            val path = calculatePath(index)
            val finalPosition = path.last()
            participant to results[finalPosition]
        }
    }
}
```

사다리를 나타내기 위해 LadderLine과 Ladder 데이터 클래스를 생성한다. LadderLine은 사다리의 한 줄을 나타내는 데이터 클래스다. from과 to는 각각 수평선의 시작과 끝 인덱스이며 Ladder는 여러 개의 LadderLine을 포함하는 데이터 클래스다.

3초 대기 후 Handler를 사용하여 사다리 게임을 시작한다. generateLadder 메서드를 통해 사다리를 무작위로 생성한다. calculatePath 메서드로 사다리를 따라 이동하며 최종 경로를 계산한다. showResultsSequentially 메서드는 참가자들의 결과를 순차적으로 표시하고, 확인 버튼을 보여준다.

memo

memo

memo

비전공자 & 입문자를 위한 1:1 과외

족집게 식의 친절한 코멘트 & 팁 + **코딩이 손에 익을 수 있는 구성과 연습문제** + **입문자가 흔히 하는 실수를 분석한 에러 정리** + **코딩을 처음부터 끝까지 진행해 볼 수 있는 기초/고급 예제**

최근에 코틀린에 대해서 관심이 생겼는데 기초부터 실전까지 한 권으로 배울 수 있어서 유용했습니다. 비교적 단순해서 활용하기도 쉽네요. 관심 있는 분들은 금방 배울 수 있을 것 같습니다.

직장인 / 안드로이드 공부 중 / 경영학과 김O회

비전공자이지만 애플리케이션을 만들어보고 싶던 참에 이 책을 만나게 되었습니다. 안드로이드와 플러터 개발이 너무 어려웠는데, 이 책은 코린이도 알아들을 수 있도록 정말 친절하게 설명되어 있어서 누구나 쉽게 따라 하면서 자신만의 프로젝트를 완성할 수 있을 것입니다. 개발을 꿈꾸는 모든 사람에게 강력히 추천합니다.

취준생 / 안드로이드 공부 중 / 자연과학계열 김O름

구글의 앱 개발 공식 언어 채택 이후로, 현대 모바일 개발에 있어 코틀린(Kotlin)의 중요성과 인기는 나날이 높아지고 있습니다. 이 책은 프로그래밍 언어를 코틀린으로 처음 접하는 초보자의 첫 교재로서, 혹은 Java 등으로 개발을 해왔으나 코틀린을 기초부터 접하고 싶은 개발자의 참고서로서 유용합니다. 기본 문법, 고급 기능뿐만 아니라 코틀린의 유연성을 포함한 다양한 장점을 체계적으로 학습하고 싶은 독자들에게 추천합니다.

대학원생 / 연구원 / 소프트웨어학과 손O준

자바(Java)로 구현되어 있는 spring 프로젝트를 코틀린으로 전환하기 위한 기초를 쌓는 데 도움이 많이 되었습니다. 초보자도 이해하기 쉬운 설명과 다양한 예제, 자바와 코틀린의 차이점 등 학생이나 주니어 개발자가 읽기에 적합하며, 옆에 두고 레퍼런스로 사용하기에 좋았습니다.

직장인 / 프로젝트 진행 중 / 컴퓨터공학계열 김O민

코틀린의 기본부터 실전 프로젝트까지 체계적으로 다루고 있어 실무에 바로 적용할 수 있는 책입니다. 비전공자인 저에게도 쉽고 상세하게 설명되어 코틀린을 배우는 데 큰 도움이 되었습니다. 코틀린에 관심이 생긴 입문자부터 실무자 모두에게 유용할 것입니다.

직장인 / 안드로이드 공부 중 / 패션계열 김O희

 연습문제 & 챕터 6, 10 코딩 스크립트 제공 | **챕터 요약 정리**(PDF) 제공

메가스터디그룹 아이비김영의 NEW 도서 브랜드 <김앤북> 여러분의 편입 & 자격증 & IT 취업 준비에 빛이 되어 드리겠습니다.

www.kimnbook.co.kr

● 더 멋진 내일 Tomorrow 을 위한 내일 My Career ●

내일은
코틀린 Kotlin

김현석 지음

응용 실전편

비전공자&입문자를 위한 **코틀린**의 모든 것!

입문자의 실수 패턴을 분석한 에러 완벽 정리

1:1 과외 학습 구성으로 실무 마스터

비전공자 출신 IT 스타트업 대표의 독학 노하우 공개

• 더 멋진 내일 Tomorrow 을 위한 내일 My Career •

내일은 코틀린 Kotlin

김현석 지음

응용 실전편

초판1쇄 인쇄 2024년 9월 20일
초판1쇄 발행 2024년 9월 27일
지은이 김현석
기획 김응태, 신종규, 손혜인, 정다운
디자인 서제호, 서진희, 조아현
판매영업 조재훈, 김승규

발행처 ㈜아이비김영
펴낸이 김석철
등록번호 제22-3190호
주소 (06728) 서울 서초구 서운로 32, 우진빌딩 5층
전화 (대표전화) 1661-7022
팩스 02)3456-8073

ⓒ ㈜아이비김영
이 책은 저작권법에 따라 보호받는 저작물이므로 무단복제를 금지하며,
책 내용의 전부 또는 일부를 이용하려면 반드시 저작권자의 서면동의를 받아야 합니다.

ISBN 978-89-6512-966-0 13000
정가 36,000원

잘못된 책은 바꿔드립니다.

더 멋진 내일(Tomorrow)을 위한 내일(My Career)

내 일 은 코 틀 린

<내일은 시리즈>란?

'내일(Tomorrow)의 내일(My Career)을 위해!'라는 중의적인 의미를 담은, 김앤북 출판사의 '취업 실무&자격증 시리즈' 도서입니다.

<내일은 코틀린> 이렇게 만들었습니다.

1. 휴대 편의성 증진

무겁고 두꺼운 도서, 들고 다니기 힘들고 불편하시죠? 〈내일은 코틀린〉은 1권, 2권으로 분권하여 가볍게 들고 다닐 수 있도록 하였습니다.

2. 한 권으로 입문부터 실전까지 완성

입문용 도서와 실무용 도서를 따로 찾아다니며 구매하시지는 않으셨나요? 이제 〈내일은 코틀린〉의 기초 입문편과 응용 실전편으로 입문부터 실전까지 마스터하세요!

3. 코딩은 몸으로 익혀야 진짜 공부

눈으로만 읽고서 공부를 다 했다고 착각하고 있지는 않은가요? 코딩은 수학과 같아서 직접 손으로 입력하며 연습해야 진짜 학습 효과가 있습니다. 직접 연습해 볼 수 있는 여러 구성을 체험해 보세요.

4. 코딩 중 발생할 수 있는 각종 에러 해결법 제시

분명히 배운대로 코딩을 진행 중인데 자꾸 에러가 발생할 때마다 스트레스받으시죠? 에러가 왜 발생하며, 에러를 어떻게 해결해야 하는지 그 방법을 정리해 드렸습니다.

5. 실무 마스터를 위한 프로젝트 완성하기

분명 책을 읽고 다 이해했다고 생각했는데, 막상 실무에서 적용해 보려고 하니 무엇부터 시작해야 하고 어떻게 마무리해야 하는지 혼란스러우시다고요? 이를 위해 프로젝트를 처음부터 끝까지 진행해 보는 구성을 제시하였습니다.

혜택 안내

스크립트, 챕터 요약 정리 다운로드(PC)

김앤북(www.kimnbook.co.kr) 사이트 접속
〉 상단 카테고리 중 '자료실'의 자료 다운로드 클릭
〉 도서명 '내일은 코틀린' 클릭
〉 첨부파일 다운로드

◀ 김앤북 홈페이지 바로가기

Chapter 07 안드로이드 앱 개발 심화

01	예외 처리	6
02	라이브러리 및 패키지	17
03	데이터베이스 연동	39
04	API 연동	55
05	알림	66
06	로컬 저장소와 파일 시스템	89
07	연습문제	100

Chapter 08 안드로이드의 고급 주제

01	코루틴과 비동기 처리	140
02	테스트와 디버깅	160
03	커스텀뷰와 애니메이션	195
04	클린 아키텍처와 MVVM 패턴	219
05	연습문제	260

Chapter 09 안드로이드 앱 최적화 및 배포

01	성능 최적화	298
02	보안 강화	320
03	Play 스토어에 앱 배포하기	332

Chapter 10 고급 주제를 활용한 예시

01	나만의 지도 만들기	350
02	회원가입 & 로그인	361

CHAPTER

07

내일은 코틀린

안드로이드 앱 개발 심화

01 예외 처리
02 라이브러리 및 패키지
03 데이터베이스 연동
04 API 연동
05 알림
06 로컬 저장소와 파일 시스템

01 예외 처리

핵심 키워드

예외, 오류, throw, try-catch, finally

여기서는 무얼 배울까

여기에서는 안드로이드 애플리케이션에서 예외의 종류, 예외 상황을 처리하는 방법과 그 중요성을 이해하고 try-catch문을 사용하여 예외를 처리하는 방법을 배우게 된다. 예외 처리는 프로그램 실행 중에 발생할 수 있는 오류나 예외 상황에 대처하기 위한 기술이며 예외 처리를 통해 애플리케이션의 안정성을 높이고, 오류에 대한 적절한 대응을 할 수 있게 된다.

개요

예외(Exception)

프로그래밍에서 예외란 프로그램의 실행 중 예상치 못한 상황이 발생하여 프로그램이 동작하지 않는 경우를 의미한다. 이러한 예외 상황은 파일을 찾을 수 없거나, 메모리 할당에 실패할 때 발생할 수 있으며, 개발자가 의도치 않은 오류를 발생시키거나 올바르지 않은 값을 사용하려는 경우 등에 발생한다.

예외 처리(Exception Handling)

예외 처리란 예상치 못한 상황이 발생했을 때 프로그램이 비정상적으로 종료되는 것을 방지하기 위한 것이다. 예외 처리는 예외 발생 시 어떻게 대처할지 미리 정의하여 해당 상황에서 프로그램이 예외 처리를 통해 정상적으로 동작할 수 있도록 한다. 이를 통해 프로그램의 안정성을 높이고, 사용자에게 더욱 안정적인 서비스를 제공할 수 있다.

예외 처리 목표

- **프로그램의 비정상적인 종료 방지**: 예외 처리를 통해 예외 상황이 발생했을 때 프로그램이 강제 종료되지 않도록 할 수 있다. 대신 예외에 대한 처리를 수행하여 정상적인 실행 흐름을 유지할 수 있다.

- **오류 정보 제공**: 예외 처리는 예외 상황이 발생한 원인과 관련된 정보를 제공한다. 이를 통해 프로그래머는 문제를 식별하고 디버깅할 수 있다. 예외 정보는 오류 메시지, 예외 유형, 스택 트레이스 등으로 구성된다.

- **예외 처리 흐름 제어**: 예외 처리를 통해 예외 상황이 발생한 부분에서 예외 처리 블록으로 제어 흐름을 전달할 수 있다. 이를 통해 예외 상황을 적절하게 처리하고 대응할 수 있다.

- **사용자에게 더 나은 경험 제공**: 예외 처리를 통해 예외 상황이 발생했을 때 프로그램이 비정상적으로 종료되지 않도록 함으로써, 사용자는 프로그램이 중단되는 경험을 겪지 않게 된다. 이는 사용자의 만족도를 높이고, 프로그램의 신뢰도를 높일 수 있다.

예외 처리는 프로그램의 안정성과 예외 상황에 대한 적절한 대응을 위해 반드시 고려해야 할 중요한 요소다. 이를 통해 예외 상황을 적절하게 처리하여 프로그램의 실행을 계속할 수 있고, 오류에 대한 정보를 얻어 개선할 수 있다.

예외 발생과 throw

프로그램에서 예외를 발생시키는 것은 예외 상황을 명시적으로 표현하는 방법이다. 예외를 발생시키기 위해 사용되는 키워드 중 하나는 "throw"이다. throw문은 프로그램의 특정 부분에서 예외를 명시적으로 발생시키는 역할을 한다.

throw문은 다음과 같은 구문으로 사용된다.

코·드·소·개
```
throw Exception("예외 메시지");
```

위의 코드는 "Exception"이라는 예외 객체를 생성하고 해당 예외에 대한 메시지를 지정하여 예외를 발생시키는 예시다. 예외 객체는 일반적으로 프로그래머가 예외에 대한 추가 정보를 제공하기 위해 사용된다. 예외 메시지는 해당 예외에 대한 설명이나 발생 원인을 나타내는 텍스트다.

예를 들어 다음은 숫자를 나누는 함수에서 예외를 발생시키는 예시다.

```kotlin
fun calculateDivision(a: Double, b: Double): Double {
    if (b == 0.0) {
        throw ArithmeticException("0으로 나눌 수 없다.")
    }

    return a / b
}
```

위의 코드에서는 b가 0인 경우, 예외를 발생시키고 "0으로 나눌 수 없다."라는 메시지를 예외에 포함시킨다. 이를 통해 함수를 호출한 곳에서 예외를 적절히 처리하도록 유도할 수 있다.

예외를 발생시키면 해당 예외를 처리할 수 있는 부모 블록인 try-catch문에서 예외를 잡아 처리할 수 있다. try-catch문에 대한 자세한 설명은 바로 뒤에서 다룰 예정이다. 예외를 처리하지 않으면 예외는 상위 호출 스택으로 전파되어 프로그램의 실행이 중단된다.

손으로 익히는 코딩

```kotlin
fun main() {
    println(calculateDivision(10.0, 0.0))
}

fun calculateDivision(a: Double, b: Double): Double {
    if (b == 0.0) {
        throw ArithmeticException("0으로 나눌 수 없다.")
    }

    return a / b
}
```

위 예시에서 calculateDivision 함수는 인자로 전달받은 a와 b를 나눈 결과를 반환한다. 하지만, b가 0인 경우 예외를 발생시킨다. throw문을 사용하여 Exception 객체를 생성하고 예외 메시지를 설정한 후, 해당 예외를 발생시킨다.

예외를 발생시키는 것은 예외 상황을 명확하게 표현하고, 예외에 대한 적절한 처리를 유도하는 데에 중요한 역할을 한다. 따라서 예외를 사용하여 예외 상황을 효과적으로 관리하고 처리하는 것은 좋은 프로그래밍 관행 중 하나다.

try-catch문

try-catch문은 예외 처리를 위해 사용되는 구문이다. try-catch문은 예외가 발생할 수 있는 코드 영역을 감싸고, 예외가 발생한 경우 해당 예외를 캐치하여 처리하는 역할을 한다. 이를 통해 프로그램이 예외 상황을 감지하고 적절하게 대응할 수 있다.

try-catch문은 다음과 같은 구조를 가지고 있다.

코·드·소·개
```
try {
    // 예외가 발생할 수 있는 코드 영역
} catch (exception) {
    // 예외를 처리하는 코드 영역
}
```

위의 코드에서 try 블록은 예외가 발생할 수 있는 코드 영역을 나타내며, catch 블록은 예외가 발생한 경우 해당 예외를 처리하는 코드 영역을 나타낸다. catch 블록은 발생한 예외의 정보를 담고 있는 예외 객체를 매개 변수로 받아 처리한다. 매개 변수 이름은 일반적으로 'exception'이나 'e'와 같은 이름을 사용한다. 또한 다양한 종류의 예외를 다루기 위해 여러 개의 catch 블록을 사용할 수 있다.

다음은 try-catch문을 사용하여 예외를 처리하는 간단한 예시다.

```
fun main() {
    try {
        val result = 10 / 0 // 0으로 나누기 예외 발생
        println("결과: $result")
    } catch (e: ArithmeticException) {
        println("예외가 발생했습니다. $e")
    }
}
```

위의 코드에서 10을 0으로 나누기 연산을 수행하면 IntegerDivisionByZeroException이라는 예외가 발생한다. try 블록 내에서 예외가 발생하면 catch 블록으로 제어가 이동하고, 해당 예외를 캐치하여 처리한다. 이 경우 catch 블록은 예외 객체를 'e'라는 매개 변수로 받아서 처리하고, 예외 메시지를 출력한다.

catch 블록은 예외를 처리하는 부분이므로, 예외가 발생한 후 프로그램이 정상적으로 계속 실행될 수 있도록 대응하는 코드를 작성해야 한다. 이를 통해 예외 상황을 적절하게 관리하고 프로그램의 안정성을 높일 수 있다.

손으로 익히는 코딩

```kotlin
fun main() {
    val scanner = Scanner(System.`in`)
    println("나누기할 두 개의 숫자를 입력하세요 :")
    try {
        val num1 = scanner.nextDouble()
        val num2 = scanner.nextDouble()

        val result = divideNumbers(num1, num2)
        println("결과 : $result")
    } catch (e: InputMismatchException) {
        println("에러 발생 : 잘못된 입력")
    } catch (e: Exception) {
        println("에러 발생 : ${e.message}")
    }
}

fun divideNumbers(a: Double, b: Double): Double {
    if (b == 0.0) {
        throw ArithmeticException("0으로 나눌 수 없다.")
    }
    return a / b
}
```

위 예시에서 main 함수에서 사용자로부터 두 개의 숫자를 입력받는다. 입력값은 Scanner를 사용하여 double 타입으로 변환된다. try 블록 내에서 divideNumbers 함수를 호출하여 나눗셈을 수행한다.

만약에 입력값이 유효하지 않은 경우(InputMismatch Exception)이거나 나누는 수가 0인 경우, divideNumbers 함수에서 예외가 발생한다. 이때 throw문을 사용하여 예외를 발생시키고, catch 블록에서 해당 예외를 처리한다. 예외 메시지는 e.message를 통해 출력된다.

> **Tip**
> try-catch문은 예외가 발생할 수 있는 지점을 명확하게 지정하여 예외를 적절하게 처리할 수 있는 구문입니다. 프로그램의 안정성과 예외 처리 능력을 향상시키기 위해 적절히 활용되어야 합니다.

finally 블록

finally 블록은 try-catch문에서 선택적으로 사용되는 블록으로, 예외의 발생 여부와 관계없이 항상 실행되는 코드 영역이다. finally 블록은 try-catch문의 가장 마지막에 위치하며, 예외 처리 이후에 항상 실행되어야 하는 코드를 포함할 수 있다.

finally 블록은 다음과 같은 구조를 가지고 있다.

코·드·소·개

```
try {
    // 예외가 발생할 수 있는 코드 영역
} catch (exception: Exception) {
    // 예외를 처리하는 코드 영역
} finally {
    // 항상 실행되어야 하는 코드 영역
}
```

finally 블록은 try 블록과 catch 블록 이후에 위치하며, 예외 발생 여부와 관계없이 항상 실행되어야 하는 코드를 포함한다. 이는 예외가 발생하더라도 리소스의 정리나 마무리 작업 등을 수행할 수 있는 기회를 제공한다.

다음은 finally 블록을 사용하여 파일을 닫는 예시다.

```
import java.io.File

fun main() {
    val file = File("example.txt")

    try {
        // 파일 열기
        val reader = file.bufferedReader()
        // 파일 읽기 작업 수행
        reader.use {
            println(it.readText())
        }
    } catch (e: Exception) {
        println("예외가 발생했습니다. $e")
    } finally {
        try {
            // 파일 닫기
            file.reader().close()
            println("파일이 안전하게 닫혔습니다.")
```

```
        } catch (e: Exception) {
            println("파일을 닫는 도중 예외가 발생했습니다. $e")
        }
    }
}
```

위의 코드에서 try 블록은 파일을 열고 읽기 작업을 수행하는 영역이다. catch 블록은 예외가 발생한 경우 해당 예외를 처리하는 코드를 담고 있다. finally 블록은 예외 발생 여부와 관계없이 항상 실행되어야 하는 코드인 파일 닫기 작업을 수행한다. 이를 통해 파일을 사용한 후에 항상 리소스를 해제하고 정리할 수 있다.

finally 블록은 선택적으로 사용될 수 있다. 예외 발생 여부와 관계없이 항상 실행되어야 하는 코드가 없다면 finally 블록은 생략할 수 있다. 하지만 리소스의 해제나 정리와 같은 중요한 작업을 수행해야 한다면 finally 블록을 사용하여 이를 보장할 수 있다.

손으로 익히는 코딩

```kotlin
data class User(val username: String, val password: String)

class SignUpService {
    private val users = mutableListOf<User>()

    fun signUp(username: String, password: String) {
        if (username.isEmpty() || password.isEmpty()) {
            throw IllegalArgumentException("아이디 또는 패스워드를 입력하세요.")
        }

        if (isUsernameTaken(username)) {
            throw IllegalArgumentException("이미 등록된 이름입니다.")
        }

        users.add(User(username, password))
        println("회원가입이 완료되었습니다.")
    }

    private fun isUsernameTaken(username: String): Boolean {
        return users.any { it.username == username }
    }
}
```

```kotlin
fun main() {
    val signUpService = SignUpService()

    try {
        signUpService.signUp("john123", "password123")
        signUpService.signUp("jane456", "") // 예외 발생
        signUpService.signUp("john123", "newpassword") // 예외 발생
    } catch (e: IllegalArgumentException) {
        println("에러 발생 : $e")
    } finally {
        println("예외 처리가 완료되었습니다.") // 예외 발생 여부에 상관없이 항상 실행됨
    }
}
```

> **더 알아보기**
>
> **any**
> any()는 Iterable에서 주어진 조건을 만족하는 요소가 있는지 확인하는 메서드이다. any() 메서드는 Iterable의 각 요소에 대해 주어진 조건 함수를 적용하고, 조건을 만족하는 요소가 하나라도 존재하면 true를 반환하고 요소가 하나도 없으면 false를 반환한다.

위 예시에서는 User 클래스로 사용자 정보를 저장하고, SignUpService 클래스로 회원가입 서비스를 제공한다. SignUpService 클래스는 signUp 메서드를 통해 회원가입을 처리하며, 중복된 사용자명이나 빈 사용자명 또는 비밀번호를 처리할 때 예외를 던진다.

main 함수에서는 SignUpService 인스턴스를 생성한 후 signUp 메서드를 호출한다. 첫 번째 호출에서는 정상적으로 회원가입이 처리되어 "회원가입이 완료되었습니다." 메시지가 출력된다. 그러나 두 번째 호출에서는 빈 비밀번호로 회원가입을 시도하므로 예외가 발생하고, 예외 처리 부분에서 "에러 발생: ..." 메시지가 출력된다. 마지막 호출에서는 중복된 사용자명으로 회원가입을 시도하므로 다시 예외가 발생하고, 예외 처리 부분에서도 마찬가지로 메시지가 출력된다.

> **Tip**
> finally 블록은 예외 처리 이후에 항상 실행되어야 하는 코드를 포함하기 위한 유용한 구문으로, 프로그램의 안정성과 예외 처리 능력을 향상시키는 데에 활용될 수 있습니다.

사용자 정의 예외 클래스

코틀린에서는 기본 예외 클래스 외에도 사용자가 직접 예외 클래스를 정의할 수 있다. 이미 코틀린에서 제공하는 예외 클래스를 사용할 수는 있지만, 애플리케이션에 맞는 예외 클래스를 정의하여 사용하면 가독성이 좋아진다는 장점이 있다. 이를 통해 프로그램의 특정 상황에 맞는 예외를 생성하고 처리할 수 있다. 사용자 정의 예외 클래스는 기본 예외 클래스를 상속받아 구현된다.

사용자 정의 예외 클래스를 만들기 위해서는 Exception 클래스를 상속받아야 한다. 필요에 따라 예외에 대한 추가적인 속성이나 메서드를 정의할 수 있다.

아래는 사용자 정의 예외 클래스를 생성하는 예시다.

코·드·소·개

```
class MyException : Exception() {
    override fun getMessage(): String {
        return "사용자 정의 예외가 발생했습니다."
    }
}
```

위의 코드에서 MyException 클래스는 Exception 클래스를 상속하고 있다. 이를 통해 MyException 클래스는 예외 클래스로 사용될 수 있다.

사용자 정의 예외 클래스에는 예외에 대한 추가적인 속성이나 메서드를 정의할 수 있다. 위의 예시에서는 getMessage() 메서드를 추가하여 예외 메시지를 반환하는 기능을 구현하였다. 이는 예외 객체가 발생할 때 호출될 수 있는 메서드다.

사용자 정의 예외를 발생시키기 위해서는 throw 키워드를 사용한다. 예외 객체를 생성하고 throw 키워드와 함께 해당 예외 객체를 전달하는 것으로 예외를 발생시킬 수 있다.

다음은 사용자 정의 예외를 발생시키는 예시다.

```kotlin
class MyException : Exception() {
    fun errorMessage(): String {
        return "사용자 정의 예외가 발생했습니다."
    }
}

fun main() {
    try {
        // 예외 상황이 발생할 수 있는 코드 영역
        throw MyException()
    } catch (e: MyException) {
        // 예외 처리 코드 영역
        println(e.errorMessage())
    }
}
```

위의 코드에서 throw MyException() 구문을 통해 MyException 클래스의 예외 객체를 생성하여 예외를 발생시킨다. 이후 catch 블록에서 해당 예외를 처리하는 코드를 작성할 수 있다. 위의 예시에서는 errorMessage() 메서드를 호출하여 예외 메시지를 출력하고 있다.

손으로 익히는 코딩

```kotlin
class OrderException(message: String) : Exception("주문 예외: $message")

class Order(private val orderId: String, private val isPaymentComplete:
    Boolean, private val isStockAvailable: Boolean) {
    fun processOrder() {
        if (!isPaymentComplete) {
            throw OrderException("결제가 완료되지 않았습니다.")
        }

        if (!isStockAvailable) {
            throw OrderException("재고가 없다.")
        }

        // 주문 처리 로직
        println("$orderId 주문이 성공적으로 처리되었습니다.")
    }
}

fun main() {
```

```
    val order1 = Order("123456", true, true)
    val order2 = Order("789012", false, true)
    val order3 = Order("345678", true, false)

    try {
        order1.processOrder()
        order2.processOrder()
        order3.processOrder()
    } catch (e: OrderException) {
        println("주문 처리 중 오류 발생: $e")
    }
}
```

위 예시는 주문 처리 서비스를 예로 들어 작성한 것이다. OrderException은 주문 처리 시 발생할 수 있는 예외를 나타내기 위해 사용자 정의 예외 클래스다. Order 클래스는 주문 정보를 담고 주문을 처리하는 메서드인 processOrder를 가지고 있다.

processOrder 메서드에서는 결제 완료 여부(isPaymentComplete)와 재고 가능 여부(isStockAvailable)를 체크한다. 결제가 완료되지 않았을 경우 OrderException을 던지고, 재고가 없을 경우에도 OrderException을 던진다.

main 함수에서는 세 개의 주문(Order) 인스턴스를 생성한 후 processOrder 메서드를 호출한다. 각 주문에 대해 주문 처리를 시도하며, 예외가 발생할 경우 예외 처리 부분에서 해당 예외 정보를 출력한다.

> **Tip**
> 사용자 정의 예외 클래스를 사용함으로써 프로그램에서 특정한 상황에 맞는 예외를 정의하고 처리할 수 있습니다. 이를 통해 예외 처리의 유연성과 가독성을 향상시킬 수 있습니다.

02

더 멋진 내일(Tomorrow)을 위한 내일(My Career) **내일은 코틀린**

라이브러리 및 패키지

✓ 핵심 키워드

라이브러리, 패키지, 의존성, pub.dev, 버전

여기서는 무얼 배울까

라이브러리와 패키지는 안드로이드 개발을 더욱 쉽고 효율적으로 할 수 있도록 도와주는데, 이를 활용하기 위해 안드로이드 프로젝트에서 사용할 라이브러리를 Gradle 파일에 추가하거나 업데이트 및 제거하여 의존성을 관리하는 방법을 배운다. 이 과정을 통해 안드로이드 개발에 필요한 기능들을 효율적으로 관리하고 사용할 수 있다.

라이브러리 및 패키지 소개

라이브러리와 패키지는 소프트웨어 개발에서 재사용 가능한 코드와 기능을 모듈화하여 제공하는 도구다. 라이브러리와 패키지의 사용법과 목적을 이해한다면 개발자들은 더 효율적이고 유지·보수가 수월한 코드를 작성할 수 있다. 라이브러리와 패키지는 프로그래밍 언어나 프레임워크에 따라 다르게 부를 수도 있다.

라이브러리

여러 개의 함수, 클래스, 상수 및 기타 구성 요소로 구성된 코드의 집합이다. 라이브러리는 특정 기능을 수행하거나 작업을 간소화하기 위한 재사용 가능한 코드 조각을 제공한다. 라이브러리는 프로젝트에 직접 포함하거나 외부로부터 가져와서 사용될 수 있다. 라이브러리의 특징은 다음과 같다.

- **재사용**: 프로젝트 간에 사용자 지정 코드를 쉽게 공유하고 재사용할 수 있다.
- **효율성**: 알려진 문제들에 대한 표준 솔루션을 제공하여 코드의 이식성과 효율성을 향상시킨다.
- **유지·보수**: 코드 수정 시 라이브러리의 업데이트 버전이나 최적화된 구현 방식을 쉽게 반영할 수 있다.

패키지

여러 개의 라이브러리와 관련 파일들을 묶어서 배포하기 위한 형식이다. 패키지는 일반적으로 프로젝트의 종속성을 관리하고 외부 라이브러리를 쉽게 가져올 수 있도록 도와준다. 패키지는 코드 라이브러리뿐만 아니라 리소스 파일, 설정 파일, 문서 등의 추가적인 자원을 포함할 수도 있다. 패키지의 특징은 다음과 같다.

- **모듈화**: 라이브러리 간의 작업을 독립적으로 수행할 수 있게 하여 모듈화를 도모한다.
- **버전 관리**: 패키지는 서로 다른 버전의 라이브러리를 관리함으로써 배포 과정에서 여러 프로젝트에서만 호환되는 버전으로 구성한다.
- **의존성 관리**: 패키지는 각각의 라이브러리가 필요로 하는 다른 라이브러리(의존성)를 결정하고 관리한다.

패키지 관리자는 패키지의 설치, 업데이트, 의존성 관리 등을 자동화하는 도구다. 대표적인 패키지 관리자로는 JavaScript의 npm, Python의 pip, Java의 Maven, Ruby의 Bundler 등이 있다. 이러한 패키지 관리자는 개발자가 손쉽게 원하는 라이브러리나 패키지를 프로젝트에 추가하고 관리할 수 있도록 도와준다.

기념일 관리 앱 예시

activity_main.xml

> **손으로 익히는 코딩**

```xml
<?xml version="1.0" encoding="utf-8"?>
<RelativeLayout xmlns:android="http://schemas.android.com/apk/res/android"
    xmlns:tools="http://schemas.android.com/tools"
    android:layout_width="match_parent"
    android:layout_height="match_parent"
    tools:context=".MainActivity">

    <ListView
        android:id="@+id/listView"
        android:layout_width="match_parent"
        android:layout_height="match_parent" />

    <Button
```

```
            android:id="@+id/addButton"
            android:layout_width="wrap_content"
            android:layout_height="wrap_content"
            android:text="Add Anniversary"
            android:layout_centerInParent="true"/>

</RelativeLayout>
```

item_anniversary.xml

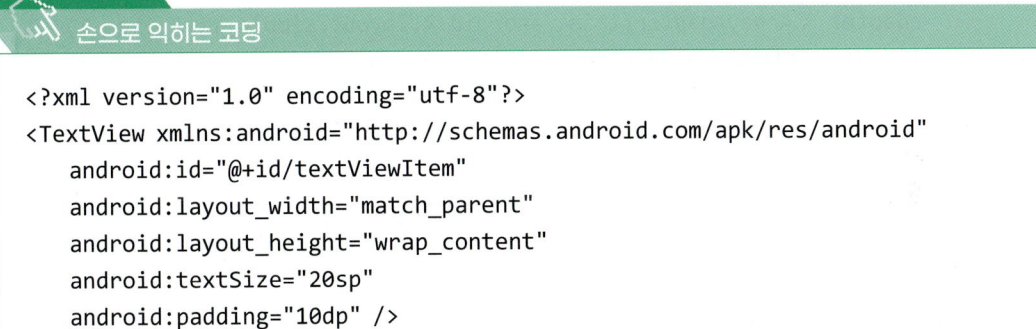

```
<?xml version="1.0" encoding="utf-8"?>
<TextView xmlns:android="http://schemas.android.com/apk/res/android"
    android:id="@+id/textViewItem"
    android:layout_width="match_parent"
    android:layout_height="wrap_content"
    android:textSize="20sp"
    android:padding="10dp" />
```

dialog_add_anniversary.xml

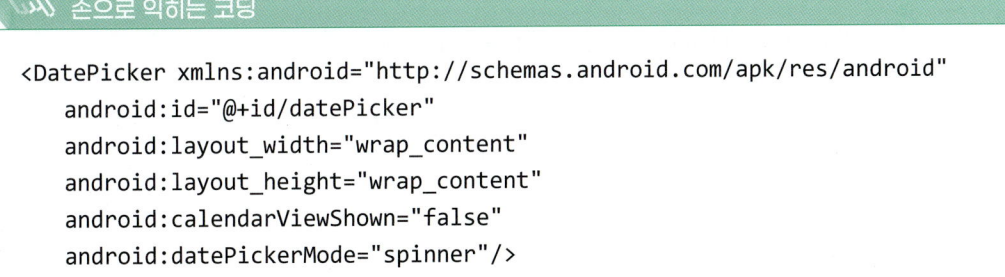

```
<DatePicker xmlns:android="http://schemas.android.com/apk/res/android"
    android:id="@+id/datePicker"
    android:layout_width="wrap_content"
    android:layout_height="wrap_content"
    android:calendarViewShown="false"
    android:datePickerMode="spinner"/>
```

MainActivity.kt

 손으로 익히는 코딩

```kotlin
class MainActivity : AppCompatActivity() {
    private var anniversaries = mutableListOf<Date>()
    private lateinit var adapter: ArrayAdapter<String>

    override fun onCreate(savedInstanceState: Bundle?) {
        super.onCreate(savedInstanceState)
        setContentView(R.layout.activity_main)

        val listView = findViewById<ListView>(R.id.listView)
        adapter = ArrayAdapter(this, android.R.layout.simple_list_item_1)
        listView.adapter = adapter

        listView.onItemClickListener = AdapterView.OnItemClickListener {
            parent, view, position, id ->
            val selectedItem = parent.getItemAtPosition(position) as Date
            Toast.makeText(applicationContext, "Selected: $selectedItem",
                Toast.LENGTH_SHORT).show()
        }

        addButton.setOnClickListener {
            showAddAnniversaryDialog()
        }
    }

    private fun showAddAnniversaryDialog() {
        val dialogView =
            layoutInflater.inflate(R.layout.dialog_add_anniversary, null)
        val datePicker = dialogView.findViewById<DatePicker>(
            R.id.datePicker)
        val dialog = AlertDialog.Builder(this)
            .setTitle("Add Anniversary")
            .setView(dialogView)
            .setPositiveButton("Add") { _, _ ->
                val year = datePicker.year
                val month = datePicker.month
                val day = datePicker.dayOfMonth
                val calendar = Calendar.getInstance()
                calendar.set(year, month, day)
```

```kotlin
            val anniversary = calendar.time
            anniversaries.add(anniversary)
            updateListView()
            Toast.makeText(this, "Anniversary added", Toast.LENGTH_SHORT)
                .show()
        }
        .setNegativeButton("Cancel") { dialog, _ ->
            dialog.dismiss()
        }
        .create()

    dialog.show()
}

private fun updateListView() {
    adapter.clear()
    val dateFormat = SimpleDateFormat("yyyy-MM-dd", Locale.getDefault())
    anniversaries.forEach { anniversary ->
        adapter.add(dateFormat.format(anniversary))
    }
  }
}
```

위 예시는 기념일을 관리하는 간단한 애플리케이션이다. 앱은 AnniversaryPage 위젯으로 시작하며, ListView. builder를 사용하여 기념일 목록을 표시한다. 사용자는 추가(Add) 버튼을 눌러 기념일을 추가할 수 있으며, AddAnniversaryDialog에서 날짜를 선택하여 새로운 기념일을 추가할 수 있다.

위 예시는 코틀린을 사용하여 개발되었으며, Date 클래스를 사용하여 날짜 및 시간을 다루고, StatefulWidget과 다이얼로그를 사용하여 사용자 인터페이스를 구성한다.

> **Tip**
> 라이브러리와 패키지는 개발 생산성을 향상시키고 코드의 재사용성을 증가시키는 데 큰 도움을 줍니다. 개발자는 이미 구현된 기능이나 알고리즘을 다시 작성할 필요 없이 라이브러리와 패키지를 활용하여 작업을 빠르게 진행할 수 있습니다. 또한 다른 개발자들이 공유하는 라이브러리와 패키지를 사용하여 프로젝트에 풍부한 기능을 추가할 수 있습니다.

에러에서 배우기

- **알림 다이얼로그 관련 에러**
  showDialog 함수를 호출할 때 올바른 BuildContext를 전달해야 합니다. 일반적으로 StatelessWidget 또는 StatefulWidget의 build 메서드 내에서 showDialog 함수를 호출할 때 해당 위젯의 context를 사용합니다. 따라서 AddAnniversaryDialog 위젯을 보여주는 부분에서 올바른 BuildContext를 사용하도록 수정해야 합니다.

- **함수 타입 관련 에러**
  Function(DateTime) 타입은 선택한 날짜를 전달받아서 어떤 작업을 수행하는 함수를 나타냅니다. 따라서, widget. onAnniversaryAdded 함수는 다음과 같이 정의되어야 합니다. lateinit var onAnniversaryAdded: (DateTime) -> Unit 또한 해당 함수는 selectedDate를 파라미터로 전달받아야 하며, 반환값이 없는 함수여야 합니다. 이에 따라 AddAnniversaryDialog에서 해당 함수를 호출할 때도 selectedDate를 파라미터로 전달해야 합니다.

패키지 관리 및 의존성 주입

패키지 관리는 소프트웨어 개발 프로세스에서 필요한 라이브러리와 패키지를 관리하는 작업이다. 패키지 관리자는 패키지의 설치, 업데이트, 의존성 관리 등을 자동화하여 개발자가 효율적으로 필요한 라이브러리를 관리할 수 있도록 도와준다.

패키지 관리

패키지 관리는 소프트웨어 개발 프로세스를 단순화하고 효율화하는 데 도움이 된다. 패키지 관리를 사용하면 라이브러리와 프레임워크를 쉽게 설치·업데이트·제거할 수 있기 때문이다. 또한 패키지 관리를 사용하면 컴포넌트가 필요한 라이브러리와 프레임워크를 정확하게 가져올 수 있다. 패키지 관리자가 제공하는 기능들은 다음과 같다.

- **설치**: 패키지를 프로젝트에 설치한다.
- **업데이트**: 설치된 패키지의 최신 버전으로 업그레이드한다.
- **제거**: 더 이상 필요하지 않은 패키지를 프로젝트에서 제거한다.
- **의존성 해결**: 필요한 의존성을 자동으로 찾아 설치하고, 버전 충돌을 해결한다.

의존성 주입(Dependency Injection, DI)

클래스가 다른 클래스에 의존할 때, 그 의존성을 관리하는 방법이다. 객체의 의존성을 외부에서 주입하는 디자인 패턴으로 코드 결합도를 낮추고, 테스트 용이성을 높이며, 유지·보수가 쉽다.

의존성 주입은 컴포넌트의 테스트를 단순화하고 효율화하는 데 도움이 된다. 의존성 주입을 사용하면 컴포넌트가 필요한 라이브러리와 프레임워크를 외부에서 제공받기 때문에 컴포넌트의 테스트를 독립적으로 수행할 수 있다. 의존성 주입의 특징은 다음과 같다.

- **모듈화**: 의존 관계를 직접 명시하지 않고 관리하기 때문에, 코드를 모듈화할 수 있다.
- **유연성**: 구현을 쉽게 교체하여 구성 요소의 외부 요소에 따라 동작을 수정할 수 있다.
- **재사용성 및 테스트 용이성**: 의존성이 주입되는 객체를 재사용할 수 있으며, 가짜 객체나 다른 구현을 주입하여 단위 테스트가 쉽고 효과적으로 진행된다.
- **유지·보수성**: 일반적으로 프레임워크나 라이브러리를 사용하여 구현되며, 의존성 주입 컨테이너가 의존성을 관리하고 필요한 객체에 주입해준다. 의존성 주입은 코드의 결합도를 낮추고 유지·보수성을 높이는 장점을 가지며, 대규모 프로젝트에서 특히 유용하게 사용된다.
- **다양한 주입 방식**: 의존성 주입은 다양한 방식으로 구현될 수 있으며, 일반적으로 생성자 주입, setter 주입, 인터페이스 주입 등의 형태가 있다. 주로 사용되는 프레임워크로는 Spring Framework, Dagger, Guice 등이 있다.

> **Tip**
> 의존성 주입은 패키지 관리와 밀접한 관련이 있습니다. 패키지 관리자는 의존하는 패키지들을 관리하고 프로젝트에 제공해주므로, 의존성 주입에서는 해당 패키지들을 효율적으로 활용할 수 있습니다.

build.gradle 파일 작성 방법

프로젝트 수준 build.gradle 파일

- 프로젝트 루트 디렉토리에 위치한 build.gradle 파일은 전반적인 프로젝트 설정을 담당한다. 주로 Gradle 버전, Android 플러그인, 저장소 설정 등이 포함된다.
- settings.gradle.kts 파일 예시

```
pluginManagement {
    repositories {
        google {
            content {
                includeGroupByRegex("com\\.android.*")
                includeGroupByRegex("com\\.google.*")
                includeGroupByRegex("androidx.*")
            }
        }
        mavenCentral()
```

```
        gradlePluginPortal()
    }
}
dependencyResolutionManagement {
    repositoriesMode.set(RepositoriesMode.FAIL_ON_PROJECT_REPOS)
    repositories {
        google()
        mavenCentral()
    }
}

rootProject.name = "My Application"
include(":app")
```

- pluginManagement: 이 블록은 Gradle 플러그인의 의존성을 관리하는 설정이다. 플러그인을 사용할 때 필요한 리포지토리를 정의한다.

repositories	플러그인을 찾기 위한 리포지토리 목록을 정의한다.
google()	Google의 Maven 리포지토리로, Android 관련 플러그인과 라이브러리를 제공한다.
content	이 블록 내에서 어떤 그룹의 플러그인만 포함할지를 설정한다. 정규 표현식을 사용하여 특정 그룹의 플러그인만 포함하도록 지정한다.
mavenCentral()	Maven Central 리포지토리로, 다양한 오픈 소스 라이브러리와 플러그인을 제공한다.
gradlePluginPortal()	Gradle 플러그인에 대한 공식 포털로, 다양한 Gradle 플러그인을 찾을 수 있다.

- dependencyResolutionManagement: 이 블록은 프로젝트 의존성을 관리하는 설정이다.

RepositoriesMode	의존성을 해결하는 방식 설정이다.
FAIL_ON_PROJECT_REPOS	프로젝트 내에서 정의된 리포지토리를 사용할 수 없도록 설정한다. 이는 일관된 의존성 관리를 위해 권장된다.
Repositories	의존성을 찾기 위한 리포지토리 목록을 정의한다.
google()	Android 라이브러리를 포함한다.
mavenCentral()	오픈 소스 라이브러리를 포함한다.

- rootProject.name: 루트 프로젝트의 이름을 설정한다. 위 코드에서는 "My Application" 으로 설정되어 있다.

- include: 서브 프로젝트를 포함시키는 설정이다. 여기서는 :app이라는 서브 프로젝트(모듈)를 포함하고 있다. 이는 보통 애플리케이션의 주요 모듈을 나타낸다.

모듈 수준 build.gradle 파일

- 각 모듈(앱 모듈 또는 라이브러리 모듈)마다 해당 모듈 디렉토리에 위치한 build.gradle 파일이 있다. 이 파일은 모듈별로 필요한 의존성과 빌드 설정을 관리한다.

- build.gradle(Module :app) 파일 예시

```
plugins {
    alias(libs.plugins.android.application)
    alias(libs.plugins.jetbrains.kotlin.android)
}

android {
    namespace = "com.example.myapplication"
    compileSdk = 34

    defaultConfig {
        applicationId = "com.example.myapplication"
        minSdk = 34
        targetSdk = 34
        versionCode = 1
        versionName = "1.0"

        testInstrumentationRunner = "androidx.test.runner.AndroidJUnitRunner"
    }

    buildTypes {
        release {
            isMinifyEnabled = false
            proguardFiles(
                getDefaultProguardFile("proguard-android-optimize.txt"),
                "proguard-rules.pro"
            )
        }
    }
    compileOptions {
        sourceCompatibility = JavaVersion.VERSION_1_8
        targetCompatibility = JavaVersion.VERSION_1_8
    }
    kotlinOptions {
        jvmTarget = "1.8"
    }
}
```

```
dependencies {
    implementation(libs.androidx.core.ktx)
    implementation(libs.androidx.appcompat)
    implementation(libs.material)
    implementation(libs.androidx.activity)
    implementation(libs.androidx.constraintlayout)
    testImplementation(libs.junit)
    androidTestImplementation(libs.androidx.junit)
    androidTestImplementation(libs.androidx.espresso.core)
    androidTestImplementation("androidx.test:rules:X.X.X")
}
```

- plugins: 이 블록에서는 필요한 Gradle 플러그인을 선언한다.

alias(libs.plugins.android.application)	Android 애플리케이션 플러그인을 사용한다.
alias(libs.plugins.jetbrains.kotlin.android)	Kotlin Android 플러그인을 사용한다. 이 플러그인은 Kotlin 언어로 Android 앱을 개발할 수 있게 해준다.

- android: 이 섹션에서는 안드로이드 앱에 대한 빌드 설정을 지정한다. 컴파일 버전, 빌드 도구 버전, 빌드 타입, 의존성 등이 여기에 포함된다.

namespace	애플리케이션의 패키지 네임스페이스를 설정한다. 이는 애플리케이션의 고유 식별자 역할을 한다.
compileSdk	앱을 컴파일할 때 사용할 Android SDK 버전을 설정한다. 여기서는 34로 설정되어 있다.

- defaultConfig

applicationId	애플리케이션의 고유 식별자다. Google Play 스토어와 같은 곳에서 앱을 식별하는 데 사용된다.
minSdk	이 앱이 지원하는 최소 Android SDK 버전이다. 34로 설정되어 있어, 해당 버전 이상에서 실행 가능하다.
targetSdk	앱이 최적화된 Android SDK 버전이다. 앱이 해당 버전에서 잘 작동하도록 설계되었다.
versionCode	앱의 버전 코드로, 정수 값이다. 업데이트 시 증가시켜야 한다.
versionName	사용자에게 표시되는 버전 이름이다.
testInstrumentationRunner	테스트를 실행할 때 사용할 Instrumentation Runner를 설정한다.

- buildTypes: 빌드 타입을 정의한다. 기본적으로 debug와 release 타입이 있다.

release	릴리즈 빌드에 대한 설정이다.
isMinifyEnabled	코드 난독화를 활성화할지를 설정한다. 여기서는 false로 설정되어 있다.
proguardFiles	ProGuard를 사용할 때 적용할 규칙 파일을 지정한다. 기본 ProGuard 파일과 사용자 정의 ProGuard 파일을 지정한다.

- compileOptions: Java 컴파일 옵션을 설정한다.

sourceCompatibility	소스 코드가 호환되는 Java 버전이다.
targetCompatibility	생성된 클래스 파일이 호환되는 Java 버전이다.

- kotlinOptions: Kotlin 컴파일 옵션을 설정한다.

jvmTarget	Kotlin 코드가 타겟하는 JVM 버전이다. 여기서는 Java 8로 설정되어 있다.

- dependencies: 이 섹션에서는 해당 모듈이 의존하는 외부 라이브러리 및 모듈에 대한 의존성을 지정한다. 여기서는 안드로이드 Jetpack 및 테스트 관련 라이브러리가 포함되어 있다.

implementation	일반적인 의존성으로, 앱에서 사용할 라이브러리
libs.androidx.core.ktx	Android Kotlin 확장 라이브러리
libs.androidx.appcompat	앱 호환성을 위한 라이브러리
libs.material	Material Design 컴포넌트 라이브러리
libs.androidx.activity	Activity 관련 라이브러리
libs.androidx.constraintlayout	제약 레이아웃 라이브러리
testImplementation	단위 테스트에서 사용할 라이브러리
libs.junit	JUnit 테스트 프레임워크
androidTestImplementation	UI 테스트에서 사용할 라이브러리
libs.androidx.junit	Android JUnit 라이브러리
libs.androidx.espresso.core	UI 테스트를 위한 Espresso 라이브러리
"androidx.test:rules:X.X.X"	Android 테스트 규칙을 위한 라이브러리. X.X.X 에 대한 부분에는 버전을 명시하여야 한다. androidx.test:rules를 구글링하면 최신 버전을 쉽게 확인할 수 있다. 이후에 나오는 라이브러리 버전들도 마찬가지로 구글링하여 추가하도록 하자.

> **Tip**
> 위와 같이 build.gradle 파일을 통해 안드로이드 프로젝트의 설정과 의존성을 관리할 수 있습니다. 파일을 수정한 후 변경 사항을 적용하려면 Android Studio에서 Sync Now 또는 터미널에서 ./gradlew build 명령어를 실행하여 변경 사항을 적용합니다.

빌드 타입 설정

- 빌드 타입 설정은 앱을 개발, 테스트, 배포하는 과정에서 사용되는 설정이며, 각각의 빌드 타입은 특정한 요구 사항과 목적을 충족시키기 위해 사용된다. 주로 사용되는 빌드 타입으로는 개발용(Debug), 테스트용(Test), 배포용(Release) 등이 있다. 각 빌드 타입은 다음과 같은 특징을 가지고 있다.

개발용(Debug)	• 개발자가 앱을 개발하고 디버깅하는 데 사용하는 빌드 타입이다. • 디버그 정보를 포함하여 실행 중인 앱의 동작을 추적하고 디버그하기 쉽게 한다. • 빌드 속도가 빠르고, 빌드된 파일 크기가 상대적으로 크다.
테스트용(Test)	• 앱을 테스트하고 테스트 스위트를 실행하는 데 사용되는 빌드 타입이다. • 일반적으로 개발용 빌드와 유사하지만, 추가적인 테스트 관련 기능이 활성화된다. • 테스트에 필요한 설정 및 라이브러리가 포함되어 있다.
배포용(Release)	• 앱을 사용자에게 배포하기 위해 빌드되는 최종 릴리스 버전이다. • 디버그 정보가 제거되고, 코드 최적화 및 압축이 수행되어 빌드된 파일 크기가 최소화된다. • 사용자에게 제공되는 안정적인 버전으로, 앱 스토어에 업로드된다.

- 빌드 타입 설정은 주로 프로젝트의 Gradle 또는 Maven 설정 파일에서 수행된다. 개발자는 각 빌드 타입에 대해 필요한 설정을 정의하고, 필요에 따라 특정 빌드 타입에 대한 추가 작업을 수행할 수 있다. 예를 들어 개발용 빌드에서는 디버그 로그를 출력하고, 배포용 빌드에서는 프로가드를 사용하여 코드를 난독화하는 등의 작업을 수행할 수 있다.

프로젝트 버전 관리

- 프로젝트 버전 관리는 소프트웨어 버전을 관리하고 업데이트하는 방법을 정의하는 프로세스다. 이는 프로젝트의 개발 단계와 릴리스 사이클을 관리하고 사용자에게 새로운 기능이나 버그 수정을 전달하는 데 중요하다. 보통 안드로이드 앱 개발에서는 프로젝트의 버전 정보를 설정하는 부분이 defaultConfig 블록 내에 위치한다. 여기에는 앱의 버전 코드, 버전 이름 등이 포함될 수 있다.

- 프로젝트 버전 네이밍 규칙은 각 조직이나 개발팀마다 다를 수 있지만, 보통은 세 가지 주요 요소로 구성된다.

메이저 버전 (Major Version)	주요 기능의 변경이나 대규모 업데이트를 나타내며, 이는 주로 업데이트 주기나 사용자 경험에 큰 영향을 미친다.
마이너 버전 (Minor Version)	기능의 추가나 중요한 변경 사항을 나타내며, 이는 주로 새로운 기능이나 개선 사항이 포함될 때 업데이트된다.
패치 버전 (Patch Version)	버그 수정이나 작은 수정 사항을 나타내며, 이는 보통 기존 기능의 개선이나 버그 수정에 사용된다.

일반적으로는 '메이저.마이너.패치'의 형태인 시맨틱 버전 관리 체계를 따른다. 예를 들어 1.2.3 버전은 메이저 버전이 1, 마이너 버전이 2, 패치 버전이 3임을 나타낸다.

- 버전 관리 전략

정기적인 릴리스 주기	정기적인 업데이트 주기를 설정하여 새로운 기능을 사용자에게 제공한다.
시맨틱 버전 관리	버전 네이밍 규칙을 시맨틱 버전 관리에 따라 엄격하게 준수하여 업데이트의 의미를 명확히 한다.
프로젝트 브랜치 관리	개발, 테스트, 배포용 브랜치를 사용하여 각 단계에서의 변경 사항을 관리하고 배포한다.

프로젝트 리소스 관리

- 프로젝트 리소스 관리는 앱의 사용자 인터페이스(UI), 이미지, 문자열, 폰트 등 다양한 자산을 효과적으로 관리하는 것을 의미한다. 안드로이드 앱에서는 리소스를 관리하기 위해 res 디렉토리를 사용하며, 여기에는 다음과 같은 하위 디렉토리가 포함될 수 있다.

drawable 디렉토리	앱에서 사용하는 이미지 파일을 저장하는 디렉토리다. 이 디렉토리에는 PNG, JPEG, GIF 등의 이미지 파일이 저장될 수 있다.
layout 디렉토리	앱의 사용자 인터페이스를 정의하는 XML 레이아웃 파일을 저장하는 디렉토리다. 각 XML 파일은 액티비티나 프래그먼트의 레이아웃을 정의하며, UI 구성 요소들을 배치하고 스타일을 적용할 수 있다.
values 디렉토리	앱의 리소스값들을 저장하는 디렉토리다. 이 디렉토리에는 문자열, 색상, 스타일 등의 값들을 정의하는 XML 파일들이 포함될 수 있다.
mipmap 디렉토리	다양한 해상도의 앱 아이콘을 저장하는 디렉토리다. 안드로이드는 이 디렉토리에 있는 아이콘 중 적절한 해상도를 선택하여 디바이스에 표시한다.
raw 디렉토리	앱에서 사용하는 기타 자원 파일을 저장하는 디렉토리다. 이 디렉토리에는 오디오 파일, 비디오 파일 등의 미디어 자원이 저장될 수 있다.

- 안드로이드에서는 이러한 리소스를 XML 파일을 통해 참조하고 사용한다. 예를 들어 문자열 리소스는 strings.xml 파일에 정의되어 있으며, 코드에서는 R.string.my_string과 같은 형태로 참조할 수 있다.

- 효과적인 리소스 관리 방법

명명 규칙	리소스 파일의 명명 규칙을 정립하여 일관된 네이밍을 유지한다.
리소스 디렉토리 구조	리소스 파일을 적절한 디렉토리에 저장하여 관리한다.
다국어 지원	다국어 지원이 필요한 경우, 각 언어별 리소스를 별도로 관리하여 앱의 다국어 지원을 보장한다.

빌드 태스크 구성

- 빌드 태스크는 앱을 빌드하는 과정을 정의하고 실행하는 데 사용된다. 안드로이드 프로젝트의 경우, 빌드 태스크는 Gradle 스크립트를 통해 설정되며, 이를 통해 컴파일, 패키징, 서명, 배포 등의 작업을 수행할 수 있다. 빌드 태스크를 효율적으로 구성하고 관리하는 것은 앱의 성능과 안정성을 향상시키는 데 중요하다.

- 빌드 태스크 구성의 주요 단계

프로젝트 구성	Gradle 스크립트를 사용하여 프로젝트의 구조와 설정을 정의한다. 이 단계에서는 프로젝트의 소스 코드 및 리소스 디렉토리, 의존성 라이브러리 등을 정의한다.
빌드 타입 설정	각 빌드 타입에 대한 설정을 정의한다. 개발용, 테스트용, 배포용 등의 다양한 빌드 타입을 구성할 수 있으며, 각 빌드 타입에 따라 다른 설정을 적용할 수 있다.
빌드 스크립트 작성	Gradle 스크립트를 사용하여 빌드 태스크를 작성한다. 이 단계에서는 빌드에 필요한 작업들을 정의하고 실행하는 스크립트를 작성한다. 이때 필요한 작업은 컴파일, 리소스 복사, 패키징, 서명, 테스트 등이 포함될 수 있다.
의존성 관리	빌드 태스크에서 필요한 의존성을 관리한다. 이는 외부 라이브러리나 모듈에 대한 의존성 관리뿐만 아니라, 다양한 빌드 타입에 따라 의존성을 다르게 설정하는 것도 포함될 수 있다.
빌드 실행	설정한 빌드 태스크를 실행하여 앱을 빌드한다. Gradle 또는 안드로이드 스튜디오를 통해 빌드를 실행할 수 있으며, 빌드 과정에서 발생하는 오류를 확인하고 해결하는 것이 중요하다.

프로젝트 설정 외부화

- 프로젝트 설정 외부화는 앱의 설정을 별도의 외부 파일에 저장하여 유연성과 보안을 향상시키는 방법이다. 이를 통해 앱의 설정을 쉽게 변경하고 관리할 수 있으며, 보안에 민감한 정보를 외부 파일에 저장하여 노출을 방지할 수 있다.

- 외부 설정 파일의 형식

프로퍼티 파일 (.properties)	일련의 키-값 쌍으로 구성된 텍스트 파일이며, 주로 간단한 설정 정보를 저장하는 데 사용된다. 예를 들어 앱의 버전 정보, API 키, 서버 URL 등을 저장할 수 있다.
YAML 파일 (.yaml 또는 .yml)	인간이 쉽게 읽고 쓸 수 있는 구조화된 데이터 형식으로, 들여쓰기를 사용하여 계층 구조를 표현한다. YAML 파일은 복잡한 설정 정보를 저장하는 데 유용하며, 주로 빌드 설정, 환경 변수 등을 저장하는 데 사용된다.
JSON 파일 (.json)	JavaScript Object Notation의 약어로, 텍스트 기반의 경량 데이터 교환 형식이다. JSON 파일은 데이터를 계층적으로 구조화하여 저장할 수 있으며, 주로 구성 파일이나 데이터베이스 설정과 같은 정보를 저장하는 데 사용된다.
환경 변수 (Environment Variables)	시스템 또는 실행 환경에 저장된 변수로, 프로그램이 실행될 때 사용할 수 있는 값을 지정한다. 환경 변수는 앱의 실행 환경에 따라 설정을 동적으로 변경할 수 있도록 하며, 보안 정보를 안전하게 보호하는 데 사용될 수 있다.

- 외부 설정 파일의 위치는 일반적으로 프로젝트의 루트 디렉토리에 위치하며, 파일 이름은 일반적으로 .properties, .yaml, .json과 같은 확장자를 가진다. 또한 설정 파일의 경로 및 이름은 프로젝트 설정에 따라 다를 수 있으며, 프로젝트의 규모와 요구 사항에 따라 적절히 조정될 수 있다.

> **Tip**
> 외부 설정 파일을 사용하는 방법은 프로그래밍 언어나 프레임워크에 따라 다를 수 있습니다. 주로 파일을 읽어서 설정 정보를 로드하거나 환경 변수를 통해 설정값을 동적으로 가져오는 방식이 사용됩니다.

라이브러리 및 패키지 관리

- 라이브러리 및 패키지 관리는 소프트웨어 개발 프로세스에서 필요한 라이브러리와 패키지를 효과적으로 관리하는 데 중요한 역할을 한다.

- 주로 사용되는 중앙 저장소인 Maven Central, JCenter, npm 등을 통해 다양한 라이브러리와 패키지를 제공받을 수 있다.

Maven Central	Java 언어를 위한 중앙 저장소로, Apache Maven 빌드 도구와 함께 사용된다. Maven Central에서는 Java와 관련된 다양한 라이브러리와 패키지를 제공하며, 프로젝트의 종속성을 Maven 프로젝트 파일(pom.xml)에 명시하여 추가할 수 있다.
	
	``xml
	<dependency>
	    <groupId>그룹 아이디</groupId>
	    <artifactId>아티팩트 아이디</artifactId>
	    <version>버전</version>
	</dependency>
	``

JCenter	또 다른 Java 라이브러리 저장소로, Bintray에 의해 호스팅된다. JCenter는 Maven Central과 유사하게 Java와 관련된 라이브러리를 제공하며, Gradle 빌드 도구에서 자주 사용된다. JCenter에 호스팅된 라이브러리는 Gradle 프로젝트의 종속성 블록에 추가하여 사용할 수 있다.
	
	``
	dependencies {
	    implementation '그룹 아이디:아티팩트 아이디:버전'
	}
	``

npm	JavaScript 언어를 위한 패키지 관리자로, Node.js와 함께 사용된다. npm 저장소에서는 JavaScript와 관련된 라이브러리와 패키지를 제공하며, package.json 파일에 종속성을 명시하여 추가할 수 있다.
	
	``json
	"dependencies": {
	    "라이브러리 이름": "버전"
	}
	``

- 라이브러리 및 패키지를 추가하고 관리하는 방법은 프로젝트의 개발 환경과 사용하는 언어 또는 프레임워크에 따라 다를 수 있다. 주로 사용되는 빌드 도구의 설정 파일에 종속성을 명시하여 필요한 라이브러리를 가져올 수 있으며, 이를 통해 프로젝트의 라이브러리 관리를 효과적으로 수행할 수 있다.

외부 라이브러리 사용 방법

외부 라이브러리를 사용하는 것은 프로젝트의 개발 속도를 높이고 재사용 가능한 코드를 활용하여 유지·보수성과 확장성을 향상시킬 수 있다.

아래는 Kotlin 기반의 안드로이드 프로젝트에서 외부 라이브러리를 사용하는 방법을 단계별로 설명한 것이다.

라이브러리 선택

사용하고자 하는 기능 또는 기능 세트에 적합한 라이브러리를 선택한다. 라이브러리는 Maven 중앙 저장소 또는 JCenter와 같은 라이브러리 저장소에서 확인할 수 있다. 필요한 라이브러리를 선택하고 해당 라이브러리의 문서를 확인하여 프로젝트 요구 사항에 맞는지 확인한다.

build.gradle 파일 수정

안드로이드 프로젝트의 build.gradle 파일을 열고, dependencies 블록에 선택한 라이브러리를 추가한다. 예를 들어 Gson 라이브러리를 사용하려면 다음과 같이 build.gradle 파일을 수정한다.

```
dependencies {
    implementation 'com.google.code.gson:gson:X.X.X'
}
```

여기서 'com.google.code.gson:gson:X.X.X'는 Gson 라이브러리의 Maven 좌표를 나타낸다. 이것은 Maven 중앙 저장소에서 Gson 라이브러리의 버전 X.X.X을 가져오도록 프로젝트에 추가한다는 의미다.

버전은 패키지의 문서를 확인하여 적절한 버전을 선택하거나, 패키지의 최신 안정 버전을 사용할 수 있다.

라이브러리 의존성 업데이트

build.gradle 파일을 수정한 후, Android Studio에서 Sync Now 버튼을 클릭하여 프로젝트를 동기화한다. 이렇게 하면 설정한 라이브러리를 다운로드하고 프로젝트에 적용한다.

라이브러리 사용

이제 사용하고자 하는 Kotlin 파일에서 해당 라이브러리를 import하여 사용할 수 있다. 사용하고자 하는 파일의 상단에 다음과 같이 라이브러리를 import한다.

```
import com.google.gson.Gson
```

이제 해당 라이브러리의 클래스와 기능을 사용할 수 있다. 아래는 Gson 라이브러리를 사용하여 JSON 데이터를 객체로 변환하는 예시다.

```kotlin
import com.google.gson.Gson

fun main() {
    val jsonString = "{\"name\":\"John\", \"age\":30}"
    val person = Gson().fromJson(jsonString, Person::class.java)
    println("Name: ${person.name}, Age: ${person.age}")
}

data class Person(val name: String, val age: Int)
```

> **Tip**
> 외부 라이브러리를 사용하여 안드로이드 프로젝트에 추가적인 기능을 적용할 수 있습니다. 주의할 점은 외부 패키지의 문서를 잘 읽고, 패키지의 사용법과 제한 사항을 이해하는 것입니다. 또한 패키지의 버전 관리를 신중하게 해야 하며, 의존성 충돌을 피하기 위해 주기적으로 패키지를 업데이트하는 것이 좋습니다.

라이브러리사용 예시

손으로 익히는 코딩

```
dependencies {
    implementation 'com.google.android.gms:play-services-maps:X.X.X'
}
```

여기서 X.X.X은 Google Maps SDK의 버전을 나타내며, 라이브러리의 최신 버전을 확인하려면 해당 라이브러리의 공식 문서 또는 해당 라이브러리의 공식 배포처인 Maven Central, JCenter 또는 GitHub 릴리즈 페이지를 확인하는 것이 좋다. 대부분의 라이브러리는 이러한 곳에서 최신 버전 및 릴리즈 노트를 제공한다. 위치 권한 또한 추가한다.

손으로 익히는 코딩

```xml
<uses-permission android:name="android.permission.ACCESS_FINE_LOCATION" />
<uses-permission android:name="android.permission.ACCESS_COARSE_LOCATION" />
```

- activity_main.xml

손으로 익히는 코딩

```xml
<?xml version="1.0" encoding="utf-8"?>
<androidx.constraintlayout.widget.ConstraintLayout
    xmlns:android="http://schemas.android.com/apk/res/android"
    xmlns:app="http://schemas.android.com/apk/res-auto"
    xmlns:tools="http://schemas.android.com/tools"
    android:layout_width="match_parent"
    android:layout_height="match_parent"
    tools:context=".MainActivity">

    <Button
        android:id="@+id/button"
        android:layout_width="wrap_content"
        android:layout_height="wrap_content"
        android:layout_marginTop="37dp"
        android:text="현재 위치 찾기"
        app:layout_constraintEnd_toEndOf="parent"
        app:layout_constraintStart_toStartOf="parent"
        app:layout_constraintTop_toBottomOf="@id/text1" />

    <TextView
        android:id="@+id/text1"
        android:layout_width="wrap_content"
        android:layout_height="wrap_content"
        android:layout_gravity="center_horizontal"
        android:layout_marginTop="30dp"
        android:padding="12dp"
        android:text="위도"
```

```xml
        android:textSize="18sp"
        app:layout_constraintStart_toStartOf="@id/text2"
        app:layout_constraintTop_toBottomOf="@id/text2" />

    <TextView
        android:id="@+id/text2"
        android:layout_width="wrap_content"
        android:layout_height="wrap_content"
        android:layout_gravity="center_horizontal"
        android:layout_marginTop="178dp"
        android:layout_marginEnd="29dp"
        android:padding="12dp"
        android:text="경도"
        android:textSize="18sp"
        app:layout_constraintEnd_toEndOf="@id/button"
        app:layout_constraintTop_toTopOf="parent" />

</androidx.constraintlayout.widget.ConstraintLayout>
```

● MainActivity.kt

 손으로 익히는 코딩

```kotlin
class MainActivity : AppCompatActivity() {

    private lateinit var locationProviderClient: FusedLocationProviderClient
    private lateinit var locationRequest: LocationRequest
    private lateinit var locationButton: Button
    private lateinit var latitudeTextView: TextView
    private lateinit var longitudeTextView: TextView

    private var lastLocation: Location? = null
    private val REQUEST_PERMISSION_LOCATION = 10

    override fun onCreate(savedInstanceState: Bundle?) {
        super.onCreate(savedInstanceState)
        setContentView(R.layout.activity_main)

        locationButton = findViewById(R.id.button)
        latitudeTextView = findViewById(R.id.text1)
```

```kotlin
        longitudeTextView = findViewById(R.id.text2)

        locationProviderClient = LocationServices.getFusedLocationProviderClient(this)

        locationRequest = LocationRequest.create().apply {
            interval = 10000 // 10초마다 위치 업데이트
            fastestInterval = 5000 // 5초마다 빠른 위치 업데이트
            priority = LocationRequest.PRIORITY_HIGH_ACCURACY
        }

        locationButton.setOnClickListener {
            if (checkLocationPermission()) {
                startLocationUpdates()
            } else {
                requestLocationPermission()
            }
        }
    }

    private fun checkLocationPermission(): Boolean {
        return ActivityCompat.checkSelfPermission(this, ACCESS_FINE_LOCATION)
          == PackageManager.PERMISSION_GRANTED
    }

    private fun requestLocationPermission() {
        ActivityCompat.requestPermissions(this, arrayOf(ACCESS_FINE_LOCATION),
          REQUEST_PERMISSION_LOCATION)
    }

    private fun startLocationUpdates() {
        if (checkLocationPermission()) {
            locationProviderClient.requestLocationUpdates(locationRequest,
              locationCallback, Looper.getMainLooper())
        }
    }

    private val locationCallback = object : LocationCallback() {
        override fun onLocationResult(locationResult: LocationResult) {
            super.onLocationResult(locationResult)
            lastLocation = locationResult.lastLocation
            updateUIWithLocation(lastLocation)
```

```kotlin
            }
        }

        private fun updateUIWithLocation(location: Location?) {
            location?.let {
                latitudeTextView.text = "위도: ${it.latitude}"
                longitudeTextView.text = "경도: ${it.longitude}"
            }
        }

        override fun onRequestPermissionsResult(requestCode: Int, permissions:
            Array<out String>, grantResults: IntArray) {
            super.onRequestPermissionsResult(requestCode, permissions, grantResults)
            if (requestCode == REQUEST_PERMISSION_LOCATION) {
                if (grantResults.isNotEmpty() && grantResults[0] ==
                    PackageManager.PERMISSION_GRANTED) {
                    startLocationUpdates()
                } else {
                    Toast.makeText(this, "권한이 없어 해당 기능을 실행할 수 없습니다.",
                        Toast.LENGTH_SHORT).show()
                }
            }
        }
        override fun onDestroy() {
            super.onDestroy()
            locationProviderClient.removeLocationUpdates(locationCallback)
            // 위치 업데이트 중지
        }
    }
```

이 예시는 사용자의 현재 위치를 가져와서 그 정보를 화면에 표시하는 기능을 갖고 있다.

위치 정보를 가져오는 과정은 startLocationUpdates() 함수에서 처리된다. 이 함수는 Google Play 서비스를 사용하여 위치 정보를 제공하는 FusedLocationProviderClient를 초기화하고, 권한이 허용된 경우 위치 업데이트를 요청한다.

위치 업데이트가 발생하면 locationCallback에서 처리된다. 이 콜백은 새로운 위치 정보가 감지되면 onLocationResult() 함수를 호출하여 해당 위치 정보를 처리한다.

onLocationChanged() 함수에서는 받은 위치 정보를 활용하여 위도와 경도를 텍스트뷰에 표시한다. 또한 이 정보를 로그에도 출력하여 디버깅에 도움이 되게 한다.

마지막으로, 위치 권한 요청 결과는 onRequestPermissionsResult() 함수에서 처리된다. 사용자가 위치 권한을 수락하면 위치 업데이트가 다시 시작된다. 사용자가 권한을 거부한 경우에는 알림 메시지가 표시된다.

에러에서 배우기

- **위치 권한 에러**
  사용자가 위치 권한을 거부하거나 권한을 부여할 수 없는 경우 앱이 작동하지 않을 수 있습니다. 이 경우, 위치 권한을 다시 요청하거나 사용자에게 해당 기능이 필요한 이유를 설명하는 다이얼로그를 표시해야 합니다.

- **네트워크 연결 에러**
  위치 정보를 가져오는 데 사용되는 서비스는 네트워크에 의존하기 때문에 네트워크 연결이 끊겨있는 경우 위치 정보를 가져올 수 없을 수 있습니다. 이 경우, 사용자에게 네트워크 연결 상태를 확인하라는 메시지를 표시해야 합니다.

- **구글 플레이 서비스 에러**
  위치 정보를 제공하기 위해 Google Play 서비스가 필요합니다. 사용자의 기기에 Google Play 서비스가 설치되어 있지 않거나 업데이트가 필요한 경우, 위치 정보를 가져오는 데 문제가 발생할 수 있습니다. 이 경우, 사용자에게 Google Play 서비스를 업데이트하거나 설치하라는 안내 메시지를 표시해야 합니다.

- **앱의 논리 에러**
  예를 들어, 위치 정보를 가져오는 도중에 발생하는 예기치 않은 상황을 처리하지 못하는 경우 앱이 충돌할 수 있습니다. 이러한 경우에는 예외 처리를 추가하여 앱의 안정성을 향상시키는 것이 좋습니다.

03 데이터베이스 연동

더 멋진 내일(Tomorrow)을 위한 내일(My Career) **내일은 코틀린**

> **✓ 핵심 키워드**
>
> 데이터베이스, SQLite, CRUD, 업데이트
>
> **여기서는 무얼 배울까**
>
> 데이터베이스 연동은 안드로이드 앱에서 데이터를 저장하고 관리하기 위한 중요한 주제다. 여기에서는 안드로이드 앱과 SQLite 데이터베이스를 연결하여 데이터를 처리하는 방법을 배운다. 이를 통해 데이터베이스에 대한 CRUD(Create, Read, Update, Delete) 작업을 효율적으로 처리할 수 있으며, 데이터베이스 **마이그레이션***을 통해 앱의 버전 업데이트나 데이터베이스 **스키마**** 변경 시에 데이터 일관성과 호환성을 유지할 수 있다.

SQLite 개요

SQLite는 경량한 관계형 데이터베이스 관리 시스템(RDBMS)으로, 단일 파일 기반으로 작동한다. 오픈 소스이므로 별도의 서버 프로세스 없이 직접 파일 시스템에 데이터를 저장한다. 이러한 특성으로 인해 애플리케이션 내에서 데이터를 효율적으로 저장하고 조회할 수 있는 솔루션으로 많이 사용된다.

SQLite는 크로스 플랫폼을 지원하며, 다양한 프로그래밍 언어에서 사용할 수 있다. 안드로이드에서도 SQLite를 사용하여 영구적인 데이터 저장 및 관리에 활용된다. SQLite는 경량성, 속도, 안정성, 효율성 등의 특징을 가지고 있어 작은 규모의 애플리케이션부터 대규모 애플리케이션까지 다양한 분야에서 사용된다.

기초 용어 정의

* **마이그레이션(Migration):** 소프트웨어 시스템의 변경 사항을 관리하는 과정을 말한다. 보통 소프트웨어 시스템이 업데이트되거나 개선되는 경우, 이전 버전에서 새로운 버전으로의 전환을 위해 데이터의 이동, 구조의 변경, 코드의 수정 등이 필요할 수 있다. 이러한 변경 작업을 마이그레이션 과정을 통해 수행한다.
** **스키마(Schema):** 데이터베이스에서 데이터 구조와 제약 조건을 정의하는 데 사용되는 구조다. 데이터베이스의 스키마는 데이터베이스 시스템에 의해 관리되며, 테이블·열·데이터 타입·관계 등을 포함한다.

안드로이드에서 SQLite를 사용하기 위해서는 SQLiteOpenHelper 클래스를 확장하여 데이터베이스를 생성한다. SQLiteOpenHelper를 사용하면 데이터베이스 생성, 테이블 생성, 데이터 삽입, 수정, 삭제, 조회 등의 작업을 수행할 수 있다.

SQLite를 사용하는 이유는 다음과 같다.

- **경량성**: 단일 파일로 데이터베이스를 관리하므로 시스템 리소스를 적게 사용한다.
- **내장형**: 애플리케이션 내에서 데이터베이스를 직접 사용할 수 있어 외부 연결이 필요하지 않다.
- **높은 성능**: 인덱싱, 트랜잭션, 쿼리 최적화 등의 기능을 제공하여 데이터베이스 작업의 성능을 향상시킨다.
- **크로스 플랫폼**: 다양한 운영 체제와 프로그래밍 언어에서 사용할 수 있다.
- **이식성 및 확장성**: 애플리케이션의 초기 설계에서부터 전체 데이터베이스 관리 시스템으로의 확장이 용이하고 안정적이다.

SQLite를 사용하여 데이터베이스를 구축하고 안드로이드 애플리케이션에서 데이터를 저장·검색·관리하는 것은 데이터의 지속성과 확장성을 보장하는 데 도움이 된다.

SQLite 패키지 사용 방법

Kotlin으로 안드로이드에서 SQLite를 사용할 때, 특별한 패키지를 추가할 필요 없이 안드로이드 기본 라이브러리를 활용할 수 있다. 이를 위해 Android SDK에서 제공하는 SQLite Database 클래스 등을 사용한다.

SQLite 데이터베이스 사용을 위한 준비 작업

SQLite 데이터베이스를 사용하려면 먼저 AndroidManifest.xml 파일에 데이터베이스에 대한 권한을 설정해야 한다. 예를 들어 다음과 같이 설정할 수 있다.

```
<uses-permission android:name="android.permission.WRITE_EXTERNAL_STORAGE" />
<uses-permission android:name="android.permission.READ_EXTERNAL_STORAGE" />
```

그리고 Android Studio의 build.gradle 파일에 아래와 같이 의존성을 추가하여 SQLite 데이터베이스 관련 클래스를 사용할 수 있다.

```
dependencies {
    implementation 'androidx.sqlite:sqlite:2.1.0'
}
```

의존성을 추가한 후에는 패키지를 가져올 수 있도록 import문을 추가한다.

```
import android.content.Context
import android.database.sqlite.SQLiteDatabase
import android.database.sqlite.SQLiteOpenHelper
```

데이터베이스 생성

SQLite 데이터베이스를 생성하려면 SQLiteOpenHelper 클래스를 상속받은 Helper 클래스를 작성해야 한다. Helper 클래스에서 데이터베이스 생성과 업그레이드를 관리할 수 있다.

```kotlin
class MyDatabaseHelper(context: Context) : SQLiteOpenHelper(context,
    "my_database.db", null, 1) {
    override fun onCreate(db: SQLiteDatabase?) {
        // 데이터베이스가 생성될 때 실행되는 콜백 함수
        // 여기에서 테이블을 생성할 수 있다.
        db?.execSQL("
            CREATE TABLE contacts (id INTEGER PRIMARY KEY, name TEXT, email
            TEXT)")
    }

    override fun onUpgrade(db: SQLiteDatabase?, oldVersion: Int,
        newVersion: Int) {
        // 데이터베이스 업그레이드 시 실행되는 콜백 함수
    }
}
```

테이블 생성

Helper 클래스에서 onCreate 메서드를 오버라이드하여 데이터베이스가 생성될 때 테이블을 생성할 수 있다. SQL 문을 사용하여 테이블을 생성한다.

```
val dbHelper = MyDatabaseHelper(context)
val database = dbHelper.writableDatabase

val values = ContentValues().apply {
    put("name", "John Doe")
    put("email", "johndoe@example.com")
}

database.insert("contacts", null, values)
```

데이터 삽입

SQLite 데이터베이스에 데이터를 삽입하려면 SQLiteDatabase 클래스의 insert 메서드를 사용한다. ContentValues 객체를 만들어 데이터를 삽입한다.

```
val dbHelper = MyDatabaseHelper(context)
val database = dbHelper.writableDatabase

val values = ContentValues().apply {
    put("name", "John Doe")
    put("email", "johndoe@example.com")
}

database.insert("contacts", null, values)
```

데이터 조회

SQLiteDatabase 클래스의 query 메서드를 사용하여 데이터를 조회할 수 있다. **SQL 쿼리***를 작성하여 데이터를 조회한다.

기초 용어 정리
* **SQL 쿼리**: SQL(Structured Query Language)은 데이터베이스를 관리하고 조작하기 위한 표준 언어이다. SQL 쿼리는 데이터베이스에서 데이터를 관리하고 조작하기 위한 도구로 검색, 삽입, 업데이트, 삭제하는 데 사용된다.

```kotlin
val cursor = database.query("contacts", null, null, null, null, null, null)

cursor?.let {
    while (cursor.moveToNext()) {
        val name = cursor.getString(cursor.getColumnIndex("name"))
        val email = cursor.getString(cursor.getColumnIndex("email"))
        println("Name: $name, Email: $email")
    }
    cursor.close()
}
```

데이터 수정

데이터를 수정하려면 SQLiteDatabase 클래스의 update 메서드를 사용한다. SQL 쿼리를 작성하여 데이터를 수정한다.

```kotlin
val values = ContentValues().apply {
    put("name", "Jane Smith")
}

database.update("contacts", values, "id = ?", arrayOf("1"))
```

데이터 삭제

데이터를 삭제하려면 SQLiteDatabase 클래스의 delete 메서드를 사용한다. SQL 쿼리를 작성하여 데이터를 삭제한다.

```kotlin
database.delete("contacts", "id = ?", arrayOf("1"))
```

위의 단계를 따라 SQLlite 패키지를 사용하여 데이터베이스를 생성하고 관리할 수 있다. 데이터베이스 작업을 수행하기 전에 데이터베이스를 열고, 작업이 완료되면 닫는 것을 잊지 말아야 한다.

```kotlin
data class Person(val id: Int, val name: String, val age: Int)

suspend fun fetchPeople(): List<Person> {
    val db = initializeDatabase()
    val maps = db.query("my_table", null, null, null, null, null, null)
```

```kotlin
        return maps.map { map ->
            Person(
                id = map["id"] as Int,
                name = map["name"] as String,
                age = map["age"] as Int
            )
        }
    }

    suspend fun insertPerson(person: Person) {
        val db = initializeDatabase()
        db.insert("my_table", null, person.toContentValues())
    }

    suspend fun updatePerson(person: Person) {
        val db = initializeDatabase()
        db.update(
            "my_table",
            person.toContentValues(),
            "id = ?",
            arrayOf(person.id.toString())
        )
    }

    suspend fun deletePerson(id: Int) {
        val db = initializeDatabase()
        db.delete("my_table", "id = ?", arrayOf(id.toString()))
    }
```

위의 코드는 안드로이드에서 SQLite 데이터베이스를 사용하여 사람 정보를 관리하는 기능을 제공한다. suspend 키워드는 Kotlin에서 **코루틴***을 사용하는 함수를 표시하는 데 사용된다. 코루틴은 비동기적으로 실행되는 코드 블록을 나타낸다. 이는 일반적으로 CPU나 I/O 작업 등의 장기 실행 작업을 수행할 때 유용하다. suspend 함수는 일반적인 함수와 유사하지만, 일시 중단되거나 재개될 수 있는 지점이 있다는 점에서 다르다. 이 함수는 호출자에게 제어권을 반환하지만, 나중에 재개되기 위해 실행을 일시 중단한다.

기초 용어 정리

* **코루틴(Coroutine)**: 비동기 프로그래밍을 위한 강력한 기능으로, 여러 작업을 동시에 처리할 수 있게 도와주는 함수이다. 코루틴은 일반적인 함수와는 다르게 실행을 일시 중지(pausing)하고 나중에 다시 시작(resuming)할 수 있다는 특성이 있다.

코루틴은 일시 중단된 상태에서 다른 작업을 수행할 수 있다. 이는 블로킹하지 않고도 장기 실행 작업을 처리할 수 있도록 한다. 이러한 비동기 프로그래밍 패턴은 응답성을 향상시키고 애플리케이션의 성능을 향상시킬 수 있다.

따라서 위의 코드에서 suspend 키워드는 비동기적으로 실행되는 함수를 표시한다. 이 함수는 코루틴에서 실행되며, 데이터베이스 작업과 같은 장기 실행 작업을 비동기적으로 처리할 수 있도록 한다. 이는 애플리케이션이 데이터베이스 작업을 수행하는 동안 UI를 응답 가능한 상태로 유지하는 데 도움이 된다.

Person 클래스는 개별 사람의 id, 이름(name), 나이(age)를 나타내는 데이터 모델이다. 이 클래스는 데이터베이스 레코드에 해당한다.

fetchPeople 함수는 데이터베이스에서 모든 사람 정보를 가져오는 비동기 함수다. suspend 키워드가 함수 앞에 있어서 이 함수는 코루틴에서 실행된다. 이 함수는 initializeDatabase 함수를 호출하여 데이터베이스를 초기화하고, 해당 데이터베이스로부터 쿼리를 실행하여 결과를 가져온다. 그 결과를 Person 객체로 변환하고 이를 리스트에 추가한 후 반환한다.

insertPerson 함수는 데이터베이스에 새로운 사람 정보를 삽입하는 비동기 함수다. 이 함수는 suspend 키워드를 가지고 있어서 코루틴에서 실행된다. 이 함수는 initializeDatabase 함수를 호출하여 데이터베이스를 초기화하고, 해당 데이터베이스에 insert 메서드를 사용하여 데이터를 삽입한다.

updatePerson 함수는 데이터베이스에서 기존의 사람 정보를 수정하는 비동기 함수다. 이 함수는 suspend 키워드를 가지고 있어서 코루틴에서 실행된다. 이 함수는 initializeDatabase 함수를 호출하여 데이터베이스를 초기화하고, 해당 데이터베이스에 update 메서드를 사용하여 데이터를 수정한다.

deletePerson 함수는 데이터베이스에서 특정 사람 정보를 삭제하는 비동기 함수다. 이 함수는 suspend 키워드를 가지고 있어서 코루틴에서 실행된다. 이 함수는 initializeDatabase 함수를 호출하여 데이터베이스를 초기화하고, 해당 데이터베이스에 delete 메서드를 사용하여 데이터를 삭제한다.

이 코드는 코루틴을 사용하여 데이터베이스 작업을 비동기적으로 처리한다. 이를 통해 데이터베이스 작업이 메인 스레드를 블로킹하지 않게 되어 애플리케이션의 UI가 데이터베이스 작업이 수행되는 동안에도 응답 가능한 상태를 유지할 수 있다.

activity_main.xml

 손으로 익히는 코딩

```xml
<RelativeLayout xmlns:android="http://schemas.android.com/apk/res/android"
    xmlns:tools="http://schemas.android.com/tools"
    android:layout_width="match_parent"
    android:layout_height="match_parent"
    android:padding="16dp"
    tools:context=".MainActivity">

    <TextView
        android:id="@+id/textView"
        android:layout_width="wrap_content"
        android:layout_height="wrap_content"
        android:text="쇼핑 목록"
        android:textSize="24sp"
        android:textStyle="bold"
        android:layout_centerHorizontal="true"
        android:layout_marginBottom="16dp"
        android:layout_marginTop="16dp" />

    <ListView
        android:id="@+id/listView"
        android:layout_width="match_parent"
        android:layout_height="match_parent"
        android:layout_below="@id/textView"
        android:layout_above="@id/buttonContainer" />

    <LinearLayout
        android:id="@+id/buttonContainer"
        android:layout_width="match_parent"
        android:layout_height="wrap_content"
        android:layout_alignParentBottom="true"
        android:orientation="horizontal"
        android:gravity="center">

        <Button
            android:id="@+id/addButton"
            android:layout_width="wrap_content"
            android:layout_height="wrap_content"
            android:text="추가" />
```

```xml
        <Button
            android:id="@+id/deleteButton"
            android:layout_width="wrap_content"
            android:layout_height="wrap_content"
            android:text="삭제"
            android:layout_marginStart="16dp" />
    </LinearLayout>

</RelativeLayout>
```

list_item_layout.xml

손으로 익히는 코딩

```xml
<?xml version="1.0" encoding="utf-8"?>
<LinearLayout xmlns:android="http://schemas.android.com/apk/res/android"
    android:layout_width="match_parent"
    android:layout_height="wrap_content"
    android:orientation="horizontal"
    android:padding="10dp">

    <TextView
        android:id="@+id/textView"
        android:layout_width="0dp"
        android:layout_height="wrap_content"
        android:layout_weight="1"
        android:textSize="18sp"
        android:textStyle="bold" />

    <CheckBox
        android:id="@+id/checkBox"
        android:layout_width="wrap_content"
        android:layout_height="wrap_content" />

</LinearLayout>
```

MainActivity.kt

- MainActivity 클래스: 앱의 진입점으로, 쇼핑 목록을 표시하는 액티비티다. 액티비티가 생성되면 데이터베이스에서 모든 쇼핑 목록 항목을 가져와 리스트뷰에 표시한다. 사용자가 체크박스를 클릭하면 해당 항목의 체크 여부가 변경되고, 이 변경 내용이 데이터베이스에 업데이트된다.

 손으로 익히는 코딩

```kotlin
class MainActivity : AppCompatActivity() {

    private lateinit var listView: ListView
    private lateinit var dbHelper: ShoppingListDatabaseHelper
    private lateinit var adapter: ShoppingListAdapter

    override fun onCreate(savedInstanceState: Bundle?) {
        super.onCreate(savedInstanceState)
        setContentView(R.layout.activity_main)

        listView = findViewById(R.id.listView)
        dbHelper = ShoppingListDatabaseHelper(this)

        // 데이터베이스에서 모든 쇼핑 목록 항목을 가져옴
        val allItems = dbHelper.getAllShoppingItems()

        // 쇼핑 목록 항목의 이름들을 가져와 리스트뷰에 설정
        adapter = ShoppingListAdapter(this, R.layout.list_item_layout,
            allItems) { item, isChecked ->
            // 상태를 변경하고 나서 나중에 일괄적으로 업데이트
            val updatedItem = item.copy(isChecked = isChecked)
            dbHelper.updateShoppingItem(updatedItem)
            updateListView()
        }
        listView.adapter = adapter

        // "추가" 버튼 클릭 시 팝업 다이얼로그 표시
        val addButton: Button = findViewById(R.id.addButton)
        addButton.setOnClickListener {
            showAddItemDialog()
        }

        // "삭제" 버튼 클릭 시 isChecked=true인 항목 삭제
```

```kotlin
        val deleteButton: Button = findViewById(R.id.deleteButton)
        deleteButton.setOnClickListener {
            deleteCheckedItems()
        }
    }
    private fun showAddItemDialog() {
        val builder = AlertDialog.Builder(this)
        builder.setTitle("아이템 추가")

        val input = EditText(this)
        input.hint = "아이템 이름"
        builder.setView(input)

        builder.setPositiveButton("확인") { dialog, _ ->
            val itemName = input.text.toString()
            if (itemName.isNotEmpty()) {
                val newItem = ShoppingItem(id = null, itemName = itemName,
                    isChecked = false)
                dbHelper.addShoppingItem(newItem)
                updateListView()
            }
            dialog.dismiss()
        }

        builder.setNegativeButton("취소") { dialog, _ -> dialog.cancel() }

        builder.show()
    }

    private fun deleteCheckedItems() {
        dbHelper.deleteCheckedItems()
        updateListView()
    }

    private fun updateListView() {
        val updatedItems = dbHelper.getAllShoppingItems()
        adapter.clear()
        adapter.addAll(updatedItems)
        adapter.notifyDataSetChanged()
    }
}
```

ShoppingListAdapter.kt

- ShoppingListAdapter 클래스: 쇼핑 목록 항목을 표시하기 위한 커스텀 어댑터 클래스다. 리스트뷰에 항목을 표시하고, 각 항목의 텍스트와 체크 박스를 설정한다. 또한 사용자가 체크 박스를 클릭하면 데이터베이스 업데이트 로직을 호출하여 해당 항목의 체크 여부를 업데이트한다.

 손으로 익히는 코딩

```kotlin
class ShoppingListAdapter(
    context: Context,
    private val resource: Int,
    private val items: List<ShoppingItem>,
    private val updateDatabase: (ShoppingItem, Boolean) -> Unit
    // 데이터베이스 업데이트 로직을 전달하는 함수
) : ArrayAdapter<ShoppingItem>(context, resource, items) {

    override fun getView(position: Int, convertView: View?, parent:
        ViewGroup): View {
        val view = convertView ?: LayoutInflater.from(context).inflate(
            resource, parent, false)
        val itemNameTextView: TextView = view.findViewById(R.id.textView)
        val checkBox: CheckBox = view.findViewById(R.id.checkBox)

        val item = items[position]
        itemNameTextView.text = item.itemName
        checkBox.isChecked = item.isChecked

        checkBox.setOnCheckedChangeListener { _, isChecked ->
            updateDatabase(item, isChecked) // 데이터베이스 업데이트 로직 호출
        }

        return view
    }
}
```

ShoppingListDatabaseHelper.kt

- **ShoppingListDatabaseHelper 클래스**: SQLite 데이터베이스와 상호 작용을 하는 도우미 클래스다. 데이터베이스를 생성하고 테이블을 관리하며, 항목을 추가하고 조회하고 업데이트하는 메서드를 제공한다.

손으로 익히는 코딩

```kotlin
class ShoppingListDatabaseHelper(context: Context) :
    SQLiteOpenHelper(context, DATABASE_NAME, null, DATABASE_VERSION) {

    companion object {
        private const val DATABASE_VERSION = 1
        private const val DATABASE_NAME = "shopping_list.db"
        private const val TABLE_NAME = "shopping_items"
        private const val COLUMN_ID = "id"
        private const val COLUMN_ITEM_NAME = "item_name"
        private const val COLUMN_IS_CHECKED = "is_checked"
    }

    override fun onCreate(db: SQLiteDatabase) {
        val createTableSQL = "CREATE TABLE $TABLE_NAME (" +
                "$COLUMN_ID INTEGER PRIMARY KEY AUTOINCREMENT, " +
                "$COLUMN_ITEM_NAME TEXT, " +
                "$COLUMN_IS_CHECKED INTEGER)"
        db.execSQL(createTableSQL)
    }

    override fun onUpgrade(db: SQLiteDatabase, oldVersion: Int, newVersion: Int) {
        db.execSQL("DROP TABLE IF EXISTS $TABLE_NAME")
        onCreate(db)
    }

    // 쇼핑 목록 항목 추가
    fun addShoppingItem(item: ShoppingItem) {
        val values = ContentValues().apply {
            put(COLUMN_ITEM_NAME, item.itemName)
            put(COLUMN_IS_CHECKED, if (item.isChecked) 1 else 0)
        }

        val db = this.writableDatabase
```

```kotlin
        db.insert(TABLE_NAME, null, values)
        db.close()
    }

    // 쇼핑 목록 항목 삭제
    fun deleteCheckedItems() {
        val db = this.writableDatabase
        db.delete(TABLE_NAME, "$COLUMN_IS_CHECKED = ?", arrayOf("1"))
        db.close()
    }
    // 쇼핑 목록 항목 업데이트
    fun updateShoppingItem(item: ShoppingItem) {
        val values = ContentValues().apply {
            put(COLUMN_ITEM_NAME, item.itemName)
            put(COLUMN_IS_CHECKED, if (item.isChecked) 1 else 0)
        }

        val db = this.writableDatabase
        db.update(TABLE_NAME, values, "$COLUMN_ID = ?",
          arrayOf(item.id.toString()))
        db.close()
    }

    // 모든 쇼핑 목록 항목 가져오기
    fun getAllShoppingItems(): List<ShoppingItem> {
        val items = mutableListOf<ShoppingItem>()
        val selectQuery = "SELECT * FROM $TABLE_NAME"
        val db = this.readableDatabase
        val cursor: Cursor?

        cursor = db.rawQuery(selectQuery, null)

        if (cursor.moveToFirst()) {
            do {
                val idIndex = cursor.getColumnIndex(COLUMN_ID)
                val itemNameIndex = cursor.getColumnIndex(COLUMN_ITEM_NAME)
                val isCheckedIndex = cursor.getColumnIndex(COLUMN_IS_CHECKED)

                // 각 인덱스가 -1인지 확인
                if (idIndex == -1 || itemNameIndex == -1 || isCheckedIndex == -1) {
                    // 열이 존재하지 않을 경우 예외 처리
```

```kotlin
                    Log.e("DatabaseError", "Column not found")
                    break // 또는 continue 등으로 루프를 탈출
                }

                val id = cursor.getLong(idIndex)
                val itemName = cursor.getString(itemNameIndex)
                val isChecked = cursor.getInt(isCheckedIndex) == 1

                items.add(ShoppingItem(id, itemName, isChecked))
            } while (cursor.moveToNext())
        }

        cursor.close()
        db.close()

        return items
    }
}
```

ShoppingItem.kt

- **ShoppingItem 클래스**: 쇼핑 목록의 각 항목을 나타내는 데이터 모델이다. 각 항목에는 ID, 품목 이름, 체크 여부가 포함된다.

손으로 익히는 코딩

```kotlin
// 쇼핑 목록 항목 데이터 모델
data class ShoppingItem(
    val id: Long?,
    val itemName: String,
    val isChecked: Boolean
)
```

위 예시는 쇼핑 목록 앱을 만드는 과정을 보여준다. 이 앱은 사용자가 쇼핑 목록에 품목을 추가하고, 각 항목을 체크하여 구매 여부를 표시할 수 있다. 사용자가 체크 박스를 클릭하면 해당 품목의 구매 여부가 업데이트되며, 이 정보는 SQLite 데이터베이스에 저장되어 다음에 앱을 실행할 때에도 유지된다.

에러에서 배우기

- **NullPointerException**
  MainActivity에서 context가 null로 설정되면 ShoppingListDatabaseHelper를 초기화할 때 NullPointerException이 발생할 수 있습니다. 이는 올바른 컨텍스트를 전달하지 않을 때 발생할 수 있습니다.

- **SQLiteException**
  데이터베이스 작업 중에 SQLiteException이 발생할 수 있습니다. 예를 들어, 데이터베이스가 존재하지 않거나 테이블을 생성하는 중에 오류가 발생할 수 있습니다.

- **SQLiteConstraintException**
  데이터를 삽입할 때 발생할 수 있습니다. UNIQUE 또는 PRIMARY KEY 제약 조건을 위반하는 경우에 발생할 수 있습니다.

- **IllegalStateException**
  getView 메서드에서 발생할 수 있습니다. 리스트뷰에 항목을 표시하려는 동안 뷰를 재활용하는 도중에 상태가 변경되면 발생할 수 있습니다.

- **NumberFormatException**
  데이터베이스에서 값을 가져올 때 발생할 수 있습니다. 정수로 변환할 수 없는 데이터가 있는 경우에 발생할 수 있습니다.

04

더 멋진 내일(Tomorrow)을 위한 내일(My Career) **내일은 코틀린**

API 연동

> ✓ **핵심 키워드**
>
> API, HTTP, REST, 데이터 요청, 응답처리, API 키, 액세스 토큰
>
> **여기서는 무얼 배울까**
>
> API 연동은 외부 서버에서 데이터를 가져와 안드로이드 앱에 필요한 정보를 제공하는 것을 의미한다. 이 과정에서 HTTP 클라이언트 라이브러리를 사용하여 API 요청을 보내고, 받은 응답을 처리하는 방법을 배우게 된다. 또한 API 키 인증과 같은 인증 방법, 쿠키 및 세션 관리, 파일 업로드 등 고급 기능에 대해서도 알아본다. 이를 통해 실제로 어떻게 API 요청을 보내고 받는지, 그리고 데이터를 활용하는 방법을 자세히 살펴보겠다.

RESTful API 개요

REST(Representational State Transfer)는 웹 서비스의 **아키텍처*** 스타일 중 하나로, 네트워크를 통해 자원(Resource)을 주고받기 위한 방법을 정의한다. RESTful API는 이러한 REST 아키텍처 스타일을 따르는 API**를 의미한다. RESTful API는 자원을 고유한 식별자(URI)를 통해 표현하고, HTTP 메서드(예 GET, POST, PUT, DELETE 등)를 사용하여 해당 자원에 대한 작업을 수행한다.

RESTful API는 웹 서비스와 모바일 애플리케이션 등 다양한 클라이언트와의 통신을 위해 널리 사용된다. 개발자는 RESTful API를 통해 자원을 조회, 생성, 수정, 삭제하는 등의 작업을 수행하여 애플리케이션과 서버 간의 데이터 흐름을 관리할 수 있다.

기초 용어 정리

* **아키텍처**: 시스템이나 소프트웨어의 구조와 구성 요소, 그리고 이들 간의 상호 작용 방식을 설계하는 것을 의미한다. 소프트웨어 아키텍처는 소프트웨어 시스템을 구성하는 컴포넌트, 모듈, 데이터베이스, 인터페이스 등의 구조적 요소와 이들 간의 상호 작용 방식, 그리고 시스템의 동작 방식에 대한 원칙과 규칙을 정의한다.
** **API**: Application Programming Interface의 약자로, 응용 프로그램 간에 서로 통신하고 데이터를 교환하기 위한 인터페이스를 제공하는 방법이다. API는 소프트웨어 개발에서 중요한 개념으로, 다양한 시스템이나 플랫폼 간에 상호 작용을 하고 데이터를 공유할 수 있도록 한다.

RESTful API의 특징

- **자원 지향적(Resource-Oriented)**: 모든 자원은 고유한 식별자(URI)를 갖고 있으며, URI를 통해 자원을 표현한다. 예를 들어 /users, /users/1, /products/42와 같은 형태로 자원을 나타낸다.

- **상태를 전송(Stateless)**: 서버는 클라이언트의 상태를 관리하지 않으며, 각 요청은 모든 필요한 정보를 포함하여 완전한 요청으로 처리된다. 클라이언트는 세션 상태를 유지하지 않고, 필요한 경우 인증 토큰 등을 요청에 포함시켜 서버에 전달한다.

- **통일된 인터페이스(Uniform Interface)**: RESTful API는 통일된 인터페이스를 사용하여 클라이언트와 서버 간의 통신을 단순화한다. 이를 위해 HTTP 프로토콜의 메서드(예 GET, POST, PUT, DELETE)를 사용하여 자원에 대한 작업을 수행하고, URI를 통해 자원을 식별한다.

- **자체 표현적(Self-descriptive)**: RESTful API는 자원에 대한 정보를 명확하게 전달하기 위해 적절한 미디어 타입(예 JSON, XML)을 사용한다. 이를 통해 클라이언트가 자원의 내용과 활용 방법을 이해할 수 있다.

- **HATEOAS(Hypermedia as the Engine of Application State)**: RESTful API는 클라이언트가 서버의 상태를 전이하며 상호 작용할 수 있는 링크를 제공한다. 이를 통해 클라이언트는 동적으로 리소스 간의 상호 작용을 탐색할 수 있다.

HTTP 통신

OkHttp는 안드로이드 앱에서 네트워크 요청을 보내는데 사용되는 강력한 HTTP 클라이언트이며, Retrofit은 RESTful 웹 서비스와 통신하기 위한 간편한 라이브러리다. Retrofit은 OkHttp를 내부적으로 사용하여 편리한 API를 제공한다.

라이브러리 가져오기

코드를 작성하기 전에 먼저 Retrofit과 OkHttp를 프로젝트에 추가해야 한다. Gradle 파일에 다음 의존성을 추가한다.

```
implementation("com.squareup.retrofit2:retrofit:X.X.X")
implementation("com.squareup.retrofit2:converter-gson:X.X.X")
implementation("com.squareup.okhttp3:okhttp:X.X.X")
```

그리고 패키지를 가져오기 위해 다음을 import 한다.

```
import retrofit2.Retrofit
import retrofit2.converter.gson.GsonConverterFactory
import retrofit2.http.GET
import retrofit2.http.Query
```

GET 요청 보내기

GET 요청을 보내어 서버로부터 데이터를 가져오는 방법은 다음과 같다.

```
import okhttp3.OkHttpClient
import okhttp3.Request

suspend fun fetchData() {
    val client = OkHttpClient()
    val url = "https://api.example.com/data"

    val request = Request.Builder()
        .url(url)
        .build()

    try {
        val response = client.newCall(request).execute()
        if (response.isSuccessful) {
            val data = response.body?.string()
            // 데이터 처리 로직 추가
        } else {
            println("Request failed with status: ${response.code}")
        }
    } catch (e: Exception) {
        println("Error: ${e.message}")
    }
}
```

위의 예시에서는 OkHttp 클라이언트를 사용하여 GET 요청을 보내고 응답을 처리한다. 요청이 성공하면 응답 데이터를 가져와서 처리하고, 실패하면 오류 메시지를 출력한다.

POST 요청 보내기

POST 요청을 통해 서버에 데이터를 전송하는 방법은 다음과 같다.

```kotlin
import okhttp3.MediaType.Companion.toMediaTypeOrNull
import okhttp3.OkHttpClient
import okhttp3.Request
import okhttp3.RequestBody.Companion.toRequestBody

suspend fun sendData() {
    val client = OkHttpClient()
    val url = "https://api.example.com/data"
    val requestBody = """
        {
            "name": "Kim",
            "email": "kim@example.com"
        }
    """.trimIndent()

    val request = Request.Builder()
        .url(url)
        .post(requestBody.toRequestBody("application/json"
          .toMediaTypeOrNull()))
        .build()

    try {
        val response = client.newCall(request).execute()
        if (response.isSuccessful) {
            println("Data sent successfully")
        } else {
            println("Request failed with status: ${response.code}")
        }
    } catch (e: Exception) {
        println("Error: ${e.message}")
    }
}
```

위의 예시에서는 OkHttp 클라이언트를 사용하여 POST 요청을 보내고 응답을 처리한다. 요청이 성공하면 "Data sent successfully"를 출력하고, 실패하면 오류 메시지를 출력한다.

기타 HTTP 메서드 사용하기

OkHttp 클라이언트를 사용하면 GET과 POST 외에도 다양한 HTTP 메서드를 사용할 수 있다. 예를 들어 PUT, DELETE, PATCH 등을 사용할 수 있다.

● PUT 요청

```
suspend fun sendPutRequest() {
    val client = OkHttpClient()
    val url = "https://api.example.com/data"
    val requestBody = """
        {
            "name": "Updated Name"
        }
    """.trimIndent()

    val request = Request.Builder()
        .url(url)
        .put(requestBody
        .toRequestBody("application/json".toMediaTypeOrNull()))
        .build()

    try {
        val response = client.newCall(request).execute()
        if (response.isSuccessful) {
            println("PUT request successful")
        } else {
            println("PUT request failed with status: ${response.code}")
        }
    } catch (e: Exception) {
        println("Error: ${e.message}")
    }
}
```

● DELETE 요청

```
suspend fun sendDeleteRequest() {
    val client = OkHttpClient()
    val url = "https://api.example.com/data"

    val request = Request.Builder()
        .url(url)
        .delete()
        .build()

    try {
        val response = client.newCall(request).execute()
        if (response.isSuccessful) {
            println("DELETE request successful")
        } else {
            println("DELETE request failed with status: ${response.code}")
        }
    } catch (e: Exception) {
        println("Error: ${e.message}")
    }
}
```

● PATCH 요청

```
suspend fun sendPatchRequest() {
    val client = OkHttpClient()
    val url = "https://api.example.com/data"
    val requestBody = """
        {
            "email": "updated@example.com"
        }
    """.trimIndent()

    val request = Request.Builder()
        .url(url)
        .patch(requestBody.toRequestBody("application/json".toMediaTypeOrNull()))
        .build()

    try {
        val response = client.newCall(request).execute()
        if (response.isSuccessful) {
```

```
            println("PATCH request successful")
        } else {
            println("PATCH request failed with status: ${response.code}")
        }
    } catch (e: Exception) {
        println("Error: ${e.message}")
    }
}
```

위의 예시에서는 각각의 메서드에 대한 요청을 보내는 방법을 보여주고 있다. 이를 통해 OkHttp를 사용하여 서버와 효율적으로 통신할 수 있다.

데이터 요청 및 응답 처리 방법

API 연동

API 연동에서는 데이터를 요청하고 응답을 처리해야 한다. 이를 위해서는 먼저 API의 URL을 알아야 하고, HTTP 요청을 보내고 응답을 받아와야 한다. 아래는 데이터 요청 및 응답 처리 방법에 대한 설명이다.

- 데이터 요청

  데이터를 요청하기 위해서는 API의 엔드포인트(Endpoint)와 요청 메서드(HTTP 메서드)를 알아야 한다. 엔드포인트는 API에서 제공하는 특정 리소스를 가리키는 URL이다. HTTP 메서드는 요청의 목적에 맞는 GET, POST, PUT, DELETE 등을 선택한다.

- 요청 매개 변수

  요청 시 필요한 경우 매개 변수를 전달해야 할 수도 있다. 이는 쿼리 매개 변수(Query Parameters)나 요청 본문(Request Body)에 포함될 수 있다. 쿼리 매개 변수는 URL의 일부로 전달되고, 요청 본문은 주로 POST 또는 PUT 메서드에서 사용된다.

- 요청 헤더

  요청에 대한 추가 정보를 담은 헤더(Header)를 설정할 수도 있다. 예를 들어 인증 토큰, 요청 데이터의 형식(Content-Type) 등을 설정할 수 있다.

- 데이터 응답 처리

  HTTP 요청에 대한 응답은 일반적으로 상태 코드, 헤더 및 응답 본문으로 구성된다. 상태 코드는 요청의 성공 여부를 나타내며, 2xx는 성공, 4xx는 클라이언트 오류, 5xx는 서버 오류를 의미한다. 헤더는 추가 정보를 담고 있을 수 있으며, 응답 본문에는 요청한 데이터가 포함된다.

- 응답 데이터 처리

  응답으로 받은 데이터를 적절히 처리해야 한다. 이는 데이터 형식에 따라 다를 수 있으며, 일반적으로 JSON 형식을 사용한다. JSON 데이터를 파싱하여 앱에서 사용할 수 있는 형태로 변환한다.

- 응답받은 각 상태별 코드

    - 200 OK: 성공적으로 요청이 처리됨

    - 201 Created: 리소스가 성공적으로 생성됨

    - 400 Bad Request: 클라이언트의 잘못된 요청

    - 401 Unauthorized: 인증에 실패

    - 403 Forbidden: 접근 권한 없음

    - 404 Not Found: 요청한 리소스를 찾을 수 없음

    - 500 Internal Server Error: 서버에 오류 발생

- 응답 처리가 완료되면, response.json() 함수를 사용하여 JSON 데이터를 파싱하고 사용 가능한 형태로 변환한다. 이렇게 변환된 데이터를 사용하여 원하는 작업을 수행할 수 있다. 각 도메인과 목적에 맞게 요청 URI, 메소드, 헤더, 쿼리 파라미터 등을 변경하여 데이터를 요청하고 처리할 수 있다.

- HTTP 패키지를 사용하여 데이터 요청과 응답 처리를 구현할 수 있다. 요청에 필요한 URL, 메서드, 매개 변수, 헤더를 설정하고, 응답을 받아 처리하는 로직을 작성해야 한다. 이때 비동기 처리를 위해 async 및 await 키워드를 사용하는 것이 좋다.

- AndroidManifest.xml에서 인터넷 퍼미션 추가하기

손으로 익히는 코딩

```
<uses-permission android:name="android.permission.INTERNET" />
```

- activity_main.xml

> 손으로 익히는 코딩

```xml
<?xml version="1.0" encoding="utf-8"?>
<LinearLayout xmlns:android="http://schemas.android.com/apk/res/android"
    xmlns:tools="http://schemas.android.com/tools"
    android:layout_width="match_parent"
    android:layout_height="match_parent"
    android:orientation="vertical"
    android:padding="16dp"
    tools:context=".MainActivity">

    <TextView
        android:id="@+id/postTextView"
        android:layout_width="match_parent"
        android:layout_height="wrap_content"
        android:text="Post Details"
        android:textSize="18sp"
        android:textStyle="bold" />

</LinearLayout>
```

- Post.kt

> 손으로 익히는 코딩

```kotlin
data class Post(
    val userId: Int,
    val id: Int,
    val title: String,
    val body: String
)
```

- JsonPlaceholderService.kt

> 손으로 익히는 코딩

```kotlin
interface JsonPlaceholderService {
    @GET("/posts/1") // API 엔드포인트
    suspend fun getPost(): Response<Post> // GET 요청 메서드
}
```

CHAPTER 07. 안드로이드 앱 개발 심화 • 63

- RetrofitInstance.kt

> **손으로 익히는 코딩**

```kotlin
object RetrofitInstance {
    private const val BASE_URL = "https://jsonplaceholder.typicode.com"

    val retrofit: Retrofit by lazy {
        Retrofit.Builder()
            .baseUrl(BASE_URL)
            .addConverterFactory(GsonConverterFactory.create())
            .build()
    }

    val service: JsonPlaceholderService by lazy {
        retrofit.create(JsonPlaceholderService::class.java)
    }
}
```

- MainActivity.kt

> **손으로 익히는 코딩**

```kotlin
class MainActivity : AppCompatActivity() {

    override fun onCreate(savedInstanceState: Bundle?) {
        super.onCreate(savedInstanceState)
        setContentView(R.layout.activity_main)

        val postTextView = findViewById<TextView>(R.id.postTextView)

        CoroutineScope(Dispatchers.Main).launch {
            try {
                val response = RetrofitInstance.service.getPost()

                if (response.isSuccessful) {
                    val post = response.body()
                    post?.let {
                        val postDetails = "UserID: ${it.userId}, ID: ${it.id}, Title: ${it.title}, Body: ${it.body}"
                        postTextView.text = postDetails
```

```
            }
        } else {
            postTextView.text = "Failed to fetch post: ${response.code()}"
        }
    } catch (e: HttpException) {
        postTextView.text = "Failed to fetch post: ${e.message}"
    } catch (e: Throwable) {
        postTextView.text = "Failed to fetch post: ${e.message}"
    }
  }
 }
}
```

위 코드에서는 Retrofit을 사용하여 안드로이드 앱에서 RESTful API와 통신하는 방법을 보여준다. 앱은 서버에서 첫 번째 게시물을 가져와서 화면에 표시한다. Retrofit을 사용하여 네트워크 요청을 보내고, 요청에 대한 응답을 처리한다. 발생할 수 있는 오류에 대한 예외 처리도 구현되어 있다. 이 예시를 통해 Retrofit을 사용한 안드로이드 앱에서의 API 통신 및 데이터 처리 방법을 간단히 이해할 수 있다.

에러에서 배우기

- **네트워크 연결 오류**
  네트워크 연결이 없거나 서버에 연결할 수 없는 경우 발생할 수 있습니다. 이 경우에는 java.net.UnknownHostException 등의 예외가 발생할 수 있습니다.

- **서버 오류**
  서버에서 요청을 처리하는 도중에 오류가 발생하는 경우가 있습니다. 이 경우에는 Retrofit에서 HttpException이 발생할 수 있습니다. 이러한 경우에는 서버의 응답 코드를 확인하여 오류를 처리해야 합니다.

- **JSON 파싱 오류**
  서버에서 받은 데이터를 파싱하는 과정에서 오류가 발생할 수 있습니다. 이는 데이터 형식이 예상과 다른 경우에 발생할 수 있습니다. 이 경우에는 JsonSyntaxException 등의 예외가 발생할 수 있습니다.

- **UI 업데이트 오류**
  코루틴을 사용하여 백그라운드 스레드에서 데이터를 가져오고 메인 스레드에서 UI를 업데이트하는 경우에는 코루틴의 범위 내에서 예외가 발생하면 UI 업데이트가 실패할 수 있습니다.

05 알림

더 멋진 내일(Tomorrow)을 위한 내일(My Career) **내일은 코틀린**

✓ 핵심 키워드

알림, 푸시, NotificationManager, NotificationChannel, PendingIntent

여기서는 무얼 배울까

안드로이드 앱에서 사용자에게 중요한 정보를 전달하는 방법을 배운다. 앱이 백그라운드에 있을 때도 사용자에게 알림을 표시하여 사용자 경험을 향상시키고 상호 작용할 수 있는 기능을 제공한다. 또한 다양한 종류의 알림을 만들고 사용자의 환경에 맞게 구성할 수 있는 방법을 배우며, 알림의 행동을 처리하고 관리하는 방법을 이해한다. 마지막으로 Android의 알림 채널을 활용하여 사용자에게 더욱 효과적으로 알림을 제공하는 방법을 습득할 수 있다.

알림 개요

알림은 모바일 애플리케이션에서 사용자에게 중요한 정보나 이벤트를 전달하기 위한 메시지 시스템이다. 이것은 사용자가 앱을 사용하고 있지 않을 때에도 앱의 상태나 다양한 이벤트를 사용자에게 알릴 수 있는 강력한 도구다.

모바일 운영 체제(Android 또는 iOS)는 사용자에게 알림을 표시하는 기능을 내장하고 있으며, 이를 통해 앱은 사용자의 관심을 끌고 사용자 경험을 향상시킬 수 있다. 일반적으로 알림은 사용자의 주요 관심사나 활동과 관련된 정보를 제공하며, 다음과 같은 경우에 사용될 수 있다.

알림 사용 예시

- **새로운 메시지, 이메일 또는 소셜 미디어 알림**: 새로운 메시지나 이벤트가 도착했음을 알린다.
- **앱 업데이트**: 앱이 새로운 기능이나 개선 사항으로 업데이트되었음을 알린다.
- **할 일 또는 일정 알림**: 사용자가 지정한 할 일이나 일정에 대한 알림을 제공한다.
- **시스템 및 기기 상태 알림**: 배터리 충전 상태, 네트워크 연결 상태 등과 같은 시스템 또는 기기 관련 정보를 알린다.

알림 형태

알림은 사용자와의 상호 작용을 가능하게 한다. 사용자가 알림을 탭하면 앱으로 이동하거나 특정 작업을 수행할 수 있다. 이러한 상호 작용은 다음과 같은 형태로 이루어질 수 있다.

- **알림 탭**: 사용자가 알림을 탭하면 앱이 활성화되고, 앱의 특정 화면이나 기능으로 이동할 수 있다. 예 메시지 앱에서 새로운 메시지 알림을 탭하면 해당 메시지를 볼 수 있는 채팅 화면으로 이동할 수 있다.

- **액션 버튼**: 알림에는 액션 버튼을 추가하여 사용자가 특정 작업을 수행할 수 있도록 할 수 있다. 예 이메일 앱 알림에는 메일을 읽는 것 외에도 답장을 보내는 액션 버튼이 포함될 수 있다.

- **알림 카테고리**: Android에서는 알림을 특정 카테고리로 그룹화하여 사용자에게 다양한 상호 작용 옵션을 제공할 수 있다. 각 카테고리는 사용자가 알림을 스와이프하거나 길게 누를 때 표시되는 작업 버튼을 정의할 수 있다. 예 소셜 미디어 앱에서 새로운 친구 요청이나 댓글 알림을 받을 수 있다. 사용자는 알림을 스와이프하거나 길게 눌러 친구 요청을 수락하거나 댓글에 응답하는 등의 작업을 수행할 수 있다.

- **알림 응답**: 사용자가 알림을 터치하면 앱이나 서버로부터 추가 정보를 요청할 수 있다. 예 뉴스 앱에서 사용자가 알림을 탭하면 해당 뉴스 기사의 전체 내용을 가져올 수 있다.

- **알림 스타일**: Android에서는 다양한 알림 스타일을 제공하여 사용자에게 다양한 경험을 제공할 수 있다. 예 확장된 레이아웃이나 이미지를 포함한 알림을 표시할 수 있다.

알림 종류 및 기능

시스템 알림

시스템 알림은 안드로이드 시스템에서 제공하는 기본적인 알림으로, 주로 시스템 또는 백그라운드에서 발생하는 이벤트를 사용자에게 알리는 데 사용된다. 이러한 알림은 사용자가 앱을 실행 중이지 않아도 푸시 알림 형태로 사용자에게 표시될 수 있다.

시스템 알림 상황

시스템 알림은 주로 아래와 같은 상황에서 사용된다.

- 앱 업데이트 알림: 특정 앱이 새로운 버전으로 업데이트되었거나, 새로운 기능이 추가되었을 때 사용자에게 업데이트를 알린다.
- 시스템 이벤트 알림: 배터리 부족, 네트워크 연결 상태 변경 등과 같은 시스템 이벤트가 발생했을 때 사용자에게 알린다.
- 보안 알림: 운영 체제나 앱의 보안 설정에 변화가 있을 때, 바이러스 검사 결과나 보안 패치가 필요할 때 사용자에게 알린다.

이러한 시스템 알림은 안드로이드 시스템에서 자동으로 관리되며, 사용자는 설정에서 각 알림의 우선 순위를 조정하거나 사용자 정의를 할 수 있다. 시스템 알림은 사용자 경험을 향상시키고, 중요한 정보나 이벤트를 놓치지 않도록 도와준다.

시스템 알림 기능

시스템 알림의 주요 기능은 다양한 사용자 상호 작용을 허용하고, 다양한 커스터마이징 옵션을 제공하여 사용자 경험을 향상시키는 것이다. 주요 기능은 다음과 같다.

- 알림 채널 설정: 시스템 알림은 알림 채널(Channel)이라는 그룹 단위로 관리된다. 각 채널은 특정 유형의 알림을 위해 설정되며, 사용자는 채널마다 다른 우선순위, 소리, 진동 패턴 등을 구성할 수 있다.
- 알림 콘텐츠 커스터마이징: 시스템 알림은 텍스트, 이미지, 액션 버튼 등 다양한 콘텐츠를 포함할 수 있다. 개발자는 알림을 표시할 때 콘텐츠를 동적으로 생성하거나 사용자 지정할 수 있다.
- 알림 터치 액션: 사용자가 알림을 탭하면 특정 작업을 수행할 수 있다. 이러한 터치 액션은 앱을 실행하거나 특정 화면으로 이동하는 등의 작업을 수행할 수 있다.
- 알림 그룹화: 여러 알림을 하나의 그룹으로 묶어서 표시할 수 있다. 이를 통해 사용자는 관련된 알림을 더욱 구조화된 방식으로 확인할 수 있다.
- 알림 속성 설정: 각 알림은 우선순위, 중요도, 사운드, 진동 패턴 등의 속성을 가질 수 있다. 개발자는 이러한 속성을 설정하여 알림의 표시 방식을 사용자에게 조정할 수 있다.

사용자 정의 알림

사용자 정의 알림은 앱 개발자가 직접 제어하고 디자인할 수 있는 알림이다. 시스템 알림과는 달리, 완전히 사용자 지정된 모양과 동작을 가질 수 있다. 사용자 정의 알림은 다음과 같은 특징을 가진다.

- **커스텀 레이아웃**: 사용자 정의 알림은 텍스트, 이미지, 버튼 등을 포함한 완전히 사용자 지정된 레이아웃을 사용할 수 있다. 이를 통해 알림이 사용자에게 표시되는 형식을 완전히 제어할 수 있다.
- **애니메이션 및 효과**: 사용자 정의 알림은 애니메이션 및 트랜지션 효과를 포함할 수 있다. 이를 통해 알림을 더욱 시각적으로 흥미롭게 만들어 사용자의 시선을 끌 수 있다.
- **상호 작용 기능**: 사용자 정의 알림은 사용자가 알림을 터치하거나 액션을 수행할 때 특정 동작을 수행할 수 있다. 예를 들어 알림을 터치하면 앱의 특정 화면으로 이동하거나 특정 작업을 수행할 수 있다.
- **스타일 및 테마**: 사용자 정의 알림은 앱의 디자인에 맞게 스타일 및 테마를 적용할 수 있다. 이를 통해 알림이 앱의 전반적인 디자인과 일관성을 유지하며 사용자에게 익숙한 느낌을 제공할 수 있다.
- **고급 기능 추가**: 사용자 정의 알림을 통해 고급 기능을 추가할 수 있다. 예를 들어 알림의 우선순위를 조절하거나 특정 시간에 알림을 예약하는 등의 기능을 구현할 수 있다.

사용자 정의 알림은 다양한 기능을 제공하여 앱의 알림을 완전히 사용자 정의할 수 있다. 여기에는 다음과 같은 주요 기능이 포함된다.

- **커스텀 레이아웃**: 사용자 정의 알림은 텍스트, 이미지, 버튼 등 다양한 요소를 포함하는 완전히 사용자 지정된 레이아웃을 사용할 수 있다. 이를 통해 알림을 앱의 브랜드에 맞게 디자인하고 사용자에게 보다 유용한 정보를 제공할 수 있다.
- **알림 채널 설정**: Android 8.0(Oreo)부터는 알림 채널을 사용하여 알림 그룹을 관리할 수 있다. 사용자 정의 알림은 알림 채널을 설정하여 각 알림에 대한 중요도와 사용자 설정을 관리할 수 있다.
- **애니메이션 및 효과**: 사용자 정의 알림은 애니메이션 및 트랜지션 효과를 포함할 수 있다. 이를 통해 알림이 더욱 시각적으로 흥미롭게 표현되어 사용자의 관심을 끌 수 있다.
- **액션 추가**: 사용자 정의 알림에는 여러 액션을 추가하여 사용자가 알림에 직접 반응할 수 있다. 예를 들어 알림을 탭하면 특정 화면으로 이동하거나 작업을 수행할 수 있다.
- **알림 그룹화**: Android Nougat(7.0)부터는 알림을 그룹화하여 관련된 알림을 함께 표시할 수 있다. 사용자 정의 알림은 알림 그룹을 설정하여 관련된 알림을 효과적으로 정리하고 사용자에게 더 나은 알림 관리 경험을 제공할 수 있다.

- 알림 우선순위 설정: 사용자 정의 알림은 알림의 우선순위를 설정할 수 있다. 이를 통해 중요한 알림을 사용자에게 더 빨리 표시하거나 중요하지 않은 알림을 숨길 수 있다.

알림 작성 및 발송

NotificationCompat.Builder를 사용하여 알림 객체를 생성하는 과정은 다음과 같다.

- 먼저, NotificationCompat 클래스를 import한다.

    ```
    import androidx.core.app.NotificationCompat
    ```

- Builder 객체를 생성한다. 이때 매개 변수로는 Context와 알림 채널 ID를 전달한다.

    ```
    val builder = NotificationCompat.Builder(context, channelId)
    ```

- Builder 객체의 메서드를 사용하여 알림에 대한 설정을 추가한다. 주요 설정은 다음과 같다.
    - setSmallIcon(): 알림의 작은 아이콘을 설정한다.

        ```
        builder.setSmallIcon(R.drawable.notification_icon)
        ```

    - setContentTitle(): 알림의 제목을 설정한다.

        ```
        builder.setContentTitle("New Message")
        ```

    - setContentText(): 알림의 내용을 설정한다.

        ```
        builder.setContentText("You have a new message!")
        ```

    - setSound(): 알림의 알림음을 설정한다.

        ```
        builder.setSound(RingtoneManager.getDefaultUri(RingtoneManager
            .TYPE_NOTIFICATION))
        ```

    - setVibrate(): 알림의 진동 패턴을 설정한다.

        ```
        builder.setVibrate(longArrayOf(100, 200, 300, 400, 500))
        ```

- setStyle(): 알림에 추가적인 스타일을 적용한다. 예를 들어 큰 텍스트 스타일을 설정할 수 있다.

  ```
  val bigTextStyle = NotificationCompat.BigTextStyle()
      .bigText("This is a long message that exceeds the normal content
         text limit.")
  builder.setStyle(bigTextStyle)
  ```

- addAction(): 알림에 액션 버튼을 추가한다. 이를 통해 사용자가 알림에 대한 특정 작업을 수행할 수 있다.

  ```
  val actionIntent = Intent(context, MyBroadcastReceiver::class.java)
  val pendingIntent = PendingIntent.getBroadcast(context, 0,
     actionIntent, PendingIntent.FLAG_UPDATE_CURRENT)
  builder.addAction(R.drawable.ic_action_reply, "Reply", pendingIntent)
  ```

● 필요한 설정을 모두 추가한 후에는 Builder 객체의 build() 메서드를 호출하여 알림 객체를 생성한다.

  ```
  val notification = builder.build()
  ```

● 생성된 알림 객체를 NotificationManager를 사용하여 발송한다.

  ```
  val notificationManager = getSystemService(Context.NOTIFICATION_SERVICE)
     as NotificationManager
  notificationManager.notify(notificationId, notification)
  ```

이렇게 하면 NotificationCompat.Builder를 사용하여 알림 객체를 생성하고 발송할 수 있다. 필요에 따라 추가적인 설정을 적용하여 사용자에게 알맞은 알림을 제공할 수 있다.

알림 채널 관리

알림 채널을 생성하는 과정은 다음과 같다.

● NotificationChannel 객체 생성: NotificationChannel 클래스를 사용하여 알림 채널을 생성한다. NotificationChannel 생성자는 채널 ID, 채널 이름, 중요도 등을 매개 변수로 받는다. 채널 ID는 유일해야 하며, 나중에 알림을 발송할 때 사용된다.

- **NotificationManager를 통한 채널 등록**: NotificationManagerCompat 클래스를 사용하여 NotificationManager 객체를 가져온 후, createNotificationChannel() 메서드를 사용하여 알림 채널을 등록한다. 이 메서드에는 NotificationChannel 객체가 매개 변수로 전달되어야 한다.

```kotlin
// 알림 채널 생성
val channelId = "channel_id"
val channelName = "Channel Name"
val importance = NotificationManager.IMPORTANCE_DEFAULT
val channel = NotificationChannel(channelId, channelName, importance).apply {
    description = "Channel Description"
}

// NotificationManager를 통한 채널 등록
val notificationManager = getSystemService(Context.NOTIFICATION_SERVICE)
    as NotificationManager
notificationManager.createNotificationChannel(channel)
```

위 코드에서는 알림 채널의 ID를 "channel_id"로, 이름을 "Channel Name"으로 설정하고, 기본 중요도를 사용하여 채널을 생성한다. 이후 NotificationManager를 사용하여 채널을 등록한다.

알림 채널의 속성을 설정하여 알림의 표시 방식을 조정할 수 있다. 주요 속성은 다음과 같다.

- **중요도(Importance)**: 알림의 중요도를 나타낸다. 중요도에 따라 알림이 사용자에게 표시되는 방식이 달라진다. 중요도는 다음과 같은 상수로 정의된다.

    - IMPORTANCE_UNSPECIFIED: 중요도가 지정되지 않은 경우다.

    - IMPORTANCE_NONE: 알림이 사용자에게 표시되지 않는다.

    - IMPORTANCE_MIN: 최소한의 중요도를 가진 알림이다. 알림창에 표시되지 않고, 상태 표시줄에 작은 아이콘만 표시된다.

    - IMPORTANCE_LOW: 낮은 중요도를 가진 알림이다. 사용자에게 조용한 알림으로 표시된다.

    - IMPORTANCE_DEFAULT: 기본 중요도를 가진 알림이다. 사용자에게 알림이 표시된다.

    - IMPORTANCE_HIGH: 높은 중요도를 가진 알림이다. 사용자에게 중요한 알림으로 표시된다.

    - IMPORTANCE_MAX: 최대 중요도를 가진 알림이다. 사용자에게 중요한 알림으로 강조하여 표시된다.

- 소리(Sound): 알림이 표시될 때 재생할 소리를 설정한다.
- 진동(Vibration): 알림이 표시될 때 기기가 진동할 패턴을 설정한다.
- 라이트(LED): 알림이 표시될 때 LED 라이트가 켜지는 색상과 패턴을 설정한다.
- 채널 그룹화(Grouping): 채널을 다른 채널과 그룹화하여 관련된 알림을 함께 표시할 수 있다.

알림 채널의 속성은 NotificationChannel 객체를 생성할 때 설정된다. 예를 들어 다음과 같이 중요도, 소리, 진동을 설정할 수 있다.

```
val channelId = "channel_id"
val channelName = "Channel Name"
val importance = NotificationManager.IMPORTANCE_DEFAULT
val channel = NotificationChannel(channelId, channelName, importance).apply {
    description = "Channel Description"
    setSound(RingtoneManager.getDefaultUri(
      RingtoneManager.TYPE_NOTIFICATION), null) // 소리 설정
    enableVibration(true) // 진동 설정
    vibrationPattern = longArrayOf(100, 200, 300, 400, 500) // 진동 패턴 설정
}
```

위 코드에서는 기본 중요도를 가진 알림 채널을 생성하고, 기본 알림 소리를 설정하며, 진동을 활성화하고 진동 패턴을 설정한다.

채널 관리를 통해 사용자는 알림 채널의 속성을 수정하거나 삭제할 수 있다. 사용자가 원하는 설정을 쉽게 조정할 수 있도록 채널 관리 기능을 제공하는 것이 중요하다. 채널 관리에는 다음과 같은 기능이 포함될 수 있다.

- 채널 생성: 새로운 알림 채널을 생성한다. 이를 통해 새로운 알림 그룹을 만들거나 관련된 알림을 구분할 수 있다.
- 채널 수정: 기존의 알림 채널의 설정을 수정한다. 중요도, 소리, 진동 패턴 등의 속성을 변경하여 사용자의 환경에 맞게 조정할 수 있다.
- 채널 삭제: 더 이상 필요하지 않은 알림 채널을 삭제한다. 이를 통해 사용자가 더 이상 받지 않으려는 알림 채널을 제거할 수 있다.
- 알림 그룹화: 관련된 알림을 하나의 그룹으로 묶어서 표시한다. 사용자는 알림 그룹을 펼치거나 축소하여 관련된 알림을 쉽게 파악할 수 있다.
- 알림 숨기기: 사용자가 원하지 않는 알림을 숨기거나 차단할 수 있다. 이를 통해 사용자가 중요하지 않은 알림을 숨겨 알림 화면을 정리할 수 있다.

채널 관리는 NotificationManager를 사용하여 수행된다. 사용자는 설정 앱 또는 알림 설정 화면을 통해 알림 채널을 관리할 수 있다. 앱에서는 채널을 생성하고 수정하는 기능을 제공하여 사용자가 알림을 원하는 대로 관리할 수 있도록 해야 한다.

> **Tip**
> Android 8.0 이상에서는 알림을 그룹화하고 관리하기 위해 알림 채널을 생성해야 합니다.

알림 행동 및 처리

앱으로 리다이렉션 구현

알림 클릭 시 앱으로의 리다이렉션을 구현하기 위해 다음과 같은 단계를 따를 수 있다.

① PendingIntent 생성: 알림을 클릭했을 때 실행될 액티비티 또는 작업을 정의하기 위해 PendingIntent를 생성한다. PendingIntent는 알림이 클릭되었을 때 실행될 Intent를 캡슐화하고, 해당 Intent를 나중에 사용자의 액션에 따라 실행할 수 있도록 한다.

② Intent 생성: PendingIntent에 실행될 앱의 대상 액티비티나 서비스에 대한 Intent를 생성한다. 이 Intent는 알림 클릭 시 앱으로 이동할 화면이나 작업을 정의한다. 예를 들어 MainActivity로 이동하려는 경우 다음과 같이 Intent를 생성할 수 있다.

```
val intent = Intent(context, MainActivity::class.java)
```

③ PendingIntent 설정: 생성한 Intent를 PendingIntent에 설정한다. 이때 PendingIntent.getActivity() 메서드를 사용하여 액티비티를 시작할 수 있는 PendingIntent를 생성한다.

```
val pendingIntent = PendingIntent.getActivity(context, requestCode,
    intent, PendingIntent.FLAG_UPDATE_CURRENT)
```

④ 알림에 PendingIntent 설정: NotificationCompat.Builder를 사용하여 알림을 생성할 때, setContentIntent() 메서드를 사용하여 클릭 시 실행될 PendingIntent를 설정한다.

```
val builder = NotificationCompat.Builder(context, channelId)
    .setContentTitle("Notification Title")
    .setContentText("Notification Content")
    .setSmallIcon(R.drawable.notification_icon)
    .setContentIntent(pendingIntent)
    // 다른 설정들...
```

⑤ **알림 발송**: 설정이 완료된 알림을 NotificationManager를 사용하여 발송한다.

```
val notificationManager =
    getSystemService(Context.NOTIFICATION_SERVICE) as NotificationManager
notificationManager.notify(notificationId, builder.build())
```

액션 버튼 추가

알림에 액션 버튼을 추가하여 사용자가 특정 작업을 수행할 수 있다. 이를 위해서는 다음과 같은 단계를 따를 수 있다.

① **액션 버튼 생성**: NotificationCompat.Action을 사용하여 알림에 추가할 액션 버튼을 생성한다. 이때 액션 버튼에는 아이콘, 라벨, PendingIntent가 필요하다.

```
val replyAction = NotificationCompat.Action.Builder(
    R.drawable.reply_icon,
    "Reply",
    replyPendingIntent
).build()
```

② **알림에 액션 추가**: 생성한 액션을 NotificationCompat.Builder에 추가한다. 이때 addAction() 메서드를 사용하여 알림에 액션을 추가한다.

```
val builder = NotificationCompat.Builder(context, channelId)
    .setContentTitle("Notification Title")
    .setContentText("Notification Content")
    .setSmallIcon(R.drawable.notification_icon)
    .addAction(replyAction) // 액션 버튼 추가
    // 다른 설정들...
```

③ PendingIntent 생성: 액션 버튼을 클릭했을 때 실행될 작업을 정의하기 위해 PendingIntent를 생성한다. 이때 액션 버튼의 동작에 따라 PendingIntent가 달라질 수 있다.

```
val replyIntent = Intent(context, ReplyActivity::class.java)
val replyPendingIntent = PendingIntent.getActivity(context,
    requestCode, replyIntent, PendingIntent.FLAG_UPDATE_CURRENT)
```

④ 액션 처리: PendingIntent를 사용하여 클릭한 액션에 따라 적절한 작업을 수행한다. 예를 들어 '답장' 액션을 클릭했을 때는 답장 작성 화면으로 이동하도록 PendingIntent를 설정한다.

```
val replyIntent = Intent(context, ReplyActivity::class.java)
val replyPendingIntent = PendingIntent.getActivity(context,
    requestCode, replyIntent, PendingIntent.FLAG_UPDATE_CURRENT)
```

스와이프하여 삭제

알림을 스와이프하여 삭제하는 기능은 사용자가 더 이상 필요하지 않은 알림을 쉽게 제거할 수 있도록 한다. 이를 구현하기 위해서는 다음과 같은 단계를 따를 수 있다.

① SwipeDismissBehavior 적용: 알림을 스와이프하여 삭제하기 위해서는 먼저 해당 기능을 지원하는 SwipeDismissBehavior를 적용해야 한다. 이를 위해 RecyclerView나 ListView 등의 레이아웃에 SwipeDismissBehavior를 적용한다.

② 알림 삭제 동작 정의: SwipeDismissBehavior를 적용한 레이아웃에서 알림을 스와이프할 때 실행될 동작을 정의한다. 일반적으로는 알림이 삭제되도록 한다.

③ 알림 삭제 이벤트 처리: 사용자가 알림을 스와이프하여 삭제할 때 발생하는 이벤트를 처리한다. 이를 통해 알림이 삭제되었음을 알리고 필요한 후속 작업을 수행할 수 있다.

예를 들어 RecyclerView를 사용하여 알림 목록을 표시하는 경우 다음과 같이 SwipeDismissBehavior를 적용하고 알림 삭제 이벤트를 처리할 수 있다.

```
val recyclerView = findViewById<RecyclerView>(R.id.notificationRecyclerView)
val swipeDismissBehavior = SwipeDismissBehavior<View>()

swipeDismissBehavior.setSwipeDirection(SwipeDismissBehavior
    .SWIPE_DIRECTION_START_TO_END)
```

```kotlin
val itemTouchHelper = ItemTouchHelper(object :
    ItemTouchHelper.SimpleCallback(
        0,
        ItemTouchHelper.LEFT or ItemTouchHelper.RIGHT
    ) {
    override fun onMove(
        recyclerView: RecyclerView,
        viewHolder: RecyclerView.ViewHolder,
        target: RecyclerView.ViewHolder
    ): Boolean {
        return false
    }

    override fun onSwiped(viewHolder: RecyclerView.ViewHolder, direction:
        Int) {
        val position = viewHolder.adapterPosition
        // 알림 삭제 처리
        adapter.removeNotification(position)
    }
})

itemTouchHelper.attachToRecyclerView(recyclerView)
```

위 코드에서는 RecyclerView에 SwipeDismissBehavior를 적용하여 사용자가 알림을 좌우로 스와이프할 때 알림이 삭제되도록 한다. onSwiped() 메서드에서는 알림 삭제 이벤트를 처리하고, 필요한 후속 작업을 수행할 수 있다.

알림을 클릭했을 때 발생하는 이벤트를 처리하는 것은 사용자의 동작에 맞춰 적절한 작업을 수행하는 데 중요하다. 일반적으로 알림을 클릭하면 해당 앱의 특정 화면으로 이동하거나 특정 작업을 수행하는 등의 동작을 수행할 수 있다. 이를 구현하기 위해서는 다음과 같은 단계를 따를 수 있다.

① PendingIntent 생성: 알림을 클릭할 때 실행될 동작을 정의하는 PendingIntent를 생성한다. PendingIntent는 클릭 이벤트가 발생했을 때 수행될 작업을 담고 있는 인텐트다.

② 알림에 PendingIntent 연결: 생성한 PendingIntent를 알림에 연결하여 클릭 이벤트가 발생했을 때 해당 PendingIntent가 실행되도록 한다.

③ 알림 클릭 이벤트 처리: PendingIntent에 정의된 동작을 수행하는 코드를 작성한다. 이는 주로 MainActivity나 특정 Activity로의 이동 등의 작업을 수행하는 코드다.

예를 들어 알림을 클릭하여 MainActivity로 이동하는 경우 다음과 같이 코드를 작성할 수 있다.

```kotlin
val intent = Intent(this, MainActivity::class.java)
intent.flags = Intent.FLAG_ACTIVITY_NEW_TASK or
    Intent.FLAG_ACTIVITY_CLEAR_TASK
val pendingIntent = PendingIntent.getActivity(this, 0, intent, 0)

val notification = NotificationCompat.Builder(this, channelId)
    .setContentTitle("알림 제목")
    .setContentText("알림 내용")
    .setSmallIcon(R.drawable.notification_icon)
    .setContentIntent(pendingIntent) // 알림 클릭 시 실행될 PendingIntent 설정
    .setAutoCancel(true) // 사용자가 알림을 탭했을 때 알림을 자동으로 삭제
    .build()
```

위 코드에서는 MainActivity로 이동하는 PendingIntent를 생성하고, 알림에 setContentIntent() 메서드를 사용하여 해당 PendingIntent를 연결한다. 사용자가 알림을 클릭하면 MainActivity가 실행된다.

알림 그룹화 및 스타일

알림 그룹화

알림 그룹화는 여러 알림을 비슷한 주제나 유형에 따라 묶어서 사용자에게 보다 체계적으로 표시하는 기능이다. 이 기능은 사용자가 많은 양의 알림을 관리할 때 도움이 되며, 특히 동일한 앱에서 발생하는 여러 알림을 관리할 때 유용하다.

알림 그룹화의 주요 목적은 사용자 경험을 향상시키는 것이다. 동일한 주제나 유형의 알림을 그룹화하여 사용자가 쉽게 식별하고 관리할 수 있도록 한다. 예를 들어 메시지 앱에서 여러 사용자로부터 도착한 메시지 알림을 하나의 그룹으로 묶어서 사용자가 한눈에 확인할 수 있게 한다. 이렇게 함으로써 사용자는 알림을 더욱 효율적으로 처리할 수 있으며, 알림의 수가 증가해도 혼란을 최소화할 수 있다. 또한 알림 그룹화는 앱의 UI를 깔끔하게 유지하는 데도 도움이 된다.

알림 그룹화를 설정하는 과정은 각 알림을 생성할 때 동일한 그룹 식별자를 설정하는 것이다. 이를 위해 NotificationCompat.Builder 객체의 setGroup() 메서드를 사용한다. 이 메서드를 사용하면 여러 알림을 동일한 그룹으로 묶을 수 있다.

예를 들어 동일한 그룹에 속하는 알림은 모두 동일한 그룹 식별자를 가져야 한다. 이 식별자는 문자열로 지정되며, 모든 그룹화된 알림의 식별자가 동일해야 한다. 따라서 앱 내에서 동일한 그룹으로 묶을 알림들에 동일한 그룹 식별자를 부여해야 한다.

아래는 알림을 생성하고 그룹 식별자를 설정하는 예시 코드다.

```
val GROUP_ID = "example_group"

val notificationBuilder = NotificationCompat.Builder(context, CHANNEL_ID)
    .setSmallIcon(R.drawable.notification_icon)
    .setContentTitle("New Message")
    .setContentText("You have received a new message.")
    .setGroup(GROUP_ID)
```

위 코드에서는 GROUP_ID라는 상수를 정의하여 동일한 그룹 식별자를 지정한다. 그리고 setGroup() 메서드를 사용하여 해당 그룹 식별자를 알림에 설정한다. 이렇게 하면 여러 알림이 동일한 그룹으로 묶이게 된다.

그룹 요약 알림

그룹 알림을 생성하고 알림 스타일을 지정하여 사용자에게 그룹에 속하는 알림을 요약하여 표시하는 방법을 설명하겠다. 알림 스타일을 지정함으로써 그룹 알림을 더욱 시각적으로 풍부하게 만들 수 있다.

알림 그룹에 속하는 알림을 요약하여 표시하려면 NotificationCompat.Builder 객체의 setGroupSummary(true) 메서드를 사용하여 그룹 요약 알림을 설정한다. 그리고 그룹에 속하는 개별 알림에는 setGroup() 메서드를 사용하여 동일한 그룹 식별자를 설정한다.

아래는 그룹 알림을 생성하고 알림 스타일을 지정하는 예시 코드다.

```
val GROUP_ID = "example_group"

// 그룹 요약 알림 생성
val summaryNotification = NotificationCompat.Builder(context, CHANNEL_ID)
    .setContentTitle("New Messages")
    .setContentText("You have received new messages.")
    .setSmallIcon(R.drawable.notification_icon)
    .setGroup(GROUP_ID)
    .setGroupSummary(true)
    .build()

// 개별 알림 생성
val notification1 = NotificationCompat.Builder(context, CHANNEL_ID)
    .setContentTitle("Message from John")
```

```
        .setContentText("Hey, how are you?")
        .setSmallIcon(R.drawable.notification_icon)
        .setGroup(GROUP_ID)
        .build()

    val notification2 = NotificationCompat.Builder(context, CHANNEL_ID)
        .setContentTitle("Message from Emily")
        .setContentText("Can you join us tonight?")
        .setSmallIcon(R.drawable.notification_icon)
        .setGroup(GROUP_ID)
        .build()
```

위 코드에서는 먼저 그룹 요약 알림을 생성하고, setGroupSummary(true) 메서드를 사용하여 이 알림이 그룹의 요약 알림임을 설정한다. 그리고 개별 알림에는 동일한 그룹 식별자를 설정하여 해당 그룹에 속함을 명시한다. 이렇게 설정하면 여러 알림이 그룹으로 묶이게 되고, 사용자는 요약된 알림을 통해 해당 그룹에 대한 정보를 쉽게 확인할 수 있다.

알림 스타일

알림 스타일은 그룹 알림을 효과적으로 표시하기 위해 다양한 방법으로 사용될 수 있으며, 여러 스타일을 적용하여 알림을 더욱 시각적으로 풍부하게 만들 수 있다. 주요 알림 스타일은 다음과 같다.

- 큰 텍스트 스타일(BigTextStyle): 긴 텍스트 내용을 효과적으로 표시할 수 있다. 이 스타일은 알림의 내용을 확장하여 큰 폰트로 표시하므로 사용자가 쉽게 읽을 수 있다.
- 큰 이미지 스타일(BigPictureStyle): 큰 이미지를 포함하여 알림을 표시할 수 있다. 이 스타일은 알림 영역에 큰 이미지를 표시하여 더 많은 정보를 전달할 수 있다.
- 인박스 스타일(InboxStyle): 여러 메시지를 한꺼번에 표시할 때 사용된다. 이 스타일은 알림 영역에 여러 줄의 텍스트를 나열하여 사용자에게 다수의 메시지를 효과적으로 보여준다.
- 미디어 스타일(MediaStyle): 오디오 또는 비디오 재생 관련 알림에 사용된다. 이 스타일은 앨범 아트나 비디오 썸네일을 표시하여 사용자가 미디어 컨텐츠를 빠르게 인식할 수 있게 한다.
- 커스텀 스타일(CustomStyle): 사용자 정의 스타일을 적용하여 알림을 자유롭게 디자인할 수 있다. 이 스타일은 알림에 특별한 효과나 레이아웃을 적용할 때 사용된다.

알림 스타일은 NotificationCompat.Builder 객체의 setStyle() 메서드를 사용하여 설정할 수 있다. 각 스타일은 해당하는 클래스를 생성하여 설정하고, 알림에 적용된다. 이렇게 스타일을 적용하면 알림을 더욱 매력적으로 만들고 사용자의 주의를 끌어올리는 데 도움이 된다.

```kotlin
// 알림 채널 생성 및 관리
fun createNotificationChannel(context: Context, channelId: String,
    channelName: String, channelDescription: String) {
    if (Build.VERSION.SDK_INT >= Build.VERSION_CODES.O) {
        val importance = NotificationManager.IMPORTANCE_DEFAULT
        val channel = NotificationChannel(channelId, channelName,
            importance).apply {
            description = channelDescription
        }
        val notificationManager = context.getSystemService(
          NotificationManager::class.java)
        notificationManager.createNotificationChannel(channel)
    }
}

// 알림 생성 및 발송
fun sendNotification(context: Context, channelId: String) {
    val notificationBuilder = NotificationCompat.Builder(context, channelId)
        .setSmallIcon(R.drawable.notification_icon)
        .setContentTitle("New Message")
        .setContentText("You have received a new message.")
        .setPriority(NotificationCompat.PRIORITY_DEFAULT)
        .setStyle(NotificationCompat.BigTextStyle()
            .bigText("This is a long text that will be displayed in the
                expanded view of the notification. " +
                "It allows for displaying longer content in a readable
                format.")
        )
        .setAutoCancel(true) // 사용자가 알림을 탭하면 자동으로 알림이 삭제됨

    val notificationManager = NotificationManagerCompat.from(context)
    notificationManager.notify(notificationId, notificationBuilder.build())
}
```

위의 코드에서 createNotificationChannel() 함수는 Android 8.0(API 레벨 26) 이상에서 사용되는 알림 채널을 생성하고 관리하는 함수다. 이 함수를 사용하여 알림 채널을 생성하고 알림을 그룹화할 수 있다.

sendNotification() 함수는 알림을 생성하고 발송하는 역할을 한다. 여기서 setContentText() 메서드를 사용하여 알림의 내용을 설정하고, setStyle() 메서드를 사용하여 큰 텍스트 스타일을 적용한다. 이를 통해 알림이 확장될 때 보이는 긴 텍스트가 사용자에게 효과적으로 표시된다.

알림 취소 및 관리

알림이 더 이상 필요하지 않을 때 알림을 취소하는 것은 사용자 경험을 향상시키고 앱의 성능을 개선하는 데 중요하다. 사용자가 알림을 탭하여 해당 작업을 완료한 경우에는 알림이 자동으로 삭제되어야 한다.

알림 취소

- **알림 매니저 사용**: 알림을 취소하기 위해 NotificationManager의 cancel() 메서드를 사용한다. 이 메서드는 알림을 식별하는 고유한 ID를 인수로 받아 해당 ID에 해당하는 알림을 취소한다.

- **PendingIntent 사용**: 사용자가 알림을 탭하여 특정 작업을 수행한 경우, 해당 작업이 완료될 때 알림을 취소하는 방법이다. PendingIntent를 사용하여 알림을 클릭할 때 수행할 작업을 정의하고, 해당 작업이 완료되면 PendingIntent를 사용하여 알림 매니저를 통해 알림을 취소한다.

- **알림 채널 사용**: Android 8.0(API 레벨 26) 이상에서는 채널에 속한 모든 알림을 한 번에 삭제할 수 있다. 따라서 알림이 더 이상 필요하지 않을 때 해당 채널을 사용하여 모든 알림을 삭제할 수 있다.

예를 들어 사용자가 알림을 탭하여 새로운 메시지를 읽었을 때 해당 알림을 자동으로 삭제하는 경우를 생각해보겠다. 다음은 Kotlin 코드 예시다.

```kotlin
// 알림 매니저 가져오기
val notificationManager = getSystemService(Context.NOTIFICATION_SERVICE)
    as NotificationManager

// 알림 ID를 사용하여 알림 취소
notificationManager.cancel(notificationId)
```

이 코드에서 notificationId는 취소할 알림의 고유한 ID이다. 사용자가 알림을 탭하여 특정 작업을 수행한 경우 해당 작업이 완료되면 위의 코드를 호출하여 해당 알림을 취소할 수 있다.

대기열에 있는 알림 삭제

알림이 대기열에 남아 있는 경우 사용자가 해당 작업을 완료하고 알림을 더 이상 보고 싶지 않을 수 있다. 이때는 알림을 삭제하여 사용자의 경험을 개선할 수 있다. 대기열에 있는 알림을 삭제하는 방법은 다음과 같다.

- **알림 매니저를 사용하여 삭제**: NotificationManager의 cancel() 메서드를 사용하여 대기열에 있는 알림을 삭제한다. 이 메서드는 알림을 식별하는 고유한 ID를 인수로 받아 그 ID에 해당하는 알림을 삭제한다.
- **알림 채널을 사용하여 삭제**: Android 8.0(API 레벨 26) 이상에서는 채널에 속한 모든 알림을 한 번에 삭제할 수 있다. 따라서 대기열에 있는 모든 알림을 삭제할 때 해당 채널을 사용하여 모든 알림을 삭제할 수 있다. 다음은 Kotlin 코드 예시다.

```kotlin
// 알림 매니저 가져오기
val notificationManager = getSystemService(Context.NOTIFICATION_SERVICE)
    as NotificationManager

// 알림 채널 ID를 사용하여 모든 알림 삭제
notificationManager.deleteNotificationChannel(channelId)
```

마찬가지로 notificationId는 삭제할 알림의 고유한 ID이다. 사용자가 해당 작업을 완료하고 더 이상 알림을 보고 싶지 않을 때 이 코드를 호출하여 대기열에 있는 알림을 삭제할 수 있다.

알림 설정 옵션

알림 설정 옵션을 제공하는 것은 사용자가 앱의 알림을 자유롭게 관리할 수 있도록 하는 중요한 요소다. 사용자가 알림을 켜고 끄는 옵션을 제공함으로써, 그들이 자신의 선호도와 필요에 맞게 알림을 조절할 수 있다. 이는 사용자 경험을 향상시키고 사용자가 앱을 더욱 효과적으로 이용할 수 있도록 한다.

앱의 설정 화면에서 알림 설정 옵션을 포함시킬 때에는 다음과 같은 요소들을 고려해야 한다.

- **알림 전체적인 활성화/비활성화**: 앱 전체적으로 알림을 활성화 또는 비활성화할 수 있는 옵션을 제공한다. 이는 사용자가 필요에 따라 모든 알림을 일시적으로 비활성화할 수 있도록 한다.
- **세부적인 알림 제어**: 특정 유형의 알림을 선택적으로 활성화 또는 비활성화할 수 있는 세부적인 제어 옵션을 제공한다. **예** 사용자가 새로운 메시지 알림은 받지만 광고 알림은 받지 않도록 설정할 수 있다.

- **알림 소리 및 진동 설정**: 알림이 도착했을 때 소리와 진동을 켜고 끄는 옵션을 제공한다. 이를 통해 사용자의 환경에 맞게 알림을 조절할 수 있다.
- **알림 표시 설정**: 알림이 화면에 표시되는 방식을 설정할 수 있는 옵션을 제공한다. **예** 화면 상단에 표시되는 헤드업 알림을 표시할지 여부를 선택할 수 있다.
- **알림 카테고리별 설정**: 알림 카테고리별로 설정을 구분하여 각 카테고리에 대해 개별적으로 알림을 관리할 수 있도록 한다. 이는 사용자가 필요에 따라 특정 카테고리의 알림을 끄거나 켤 수 있도록 한다.

이러한 설정 옵션을 앱의 설정 화면에 효과적으로 통합하여 사용자가 쉽게 알림을 관리할 수 있도록 해야 한다. 사용자가 앱의 알림 설정을 자주 이용하게 되므로, 사용자 친화적이고 직관적인 인터페이스를 제공하는 것이 중요하다.

아래는 사용자가 알림을 켜고 끄는 옵션을 제공하는 간단한 예시다.

```kotlin
import android.content.Context
import android.content.SharedPreferences

class NotificationSettingsManager(context: Context) {
    private val sharedPreferences: SharedPreferences = context.getSharedPreferences(
        "NotificationSettings", Context.MODE_PRIVATE
    )

    companion object {
        const val NOTIFICATION_ENABLED_KEY = "notification_enabled"
    }

    fun setNotificationEnabled(enabled: Boolean) {
        sharedPreferences.edit().putBoolean(NOTIFICATION_ENABLED_KEY,
            enabled).apply()
    }

    fun isNotificationEnabled(): Boolean {
        return sharedPreferences.getBoolean(NOTIFICATION_ENABLED_KEY, true)
    }
}
```

이 코드에서는 NotificationSettingsManager 클래스를 사용하여 알림 설정을 관리한다. SharedPreferences를 사용하여 알림 활성화 여부를 저장하고 가져온다.

사용자가 앱의 설정 화면에서 알림을 켜거나 끌 때, 다음과 같이 사용할 수 있다.

```
val notificationSettingsManager = NotificationSettingsManager(context)

// 알림을 활성화
notificationSettingsManager.setNotificationEnabled(true)

// 알림을 비활성화
notificationSettingsManager.setNotificationEnabled(false)

// 알림이 활성화되어 있는지 확인
val isEnabled = notificationSettingsManager.isNotificationEnabled()
```

사용자가 설정을 변경할 때마다 SharedPreferences에 저장되므로, 앱이 재시작되어도 설정이 유지된다.

다음은 사용자가 알림을 필터링하는 코드다. 사용자가 원하는 유형의 알림만 표시하도록 설정할 수 있다. 이를 위해 알림을 받는 서비스에서 필터링을 수행할 수 있다.

```
fun filterNotifications(filter: String) {
    // 사용자가 원하는 유형의 알림만 표시하기 위한 필터링 로직
    if (filter == "important") {
        // 중요한 알림만 표시하는 로직
    } else if (filter == "social") {
        // 소셜 미디어 관련 알림만 표시하는 로직
    } else {
        // 기타 필터링 로직
    }
}
```

다음은 사용자가 알림을 그룹화하여 관련된 알림을 함께 표시하거나 숨기는 코드다. 이를 위해 알림을 생성할 때 그룹 식별자를 설정할 수 있다.

```kotlin
fun createGroupedNotification(groupId: String) {
    val notificationBuilder = NotificationCompat.Builder(context, CHANNEL_ID)
        .setContentTitle("Grouped Notification")
        .setContentText("This is a grouped notification")
        .setSmallIcon(R.drawable.ic_notification)
        .setGroup(groupId) // 그룹 식별자 설정
        .setGroupSummary(true) // 그룹 요약 설정

    // 알림을 발송하는 코드
    val notificationManager = NotificationManagerCompat.from(context)
    notificationManager.notify(NOTIFICATION_ID,
        notificationBuilder.build())
}
```

알람 앱 예시

- AndroidManifest.xml

 손으로 익히는 코딩

```xml
<uses-permission android:name="android.permission.POST_NOTIFICATIONS"/>
```

- activity_main.xml

 손으로 익히는 코딩

```xml
<RelativeLayout xmlns:android="http://schemas.android.com/apk/res/android"
    xmlns:tools="http://schemas.android.com/tools"
    android:layout_width="match_parent"
    android:layout_height="match_parent"
    tools:context=".MainActivity">

    <Button
        android:id="@+id/showNotificationButton"
        android:layout_width="wrap_content"
        android:layout_height="wrap_content"
        android:layout_centerInParent="true"
        android:text="Show Notification" />
</RelativeLayout>
```

● MainActivity.kt

 손으로 익히는 코딩

```kotlin
class MainActivity : AppCompatActivity() {

    override fun onCreate(savedInstanceState: Bundle?) {
        super.onCreate(savedInstanceState)
        setContentView(R.layout.activity_main)

        // 버튼 클릭 이벤트 설정
        val showNotificationButton = findViewById<Button>(
            R.id.showNotificationButton)
        showNotificationButton.setOnClickListener {
            showNotification()
        }

        // 알림 채널 생성(Android 8.0 이상)
        if (Build.VERSION.SDK_INT >= Build.VERSION_CODES.O) {
            val channelId = "default_channel_id"
            val channelName = "Default Channel"
            val channelDescription = "This is the default channel"
            val importance = NotificationManager.IMPORTANCE_DEFAULT
            val notificationChannel = NotificationChannel(channelId,
                channelName, importance)
            notificationChannel.description = channelDescription

            val notificationManager =
                getSystemService(Context.NOTIFICATION_SERVICE) as NotificationManager
            notificationManager.createNotificationChannel(
                notificationChannel)
        }
    }

    private val NOTIFICATION_ID = 123
    private fun showNotification() {
        val channelId = "default_channel_id"
        val notificationTitle = "Sample Notification"
        val notificationText = "This is a sample notification."

        // 알림 클릭 시 이동할 액티비티 설정
        val resultIntent = Intent(this, MainActivity::class.java)
```

```kotlin
        val pendingIntent = PendingIntent.getActivity(
            this,
            0,
            resultIntent,
            PendingIntent.FLAG_IMMUTABLE
        )

        // 알림 생성
        val notificationBuilder = NotificationCompat.Builder(this, channelId)
            .setContentTitle(notificationTitle)
            .setContentText(notificationText)
            .setSmallIcon(R.drawable.ic_notification)
            .setContentIntent(pendingIntent)
            .setAutoCancel(true)

        // 알림 표시
        val notificationManager =
            getSystemService(Context.NOTIFICATION_SERVICE) as NotificationManager
        notificationManager.notify(NOTIFICATION_ID, notificationBuilder.build())
    }
}
```

이렇게 하면 사용자가 버튼을 클릭할 때마다 알림이 표시되는 간단한 예시를 만들 수 있다. 필요에 따라 알림 콘텐츠를 변경하거나 알림에 액션 버튼을 추가하는 등의 추가 기능을 구현할 수 있다.

06

더 멋진 내일(Tomorrow)을 위한 내일(My Career) **내일은 코틀린**

로컬 저장소와 파일 시스템

✓ 핵심 키워드

내부 저장소, 외부 저장소, 파일 시스템, SharedPreferences

여기서는 무얼 배울까

안드로이드 앱에서 데이터를 영구적으로 저장하고 관리하는 방법을 학습한다. 파일 시스템을 통해 파일을 읽고 쓰는 방법부터 시작하여 내부 저장소와 외부 저장소에 데이터를 저장하는 방법을 익힌다. 또한 SharedPreferences를 사용하여 간단한 설정값 저장 및 로드하는 방법을 학습하고, SQLite 데이터베이스를 사용하여 구조화된 데이터를 저장하고 관리하는 방법을 습득한다.

로컬 저장소

로컬 저장소는 안드로이드 앱에서 사용자의 디바이스에 데이터를 영구적으로 저장하는 공간을 말한다. 이는 앱이 사용자의 디바이스에 설치된 즉시 데이터를 저장하고, 필요할 때 빠르게 접근할 수 있게 해준다. 로컬 저장소는 여러 형식으로 구성될 수 있으며, 가장 일반적인 형태는 파일 시스템이나 내부/외부 데이터베이스 형태다. 로컬 저장소는 앱의 성능과 사용자 경험을 향상시키는 데 중요한 역할을 한다. 사용자의 데이터를 영구적으로 저장하고 관리할 수 있어, 사용자가 앱을 사용하는 동안 중요한 정보를 안전하게 저장하고 관리할 수 있으며, 오프라인 상황에서도 사용자가 앱을 사용할 수 있어 일관된 경험을 제공할 수 있다. 이는 사용자가 인터넷에 연결되어 있지 않은 상황에서도 앱을 사용할 수 있어 더욱 편리한 사용자 경험을 제공할 수 있다는 것을 의미한다. 사용자의 데이터를 로컬 저장소에 저장하면 앱이 빠르게 데이터에 액세스할 수 있어 응답 시간을 줄일 수 있으며, 사용자가 앱을 사용하는 동안 일관된 경험을 제공할 수 있다. 이는 앱의 성능과 사용자 만족도를 높이는 데 기여한다.

로컬 저장소를 사용하는 주요 장점은 여러 가지가 있다. 먼저, 데이터 보안성이 향상된다. 사용자의 개인정보나 중요한 데이터를 사용자의 디바이스 내부에 저장하면 외부로의 노출 위험이 적어 데이터 보안이 강화된다. 또한 로컬 저장소를 사용하면 데이터에 빠르게 액세스할 수 있어서 속도 및 성능이 향상된다. 네트워크 연결이 필요하지 않으므로 네트워크 지연이나 연결 문제로 인해 발생할 수 있는 지연이 없어진다. 따라서 사용자는 앱을 더욱 빠르게 사용할 수 있다. 또한 오프라인 상황에서도 데이터에 접근할 수 있으므로 사용자의 편의성이 증가하고, 사용자의 경험을 개선할 수 있다. 이러한 장점들은 안드로이드 앱의 개발 및 사용에 많은 혜택을 제공한다.

파일 시스템 기초

파일 시스템은 컴퓨터 시스템에서 파일을 조직화하고 저장하는 방법을 정의하는 시스템이다. 모든 운영 체제에는 파일 시스템이 있으며, 이를 통해 파일과 디렉토리를 관리하고 사용자가 파일을 생성, 수정, 삭제하는 인터페이스를 제공한다.

구성 요소

파일 시스템은 일반적으로 다음과 같은 주요 구성 요소를 포함한다.

- **파일**: 데이터를 저장하는 데 사용되는 단위다. 파일은 텍스트, 이미지, 비디오 등 다양한 형식의 데이터를 포함할 수 있다.
- **디렉토리**: 파일을 그룹화하고 조직화하는 데 사용된다. 디렉토리는 계층적인 구조를 가지며, 파일 시스템 내에서 경로를 통해 각 디렉토리의 위치를 식별할 수 있다.
- **인터페이스**: 사용자 및 응용 프로그램이 파일을 관리할 수 있는 방법을 제공한다. 인터페이스에는 파일 생성, 수정, 삭제, 이동, 복사 등의 작업을 수행하는 데 필요한 기능이 포함될 수 있다.

파일 시스템은 컴퓨터 시스템에서 데이터를 구조화하고 관리하는 핵심 요소이며, 운영 체제의 일부로써 파일 및 디렉토리를 관리하여 사용자가 데이터를 쉽게 액세스하고 조작할 수 있도록 한다.

파일 시스템의 구조는 파일과 디렉토리의 계층적인 조직으로 이루어져 있다. 각 파일은 데이터를 저장하고 특정 목적을 수행하는데 사용되며, 디렉토리는 파일을 그룹화하여 조직화하는 역할을 한다.

파일과 디렉토리는 파일 시스템 내에서 고유한 위치를 가지고 있다. 이 위치는 경로를 통해 표현되며, 경로는 파일이나 디렉토리가 파일 시스템 내에서 어디에 위치하는지를 나타낸다.

예를 들어 파일 시스템의 루트 디렉토리는 모든 파일과 디렉토리의 시작점이며, 파일 시스템의 최상위에 위치한다. 디렉토리는 다른 파일이나 하위 디렉토리를 포함할 수 있다. 이렇게 하위 디렉토리는 또 다른 하위 디렉토리나 파일을 포함할 수 있다. 이러한 방식으로 파일과 디렉토리는 계층적인 구조를 형성하고, 이를 통해 파일 시스템 내에서 파일의 위치를 정의할 수 있다.

파일 시스템의 구조를 이해하면 파일 및 디렉토리를 효율적으로 조직화하고 관리할 수 있으며, 사용자 및 응용 프로그램이 필요한 파일을 쉽게 찾고 액세스할 수 있다.

역할

파일 시스템은 안드로이드 앱 개발에서 매우 중요한 역할을 한다. 주요 역할은 다음과 같다.

- **데이터 저장**: 앱이 생성한 데이터를 영구적으로 저장한다. 이는 사용자의 설정, 콘텐츠, 앱 상태 및 기타 정보를 보존하는 데 중요하다.
- **데이터 관리**: 파일 및 디렉토리를 관리하여 앱이 데이터를 구조화하고 정리할 수 있도록 한다. 이는 데이터를 쉽게 찾고 사용할 수 있도록 도와준다.

파일 시스템을 이해하고 적절히 활용하는 것은 안드로이드 앱의 성능과 안정성을 높이는 데 중요하다. 파일 시스템을 효과적으로 활용하면 사용자의 데이터를 보다 효율적으로 관리하고, 앱의 기능을 확장할 수 있을 뿐만 아니라 보안을 강화할 수 있다.

```kotlin
import java.io.File

fun main {
    // 파일 객체 생성
    var file = File("/path/to/file.txt")

    // 파일 존재 여부 확인
    if (file.exists()) {
        println("파일이 존재합니다.")
    } else {
        println("파일이 존재하지 않는다.")
    }

    // 파일 생성
    try {
        if (file.createNewFile()) {
            println("파일이 생성되었습니다.")
        } else {
            println("파일 생성에 실패했습니다.")
        }
    } catch (e: Exception) {
        e.printStackTrace()
    }
```

```
    // 파일 삭제
    if (file.delete()) {
        println("파일이 삭제되었습니다.")
    } else {
        println("파일 삭제에 실패했습니다.")
    }
}
```

위 코드는 파일의 존재 여부를 확인하고, 파일을 생성하고, 삭제하는 기본적인 파일 시스템 작업을 수행한다. 파일 시스템을 통해 데이터를 영구적으로 저장하고 관리할 수 있다.

내부 저장소

내부 저장소는 Android 앱이 사용하는 파일 및 데이터를 디바이스의 내부 저장 공간에 저장하는 메커니즘을 의미한다. 내부 저장소는 각 앱에 할당된 고유한 디렉토리로, 해당 앱만이 접근할 수 있는 공간이다. 따라서 보안 및 프라이버시 측면에서 중요한 역할을 한다.

주요 특징

- **앱 전용 공간**: 각 앱은 자체적인 내부 저장소 공간을 가지며, 이 공간은 다른 앱에 의해 접근할 수 없다. 이는 각 앱이 자신의 데이터를 안전하게 보호하고 외부에서의 접근을 차단하는 데 도움이 된다.
- **안정성**: 내부 저장소에 저장된 데이터는 앱의 실행 상태와 관계없이 안정적으로 유지된다. 따라서 앱이 종료되거나 디바이스가 다시 부팅되더라도 데이터는 영구적으로 보존된다.
- **접근 제한**: 내부 저장소에 저장된 데이터는 해당 앱에서만 접근할 수 있다. 이는 앱 외부의 다른 앱이나 사용자가 데이터에 접근하는 것을 방지하여 보안성을 유지한다.

내부 저장소를 통해 앱은 사용자 데이터를 안전하게 저장하고 관리할 수 있으며, 앱의 안정성과 보안성을 강화하는데 기여한다.

앱 전용 공간

앱 전용 공간은 각 Android 앱이 사용할 수 있는 고유한 저장 공간을 의미한다. 이 저장 공간은 해당 앱만이 접근할 수 있으며, 다른 앱이나 시스템 자원은 이 공간에 직접적으로 접근할 수 없다. 이는 각 앱이 자체적으로 데이터를 안전하게 보관하고 관리할 수 있도록 보장한다.

앱 전용 공간은 다음과 같은 특징을 가진다.

- **안전한 데이터 보호**: 앱 전용 공간은 각 앱마다 고유한 디렉토리로 구성되어 있다. 이 디렉토리 내에 저장된 데이터는 해당 앱에 의해서만 접근 가능하며, 외부에서의 접근은 차단된다. 이는 사용자 데이터의 보호와 프라이버시를 유지하는 데 중요한 역할을 한다.

- **독립성**: 각 앱은 자체적으로 할당된 저장 공간을 가지고 있으므로, 다른 앱과 독립적으로 동작할 수 있다. 이는 다른 앱이나 시스템 자원에 의해 앱의 데이터가 손상되거나 변경되는 것을 방지하여 안정성을 유지한다.

- **보안성**: 앱 전용 공간은 시스템 레벨에서 보호되므로, 외부 앱이나 사용자가 앱의 데이터에 직접 접근하는 것을 방지한다. 이는 민감한 정보나 개인정보가 포함된 데이터를 안전하게 보호하는데 도움이 된다.

데이터 보안성

내부 저장소의 데이터 보안성은 앱이 생성한 파일 및 데이터를 안전하게 보호하여 외부의 앱이나 사용자에게 접근할 수 없도록 보장한다. 이는 안드로이드 시스템이 내부 저장소에 저장된 앱 데이터를 보호하기 위해 다양한 보안 메커니즘을 제공함으로써 이루어진다.

내부 저장소의 데이터 보안성은 다음과 같은 측면에서 강화된다.

- **앱 전용 디렉토리**: 각 앱은 자체적으로 고유한 디렉토리를 가지며, 이 디렉토리 내에서 생성된 파일은 해당 앱에만 접근 가능하다. 이는 다른 앱이나 시스템 프로세스가 해당 파일에 접근하는 것을 방지하여 데이터 보안성을 강화한다.

- **파일 권한 및 퍼미션**: 내부 저장소에 저장된 파일은 해당 앱의 프로세스에 대한 권한 및 퍼미션으로 보호된다. 일반적으로 내부 저장소의 파일은 해당 앱의 프로세스만이 쓰기 및 읽기 권한을 가지며, 다른 앱이나 사용자는 이 파일에 접근할 수 없다.

- **시스템 보안 정책**: 안드로이드 시스템은 내부 저장소에 저장된 앱 데이터를 보호하기 위한 다양한 보안 정책을 시행한다. 이는 암호화 기술을 활용하거나 시스템 레벨에서의 데이터 접근 제어 등을 포함할 수 있다.

- **Sandboxing**: 안드로이드는 각 앱을 '샌드박스'로 분리하여 실행하므로, 내부 저장소에 저장된 데이터는 해당 앱의 샌드박스 내에서만 유효하다. 이는 앱 간 데이터 공유를 방지하고 데이터의 외부 노출을 방지하여 데이터 보안성을 높인다.

```kotlin
// 내부 저장소 디렉토리 경로 가져오기
val internalStorageDir = context.filesDir

// 저장할 파일의 이름과 내용
val fileName = "example.txt"
val fileContent = "내부 저장소에 텍스트 파일을 저장한다."

// 파일 생성 및 쓰기
val file = File(internalStorageDir, fileName)
file.writeText(fileContent)

// 파일 읽기
val readContent = file.readText()
Log.d("InternalStorage", "Read content: $readContent")
```

위 코드에서는 내부 저장소의 디렉토리 경로를 가져와서 파일을 생성하고 내용을 쓰고 읽는 과정을 보여준다. 이러한 방식으로 각 앱은 내부 저장소를 활용하여 자체적인 데이터를 안전하게 관리할 수 있다.

외부 저장소

외부 저장소는 안드로이드 디바이스의 외부에 위치하는 저장 공간이다. 이는 주로 사용자가 액세스할 수 있는 SD 카드 또는 기기의 다른 외부 저장소를 말한다. 외부 저장소는 내부 저장소와 달리 앱 외부에서도 접근 가능한 공간으로, 여러 앱이 공유할 수 있는 공간이다. 사용자는 주로 사진, 동영상, 음악 등의 파일을 외부 저장소에 저장하여 디바이스의 내부 저장소 공간을 확보하고 데이터를 관리한다. 이는 디바이스의 용량을 늘리거나 데이터를 백업하는 데에도 활용된다. 외부 저장소에는 사용자가 직접 데이터를 저장하거나 다운로드한 파일들이 위치하며, 앱은 이 공간에서 파일을 생성하고 읽고 쓰기를 할 수 있다.

외부 저장소에는 사용자가 앱에서 생성한 파일이나 데이터를 저장할 수 있다. 예를 들어 외부 저장소에 저장된 파일을 외부 장치로 이동시키는 등 앱이 생성한 파일이나 데이터는 해당 앱의 범위를 벗어나 다른 앱에서도 접근할 수 있다. 이는 데이터를 공유하거나 외부 디바이스와 호환성을 유지하는 데 매우 유용하다. 또한 사용자에게 편의성을 제공하고 앱 간의 상호 작용을 촉진한다.

외부 저장소는 여러 앱 간에 데이터를 공유하고 전송하는 데 사용된다. 이는 앱이 외부 저장소에 데이터를 저장하고 다른 앱이 이 데이터에 액세스하여 필요한 작업을 수행할 수 있도록 한다. 이러한 기능은 주로 이미지, 동영상, 문서 등과 같은 대용량 데이터를 처리하고 공유하는 데 특히 유용하다. 예를 들어 사용자가 한 앱에서 생성한 이미지를 다른 앱으로 전송하여 편집하거나 공유하는 경우 외부 저장소를 활용할 수 있다. 이를 통해 다양한 앱 간에 데이터를 쉽게 이동하고 공유할 수 있으며, 사용자 경험을 향상시키는 데 기여한다.

```kotlin
// 외부 저장소에 파일 쓰기 예시
fun writeToExternalStorage(fileName: String, data: String) {
    val file = File(Environment.getExternalStorageDirectory(), fileName)
    try {
        val fos = FileOutputStream(file)
        fos.write(data.toByteArray())
        fos.close()
    } catch (e: IOException) {
        e.printStackTrace()
    }
}

// 외부 저장소에서 파일 읽기 예시
fun readFromExternalStorage(fileName: String): String {
    val file = File(Environment.getExternalStorageDirectory(), fileName)
    val stringBuilder = StringBuilder()
    try {
        val fis = FileInputStream(file)
        val isr = InputStreamReader(fis)
        val bufferedReader = BufferedReader(isr)
        var line: String? = bufferedReader.readLine()
        while (line != null) {
            stringBuilder.append(line).append('\n')
            line = bufferedReader.readLine()
        }
        fis.close()
    } catch (e: IOException) {
        e.printStackTrace()
    }
    return stringBuilder.toString()
}
```

위 예시에서는 외부 저장소에 데이터를 쓰고 읽는 함수를 보여준다. writeToExternalStorage 함수는 지정된 파일에 데이터를 쓴다. readFromExternalStorage 함수는 지정된 파일에서 데이터를 읽어온다. 쓰기 및 읽기 작업이 완료되면 파일에 대한 권한이 필요하기 때문에 이 코드를 실행하려면 외부 저장소에 대한 권한이 설정되어 있어야 한다.

외부 저장소 활용 앱 예시

- AndroidManifest.xml

```xml
<!-- 외부 저장소 읽기 권한 -->
<uses-permission android:name="android.permission.READ_EXTERNAL_STORAGE" />
<!-- 외부 저장소 쓰기 권한 -->
<uses-permission android:name="android.permission.WRITE_EXTERNAL_STORAGE" />
```

- activity_main.xml

```xml
<?xml version="1.0" encoding="utf-8"?>
<RelativeLayout xmlns:android="http://schemas.android.com/apk/res/android"
    xmlns:tools="http://schemas.android.com/tools"
    android:layout_width="match_parent"
    android:layout_height="match_parent"
    tools:context=".MainActivity">

    <ListView
        android:id="@+id/fileListView"
        android:layout_width="match_parent"
        android:layout_height="match_parent" />

</RelativeLayout>
```

● MainActivity.kt

 손으로 익히는 코딩

```kotlin
class MainActivity : AppCompatActivity() {

    private lateinit var fileListView: ListView

    override fun onCreate(savedInstanceState: Bundle?) {
        super.onCreate(savedInstanceState)
        setContentView(R.layout.activity_main)

        // 파일 리스트뷰 초기화
        fileListView = findViewById(R.id.fileListView)

        // 외부 저장소 읽기 권한 확인
        if (checkSelfPermission(READ_EXTERNAL_STORAGE) !=
            PackageManager.PERMISSION_GRANTED) {
            // 권한이 없는 경우 요청
            requestPermissions(arrayOf(READ_EXTERNAL_STORAGE), 1)
        } else {
            // 권한이 있는 경우 파일 목록 로드
            loadFileList()
        }

        // 리스트뷰 아이템 클릭 이벤트 처리
        fileListView.setOnItemClickListener { parent, view, position, id ->
            val selectedFilePath = parent.getItemAtPosition(position) as String
            openFile(selectedFilePath)
        }

        // 리스트뷰 아이템 롱클릭 이벤트 처리
        fileListView.setOnItemLongClickListener { parent, view, position, id ->
            val selectedFilePath = parent.getItemAtPosition(position) as String
            deleteFile(selectedFilePath)
            true
        }
    }

    private fun loadFileList() {
        // 예를 들어 Documents 폴더에서 파일을 가져옴
        val root = Environment.getExternalStoragePublicDirectory(
            Environment.DIRECTORY_DOCUMENTS)
```

```kotlin
        val files = root.listFiles()
        if (files != null && files.isNotEmpty()) {
            val fileNames = files.map { it.absolutePath }.toTypedArray()
            val adapter = ArrayAdapter(this,
                android.R.layout.simple_list_item_1, fileNames)
            fileListView.adapter = adapter
        } else {
            Toast.makeText(this, "파일이 없습니다.", Toast.LENGTH_SHORT).show()
        }
    }

    private fun openFile(filePath: String) {
        val fileUri = Uri.parse("file://$filePath")
        val intent = Intent(Intent.ACTION_VIEW)
        intent.setDataAndType(fileUri, "text/plain")
        try {
            startActivity(intent)
        } catch (e: Exception) {
            Toast.makeText(this, "파일을 열 수 없습니다.", Toast.LENGTH_SHORT)
                .show()
        }
    }

    override fun deleteFile(filePath: String): Boolean {
        val fileToDelete = File(filePath)
        val isDeleted = fileToDelete.delete()
        if (isDeleted) {
            Toast.makeText(this, "파일이 삭제되었습니다.", Toast.LENGTH_SHORT)
                .show()
            loadFileList() // 파일 삭제 후 리스트뷰 업데이트
        } else {
            Toast.makeText(this, "파일을 삭제할 수 없습니다.",
                Toast.LENGTH_SHORT).show()
        }
        return isDeleted
    }
}
```

위의 코드에서는 안드로이드 앱에서 로컬 파일 시스템을 탐색하고 파일을 열거나 삭제하는 간단한 기능을 구현한 것이다. 사용자는 앱을 실행하면 디바이스의 루트 디렉토리를 탐색할 수 있고, 파일을 선택하여 열거나 길게 눌러서 삭제할 수 있다.

에러에서 배우기

- **파일이 존재하지 않는 경우**
  사용자가 이미 삭제한 파일을 삭제하려고 시도하거나, 존재하지 않는 파일을 열려고 시도할 때 발생할 수 있습니다. 이 경우에는 해당 파일이 존재하는지 먼저 확인해야 하며, 파일이 존재하지 않는다면 사용자에게 알려주어야 합니다.

- **파일 형식 호환성 문제**
  파일을 열 때 파일 형식이 앱에서 지원되지 않는 경우에는 파일을 열 수 없다는 메시지가 표시될 수 있습니다. 이 경우에는 사용자에게 호환되는 파일 형식을 사용하도록 안내할 수 있습니다.

- **앱이 파일 시스템에 접근할 수 없는 경우**
  안드로이드 시스템 정책 변경 또는 보안 설정에 의해 앱이 파일 시스템에 접근할 수 없는 경우가 발생할 수 있습니다. 이 경우에는 사용자에게 해당 설정을 변경하거나 앱을 다시 설치할 것을 권장할 수 있습니다.

07

더 멋진 내일(Tomorrow)을 위한 내일(My Career) **내일은 코틀린**

연습문제

문제 1 예외 처리

'Chapter 05 안드로이드 UI 디자인'의 연습문제에서 만들었던 계산기 UI 앱에 계산 기능을 추가하고, 예외 처리를 추가하시오.

> (1) 기존 xml 파일에서 View들의 ID를 추가합니다.
> (2) 숫자 버튼이 클릭되었을 때 숫자가 입력될 수 있도록 처리합니다.
> (3) 연산자 버튼이 클릭되었을 때 입력을 처리하고 연속된 연산자 입력을 방지합니다. 연속으로 연산자가 입력될 경우나 처음으로 연산자를 입력할 경우 "잘못된 입력입니다."라고 토스트 메시지를 출력합니다.
> (4) 삭제 버튼이 클릭되었을 때 마지막 문자를 삭제합니다.
> (5) 결과 버튼을 클릭하면 수식을 계산하고 결과를 표시합니다. 0으로 나누는 경우 예외를 처리합니다. 또한 입력이 비어있거나 수식이 잘못되었을 경우에도 "잘못된 입력입니다."라고 토스트 메시지를 출력합니다.
> (6) 높은 우선순위의 연산자를 먼저 처리합니다.

문제 2 **라이브러리 및 패키지**

https://github.com/PhilJay/MPAndroidChart

MPAndroidChart 라이브러리를 사용하여 막대 그래프와 원형 그래프를 구현하시오. 두 개의 그래프에 예시 데이터를 표시하시오.

(1) 먼저, build.gradle 파일에 MPAndroidChart Gradle Setup을 추가합니다.

```
dependencies {
    implementation("com.github.PhilJay:MPAndroidChart:vX.X.X")
    …
}
```

(2) settings.gradle.kts에서 MPAndroidChart Maven Setup을 추가합니다.

```
dependencyResolutionManagement {
    …
    repositories {
        …
        maven { setUrl("https://jitpack.io") }
    }
}
```

(3) 막대그래프와 파이그래프를 하나씩 그려봅시다. 디자인이나 값은 자유롭게 설정합니다.

문제 3 데이터베이스 연동

Room 라이브러리와 ZXing 라이브러리를 사용하여 바코드 스캐너를 연동하여 재고 관리 앱을 만드시오.

(1) 먼저, build.gradle 파일에 Gradle Setup을 추가합니다.

```
plugins {
    …
    id("kotlin-kapt")
}

dependencies {
    implementation("androidx.lifecycle:lifecycle-viewmodel-ktx:X.X.X")
    implementation("androidx.room:room-runtime:X.X.X")
    implementation("androidx.room:room-ktx:X.X.X")
    kapt("androidx.room:room-compiler:X.X.X")
    implementation("com.journeyapps:zxing-android-embedded:X.X.X")
    implementation("com.google.zxing:core:X.X.X")
    implementation("androidx.fragment:fragment-ktx:X.X.X")
    implementation("androidx.lifecycle:lifecycle-livedata-ktx:X.X.X")
    implementation("androidx.lifecycle:lifecycle-runtime-ktx:X.X.X")
    …
}
```

(2) 데이터 클래스 및 DAO 인터페이스를 생성합니다. 데이터 클래스는 제품 정보를 정의하고, DAO 인터페이스는 데이터베이스 작업(삽입, 업데이트, 삭제, 조회)을 정의합니다.

(3) RoomDatabase를 상속받는 Room 데이터베이스 클래스를 생성합니다.

(4) Repository 클래스를 생성합니다. Repository는 데이터 작업을 관리하고 ViewModel과 데이터 소스 간의 추상화를 제공합니다. Repository는 데이터 소스에 대한 인터페이스를 제공하여, 클라이언트(예 ViewModel, Controller 등)가 데이터 소스의 구체적인 구현에 의존하지 않도록 합니다.

(5) ViewModel 클래스를 생성합니다. ViewModel은 UI 관련 데이터를 관리하고, 생명주기와 관련된 작업을 처리합니다.

(6) 레이아웃 파일을 생성합니다. 스캐너를 실행시킬 버튼, 스캐너 정보가 출력될 TextView, 상품이름과 개수를 입력할 EditText, 상품 저장 버튼, 저장된 상품을 출력해주는 리스트를 추가합니다.

(7) RecyclerView에 데이터를 표시하기 위한 어댑터를 생성합니다.

문제 4 API 연동

Google Maps API를 활용한 지도 앱을 만드시오. 사용자가 위치를 검색하고, 검색된 위치를 지도에 표시하는 기능을 구현하시오.

(1) 먼저, build.gradle 파일에 Gradle Setup을 추가합니다.

```
dependencies {
    …
    implementation("com.google.android.gms:play-services-maps:X.X.X")
    implementation("com.google.android.gms:play-services-location:X.X.X")
}
```

(2) Google API Key 설정
- Google Cloud Console에서 프로젝트를 생성합니다.
- API 및 서비스 → 라이브러리로 이동하여 Maps SDK for Android를 활성화합니다.
- API 및 서비스 → 사용자 인증정보로 이동하여 API 키를 생성합니다.
- AndroidManifest.xml 파일에 API 키를 추가합니다.

```xml
<application
    …
    <meta-data
        android:name="com.google.android.geo.API_KEY"
        android:value="API_KEY"/>

    <activity
        android:name=".MainActivity"
        android:exported="true">
        <intent-filter>
            <action android:name="android.intent.action.MAIN" />

            <category android:name="android.intent.category.LAUNCHER" />
        </intent-filter>
    </activity>
</application>
```

- meta-data 태그 부분을 추가하시면 됩니다. API_KEY 부분에 자신의 API_KEY를 추가합니다.

(3) 레이아웃 파일을 생성합니다. 화면 상단에 검색바와 검색 버튼을 추가합니다.

(4) 다음 태그를 사용해 지도를 추가합니다.

```
<fragment
    android:id="@+id/map"
    android:name="com.google.android.gms.maps.SupportMapFragment"
    android:layout_width="match_parent"
    android:layout_height="match_parent"/>
```

(5) 검색바의 가독성을 높이기 위해 배경을 추가합니다.

(6) MainActivity에서 지도를 초기화하고, 위치 검색 기능을 추가합니다.

문제 5 알림

사용자의 위치 정보를 활용한 날씨 정보 알림 앱을 만드시오. AlarmManager와 Broadcast Receiver를 활용하여 예약 알림 기능을 구현하시오.

(1) 먼저, build.gradle 파일에 Gradle Setup을 추가합니다.

```
dependencies {
    ...
    implementation("com.google.android.gms:play-services-location:X.X.X")
    implementation("androidx.work:work-runtime-ktx:X.X.X")
    implementation("androidx.preference:preference-ktx:X.X.X")
    kapt("com.google.dagger:dagger-compiler:X.X.X")
    implementation("com.google.dagger:dagger:X.X.X")
}
```

(2) AndroidManifest에서 WeatherAlarmReceiver 및 권한을 설정합니다.

```xml
<manifest xmlns:android="http://schemas.android.com/apk/res/android"
    package="com.example.weatherapp">

    <application
        ...

        <receiver android:name=".WeatherAlarmReceiver" />

    </application>

    <uses-permission
      android:name="android.permission.ACCESS_FINE_LOCATION" />
    <uses-permission
      android:name="android.permission.ACCESS_COARSE_LOCATION" />
    <uses-permission android:name="android.permission.POST_NOTIFICATIONS" />
</manifest>
```

(3) 위치 권한 및 위치 서비스 설정을 할 Helper 클래스를 추가합니다.
(4) Retrofit을 사용하여 날씨 API를 연동합니다.
(5) 알림 설정을 할 Helper 클래스를 추가합니다.
(6) AlarmManager와 BroadcastReceiver를 사용하여 예약 알림 기능을 추가합니다.
(7) 사용자 설정을 하기 위한 Activity 및 preferences를 추가합니다.
(8) 레이아웃 파일을 생성합니다. 알림 예약 버튼과 알림을 설정됐는지 확인할 TextView를 추가합니다.
(9) MainActivity에서 알림을 예약하고 예약된 시간과 관련된 정보를 MainActivity에서 TextView에 출력합니다.

문제 6) 로컬 저장소와 파일 시스템

사용자가 메모를 작성한 다음 이를 로컬 파일 시스템에 저장하고, 다시 불러올 수 있는 간단한 메모 앱을 만드시오. 이 앱은 안드로이드의 파일 입출력 기능을 활용하여 메모를 텍스트 파일로 저장하고, 저장된 파일들을 목록으로 표시하며, 선택한 파일의 내용을 편집할 수 있어야 한다.

(1) 메모 작성 및 저장: 사용자가 메모를 작성하고 저장하면, 메모가 텍스트 파일로 로컬 저장소에 저장됩니다.
(2) 저장된 메모 목록 보기: 사용자가 작성한 메모 목록을 로컬 파일 시스템에서 불러와 표시합니다.
(3) 메모 불러오기 및 편집: 저장된 메모 파일을 선택하여 내용을 불러오고 편집할 수 있습니다.

해당 앱에서 메모리 저장소 접근 권한이 필요하지 않지만, 권한은 WRITE_EXTERNAL_STORAGE 으로 추가할 수 있습니다.

해설 및 정답

문제 1 예외 처리

```kotlin
class MainActivity : AppCompatActivity() {

    private lateinit var textViewResult: TextView
    private var currentInput = ""
    private var lastOperator = ""
    private var lastCharacter = ""

    override fun onCreate(savedInstanceState: Bundle?) {
        super.onCreate(savedInstanceState)
        setContentView(R.layout.activity_main)

        textViewResult = findViewById(R.id.textViewResult)

        val numberButtons = listOf(
            findViewById<Button>(R.id.button0),
            findViewById<Button>(R.id.button1),
            findViewById<Button>(R.id.button2),
            findViewById<Button>(R.id.button3),
            findViewById<Button>(R.id.button4),
            findViewById<Button>(R.id.button5),
            findViewById<Button>(R.id.button6),
            findViewById<Button>(R.id.button7),
            findViewById<Button>(R.id.button8),
            findViewById<Button>(R.id.button9)
        )

        val operatorButtons = listOf(
            findViewById<Button>(R.id.buttonAdd),
            findViewById<Button>(R.id.buttonSubtract),
            findViewById<Button>(R.id.buttonMultiply),
            findViewById<Button>(R.id.buttonDivide)
        )

        for (button in numberButtons) {
            button.setOnClickListener { onNumberClick(it as Button) }
        }

        for (button in operatorButtons) {
            button.setOnClickListener { onOperatorClick(it as Button) }
```

```kotlin
        }
        findViewById<Button>(R.id.buttonDelete).setOnClickListener {
            onDeleteClick() }
        findViewById<Button>(R.id.buttonEqual).setOnClickListener {
            onEqualClick() }
    }

    private fun onNumberClick(button: Button) {
        currentInput += button.text
        textViewResult.text = currentInput
        lastCharacter = button.text.toString()
    }

    private fun onOperatorClick(button: Button) {
        if (currentInput.isEmpty() || isOperator(lastCharacter)) {
            Toast.makeText(this, "잘못된 입력입니다.",
                Toast.LENGTH_SHORT).show()
            return
        }
        currentInput += button.text
        textViewResult.text = currentInput
        lastOperator = button.text.toString()
        lastCharacter = button.text.toString()
    }

    private fun onDeleteClick() {
        if (currentInput.isNotEmpty()) {
            currentInput = currentInput.dropLast(1)
            textViewResult.text = currentInput
            lastCharacter = if (currentInput.isNotEmpty())
                currentInput.last().toString() else ""
        }
    }

    private fun onEqualClick() {
        if (currentInput.isEmpty() || isOperator(lastCharacter)) {
            Toast.makeText(this, "잘못된 입력입니다.", Toast.LENGTH_SHORT).show()
            return
        }

        try {
            val result = evaluateExpression(currentInput)
```

```kotlin
            textViewResult.text = result.toString()
            currentInput = result.toString()
        } catch (e: Exception) {
            Toast.makeText(this, "계산 오류: ${e.message}", Toast.LENGTH_SHORT).show()
        }
    }

    private fun isOperator(character: String): Boolean {
        return character == "+" || character == "-" || character == "*" || character
            == "/"
    }

    private fun evaluateExpression(expression: String): Double {
        val tokens = expression.split("(?<=[-+*/])|(?=[-+*/])".toRegex())
        val values = mutableListOf<Double>()
        val operators = mutableListOf<String>()

        for (token in tokens) {
            when {
                token.isEmpty() -> continue
                token.matches("-?\\d+(\\.\\d+)?".toRegex()) -> values.add(
                    token.toDouble())
                isOperator(token) -> operators.add(token)
            }
        }

        while (operators.isNotEmpty()) {
            val index = findHighestPrecedenceOperator(operators)
            val value1 = values[index]
            val value2 = values[index + 1]
            val operator = operators[index]
            if (operator == "/" && value2 == 0.0) {
                throw ArithmeticException("0으로 나눌 수 없습니다.")
            }

            val result = when (operator) {
                "+" -> value1 + value2
                "-" -> value1 - value2
                "*" -> value1 * value2
                "/" -> value1 / value2
                else -> throw IllegalArgumentException("알 수 없는 연산자:
                    $operator")
            }
```

```
            values[index] = result
            values.removeAt(index + 1)
            operators.removeAt(index)
        }

        return values[0]
    }

    private fun findHighestPrecedenceOperator(operators: List<String>): Int {
        var highestPrecedenceIndex = 0
        var highestPrecedence = getPrecedence(operators[0])

        for (i in 1 until operators.size) {
            val precedence = getPrecedence(operators[i])
            if (precedence > highestPrecedence) {
                highestPrecedence = precedence
                highestPrecedenceIndex = i
            }
        }

        return highestPrecedenceIndex
    }

    private fun getPrecedence(operator: String): Int {
        return when (operator) {
            "*", "/" -> 2
            "+", "-" -> 1
            else -> 0
        }
    }
}
```

- onOperatorClick 메서드

  - 현재 입력값(currentInput)이 비어있거나, 마지막 문자가 연산자인 경우에는 잘못된 입력이므로 토스트 메시지를 표시하고 함수를 종료합니다.

  - 연산자 버튼의 텍스트를 currentInput에 추가합니다. 이렇게 하면 사용자가 입력한 수식이 누적됩니다.

  - 화면에 표시되는 결과 텍스트뷰(textViewResult)의 텍스트를 currentInput으로 업데이트합니다.

- 입력된 연산자(lastOperator) 및 마지막 문자(lastCharacter)를 각각 연산자 버튼의 텍스트로 업데이트합니다.

● onEqualClick 메서드

- 현재 입력값(currentInput)이 비어있거나, 마지막 문자가 연산자인 경우에는 잘못된 입력이므로 토스트 메시지를 표시하고 함수를 종료합니다.
- 입력된 수식(currentInput)을 evaluateExpression() 함수를 통해 계산합니다. 이 함수는 수식을 해석하여 결과값을 계산하는 역할을 합니다.
- 계산 결과를 화면에 표시되는 결과 텍스트뷰(textViewResult)의 텍스트로 업데이트합니다.
- 계산 결과를 currentInput에 저장합니다. 이렇게 하면 다음 계산을 위해 결과값을 재사용할 수 있습니다.
- 만약 계산 중 예외가 발생하면(예 0으로 나누기 등), 토스트 메시지로 에러를 표시합니다.

● evaluateExpression

- 입력된 수식(expression)을 토큰으로 분리합니다. 여기서 토큰은 숫자 또는 연산자입니다.
- 분리된 토큰을 각각 검사하여, 숫자는 values 리스트에, 연산자는 operators 리스트에 저장합니다.
- operators 리스트가 비어있지 않은 동안 다음을 반복합니다.
- findHighestPrecedenceOperator() 함수를 사용하여 가장 높은 우선순위의 연산자 인덱스를 찾습니다.
- 해당 연산자와 연관된 두 개의 값(value1, value2)을 values 리스트에서 가져옵니다.
- 연산자에 따라 value1과 value2를 계산하여 결과를 values 리스트의 해당 인덱스에 저장합니다.
- values, operators 리스트에서 사용된 요소들을 제거합니다.
- 최종적으로 values 리스트에 남은 유일한 값이 계산 결과가 되므로, 이 값을 반환합니다.

● findHighestPrecedenceOperator

- 초기에 highestPrecedenceIndex를 0으로 설정하고, highestPrecedence를 첫 번째 연산자의 우선순위로 설정합니다.
- 연산자 리스트(operators)를 순회하면서, 각 연산자의 우선순위(getPrecedence() 함수 호출)를 확인합니다.

- 현재 연산자의 우선순위가 highestPrecedence보다 높은 경우, highestPrecedence를 현재 연산자의 우선순위로 업데이트하고, highestPrecedenceIndex를 현재 인덱스로 업데이트합니다.
- 리스트 순회가 완료되면, highestPrecedenceIndex를 반환합니다.

● 수식 계산 시 연산자의 우선순위를 결정하기 위해 우선순위 2(*, /), 우선순위 1(+, -), 우선순위 0(그 외)을 지정하였습니다.

문제 2 라이브러리 및 패키지

- activity_main.xml

```xml
<?xml version="1.0" encoding="utf-8"?>
<LinearLayout xmlns:android="http://schemas.android.com/apk/res/android"
    xmlns:tools="http://schemas.android.com/tools"
    android:layout_width="match_parent"
    android:layout_height="match_parent"
    android:orientation="vertical"
    android:padding="16dp"
    tools:context=".MainActivity">

    <com.github.mikephil.charting.charts.BarChart
        android:id="@+id/barChart"
        android:layout_width="match_parent"
        android:layout_height="0dp"
        android:layout_weight="1"
        android:layout_marginBottom="16dp"/>

    <com.github.mikephil.charting.charts.PieChart
        android:id="@+id/pieChart"
        android:layout_width="match_parent"
        android:layout_height="0dp"
        android:layout_weight="1"/>

</LinearLayout>
```

- MainActivity.kt

```kotlin
class MainActivity : AppCompatActivity() {

    private lateinit var barChart: BarChart
    private lateinit var pieChart: PieChart

    override fun onCreate(savedInstanceState: Bundle?) {
        super.onCreate(savedInstanceState)
        setContentView(R.layout.activity_main)

        barChart = findViewById(R.id.barChart)
        pieChart = findViewById(R.id.pieChart)
```

```
        setupBarChart()
        setupPieChart()
    }

    private fun setupBarChart() {
        val barEntries = mutableListOf<BarEntry>()
        barEntries.add(BarEntry(1f, 10f))
        barEntries.add(BarEntry(2f, 20f))
        barEntries.add(BarEntry(3f, 30f))
        barEntries.add(BarEntry(4f, 40f))

        val barDataSet = BarDataSet(barEntries, "Bar Chart Example")
        barDataSet.color = Color.BLUE

        val barData = BarData(barDataSet)
        barChart.data = barData

        val description = Description()
        description.text = "Bar Chart Example"
        barChart.description = description

        barChart.animateY(1000)
        barChart.invalidate()
    }

    private fun setupPieChart() {
        val pieEntries = mutableListOf<PieEntry>()
        pieEntries.add(PieEntry(40f, "Category 1"))
        pieEntries.add(PieEntry(30f, "Category 2"))
        pieEntries.add(PieEntry(20f, "Category 3"))
        pieEntries.add(PieEntry(10f, "Category 4"))

        val pieDataSet = PieDataSet(pieEntries, "Pie Chart Example")
        pieDataSet.colors = listOf(Color.RED, Color.GREEN, Color.BLUE,
           Color.YELLOW)

        val pieData = PieData(pieDataSet)
        pieChart.data = pieData

        val description = Description()
        description.text = "Pie Chart Example"
        pieChart.description = description
```

```
        pieChart.animateY(1000)
        pieChart.invalidate()
    }
}
```

예시 데이터는 setupBarChart와 setupPieChart 메서드에서 추가했습니다. 각 메서드에서는 MPAndroidChart 라이브러리를 사용하여 그래프를 설정하고, 데이터를 추가하고, 애니메이션 효과를 설정합니다.

문제 ❸ 데이터베이스 연동

- Product.kt

```kotlin
@Entity
data class Product(
    @PrimaryKey val barcode: String,
    val name: String,
    val quantity: Int
)
```

- ProductDao.kt

```kotlin
@Dao
interface ProductDao {
    @Query("SELECT * FROM Product")
    fun getAllProducts(): LiveData<List<Product>>

    @Insert(onConflict = OnConflictStrategy.REPLACE)
    suspend fun insertProduct(product: Product)

    @Update
    suspend fun updateProduct(product: Product)

    @Delete
    suspend fun deleteProduct(product: Product)
}
```

- AppDatabase.kt

```kotlin
@Database(entities = [Product::class], version = 1)
abstract class AppDatabase : RoomDatabase() {
    abstract fun productDao(): ProductDao
}
```

- ProductRepository.kt

```kotlin
class ProductRepository(private val productDao: ProductDao) {
    val allProducts: LiveData<List<Product>> = productDao.getAllProducts()
```

```
    suspend fun insert(product: Product) {
        productDao.insertProduct(product)
    }

    suspend fun update(product: Product) {
        productDao.updateProduct(product)
    }

    suspend fun delete(product: Product) {
        productDao.deleteProduct(product)
    }
}
```

- ProductViewModel.kt

```
class ProductViewModel(application: Application) :
    AndroidViewModel(application) {
    private val repository: ProductRepository
    val allProducts: LiveData<List<Product>>

    init {
        val productDao = Room.databaseBuilder(application,
            AppDatabase::class.java, "product_database")
            .build()
            .productDao()
        repository = ProductRepository(productDao)
        allProducts = repository.allProducts
    }

    fun insert(product: Product) = viewModelScope.launch {
        repository.insert(product)
    }

    fun update(product: Product) = viewModelScope.launch {
        repository.update(product)
    }

    fun delete(product: Product) = viewModelScope.launch {
        repository.delete(product)
    }
}
```

● activity_main.xml

```xml
<?xml version="1.0" encoding="utf-8"?>
<LinearLayout xmlns:android="http://schemas.android.com/apk/res/android"
    xmlns:tools="http://schemas.android.com/tools"
    android:layout_width="match_parent"
    android:layout_height="match_parent"
    android:orientation="vertical"
    android:padding="16dp"
    tools:context=".MainActivity">

    <Button
        android:id="@+id/scanButton"
        android:layout_width="match_parent"
        android:layout_height="wrap_content"
        android:text="Scan Barcode" />

    <TextView
        android:id="@+id/scannedResult"
        android:layout_width="match_parent"
        android:layout_height="wrap_content"
        android:padding="16dp"
        android:textSize="16sp"
        android:text="Scanned Result" />

    <EditText
        android:id="@+id/productName"
        android:layout_width="match_parent"
        android:layout_height="wrap_content"
        android:hint="Product Name" />

    <EditText
        android:id="@+id/productQuantity"
        android:layout_width="match_parent"
        android:layout_height="wrap_content"
        android:hint="Product Quantity"
        android:inputType="number" />

    <Button
        android:id="@+id/saveButton"
        android:layout_width="match_parent"
        android:layout_height="wrap_content"
        android:text="Save Product" />
```

```xml
    <androidx.recyclerview.widget.RecyclerView
        android:id="@+id/recyclerView"
        android:layout_width="match_parent"
        android:layout_height="0dp"
        android:layout_weight="1"
        android:padding="16dp" />

</LinearLayout>
```

- item_product.xml

```xml
<?xml version="1.0" encoding="utf-8"?>
<LinearLayout xmlns:android="http://schemas.android.com/apk/res/android"
    android:layout_width="match_parent"
    android:layout_height="wrap_content"
    android:orientation="vertical"
    android:padding="8dp">

    <TextView
        android:id="@+id/productName"
        android:layout_width="wrap_content"
        android:layout_height="wrap_content"
        android:textSize="16sp"
        android:text="Product Name" />

    <TextView
        android:id="@+id/productQuantity"
        android:layout_width="wrap_content"
        android:layout_height="wrap_content"
        android:textSize="14sp"
        android:text="Quantity: 0" />

</LinearLayout>
```

- ProductAdapter.kt

```kotlin
class ProductAdapter :
    RecyclerView.Adapter<ProductAdapter.ProductViewHolder>() {

    private var products = emptyList<Product>()
```

```kotlin
    override fun onCreateViewHolder(parent: ViewGroup, viewType: Int):
        ProductViewHolder {
        val itemView = LayoutInflater.from(parent.context).inflate(
            R.layout.item_product, parent, false)
        return ProductViewHolder(itemView)
    }

    override fun onBindViewHolder(holder: ProductViewHolder, position: Int) {
        val currentProduct = products[position]
        holder.bind(currentProduct)
    }

    override fun getItemCount() = products.size

    fun setProducts(products: List<Product>) {
        this.products = products
        notifyDataSetChanged()
    }

    class ProductViewHolder(itemView: View) : RecyclerView.ViewHolder(
        itemView) {
        private val productName: TextView = itemView.findViewById(
            R.id.productName)
        private val productQuantity: TextView = itemView.findViewById(
            R.id.productQuantity)

        fun bind(product: Product) {
            productName.text = product.name
            productQuantity.text = "Quantity: ${product.quantity}"
        }
    }
}
```

- MainActivity.kt

```kotlin
class MainActivity : AppCompatActivity() {

    private val productViewModel: ProductViewModel by viewModels()

    private lateinit var scannedResult: TextView
    private lateinit var productName: EditText
```

```kotlin
    private lateinit var productQuantity: EditText
    private lateinit var productAdapter: ProductAdapter

    private val barcodeLauncher =
        registerForActivityResult(ScanContract()) { result ->
        if (result.contents != null) {
            scannedResult.text = result.contents
        } else {
            Toast.makeText(this, "Cancelled", Toast.LENGTH_SHORT).show()
        }
    }

    override fun onCreate(savedInstanceState: Bundle?) {
        super.onCreate(savedInstanceState)
        setContentView(R.layout.activity_main)

        scannedResult = findViewById(R.id.scannedResult)
        productName = findViewById(R.id.productName)
        productQuantity = findViewById(R.id.productQuantity)
        val scanButton: Button = findViewById(R.id.scanButton)
        val saveButton: Button = findViewById(R.id.saveButton)
        val recyclerView: RecyclerView = findViewById(R.id.recyclerView)
        productAdapter = ProductAdapter()
        recyclerView.adapter = productAdapter
        recyclerView.layoutManager = LinearLayoutManager(this)

        productViewModel.allProducts.observe(this) { products ->
            products?.let { productAdapter.setProducts(it) }
        }

        scanButton.setOnClickListener {
            val options = ScanOptions()
            options.setDesiredBarcodeFormats(ScanOptions.ALL_CODE_TYPES)
            options.setPrompt("Scan a barcode")
            options.setCameraId(0)
            options.setBeepEnabled(true)
            options.setBarcodeImageEnabled(true)
            barcodeLauncher.launch(options)
        }

        saveButton.setOnClickListener {
            val barcode = scannedResult.text.toString()
            val name = productName.text.toString()
```

```kotlin
            val quantity = productQuantity.text.toString().toIntOrNull()

            if (barcode.isNotEmpty() && name.isNotEmpty() && quantity !=
                null) {
                val product = Product(barcode, name, quantity)
                productViewModel.insert(product)
                Toast.makeText(this, "Product saved", Toast.LENGTH_SHORT)
                    .show()
                clearFields()
            } else {
                Toast.makeText(this, "Please fill all fields",
                    Toast.LENGTH_SHORT).show()
            }
        }
    }

    private fun clearFields() {
        scannedResult.text = ""
        productName.text.clear()
        productQuantity.text.clear()
    }
}
```

문제 **4** API 연동

● activity_main.xml

```xml
<?xml version="1.0" encoding="utf-8"?>
<RelativeLayout
xmlns:android="http://schemas.android.com/apk/res/android"
    xmlns:tools="http://schemas.android.com/tools"
    android:layout_width="match_parent"
    android:layout_height="match_parent"
    tools:context=".MainActivity">

    <fragment
        android:id="@+id/map"
        android:name="com.google.android.gms.maps.SupportMapFragment"
        android:layout_width="match_parent"
        android:layout_height="match_parent"/>

    <LinearLayout
        android:layout_width="match_parent"
        android:layout_height="wrap_content"
        android:orientation="horizontal"
        android:layout_margin="16dp">

        <EditText
            android:id="@+id/search_bar"
            android:layout_width="0dp"
            android:layout_height="wrap_content"
            android:layout_weight="1"
            android:hint="Search Location"
            android:padding="8dp"
            android:background="@drawable/search_bar_bg"
            android:inputType="text" />

        <Button
            android:id="@+id/search_button"
            android:layout_width="wrap_content"
            android:layout_height="wrap_content"
            android:text="Search"
            android:layout_marginStart="16dp" />
    </LinearLayout>
</RelativeLayout>
```

- res/drawable/seach_bar_bg.xml

```xml
<shape xmlns:android="http://schemas.android.com/apk/res/android">
    <solid android:color="#FFFFFF"/>
    <corners android:radius="8dp"/>
    <padding
        android:left="8dp"
        android:top="8dp"
        android:right="8dp"
        android:bottom="8dp"/>
</shape>
```

- MainActivity.kt

```kotlin
class MainActivity : AppCompatActivity(), OnMapReadyCallback {

    private lateinit var mMap: GoogleMap
    private lateinit var searchBar: EditText
    private lateinit var searchButton: Button

    override fun onCreate(savedInstanceState: Bundle?) {
        super.onCreate(savedInstanceState)
        setContentView(R.layout.activity_main)

        searchBar = findViewById(R.id.search_bar)
        searchButton = findViewById(R.id.search_button)

        val mapFragment =
            supportFragmentManager.findFragmentById(R.id.map) as
            SupportMapFragment
        mapFragment.getMapAsync(this)

        searchButton.setOnClickListener {
            val location = searchBar.text.toString()
            if (location.isNotEmpty()) {
                searchLocation(location)
            } else {
                Toast.makeText(this, "검색어를 입력해주세요.",
                    Toast.LENGTH_SHORT).show()
            }
        }
    }
```

```kotlin
override fun onMapReady(googleMap: GoogleMap) {
    mMap = googleMap
    val initialLocation = LatLng(-34.0, 151.0)
    mMap.addMarker(MarkerOptions().position(initialLocation)
        .title("Marker in Sydney"))
    mMap.moveCamera(CameraUpdateFactory.newLatLngZoom(
        initialLocation, 10f))
}

private fun searchLocation(location: String) {
    val geocoder = Geocoder(this)
    CoroutineScope(Dispatchers.IO).launch {
        try {
            val addressList = geocoder.getFromLocationName(location, 1)
            if (!addressList.isNullOrEmpty()) {
                val address = addressList[0]
                val latLng = LatLng(address.latitude,
                    address.longitude)
                withContext(Dispatchers.Main) {
                    mMap.clear()
                    mMap.addMarker(MarkerOptions().position(latLng)
                        .title(location))
                    mMap.animateCamera(CameraUpdateFactory
                        .newLatLngZoom(latLng, 10f))
                }
            } else {
                withContext(Dispatchers.Main) {
                    Toast.makeText(this@MainActivity,
                        "Location not found", Toast.LENGTH_SHORT).show()
                }
            }
        } catch (e: IOException) {
            e.printStackTrace()
            withContext(Dispatchers.Main) {
                Toast.makeText(this@MainActivity, "Geocoder service not
                    available", Toast.LENGTH_SHORT).show()
            }
        }
    }
}
```

위의 코드에서 seachBar에 아무것도 입력하지 않는다면 "검색어를 입력해주세요."라는 토스트 메시지를 출력합니다.

OnMapReady 메서드를 사용하여 초기 위치를 시드니로 조정하고, Marker in Sydney 마커를 추가합니다.

또한 검색 위치를 찾을 수 없거나 API 서비스가 제대로 등록되어 있지 않다면 메시지를 출력합니다.

문제 5 알림

- LocationHelper.kt

```kotlin
class LocationHelper(context: Context) {
    private var fusedLocationClient: FusedLocationProviderClient =
        LocationServices.getFusedLocationProviderClient(context)

    @SuppressLint("MissingPermission")
    fun getLastLocation(callback: (Location?) -> Unit) {
        val task: Task<Location> = fusedLocationClient.lastLocation
        task.addOnSuccessListener { location ->
            callback(location)
        }
        task.addOnFailureListener {
            callback(null)
        }
    }
}
```

- WeatherServiceApi.kt

```kotlin
data class WeatherResponse(val main: Main)
data class Main(val temp: Float)

interface WeatherServiceApi {
    @GET("weather")
    suspend fun getWeather(@Query("lat") lat: Double, @Query("lon") lon:
        Double, @Query("appid") apiKey: String): WeatherResponse

    companion object {
        private const val BASE_URL =
            "https://api.openweathermap.org/data/2.5/"

        fun create(): WeatherServiceApi {
            val retrofit = Retrofit.Builder()
                .addConverterFactory(GsonConverterFactory.create())
                .baseUrl(BASE_URL)
                .build()
            return retrofit.create(WeatherServiceApi::class.java)
        }
    }
}
```

● NotificationHelper.kt

```kotlin
class NotificationHelper(private val context: Context) {
    private val CHANNEL_ID = "weather_channel"
    private val NOTIFICATION_ID = 1

    init {
        createNotificationChannel()
    }

    private fun createNotificationChannel() {
        if (Build.VERSION.SDK_INT >= Build.VERSION_CODES.O) {
            val name = "Weather Channel"
            val descriptionText = "Channel for weather notifications"
            val importance = NotificationManager.IMPORTANCE_DEFAULT
            val channel = NotificationChannel(CHANNEL_ID, name,
                importance).apply {
                description = descriptionText
            }
            val notificationManager: NotificationManager =
                context.getSystemService(Context.NOTIFICATION_SERVICE) as
                    NotificationManager
            notificationManager.createNotificationChannel(channel)
        }
    }

    fun sendNotification(message: String) {
        val builder = NotificationCompat.Builder(context, CHANNEL_ID)
            .setSmallIcon(R.drawable.ic_launcher_foreground)
            .setContentTitle("Weather Update")
            .setContentText(message)
            .setPriority(NotificationCompat.PRIORITY_DEFAULT)

        with(NotificationManagerCompat.from(context)) {
            notify(NOTIFICATION_ID, builder.build())
        }
    }
}
```

● WeatherAlarmReceiver.kt

```kotlin
class WeatherAlarmReceiver : BroadcastReceiver() {
    override fun onReceive(context: Context, intent: Intent) {
        val serviceIntent = Intent(context, WeatherService::class.java)
        if (android.os.Build.VERSION.SDK_INT >= android.os.Build.VERSION_CODES.O) {
            context.startForegroundService(serviceIntent)
        } else {
            context.startService(serviceIntent)
        }
    }
}
```

● WeatherService.kt

```kotlin
class WeatherService : Service() {

    private lateinit var locationHelper: LocationHelper
    private lateinit var weatherServiceApi: WeatherServiceApi
    private lateinit var notificationHelper: NotificationHelper

    override fun onCreate() {
        super.onCreate()
        locationHelper = LocationHelper(this)
        weatherServiceApi = WeatherServiceApi.create()
        notificationHelper = NotificationHelper(this)
    }

    override fun onStartCommand(intent: Intent?, flags: Int, startId: Int): Int {
        fetchWeatherAndNotify()
        return START_NOT_STICKY
    }

    private fun fetchWeatherAndNotify() {
        locationHelper.getLastLocation { location ->
            location?.let {
                CoroutineScope(Dispatchers.IO).launch {
                    try {
                        Toast.makeText(this@WeatherService, "알림",
                            Toast.LENGTH_SHORT).show()
                        val response = weatherServiceApi.getWeather(it.
```

```
                        latitude, it.longitude, "YOUR_API_KEY_HERE")
                    withContext(Dispatchers.Main) {
                        notificationHelper.sendNotification("Current
                            temperature: ${response.main.temp}")
                    }
                } catch (e: Exception) {
                    e.printStackTrace()
                    withContext(Dispatchers.Main) {
                        Toast.makeText(this@WeatherService, "Failed to
                            fetch weather data", Toast.LENGTH_SHORT).show()
                    }
                }
            }
        }
    }

    override fun onBind(intent: Intent?): IBinder? {
        return null
    }
}
```

- SettingsActivity.kt

```
class SettingsActivity : AppCompatActivity() {

    override fun onCreate(savedInstanceState: Bundle?) {
        super.onCreate(savedInstanceState)
        supportFragmentManager
            .beginTransaction()
            .replace(android.R.id.content, SettingsFragment())
            .commit()
    }

    class SettingsFragment : PreferenceFragmentCompat() {
        override fun onCreatePreferences(savedInstanceState: Bundle?,
            rootKey: String?) {
            setPreferencesFromResource(R.xml.preferences, rootKey)
        }
    }
}
```

- res/xml/preferences.xml

```xml
<?xml version="1.0" encoding="utf-8"?>
<PreferenceScreen
xmlns:android="http://schemas.android.com/apk/res/android">
    <EditTextPreference
        android:key="notification_time"
        android:title="Notification Time"
        android:inputType="time"
        android:defaultValue="08:00" />
</PreferenceScreen>
```

- activity_main.xml

```xml
<?xml version="1.0" encoding="utf-8"?>
<RelativeLayout xmlns:android="http://schemas.android.com/apk/res/android"
    xmlns:tools="http://schemas.android.com/tools"
    android:layout_width="match_parent"
    android:layout_height="match_parent"
    tools:context=".MainActivity">

    <Button
        android:id="@+id/schedule_button"
        android:layout_width="wrap_content"
        android:layout_height="wrap_content"
        android:text="Schedule Weather Update"
        android:layout_centerInParent="true"/>

    <TextView
        android:id="@+id/schedule_info_text"
        android:layout_width="wrap_content"
        android:layout_height="wrap_content"
        android:text="No schedule set."
        android:layout_below="@id/schedule_button"
        android:layout_centerHorizontal="true"
        android:layout_marginTop="16dp"
        android:textSize="16sp"/>

</RelativeLayout>
```

● MainActivity.kt

```kotlin
class MainActivity : AppCompatActivity() {

    private lateinit var scheduleButton: Button
    private lateinit var scheduleInfoText: TextView

    private val requestPermissionLauncher = registerForActivityResult(
        ActivityResultContracts.RequestPermission()
    ) { isGranted: Boolean ->
        if (isGranted) {
            // 권한이 부여된 경우 알림 예약
            scheduleWeatherUpdate()
        } else {
            // 권한이 부여되지 않은 경우 처리
            scheduleInfoText.text = "Permission denied. Cannot schedule
                weather updates."
        }
    }

    override fun onCreate(savedInstanceState: Bundle?) {
        super.onCreate(savedInstanceState)
        setContentView(R.layout.activity_main)

        scheduleButton = findViewById(R.id.schedule_button)
        scheduleInfoText = findViewById(R.id.schedule_info_text)

        scheduleButton.setOnClickListener {
            if (Build.VERSION.SDK_INT >= Build.VERSION_CODES.TIRAMISU) {
                when {
                    ContextCompat.checkSelfPermission(
                        this,
                        android.Manifest.permission.POST_NOTIFICATIONS
                    ) == PackageManager.PERMISSION_GRANTED -> {
                        // 권한이 이미 부여된 경우 알림 예약
                        scheduleWeatherUpdate()
                    }
                    shouldShowRequestPermissionRationale(
                        android.Manifest.permission.POST_NOTIFICATIONS) -> {
                        // 권한 설명 필요 시 처리
                        scheduleInfoText.text = "Notification permission is
                            required to schedule weather updates."
                    }
```

```kotlin
            else -> {
                // 권한 요청
                requestPermissionLauncher.launch(android.Manifest
                    .permission.POST_NOTIFICATIONS)
            }
        }
    } else {
        // Android 13 미만에서는 권한 요청 없이 바로 알림 예약
        scheduleWeatherUpdate()
    }
}

private fun scheduleWeatherUpdate() {
    val prefs = PreferenceManager.getDefaultSharedPreferences(this)
    val time = prefs.getString("notification_time", "08:00") ?: "08:00"
    val parts = time.split(":").map { it.toInt() }

    val calendar = Calendar.getInstance().apply {
        set(Calendar.HOUR_OF_DAY, parts[0])
        set(Calendar.MINUTE, parts[1])
        set(Calendar.SECOND, 0)
        set(Calendar.MILLISECOND, 0)
    }

    if (calendar.timeInMillis < System.currentTimeMillis()) {
        calendar.add(Calendar.DAY_OF_YEAR, 1)
    }

    val alarmManager = getSystemService(Context.ALARM_SERVICE) as
        AlarmManager
    val intent = Intent(this, WeatherAlarmReceiver::class.java)
    val pendingIntent = PendingIntent.getBroadcast(
        this,
        0,
        intent,
        PendingIntent.FLAG_UPDATE_CURRENT or PendingIntent.FLAG_IMMUTABLE
    )

    alarmManager.setRepeating(AlarmManager.RTC_WAKEUP,
        calendar.timeInMillis, AlarmManager.INTERVAL_DAY, pendingIntent)

    // 예약된 시간 정보를 TextView에 출력
```

```
        val sdf = SimpleDateFormat("yyyy-MM-dd HH:mm:ss",
          Locale.getDefault())
        val scheduledTime = sdf.format(calendar.time)
        scheduleInfoText.text = "Next update scheduled at: $scheduledTime"
    }
}
```

위코드를 기반으로 날씨 앱을 구현할 수 있으며, 사용자가 설정한 시간에 따라 날씨 정보를 업데이트하고 알림을 전송하는 기능을 추가할 수 있습니다. 현재 오후 6시(18:00)을 기준으로 코드를 작성하였으며 해당 부분을 수정하여 시간을 변경하여 확인할 수 있습니다.

문제 **6** 로컬 저장소와 파일 시스템

● activity_main.xml

```xml
<LinearLayout xmlns:android="http://schemas.android.com/apk/res/android"
    android:layout_width="match_parent"
    android:layout_height="match_parent"
    android:orientation="vertical"
    android:padding="16dp">

    <EditText
        android:id="@+id/noteEditText"
        android:layout_width="match_parent"
        android:layout_height="wrap_content"
        android:hint="메모를 작성하세요."
        android:inputType="textMultiLine"
        android:minLines="5"/>

    <Button
        android:id="@+id/saveButton"
        android:layout_width="wrap_content"
        android:layout_height="wrap_content"
        android:text="Save Note" />

    <ListView
        android:id="@+id/noteListView"
        android:layout_width="match_parent"
        android:layout_height="0dp"
        android:layout_weight="1" />

</LinearLayout>
```

● MainActivity.kt

```kotlin
class MainActivity : AppCompatActivity() {

    private lateinit var noteEditText: EditText
    private lateinit var saveButton: Button
    private lateinit var noteListView: ListView
    private lateinit var notesDir: File

    override fun onCreate(savedInstanceState: Bundle?) {
```

```kotlin
    super.onCreate(savedInstanceState)
    setContentView(R.layout.activity_main)

    noteEditText = findViewById(R.id.noteEditText)
    saveButton = findViewById(R.id.saveButton)
    noteListView = findViewById(R.id.noteListView)

    // 메모를 저장할 디렉토리 설정(앱의 내부 저장소)
    notesDir = File(filesDir, "notes")
    if (!notesDir.exists()) {
        notesDir.mkdir()
    }

    // 저장된 메모 목록 불러오기
    loadNotes()

    saveButton.setOnClickListener {
        saveNote()
    }

    // 메모 선택 시 해당 메모를 불러오기
    noteListView.setOnItemClickListener { _, _, position, _ ->
        val selectedNoteFile = noteListView.getItemAtPosition(position)
            as String
        loadNoteContent(selectedNoteFile)
    }
}

private fun saveNote() {
    val noteContent = noteEditText.text.toString()
    if (noteContent.isNotEmpty()) {
        val fileName = "note_${System.currentTimeMillis()}.txt"
        val noteFile = File(notesDir, fileName)
        noteFile.writeText(noteContent)

        Toast.makeText(this, "Note saved", Toast.LENGTH_SHORT).show()
        noteEditText.text.clear()

        // 저장 후 메모 목록 갱신
        loadNotes()
    } else {
        Toast.makeText(this, "Please write a note",
            Toast.LENGTH_SHORT).show()
```

```kotlin
        }
    }

    private fun loadNotes() {
        val noteFiles = notesDir.listFiles()
        val noteFileNames = noteFiles?.map { it.name } ?: listOf()

        val adapter = ArrayAdapter(this,
            android.R.layout.simple_list_item_1, noteFileNames)
        noteListView.adapter = adapter
    }

    private fun loadNoteContent(fileName: String) {
        val noteFile = File(notesDir, fileName)
        if (noteFile.exists()) {
            val noteContent = noteFile.readText()
            noteEditText.setText(noteContent)
            Toast.makeText(this, "Loaded: $fileName",
                Toast.LENGTH_SHORT).show()
        }
    }
}
```

챕터 요약 정리

01. 예외 처리
애플리케이션뿐만 아니라 개발에서 예외 처리는 중요한 부분으로, 예외 상황을 처리하는 메커니즘을 학습하였습니다. 예외 처리는 앱이 예상치 못한 상황에 대비하고 오류를 처리하고 복구하는 방법을 제공합니다. 예외 처리를 통해 앱의 안정성을 향상시키고 사용자에게 더 나은 사용 경험을 제공할 수 있습니다.

02. 라이브러리 및 패키지
안드로이드 애플리케이션을 개발할 때 외부 라이브러리와 패키지를 활용할 수 있습니다. 여기에서는 다양한 라이브러리와 패키지를 가져오고 사용하는 방법을 배웠습니다. 외부 패키지를 활용하면 앱의 기능을 향상시킬 수 있으며, 개발 시간을 단축시킬 수도 있습니다.

03. 데이터베이스 연동
대부분의 애플리케이션은 데이터를 저장하고 관리해야 합니다. 코틀린에서는 다양한 데이터베이스와 연동할 수 있습니다. 데이터베이스에 데이터를 저장, 검색, 수정하는 방법을 학습하였습니다. 데이터베이스 연동을 통해 앱의 데이터 관리 기능을 개발할 수 있습니다.

04. API 연동
코틀린 애플리케이션은 외부 API와 통신하여 데이터를 가져올 수 있습니다. RESTful API와 통신하여 데이터를 처리하는 방법을 배웠습니다. API 요청과 응답을 처리하는 방법을 학습하고, 외부 서비스의 데이터를 앱에서 활용할 수 있습니다.

05. 알림
알림은 사용자에게 중요한 정보를 전달하는 데 도움을 주는 기능입니다. 여기에서는 안드로이드 앱에서 알림을 표시하고 푸시 알림을 구현하는 방법을 배웠습니다. 알림 기능을 추가하면 앱 사용자에게 더 좋은 상호 작용과 개인화된 경험을 제공할 수 있습니다.

06. 로컬 저장소와 파일 시스템
안드로이드 앱은 로컬 저장소와 파일 시스템을 활용하여 데이터를 저장하고 관리할 수 있습니다. 여기에서는 로컬 저장소와 파일 시스템을 다루며, 파일을 읽고 쓰는 방법을 학습하였습니다. 로컬 저장소와 파일 시스템을 사용하면 오프라인 환경에서도 앱의 데이터를 유지하고 관리할 수 있습니다.

챕터7 안드로이드 앱 개발 심화를 통해 코틀린 개발에 필요한 예외 처리, 외부 라이브러리 및 패키지 사용, 데이터베이스 및 API 연동, 알림 기능, 로컬 저장소와 파일 시스템 활용에 대한 기본 개념과 구현 방법을 학습하였습니다. 이를 통해 다양한 기능을 갖춘 효과적인 안드로이드 앱을 개발할 수 있습니다.

CHAPTER

08

내 일 은 코 틀 린

안드로이드의 고급 주제

01 코루틴과 비동기 처리
02 테스트와 디버깅
03 커스텀뷰와 애니메이션
04 클린 아키텍처와 MVVM 패턴

01

더 멋진 내일(Tomorrow)을 위한 내일(My Career) **내일은 코틀린**

코루틴과 비동기 처리

✓ 핵심 키워드

Provider, ChangeNotifier, Consumer, BLoC, Stream, Sink

여기서는 무얼 배울까

비동기 작업은 UI 스레드를 차단하지 않으면서 백그라운드에서 실행되어야 하지만, 콜백 지옥(Callback Hell)과 같은 코드의 복잡성과 가독성 저하 문제가 있다. 이러한 문제를 해결하기 위해 코틀린의 코루틴을 사용하여 비동기 작업을 효율적으로 처리할 수 있다. 코루틴은 비동기 작업을 선언적이고 구조적으로 다룰 수 있는 도구로서, 콜백 지옥과 같은 문제를 해결하고 코드를 더 읽기 쉽고 유지·보수하기 쉽게 만들어준다.

비동기 작업과 문제점

비동기 작업은 애플리케이션이 한 작업을 처리하는 동안 다른 작업을 동시에 처리할 수 있는 방식을 의미한다.

우리가 평소에 프로그램을 사용하면서 많이 경험하는 것 중 하나는 바로 대기이다. 예를 들어 네트워크를 통해 데이터를 받아올 때, 파일을 읽거나 쓸 때는 시간이 소요된다. 이러한 작업들을 동기적으로 처리하면 한 작업이 끝날 때까지 다음 작업을 기다려야 한다. 그렇게 되면 사용자는 응답이 없거나, 앱이 느리다고 느낄 수 있다.

이때 비동기 작업이 등장한다. 비동기 작업은 작업을 시작하고 그 결과를 기다리는 동안 다른 작업을 수행할 수 있다. 예를 들어 네트워크 요청을 보내고 응답을 기다리는 동안에도 UI를 업데이트하거나 사용자 입력을 받을 수 있다. 이는 앱을 빠르고 반응성이 뛰어나게 만들어주며, 사용자 경험을 향상시킨다.

비동기 작업을 구현하는 방법은 다양하다. 과거에는 콜백 함수를 사용하는 방식이 많았는데, 이는 콜백 지옥(Callback Hell)이라는 문제를 야기할 수 있다. 최근에는 Promise, Future, async/await 등의 기술이 등장하여 비동기 작업을 더 간편하고 직관적으로 다룰 수 있게 되었다. 코틀린에서는 코루틴이라는 강력한 기능을 제공하여 비동기 작업을 효율적으로 처리할 수 있다.

안드로이드 애플리케이션에서 비동기 작업은 매우 중요한 개념으로, 그 이유는 다음과 같다.

- **UI 반응성 유지**: 안드로이드 애플리케이션에서는 사용자가 앱을 사용하는 동안 반응성을 유지해야 한다. 사용자가 버튼을 클릭하거나 화면을 스크롤할 때 앱이 끊김 없이 즉각적으로 반응해야 한다. 만약 네트워크 요청이나 데이터베이스 액세스와 같은 작업을 UI 스레드에서 처리하면 해당 작업이 완료될 때까지 UI가 먹통이 되어 사용자가 앱을 느리다고 느낄 수 있다. 이를 방지하기 위해 비동기 작업을 사용하여 메인(UI) 스레드를 차단하지 않고 작업을 수행할 수 있다.

- **네트워크 요청**: 대부분의 안드로이드 애플리케이션은 서버와 통신하여 데이터를 주고받아야 한다. 이 때 네트워크 요청은 시간이 오래 걸리는 작업일 수 있다. 메인(UI) 스레드에서 이러한 요청을 처리하면 사용자 경험이 나빠지고 앱이 느려질 수 있다. 따라서 네트워크 요청은 반드시 비동기적으로 처리되어야 한다.

- **파일 I/O**: 사용자의 데이터를 파일로 저장하거나 파일에서 데이터를 읽어와야 하는 경우도 많다. 이때 파일 I/O 작업은 디스크에 접근하여 데이터를 읽거나 쓰는 과정이기 때문에 시간이 오래 걸릴 수 있다. 메인(UI) 스레드에서 이러한 작업을 수행하면 앱의 반응성이 떨어지게 된다.

- **데이터베이스 액세스**

  대부분의 안드로이드 애플리케이션은 로컬 데이터베이스를 사용하여 데이터를 저장하고 관리한다. 데이터베이스 액세스는 파일 I/O와 비슷하게 시간이 오래 걸릴 수 있는 작업이다. UI 스레드에서 데이터베이스에 대한 작업을 처리하면 앱의 성능이 저하되고 사용자 경험이 좋지 않아질 수 있다.

  이러한 이유로 안드로이드 애플리케이션에서는 네트워크 요청, 파일 I/O, 데이터베이스 액세스와 같은 작업을 모두 비동기적으로 처리해야 한다. 이렇게 하면 UI 스레드를 차단하지 않고 앱의 반응성을 유지할 수 있으며, 사용자에게 더 나은 경험을 제공할 수 있다. 이를 통해 앱이 더 빠르고 부드럽게 작동하며, 사용자는 끊김 없이 앱을 사용할 수 있게 된다.

  콜백 지옥은 비동기 작업을 연쇄적으로 처리할 때 발생하는 코드의 복잡성과 가독성 저하 문제를 의미한다. 이는 주로 콜백 함수를 중첩하여 사용하는 상황에서 나타나는 문제로, 다음과 같은 특징을 가지고 있다.

- **중첩된 콜백 함수**: 비동기 작업을 연쇄적으로 처리할 때마다 콜백 함수를 중첩하여 사용해야 한다. 예를 들어 A 작업이 끝난 후 B 작업을 수행하고, B 작업이 끝난 후 C 작업을 수행해야 할 때, 코드는 아래와 같이 중첩된 형태가 될 수 있다.

```
doA { resultA ->
    // A 작업이 끝난 후
    doB(resultA) { resultB ->
        // B 작업이 끝난 후
        doC(resultB) { resultC ->
            // C 작업이 끝난 후
            // ...
        }
    }
}
```

이렇게 콜백 함수가 계속 중첩되면 코드의 구조가 복잡해지고 가독성이 떨어진다.

- **에러 처리의 어려움**: 콜백 함수 중 하나에서 에러가 발생하면 전체 연쇄 작업이 중단될 수 있다. 이때 에러 처리를 각 단계마다 해야 하는데, 중첩된 콜백 함수에서 이를 처리하는 것은 번거롭고 실수하기 쉽다.

- **코드의 길어짐**: 콜백 지옥에서는 코드가 길어지기 때문에 코드의 유지·보수가 어려워진다. 작은 수정이나 추가가 있을 때마다 모든 중첩된 콜백을 살펴보고 수정해야 하는 번거로움이 있다.

- **가독성 저하**: 코드가 중첩되고 길어지면서 가독성이 떨어진다. 코드의 의도를 파악하기 어렵고, 개발자들 간의 협업이 어려워질 수 있다.

- **순차적 처리 제약**: 콜백 지옥에서는 작업의 순서를 바꾸거나 동시에 여러 작업을 처리하는 것이 어렵다. 모든 작업을 연속적으로 처리해야 하므로 성능이 저하될 수 있다.

이러한 문제들로 인해 콜백 지옥은 개발자들에게 큰 고통을 주며, 코드의 유지·보수성과 품질을 떨어뜨린다. 이러한 문제를 해결하기 위해 최근에는 Promise, Future, async/await와 같은 비동기 작업을 더 간편하게 다루는 기술들이 등장하였다. 또한 코틀린의 코루틴을 사용하면 비동기 작업을 더 직관적이고 구조적으로 다룰 수 있으며, 콜백 지옥을 피할 수 있다.

코루틴 소개

코루틴은 Kotlin에서 제공하는 기능으로, 경량 스레드(Lightweight Thread)라고도 불린다. 이는 비동기 작업을 효율적으로 처리하기 위한 구조를 제공한다. 기본적으로 코루틴은 코드의 흐름을 일시 중단하고, 나중에 다시 이어서 실행할 수 있는 제어 흐름 구조를 갖고 있다.

일반적으로 프로그램은 여러 작업을 순차적으로 처리한다. 하지만 때로는 한 작업이 다른 작업에 의존하거나, 네트워크 요청과 같이 시간이 오래 걸리는 작업을 처리해야 할 때가 있다. 이때 기존의 접근 방식으로는 작업을 기다리는 동안 프로그램이 멈추거나 차단될 수 있다. 이런 문제를 해결하기 위해 코루틴이 도입되었다.

코루틴은 코드의 특정 지점에서 일시 중단할 수 있다. 이때 suspend 키워드를 사용하여 해당 지점을 마킹한다. 그리고 코루틴이 일시 중단된 동안 다른 작업을 수행하거나 다른 코루틴을 실행할 수 있다. 이후에 일시 중단된 코루틴은 다시 resume되어 이전에 멈췄던 지점부터 실행을 재개한다.

이러한 제어 흐름 구조를 통해 코루틴을 사용하면 비동기 작업을 동기적으로 작성할 수 있다. 즉, 코드는 순차적으로 작성되지만 실제로는 비동기 작업을 효율적으로 처리할 수 있다. 이는 코드의 가독성과 유지·보수성을 향상시키며, 콜백 지옥과 같은 문제를 해결하는 데 도움이 된다. 결론적으로 코루틴은 Kotlin에서 비동기 작업을 효율적으로 처리하기 위한 강력한 도구로 사용된다.

코루틴을 사용하면 비동기 작업을 동기적인 코드 구조로 작성할 수 있다. 이는 코루틴이 일시 중단 및 재개가 가능하며, 이러한 특성을 통해 코드가 비동기 작업의 결과를 기다리는 동안 다른 작업을 수행할 수 있다는 것을 의미한다.

보통의 동기적인 코드 구조에서는 한 작업이 끝나야 다음 작업을 수행할 수 있다. 하지만 코루틴을 사용하면 코드가 일시 중단되는 지점에서 suspend 키워드를 통해 작업을 일시 중단할 수 있다. 이때 코루틴은 현재의 실행 상태를 저장하고, 다른 코루틴이 실행될 수 있다.

예를 들어 네트워크 요청을 보내고 그 결과를 기다리는 동안 UI를 차단하지 않고 다른 작업을 수행할 수 있다. 즉, 네트워크 요청을 보낸 후에 코루틴이 일시 중단되어 결과를 기다리는 동안 UI를 업데이트하거나 다른 계산을 수행할 수 있다. 이후에 네트워크 요청의 결과가 도착하면 코루틴은 이전에 일시 중단된 지점부터 다시 실행된다.

이러한 방식으로 코루틴을 사용하면 코드가 자연스럽게 흐르며, 비동기 작업을 마치 동기적으로 처리하는 것처럼 보인다. 또한 코루틴은 쉽게 조합하고 관리할 수 있어 복잡한 비동기 코드를 간결하고 가독성 있게 작성할 수 있다. 따라서 코루틴은 안드로이드 애플리케이션에서 비동기 작업을 효율적으로 처리하는 강력한 도구로 사용된다.

코루틴은 일시 중단되고 재개되는 메커니즘을 제공하여 비동기 작업을 효율적으로 처리한다. 이러한 일시 중단과 재개 메커니즘은 코루틴이 코드의 특정 지점에서 일시 중단되고 다른 작업을 수행한 후에 이어서 실행될 수 있도록 만들어준다.

- **일시 중단 지점 명시**: 코루틴에서는 일시 중단 지점을 명시하기 위해 suspend 키워드를 사용한다. suspend 키워드는 함수나 메소드 앞에 붙여서 해당 함수가 일시 중단될 수 있음을 나타낸다. 일시 중단 지점에서는 주로 비동기 작업을 수행하거나 다른 코루틴을 호출하는 등의 작업을 수행한다.

- **일시 중단 및 재개**: 코루틴이 일시 중단되면 현재의 실행 상태를 저장하고, 코루틴 스케줄러에 의해 다른 작업이 수행된다. 이후에 일시 중단된 코루틴이 다시 실행될 때에는 저장된 실행 상태를 복원하고 이어서 실행된다. 이러한 일시 중단 및 재개 메커니즘을 통해 코루틴은 코드의 흐름을 자연스럽게 제어하면서 비동기 작업을 처리할 수 있다.

- **예시**: 네트워크 요청을 보내는 함수가 suspend 함수로 정의되어 있다면, 해당 함수를 호출할 때는 일시 중단되고 네트워크 요청의 결과를 기다린다. 이후에 네트워크 요청이 완료되면 코루틴은 일시 중단된 지점에서 다시 실행된다. 이러한 과정을 통해 비동기 작업을 마치 동기적으로 처리하는 것처럼 코드를 작성할 수 있다.

코루틴의 일시 중단 및 재개 메커니즘은 코루틴 라이브러리에 내장되어 있어 개발자가 별도로 구현할 필요가 없다. 이를 통해 비동기 작업을 효율적으로 처리하고 코드를 더욱 간결하고 가독성 있게 작성할 수 있다.

코루틴을 사용하면 비동기 코드의 가독성을 향상시킬 수 있다. 비동기 작업은 보통 콜백 함수나 콜백 지옥과 같은 형태로 작성되는데, 이는 코드를 복잡하고 이해하기 어렵게 만든다.

콜백 지옥은 비동기 작업을 연쇄적으로 처리할 때 발생하는 코드의 중첩과 복잡성으로, 콜백 안에 또 다른 콜백이 중첩되는 현상을 말한다. 이러한 구조는 코드를 이해하기 어렵게 만들며, 버그를 찾거나 수정하기도 어렵다.

코루틴을 사용하면 이러한 콜백 지옥을 피할 수 있다. 코루틴을 사용하면 코드가 일시 중단되고 재개되는 지점을 명시적으로 표현할 수 있기 때문에, 코드의 구조가 선명해지고 가독성이 향상된다.

또한 코루틴은 순차적으로 작성된 코드처럼 보이면서도 비동기 작업을 처리할 수 있다. 예를 들어 여러 비동기 작업을 순서대로 처리해야 할 때, 코루틴을 사용하면 코드의 구조를 유지하면서도 비동기 작업의 순서를 명확하게 표현할 수 있다.

이렇게 코루틴을 사용하면 코드의 가독성을 향상시키고, 콜백 지옥과 같은 문제를 피할 수 있다. 또한 코루틴은 코드의 구조를 간결하고 이해하기 쉽게 만들어주므로, 개발자들이 비동기 작업을 효율적으로 처리할 수 있게 도와준다. 이러한 이점들로 인해 안드로이드 애플리케이션에서는 코루틴을 널리 사용하여 비동기 작업을 처리하는 추세다.

코루틴 사용법

suspend 함수

suspend 함수는 코루틴에서 사용되는 일시 중단이 가능한 함수다. 코루틴은 비동기 작업을 처리할 때 사용되며, 비동기 작업을 수행하는 동안 중간에 일시 중단되어 다른 작업을 처리할 수 있게 해준다.

suspend 함수는 코루틴에서 비동기 작업을 처리하는 핵심 요소 중 하나다. 비동기 작업을 수행하고 결과를 반환하기 위해 suspend 함수는 일반적인 함수와는 다르게 suspend 키워드를 사용하여 선언된다. suspend 키워드를 사용함으로써 해당 함수가 일시 중단될 수 있음을 명시적으로 표시하게 된다.

아래는 간단한 예시 코드로 suspend 함수의 사용을 보여준다.

```kotlin
suspend fun fetchDataFromNetwork(): String {
    // 네트워크에서 데이터를 가져오는 비동기 작업 수행
    delay(1000) // 예시로 1초 대기
    return "Data from network"
}

fun main() {
    GlobalScope.launch {
        val result = fetchDataFromNetwork()
        println("Data received: $result")
    }
    println("Coroutine launched")
    Thread.sleep(2000) // 메인 스레드가 종료되지 않도록 대기
}
```

위 예시에서 fetchDataFromNetwork() 함수는 suspend 함수로 선언되어 있다. 이 함수는 네트워크에서 데이터를 가져오는 비동기 작업을 수행하고, 결과를 반환한다. 이때 suspend 함수로 선언되어 있기 때문에 GlobalScope.launch 코루틴 블록 내에서 호출되어야 한다. 호출된 코루틴은 fetchDataFromNetwork() 함수를 호출하고, 해당 함수가 결과를 반환할 때까지 일시 중단되어 다른 작업을 수행하게 된다.

이렇게 suspend 함수를 사용하면 비동기 작업을 코루틴 내에서 자연스럽게 처리할 수 있다. 이는 코드의 가독성과 유연성을 높여주며, 비동기 작업을 보다 쉽게 구성할 수 있도록 도와준다.

CoroutineScope 함수

CoroutineScope는 코루틴을 실행할 범위를 나타내는 인터페이스로, 코루틴을 생성하고 실행하는 데 사용된다. 코루틴은 CoroutineScope 내에서 실행되며, 해당 범위에서 코루틴의 생명주기를 관리한다.

주요 역할 중 하나는 코루틴의 범위(scope)를 제공하는 것이다. 이는 코루틴이 실행되는 컨텍스트를 정의하고, 코루틴이 어떤 스코프에서 실행되는지 결정한다. CoroutineScope를 사용하여 코루틴을 시작하면, 그 코루틴은 해당 Scope 내에서 동작하며, 해당 Scope이 종료될 때까지 살아있게 된다. 즉, CoroutineScope는 코루틴의 생명주기를 관리하고 제어하는 데 사용된다.

CoroutineScope를 구현하려면 일반적으로 CoroutineScope 인터페이스를 상속하여 사용한다. 예를 들어 Android에서는 ViewModel, Fragment, Activity 등이 CoroutineScope를 구현하고 있다. 따라서 이러한 Android 컴포넌트들은 CoroutineScope 내에서 코루틴을 실행할 수 있다.

CoroutineScope를 사용하여 코루틴을 시작하려면 launch, async 등의 함수를 사용한다. 이러한 함수들은 CoroutineScope의 확장 함수로 제공되며, CoroutineScope 내에서 코루틴을 시작하고 관리하는 데 사용된다.

```
import kotlinx.coroutines.*

fun main() {
    val myScope = CoroutineScope(Dispatchers.Default) // CoroutineScope 생성
    myScope.launch {
        // 이 코루틴은 myScope의 범위에서 실행됨
        delay(1000) // 1초 대기
        println("Coroutine finished")
    }
    // 메인 스레드는 코루틴이 실행되는 동안 대기하지 않고 진행됨
    println("Main thread continues")
    Thread.sleep(2000) // 메인 스레드가 종료되지 않도록 대기
}
```

위 예시에서 CoroutineScope(Dispatchers.Default)로 새로운 CoroutineScope를 생성하고, 이 Scope 내에서 launch 함수를 사용하여 코루틴을 실행하고 있다. 코루틴은 delay(1000) 함수로 1초 동안 일시 중단되고, 이후 "Coroutine finished" 메시지가 출력된다.

이렇게 CoroutineScope를 사용하면 코루틴을 시작하고 범위를 제어할 수 있으며, 코루틴을 실행하는 컨텍스트를 명시적으로 정의하고 범위를 지정하여 코루틴의 생명주기를 관리할 수 있다.

launch 함수

launch 함수는 CoroutineScope 내에서 새로운 코루틴을 시작하는 함수로, 비동기 작업을 수행하는 데 사용된다. 이 함수는 다음과 같은 형식으로 사용된다.

```
fun CoroutineScope.launch(
    context: CoroutineContext = EmptyCoroutineContext,
    start: CoroutineStart = CoroutineStart.DEFAULT,
    block: suspend CoroutineScope.() -> Unit
): Job
```

- context: 코루틴이 실행될 때의 컨텍스트를 정의한다. 기본값은 EmptyCoroutineContext이며, 이를 통해 CoroutineScope의 기본 스레드에서 코루틴을 실행한다. 예를 들어 Dispatchers.Default, Dispatchers.IO 등을 지정하여 다른 스레드에서 실행할 수 있다.

- start: 코루틴을 시작할 방법을 정의한다. 기본값은 CoroutineStart.DEFAULT로, 지정된 컨텍스트에서 즉시 실행된다. CoroutineStart.LAZY로 설정하면 코루틴이 처음 사용될 때까지 실행을 지연시킬 수 있다.

- block: 실제로 실행될 코루틴 블록을 정의한다. 이 블록은 suspend 함수로 선언되어야 하며, CoroutineScope의 확장 함수로 정의된다. 코루틴이 실행되면 이 블록 내부의 코드가 비동기적으로 실행된다.

launch 함수는 반환값으로 Job 객체를 제공한다. 이 Job 객체를 사용하여 코루틴을 제어하고 관리할 수 있다. 예를 들어 코루틴을 취소하거나 상태를 확인하는 등의 작업을 수행할 수 있다.

아래는 간단한 예시 코드다.

```
import kotlinx.coroutines.*

fun main() {
    val myScope = CoroutineScope(Dispatchers.Default) // CoroutineScope 생성
    val job = myScope.launch {
        // launch 함수로 새로운 코루틴 시작
        delay(1000) // 1초 대기
        println("Coroutine finished")
    }

    // 메인 스레드는 코루틴이 실행되는 동안 대기하지 않고 진행됨
    println("Main thread continues")
```

```kotlin
    // 코루틴이 완료될 때까지 대기
    runBlocking {
        job.join()
        println("Coroutine has completed")
    }
}
```

위 예시에서 launch 함수를 사용하여 myScope CoroutineScope 내에서 새로운 코루틴을 시작하고 있다. 코루틴은 delay(1000) 함수로 1초 동안 일시 중단되고, 이후 "Coroutine finished" 메시지가 출력된다. runBlocking을 사용하여 메인 스레드가 코루틴이 완료될 때까지 대기하도록 하였다.

이처럼 launch 함수를 사용하면 간단하게 새로운 코루틴을 시작하고 비동기 작업을 수행할 수 있다. 반환된 Job 객체를 사용하여 코루틴을 제어하고 관리할 수 있다.

먼저, 코루틴을 구현하기 위해선 suspend 함수를 사용하여 비동기 작업을 수행하는 함수를 만들어야 한다. 그리고 CoroutineScope 내에서 launch 함수를 사용하여 이러한 suspend 함수를 실행할 수 있다.

아래 예시 코드에서는 간단한 비동기 작업을 수행하는 fetchUserData 함수를 만들고, 이를 launch 함수를 사용하여 실행하는 방법을 보여준다.

```kotlin
import kotlinx.coroutines.*

// 비동기 작업을 수행하는 suspend 함수
suspend fun fetchUserData(userId: String): String {
    delay(1000) // 1초 대기 (실제로는 네트워크 요청 등의 작업)
    return "User data for userId: $userId"
}

fun main() {
    // CoroutineScope 생성
    val myScope = CoroutineScope(Dispatchers.Default)

    // launch 함수를 사용하여 비동기 작업 실행
    val job = myScope.launch {
        val result = fetchUserData("123")
        println(result)
    }

    // 메인 스레드는 코루틴이 실행되는 동안 대기하지 않고 진행됨
    println("Main thread continues")
```

```
    // 코루틴이 완료될 때까지 대기
    runBlocking {
        job.join()
        println("Coroutine has completed")
    }
}
```

위 예시 코드에서는 launch 함수를 사용하여 fetchUserData 함수를 비동기적으로 실행하고, 코루틴이 완료될 때까지 대기하는 방법을 보여주고 있다. 이렇게 코루틴을 사용하면 비동기 작업을 간편하게 처리할 수 있으며, 코드의 가독성과 유지·보수성을 높일 수 있다.

코루틴의 기본 사용법

```
import kotlinx.coroutines.*

suspend fun fetchData(): String {
    delay(1000) // 네트워크 요청을 대체하기 위한 1초 딜레이
    return "Data fetched!"
}

fun main() = runBlocking {
    println("Main thread starts")

    val job = launch {
        val result = fetchData()
        println(result)
    }

    println("Main thread continues")

    job.join() // 코루틴이 완료될 때까지 대기

    println("Main thread ends")
}
```

이 예시는 fetchData 함수를 호출하여 1초의 딜레이 후에 "Data fetched!"를 반환하는 간단한 비동기 작업을 수행한다. launch 함수를 사용하여 코루틴을 실행하고, job.join()을 통해 코루틴이 완료될 때까지 메인 스레드가 대기하도록 한다.

네트워크 요청 예시

```kotlin
import kotlinx.coroutines.*
import retrofit2.*
import retrofit2.converter.gson.GsonConverterFactory

data class Post(val id: Int, val title: String, val body: String)

suspend fun fetchPost(): Post {
    val retrofit = Retrofit.Builder()
        .baseUrl("https://jsonplaceholder.typicode.com")
        .addConverterFactory(GsonConverterFactory.create())
        .build()

    val service = retrofit.create(PostService::class.java)
    return service.getPost(1)
}

interface PostService {
    @GET("/posts/{id}")
    suspend fun getPost(@Path("id") id: Int): Post
}

fun main() = runBlocking {
    println("Main thread starts")

    val job = launch {
        val post = fetchPost()
        println("Fetched Post: $post")
    }

    println("Main thread continues")

    job.join() // 코루틴이 완료될 때까지 대기

    println("Main thread ends")
}
```

이 예시는 Retrofit을 사용하여 https://jsonplaceholder.typicode.com/posts/1에 GET 요청을 보내고, 그 결과를 코루틴을 통해 처리한다. fetchPost 함수는 네트워크 요청을 비동기적으로 처리하며, launch 함수를 사용하여 코루틴을 실행한다.

파일 I/O 예시

```
import kotlinx.coroutines.*
import java.io.File

suspend fun writeToFile(filename: String, content: String) {
    File(filename).writeText(content)
}

suspend fun readFromFile(filename: String): String {
    return File(filename).readText()
}

fun main() = runBlocking {
    println("Main thread starts")

    val job = launch {
        val filename = "example.txt"
        val content = "Hello, Coroutine!"

        // 파일 쓰기
        writeToFile(filename, content)
        println("File written: $filename")

        // 파일 읽기
        val readContent = readFromFile(filename)
        println("Read content: $readContent")
    }

    println("Main thread continues")

    job.join() // 코루틴이 완료될 때까지 대기

    println("Main thread ends")
}
```

이 예시는 writeToFile 함수를 사용하여 "example.txt" 파일에 텍스트를 쓴다. 그 후 readFromFile 함수를 사용하여 파일의 내용을 읽어와 출력한다.

데이터베이스 액세스 예시

```kotlin
import kotlinx.coroutines.*
import androidx.room.*

@Entity
data class User(
    @PrimaryKey val uid: Int,
    val name: String
)

@Dao
interface UserDao {
    @Query("SELECT * FROM User WHERE uid = :userId")
    suspend fun getUser(userId: Int): User

    @Insert
    suspend fun insert(user: User)
}

@Database(entities = [User::class], version = 1)
abstract class AppDatabase : RoomDatabase() {
    abstract fun userDao(): UserDao
}

fun main(context: Context) = runBlocking {
    println("Main thread starts")

    val db = Room.databaseBuilder(
        context
        AppDatabase::class.java, "app-database"
    ).build()

    val userDao = db.userDao()

    val job = launch {
        // 새로운 사용자 추가
        val newUser = User(1, "Alice")
        userDao.insert(newUser)
        println("User added: $newUser")

        // 사용자 조회
        val retrievedUser = userDao.getUser(1)
```

```
        println("Retrieved User: $retrievedUser")
    }

    println("Main thread continues")

    job.join() // 코루틴이 완료될 때까지 대기

    println("Main thread ends")
}
```

이 예시는 Room 라이브러리를 사용하여 데이터베이스에 사용자를 추가하고, 추가된 사용자를 조회하는 작업을 코루틴을 통해 처리한다. insert 함수와 getUser 함수는 suspend 키워드를 사용하여 비동기 작업을 수행하며, 코루틴을 사용하여 실행된다.

코루틴의 장단점

장점

- **경량 스레드(Lightweight Threads)**: 코루틴은 경량 스레드로 동작하며, 스레드를 생성하고 관리하는데 드는 비용이 적다. 따라서 수천 개의 코루틴을 생성하더라도 메모리 및 CPU 자원을 효율적으로 사용할 수 있다.

- **코드 가독성 및 유지·보수성**: 코루틴을 사용하면 콜백 지옥과 같은 문제를 피할 수 있다. 비동기 코드를 동기식으로 작성하며, 순차적으로 코드를 작성하면서도 실제로는 비동기 작업을 수행할 수 있어 개발자가 코드의 흐름과 구조를 더 잘 이해할 수 있다. 이는 유지·보수 시에도 도움이 된다.

- **자원 관리**: 코루틴은 메모리 누수나 스레드 관리와 같은 일반적인 비동기 코드의 문제를 줄여준다. 스코프(scope) 내에서 동작하므로 스코프가 종료될 때 자원을 자동으로 해제할 수 있다.

단점

- **학습 곡선**: 코루틴은 비동기 프로그래밍의 새로운 패러다임을 도입하기 때문에 처음에는 사용법을 익히는 데 시간이 걸릴 수 있다. 특히 코루틴의 개념과 사용법을 이해하는데 일정한 학습 곡선이 필요하다.

- **코드 복잡성**: 코루틴을 사용하면 코드의 복잡성이 증가할 수 있다. 특히 다수의 코루틴이 상호 작용하고 데이터를 주고받는 경우 코드의 이해와 디버깅이 어려울 수 있다.
- **메모리 누수**: 잘못된 코루틴 사용은 메모리 누수를 발생시킬 수 있다. 특히 코루틴이 제대로 종료되지 않는 경우에는 자원 해제가 제대로 이루어지지 않을 수 있다.

주의할 점

- **스코프와 생명주기**: 코루틴을 사용할 때는 적절한 스코프를 관리하여 생명주기를 이해해야 한다. 코루틴이 실행되는 스코프가 종료되면 해당 코루틴도 함께 종료되므로 스코프를 제대로 관리해야 한다.
- **예외 처리**: 비동기 작업에서 예외가 발생할 수 있으므로 적절한 예외 처리가 필요하다. 코루틴에서는 try-catch 블록을 사용하여 예외를 처리할 수 있다.
- **UI 업데이트**: 안드로이드 앱에서는 UI 업데이트는 메인 스레드에서 이루어져야 한다. 따라서 백그라운드에서 비동기 작업을 수행한 후 UI 업데이트를 해야 한다면 withContext(Dispatchers.Main) 등을 사용하여 메인 스레드로 전환해야 한다.

손으로 익히는 코딩

```xml
<uses-permission android:name="android.permission.INTERNET" />
```

네트워크 요청을 통해 데이터를 가져올 수 있도록 인터넷 권한을 추가한다.

손으로 익히는 코딩

```
dependencies {
    …
    implementation("androidx.lifecycle:lifecycle-viewmodel-ktx:X.X.X")
    implementation("com.squareup.retrofit2:retrofit:X.X.X")
    implementation("com.squareup.retrofit2:converter-gson:X.X.X")
}
```

activity_main.xml

 손으로 익히는 코딩

```xml
<?xml version="1.0" encoding="utf-8"?>
<RelativeLayout xmlns:android="http://schemas.android.com/apk/res/android"
    xmlns:tools="http://schemas.android.com/tools"
    android:layout_width="match_parent"
    android:layout_height="match_parent"
    tools:context=".MainActivity">

    <TextView
        android:id="@+id/textView"
        android:layout_width="wrap_content"
        android:layout_height="wrap_content"
        android:layout_centerInParent="true"
        android:text="Data will be displayed here"
        android:textSize="18sp" />

    <Button
        android:id="@+id/button"
        android:layout_width="wrap_content"
        android:layout_height="wrap_content"
        android:layout_below="@id/textView"
        android:layout_centerHorizontal="true"
        android:layout_marginTop="16dp"
        android:text="Fetch Data" />

</RelativeLayout>
```

MainActivity.kt

 손으로 익히는 코딩

```kotlin
class MainActivity : AppCompatActivity() {

    private lateinit var textView: TextView
    private lateinit var button: Button
    private lateinit var viewModel: MainViewModel

    override fun onCreate(savedInstanceState: Bundle?) {
        super.onCreate(savedInstanceState)
```

```kotlin
        setContentView(R.layout.activity_main)

        textView = findViewById(R.id.textView)
        button = findViewById(R.id.button)

        // ApiService 인스턴스 생성
        val apiService = RetrofitInstance.create()
        // Repository 인스턴스 생성
        val repository = Repository(apiService)
        // ViewModelFactory를 통해 MainViewModel 생성
        val factory = MainViewModelFactory(repository)
        viewModel = ViewModelProvider(this, factory).get(MainViewModel::
            class.java)

        viewModel.data.observe(this, Observer { data ->
            // UI 업데이트
            textView.text = data
        })

        button.setOnClickListener {
            viewModel.fetchData()
        }
    }
}
```

RetrofitInstance.kt

손으로 익히는 코딩

```kotlin
object RetrofitInstance {

    private const val BASE_URL = "https://jsonplaceholder.typicode.com/"

    fun create(): ApiService {
        val retrofit = Retrofit.Builder()
            .baseUrl(BASE_URL)
            .addConverterFactory(GsonConverterFactory.create())
            .build()

        return retrofit.create(ApiService::class.java)
    }
}
```

ResponseData.kt

> 손으로 익히는 코딩

```kotlin
data class ResponseData(
    val userId: Int,
    val id: Int,
    val title: String,
    val body: String
)
```

ApiService.kt

> 손으로 익히는 코딩

```kotlin
interface ApiService {

    @GET("posts/1")
    suspend fun getData(): ResponseData
}
```

Repository.kt

> 손으로 익히는 코딩

```kotlin
class Repository(private val apiService: ApiService) {

    suspend fun fetchDataFromNetwork(): String {
        val response = apiService.getData()
        return "Title: ${response.title}\n\nBody: ${response.body}"
    }
}
```

MainViewModel.kt

> 손으로 익히는 코딩

```kotlin
class MainViewModel(private val repository: Repository) : ViewModel() {

    private val _data = MutableLiveData<String>()
    val data: LiveData<String> get() = _data

    fun fetchData() {
        viewModelScope.launch {
            try {
                val result = repository.fetchDataFromNetwork()
                _data.value = result
            } catch (e: Exception) {
                // Handle error
            }
        }
    }
}
```

MainViewModelFactory.kt

> 손으로 익히는 코딩

```kotlin
class MainViewModelFactory(private val repository: Repository) :
    ViewModelProvider.Factory {
    override fun <T : ViewModel> create(modelClass: Class<T>): T {
        if (modelClass.isAssignableFrom(MainViewModel::class.java)) {
            @Suppress("UNCHECKED_CAST")
            return MainViewModel(repository) as T
        }
        throw IllegalArgumentException("Unknown ViewModel class")
    }
}
```

위의 코드를 통해 코루틴을 사용하여 안드로이드 애플리케이션에서 비동기 작업을 처리하는 방법을 확인할 수 있다. 이를 통해 코루틴으로 어떻게 코드를 간결하고 가독성있게 만드는지, 비동기 작업을 효율적으로 처리할 수 있는지를 확인할 수 있다.

에러에서 배우기

- **네트워크 요청 실패**
  네트워크 연결이 없거나, API 서버가 응답하지 않거나, 잘못된 BASE_URL 또는 경로를 사용한 경우 발생할 수 있습니다. viewModel.fetchData()가 호출된 후 UI가 업데이트되지 않거나, 앱이 네트워크 오류를 처리하지 못해 일어납니다. 네트워크 상태를 확인하고, Retrofit에서 제공하는 HttpException을 처리하여 사용자에게 에러 메시지를 표시하여 문제를 파악하고 처리할 수 있습니다.

- **응답 데이터 누락**
  API에서 예상치 못한 빈 데이터가 반환되거나, 응답 구조가 변경된 경우 발생할 수 있습니다. UI에 표시되는 데이터가 비어 있거나 null인 상황으로 알 수 있습니다. API 응답 데이터를 검사하고, 데이터가 비어 있는 경우 이를 처리하도록 코드를 작성하여 해결할 수 있습니다.

- **ViewModel의 생명주기**
  ViewModel이 잘못된 생명주기에서 사용되는 경우 발생할 수 있습니다. 예를 들어 Activity의 onCreate 이전에 ViewModel에 접근하거나, ViewModel이 잘못된 컨텍스트로 생성되었을 때, ViewModelProvider가 ViewModel 인스턴스를 생성하지 못해 IllegalArgumentException이 발생할 수 있습니다.

- **비동기 작업 처리 문제**
  viewModelScope.launch 내에서 비동기 작업이 올바르게 처리되지 않거나, 네트워크 응답이 너무 오래 걸릴 때 발생할 수 있습니다. viewModelScope.launch 내에서 withContext(Dispatchers.Main) 등을 사용하여 UI 관련 작업이 메인 스레드에서 수행되도록 보장하거나 Retrofit 콜백이 올바르게 처리되고 있는지 확인하여야 합니다.

02
더 멋진 내일(Tomorrow)을 위한 내일(My Career) **내일은 코틀린**
테스트와 디버깅

> **핵심 키워드**
>
> 단위 테스트, 통합 테스트, UI 테스트, 디버깅
>
> **여기서는 무얼 배울까**
>
> 테스트는 개발된 소프트웨어가 예상대로 작동하는지 확인하고, 오류를 발견하고 수정하기 위해 실행되는 과정이다. 단위 테스트, 통합 테스트, UI 테스트 등의 다양한 테스트 방법과 효율적인 테스트 전략을 활용하는 법을 알아보고, 테스트와 디버깅에 대한 기본 개념과 실용적인 기술을 습득하여 안정성과 품질 및 성능을 높인 효과적인 앱 개발 방법에 대해 배워본다.

테스트의 중요성과 종류

테스트의 중요성

- **기능 검증 및 사전 예방**: 테스트는 안드로이드 애플리케이션 개발에서 매우 중요한 부분이다. 테스트를 통해 애플리케이션의 기능을 검증하고 예상치 못한 오류를 발견할 수 있다. 이는 사용자가 애플리케이션을 사용할 때 발생할 수 있는 다양한 문제를 사전에 예방하고 사용자에게 더 나은 경험을 제공할 수 있는 기회를 제공한다.

- **안정성과 신뢰성 제고**: 테스트를 통해 코드의 안정성과 신뢰성을 높일 수 있다. 안정적으로 동작하는 코드는 사용자들에게 신뢰감을 줄 뿐만 아니라 애플리케이션의 성능을 향상시키고 유지·보수를 용이하게 만든다. 특히 테스트 주도 개발(TDD, Test-Driven Development) 방법론을 따른다면 더욱 코드 품질을 높일 수 있다. 테스트 코드를 작성하면 요구 사항을 명확히 이해하고 코드를 더 강력하고 견고하게 만들 수 있다.

- **신속한 문제 감지**: 테스트를 통해 애플리케이션의 버그를 신속하게 발견하고 수정할 수 있다. 특히 지속적인 통합(CI, Continuous Integration)과 지속적인 배포(CD, Continuous Deployment) 환경에서 테스트는 필수적이다. 새로운 기능을 추가하거나 코드를 변경할 때마다 테스트를 실행하여 즉시 문제를 감지하고 조치할 수 있다. 이는 사용자에게 안정적이고 믿을 수 있는 애플리케이션을 제공하는 데 중요한 역할을 한다.

테스트의 종류

- **단위 테스트(Unit Testing)**: 소프트웨어 개발에서 가장 기본적인 테스트 방법 중 하나다. 이는 코드의 개별적인 구성 요소, 즉 함수, 메서드 또는 클래스를 격리된 환경에서 테스트하는 것을 의미한다. 단위 테스트는 해당 코드 단위가 예상대로 작동하는지를 확인하고 코드의 안정성을 보장하는 데 중요한 역할을 한다.

- **통합 테스트(Integration Testing)**: 애플리케이션의 다양한 컴포넌트들이 서로 상호 작용하는 방식을 검증하는 테스트다. 단위 테스트가 개별적인 코드 조각을 테스트하는 데 중점을 두는 반면, 통합 테스트는 이러한 단위들이 함께 작동할 때 예상대로 동작하는지를 확인한다.

- **UI 테스트(UI Testing)**: 사용자 인터페이스(UI)의 동작을 검증하는 테스트다. 이 테스트는 앱의 UI 컴포넌트들이 올바르게 동작하며 사용자의 상호 작용에 응답하는지를 확인한다. 예를 들어 버튼을 클릭했을 때 화면이 변경되는지, 입력 필드에 값을 입력했을 때 적절한 반응이 일어나는지 등을 테스트한다.

단위 테스트(Unit Testing)

단위 테스트의 개념

단위 테스트는 소프트웨어의 가장 작은 단위인 'Unit'을 테스트하는 것이다. 이 단위는 주로 함수, 클래스 또는 모듈과 같은 작은 코드 블록을 의미한다. 단위 테스트는 해당 코드 블록이 의도한 대로 동작하는지를 확인하는 것을 목표로 한다. 이를 통해 개발자는 코드의 품질을 유지하고 안정성을 확보할 수 있다.

단위 테스트를 할 때에는 테스트 대상 코드가 예상한 대로 동작하는지를 검증하기 위해 입력값을 제공하고 결과를 확인한다. 테스트 케이스는 다양한 시나리오를 포함하여 가능한 모든 경우를 고려하여 작성되어야 한다. 이러한 테스트 케이스들을 실행하여 코드의 로직이 예상대로 작동하는지 확인한다.

단위 테스트를 통해 코드의 안정성을 보장할 수 있다. 코드를 변경할 때마다 테스트를 실행하여 예상치 못한 부작용이 발생하지 않음을 확인할 수 있다. 또한 테스트를 통해 코드의 문제점을 빠르게 발견하고 수정할 수 있다. 이는 개발 프로세스를 효율적으로 만들어주고 안정성 있는 소프트웨어를 개발하는 데 도움이 된다.

단위 테스트의 목적

- **예상치 못한 부작용 최소화**: 코드를 변경하거나 리팩토링할 때 예상치 못한 부작용이 발생할 수 있다. 단위 테스트를 작성하면 해당 코드 블록이 예상대로 작동하는지를 확인할 수 있으며, 이를 통해 예상치 못한 부작용을 최소화할 수 있다. 코드를 변경했을 때 테스트가 실패한다면 변경한 부분에 문제가 있을 가능성이 높다.

- **코드의 안정성 향상**: 단위 테스트는 코드의 안정성을 보장하는 데 도움이 된다. 테스트가 통과한다면 해당 코드 블록이 기대한 대로 동작한다는 것을 의미하므로, 안정성 있는 소프트웨어를 개발하는 데 중요한 역할을 한다.

- **자신감 부여**: 단위 테스트를 작성하면 코드 변경 시 자신감을 갖게 된다. 코드를 변경했을 때 테스트가 통과한다면 변경한 내용이 올바르게 동작함을 확인할 수 있다. 이는 개발자에게 더 많은 자유와 안정성을 부여한다.

- **품질 향상**: 단위 테스트를 작성하면 코드의 품질을 높일 수 있다. 테스트 케이스를 통해 코드의 예외 상황에 대한 처리 여부나 경계 조건을 확인할 수 있다. 이는 더 견고하고 신뢰할 수 있는 코드를 작성하는 데 도움이 된다.

- **디버깅 시간 단축**: 코드에 문제가 발생했을 때 테스트를 통해 문제가 발생하는 부분을 빠르게 식별할 수 있다. 따라서 디버깅 시간을 단축하고 빠르게 문제를 해결할 수 있다.

JUnit을 사용한 단위 테스트

JUnit을 사용한 단위 테스트는 안드로이드 애플리케이션에서 매우 일반적이다. 이를 통해 ViewModel과 같은 컴포넌트의 메소드를 테스트할 수 있다. 다음은 간단한 예시를 통해 JUnit을 사용한 단위 테스트를 살펴보겠다.

먼저, ViewModel의 메소드를 테스트하기 위한 ViewModel 클래스가 있다고 가정해보겠다. 해당 ViewModel은 숫자를 두 배로 만들어주는 doubleNumber() 메소드를 가지고 있다고 가정한다.

```kotlin
import androidx.lifecycle.ViewModel

class MyViewModel : ViewModel() {

    fun doubleNumber(number: Int): Int {
        return number * 2
    }
}
```

이제 ViewModel의 doubleNumber() 메소드를 테스트하는 JUnit 테스트 케이스를 작성해 보겠다. Test 코드는 test 패키지에 작성하면 된다. **예** com.example.myapplication (test)

테스트 함수 이름에 백틱(`)을 사용하면 공백이나 특수 문자를 포함한 함수 이름을 정의할 수 있다.

```kotlin
import org.junit.Assert.assertEquals
import org.junit.Test

class MyViewModelTest {

    @Test
    fun `test doubleNumber() with positive number`() {
        // Arrange
        val viewModel = MyViewModel()
        val input = 5

        // Act
        val result = viewModel.doubleNumber(input)

        // Assert
        assertEquals(10, result)
    }

    @Test
    fun `test doubleNumber() with zero`() {
        // Arrange
        val viewModel = MyViewModel()
        val input = 0

        // Act
        val result = viewModel.doubleNumber(input)

        // Assert
        assertEquals(0, result)
    }

    @Test
    fun `test doubleNumber() with negative number`() {
        // Arrange
        val viewModel = MyViewModel()
        val input = -3

        // Act
```

```kotlin
        val result = viewModel.doubleNumber(input)

        // Assert
        assertEquals(-6, result)
    }
}
```

위의 예시에서는 MyViewModel 클래스의 doubleNumber() 메소드를 각각의 경우에 대해 테스트하고 있다.

각 테스트는 @Test 어노테이션으로 표시되어 있으며, 테스트 메소드 내에서는 assertEquals() 함수를 사용하여 예상 결과와 실제 결과를 비교하고 있다. 이렇게 JUnit을 사용한 단위 테스트를 통해 ViewModel의 메소드를 테스트할 수 있고, 코드의 동작을 확인하고 예상치 못한 문제를 발견할 수 있다.

단위 테스트의 활용 방법

비즈니스 로직을 테스트하는 예시를 통해 단위 테스트의 활용 방법을 알아보겠다. 다음은 ViewModel과 Repository를 사용하여 사용자의 입력을 처리하고 데이터를 가져오는 상황을 가정한다.

```kotlin
class MyRepository {

    fun fetchDataFromRemote(): String {
        // 데이터를 가져온다고 가정
        return "Data from remote"
    }
}
```

위의 예시에서는 MyRepository 클래스가 데이터를 원격 소스에서 가져오는 fetchDataFromRemote() 메소드를 가지고 있다고 가정한다. 이제 이 Repository를 사용하는 ViewModel을 살펴보겠다.

```kotlin
import androidx.lifecycle.ViewModel

class MyViewModel(private val repository: MyRepository) : ViewModel() {

    fun fetchDataFromRepository(): String {
        // ViewModel에서 Repository를 사용하여 데이터를 가져옴
```

```
        return repository.fetchDataFromRemote()
    }
}
```

MyViewModel 클래스는 MyRepository를 의존성으로 받아서 사용한다. fetchDataFromRepository() 메소드를 통해 Repository를 사용하여 데이터를 가져오는 작업을 수행한다.

이제 위에서 정의한 ViewModel과 Repository를 사용하여 단위 테스트를 작성해보겠다.

```
import org.junit.Assert.assertEquals
import org.junit.Test
import org.mockito.Mockito.`when`
import org.mockito.Mockito.mock

class MyViewModelTest {

    @Test
    fun `test fetchDataFromRepository() with mock repository`() {
        // Arrange
        val mockRepository = mock(MyRepository::class.java)
        val viewModel = MyViewModel(mockRepository)
        `when`(mockRepository.fetchDataFromRemote()).thenReturn("Mocked data")

        // Act
        val result = viewModel.fetchDataFromRepository()

        // Assert
        assertEquals("Mocked data", result)
    }
}
```

위의 예시에서는 MyViewModel의 fetchDataFromRepository() 메소드를 테스트하는 코드를 보여준다. 테스트에서는 Mockito 라이브러리를 사용하여 MyRepository의 모의 객체(Mock Object)를 생성하고, 이 모의 객체를 ViewModel에 주입한다.

Mockito 라이브러리를 사용하기 위해서는 의존성을 추가해야 한다.

```
dependencies {
    ...
    testImplementation("org.mockito.kotlin:mockito-kotlin:X.X.X")
}
```

테스트의 순서

① **Arrange**: 모의 객체를 생성하고, ViewModel을 생성할 때 이 모의 객체를 주입한다. 또한 fetchDataFromRemote() 메소드가 호출될 때 "Mocked data"를 반환하도록 설정한다.

② **Act**: ViewModel의 fetchDataFromRepository() 메소드를 호출하여 결과를 얻는다.

③ **Assert**: 결과를 검증하여 예상 결과와 일치하는지 확인한다.

이렇게 테스트를 통해 ViewModel이 Repository를 올바르게 사용하여 데이터를 가져오는지 확인할 수 있다. 이렇게 작성된 단위 테스트는 코드 변경 시 예상치 못한 문제를 미리 발견하고 코드의 안정성을 보장하는 데 도움이 된다.

모의 객체(Mock Object) 프레임워크를 사용하는 것은 단위 테스트에서 외부 의존성을 테스트하는 중요한 방법 중 하나다. 이를 통해 외부 의존성을 대체하고 테스트의 격리성을 유지할 수 있다. 대표적인 모의 객체 프레임워크로는 Mockito가 있다.

위의 코드에서 중요한 부분은 mock() 함수와 when().thenReturn() 메소드다.

- mock(MyRepository::class.java): MyRepository 클래스의 모의 객체를 생성한다.
- when(mockRepository.fetchDataFromRemote()).thenReturn("Mocked data"): MyRepository 의 fetchDataFromRemote() 메소드가 호출될 때 "Mocked data"를 반환하도록 설정한다.

이렇게 설정된 모의 객체를 ViewModel에 주입하여 테스트를 진행한다. 이를 통해 외부 의존성을 대체하고 ViewModel의 특정 메소드가 예상한 대로 작동하는지 확인할 수 있다. 모의 객체를 사용하면 실제 데이터를 사용하지 않고도 테스트를 수행할 수 있으므로, 테스트의 격리성을 유지하면서도 코드의 동작을 확인할 수 있다.

단기 테스트의 장점

- **코드 변경 시 예상치 못한 부작용 방지**: 단위 테스트는 코드의 각 부분을 독립적으로 테스트하기 때문에, 코드 변경 시 예상치 못한 부작용을 사전에 발견할 수 있다. 새로운 기능 추가나 기존 코드 수정 시 기존 기능이 올바르게 작동하는지 확인할 수 있다. 이를 통해 버그를 사전에 발견하여 개선할 수 있다.

- **코드의 신뢰성 향상**: 단위 테스트를 작성하면 각 함수나 모듈의 동작을 개별적으로 확인할 수 있다. 이는 코드의 신뢰성을 높여준다. 코드가 예상대로 작동하지 않을 때, 테스트를 통해 문제가 발생한 부분을 빠르게 찾을 수 있다.

- **유지·보수성 향상**: 단위 테스트는 코드의 기능을 검증하는 것뿐만 아니라, 코드의 설계를 검증하는 데에도 도움을 준다. 모듈화된 코드를 테스트하기 때문에 코드의 재사용성과 유지·보수성을 높일 수 있다. 또한 다른 개발자가 코드를 이해하고 수정할 때도 테스트 코드를 통해 코드의 동작을 빠르게 파악할 수 있다.

> **Clear Comment**
> 만약 ViewModel의 특정 메소드를 변경하고자 할 때, 해당 메소드의 단위 테스트가 있다면 변경된 코드가 예기치 않은 결과를 발생시킬 가능성이 있는지를 빠르게 확인할 수 있습니다. 이는 애플리케이션의 안정성을 높이고 사용자에게 더 좋은 경험을 제공할 수 있도록 도와줍니다.

통합 테스트(Integration Testing)

통합 테스트의 개념

통합 테스트는 소프트웨어의 여러 컴포넌트가 함께 작동하는 것을 검증하는 테스트다. 이 테스트는 주로 여러 개의 모듈, 클래스, 혹은 시스템 구성 요소들 간의 상호 작용을 테스트한다. 애플리케이션의 각 부분이 서로 잘 통합되어 예상대로 동작하는지 확인하여 시스템 전체적인 안정성과 기능을 검증하는 역할을 한다.

통합 테스트는 일반적으로 단위 테스트(Unit Testing)와는 달리 개별적인 컴포넌트를 격리시키지 않고, 실제로 서로 상호 작용하는지를 검증한다. 예를 들어 안드로이드 애플리케이션에서 통합 테스트는 화면(Activity 또는 Fragment)과 비즈니스 로직(Repository, ViewModel) 간의 상호 작용을 검증한다.

통합 테스트의 목적

- **사용자 경험 검증**: 사용자 인터페이스와 상호 작용하는 부분을 테스트하여 사용자 경험을 검증한다.
- **비즈니스 로직 테스트**: ViewModel이 Repository에서 제공하는 데이터를 제대로 처리하고 표시하는지를 검증한다.
- **시스템의 상호 작용 검증**: 통합 테스트는 애플리케이션의 여러 부분이 올바르게 상호 작용하는지 확인한다. 예를 들어 사용자 인터페이스(UI)가 비즈니스 로직을 제대로 호출하고, 데이터베이스나 외부 서비스와 올바르게 상호 작용하는지를 검증한다.

- **외부 의존성 테스트**: 애플리케이션은 종종 외부 리소스나 서비스와 상호 작용한다. 통합 테스트는 실제 데이터베이스, 네트워크 서버, 혹은 API와의 상호 작용을 테스트하여 예기치 않은 문제를 사전에 발견한다.

- **시스템의 안정성 보장**: 통합 테스트를 통해 애플리케이션의 전반적인 안정성을 확인할 수 있다. 각 부분이 개별적으로는 잘 동작하지만 함께 작동할 때 발생하는 문제를 미리 발견하여 예방할 수 있다.

- **버그와 오류 감소**: 통합 테스트를 통해 애플리케이션의 다양한 부분을 검증하므로, 버그와 오류의 가능성을 줄일 수 있다. 예기치 않은 상황에서 발생할 수 있는 문제를 사전에 찾아 수정함으로써 사용자 경험을 향상시킨다.

- **유지·보수 용이성**: 통합 테스트는 애플리케이션의 전체적인 동작을 확인하므로 코드 변경 후 시스템 전체에 미치는 영향을 파악하기 쉽다. 이는 코드의 유지·보수와 개선을 더 쉽게 할 수 있도록 도와준다.

Espresso를 사용한 통합 테스트

안드로이드 애플리케이션에서 통합 테스트를 작성하기 위해 주로 사용되는 도구 중 하나는 Espresso이다. Espresso는 안드로이드 UI를 자동화하여 테스트하는 도구로, 애플리케이션의 UI와 상호 작용하며 동작을 검증할 수 있다.

통합 테스트를 작성하는 이유는 다양하다. 안드로이드 애플리케이션은 여러 컴포넌트(**예** 액티비티, 프래그먼트, 서비스 등)들이 상호 작용하여 동작한다. 통합 테스트를 통해 이러한 컴포넌트들이 제대로 상호 작용하고 예상대로 동작하는지 확인할 수 있다. 또한 실제 사용자의 시나리오를 흉내내며 UI와 상호 작용하는 테스트를 작성하여 사용자 경험을 검증할 수 있다.

Espresso를 사용하여 통합 테스트를 작성할 때, 다음과 같은 단계를 따른다.

① **UI 요소 찾기**: Espresso는 onView() 메서드를 사용하여 액티비티의 UI 요소를 찾는다. 이를 통해 버튼, 텍스트뷰, 에디트텍스트 등의 UI 요소를 식별할 수 있다.

② **동작 정의**: perform() 메서드를 사용하여 UI 요소에 대한 동작(**예** 클릭, 텍스트 입력 등)을 정의한다. 예를 들어 클릭 액션을 수행하거나 텍스트를 입력하는 등의 동작을 정의한다.

③ **검증**: 검증을 위해 check() 메서드를 사용하여 예상된 결과를 확인한다. 예를 들어 특정 텍스트가 표시되는지, 화면 전환 후 올바른 액티비티가 표시되는지 등을 확인한다.

다음 예시에서는 안드로이드의 표준 예시인 "Hello World" 앱을 대상으로 Espresso를 사용하여 UI 컴포넌트 간의 상호 작용을 테스트하는 방법을 보여준다.

먼저, 다음과 같이 간단한 "Hello World" 앱의 액티비티 코드를 살펴보자. 이 앱은 버튼을 클릭하면 텍스트뷰에 "Hello, Espresso!"라는 텍스트가 표시되는 기능을 가지고 있다.

```kotlin
import android.os.Bundle
import android.widget.Button
import android.widget.TextView
import androidx.appcompat.app.AppCompatActivity

class MainActivity : AppCompatActivity() {

    private lateinit var textView: TextView
    private lateinit var button: Button

    override fun onCreate(savedInstanceState: Bundle?) {
        super.onCreate(savedInstanceState)
        setContentView(R.layout.activity_main)

        textView = findViewById(R.id.textView)
        button = findViewById(R.id.button)

        button.setOnClickListener {
            textView.text = "Hello, Espresso!"
        }
    }
}
```

이제 Espresso를 사용하여 이 앱의 통합 테스트를 작성해보겠다. Test 코드는 androidTest 패키지에 작성하면 된다.

```kotlin
import androidx.test.espresso.Espresso.onView
import androidx.test.espresso.action.ViewActions.click
import androidx.test.espresso.assertion.ViewAssertions.matches
import androidx.test.espresso.matcher.ViewMatchers.withId
import androidx.test.espresso.matcher.ViewMatchers.withText
import androidx.test.ext.junit.runners.AndroidJUnit4
import androidx.test.ext.junit.rules.ActivityScenarioRule
import org.junit.Rule
import org.junit.Test
import org.junit.runner.RunWith

@RunWith(AndroidJUnit4::class)
```

```kotlin
class IntegrationTest {

    @get:Rule
    val activityRule = ActivityScenarioRule(MainActivity::class.java)

    @Test
    fun testButtonClick() {
        // 버튼 클릭
        onView(withId(R.id.button)).perform(click())

        // 텍스트뷰의 텍스트가 변경되는지 확인
        onView(withId(R.id.textView)).check(matches(withText(
            "Hello, Espresso!")))
    }
}
```

위의 통합 테스트 코드는 다음과 같은 동작을 수행한다.

- testButtonClick 함수에서 onView(withId(R.id.button)).perform(click()) 코드는 앱의 버튼을 클릭한다.

- 그 후 onView(withId(R.id.textView)).check(matches(withText("Hello, Espresso!"))) 코드는 텍스트뷰의 텍스트가 "Hello, Espresso!"로 변경되는지를 확인한다.

이제 이 테스트 코드를 실행하면 Espresso가 실제 앱을 실행하고 버튼 클릭을 테스트하여 텍스트뷰의 텍스트가 변경되는지를 확인할 것이다. 이 예시를 통해 Espresso를 사용하여 UI 컴포넌트 간의 상호 작용을 테스트하는 방법을 알 수 있다.

액티비티와 프래그먼트 간의 상호 작용

안드로이드 애플리케이션에서는 액티비티와 프래그먼트가 서로 상호 작용하는 경우가 많다. 통합 테스트에서는 이러한 상호 작용을 테스트하여 애플리케이션의 전체적인 동작을 확인할 수 있다. 이를 위해 Espresso를 사용하여 액티비티와 프래그먼트 간의 상호 작용을 테스트하는 방법을 살펴보겠다.

먼저, 간단한 예시를 통해 설명하겠다. 다음과 같이 액티비티(MainActivity)와 프래그먼트(MyFragment)가 상호 작용하는 상황을 가정해보자.

- MainActivity.kt

```kotlin
import android.os.Bundle
import androidx.appcompat.app.AppCompatActivity

class MainActivity : AppCompatActivity() {

    override fun onCreate(savedInstanceState: Bundle?) {
        super.onCreate(savedInstanceState)
        setContentView(R.layout.activity_main)

        val fragment = MyFragment()
        supportFragmentManager.beginTransaction()
            .replace(R.id.container, fragment)
            .commit()
    }
}
```

- MyFragment.kt

```kotlin
import android.os.Bundle
import android.view.LayoutInflater
import android.view.View
import android.view.ViewGroup
import androidx.fragment.app.Fragment
import kotlinx.android.synthetic.main.fragment_my.*

class MyFragment : Fragment() {

    override fun onCreateView(
        inflater: LayoutInflater,
        container: ViewGroup?,
        savedInstanceState: Bundle?
    ): View? {
        return inflater.inflate(R.layout.fragment_my, container, false)
    }

    override fun onViewCreated(view: View, savedInstanceState: Bundle?) {
        super.onViewCreated(view, savedInstanceState)

        view.findViewById<Button>(R.id.button).setOnClickListener {
            view.findViewById<TextView>(R.id.textView).text = "Button Clicked"
```

            }
        }
    }

위의 예시에서는 액티비티가 생성될 때 MyFragment가 추가되고, MyFragment의 버튼을 클릭하면 텍스트뷰의 텍스트가 변경된다.

이제 Espresso를 사용하여 이러한 액티비티와 프래그먼트 간의 상호 작용을 테스트하는 코드를 작성해보겠다.

IntegrationTest.kt

```kotlin
import androidx.test.espresso.Espresso.onView
import androidx.test.espresso.action.ViewActions.click
import androidx.test.espresso.assertion.ViewAssertions.matches
import androidx.test.espresso.matcher.ViewMatchers.withId
import androidx.test.espresso.matcher.ViewMatchers.withText
import androidx.test.ext.junit.runners.AndroidJUnit4
import androidx.test.rule.ActivityTestRule
import org.junit.Rule
import org.junit.Test
import org.junit.runner.RunWith

@RunWith(AndroidJUnit4::class)
class IntegrationTest {

    @get:Rule
    var activityRule: ActivityTestRule<MainActivity> =
        ActivityTestRule(MainActivity::class.java)

    @Test
    fun testButtonClickInFragment() {
        // 버튼 클릭
        onView(withId(R.id.button)).perform(click())

        // 텍스트뷰의 텍스트가 변경되는지 확인
        onView(withId(R.id.textView)).check(matches(withText("Button Clicked")))
    }
}
```

위의 통합 테스트 코드는 다음과 같은 동작을 수행한다.

- testButtonClickInFragment 함수에서 onView(withId(R.id.button)).perform(click()) 코드는 프래그먼트의 버튼을 클릭한다.
- 그 후 onView(withId(R.id.textView)).check(matches(withText("Button Clicked"))) 코드는 텍스트뷰의 텍스트가 "Button Clicked"로 변경되는지를 확인한다.

이렇게 테스트 코드를 작성하면 Espresso가 실제로 액티비티와 프래그먼트를 실행하고 버튼 클릭 이벤트를 테스트하여 텍스트뷰의 텍스트가 변경되는지를 확인할 수 있다. 이를 통해 Espresso를 사용하여 액티비티와 프래그먼트 간의 상호 작용을 테스트하는 방법을 알 수 있다.

UI 테스트(UI Testing)

UI 테스트는 안드로이드 애플리케이션의 사용자 인터페이스(UI)를 검증하는 중요한 부분이다. 이 테스트는 사용자가 앱을 실제로 사용하는 것처럼 행동하고, 앱이 사용자의 상호 작용에 응답하는 방식을 확인한다. 사용자가 버튼을 클릭하거나 입력을 하고 결과를 확인하는 등의 작업을 통해 앱의 동작을 검증한다.

UI 테스트의 주요 목적

- **사용자의 관점에서 앱 검증**: UI 테스트는 사용자의 관점에서 앱을 검증하기 위해 사용자는 주로 앱의 UI를 통해 앱과 상호 작용하며 서비스를 이용한다. 따라서 UI 테스트는 사용자가 앱을 통해 수행하는 작업을 실제로 시뮬레이션하고, 사용자가 예상대로 앱을 사용할 때 발생할 수 있는 문제점을 사전에 발견하는 데 도움을 준다.
- **앱의 신뢰성 확보**: UI 테스트를 통해 앱의 신뢰성을 확보할 수 있다. 사용자가 버튼을 누르거나 화면을 스크롤하는 등의 상호 작용을 정상적으로 수행할 때, 앱은 예상한 대로 동작해야 한다. UI 테스트를 통해 이러한 상호 작용에 대한 신뢰성을 확인할 수 있으며, 예기치 않은 오류를 사전에 찾아내고 수정할 수 있다.
- **사용자 경험 향상**: UI 테스트는 사용자의 경험을 개선하기 위해 앱의 UI가 사용자의 예상대로 동작하지 않으면 사용자는 혼란스러움을 느낄 수 있고, 앱을 떠나게 될 수도 있다. UI 테스트를 통해 사용자가 앱을 쉽게 이해하고 효율적으로 사용할 수 있는지 확인할 수 있다. 이는 사용자 만족도를 높이고 앱의 성공적인 사용을 촉진한다.

- **디자인 일관성 유지**: UI 테스트는 앱의 디자인 일관성을 유지하는 데 도움을 준다. 모든 화면이 일관된 디자인 가이드라인을 따르고 있는지 확인하고, 디자인 요소들이 올바르게 표시되는지를 테스트할 수 있다. 이는 앱의 전반적인 완성도를 높이고 사용자들에게 일관된 시각적 경험을 제공한다.

이러한 UI 테스트를 통해 개발자는 사용자의 관점에서 앱을 검증하고 사용자가 앱을 사용할 때 발생할 수 있는 문제점을 사전에 발견할 수 있다. 이는 앱의 품질 향상과 사용자에게 더 나은 경험을 제공하는 데 도움을 준다.

안드로이드 애플리케이션에서 UI 테스트를 작성하기 위해 Espresso와 같은 UI 테스트 프레임워크를 사용하는 것이 일반적이다. Espresso는 안드로이드의 UI 컴포넌트들과 상호 작용하여 테스트하는 데 최적화된 라이브러리로, 간편하고 강력한 API를 제공하여 UI 테스트를 쉽게 작성할 수 있다.

주요 특징과 작성 방법

- **ViewMatchers**: Espresso는 UI 요소들을 찾기 위한 ViewMatchers를 제공한다. 이를 사용하여 테스트할 UI 요소를 정확하게 식별하고 선택할 수 있다.

    > 예) withId(), withText(), withContentDescription() 등의 Matcher를 사용하여 특정 View를 찾을 수 있다.

- **ViewActions**: 테스트할 UI 요소에 대한 상호 작용을 정의하는 ViewActions를 사용한다. 이를 통해 클릭, 텍스트 입력, 스크롤 등 다양한 작업을 수행할 수 있다.

    > 예) click(), typeText(), scrollTo() 등의 Action을 사용하여 특정 동작을 수행할 수 있다.

- **ViewAssertions**: Espresso는 테스트 결과를 검증하기 위한 ViewAssertions를 제공한다. 이를 사용하여 특정 UI 요소의 상태나 속성을 확인할 수 있다.

    > 예) matches(), doesNotExist(), isDisplayed() 등의 Assertion을 사용하여 UI 상태를 검증할 수 있다.

- **동기화**: Espresso는 자체적으로 앱의 상태와 동기화하여 테스트가 안정적으로 실행되도록 보장한다. UI 요소의 로딩이나 애니메이션 완료 등을 자동으로 기다리기 때문에 명시적인 대기 시간을 설정할 필요가 없다.

UI 테스트의 작성 단계

Espresso를 사용하여 UI 테스트를 작성할 때는 다음과 같은 단계를 따른다.

① **UI 요소 찾기**: ViewMatchers를 사용하여 테스트할 UI 요소를 식별한다.

② **상호 작용**: ViewActions를 사용하여 UI 요소와 상호 작용을 정의한다.

　예 버튼 클릭이나 텍스트 입력 등의 작업을 수행한다.

③ **결과 검증**: ViewAssertions를 사용하여 상호 작용 결과를 검증한다.

　예 화면에 나타나는 특정 텍스트를 확인하거나 UI 요소의 상태를 검사한다.

간단한 예시로 보면, 다음과 같이 Espresso를 사용하여 버튼 클릭 후 특정 텍스트가 화면에 나타나는지를 테스트할 수 있다.

```
// Espresso 테스트 예시
@RunWith(AndroidJUnit4::class)
class MainActivityTest {

    @Rule
    @JvmField
    val activityRule = ActivityScenarioRule(MainActivity::class.java)

    @Test
    fun testButtonClick() {
        // 버튼을 클릭하여 특정 텍스트가 화면에 나타나는지 테스트
        onView(withId(R.id.button))
            .perform(click())

        // 결과 검증: textView에 "Button Clicked!" 텍스트가 있는지 확인
        onView(withId(R.id.textView))
            .check(matches(withText("Button Clicked!")))
    }
}
```

위 예시에서는 onView(), perform(), check() 등의 Espresso의 함수들을 사용하여 테스트를 작성하였다. 이렇게 Espresso를 사용하면 간편하고 정확한 UI 테스트를 작성할 수 있다.

로그인 기능을 가진 앱의 UI 테스트 예시를 살펴보겠다. 이 예시에서는 로그인 버튼을 클릭하여 로그인 화면의 동작을 테스트하고, 올바른 사용자 이름과 비밀번호를 입력한 후에 로그인이 성공하는지 확인하는 테스트를 작성해보겠다.

다음은 Espresso를 사용하여 작성한 해당 UI 테스트 코드다.

먼저, 앱의 로그인 화면은 다음과 같이 구성되어 있다고 가정한다.

- 사용자 이름 입력 EditText: id는 editTextUsername
- 비밀번호 입력 EditText: id는 editTextPassword
- 로그인 버튼 Button: id는 buttonLogin
- 로그인 성공 후 화면에 표시되는 텍스트뷰 TextView: id는 textViewWelcomeMessage

```kotlin
@RunWith(AndroidJUnit4::class)
class LoginActivityTest {

    // LoginActivity를 실행하기 위한 Rule
    @Rule
    @JvmField
    val activityRule = ActivityScenarioRule(LoginActivity::class.java)

    @Test
    fun testLoginSuccess() {
        val validUsername = "user123"
        val validPassword = "pass123"

        // 사용자 이름과 비밀번호를 입력
        onView(withId(R.id.editTextUsername))
            .perform(typeText(validUsername), closeSoftKeyboard())
        onView(withId(R.id.editTextPassword))
            .perform(typeText(validPassword), closeSoftKeyboard())

        // 로그인 버튼 클릭
        onView(withId(R.id.buttonLogin))
            .perform(click())

        // 로그인 성공 후 환영 메시지 확인
        onView(withId(R.id.textViewWelcomeMessage))
            .check(matches(isDisplayed()))
            .check(matches(withText("Welcome, $validUsername!")))
    }
}
```

이 테스트 코드에서는 다음과 같은 단계로 로그인 화면의 UI 테스트를 수행한다.

- typeText(): 사용자 이름과 비밀번호를 입력하는 동작을 정의한다. typeText()는 EditText에 텍스트를 입력하는 동작을 수행한다. closeSoftKeyboard()는 소프트 키보드를 닫는 역할을 한다.

- perform(click()): 로그인 버튼을 클릭하는 동작을 정의한다. 버튼을 클릭하여 로그인을 시도한다.

- check(matches(isDisplayed())): 화면에 텍스트뷰가 표시되는지 확인한다. isDisplayed()는 해당 View가 화면에 보이는지 여부를 확인하는 역할을 한다.

- check(matches(withText("Welcome, $validUsername!"))): 환영 메시지 텍스트를 확인한다. 이때 $validUsername은 실제 입력한 사용자 이름을 나타낸다.

이렇게 작성된 테스트 코드는 사용자 이름과 비밀번호를 입력하고 로그인 버튼을 클릭하여 로그인을 시도하고, 그 결과로 환영 메시지가 올바르게 표시되는지를 확인한다. 이 예시는 실제 사용자의 앱 사용 시나리오와 유사하게 동작하여 앱의 로그인 기능을 테스트하는 데 유용하다.

에러에서 배우기

- **View를 찾을 수 없는 경우**
  withId()로 지정한 View를 찾을 수 없는 경우 발생할 수 있습니다. 이는 View의 ID가 잘못된 경우, View가 화면에 로드되기 전에 테스트가 실행된 경우 등이 있을 수 있습니다.

- **EditText 입력이 완료되지 않은 경우**
  typeText()로 텍스트를 입력하는 동안에도 완료되지 않은 경우가 있을 수 있습니다. 특히 네트워크 요청이나 비동기 작업과 관련된 로그인 과정에서 발생할 수 있습니다.

- **버튼 클릭 시 액티비티 전환이나 다른 뷰로의 이동**
  버튼 클릭 후에 정확한 화면이 나타나지 않는 경우도 있을 수 있습니다. 예를 들어, 로그인 성공 후에 다른 액티비티로 이동하는 경우가 그러한 상황입니다.

- **로그인 실패나 오류 메시지 처리**
  이 테스트는 로그인 성공 케이스만 다루고 있으므로, 로그인 실패나 오류 메시지가 발생할 때의 테스트는 포함되어 있지 않습니다. 따라서 로그인 실패 시 어떻게 동작해야 하는지에 대한 테스트도 추가되어야 합니다.

- **시스템 부하**
  Espresso 테스트를 실행하는 동안 시스템의 부하가 높아지는 경우도 있습니다. 특히 앱이 복잡하거나 로그인 과정에 많은 리소스가 필요한 경우에 발생할 수 있습니다.

- **테스트 실행 순서**
  테스트 실행 순서가 보장되지 않는 경우도 있습니다. Espresso는 UI 상태에 따라 테스트가 실행되므로 다른 테스트에 의해 영향을 받을 수 있습니다.

디버깅(Debugging)

디버깅은 소프트웨어 개발 과정에서 발생하는 버그나 오류를 찾고 수정하는 과정을 말한다. 소프트웨어가 의도대로 동작하지 않을 때, 디버깅을 통해 문제의 원인을 찾고 해결함으로써 안정적인 프로그램을 개발할 수 있다.

디버깅의 단계

① **문제 파악**: 먼저 어떤 문제가 발생했는지를 파악해야 한다. 사용자의 보고서, 오류 메시지, 혹은 예상치 못한 동작을 통해 문제의 성격을 파악한다.

② **원인 분석**: 문제의 원인을 찾기 위해 코드를 검토하고 실행 흐름을 분석한다. 이 과정에서 주로 로그를 사용하여 프로그램의 상태를 추적하고, 오류가 발생한 지점을 파악한다.

③ **해결책 도출**: 문제의 원인을 파악한 후에는 이를 해결할 방안을 도출한다. 이때는 종종 코드의 수정이 필요할 수 있다.

④ **테스트**: 문제가 해결되었는지를 확인하기 위해 테스트를 수행한다. 이 과정에서는 수정된 코드가 기존 문제를 해결하고 다른 부분에 영향을 주지 않는지를 확인한다.

⑤ **적용**: 문제가 해결되었다면 수정 사항을 코드에 적용하여 다시 빌드하고 배포한다.

이러한 과정을 통해 버그를 찾고 수정함으로써 소프트웨어의 품질을 향상시킬 수 있다. 디버깅은 개발 과정에서 불가피하게 발생하는 일이지만, 적절한 기술과 도구를 사용하여 효율적으로 수행할 수 있다.

로그 기록

로그 기록은 안드로이드 애플리케이션의 동작을 추적하고 디버깅하는 데에 매우 중요한 도구다. 주로 Log 클래스를 사용하여 로그를 출력한다. Log 클래스는 안드로이드의 로깅 도구로, 다양한 로그 레벨로 메시지를 출력할 수 있다.

가장 기본적인 로그 레벨은 다음과 같다.

Log.v()	VERBOSE 레벨	가장 낮은 레벨로, 디버깅 시 상세한 정보를 출력할 때 사용한다.
Log.d()	DEBUG 레벨	디버깅 목적으로 사용되며, 개발 중인 코드의 상태나 값 등을 확인할 때 사용한다.
Log.i()	INFO 레벨	정보성 메시지를 출력할 때 사용한다.
Log.w()	WARN 레벨	경고성 메시지를 출력하며, 잠재적인 문제를 알린다.
Log.e()	ERROR 레벨	오류 메시지를 출력하며, 애플리케이션에서 예외가 발생한 경우 사용한다.

각 로그 레벨은 애플리케이션의 로그 출력에 다른 색상과 아이콘을 제공하여 시각적으로 구분할 수 있다.

예를 들어 특정 함수의 실행 흐름을 확인하기 위해 DEBUG 레벨의 로그를 출력하는 방법은 다음과 같다.

```
Log.d("MyActivity", "Function A is called.")
```

이렇게 출력된 로그는 Logcat을 통해 확인할 수 있다. Logcat은 안드로이드 스튜디오의 디버깅 도구로, 앱에서 출력한 로그를 실시간으로 확인할 수 있다. 따라서 애플리케이션 실행 중에 로그를 출력하여 프로그램의 동작을 추적하고 디버깅하는 데 유용하게 사용된다.

로그 기록은 앱의 동작을 추적하고 문제를 식별하는 데 필수적이며, 적절한 로그를 사용하여 애플리케이션의 안정성을 높일 수 있다.

디버깅 모드

디버깅 모드는 안드로이드 디바이스에서 안드로이드 스튜디오 또는 기타 개발 도구와의 통신을 허용하는 모드다. 이 모드를 활성화하면 다음과 같은 작업을 수행할 수 있다.

- **애플리케이션 설치 및 실행**: 디버깅 모드를 활성화하면 안드로이드 스튜디오를 통해 애플리케이션을 디바이스에 직접 설치하고 실행할 수 있다.
- **디버그 정보 로깅**: 디버깅 모드를 활성화하면 애플리케이션에서 발생하는 로그를 안드로이드 스튜디오의 Logcat을 통해 확인할 수 있다. 이를 통해 애플리케이션의 동작을 추적하고 오류를 식별할 수 있다.
- **실시간 디버깅**: 디버깅 모드를 사용하면 디바이스와 안드로이드 스튜디오를 연결하여 애플리케이션을 실행할 때 디버깅을 실시간으로 수행할 수 있다. 디버깅 모드를 통해 코드 라인 단위로 실행을 중지하고 변수의 값을 확인하며 애플리케이션의 동작을 분석할 수 있다.

디버깅 모드를 활성화하는 방법은 다음과 같다.

① 디바이스의 설정으로 이동한다.
② "시스템" 또는 "개발자 옵션"을 선택한다.
③ "USB 디버깅" 또는 "디버깅 모드"를 찾아서 활성화한다.

위의 단계를 수행하면 안드로이드 디바이스가 디버깅 모드로 설정된다. 이제 안드로이드 스튜디오를 사용하여 디바이스를 연결하고 애플리케이션을 디버깅할 수 있다.

디버그 툴과 사용법

안드로이드 스튜디오는 다양한 디버그 툴을 제공하여 개발자가 코드의 실행 상태를 확인하고 버그를 분석할 수 있도록 도와준다. 이러한 디버그 툴들을 효과적으로 활용하여 디버깅을 수행할 수 있다. 주요한 디버그 툴과 그 사용법은 다음과 같다.

- Variables(변수 창)
    - 디버그 중인 앱의 현재 상태에서 변수들의 값을 확인할 수 있다.
    - 코드 실행 중에 특정 변수의 값을 추적하고 디버깅할 때 유용하다.
    - 변수 창에서 변수의 값을 볼 수 있으며, 필요한 경우 값을 변경할 수도 있다.

- Watches(감시 창)
    - Watches 창은 변수나 표현식을 감시할 수 있는 공간이다.
    - 코드 실행 중에 특정 변수나 표현식의 값이 어떻게 변하는지 지속적으로 감시할 수 있다.
    - 감시하려는 변수나 표현식을 Watches 창에 추가하여 값의 변화를 실시간으로 확인할 수 있다.

- Expressions(표현식 평가)
    - 표현식 평가 창을 사용하여 코드에서 사용되는 표현식의 값을 계산하고 결과를 확인할 수 있다.
    - 특정 표현식을 입력하고 평가하면 해당 표현식의 값을 알 수 있다.

- Debugger Controls(디버거 컨트롤)
    - 디버거 컨트롤을 사용하여 코드 실행을 제어할 수 있다.
    - 중단점을 설정하고 코드를 한 줄씩 실행하거나 중지할 수 있다.
    - 코드 실행을 일시 중지하고 중단점에서 변수의 값을 확인할 수 있다.

- Stack Trace(스택 트레이스)
    - 스택 트레이스 창을 통해 현재 호출 스택의 상태를 확인할 수 있다.
    - 코드 실행 중에 함수 호출의 순서와 각 함수의 호출 경로를 파악할 수 있다.
    - 예외 발생 시 스택 트레이스를 통해 예외가 발생한 위치와 호출 경로를 확인할 수 있다.

이러한 디버그 툴들은 안드로이드 스튜디오의 디버깅 과정을 보다 효율적으로 만들어주며, 코드의 실행 상태를 실시간으로 확인하여 버그를 찾고 해결하는 데 도움을 준다. 디버깅 시에는 이러한 툴들을 적극적으로 활용하여 코드의 동작을 분석하고 문제를 해결할 수 있다.

널 포인터 예외(NullPointerException) 해결

가장 흔하게 발생하는 버그 중 하나인 널 포인터 예외를 해결하는 과정을 살펴본다.

다음과 같이 사용자 정보를 표시하는 textView가 있고, 사용자 정보가 널인 경우에는 "Unknown"으로 설정하는 코드가 있다.

```
val user: User? = null
textView.text = user.name ?: "Unknown"
```

하지만 위 코드에서 user가 널인 상황에서 user.name을 호출하면 널 포인터 예외가 발생한다. 따라서, 널 포인터 예외를 방지하기 위해 안전한 호출 연산자 ?.을 사용하여 해결할 수 있다.

```
val user: User? = null
textView.text = user?.name ?: "Unknown"
```

안전한 호출 연산자 ?.은 user가 널인 경우에는 null을 반환하므로 예외가 발생하지 않는다.

로그인 오류 디버깅

사용자의 로그인 기능에서 발생하는 오류를 디버깅하는 과정을 살펴본다. 다음은 사용자가 로그인 시도를 하지만 오류가 발생하여 로그인이 실패하는 상황이다.

- **로그 메시지 확인**: 먼저 로그 메시지를 확인하여 오류의 원인을 파악한다.

```
fun login(username: String, password: String) {
    // 로그인 로직
    if (username.isEmpty() || password.isEmpty()) {
        Log.e("LoginActivity", "Username or password is empty")
        return
    }

    // 로그인 성공 시 로그
    Log.d("LoginActivity", "Login successful for user: $username")

    // 로그인 실패 시 로그
    Log.e("LoginActivity", "Login failed: Invalid credentials")
}
```

- 로그 메시지 분석: 로그 메시지를 통해 오류의 원인을 확인한다.
    - "Username or password is empty" 로그 메시지는 입력 필드가 비어있는지 확인할 수 있다.
    - "Login failed: Invalid credentials" 로그 메시지는 잘못된 자격 증명을 사용하여 로그인 시도했음을 알려준다.
- 오류 수정: 오류의 원인을 파악한 후, 해당 부분을 수정한다.
    - 입력 필드가 비어있는 경우 사용자에게 알림을 표시하거나 로그인 버튼을 비활성화한다.
    - 잘못된 자격 증명이 입력되었을 때 사용자에게 적절한 메시지를 표시하거나 다시 시도할 수 있는 옵션을 제공한다.
- 재테스트
    - 수정한 코드를 다시 테스트하여 로그인 오류가 제대로 처리되는지 확인한다.
    - 이러한 과정을 통해 널 포인터 예외와 로그인 오류와 같은 간단한 버그를 해결할 수 있다.

실제 개발에서는 더 복잡한 상황에 대응해야 할 수도 있지만, 디버깅 과정은 비슷한 원칙을 따른다. 문제의 원인을 찾고 수정하여 테스트하는 과정을 반복함으로써 안정적인 앱을 개발할 수 있다.

테스트 주도 개발(TDD, Test-Driven Development)

테스트 주도 개발은 소프트웨어 개발 방법론 중 하나로, 테스트를 먼저 작성하고 그 테스트를 통과하는 코드를 작성하는 개발 접근 방식이다. TDD는 'Red-Green-Refactor'라고 불리는 간단한 세 단계의 사이클을 따른다.

- Red(실패하는 테스트 작성)
    - 먼저 기능을 구현하기 전에 해당 기능을 테스트하는 작은 테스트를 작성한다.
    - 이 테스트는 아직 구현되지 않은 기능이기 때문에 실패할 것이다. 이 단계를 "Red" 상태라고 한다.
    - 이 단계에서 테스트 케이스는 해당 기능이 완전히 구현되지 않았다는 사실을 나타낸다.
- Green(테스트를 통과하는 코드 작성)
    - 이제 테스트를 통과할 만큼의 코드를 작성한다. 목표는 테스트를 통과하는 것이다.
    - 이 단계에서는 간단하게 작동하는 코드를 작성하여 테스트를 통과한다. 이 코드는 가장 간단한 방법으로 테스트를 통과하기 위한 것이다.

- 이 단계를 통과하면 테스트는 성공하고, 코드는 "Green" 상태가 된다.
● Refactor(코드 리팩토링)
    - 테스트를 통과한 코드를 리팩토링하여 코드의 품질을 개선한다.
    - 코드의 가독성, 유지·보수성, 성능 등을 고려하여 코드를 개선한다. 이 단계를 통해 중복 코드를 제거하거나 코드를 더 간결하게 만들 수 있다.
    - 리팩토링 후에는 다시 테스트를 실행하여 테스트가 여전히 통과하는지 확인한다.

이렇게 'Red-Green-Refactor' 사이클을 반복하면서 소프트웨어를 개발하게 된다. 이러한 접근 방식을 통해 코드를 안정적으로 유지하고 품질을 높일 수 있다. 또한 테스트 케이스는 코드의 사용법과 예상되는 동작을 문서화하는 역할을 하며, 코드 변경 시 예상치 못한 부작용을 사전에 발견할 수 있다. 이는 개발자가 코드를 더 자신 있게 변경하고 유지·보수하는 데 도움이 된다.

테스트 주도 개발(TDD)의 장점

● 안정성
    - TDD는 코드 변경 시 예상치 못한 부작용을 사전에 방지할 수 있다.
    - 테스트가 먼저 작성되기 때문에 새로운 기능을 추가하거나 기존 코드를 변경할 때, 해당 기능이나 코드가 기존 기능을 망가뜨리는 영향을 사전에 확인할 수 있다.
    - 이로 인해 코드의 안정성이 높아지며, 버그를 미리 발견하여 시스템의 신뢰성을 향상시킬 수 있다.
● 문서화
    - 테스트 케이스는 코드의 사용법을 보여주는 문서 역할을 한다.
    - 코드를 작성할 때 테스트 케이스를 작성하면서 코드의 의도와 기능을 명확히 설명할 수 있다.
    - 이는 코드를 이해하고 유지·보수하는 개발자에게 큰 도움이 되며, 코드의 의도를 파악하는데 도움이 된다.
● 리팩토링 지원
    - TDD는 안전한 리팩토링을 가능하게 한다.
    - 테스트가 있는 코드는 리팩토링해도 기능이 깨지지 않는지 쉽게 확인할 수 있다.
    - 따라서 코드를 더 깔끔하게 만들거나 성능을 개선하는 등의 리팩토링 작업을 자주 할 수 있다.

- 개발 속도 향상
  - 초기에 테스트를 작성하고 코드를 작성하는 것이 더 많은 시간을 필요로 할 수 있지만, 코드의 안정성이나 버그를 줄이는 효과로 인해 나중에 발생하는 수정 시간을 줄일 수 있다.
  - 결국 개발 속도를 향상시키고 유지·보수 비용을 절감할 수 있다.

Kotest

Kotlin 기반 테스트 프레임워크

- Kotest는 Kotlin 언어로 작성된 테스트 프레임워크로, Kotlin의 특징과 기능을 활용하여 테스트를 작성하고 관리할 수 있다.
- Kotlin의 간결한 문법과 확장 기능을 이용하여 테스트 코드를 작성할 수 있어, 개발자들이 효율적으로 테스트를 구성할 수 있다.

다양한 기능 제공

Kotest는 다양한 기능을 제공하여 테스트 작성과 관리를 간편하게 할 수 있다.

- Describe-Spec-Test 구조: Kotest는 Describe, Spec, Test 구조를 사용하여 테스트를 구성한다. 이를 통해 테스트를 그룹화하고 설명하는데 용이하다.
  - Describe: 여러 테스트 케이스를 그룹화하고 설명하는 데 사용된다.
  - Spec: Describe 내부에서 사용되며, 테스트의 설정이나 행위를 정의한다.
  - Test: 실제 테스트 케이스를 정의하고 실행한다.
- Matchers: Kotest는 다양한 Matchers를 제공하여 테스트 결과를 검증할 수 있다.
  - 예시: shouldBe, shouldNotBe, shouldThrow, shouldNotThrow 등
  - Matchers를 사용하여 예상한 결과와 실제 결과를 비교하여 테스트 케이스를 작성하고 검증할 수 있다.
- 테스트 실행 및 보고: Kotest는 Gradle이나 Maven과 같은 빌드 도구를 통해 테스트를 실행하고 결과를 보고할 수 있다.
- 결과 보고: Gradle 또는 Maven에서 테스트를 실행하여 테스트 실행 결과를 콘솔에서 확인하거나 HTML 테스트 리포트를 생성하여 테스트 결과를 시각적으로 확인할 수 있다.

Kotlin의 특징과 Kotest의 결합

Kotlin은 간결한 문법과 확장 기능을 제공하는 언어로, 테스트 코드를 간단하고 가독성 있게 작성할 수 있다. Kotest는 Kotlin의 특징을 최대한 활용하여 테스트를 작성하고 실행할 수 있다.

Kotlin과 Kotest의 결합으로 인해 코드의 가독성과 유지·보수성을 높일 수 있다.

Kotest를 프로젝트에 추가하기 위해서는 Gradle 또는 Maven을 통해 의존성을 추가해야 한다.

Gradle을 통한 설치

- build.gradle 파일 수정: 프로젝트의 build.gradle 파일에 Kotest 의존성을 추가한다.

```
dependencies {
    testImplementation("io.kotest:kotest-runner-junit5:<version>")
    // 다른 모듈들도 필요에 따라 추가 가능
}
```

testImplementation 구문을 사용하여 Kotest의 JUnit 5 러너를 추가한다.

〈version〉 부분에는 사용하려는 Kotest 버전을 명시한다. 최신 버전을 사용하는 것이 좋다.

- Gradle Sync: 수정한 build.gradle 파일을 저장하고, Gradle을 통해 프로젝트를 동기화한다.
- 테스트 실행
    - IntelliJ IDEA나 Android Studio에서는 해당 테스트 파일을 우클릭하여 'Run …' 또는 'Debug …'을 선택하여 테스트를 실행할 수 있다.
    - Gradle을 통해 CLI에서도 테스트를 실행할 수 있다. 예를 들어 다음 명령어를 사용한다.

```
./gradlew test
```

Maven을 통한 설치

- pom.xml 파일 수정: 프로젝트의 pom.xml 파일에 Kotest 의존성을 추가한다.

```
<dependencies>
    <dependency>
        <groupId>io.kotest</groupId>
        <artifactId>kotest-runner-junit5</artifactId>
        <version>${kotest.version}</version>
        <scope>test</scope>
```

```
        </dependency>
        <!-- 다른 모듈들도 필요에 따라 추가 가능 -->
</dependencies>
```

- test scope를 사용하여 테스트 시에만 Kotest를 사용하도록 설정한다.
- ${kotest.version} 부분에는 사용하려는 Kotest 버전을 명시한다. 최신 버전을 사용하는 것이 좋다.

- **Maven Update**: 수정한 pom.xml 파일을 저장하고, Maven 프로젝트를 업데이트한다.
- **테스트 실행**
  - IDE에서는 해당 테스트 파일을 우클릭하여 'Run ...' 또는 'Debug ...'을 선택하여 테스트를 실행할 수 있다.
  - Maven CLI를 사용하여 테스트를 실행할 수도 있다. 예를 들어 다음 명령어를 사용한다.

```
mvn test
```

Describe-Spec-Test 구조

- **Describe**: 여러 테스트 케이스를 그룹화하고 설명하는 데 사용된다. 비슷한 특성이나 동작을 가진 테스트들을 묶어주는 역할을 한다.

```
describe("Calculator") {
    // Calculator에 대한 여러 테스트 케이스들을 묶음
}
```

- **Spec**: Describe 내부에서 사용되며, 테스트의 설정이나 행위를 정의한다. 특정 테스트 케이스에 대한 설정을 제공하거나 행동을 정의할 수 있다.

```
describe("Calculator") {
    spec("addition") {
        // 덧셈에 대한 테스트 케이스들을 정의
    }
    spec("subtraction") {
        // 뺄셈에 대한 테스트 케이스들을 정의
    }
}
```

- Test: 실제 테스트 케이스를 정의하고 실행한다. 각각의 Test는 특정 동작 또는 조건에 대한 테스트를 포함한다.

```
describe("Calculator") {
    spec("addition") {
        test("positive numbers") {
            // 양수 덧셈 테스트
        }
        test("negative numbers") {
            // 음수 덧셈 테스트
        }
    }
}
```

Matchers

- should, shouldBe: 값이 예상한 값과 같은지 확인하는 Matchers다.

```
5 shouldBeEqualTo 5 // 값이 같은지 확인
"Kotlin" shouldContain "Kot" // 문자열에 특정 부분이 포함되어 있는지 확인
```

- shouldNotBe, shouldNotContain: 값이 예상한 값과 다른지 또는 특정 부분을 포함하지 않는지 확인하는 Matchers다.

```
10 shouldNotBe 5 // 값이 다른지 확인
"Java" shouldNotContain "Kot" // 문자열에 특정 부분을 포함하지 않는지 확인
```

- shouldThrow, shouldNotThrow: 예외가 발생하는지 또는 발생하지 않는지 확인하는 Matchers다.

```
{ error("Error") } shouldThrow Error::class // 예외가 발생하는지 확인
{ "String".toInt() } shouldThrow NumberFormatException // 특정 예외 타입을
기대하는지 확인
```

예시를 통해 Kotest의 Describe-Spec-Test 구조와 Matchers의 사용법을 살펴보자. 먼저, Gradle을 통해 Kotest를 프로젝트에 추가해야 한다. 아래와 같이 build.gradle.kts 파일에 의존성을 추가한다.

```
dependencies {
    testImplementation("io.kotest:kotest-runner-junit5:X.X.X")
}
```

간단한 덧셈과 뺄셈 기능을 가진 Calculator 클래스를 만들어보겠다.

```
class Calculator {
    fun add(a: Int, b: Int): Int {
        return a + b
    }

    fun subtract(a: Int, b: Int): Int {
        return a - b
    }
}
```

이제 Calculator 클래스의 테스트를 작성해보겠다.

```
import io.kotest.core.spec.style.DescribeSpec
import io.kotest.matchers.shouldBe

class CalculatorTest : DescribeSpec({
    val calculator = Calculator()

    describe("Calculator") {
        describe("addition") {
            it("should return the correct result for positive numbers") {
                val result = calculator.add(5, 3)
                result shouldBe 8
            }

            it("should return the correct result for negative numbers") {
                val result = calculator.add(-10, -5)
                result shouldBe -15
            }
        }

        describe("subtraction") {
            it("should return the correct result for positive numbers") {
                val result = calculator.subtract(10, 4)
                result shouldBe 6
            }
```

```
        it("should return the correct result for negative numbers") {
            val result = calculator.subtract(-8, -3)
            result shouldBe -5
        }
      }
    }
  }
})
```

위 예시에서는 Kotest의 Describe-Spec-Test 구조를 사용하여 Calculator 클래스의 덧셈과 뺄셈 기능을 테스트했다. Matchers를 사용하여 테스트 결과를 검증하고, Gradle을 통해 테스트를 실행할 수 있다. 결과를 확인하여 각 테스트 케이스가 성공적으로 실행되었는지 확인할 수 있다.

> **Tip**
> Kotest는 JUnit 5와의 호환성을 제공하여 JUnit 5를 사용하는 개발자들도 쉽게 Kotest를 이용할 수 있습니다. JUnit 5의 기능과 Kotest의 기능을 결합하여 테스트를 더 다양하게 작성할 수 있습니다. 또한 JUnit 5 테스트 러너를 사용하여 Kotest를 실행할 수 있어서 JUnit 5 사용자에게는 쉬운 이용이 가능합니다.

다음 예시는 간단한 퀴즈 게임으로 사용자에게 퀴즈를 보여주고 사용자가 정답을 선택하면 결과를 표시해주는 기능을 갖춘 앱에 단위 테스트, 통합 테스트, UI 테스트를 활용하여 개발하고, 디버깅 기술을 통해 버그를 해결하는 과정을 다룬다.

 손으로 익히는 코딩

```
dependencies {
    …
    androidTestImplementation("androidx.test:rules:X.X.X")
}
```

- activity_quiz.xml

 손으로 익히는 코딩

```xml
<LinearLayout xmlns:android="http://schemas.android.com/apk/res/android"
    android:layout_width="match_parent"
    android:layout_height="match_parent"
    android:orientation="vertical"
    android:padding="16dp">

    <TextView
```

```xml
        android:id="@+id/questionText"
        android:layout_width="match_parent"
        android:layout_height="wrap_content"
        android:text="Question"
        android:textSize="24sp"
        android:padding="16dp" />

    <EditText
        android:id="@+id/answerInput"
        android:layout_width="match_parent"
        android:layout_height="wrap_content"
        android:hint="Enter your answer" />

    <Button
        android:id="@+id/submitButton"
        android:layout_width="wrap_content"
        android:layout_height="wrap_content"
        android:text="Submit Answer"
        android:layout_gravity="center_horizontal"
        android:layout_marginTop="16dp" />

    <TextView
        android:id="@+id/scoreText"
        android:layout_width="match_parent"
        android:layout_height="wrap_content"
        android:textSize="20sp"
        android:padding="16dp"
        android:layout_marginTop="24dp"
        android:gravity="center_horizontal" />

</LinearLayout>
```

● QuizActivity.kt

 손으로 익히는 코딩

```kotlin
class QuizActivity : AppCompatActivity() {

    private lateinit var quizGame: QuizGame
    private lateinit var questionText: TextView
    private lateinit var answerInput: EditText
    private lateinit var submitButton: Button
    private lateinit var scoreText: TextView
```

```kotlin
    override fun onCreate(savedInstanceState: Bundle?) {
        super.onCreate(savedInstanceState)
        setContentView(R.layout.activity_quiz)

        quizGame = QuizGame()
        quizGame.start()

        questionText = findViewById(R.id.questionText)
        answerInput = findViewById(R.id.answerInput)
        submitButton = findViewById(R.id.submitButton)
        scoreText = findViewById(R.id.scoreText)

        loadNextQuestion()

        submitButton.setOnClickListener {
            val userAnswer = answerInput.text.toString()
            quizGame.answerQuestion(userAnswer)
            if (quizGame.hasMoreQuestions()) {
                loadNextQuestion()
            } else {
                showFinalScore()
            }
            answerInput.text.clear()
        }
    }

    private fun loadNextQuestion() {
        val question = quizGame.getCurrentQuestion()
        questionText.text = question.text
    }

    private fun showFinalScore() {
        questionText.text = "Quiz Finished!"
        scoreText.text = "Your score: ${quizGame.getScore()}"
        submitButton.isEnabled = false
    }
}
```

● Question.kt

 손으로 익히는 코딩

```kotlin
data class Question(val text: String, val answer: String) {
    fun isAnswerCorrect(userAnswer: String): Boolean {
        return userAnswer == answer
    }
}
```

● QuestionTest.kt

 손으로 익히는 코딩

```kotlin
class QuestionTest {
    @Test
    fun `test isAnswerCorrect`() {
        val question = Question("1+1=?", "2")
        assertTrue(question.isAnswerCorrect("2"))
        assertFalse(question.isAnswerCorrect("3"))
    }
}
```

● QuizGame.kt

 손으로 익히는 코딩

```kotlin
class QuizGame {

    private val questions = listOf(
        Question("1+1=?", "2"),
        Question("f?", "Paris")
    )

    private var currentQuestionIndex = 0
    private var score = 0

    fun start() {
        currentQuestionIndex = 0
        score = 0
    }
```

```kotlin
    fun answerQuestion(answer: String) {
        val question = questions[currentQuestionIndex]
        if (question.isAnswerCorrect(answer)) {
            score++
        }
        currentQuestionIndex++
    }

    fun getScore(): Int {
        return score
    }

    fun hasMoreQuestions(): Boolean {
        return currentQuestionIndex < questions.size
    }

    fun getCurrentQuestion(): Question {
        return questions[currentQuestionIndex]
    }
}
```

- androidTest/QuizGameIntegrationTest.kt(Integration Test)

손으로 익히는 코딩

```kotlin
@RunWith(AndroidJUnit4::class)
class QuizGameIntegrationTest {
    @Test
    fun `test quiz game flow`() {
        val quizGame = QuizGame()
        // 간단한 게임 예시
        quizGame.start()
        quizGame.answerQuestion("2")
        quizGame.answerQuestion("Paris")
        assertEquals(2, quizGame.getScore())
    }
}
```

● androidTest/QuizActivityTest.kt(UI Test)

 손으로 익히는 코딩

```
@RunWith(AndroidJUnit4::class)
class QuizActivityTest {

    @get:Rule
    val activityRule = ActivityScenarioRule(QuizActivity::class.java)

    @Test
    fun startQuiz() {
        onView(withId(R.id.submitButton)).perform(click())
        onView(withId(R.id.questionText)).check(matches(isDisplayed()))
        // 다른 UI 요소 테스트 추가 가능
    }
}
```

● test/QuestionTest.kt

 손으로 익히는 코딩

```
class QuestionTest {
    @Test
    fun `test isAnswerCorrect`() {
        val question = Question("1+1=?", "2")
        assertTrue(question.isAnswerCorrect("2"))
        assertFalse(question.isAnswerCorrect("3"))
    }
}
```

androidTest, test 폴더에 넣은 파일들은 별도로 실행하여 확인할 수 있다.

예시를 통해 단위 테스트, 통합 테스트, UI 테스트, 그리고 디버깅 기술을 모두 살펴볼 수 있다. 게임의 각 단계를 테스트하고 디버깅하는 과정을 통해 안드로이드 애플리케이션 개발에서 테스트와 디버깅의 중요성을 체험할 수 있다.

03

더 멋진 내일(Tomorrow)을 위한 내일(My Career) **내일은 코틀린**

커스텀뷰와 애니메이션

> **✓ 핵심 키워드**
>
> 커스텀뷰, 사용자 경험, 화면 전환, UI 요소, 확장 위젯, 애니메이션 효과
>
> **여기서는 무얼 배울까**
>
> 커스텀뷰와 애니메이션은 안드로이드 애플리케이션에서 사용자에게 독특하고 매력적인 화면을 제공하는 데 사용된다. 커스텀뷰는 기존 위젯을 확장하거나 새로운 UI 요소를 만들 수 있게 해주며, 애니메이션은 화면 전환과 요소의 움직임을 부드럽게 표현한다. 이를 통해 사용자의 시각적인 인상을 향상시키고, 앱의 사용성과 매력성을 높일 수 있다.

커스텀뷰(Custom View)

커스텀뷰는 안드로이드 애플리케이션에서 사용자 인터페이스 요소를 개발자가 직접 디자인하고 구현하는 것을 말한다. 안드로이드 프레임워크에서는 기본 위젯인 TextView, Button, ImageView 등이 제공되지만, 이러한 기본 위젯만으로는 모든 요구 사항을 충족시키기 어려울 때가 있다.

커스텀뷰를 사용하면 개발자는 기본 위젯을 확장하거나 완전히 새로운 뷰를 만들어서 애플리케이션의 요구 사항에 맞출 수 있다. 이를 통해 사용자 경험을 개선하거나 특정한 기능을 구현할 수 있다. 예를 들어 그래프를 그리는 데 사용되는 LineChartView나 원형 프로그레스를 표시하는 CircleProgressBar 등이 있다.

커스텀뷰는 안드로이드 애플리케이션의 디자인과 기능성을 높이는 데 중요한 역할을 한다. 따라서 개발자는 애플리케이션의 요구 사항을 충족시키기 위해 필요한 커스텀뷰를 적절히 디자인하고 구현하는 데 신경을 써야 한다.

커스텀뷰 필요성

안드로이드에서 커스텀뷰를 활용하는 것은 기본 위젯으로는 충분하지 않은 특정한 디자인이나 기능을 구현하기 위해 필요하다.

- **고유한 디자인**: 기본 위젯만으로는 표현하기 어려운 고유한 디자인 요소를 구현할 수 있다.
  - 예 회사 브랜드의 색상과 로고를 반영한 버튼이나 특별한 터치 효과를 가진 뷰를 만들 수 있다.
- **고급 기능 구현**: 커스텀뷰를 사용하면 더 많은 기능을 제공할 수 있다.
  - 예 지도를 표시하는 커스텀뷰에서 사용자 정의 마커를 추가하거나, 사용자 입력에 반응하는 복잡한 그래픽 요소를 구현할 수 있다.
- **재사용성과 모듈화**: 커스텀뷰를 통해 여러 화면에서 재사용할 수 있는 UI 요소를 만들 수 있다. 이는 코드의 중복을 줄이고 유지·보수성을 높이며, 개발 생산성을 향상시킨다. 또한 모듈화된 커스텀뷰는 다른 프로젝트에서도 쉽게 재사용할 수 있다.

커스텀뷰를 구현하는 방법은 크게 두 가지다. View 클래스를 상속하거나 ViewGroup 클래스를 확장하는 방법이다.

View 클래스 상속

① View 클래스 상속
- 새로운 커스텀뷰를 만들기 위해 View 클래스를 상속한다. 이는 안드로이드에서 기본적인 뷰의 기능을 상속받아 새로운 커스텀뷰를 만드는 기반이 된다.
- 새로운 커스텀뷰를 만들 클래스를 정의하고, View 클래스를 상속하는 것으로 시작한다.

```kotlin
class CustomView(context: Context) : View(context) {
    // 커스텀뷰의 로직과 기능을 구현한다.
}
```

② 생성자 작성
- 생성자에서는 필요한 초기화 작업을 수행한다. 커스텀뷰가 어떤 속성이나 동작을 갖는지 초기화한다.
- 일반적으로 Context를 매개 변수로 받아 초기화하며, 다양한 속성을 설정할 수 있다.

```kotlin
class CustomView(context: Context) : View(context) {
    init {
        // 초기화 작업을 수행한다.
    }
}
```

③ onDraw() 메서드 구현

- 커스텀뷰의 모양을 결정하는 핵심적인 메서드인 onDraw()를 구현한다. 이 메서드는 뷰를 그리는 로직을 담당한다.
- 커스텀뷰의 모양이나 그래픽 요소를 그리는 작업은 모두 이 메서드 안에 구현된다.

```kotlin
class CustomView(context: Context) : View(context) {
    override fun onDraw(canvas: Canvas) {
        // 커스텀뷰를 그리는 로직을 구현한다.
    }
}
```

④ 속성 및 동작 추가

- 필요에 따라 커스텀 속성이나 터치 이벤트 등을 추가할 수 있다.
- 이를 통해 커스텀뷰에 고유한 기능을 부여하거나, 사용자와의 상호 작용을 가능하게 할 수 있다.

```kotlin
class CustomView(context: Context, attrs: AttributeSet?) :
    View(context, attrs) {
    // 커스텀 속성을 정의하고 이에 대한 처리를 구현할 수 있다.

    // 터치 이벤트를 처리하는 예시
    override fun onTouchEvent(event: MotionEvent): Boolean {
        when (event.action) {
            MotionEvent.ACTION_DOWN -> {
                // 터치 다운 이벤트 처리
                return true
            }
            MotionEvent.ACTION_MOVE -> {
                // 터치 이동 이벤트 처리
                return true
            }
            MotionEvent.ACTION_UP -> {
                // 터치 업 이벤트 처리
                return true
            }
        }
        return super.onTouchEvent(event)
    }
}
```

이렇게 View 클래스를 상속하고 필요한 메서드를 구현하여 커스텀뷰를 만들면, 새로운 UI 요소를 애플리케이션에 추가할 수 있다. 사용자 정의 뷰를 만드는 과정에서는 기본적인 그래픽 기능부터 사용자 입력까지 다양한 기능을 구현할 수 있다.

ViewGroup 클래스 확장

① ViewGroup 클래스 상속

- 커스텀 레이아웃을 만들기 위해 ViewGroup 클래스를 상속한다. ViewGroup은 뷰 그룹을 나타내는 기본 클래스로, 뷰 그룹 안에 다른 뷰들을 포함할 수 있는 레이아웃을 만들 수 있다.
- 새로운 커스텀 레이아웃 클래스를 정의하고, ViewGroup을 상속하는 것으로 시작한다.

```kotlin
class CustomLayout(context: Context) : ViewGroup(context) {
    // 커스텀 레이아웃의 로직과 기능을 구현한다.
}
```

② 생성자 작성

- 생성자에서는 필요한 초기화 작업을 수행한다. 커스텀 레이아웃이 어떤 속성이나 동작을 갖는지 초기화한다.
- 일반적으로 Context를 매개 변수로 받아 초기화하며, 다양한 속성을 설정할 수 있다.

```kotlin
class CustomLayout(context: Context) : ViewGroup(context) {
    init {
        // 초기화 작업을 수행한다.
    }
}
```

③ onMeasure() 메서드 구현

- 레이아웃의 크기를 결정하는 핵심적인 메서드인 onMeasure()를 구현한다. 이 메서드는 자식 뷰들의 크기와 위치를 결정한다.
- 각 자식 뷰의 크기를 측정하고, 이를 바탕으로 전체 레이아웃의 크기를 결정한다.

```kotlin
class CustomLayout(context: Context) : ViewGroup(context) {
    override fun onMeasure(widthMeasureSpec: Int, heightMeasureSpec:
        Int) {
        super.onMeasure(widthMeasureSpec, heightMeasureSpec)
        // 자식 뷰들의 크기를 측정하고, 레이아웃의 크기를 결정한다.
    }
}
```

④ onLayout() 메서드 구현

- 자식 뷰들의 배치를 결정하는 onLayout() 메서드를 구현한다. 이 메서드는 자식 뷰들을 정확한 위치에 배치한다.
- 각 자식 뷰의 위치를 계산하여 레이아웃 내에서 올바른 위치에 자식 뷰를 배치한다.

```kotlin
class CustomLayout(context: Context) : ViewGroup(context) {
    override fun onLayout(changed: Boolean, l: Int, t: Int, r: Int, b: Int) {
        // 자식 뷰들의 배치를 결정한다.
    }
}
```

이렇게 ViewGroup 클래스를 상속하고 필요한 메서드를 구현하여 커스텀 레이아웃을 만들면, 새로운 뷰 그룹을 만들어 애플리케이션의 레이아웃을 다양하게 구성할 수 있다. 뷰 그룹 내에 자식 뷰들을 배치하는 방법은 커스텀 레이아웃의 동작에 큰 영향을 미치므로, 필요한 로직에 따라 onMeasure()와 onLayout() 메서드를 적절히 구현하여 사용한다.

XML 레이아웃 파일에서 사용

커스텀뷰를 XML 레이아웃 파일에서 사용할 때는 새로 정의한 속성을 사용할 수 있다.

 손으로 익히는 코딩

```xml
<com.example.myapp.CustomTextView
    android:layout_width="wrap_content"
    android:layout_height="wrap_content"
    app:backgroundColor="@android:color/holo_blue_light"
    app:textColor="@android:color/white"
    android:text="Hello Custom View!" />
```

커스텀뷰에서 사용할 속성을 values/attrs.xml 파일에 정의한다.

> **손으로 익히는 코딩**

```xml
<resources>
    <declare-styleable name="CustomTextView">
        <attr name="backgroundColor" format="color" />
        <attr name="textColor" format="color" />
    </declare-styleable>
</resources>
```

TextView를 상속하여 새로운 커스텀뷰 클래스인 CustomTextView를 작성한다.

> **손으로 익히는 코딩**

```kotlin
class CustomTextView @JvmOverloads constructor(
    context: Context,
    attrs: AttributeSet? = null,
    defStyleAttr: Int = 0
) : AppCompatTextView(context, attrs, defStyleAttr) {

    init {
        // 속성 초기화
        context.theme.obtainStyledAttributes(
            attrs,
            R.styleable.CustomTextView,
            0, 0
        ).apply {
            try {
                val backgroundColor = getColor(
                    R.styleable.CustomTextView_backgroundColor,
                    Color.TRANSPARENT
                )
                setBackgroundColor(backgroundColor)

                val textColor = getColor(
                    R.styleable.CustomTextView_textColor,
                    Color.BLACK
                )
                setTextColor(textColor)
            } finally {
                recycle()
            }
```

```
            }
        }
}
```

위 예시에서는 CustomTextView를 만들어 배경색과 글자색을 설정할 수 있게 했다. 이렇게 커스텀뷰를 구현하면 애플리케이션에서 고유한 디자인과 기능을 가진 UI 요소를 만들어 사용할 수 있다.

> **Tip**
> 커스텀뷰를 만들 때 가능한 범용적으로 설계하는 것이 좋습니다. 나중에 애니메이션 및 기능을 확장하거나 변경할 때 유연하게 대응할 수 있기 때문입니다.

애니메이션(Animation)

애니메이션은 시각적인 요소를 부드럽게 움직이거나 변화시켜 사용자에게 자연스럽고 매력적인 환경을 제공하는 기술이다. 안드로이드 애플리케이션에서 애니메이션은 다양한 형태로 사용되어 UI 요소의 동작을 부드럽게 보여주고 사용자 경험을 향상시킨다.

- **UI 요소의 움직임과 전환**: 가장 일반적인 사용 예시는 UI 요소의 움직임과 전환이다. 예를 들어 버튼을 클릭하면 다른 화면으로 전환되는 화면 전환 애니메이션, 리스트 아이템을 스와이프하면 삭제되는 스와이프 애니메이션 등이 있다. 이러한 애니메이션은 사용자에게 작업의 흐름을 명확하게 보여주고 직관적인 사용자 경험을 제공한다.

- **상태 변화를 시각적으로 표현**: 애니메이션은 데이터의 변화나 앱의 상태 변화를 사용자에게 시각적으로 알려준다. 예를 들어 데이터를 로딩할 때 회전하는 로딩 인디케이터, 전송 중인 상태를 나타내는 프로그래스 바 등이 있다. 이렇게 시각적으로 상태를 표현함으로써 사용자는 앱이 작업 중임을 알 수 있고, 대기하는 동안에도 진행 상황을 확인할 수 있다.

- **사용자의 시선을 집중시키는 효과**: 애니메이션은 사용자의 시선을 특정 UI 요소에 집중시키는 데도 효과적이다. 예를 들어 버튼을 눌렀을 때 해당 버튼이 퍼지거나 커지는 애니메이션은 사용자의 주의를 그 버튼에 더욱 집중시킨다.

- **사용자 경험의 향상**: 모든 애니메이션은 결국 사용자 경험을 향상시키는 데 목적이 있다. 사용자가 자연스럽고 부드러운 UI 요소의 동작을 경험하면 앱을 더욱 즐겁게 사용할 수 있고, 앱에 대한 긍정적인 인상을 갖게 된다. 이는 앱의 사용자 유지율과 만족도를 높이는 데에 도움이 된다.

애니메이션의 역할

안드로이드 애플리케이션에서 애니메이션은 다양한 역할을 수행하여 사용자 경험을 향상시키고 사용자의 상호 작용을 자연스럽게 만든다. 여러 가지 방식으로 앱의 인터페이스를 더욱 생동감 있게 만들어준다.

- **화면 전환**: 화면 간의 이동을 부드럽게 만들어 사용자가 앱 내에서의 위치를 더 잘 파악할 수 있도록 돕는다.
  - 예 화면이 오른쪽으로 이동하면서 새로운 화면이 나타나는 슬라이딩 애니메이션은 사용자가 이전 화면에서 새로운 화면으로 이동하는 것을 시각적으로 인식하기 쉽게 한다.
- **상태 전환**: 사용자에게 상태 변화를 알리고 시각적 피드백을 제공한다.
  - 예 데이터를 로딩 중일 때 회전하는 로딩 인디케이터나 전송 중인 상태를 나타내는 프로그래스 바는 사용자에게 앱이 작업 중임을 알려주고 대기하는 동안에도 진행 상황을 확인할 수 있도록 한다.
- **사용자 상호 작용**: 사용자가 앱 내에서 버튼을 누르거나 제스처를 사용할 때 나타나는 애니메이션은 사용자의 상호 작용에 따라 시각적 피드백을 제공한다. 버튼을 눌렀을 때 버튼이 눌린 것처럼 보여주는 클릭 애니메이션이나 화면을 스크롤할 때 부드럽게 움직이는 스크롤 애니메이션은 사용자가 앱을 조작하는 데 자연스럽고 익숙한 느낌을 제공한다.
- **주목도 향상**: 애니메이션은 특정 UI 요소에 사용자의 주의를 집중시키는 데에도 사용될 수 있다.
  - 예 메시지가 도착했을 때 화면 위쪽에 나타나는 애니메이션은 사용자에게 새로운 메시지가 도착했음을 알리고 주의를 끌어준다.

애니메이션의 종류

안드로이드에서는 다양한 종류의 애니메이션을 제공한다. 각각의 애니메이션은 UI 요소를 다양한 방식으로 움직이게 하거나 변화시키는데 사용된다. 주요한 애니메이션 종류들을 간단히 설명해보겠다.

- Translate(이동) 애니메이션
  - 뷰를 수평적(가로) 또는 수직적(세로) 방향으로 이동시킨다.
  - TranslateAnimation 클래스를 사용하여 생성하며, 시작 위치와 끝 위치를 지정한다.
  - 주로 화면 내에서 뷰의 위치를 변경할 때 사용된다.

- Scale(크기 변경) 애니메이션
  - 뷰의 크기를 확대하거나 축소한다.
  - ScaleAnimation 클래스를 사용하여 생성하며, 시작 크기와 끝 크기를 지정한다.
  - 주로 버튼 클릭 등의 상호 작용에 따라 뷰의 크기를 변경할 때 사용된다.
- Rotate(회전) 애니메이션
  - 뷰를 주어진 각도만큼 회전시킨다.
  - RotateAnimation 클래스를 사용하여 생성하며, 시작 각도와 끝 각도를 지정한다.
  - 주로 이미지나 아이콘 등을 회전시키거나 특정 동작을 강조할 때 사용된다.
- Alpha(투명도 변경) 애니메이션
  - 뷰의 투명도를 변경하여 나타내거나 사라지게 한다.
  - AlphaAnimation 클래스를 사용하여 생성하며, 시작 투명도와 끝 투명도를 지정한다.
  - 주로 뷰가 나타나거나 사라지는 효과를 주고 싶을 때 사용된다.
- Fade(페이드 인/아웃) 애니메이션
  - 뷰를 부드럽게 나타나게 하거나 사라지게 한다.
  - fadeIn 및 fadeOut 메서드를 사용하여 구현할 수도 있다.
  - 주로 다이얼로그나 알림 메시지 등을 부드럽게 보여주고 감출 때 사용된다.
- Flip(뒤집기) 애니메이션
  - 뷰를 수평 또는 수직으로 뒤집어서 보여준다.
  - FlipAnimation 클래스를 사용하여 생성하며, 뒤집히는 축과 각도를 지정한다.
  - 주로 카드 게임이나 카드 뷰와 같은 UI 요소에서 사용된다.
- Path(경로) 애니메이션
  - 지정된 경로를 따라 뷰를 이동시킨다.
  - PathInterpolator를 사용하여 경로를 지정하고, ObjectAnimator를 통해 애니메이션을 실행한다.
  - 주로 뷰가 곡선 경로를 따라 이동하는 효과를 주고 싶을 때 사용된다.

이러한 애니메이션들은 안드로이드에서 제공하는 기본 애니메이션들이며, 이 외에도 사용자가 원하는 효과를 직접 구현할 수도 있다. 이러한 애니메이션들을 적절히 조합하여 애플리케이션의 사용자 경험을 향상시키고 더욱 동적이고 매력적인 UI를 구현할 수 있다.

XML 리소스를 사용한 애니메이션 정의

XML 리소스를 사용한 애니메이션 정의는 안드로이드에서 애니메이션을 간편하게 정의하고 적용할 수 있는 방법 중 하나로, 다음과 같이 설명할 수 있다.

① res/anim 디렉토리 생성: 먼저 애니메이션을 정의할 XML 파일을 저장할 디렉토리인 res/anim 디렉토리를 프로젝트에 생성한다.

② XML 파일 작성: res/anim 디렉토리에 애니메이션을 정의하는 XML 파일을 작성한다. 이 파일은 애니메이션의 종류와 속성을 설정하는 곳이다. 다양한 속성을 사용하여 원하는 애니메이션 효과를 구현할 수 있다. 주로 〈set〉, 〈alpha〉, 〈scale〉, 〈rotate〉, 〈translate〉와 같은 요소를 사용하여 애니메이션을 정의한다.

예를 들어 scale.xml이라는 파일로 크기 변경 애니메이션을 정의해보겠다.

```xml
<!-- res/anim/scale.xml -->
<scale xmlns:android="http://schemas.android.com/apk/res/android"
    android:fromXScale="1.0"
    android:toXScale="1.5"
    android:fromYScale="1.0"
    android:toYScale="1.5"
    android:pivotX="50%"
    android:pivotY="50%"
    android:duration="1000" />
```

- fromXScale, toXScale: X축에서의 시작과 끝 크기 비율을 나타낸다.

- fromYScale, toYScale: Y축에서의 시작과 끝 크기 비율을 나타낸다.

- pivotX, pivotY: 애니메이션의 기준 축을 나타내는 값이다. 여기서는 뷰의 중심을 기준으로 설정하였다.

- duration: 애니메이션의 지속 시간을 나타낸다.

③ 애니메이션 리소스 적용: 애니메이션을 사용하려는 뷰에 정의한 XML 애니메이션을 적용한다. 이를 위해 뷰에 AnimationUtils를 사용하여 애니메이션 리소스를 로드하고 애니메이션을 실행한다. 예를 들어 scale.xml 애니메이션을 ImageView에 적용해보겠다.

```kotlin
// 애니메이션 리소스 로드
val scaleAnimation = AnimationUtils.loadAnimation(context, R.anim.scale)

// 애니메이션 적용
imageView.startAnimation(scaleAnimation)
```

위 코드에서 context는 컨텍스트를 나타내며, imageView는 애니메이션을 적용할 뷰다. 이렇게 하면 imageView가 크기 변경 애니메이션을 수행하게 된다.

이렇게 XML 리소스를 사용하여 애니메이션을 정의하고 적용함으로써 코드를 간결하게 유지하고 애니메이션을 쉽게 관리할 수 있다. 함께 사용되는 Interpolator 등의 속성들을 이용하여 더욱 다채로운 애니메이션 효과를 만들어낼 수도 있다.

> **더 알아보기**
>
> **Interpolato**
> 코틀린에서 애니메이션을 다룰 때 Interpolator는 애니메이션의 속도 변화를 조절하는 데 사용되는 클래스이다. 애니메이션의 진행 속도를 설정하여 애니메이션이 어떻게 보일지를 결정한다. 예를 들어 애니메이션이 처음에 느리게 시작해서 점점 빨라지거나, 그 반대의 경우 등을 설정할 수 있다.

코드를 통한 애니메이션 구현의 기본적인 단계

코드를 통한 애니메이션 구현은 안드로이드에서 Animation 클래스를 사용하여 간단하게 할 수 있다. 여러 Animation 클래스를 사용하여 다양한 애니메이션 효과를 만들어낼 수 있다. 아래는 코드를 통한 애니메이션 구현의 기본적인 단계다.

① Animation 객체 생성: 먼저 사용할 애니메이션 객체를 생성한다. 안드로이드에서는 다양한 Animation 클래스를 제공한다.

- ScaleAnimation: 크기 변경 애니메이션

- TranslateAnimation: 이동 애니메이션

- RotateAnimation: 회전 애니메이션

- AlphaAnimation: 투명도 변경 애니메이션 등

각 클래스의 생성자를 이용하여 애니메이션 객체를 생성한다. 예를 들어 ScaleAnimation을 사용해보겠다.

```
// fromX, toX, fromY, toY는 시작과 끝 크기 비율을 나타냄
val scaleAnimation = ScaleAnimation(1.0f, 1.5f, 1.0f, 1.5f)
```

② **애니메이션 속성 설정**: 생성한 애니메이션 객체에 애니메이션의 속성을 설정한다. 각 Animation 클래스마다 설정할 수 있는 속성이 다르며, 해당 속성을 이용하여 애니메이션의 시작 위치, 끝 위치, 지속 시간 등을 조절할 수 있다.

```
scaleAnimation.duration = 1000 // 애니메이션 지속 시간(밀리초)
scaleAnimation.fillAfter = true // 애니메이션 후 상태 유지
```

③ **애니메이션 적용**: 설정한 애니메이션을 사용하려는 뷰에 적용하여 실행한다. 적용할 뷰에 startAnimation() 메서드를 사용하여 애니메이션을 시작한다.

```
imageView.startAnimation(scaleAnimation) // imageView에 애니메이션 적용
```

이렇게 하면 imageView가 크기 변경 애니메이션을 수행하게 된다. 이와 같이 코드를 통해 애니메이션을 구현하면 자동화된 상황에서 유용하며, 보다 정교한 제어가 필요한 경우에 유용하다. 추가적으로, Interpolator를 설정하여 애니메이션의 가속도, 감속도를 조절하거나, 애니메이션 리스너를 추가하여 애니메이션의 상태를 감지하고 처리할 수도 있다.

예를 들어 다음과 같이 Interpolator와 리스너를 추가할 수 있다.

```
// 가속도를 조절하는 Interpolator 설정
scaleAnimation.interpolator = AccelerateInterpolator()

// 애니메이션 리스너 추가
scaleAnimation.setAnimationListener object : Animation.AnimationListener {
    override fun onAnimationStart(animation: Animation)
        // 애니메이션이 시작될 때 처리할 내용
    }

    override fun onAnimationEnd(animation: Animation)
        // 애니메이션이 끝날 때 처리할 내용
    }

    override fun onAnimationRepeat(animation: Animation)
        // 애니메이션이 반복될 때 처리할 내용
    }
});
```

애니메이션 효과

여러 가지 애니메이션 효과를 코드와 함께 설명해보겠다.

- Translate(이동) 애니메이션

```kotlin
// 시작 위치에서 끝 위치로 수평 이동하는 TranslateAnimation
val translateAnimation = TranslateAnimation(0f, 200f, 0f, 0f)
translateAnimation.duration = 1000 // 애니메이션 지속 시간(밀리초)
translateAnimation.fillAfter = true // 애니메이션 후 상태 유지

// imageView에 애니메이션 적용
imageView.startAnimation(translateAnimation)
```

- Scale(크기 변경) 애니메이션

```kotlin
// 1배에서 2배로 크기 확대하는 ScaleAnimation
val scaleAnimation = ScaleAnimation(1.0f, 2.0f, 1.0f, 2.0f)
scaleAnimation.duration = 1000 // 애니메이션 지속 시간(밀리초)
scaleAnimation.fillAfter = true // 애니메이션 후 상태 유지

imageView.startAnimation(scaleAnimation) // imageView에 애니메이션 적용
```

- Rotate(회전) 애니메이션

```kotlin
// 0도에서 360도까지 회전하는 RotateAnimation
val rotateAnimation = RotateAnimation(0f, 360f,
    Animation.RELATIVE_TO_SELF, 0.5f, Animation.RELATIVE_TO_SELF, 0.5f)
rotateAnimation.duration = 1000 // 애니메이션 지속 시간(밀리초)
rotateAnimation.fillAfter = true // 애니메이션 후 상태 유지

imageView.startAnimation(rotateAnimation) // imageView에 애니메이션 적용
```

- Alpha(투명도 변경) 애니메이션

```kotlin
// 투명도를 1에서 0으로 변경하는 AlphaAnimation(사라지는 효과)
val alphaAnimation = AlphaAnimation(1.0f, 0.0f)
alphaAnimation.duration = 1000 // 애니메이션 지속 시간(밀리초)
alphaAnimation.fillAfter = true // 애니메이션 후 상태 유지

imageView.startAnimation(alphaAnimation) // imageView에 애니메이션 적용
```

● Fade(페이드 인/아웃) 애니메이션

```kotlin
// 페이드 인 애니메이션
val fadeIn = AlphaAnimation(0f, 1f)
fadeIn.interpolator = DecelerateInterpolator() // 가속도 감소
fadeIn.duration = 1000 // 애니메이션 지속 시간(밀리초)
fadeIn.fillAfter = true // 애니메이션 후 상태 유지

// 페이드 아웃 애니메이션
val fadeOut = AlphaAnimation(1f, 0f)
fadeOut.interpolator = AccelerateInterpolator() // 가속도 증가
fadeOut.duration = 1000 // 애니메이션 지속 시간(밀리초)
fadeOut.fillAfter = true // 애니메이션 후 상태 유지

// 뷰에 페이드 인 애니메이션 적용
imageView.startAnimation(fadeIn)

// 페이드 인 애니메이션 이후 페이드 아웃 애니메이션 적용
fadeIn.setAnimationListener object : Animation.AnimationListener {
    // 애니메이션 시작 시 처리내용
    override fun onAnimationStart(animation: Animation){}

    // 애니메이션 종료 시 처리내용
    override fun onAnimationEnd(animation: Animation)
        imageView.startAnimation(fadeOut)
    }

    // 애니메이션 반복 시 처리내용
    override fun onAnimationRepeat(animation: Animation) {}
});
```

코드 구현

애니메이션을 적용하는 대상이 되는 뷰에 애니메이션 객체를 적용하여 원하는 효과를 만들어 낼 수 있다.

● AnimationActivity.kt

```kotlin
class AnimationActivity : AppCompatActivity() {

    private lateinit var button: Button

    override fun onCreate(savedInstanceState: Bundle?) {
        super.onCreate(savedInstanceState)
        setContentView(R.layout.activity_animation)

        button = findViewById(R.id.button)

        // 이동 애니메이션
        val translateAnimation = TranslateAnimation(
            Animation.RELATIVE_TO_SELF, 0f,
            Animation.RELATIVE_TO_SELF, 0.2f,
            Animation.RELATIVE_TO_SELF, 0f,
            Animation.RELATIVE_TO_SELF, 0f
        )
        translateAnimation.duration = 500

        // 크기 변경 애니메이션
        val scaleAnimation = ScaleAnimation(
            1f, 1.5f, 1f, 1.5f,
            Animation.RELATIVE_TO_SELF, 0.5f,
            Animation.RELATIVE_TO_SELF, 0.5f
        )
        scaleAnimation.duration = 500

        // 회전 애니메이션
        val rotateAnimation = RotateAnimation(
            0f, 360f,
            Animation.RELATIVE_TO_SELF, 0.5f,
            Animation.RELATIVE_TO_SELF, 0.5f
        )
```

```
        rotateAnimation.duration = 500

        // 투명도 변경 애니메이션
        val alphaAnimation = AlphaAnimation(1f, 0.5f)
        alphaAnimation.duration = 500

        button.setOnClickListener {
            val animationSet = AnimationSet(true)
            animationSet.addAnimation(translateAnimation)
            animationSet.addAnimation(scaleAnimation)
            animationSet.addAnimation(rotateAnimation)
            animationSet.addAnimation(alphaAnimation)

            button.startAnimation(animationSet)
        }
    }
}
```

- activity_animation.xml

손으로 익히는 코딩

```
<RelativeLayout xmlns:android="http://schemas.android.com/apk/res/android"
    xmlns:tools="http://schemas.android.com/tools"
    android:layout_width="match_parent"
    android:layout_height="match_parent"
    android:padding="16dp"
    tools:context=".AnimationActivity">

    <Button
        android:id="@+id/button"
        android:layout_width="wrap_content"
        android:layout_height="wrap_content"
        android:text="Click Me"
        android:padding="16dp"
        android:background="@drawable/round_button"
        android:layout_centerInParent="true" />

</RelativeLayout>
```

이 예시에서는 버튼을 클릭할 때마다 이동, 크기 변경, 회전, 투명도 변경 애니메이션을 적용하여 버튼이 다채롭게 변화하도록 만들었다. 사용자가 버튼을 클릭할 때마다 다양한 애니메이션 효과를 경험할 수 있다.

> **Tip**
>
> 애니메이션 객체에 반복 모드를 설정하여 애니메이션이 반복되도록 할 수 있습니다. 이를 통해 사용자 경험을 향상시킬 수 있습니다.
> - 무한 반복: 애니메이션을 무한히 반복합니다. Animation.INFINITE 상수를 사용하여 설정할 수 있습니다.
> - 지정된 횟수만큼 반복: 애니메이션을 지정된 횟수만큼 반복합니다. setRepeatCount(int count) 메서드를 사용하여 반복 횟수를 설정할 수 있습니다.

에러에서 배우기

- **Animation Before Layout**
  애니메이션을 적용하기 전에 뷰가 아직 레이아웃에 그려지지 않은 경우 애니메이션이 제대로 작동하지 않을 수 있습니다. 이 경우 postDelayed 메서드를 사용하여 약간의 지연을 주어 애니메이션을 적용할 수 있습니다.

- **Missing Animation Resource**
  XML 리소스로 정의한 애니메이션이 없는 경우, 애니메이션 리소스를 찾을 수 없다는 오류가 발생할 수 있습니다. 이 경우 AnimationUtils를 사용하여 애니메이션을 로드하거나, 프로젝트에 애니메이션 리소스를 추가해야 합니다.

- **Animation Set Order**
  애니메이션을 AnimationSet에 추가할 때 순서를 지키지 않으면 예상한 대로 애니메이션이 실행되지 않을 수 있습니다. 따라서, 각 애니메이션의 시작 및 종료 시간을 고려하여 순서를 지정해야 합니다.

- **Context 사용**
  코드에서 사용하는 Context가 메모리 누수를 일으킬 수 있습니다. Activity의 Context를 사용할 때는 주의해야 합니다.

- **애니메이션 충돌**
  여러 애니메이션을 동시에 실행할 때 충돌이 발생할 수 있습니다. 예를 들어, 크기를 늘리는 애니메이션과 회전 애니메이션을 동시에 적용할 경우 뷰가 제대로 표시되지 않을 수 있습니다. 이런 경우 애니메이션을 조정하거나, Interpolator를 사용하여 애니메이션의 효과를 부드럽게 할 수 있습니다.

커스텀뷰와 애니메이션의 결합

커스텀뷰 준비 과정

애니메이션을 적용할 커스텀뷰를 준비하는 단계에서는 다음과 같은 과정을 따를 수 있다.

① View 또는 ViewGroup 클래스 상속

- 커스텀뷰를 만들기 위해 View 또는 ViewGroup 클래스를 상속한다.
- View를 상속하면 단일 뷰를 만들 수 있고, ViewGroup을 상속하면 여러 개의 자식 뷰를 포함하는 레이아웃을 만들 수 있다.

② 생성자 작성

- 커스텀뷰 클래스에 생성자를 작성하여 초기화 작업을 수행한다.
- 필요한 경우 속성을 초기화하거나 리소스를 로드하는 등의 작업을 수행한다.

③ onDraw() 메서드 구현(View 상속 시)

- View를 상속한 경우, onDraw() 메서드를 구현하여 뷰의 모양을 결정한다.
- onDraw() 메서드는 Canvas 객체를 받아서 해당 뷰의 그리기 작업을 수행한다.

onMeasure() 및 onLayout() 메서드 구현(ViewGroup 상속 시)

- ViewGroup을 상속한 경우, onMeasure() 메서드와 onLayout() 메서드를 구현하여 자식 뷰들의 크기와 위치를 결정한다.
- onMeasure() 메서드는 뷰의 크기를 측정하고, onLayout() 메서드는 자식 뷰들의 위치를 결정한다.

④ 기타 메서드 오버라이드 및 속성 설정

- 필요에 따라 다른 메서드를 오버라이드하고, 커스텀뷰의 속성을 설정한다.
- **예** onTouchEvent() 메서드를 오버라이드하여 터치 이벤트를 처리할 수 있다.

커스텀뷰를 상속하고 초기화하는 과정을 통해 애니메이션을 적용할 기반이 마련된다. 이후에는 해당 커스텀뷰에 애니메이션을 적용하여 움직임이나 변화를 부여할 수 있다.

애니메이션을 XML 리소스로 정의한다. 이전에 설명한대로 res/anim 디렉토리에 애니메이션을 정의하는 XML 파일을 만든다. XML 파일에는 커스텀뷰의 특정 속성에 대한 애니메이션을 설정한다.

애니메이션 적용 과정

커스텀뷰에 애니메이션을 적용하는 과정은 다음과 같다.

① 커스텀뷰 클래스에서 애니메이션 로드 또는 초기화

- 먼저 커스텀뷰 클래스에서 애니메이션을 로드하거나 초기화한다.
- 이를 위해 생성자나 다른 초기화 메서드에서 애니메이션 객체를 생성하고 필요한 설정을 한다.

② 애니메이션 객체 생성 및 설정

- 애니메이션을 생성하기 위해 AnimationUtils 클래스를 사용하거나 직접 애니메이션 객체를 생성한다.
- 애니메이션 객체를 생성한 후, 시작 위치, 끝 위치, 지속 시간 등의 속성을 설정한다.
- 필요에 따라 애니메이션 리스너를 설정하여 애니메이션의 상태 변화를 감지하고 처리할 수도 있다.

③ 이벤트 발생 시 애니메이션 시작

- 사용자가 특정 이벤트를 발생시키거나 액션을 취할 때 애니메이션을 시작하도록 코드를 작성한다. 예 버튼이 클릭되었을 때 애니메이션을 시작하도록 OnClickListener를 구현하고, 클릭 이벤트가 발생했을 때 startAnimation() 메서드를 호출하여 애니메이션을 실행한다.

④ 애니메이션의 종료 처리(Optional)

- 애니메이션의 실행이 종료되었을 때 필요한 처리를 추가한다.
- Animation 리스너를 구현하여 onAnimationEnd() 메서드에서 애니메이션 종료 후의 동작을 정의할 수 있다. 예 애니메이션이 종료되면 다른 액션을 수행하거나 다른 뷰로 전환하는 등의 동작을 추가할 수 있다.

커스텀뷰의 크기 변경

애니메이션을 적용하여 커스텀뷰의 크기를 변경하는 예시를 설명하겠다.

- **XML 리소스로 ScaleAnimation 정의**
먼저, res/anim 디렉토리에 애니메이션을 정의하는 XML 파일을 만든다. 이 예시에서는 커스텀뷰를 확대하는 애니메이션을 정의하겠다.

```xml
<!-- res/anim/scale_up.xml -->
<scale xmlns:android="http://schemas.android.com/apk/res/android"
    android:fromXScale="1.0"
    android:toXScale="1.5"
    android:fromYScale="1.0"
    android:toYScale="1.5"
    android:pivotX="50%"
    android:pivotY="50%"
    android:duration="1000"
    android:fillAfter="true" />
```

● 커스텀뷰 클래스에서 애니메이션 로드 및 설정

커스텀뷰 클래스에서 애니메이션을 로드하고 설정한다. 일반적으로 생성자에서 초기화한다.

```kotlin
class CustomView @JvmOverloads constructor(
    context: Context, attrs: AttributeSet? = null
) : View(context, attrs) {

    private val scaleAnimation: Animation = AnimationUtils.
    loadAnimation(context, R.anim.scale_up)

    init {
        scaleAnimation.fillAfter = true // 애니메이션 후 상태 유지
    }

    fun startAnimation() {
        this.startAnimation(scaleAnimation) // 애니메이션 시작
    }
}
```

● 이벤트 발생 시 애니메이션 시작

예를 들어 버튼이 클릭되었을 때 애니메이션을 시작하도록 OnClickListener를 구현한다.

```kotlin
class MainActivity : AppCompatActivity() {

    private lateinit var customView: CustomView

    override fun onCreate(savedInstanceState: Bundle?) {
        super.onCreate(savedInstanceState)
        setContentView(R.layout.activity_main)
```

```
        customView = findViewById(R.id.custom_view)
        val button: Button = findViewById(R.id.button)

        button.setOnClickListener {
            customView.startAnimation() // 버튼 클릭 시 애니메이션 시작
        }
    }
}
```

이제 버튼을 클릭하면 커스텀뷰가 확대되는 애니메이션이 실행된다. 이러한 방식으로 애니메이션을 적용하여 커스텀뷰를 동적으로 변경할 수 있다.

● 화면에 커스텀 뷰 등록

```xml
<RelativeLayout
    xmlns:android="http://schemas.android.com/apk/res/android"
    android:layout_width="match_parent"
    android:layout_height="match_parent">

    <com.example.myapplication.CustomView
        android:id="@+id/custom_view"
        android:layout_width="100dp"
        android:layout_height="100dp"
        android:background="@android:color/holo_blue_light" />

    <Button
        android:id="@+id/button"
        android:layout_width="wrap_content"
        android:layout_height="wrap_content"
        android:text="Animate Custom View"
        android:layout_centerInParent="true"/>
</RelativeLayout>
```

- activity_puzzle_game.xml

> **손으로 익히는 코딩**

```xml
<?xml version="1.0" encoding="utf-8"?>
<RelativeLayout xmlns:android="http://schemas.android.com/apk/res/android"
    android:layout_width="match_parent"
    android:layout_height="match_parent">

    <com.example.myapp.BlockView
        android:id="@+id/blockView"
        android:layout_width="100dp"
        android:layout_height="100dp"
        android:layout_centerInParent="true"
        android:src="@drawable/your_image" />

    <!-- 이동 버튼 -->
    <Button
        android:id="@+id/moveButton"
        android:layout_width="wrap_content"
        android:layout_height="wrap_content"
        android:layout_below="@id/blockView"
        android:layout_centerHorizontal="true"
        android:text="이동"
        android:onClick="moveBlock" />
</RelativeLayout>
```

이 레이아웃 파일에는 BlockView와 이동 버튼이 포함되어 있다. BlockView는 퍼즐 블록을 표시하는 커스텀뷰이며, 이동 버튼은 블록을 이동시키는 데 사용된다.

- drawable/move_button.xml

> **손으로 익히는 코딩**

```xml
<selector xmlns:android="http://schemas.android.com/apk/res/android">
    <item android:drawable="@drawable/your_button_pressed"
    android:state_pressed="true" />
    <item android:drawable="@drawable/your_button_normal" />
</selector>
```

이 파일은 버튼의 상태에 따라 다른 배경을 가진 버튼을 정의한다. 버튼이 눌린 상태일 때와 기본 상태일 때에 각각 다른 배경을 지정하여 사용자에게 시각적 피드백을 제공한다.

● anim/block_move.xml

```xml
<?xml version="1.0" encoding="utf-8"?>
<set xmlns:android="http://schemas.android.com/apk/res/android">
    <translate
        android:duration="1000"
        android:fromXDelta="0%"
        android:toXDelta="50%"
        android:fromYDelta="0%"
        android:toYDelta="50%" />
</set>
```

이 예시에서는 뷰를 가로 방향으로 현재 위치에서 화면의 가로 방향으로 50%, 세로 방향으로 50%만큼 이동시키는 애니메이션을 정의했다. 여기서 %p는 뷰의 현재 위치를 기준으로 한 백분율을 나타낸다.

● PuzzleGameActivity.kt

```kotlin
class PuzzleGameActivity : AppCompatActivity() {

    override fun onCreate(savedInstanceState: Bundle?) {
        super.onCreate(savedInstanceState)
        setContentView(R.layout.activity_puzzle_game)
    }

    // 이동 버튼 클릭 이벤트 핸들러
    fun moveBlock(view: View) {
        // BlockView의 애니메이션 시작
        findViewById<com.example.myapp.BlockView>(R.id.blockView)
            .startMoveAnimation()
    }
}
```

moveBlock 메서드는 이동 버튼의 클릭 이벤트를 처리하는 핸들러다. 버튼을 클릭하면 호출되며, findViewById 메서드를 사용하여 애니메이션을 적용할 커스텀뷰(BlockView)를 찾은 다음 startMoveAnimation 메서드를 호출하여 애니메이션을 시작한다.

● BlockView.kt

 손으로 익히는 코딩

```kotlin
class BlockView @JvmOverloads constructor(
    context: Context, attrs: AttributeSet? = null, defStyleAttr: Int = 0
) : AppCompatImageView(context, attrs, defStyleAttr) {

    init {
        // 뷰가 생성될 때 초기화 작업 수행
    }

    fun startMoveAnimation() {
        // 이동 애니메이션 로드
        val moveAnimation: Animation =
        AnimationUtils.loadAnimation(context, R.anim.block_move)
        // 애니메이션을 뷰에 적용
        startAnimation(moveAnimation)
    }
}
```

startMoveAnimation 메서드는 BlockView가 이동 애니메이션을 시작하도록 하는 기능을 가지고 있다. 로드된 애니메이션을 현재 뷰에 적용하여 애니메이션을 시작한다. 이 메서드를 호출하면 뷰가 정의된 애니메이션에 따라 움직이게 된다.

> **Tip**
> 애니메이션을 로드할 때는 가능한 작은 크기의 리소스를 사용하는 것이 좋습니다. 큰 애니메이션 파일은 메모리를 많이 차지할 수 있으며, 앱의 성능에 영향을 줄 수 있습니다.

04 클린 아키텍처와 MVVM 패턴

더 멋진 내일(Tomorrow)을 위한 내일(My Career) **내일은 코틀린**

✓ 핵심 키워드

MVC, MVVM, 클린 아키텍처, 아키텍처 컴포넌트

여기서는 무얼 배울까

클린 아키텍처와 MVVM 패턴은 안드로이드 애플리케이션의 아키텍처를 설계하는 핵심 주제다. 이러한 패턴을 통해 애플리케이션의 구조를 개선하고 유지·보수성을 향상시킬 수 있다. 클린 아키텍처는 애플리케이션을 격리된 계층으로 구성하여 각 계층이 독립적으로 변경될 수 있도록 하며, MVVM 패턴은 데이터와 UI를 분리하여 관리함으로써 코드의 가독성과 유연성을 높인다. 이 두 가지 패턴을 익힘으로써 안드로이드 애플리케이션을 보다 효율적으로 개발할 수 있다.

소프트웨어 아키텍처

개요

소프트웨어 아키텍처는 소프트웨어 시스템을 설계하고 구조화하는 방법을 정의하는 개념이다. 아키텍처는 시스템의 구성 요소, 구성 요소 간의 상호 작용 방식, 데이터 흐름, 시스템의 전체적인 구조 등을 포함한다. 소프트웨어 아키텍처는 소프트웨어의 성능, 유지·보수성, 확장성, 안정성 등을 결정짓는 중요한 요소다.

소프트웨어 아키텍처의 목표

- 시스템을 구조화하고 모듈화하여 복잡성을 관리한다.
- 시스템의 유연성과 확장성을 향상시킨다.
- 재사용 가능한 구성 요소를 식별하고 구축한다.
- 시스템의 기능과 비기능적 요구 사항을 충족시킨다.
- 시스템의 품질과 유지·보수성을 향상시킨다.

아키텍처의 주요 구성 요소

- **컴포넌트(Component)**: 시스템을 구성하는 독립적인 부분으로, 특정 기능을 수행하고 관련 데이터와 동작을 캡슐화한다.
- **모듈(Module)**: 연관된 컴포넌트의 집합으로, 논리적으로 관련된 기능을 그룹화하여 모듈화한다. 모듈 간의 인터페이스를 정의하여 상호 작용을 관리한다.
- **아키텍처 스타일(Architectural Style)**: 아키텍처 설계에 사용되는 일련의 패턴과 규칙으로, 특정한 문제 해결을 위한 구조화된 접근 방식을 제공한다. 예 계층형 아키텍처, 마이크로서비스 아키텍처, 이벤트 기반 아키텍처 등이 있다.
- **데이터 흐름(Data Flow)**: 시스템 내에서 데이터의 흐름을 관리하고 제어하는 방식을 정의한다. 데이터의 생성, 처리, 저장, 전달 등을 포함한다.
- **커뮤니케이션(Communication)**: 시스템 내의 컴포넌트나 모듈 간의 상호 작용 방식을 정의한다. 이는 메시지 전달, 이벤트 발행/구독, 원격 호출 등 다양한 형태로 이루어질 수 있다.
- **배포(Deployment)**: 시스템의 구성 요소를 실제 환경에 배치하고 관리하는 방법을 정의한다. 서버, 클라이언트, 클라우드, 컨테이너 등에서 실행될 수 있다.

아키텍처 설계에 영향을 미치는 측면

- **비기능적 요구 사항**: 아키텍처는 시스템의 비기능적 요구 사항을 충족시키기 위해 고려되어야 한다. 성능, 보안, 확장성, 가용성, 유지·보수성 등과 같은 요구 사항은 아키텍처 설계에 영향을 미치는 중요한 요소다.
- **설계 원칙**: 아키텍처 설계에는 다양한 설계 원칙이 적용된다. SOLID 원칙, DRY(Don't Repeat Yourself) 원칙, 최소 지식 원칙(Law of Demeter) 등은 코드의 가독성, 재사용성 및 유지·보수성을 향상시키기 위해 적용될 수 있다.
- **아키텍처 패턴**: 소프트웨어 아키텍처 패턴은 소프트웨어 시스템을 설계하고 구조화하는 방법을 제공한다. 이러한 패턴들은 특정한 구조와 상호 작용 패턴을 가지며, 특정한 문제 해결을 위해 선택된다. 대표적인 패턴으로는 MVC(Model-View-Controller), MVP(Model-View-Presenter), MVVM(Model-View-ViewModel) 등이 있다. 각 패턴은 소프트웨어의 구성 요소를 나누고 역할을 분리하여 유지·보수와 확장성을 향상시키는 데 도움이 된다.
- **중요한 소프트웨어 아키텍처 스타일**: 중요한 아키텍처 스타일로는 계층형, 클라이언트-서버, 헥사고날, 이벤트 기반, 마이크로서비스 등이 있다. 각각의 스타일은 특정한 구조와 상호 작용 패턴을 가지며, 특정한 문제 해결을 위해 선택될 수 있다.

- **아키텍처 평가와 변화**: 소프트웨어 아키텍처는 시간이 지남에 따라 변화할 수 있으며, 이를 위해 주기적으로 평가되고 조정되어야 한다. 아키텍처 평가를 통해 시스템의 잠재적인 문제를 해결하고 적절한 유지·보수 및 확장성을 보장할 수 있다. 이를 위해 테스트 주도 개발(TDD, Test-Driven Development), 지속적인 통합(CI, Continuous Integration), 지속적인 배포(CD, Continuous Deployment) 등의 개발 방법론과 도구를 활용할 수 있다.

효과적인 소프트웨어 아키텍처 설계는 시스템의 유연성, 확장성, 성능, 안정성 등을 향상시키며 유지·보수성을 개선한다. 아키텍처 패턴과 설계 원칙을 활용하여 적절한 아키텍처를 선택하고 구현하는 것이 중요하다.

클린 아키텍처 패턴

클린 아키텍처는 로버트 C. 마틴(Robert C. Martin)이 제안한 소프트웨어 아키텍처 패턴으로, 이 아키텍처 패턴은 소프트웨어를 독립적인 계층으로 분리하여 의존성을 최소화하고 유지·보수성을 향상시키는 목표를 가지고 있다.

클린 아키텍처의 구성

클린 아키텍처는 아래의 계층으로 구성되어 있다.

- **엔티티(Entity) 계층**: 가장 안쪽에 위치하며, 비즈니스 로직과 도메인 객체를 포함한다. 엔티티는 독립적으로 존재하며 외부 요소에 의존하지 않는다.

```kotlin
class User(
    val id: String,
    val name: String,
    var age: Int
) {
    // 비즈니스 로직을 포함하는 메서드
    fun greet() {
        println("Hello, $name!")
    }
}
```

- **유스케이스(Use Case) 계층**: 엔티티 계층을 사용하여 실제 비즈니스 로직을 구현하는 부분이다. 유스케이스는 특정한 사용자 요청이나 시스템 이벤트에 대한 처리를 담당한다.

    ```kotlin
    class UserUseCase(private val userRepository: UserRepository) {
        // 사용자 정보 가져오기
        suspend fun getUser(userId: String): User {
            return userRepository.getUser(userId)
        }

        // 사용자 정보 업데이트하기
        suspend fun updateUser(user: User) {
            userRepository.updateUser(user)
        }
    }
    ```

- **인터페이스(Interface) 계층**: 사용자 인터페이스(UI)와 데이터베이스, 외부 서비스 등과의 상호 작용을 담당한다. 인터페이스 계층은 유스케이스 계층과의 상호 작용을 중개한다.

    ```kotlin
    interface UserRepository {
        suspend fun getUser(userId: String): User
        suspend fun updateUser(user: User)
    }

    class DatabaseUserRepository : UserRepository {
        override suspend fun getUser(userId: String): User {
            // 데이터베이스에서 사용자 정보를 가져와서 User 객체로 변환
            // ...
        }

        override suspend fun updateUser(user: User) {
            // 데이터베이스에 사용자 정보를 업데이트
            // ...
        }
    }
    ```

- **프레임워크 및 드라이버 계층**: 가장 바깥쪽에 위치하며, 프레임워크나 데이터베이스, 웹 서버와 같은 외부 도구 및 라이브러리와의 통합을 담당한다.

```
@Composable
fun UserScreen(userUseCase: UserUseCase) {
    val user by remember { mutableStateOf(User("userId", "John", 30)) }

    Column(
        modifier = Modifier.fillMaxSize(),
        verticalArrangement = Arrangement.Center,
        horizontalAlignment = Alignment.CenterHorizontally
    ) {
        Text("Name: ${user.name}")
        Text("Age: ${user.age}")
        Button(
            onClick = {
                user.greet()
                user.age += 1
                userUseCase.updateUser(user)
            }
        ) {
            Text("Update Age")
        }
    }
}
```

위의 코드는 엔티티, 유스케이스, 인터페이스, 그리고 프레임워크 및 드라이버 계층으로 구성된 클린 아키텍처를 보여준다. 각 계층은 독립적으로 존재하며, 의존성은 항상 내부에서 외부로 향하도록 관리된다. 이를 통해 코드는 단순화되고 유지·보수가 용이해진다.

클린 아키텍처의 핵심 원칙은 의존성의 방향이다. 내부 계층은 외부 계층에 의존하지 않으면서 외부 계층은 내부 계층에 의존한다. 이를 통해 변경에 대한 영향을 최소화하고 각 계층을 독립적으로 테스트하고 유지·보수할 수 있다.

클린 아키텍처의 장점

- **유연성과 확장성**: 각 계층이 독립적으로 존재하기 때문에 한 계층의 변경이 다른 계층에 미치는 영향이 적다. 새로운 요구 사항이나 변경에 대해 해당 계층만 수정하면 되므로 유지·보수와 확장이 용이하다.

- **테스트 용이성**: 각 계층은 독립적으로 테스트할 수 있다. 특히 비즈니스 로직을 담당하는 유스케이스 계층은 외부 요소 없이 테스트할 수 있으므로 테스트의 안정성과 신뢰성을 높일 수 있다.
- **의존성 관리**: 외부 의존성을 내부로부터 격리하여 역전 제어(Inversion of Control) 원칙을 따르게 된다. 이를 통해 외부 의존성의 변경이 내부에 영향을 주지 않고, 외부 의존성의 구현을 유연하게 변경할 수 있다.

Clean 아키텍처는 다양한 프레임워크와 플랫폼에서 적용될 수 있다. 예를 들어 엔티티 계층은 도메인 모델과 비즈니스 로직을 포함하고, 유스케이스 계층은 비즈니스 로직을 구현하며, 인터페이스 계층은 외부와의 상호 작용을 처리한다. 프레임워크나 플랫폼에 의존하지 않고 독립적으로 구성되어 있어 어떤 환경에서든 적용 가능하다.

손으로 익히는 코딩

```kotlin
// 데이터 계층
class UserRepository {
    // 사용자 데이터를 가져오는 메서드
    suspend fun getUserData(): User {
        // 실제로는 데이터베이스나 API와 통신하여 사용자 데이터를 가져옴
        delay(2000)

        // 가상의 사용자 데이터 반환
        return User(id = 1, name = "홍길동", email = "gildong@example.com")
    }
}

// 도메인 계층
data class User(val id: Int, val name: String, val email: String)

class GetUserUseCase(private val userRepository: UserRepository) {
    suspend fun execute(): User {
        return userRepository.getUserData()
    }
}

// 프레젠테이션 계층
class UserPresenter(private val getUserUseCase: GetUserUseCase) {
    fun getUserData() = runBlocking {
        try {
            val user = getUserUseCase.execute()
```

```kotlin
            // 사용자 데이터를 화면에 표시하는 로직
            println("User Data: ${user.name}, ${user.email}")
        } catch (e: Exception) {
            // 오류 처리 로직
            println("Error: $e")
        }
    }
}

fun main() {
    // 의존성 주입
    val userRepository = UserRepository()
    val getUserUseCase = GetUserUseCase(userRepository)
    val userPresenter = UserPresenter(getUserUseCase)

    // 사용자 데이터 가져오기
    userPresenter.getUserData()
}
```

위의 예시는 클린 아키텍처의 각 계층이 독립적으로 존재하며, 의존성 주입을 통해 상호 작용한다. 이렇게 구성된 클린 아키텍처는 각 계층의 역할과 책임이 분리되어 유지·보수성과 테스트 용이성을 높이는 장점을 가지고 있다.

> **Clear Comment**
>
> 위의 예시에서는 클린 아키텍처의 세 가지 주요 계층인 데이터 계층, 도메인 계층, 프레젠테이션 계층을 보여줍니다.
>
> | 데이터 계층 | UserRepository 클래스는 실제로는 데이터베이스나 API와 통신하여 사용자 데이터를 가져온다. 이 예시에서는 단순화를 위해 가상의 데이터를 반환하는 메서드를 사용하였다. |
> |---|---|
> | 도메인 계층 | User 클래스는 사용자 데이터를 모델링하는 클래스다. GetUserUseCase 클래스는 사용자 데이터를 가져오는 도메인 로직을 담당한다. 이 예시에서는 UserRepository를 주입받아 사용자 데이터를 가져오는 execute 메서드를 제공한다. |
> | 프레젠테이션 계층 | UserPresenter 클래스는 사용자 데이터를 화면에 표시하는 프레젠테이션 로직을 담당한다. GetUserUseCase를 주입받아 getUserData 메서드를 통해 사용자 데이터를 가져오고, 결과를 화면에 출력한다. |

> **Tip**
>
> 클린 아키텍처는 애플리케이션의 구조와 유지·보수성을 개선하는 강력한 패턴이지만, 프로젝트의 규모와 복잡성에 따라 적절한 패턴 선택이 필요합니다. 적절한 아키텍처 패턴을 선택하고 구현함으로써 효율적인 개발과 유지·보수를 할 수 있습니다.

MVC 아키텍처 패턴

MVC(Model-View-Controller)는 소프트웨어 아키텍처 패턴 중 하나로, 애플리케이션의 구성 요소들을 세 가지 역할로 분리하여 구조화하는 방법이다. 각 역할은 특정한 역할과 책임을 가지며, 애플리케이션의 유지·보수성과 확장성을 향상시킨다.

MVC 아키텍처 패턴의 주요 구성 요소

MVC 아키텍처 패턴은 다음의 주요 구성 요소로 이루어져 있다.

- Model: 애플리케이션의 데이터와 비즈니스 로직을 담당한다. 모델은 독립적으로 존재하며, 뷰나 컨트롤러와 직접적인 상호 작용을 하지 않는다. 데이터의 상태를 관리하고 비즈니스 로직을 수행한다.

```kotlin
class CounterModel {
    private var count: Int = 0

    fun getCount(): Int {
        return count
    }

    fun increment() {
        count++
    }

    fun decrement() {
        count--
    }
}
```

- **View**: 사용자 인터페이스를 나타낸다. 뷰는 모델의 데이터를 표시하고 사용자에게 정보를 전달한다. 사용자 입력을 처리하는 역할도 수행한다. 뷰는 모델의 상태 변화에 대한 알림을 받아 업데이트할 수 있다.

```kotlin
class CounterView(context: Context, private val model: CounterModel) :
    LinearLayout(context) {

    init {
        orientation = VERTICAL

        val countText = TextView(context).apply {
            text = "Count:"
            textSize = 24f
        }

        val countValue = TextView(context).apply {
            textSize = 48f
            setTypeface(typeface, Typeface.BOLD)
            updateCountText()
        }

        val incrementButton = Button(context).apply {
            text = "Increment"
            setOnClickListener { model.increment(); updateCountText() }
        }

        val decrementButton = Button(context).apply {
            text = "Decrement"
            setOnClickListener { model.decrement(); updateCountText() }
        }

        addView(countText)
        addView(countValue)
        addView(incrementButton)
        addView(decrementButton)
    }

    private fun TextView.updateCountText() {
        text = model.getCount().toString()
    }
}
```

- **Controller**: 뷰와 모델 사이의 중개자 역할을 수행한다. 컨트롤러는 사용자 입력을 받아 모델에 전달하고, 모델의 변경 사항을 감지하여 뷰에 알린다. 또한 애플리케이션의 비즈니스 로직을 처리하는 역할도 수행한다.

```kotlin
class CounterController(private val model: CounterModel, private val view:
    CounterView) {

    init {
        view.setOnClickListener {
            model.increment()
            view.updateCountText()
        }

        view.setOnClickListener {
            model.decrement()
            view.updateCountText()
        }
    }
}
```

　MVC 아키텍처 패턴은 주로 폴더별로 파일을 나눠서 작업을 진행한다. MainActivity가 있는 패키지에 model, view, controller 폴더를 만들고, 그 안에 CounterModel, CounterView, CounterController를 만든 다음 코드를 작성하면 된다. MainAcitivity는 그대로 두거나 View로 옮겨 사용하면 된다. MainActivity는 일반적으로 애플리케이션의 UI를 구성하고, 사용자 입력을 처리하는 역할을 하기 때문에 View의 일부로 간주될 수 있기 때문이다.

- activity_main.xml

```xml
<?xml version="1.0" encoding="utf-8"?>
<FrameLayout xmlns:android="http://schemas.android.com/apk/res/android"
    android:id="@+id/container"
    android:layout_width="match_parent"
    android:layout_height="match_parent" />
```

- MainAcitivity.kt

```kotlin
class MainActivity : AppCompatActivity() {
    override fun onCreate(savedInstanceState: Bundle?) {
        super.onCreate(savedInstanceState)
        setContentView(R.layout.activity_main)
```

```kotlin
        // CounterModel과 CounterView를 생성하고 연결
        val model = CounterModel()
        val counterView = CounterView(this, model)

        // CounterView를 activity_main의 container에 추가
        val container = findViewById<FrameLayout>(R.id.container)
        container.addView(counterView)
    }
}
```

위 코드에서 CounterModel은 카운터의 상태와 동작을 담당하는 모델 클래스다. CounterView는 카운터의 상태를 표시하고 사용자의 입력에 반응하는 뷰 클래스다. CounterController는 사용자 입력을 처리하고 모델의 동작을 제어하는 컨트롤러 클래스다.

CounterView는 CounterModel을 생성자 파라미터로 받아 해당 모델의 상태를 표시하고, 사용자의 입력에 따라 CounterController를 호출하여 모델을 업데이트한다. CounterController는 CounterModel을 생성자 파라미터로 받아 해당 모델의 동작을 호출하여 상태를 업데이트한다.

main 함수에서는 CounterModel과 CounterController를 생성하고, 이를 함께 전달하여 MainActivity를 실행한다. MainActivity는 CounterModel과 CounterController를 가지고 CounterView를 생성하고 앱을 실행한다.

위 코드를 실행하면 'MVC Counter'라는 제목의 앱이 실행되며, 카운터의 현재 값이 표시된다. '+'와 '-' 버튼을 눌러 카운터값을 증가 및 감소시킬 수 있다. 사용자의 입력은 CounterView에서 처리되고, CounterController를 통해 CounterModel의 동작이 호출되어 카운터값이 업데이트된다.

MVC 아키텍처 패턴의 주요 특징

- **분리된 역할**: 각 구성 요소는 역할에 맞게 분리되어 있다. 이를 통해 코드의 재사용성과 유지·보수성이 향상된다.
- **양방향 데이터 흐름**: 사용자 입력은 컨트롤러를 통해 모델로 전달되고, 모델의 변경 사항은 뷰에 알려져서 업데이트된다. 이는 MVC 아키텍처의 특징 중 하나로, 데이터 흐름이 양방향으로 이루어진다는 점을 명시적으로 언급해야 한다.
- **테스트 용이성**: 각 구성 요소가 독립적으로 존재하므로, 개별적으로 테스트할 수 있다. 모델의 비즈니스 로직이나 뷰의 상태 변화에 대한 테스트를 수행할 수 있다.

MVC를 활용한 앱 예제

- Model: BlogPost.kt
  - View: MainActivity.kt, PostAdapter.kt, PostDetailActivity.kt
  - Controller: BlogController.kt, DatabaseHelper.kt

각 MVC 부분은 package를 만들어서 각각의 클래스를 넣어주어야 하며, AndroidManifest.xml에 액티비티를 패키지명을 고려하여 추가해야 한다.

- AndroidManifest.xml

> 손으로 익히는 코딩

```
<activity android:name=".view.PostDetailActivity" />
<activity android:name=".view.AddPostActivity" />
```

- BlogPost.kt(model/BlogPost.kt)

> 손으로 익히는 코딩

```kotlin
data class BlogPost(
    val id: Int,
    val title: String,
    val content: String
)
```

● activity_main.xml

 손으로 익히는 코딩

```xml
<RelativeLayout xmlns:android="http://schemas.android.com/apk/res/android"
    android:layout_width="match_parent"
    android:layout_height="match_parent"
    android:padding="16dp">

    <com.google.android.material.floatingactionbutton.FloatingActionButton
        android:id="@+id/addPostButton"
        android:layout_width="wrap_content"
        android:layout_height="wrap_content"
        android:layout_alignParentTop="true"
        android:layout_alignParentEnd="true"
        android:src="@drawable/ic_launcher_background" />

    <androidx.recyclerview.widget.RecyclerView
        android:id="@+id/postListView"
        android:layout_width="match_parent"
        android:layout_height="wrap_content"
        android:layout_below="@id/addPostButton"
        android:layout_marginTop="16dp" />
</RelativeLayout>
```

● activity_post_detail.xml

 손으로 익히는 코딩

```xml
<RelativeLayout xmlns:android="http://schemas.android.com/apk/res/android"
    android:layout_width="match_parent"
    android:layout_height="match_parent"
    android:padding="16dp">

    <TextView
        android:id="@+id/postTitleTextView"
        android:layout_width="wrap_content"
        android:layout_height="wrap_content"
        android:textSize="24sp"
        android:textStyle="bold"
        android:layout_alignParentTop="true" />
```

```xml
    <TextView
        android:id="@+id/postContentTextView"
        android:layout_width="match_parent"
        android:layout_height="wrap_content"
        android:layout_below="@id/postTitleTextView"
        android:layout_marginTop="16dp" />
</RelativeLayout>
```

- item_post.xml

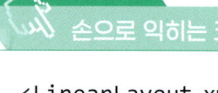 손으로 익히는 코딩

```xml
<LinearLayout xmlns:android="http://schemas.android.com/apk/res/android"
    android:layout_width="match_parent"
    android:layout_height="wrap_content"
    android:orientation="vertical"
    android:padding="16dp">

    <TextView
        android:id="@+id/postTitleTextView"
        android:layout_width="wrap_content"
        android:layout_height="wrap_content"
        android:textSize="18sp"
        android:textStyle="bold" />

    <TextView
        android:id="@+id/postContentTextView"
        android:layout_width="wrap_content"
        android:layout_height="wrap_content"
        android:textSize="14sp"
        android:layout_marginTop="4dp" />
</LinearLayout>
```

- activity_add_post.xml

 손으로 익히는 코딩

```xml
<RelativeLayout xmlns:android="http://schemas.android.com/apk/res/android"
    android:layout_width="match_parent"
    android:layout_height="match_parent"
    android:padding="16dp">

    <EditText
        android:id="@+id/titleEditText"
        android:layout_width="match_parent"
        android:layout_height="wrap_content"
        android:hint="Title"
        android:textSize="20sp"
        android:layout_alignParentTop="true" />

    <EditText
        android:id="@+id/contentEditText"
        android:layout_width="match_parent"
        android:layout_height="wrap_content"
        android:hint="Content"
        android:layout_below="@id/titleEditText"
        android:layout_marginTop="16dp"
        android:gravity="top"
        android:minLines="5" />

    <Button
        android:id="@+id/savePostButton"
        android:layout_width="wrap_content"
        android:layout_height="wrap_content"
        android:text="Save"
        android:layout_below="@id/contentEditText"
        android:layout_alignParentEnd="true"
        android:layout_marginTop="16dp" />
</RelativeLayout>
```

- PostAdapter.kt(view/PostAdapter.kt)

 손으로 익히는 코딩

```kotlin
class PostAdapter(private val context: Context, private val postList:
    List<BlogPost>) :
    RecyclerView.Adapter<PostAdapter.PostViewHolder>() {

    override fun onCreateViewHolder(parent: ViewGroup, viewType: Int):
        PostViewHolder {
        val itemView = LayoutInflater.from(context)
            .inflate(R.layout.item_post, parent, false)
        return PostViewHolder(itemView)
    }

    override fun onBindViewHolder(holder: PostViewHolder, position: Int) {
        val post = postList[position]
        holder.titleTextView.text = post.title
        holder.contentTextView.text = post.content

        holder.itemView.setOnClickListener {
            val intent = Intent(context, PostDetailActivity::class.java)
            intent.putExtra("postId", post.id)
            context.startActivity(intent)
        }
    }

    override fun getItemCount(): Int {
        return postList.size
    }

    class PostViewHolder(itemView: View) :
        RecyclerView.ViewHolder(itemView) {
        val titleTextView: TextView =
            itemView.findViewById(R.id.postTitleTextView)
        val contentTextView: TextView =
            itemView.findViewById(R.id.postContentTextView)
    }
}
```

● PostDetailActivity.kt(view/PostDetailActivity.kt)

 손으로 익히는 코딩

```kotlin
class PostDetailActivity : AppCompatActivity() {

    private lateinit var blogController: BlogController

    override fun onCreate(savedInstanceState: Bundle?) {
        super.onCreate(savedInstanceState)
        setContentView(R.layout.activity_post_detail)

        blogController = BlogController(this)

        val postId = intent.getIntExtra("postId", -1)
        val post: BlogPost? = blogController.getPost(postId)

        val titleTextView = findViewById<TextView>(R.id.postTitleTextView)
        val contentTextView =
            findViewById<TextView>(R.id.postContentTextView)

        post?.let {
            titleTextView.text = it.title
            contentTextView.text = it.content
        }
    }
}
```

● AddPostActivity.kt(view/AddPostActivity.kt)

 손으로 익히는 코딩

```kotlin
class AddPostActivity : AppCompatActivity() {

    private lateinit var blogController: BlogController

    override fun onCreate(savedInstanceState: Bundle?) {
        super.onCreate(savedInstanceState)
        setContentView(R.layout.activity_add_post)

        blogController = BlogController(this)
```

```
            val titleEditText = findViewById<EditText>(R.id.titleEditText)
            val contentEditText = findViewById<EditText>(R.id.contentEditText)
            val savePostButton = findViewById<Button>(R.id.savePostButton)

            savePostButton.setOnClickListener {
                val title = titleEditText.text.toString().trim()
                val content = contentEditText.text.toString().trim()

                if (title.isNotEmpty() && content.isNotEmpty()) {
                    blogController.addPost(title, content)
                    Toast.makeText(this, "포스트 저장완료",
                        Toast.LENGTH_SHORT).show()
                    finish()
                } else {
                    Toast.makeText(this, "title과 content 모두 입력해주세요.",
                        Toast.LENGTH_SHORT).show()
                }
            }
        }
    }
}
```

- MainActivity.kt(view/MainActivity.kt)

손으로 익히는 코딩

```
class MainActivity : AppCompatActivity() {

    private lateinit var blogController: BlogController
    private lateinit var postAdapter: PostAdapter

    override fun onCreate(savedInstanceState: Bundle?) {
        super.onCreate(savedInstanceState)
        setContentView(R.layout.activity_main)

        blogController = BlogController(this)

        val recyclerView = findViewById<RecyclerView>(R.id.postListView)
        recyclerView.layoutManager = LinearLayoutManager(this)

        loadPosts()
```

```kotlin
        val addPostButton =
            findViewById<FloatingActionButton>(R.id.addPostButton)
        addPostButton.setOnClickListener {
            val intent = Intent(this, AddPostActivity::class.java)
            startActivity(intent)
        }
    }

    override fun onResume() {
        super.onResume()
        loadPosts()
    }

    private fun loadPosts() {
        val postList = blogController.getPosts()
        postAdapter = PostAdapter(this, postList)
        findViewById<RecyclerView>(R.id.postListView).adapter = postAdapter
    }
}
```

● DatabaseHelper.kt(controller/DatabaseHelper.kt)

손으로 익히는 코딩

```kotlin
class DatabaseHelper(context: Context) : SQLiteOpenHelper(context,
    DATABASE_NAME, null, DATABASE_VERSION) {

    companion object {
        private const val DATABASE_NAME = "blog.db"
        private const val DATABASE_VERSION = 1

        private const val TABLE_POSTS = "posts"
        private const val COLUMN_ID = "id"
        private const val COLUMN_TITLE = "title"
        private const val COLUMN_CONTENT = "content"
    }

    override fun onCreate(db: SQLiteDatabase?) {
        val createTableQuery = ("CREATE TABLE $TABLE_POSTS (" +
                "$COLUMN_ID INTEGER PRIMARY KEY AUTOINCREMENT, " +
                "$COLUMN_TITLE TEXT, " +
```

```kotlin
                "$COLUMN_CONTENT TEXT)")
        db?.execSQL(createTableQuery)
    }

    override fun onUpgrade(db: SQLiteDatabase?, oldVersion: Int,
        newVersion: Int) {
        db?.execSQL("DROP TABLE IF EXISTS $TABLE_POSTS")
        onCreate(db)
    }

    fun addPost(post: BlogPost): Long {
        val db = this.writableDatabase
        val values = ContentValues()
        values.put(COLUMN_TITLE, post.title)
        values.put(COLUMN_CONTENT, post.content)
        val result = db.insert(TABLE_POSTS, null, values)
        db.close()
        return result
    }
    fun getAllPosts(): List<BlogPost> {
        val postList = mutableListOf<BlogPost>()
        val selectQuery = "SELECT * FROM $TABLE_POSTS"
        val db = this.readableDatabase
        val cursor = db.rawQuery(selectQuery, null)

        if (cursor.moveToFirst()) {
            do {
                val id = cursor.getInt(cursor.getColumnIndexOrThrow(
                    COLUMN_ID))
                val title = cursor.getString(cursor.getColumnIndexOrThrow(
                    COLUMN_TITLE))
                val content = cursor.getString(cursor.getColumnIndexOrThrow(
                    COLUMN_CONTENT))
                postList.add(BlogPost(id, title, content))
            } while (cursor.moveToNext())
        }
        cursor.close()
        db.close()
        return postList
    }
```

```
    fun getPost(id: Int): BlogPost? {
        val db = this.readableDatabase
        val cursor = db.query(TABLE_POSTS, arrayOf(COLUMN_ID, COLUMN_TITLE,
            COLUMN_CONTENT),
            "$COLUMN_ID=?", arrayOf(id.toString()), null, null, null, null)

        var post: BlogPost? = null
        if (cursor != null) {
            if (cursor.moveToFirst()) {
                val postId = cursor.getInt(cursor.getColumnIndexOrThrow(
                    COLUMN_ID))
                val title = cursor.getString(cursor.getColumnIndexOrThrow(
                    COLUMN_TITLE))
                val content = cursor.getString(cursor.getColumnIndexOrThrow(
                    COLUMN_CONTENT))
                post = BlogPost(postId, title, content)
            }
            cursor.close()
        }
        db.close()
        return post
    }
}
```

● BlogController.kt(controller/BlogController.kt)

손으로 익히는 코딩

```
class BlogController(context: Context) {

    private val dbHelper: DatabaseHelper = DatabaseHelper(context)

    fun addPost(title: String, content: String) {
        val post = BlogPost(0, title, content)
        dbHelper.addPost(post)
    }

    fun getPosts(): List<BlogPost> {
        return dbHelper.getAllPosts()
    }
```

```
    fun getPost(id: Int): BlogPost? {
        return dbHelper.getPost(id)
    }
}
```

이 예제에서는 간단한 블로그 플랫폼을 기본적인 MVC 패턴을 사용하여 구현하였다. 사용자는 새로운 게시글을 작성할 수 있고, 작성한 게시글을 목록에서 확인할 수 있다. 게시글을 클릭하면 상세 내용을 볼 수 있다.

> **Tip**
> 모델에서 데이터 유효성 검사를 수행하여, 잘못된 데이터가 뷰로 전달되지 않도록 합니다. 이를 통해 데이터 일관성을 유지하고 더 나은 서비스로 개선할 수 있습니다.
> 하나의 컨트롤러가 너무 많은 책임을 지지 않도록 서브 컨트롤러나 헬퍼 클래스를 만들어 역할을 분리하면 코드의 가독성과 유지 보수성을 높일 수 있습니다.

MVVM 아키텍처 패턴

MVVM(Mode-View-ViewModel)은 소프트웨어 아키텍처 패턴 중 하나로, 사용자 인터페이스(UI)와 비즈니스 로직을 분리하여 구조화하는 방법이다. 이 패턴은 애플리케이션의 유지·보수성과 확장성을 향상시키고 개발자 팀 간의 협업을 용이하게 한다.

MVVM 아키텍처 패턴의 주요 구성 요소

MVVM 아키텍처 패턴은 다음의 주요 구성 요소로 이루어져 있다.

- **Model**: 애플리케이션의 데이터 및 비즈니스 로직을 나타낸다. 모델은 독립적으로 존재하며, 사용자 인터페이스나 뷰 모델과 직접적으로 상호 작용하지 않는다. 데이터의 변경 사항을 감지하고 알리는 기능을 제공할 수도 있다.

    ```
    data class UserModel(
        val name: String,
        val age: Int
    )
    ```

- **View**: 사용자 인터페이스를 나타낸다. 뷰는 UI 요소들을 포함하고 사용자와의 상호 작용을 처리한다. 뷰는 모델의 상태를 표시하고 사용자의 입력을 전달하여 뷰 모델에게 전달한다.

뷰는 가능한한 단순하고 UI에 집중하는 역할을 수행한다.

```kotlin
@Composable
fun UserView(userViewModel: UserViewModel) {
    val userState by userViewModel.user.observeAsState()

    Column {
        Text(
            text = "Name: ${userState?.name ?: ""}",
            fontSize = 24.sp
        )
        Text(
            text = "Age: ${userState?.age ?: ""}",
            fontSize = 24.sp
        )
    }
}

@Preview
@Composable
fun PreviewUserView() {
    UserView(UserViewModel())
}

import androidx.appcompat.app.AppCompatActivity
import android.os.Bundle
import androidx.activity.viewModels
import androidx.lifecycle.Observer
import com.example.myappilcation.databinding.ActivityMainBinding

class MainActivity : AppCompatActivity() {

    private lateinit var binding: ActivityMainBinding
    private val userViewModel: UserViewModel by viewModels()

    override fun onCreate(savedInstanceState: Bundle?) {
        super.onCreate(savedInstanceState)
        binding = ActivityMainBinding.inflate(layoutInflater)
        setContentView(binding.root)

        userViewModel.user.observe(this, Observer { user ->
            binding.nameTextView.text = "Name: ${user.name}"
            binding.ageTextView.text = "Age: ${user.age}"
        })
```

```
        binding.updateButton.setOnClickListener {
            val name = binding.nameEditText.text.toString()
            val age = binding.ageEditText.text.toString().toIntOrNull()
            if (name.isNotEmpty() && age != null) {
                userViewModel.updateUserName(name)
                userViewModel.updateUserAge(age)
            }
        }
    }
}
```

- View Model: 뷰와 모델 사이의 중간 계층으로, 뷰와 모델을 연결하고 데이터 및 비즈니스 로직을 처리한다. 뷰 모델은 뷰로부터 입력을 받아 모델에 전달하고, 모델로부터 데이터 변경 사항을 받아 뷰에 업데이트를 알린다. 뷰 모델은 뷰에 대한 상태 및 동작을 노출하고, 뷰와의 강한 결합을 피하기 위해 데이터 바인딩과 이벤트를 통해 뷰와 통신한다.

```
import androidx.lifecycle.LiveData
import androidx.lifecycle.MutableLiveData
import androidx.lifecycle.ViewModel
import com.example.myappilcation.UserModel

class UserViewModel : ViewModel() {
    private val _user = MutableLiveData<UserModel>()
    val user: LiveData<UserModel> = _user

    init {
        _user.value = UserModel("John Doe", 30)
    }

    fun updateUserName(name: String) {
        _user.value?.let { user ->
            _user.value = user.copy(name = name)
        }
    }

    fun updateUserAge(age: Int) {
        _user.value?.let { user ->
            _user.value = user.copy(age = age)
        }
    }
}
```

UserModel은 사용자 데이터를 표현하는 데이터 클래스이며, UserViewModel은 사용자 데이터를 관리하고 업데이트하는 ViewModel 이다.

UserView 함수는 UserViewModel을 매개 변수로 받아와서 사용자 데이터를 UI에 표시하는 Composable 함수다.

MainActivity에서는 UserViewModel을 활용하여 사용자 데이터를 UI에 바인딩하고 사용자 데이터를 업데이트하는 예시를 보여준다.

바인딩(Binding)

바인딩은 데이터와 UI 요소 간의 연결을 의미한다. 이를 통해 데이터가 변경될 때 UI가 자동으로 업데이트되거나, UI에서 발생한 이벤트가 데이터에 반영될 수 있도록 한다. 바인딩은 특히 MVVM 패턴에서 중요한 역할을 하며, 다양한 방식으로 구현될 수 있다.

- **View Binding**: View Binding은 XML 레이아웃 파일의 뷰를 쉽게 참조할 수 있도록 도와주는 기능이다. 이를 통해 null 안전성을 강화하고, 뷰 ID를 직접 사용하는 번거로움을 줄인다.

① build.gradle 파일에서 View Binding을 활성화한다.

```
android {
    ...
    buildFeatures
        viewBinding = true
    }
}
```

② XML 레이아웃 파일을 생성한다.

```xml
<LinearLayout
    xmlns:android="http://schemas.android.com/apk/res/android"
    android:layout_width="match_parent"
    android:layout_height="match_parent">

    <TextView
        android:id="@+id/textView"
        android:layout_width="wrap_content"
        android:layout_height="wrap_content"
        android:text="Hello, World!" />
</LinearLayout>
```

③ Activity에서 View Binding을 사용한다.

```kotlin
class MainActivity : AppCompatActivity() {
    private lateinit var binding: ActivityMainBinding

    override fun onCreate(savedInstanceState: Bundle?) {
        super.onCreate(savedInstanceState)
        binding = ActivityMainBinding.inflate(layoutInflater)
        setContentView(binding.root)

        binding.textView.text = "안녕하세요, 코틀린!"
    }
}
```

- **Data Binding**: Data Binding은 XML 레이아웃 파일에서 UI 컴포넌트를 데이터 소스와 연결하여, UI가 데이터의 변경을 자동으로 반영하도록 만들어 주는 기능이다. 이는 MVVM 패턴과 함께 사용되며, 코드의 양을 줄이고 유지·보수성을 높인다.

① build.gradle 파일에서 Data Binding을 활성화한다.

```
android {
    ...
    viewBinding {
        dataBinding = true
    }
}
```

② XML 레이아웃 파일에 Data Binding을 설정한다.

```xml
<layout xmlns:android="http://schemas.android.com/apk/res/android">
    <data>
        <variable
            name="viewModel"
            type="com.example.MyViewModel" />
    </data>

    <LinearLayout
        android:layout_width="match_parent"
        android:layout_height="match_parent">

        <TextView
            android:text="@{viewModel.greeting}"
            android:layout_width="wrap_content"
            android:layout_height="wrap_content" />
```

```
        </LinearLayout>
    </layout>
```

③ ViewModel을 정의한다.

```
class MyViewModel : ViewModel() {
    val greeting: LiveData<String> = MutableLiveData("안녕하세요!")
}
```

④ Activity에서 Data Binding을 사용한다.

```
class MainActivity : AppCompatActivity() {
    private lateinit var binding: ActivityMainBinding
    private lateinit var viewModel: MyViewModel

    override fun onCreate(savedInstanceState: Bundle?) {
        super.onCreate(savedInstanceState)
        binding = ActivityMainBinding.inflate(layoutInflater)
        setContentView(binding.root)

        viewModel =
          ViewModelProvider(this).get(MyViewModel::class.java)
        binding.viewModel = viewModel
        binding.lifecycleOwner = this
    }
}
```

위에서 작업한 MVVM 아키텍처 패턴을 실행하기 위해서는 라이브러리 추가와 binding, compose를 활성화하여야 한다.

```
dependencies {
    ...
    implementation("androidx.compose.ui:ui:X.X.X")
    implementation("androidx.compose.material:material:X.X.X")
    implementation("androidx.compose.ui:ui-tooling-preview:X.X.X")
    implementation("androidx.compose.runtime:runtime-livedata:X.X.X")
}
```

기존에 사용했던 Compose 라이브러리들은 단순히 구성 요소를 제공하는 라이브러리이다. 이 자체만으로는 Compose 관련 기능이 프로젝트에서 자동으로 활성화되지 않는다. androidx. compose.runtime:runtime-livedata는 Jetpack Compose에서 LiveData와 함께 사용할 수 있는 라이브러리이다. LiveData는 Compose에서 observeAsState와 함께 사용되어 UI 상태를 자동으로 업데이트한다. Jetpack Compose와 기존의 LiveData를 연동하려면 Compose의 전체 기능이 활성화되어야 한다.

```
android {
    …

    buildFeatures {
        viewBinding = true
        compose = true
    }

    composeOptions {
        kotlinCompilerExtensionVersion = "X.X.X"
    }
}
```

buildFeatures { compose = true } 옵션을 통해 Compose에서 UI를 작성할 수 있는 환경을 활성화한다. Compose 관련 코드를 작성하고 이를 프로젝트 내에서 사용하려면 반드시 이 설정이 필요하다.

KotlinCompilerExtensionVersion 은 androidx.compose.runtime:runtime-livedata와 버전을 맞춰서 작성한다. 해당 버전은 코틀린의 버전에 따라 추가하여야 한다. 버전은 https://developer.android.com/jetpack/androidx/releases/compose-kotlin?hl=ko 해당 링크에서 확인할 수 있다.

```
<LinearLayout xmlns:android="http://schemas.android.com/apk/res/android"
    xmlns:app="http://schemas.android.com/apk/res-auto"
    xmlns:tools="http://schemas.android.com/tools"
    android:layout_width="match_parent"
    android:layout_height="match_parent"
    android:orientation="vertical"
    android:padding="16dp"
    tools:context=".MainActivity">

    <TextView
        android:id="@+id/nameTextView"
        android:layout_width="wrap_content"
        android:layout_height="wrap_content"
        android:text="Name: "
```

```xml
        android:textSize="24sp" />

    <TextView
        android:id="@+id/ageTextView"
        android:layout_width="wrap_content"
        android:layout_height="wrap_content"
        android:text="Age: "
        android:textSize="24sp" />

    <EditText
        android:id="@+id/nameEditText"
        android:layout_width="match_parent"
        android:layout_height="wrap_content"
        android:hint="Enter Name" />

    <EditText
        android:id="@+id/ageEditText"
        android:layout_width="match_parent"
        android:layout_height="wrap_content"
        android:hint="Enter Age"
        android:inputType="number" />

    <Button
        android:id="@+id/updateButton"
        android:layout_width="wrap_content"
        android:layout_height="wrap_content"
        android:text="Update"
        android:layout_gravity="center_horizontal" />
</LinearLayout>
```

MVVM 아키텍처 패턴의 주요 특징

- **단방향 데이터 바인딩**: 뷰와 뷰 모델 간의 데이터 흐름은 단방향으로 이루어진다. 보통 데이터 바인딩 라이브러리나 프레임워크를 사용하여 뷰 모델의 상태를 자동으로 뷰에 바인딩한다. 이를 통해 뷰 모델의 상태가 변경될 때 자동으로 UI가 업데이트되며, 뷰에서 사용자 입력이 발생하면 해당 이벤트가 뷰 모델에 전달된다.
- **테스트 용이성**: 각 구성 요소가 독립적으로 테스트할 수 있다. 뷰 모델은 비즈니스 로직을 담당하므로 유닛 테스트를 수행하기 용이하다.
- **재사용성**: 뷰와 뷰 모델은 독립적으로 재사용될 수 있다. 뷰는 다른 뷰 모델과 연결되어 재사용될 수 있고, 뷰 모델은 다른 뷰와 결합하여 다양한 UI 상황에서 재사용될 수 있다.

MVVM 아키텍처 패턴을 활용한 영화 검색 앱

- Model: Movie.kt, MovieResponse.kt
  - View: MainActivity.kt, MovieAdapter.kt, MovieDetailActivity.kt
  - ViewModel: MovieViewModel.kt, MovieViewModelFactory.kt
- 영화 데이터를 가져오기 위한 영화 API 인터페이스(Network), API 호출을 관리하고 View Model에 데이터를 제공하는 리포지토리(Repository)
  - Network: MovieApiService.kt, RetrofitInstance.kt
  - Repository: MovieRepository.kt

각 부분은 package를 만들어서 각각의 클래스를 넣어주어야 하며 AndroidManifest.xml에 액티비티를 패키지명을 고려하여 추가해야 한다. 또한 API 호출을 위해 인터넷 연결 권한을 추가한다.

- AndroidManifest.xml

 손으로 익히는 코딩

```
<activity android:name=".view.MovieDetailActivity" />
<uses-permission android:name="android.permission.INTERNET" />
```

- build.gradle.kts(Module: app)

 손으로 익히는 코딩

```
plugins {
    …
    id("kotlin-kapt")
}

android {
    …
    buildFeatures {
        viewBinding = true
    }
}

dependencies {
```

```
...
implementation("androidx.lifecycle:lifecycle-viewmodel-ktx:X.X.X")
implementation("androidx.lifecycle:lifecycle-livedata-ktx:X.X.X")
implementation("com.squareup.retrofit2:retrofit:X.X.X")
implementation("com.squareup.retrofit2:converter-gson:X.X.X")
implementation("com.squareup.picasso:picasso:X.X")
implementation("com.google.android.material:material:X.X.X")
}
```

- Movie.kt(model/Movie.kt)

손으로 익히는 코딩

```
data class Movie(
    val id: Int,
    @SerializedName("title") val title: String,
    @SerializedName("poster_path") val posterPath: String?,
    @SerializedName("overview") val overview: String
)
```

- MovieResponse.kt(model/MovieResponse.kt)

손으로 익히는 코딩

```
data class MovieResponse(
    @SerializedName("results") val movies: List<Movie>
)
```

- activity_main.xml

손으로 익히는 코딩

```
<RelativeLayout xmlns:android="http://schemas.android.com/apk/res/android"
    android:layout_width="match_parent"
    android:layout_height="match_parent"
    android:padding="16dp">

    <EditText
        android:id="@+id/searchEditText"
        android:layout_width="match_parent"
```

```xml
        android:layout_height="wrap_content"
        android:hint="Search for movies..."
        android:imeOptions="actionSearch"
        android:inputType="text" />

    <Button
        android:id="@+id/searchButton"
        android:layout_width="wrap_content"
        android:layout_height="wrap_content"
        android:text="Search"
        android:layout_below="@id/searchEditText"
        android:layout_alignParentEnd="true"
        android:layout_marginTop="16dp" />

    <androidx.recyclerview.widget.RecyclerView
        android:id="@+id/moviesRecyclerView"
        android:layout_width="match_parent"
        android:layout_height="match_parent"
        android:layout_below="@id/searchButton"
        android:layout_marginTop="16dp" />
</RelativeLayout>
```

- item_movie.xml

 손으로 익히는 코딩

```xml
<LinearLayout xmlns:android="http://schemas.android.com/apk/res/android"
    android:layout_width="match_parent"
    android:layout_height="wrap_content"
    android:orientation="horizontal"
    android:padding="8dp">

    <ImageView
        android:id="@+id/moviePosterImageView"
        android:layout_width="100dp"
        android:layout_height="150dp"
        android:scaleType="centerCrop" />

    <LinearLayout
        android:layout_width="match_parent"
        android:layout_height="wrap_content"
        android:orientation="vertical"
        android:paddingStart="16dp">
```

```xml
        <TextView
            android:id="@+id/movieTitleTextView"
            android:layout_width="wrap_content"
            android:layout_height="wrap_content"
            android:textSize="18sp"
            android:textStyle="bold" />

        <TextView
            android:id="@+id/movieOverviewTextView"
            android:layout_width="wrap_content"
            android:layout_height="wrap_content"
            android:layout_marginTop="8dp"
            android:textSize="14sp" />
    </LinearLayout>
</LinearLayout>
```

- activity_movie_detail.xml

손으로 익히는 코딩

```xml
<LinearLayout xmlns:android="http://schemas.android.com/apk/res/android"
    android:layout_width="match_parent"
    android:layout_height="match_parent"
    android:orientation="vertical"
    android:padding="16dp">

    <ImageView
        android:id="@+id/moviePosterImageView"
        android:layout_width="match_parent"
        android:layout_height="300dp"
        android:scaleType="centerCrop" />

    <TextView
        android:id="@+id/movieTitleTextView"
        android:layout_width="wrap_content"
        android:layout_height="wrap_content"
        android:textSize="24sp"
        android:textStyle="bold"
        android:layout_marginTop="16dp" />

    <TextView
        android:id="@+id/movieOverviewTextView"
```

```
            android:layout_width="wrap_content"
            android:layout_height="wrap_content"
            android:layout_marginTop="16dp" />
</LinearLayout>
```

● MainActivity.kt(view/MainActivity.kt)

 손으로 익히는 코딩

```kotlin
class MainActivity : AppCompatActivity() {

    private lateinit var binding: ActivityMainBinding
    private val viewModel: MovieViewModel by viewModels {
        MovieViewModelFactory(MovieRepository())
    }

    override fun onCreate(savedInstanceState: Bundle?) {
        super.onCreate(savedInstanceState)
        binding = ActivityMainBinding.inflate(layoutInflater)
        setContentView(binding.root)

        val adapter = MovieAdapter(emptyList()) { movie ->
            val intent = Intent(this, MovieDetailActivity::class.java).apply {
                putExtra("movieId", movie.id)
            }
            startActivity(intent)
        }

        binding.moviesRecyclerView.layoutManager =
        LinearLayoutManager(this)
        binding.moviesRecyclerView.adapter = adapter

        binding.searchButton.setOnClickListener {
            searchMovies()
        }

        binding.searchEditText.setOnEditorActionListener { _, actionId, _ ->
            if (actionId == EditorInfo.IME_ACTION_SEARCH) {
                searchMovies()
                true
            } else {
                false
            }
```

```kotlin
        }
        viewModel.movies.observe(this) { movies ->
            adapter.updateMovies(movies)
        }

        viewModel.errorMessage.observe(this) { errorMessage ->
            // 오류메세지 처리 (e.g., show a Toast)
        }
    }
    private fun searchMovies() {
        val query = binding.searchEditText.text.toString().trim()
        if (query.isNotEmpty()) {
            viewModel.searchMovies("YOUR_API_KEY", query)
        }
    }
}
```

- MovieAdapter.kt(view/MovieAdapter.kt)

손으로 익히는 코딩

```kotlin
class MovieAdapter(
    private var movies: List<Movie>,
    private val onMovieClicked: (Movie) -> Unit
) : RecyclerView.Adapter<MovieAdapter.MovieViewHolder>() {

    override fun onCreateViewHolder(parent: ViewGroup, viewType: Int):
        MovieViewHolder {
        val binding = ItemMovieBinding.inflate(LayoutInflater.from(
            parent.context), parent, false)
        return MovieViewHolder(binding)
    }

    override fun onBindViewHolder(holder: MovieViewHolder, position: Int) {
        val movie = movies[position]
        holder.bind(movie)
        holder.itemView.setOnClickListener { onMovieClicked(movie) }
    }

    override fun getItemCount(): Int = movies.size
```

```
    fun updateMovies(newMovies: List<Movie>) {
        this.movies = newMovies
        notifyDataSetChanged()
    }

    class MovieViewHolder(private val binding: ItemMovieBinding) :
        RecyclerView.ViewHolder(binding.root) {

        fun bind(movie: Movie) {
            binding.movieTitleTextView.text = movie.title
            binding.movieOverviewTextView.text = movie.overview
            val posterUrl =
                "https://image.tmdb.org/t/p/w500${movie.posterPath}"
            Picasso.get().load(posterUrl).into(binding.moviePosterImageView)
        }
    }
}
```

- MovieDetailActivity.kt(view/MovieDetailActivity.kt)

손으로 익히는 코딩

```
class MovieDetailActivity : AppCompatActivity() {

    private lateinit var binding: ActivityMovieDetailBinding

    override fun onCreate(savedInstanceState: Bundle?) {
        super.onCreate(savedInstanceState)
        binding = ActivityMovieDetailBinding.inflate(layoutInflater)
        setContentView(binding.root)

        val movieId = intent.getIntExtra("movieId", -1)
        val movie: Movie? = getMovieById(movieId)

        movie?.let {
            binding.movieTitleTextView.text = it.title
            binding.movieOverviewTextView.text = it.overview
            val posterUrl =
                "https://image.tmdb.org/t/p/w500${it.posterPath}"
            Picasso.get().load(posterUrl).into(binding.moviePosterImageView)
        }
    }
```

```kotlin
    private fun getMovieById(movieId: Int): Movie? {
        return Movie(
            id = movieId,
            title = "Movie Title",
            posterPath = "/path_to_poster.jpg",
            overview = "Movie Overview"
        )
    }
}
```

● MovieViewModel.kt(viewmodel/MovieViewModel.kt)

손으로 익히는 코딩

```kotlin
class MovieViewModel(private val repository: MovieRepository) : ViewModel() {

    private val _movies = MutableLiveData<List<Movie>>()
    val movies: LiveData<List<Movie>> get() = _movies

    private val _errorMessage = MutableLiveData<String>()
    val errorMessage: LiveData<String> get() = _errorMessage

    fun searchMovies(apiKey: String, query: String) {
        viewModelScope.launch {
            try {
                val response = repository.searchMovies(apiKey, query)
                _movies.value = response.movies
            } catch (e: Exception) {
                _errorMessage.value = "Failed to load movies: ${e.message}"
            }
        }
    }
}
```

- MovieViewModelFactory.kt(viewmodel/MovieViewModelFactory.kt)

손으로 익히는 코딩

```kotlin
class MovieViewModelFactory(private val repository: MovieRepository) :
    ViewModelProvider.Factory {
    override fun <T : ViewModel> create(modelClass: Class<T>): T {
        if (modelClass.isAssignableFrom(MovieViewModel::class.java)) {
            @Suppress("UNCHECKED_CAST")
            return MovieViewModel(repository) as T
        }
        throw IllegalArgumentException("Unknown ViewModel class")
    }
}
```

- MovieApiService.kt(network/MovieApiService.kt)

손으로 익히는 코딩

```kotlin
interface MovieApiService {
    @GET("search/movie")
    suspend fun searchMovies(
        @Query("api_key") apiKey: String,
        @Query("query") query: String
    ): MovieResponse
}
```

- RetrofitInstance.kt(network/RetrofitInstance.kt)

손으로 익히는 코딩

```kotlin
object RetrofitInstance {
    private const val BASE_URL = "https://api.themoviedb.org/3/"

    val api: MovieApiService by lazy {
        Retrofit.Builder()
            .baseUrl(BASE_URL)
            .addConverterFactory(GsonConverterFactory.create())
            .build()
            .create(MovieApiService::class.java)
    }
}
```

- MovieRepository.kt(repository/MovieRepository.kt)

> **손으로 익히는 코딩**

```
class MovieRepository {
    private val api: MovieApiService = RetrofitInstance.api

    suspend fun searchMovies(apiKey: String, query: String): MovieResponse {
        return api.searchMovies(apiKey, query)
    }
}
```

위 예시는 MVVM 아키텍처를 사용하며, 영화 데이터베이스 API(The Movie Database API)를 통해 영화 데이터를 검색하고 표시한다. 앱을 실행 후 영화 제목을 검색하면 검색 결과가 RecyclerView에 표시되며, 영화 포스터를 클릭하면 상세 정보 화면으로 이동하게 된다.

MainActivity의 searchMovies 메서드에서 YOUR_API_KEY 부분에는 TMDB(https://www.themoviedb.org/)에서 API 키를 가져와야 한다. 해당 사이트에 접속하여 이메일 인증을 하여 회원가입을 한 다음 설정에 들어와 API 키를 발급받으면 된다.

> **에러에서 배우기**

- **Missing API Key**
  The Movie Database API와 같은 외부 API를 사용할 때, API 키를 설정하지 않으면 발생합니다.

- **Retrofit Network Errors(e.g., 404, 500)**
  API 서버의 문제나 잘못된 요청이 원인이 될 수 있습니다.

- **Activity Not Found**
  AndroidManifest.xml에 MovieDetailActivity가 등록되지 않은 경우 발생합니다.

- **TimeoutException**
  네트워크 응답 시간이 너무 길어 발생할 수 있습니다. Retrofit의 OkHttpClient에서 타임아웃 설정을 적절히 조정하거나, 백오프(재시도) 로직을 구현합니다.

디자인 패턴 개요

디자인 패턴은 소프트웨어 개발에서 자주 발생하는 문제를 해결하기 위해 반복적으로 사용되는 해결책이다. 이러한 패턴은 공식화되고 검증된 설계 아이디어와 구조를 제공하여 코드의 재사용성, 확장성, 유지·보수성을 향상시킬 수 있다. 디자인 패턴은 개발자들 간의 의사소통을 원활하게 하고, 코드의 가독성을 높이며, 소프트웨어 시스템의 안정성과 품질을 향상시킨다.

디자인 패턴의 분류

디자인 패턴은 주로 세 가지 범주로 분류된다.

- **생성(Creational) 패턴**: 객체의 생성과 초기화를 다루는 패턴이다. 이러한 패턴은 객체 생성을 추상화하고, 객체 간의 종속성을 줄여 유연성과 확장성을 향상시킨다. 대표적인 생성 패턴으로는 싱글톤(Singleton), 팩토리(Factory), 추상 팩토리(Abstract Factory) 등이 있다.

- **구조(Structural) 패턴**: 클래스나 객체들의 구성과 관련된 패턴이다. 이러한 패턴은 객체들 간의 관계와 구조를 정의하여 유연하고 효율적인 구조를 구현한다. 대표적인 구조 패턴으로는 어댑터(Adapter), 데코레이터(Decorator), 컴퍼지트(Composite) 등이 있다.

- **행위(Behavioral) 패턴**: 객체들 간의 상호 작용과 책임 분배에 관련된 패턴이다. 이러한 패턴은 객체들 간의 알고리즘을 캡슐화하고, 객체들 간의 행위를 조정하여 유연한 상호 작용을 가능하게 한다. 대표적인 행위 패턴으로는 옵저버(Observer), 스트래티지(Strategy), 커맨드(Command) 등이 있다.

디자인 패턴은 개별적으로 사용되기도 하지만, 종종 여러 패턴이 조합되어 복잡한 소프트웨어 아키텍처를 구성하는 데 활용된다. 이러한 패턴들은 잘 정의된 구조와 규칙을 제공하여 팀 내 개발자들 사이의 코드 작성 스타일, 구조, 규칙 등의 일관성을 유지하고, 유지·보수성을 향상시키며, 코드의 재사용성을 높일 수 있다.

디자인 패턴을 이해하고 적용하기 위해서는 적절한 문제 상황에서 패턴을 식별하고, 해당 패턴이 어떤 문제를 해결하는지 이해해야 한다. 또한 디자인 패턴을 적용할 때는 문제의 복잡성과 요구 사항을 고려하여 적절한 패턴을 선택해야 한다. 디자인 패턴은 개발자들 간의 공통된 언어와 개발 철학을 형성하며, 소프트웨어 시스템의 품질과 유지·보수성을 향상시키는 강력한 도구다.

> 챕터 요약 정리

01. 코루틴과 비동기 처리
코루틴은 비동기 코드를 작성하고 관리하기 위한 강력한 도구로, 기존의 콜백이나 RxJava와 같은 라이브러리에 비해 간단하고 가독성이 높은 코드를 작성할 수 있습니다. 코루틴을 사용하면 UI 스레드를 차단하지 않고 비동기 작업을 처리할 수 있으며, 복잡한 비동기 작업을 간편하게 구성할 수 있습니다.

02. 테스트와 디버깅
안드로이드 스튜디오에서 제공하는 다양한 도구를 사용하여 유닛 테스트, 통합 테스트, UI 테스트를 수행하는 방법을 배우고, 앱의 버그를 식별하고 수정하는 방법을 익힐 수 있습니다. 테스트와 디버깅을 통해 안정적이고 품질 높은 앱을 개발할 수 있습니다.

03. 커스텀뷰와 애니메이션
안드로이드에서 기본 제공하는 뷰 이외에도 사용자 정의 뷰를 만들고 활용하는 방법을 학습하며, 다양한 애니메이션 효과를 적용하는 방법을 배웠습니다. 커스텀뷰와 애니메이션을 활용하여 앱의 사용자 경험을 향상시키고 독특한 디자인을 구현할 수 있습니다.

04. 클린 아키텍처와 MVVM 패턴
클린 아키텍처와 MVVM(Mode-View-ViewModel) 패턴을 소개하고, 이를 적용하여 안드로이드 앱의 코드를 구조화하는 방법을 학습하였습니다. 클린 아키텍처와 MVVM 패턴을 사용하면 코드의 유지·보수성과 확장성을 향상시키고, 개발 과정을 단순화할 수 있습니다.

챕터 8에서는 안드로이드의 고급 주제를 다루며, 코루틴과 비동기 처리, 테스트와 디버깅, 커스텀뷰와 애니메이션, 그리고 클린 아키텍처와 MVVM 패턴을 학습하였습니다. 비동기 작업 처리와 UI 개선을 위한 코루틴 활용을 시작으로 테스트와 디버깅으로 안정성을 높이고, 사용자 정의 뷰와 애니메이션을 통해 UI를 개선하며, 클린 아키텍처와 MVVM 패턴을 통해 코드 구조를 최적화할 수 있습니다.

더 멋진 내일(Tomorrow)을 위한 내일(My Career) 내일은 코틀린

연습문제

문제 1 코루틴과 비동기 처리

투어 가이드 앱을 만드시오. 이 앱은 사용자가 특정 위치에 도착하면 관련된 가이드를 음성으로 제공하며, 다양한 장소를 투어하면서 정보를 제공하는 기능을 포함한다. 여기서는 코루틴과 비동기 처리를 활용하여 GPS 위치를 추적하고, 위치에 따라 데이터를 가져와서 음성으로 안내하는 방법을 구현하시오.

(1) 먼저 build.gradle 파일에 MPAndroidChart Gradle Setup 추가합니다.

```
dependencies {
    implementation("com.google.android.material:material:X.X.X")
    implementation("androidx.constraintlayout:constraintlayout:X.X.X")
    implementation("com.google.android.gms:play-services-location:X.X.X")
    implementation("org.jetbrains.kotlinx:kotlinx-coroutines-core:X.X.X")
    implementation("com.google.code.gson:gson:X.X.X")
    implementation("com.squareup.retrofit2:retrofit:X.X.X")
    implementation("com.squareup.retrofit2:converter-gson:X.X.X")
    implementation("androidx.activity:activity-compose:X.X.X")
    implementation("androidx.navigation:navigation-compose:X.X.X")
    …
}
```

(2) AndroidManifest에서 권한을 추가합니다.

```
<uses-permission android:name="android.permission.ACCESS_FINE_LOCATION" />
<uses-permission android:name="android.permission.ACCESS_COARSE_LOCATION" />
<uses-permission android:name="android.permission.INTERNET" />
<uses-permission android:name="android.permission.RECORD_AUDIO" />
```

(3) 간단한 UI를 만들어봅시다. 위치 정보를 표시하고, 투어를 시작하고 종료할 수 있는 버튼을 배치합니다.

(4) GPS 위치 정보를 주기적으로 업데이트 받기 위한 LocationHelper 클래스를 생성합니다. 이 클래스는 LocationManager를 사용하여 위치 정보를 수집하며, 이를 코루틴을 통해 비동기적으로 처리합니다.

(5) 특정 위치에 도착했을 때 서버에서 해당 위치에 대한 정보를 가져오는 API 인터페이스를 생성합니다. Retrofit과 GsonConverterFactory를 사용하여 API 호출을 비동기적으로 처리합니다.

(6) TtsHelper 클래스를 생성하여 음성 안내를 비동기적으로 수행하도록 구현합니다. TextToSpeech API를 사용하여 위치 정보에 대한 음성 안내를 제공합니다. 음성 안내가 필요할 때 speak() 메서드를 호출하여 안내할 수 있습니다.

(7) MainActivity에서는 앱 시작 시 위치 권한 및 오디오 권한을 사용자에게 요청하고 권한이 허용되면 투어를 시작할 수 있도록 설정합니다. ActivityResultContracts.RequestMultiplePermissions()을 사용하여 권한 요청 결과를 처리할 수 있습니다. LocationHelper, TtsHelper 클래스를 사용하여 위치 추적과 음성 안내를 연결하고 텍스트뷰와 버튼을 사용하여 현재 위치와 투어 상태를 표시합니다.

(8) 투어 시작 버튼 클릭 시 투어를 시작하고, 음성 안내가 제공되도록 설정합니다. 버튼은 투어 종료로 변경합니다.

(9) 투어 종료 버튼 클릭 시 투어를 종료하는 로직을 추가합니다.

문제 2 테스트와 디버깅

문제 1에서 만든 투어 가이드 앱을 테스트하시오. 안드로이드에서 위치 기반 서비스를 테스트하는 가장 일반적인 방법 중 하나는 Mock Location을 사용하는 것이다. Mock Location은 실제 기기를 이동하지 않고도 특정 GPS 좌표를 앱에 제공하여 앱이 해당 좌표에서 어떻게 반응하는지 테스트할 수 있게 해준다.

(1) 개발자 옵션 활성화: Android 기기에서 설정 → 휴대전화 정보 → 빌드 번호를 여러 번 눌러 개발자 옵션을 활성화합니다.

(2) Mock Location 앱 설정: 개발자 옵션에서 Mock Location 앱 선택을 찾아서 위치 모의 기능을 제공하는 앱을 선택합니다. 예를 들어 "Fake GPS" 같은 앱을 Play Store에서 다운로드할 수 있습니다.

(3) Mock Location 설정: Mock Location 앱을 사용해 특정 GPS 좌표를 설정합니다. 설정한 좌표로 앱이 어떻게 반응하는지 확인합니다.

(4) 코드에서 로그를 추가하여 앱이 어떤 위치 정보를 처리하고 있는지 추적할 수 있습니다. 이를 통해 앱의 동작을 디버깅할 수 있습니다.

(5) 실제 API 호출을 사용하지 않고, 테스트 시 임의의 데이터를 반환하도록 API 응답을 모킹할 수 있습니다. 이를 통해 특정 위치에서 어떻게 반응하는지 시뮬레이션할 수 있습니다.

(6) 비동기 처리를 테스트하기 위해 TestCoroutineScope와 같은 테스트 유틸리티를 사용할 수 있습니다. 이를 통해 코루틴을 테스트할 때 비동기 코드의 동작을 제어할 수 있습니다.

문제 3 **애니메이션과 모션 커스터마이징**

진행 상태를 시각적으로 표현하는 커스텀뷰를 만드시오. 원형·선형·호 형태의 진행 상태 표시기를 구현하고, 애니메이션을 통해 진행 상태 변화를 부드럽게 표현하는 방법을 구현하시오.

(1) 먼저, build.gradle 파일에 의존성을 추가합니다.

```
Android {
    …
    buildFeatures {
        viewBinding = true
    }
}

dependencies {
    implementation("androidx.compose.ui:ui:X.X.X")
    implementation("androidx.compose.material:material:X.X.X")
    implementation("androidx.compose.ui:ui-tooling-preview:X.X.X")
    implementation("org.jetbrains.kotlinx:kotlinx-coroutines-android:
    X.X.X")
    …
}
```

(2) 원형, 선형, 호 형태의 진행 상태 표시기 커스텀뷰를 추가합니다.
(3) 레이아웃에 원형, 선형, 호 형태의 진행 상태 표시기를 순서대로 추가합니다.
(4) 각 뷰 클래스에서 Paint 객체를 사용하여 프로그레스 바와 배경을 그릴 스타일과 색상을 설정합니다. progress 변수로 현재 프로그레스 상태를 저장하고, 이를 이용하여 뷰를 업데이트합니다.
(5) 각 뷰에서 onDraw 메서드를 오버라이드하여, 캔버스에 프로그레스 바와 배경을 그리는 로직을 작성합니다. RectF 객체를 사용하여 그릴 영역을 설정한 후 Canvas의 drawArc, drawOval, drawRect 메서드를 사용하여 실제 화면에 그립니다.
(6) CustomProgressAnimation 클래스를 사용해 각 뷰의 프로그레스 애니메이션을 관리합니다. applyTransformation 메서드를 통해 애니메이션의 진행 상태에 따라 프로그레스 값을 동적으로 업데이트합니다.
(7) MainActivity에서 버튼 클릭 이벤트를 처리하여 각 커스텀 뷰의 애니메이션을 실행합니다. CustomProgressAnimation을 생성하고, 각 뷰에 대한 애니메이션을 시작합니다.

문제 4 클린 아키텍처와 MVVM 패턴

클린 아키텍처와 MVVM 패턴을 사용하여 건강관리 앱을 만드시오. 사용자가 일일 운동량, 식단, 수면 시간 등을 기록하면, 월별 통계를 보여줘야 한다. 데이터는 로컬 데이터베이스에 저장되며, MVVM 구조로 관리되어야 한다.

(1) 먼저, build.gradle 파일에 의존성을 추가합니다.

```
plugins {
    …
    Id("kotlin-kapt")
}

android {
    …

    buildFeatures {
        dataBinding = true
        viewBinding = true
    }
}

dependencies {
    implementation("androidx.recyclerview:recyclerview:X.X.X")
    implementation("androidx.navigation:navigation-fragment:X.X.X")
    implementation("androidx.navigation:navigation-ui:X.X.X")
    implementation("androidx.room:room-runtime:X.X.X")
    kapt("androidx.room:room-compiler:X.X.X")
    implementation("androidx.room:room-ktx:X.X.X")
    implementation("androidx.lifecycle:lifecycle-viewmodel-ktx:X.X.X")
    implementation("androidx.lifecycle:lifecycle-livedata-ktx:X.X.X")
    implementation("org.jetbrains.kotlinx:kotlinx-coroutines-android:X.X.X")
    implementation("androidx.recyclerview:recyclerview:X.X.X")
    …
}
```

(2) 프로젝트 구조는 다음과 같습니다.

Model	HealthData, HealthDataDao, HealthDatabase
ViewModel	HealthViewModel
View	MainActivity, HealthTrackerFragment, StatisticsFragment, HealthDataAdapter

(3) 데이터 모델 정의(Model)

사용자의 운동량, 식단, 수면 시간을 나타내는 데이터 모델 정의하는 Entity 클래스를 만들고, 데이터베이스와의 상호작용을 위한 DAO 인터페이스 작성합니다.

(4) Room 데이터베이스 설정

RoomDatabase를 사용하여 데이터베이스를 설정하고, DAO 인터페이스를 연결합니다.

(5) UI 구성(View)

사용자 입력을 받을 수 있는 Activity 및 Fragment를 생성합니다. 운동 시간, 섭취 칼로리, 수면 시간을 입력하고 데이터 추가를 위한 버튼을 포함하고 있습니다. 사용자 데이터 입력을 위한 폼과 기록된 데이터를 보여주는 리스트뷰를 작성합니다. 리스트뷰에는 수정 및 삭제 버튼이 포함되어 입력된 데이터를 처리할 수 있도록 합시다. 또한 res/navigation 폴더 안에 네비게이션 그래프(nav_graph.xml)를 작성하여 프래그먼트 간의 이동 경로를 정의합니다.

(6) ViewModel 구현(ViewModel)

ViewModel을 통해 데이터와 UI를 연결하고, LiveData를 사용하여 UI의 데이터 변화를 감지합니다. ViewModel에서 데이터베이스를 호출하여 데이터를 가져오고, 이를 UI로 전달합니다.

(7) 통계 화면 구현

사용자가 입력한 데이터를 기반으로 월별 통계를 계산하여 보여주는 화면을 작성합니다. 통계 데이터는 간단하게 전체의 합으로 구현해봅시다.

(8) 유저 인터랙션 처리

사용자가 데이터를 추가, 삭제, 수정할 수 있도록 이벤트 처리를 추가합니다. HealthTrackerFragment에서 데이터 입력 및 저장 기능을 구현하고 데이터 수정 다이얼로그를 통해 데이터를 수정할 수 있도록 구현합니다. 삭제 기능은 리스트에서 데이터를 삭제해주는 것으로 처리할 수 있습니다.

해설 및 정답

문제 1 코루틴과 비동기 처리

- activity_main.xml

```xml
<LinearLayout
xmlns:android="http://schemas.android.com/apk/res/android"
    android:layout_width="match_parent"
    android:layout_height="match_parent"
    android:orientation="vertical"
    android:padding="16dp">

    <TextView
        android:id="@+id/locationTextView"
        android:layout_width="match_parent"
        android:layout_height="wrap_content"
        android:text="현재 위치 정보"
        android:textSize="18sp"
        android:paddingBottom="16dp" />

    <Button
        android:id="@+id/startTourButton"
        android:layout_width="match_parent"
        android:layout_height="wrap_content"
        android:text="가상 투어 시작" />

    <Button
        android:id="@+id/stopTourButton"
        android:layout_width="match_parent"
        android:layout_height="wrap_content"
        android:text="투어 종료"
        android:visibility="gone"/>
</LinearLayout>
```

- LocationHelper.kt

```kotlin
class LocationHelper(private val context: Context) {

    private val locationManager = context.getSystemService(
        Context.LOCATION_SERVICE) as LocationManager

    @SuppressLint("MissingPermission")
    fun getLocationUpdates(): Flow<Location> = callbackFlow {
        val listener = LocationListener { location ->
            trySend(location)
        }

        locationManager.requestLocationUpdates(
            LocationManager.GPS_PROVIDER, 5000L, 10f, listener)

        awaitClose { locationManager.removeUpdates(listener) }
    }
}
```

- TourGuideService.kt

```kotlin
interface TourGuideApi {
    @GET("getLocationInfo")
    suspend fun getLocationInfo(@Query("latitude") lat: Double,
        @Query("longitude") lon: Double): LocationInfoResponse
}

data class LocationInfoResponse(val title: String, val description:
    String)

object ApiClient {
    private val retrofit = Retrofit.Builder()
        .baseUrl("https://example.com/api/")
        .addConverterFactory(GsonConverterFactory.create())
        .build()

    val service: TourGuideApi = retrofit.create(TourGuideApi::class.java)
}
```

- TtsHelper.kt

```kotlin
class TtsHelper(context: Context) {

    private lateinit var tts: TextToSpeech

    init {
        tts = TextToSpeech(context) { status ->
            if (status == TextToSpeech.SUCCESS) {
                tts.language = Locale.getDefault()
            }
        }
    }

    suspend fun speak(text: String) = withContext(Dispatchers.Main) {
        tts.speak(text, TextToSpeech.QUEUE_FLUSH, null, null)
    }

    fun shutdown() {
        tts.shutdown()
    }
}
```

- MainActivity.kt

```kotlin
class MainActivity : AppCompatActivity() {

    private lateinit var locationHelper: LocationHelper
    private lateinit var ttsHelper: TtsHelper
    private lateinit var locationTextView: TextView
    private lateinit var startTourButton: Button
    private lateinit var stopTourButton: Button

    private val requestPermissionLauncher =
        registerForActivityResult(ActivityResultContracts
            .RequestMultiplePermissions()) { permissions ->
            val locationPermissionGranted = permissions[
                Manifest.permission.ACCESS_FINE_LOCATION] ?: false
            val audioPermissionGranted = permissions[
                Manifest.permission.RECORD_AUDIO] ?: false

            if (locationPermissionGranted && audioPermissionGranted) {
```

```kotlin
            startTour()
        } else {
            // 권한이 거부된 경우의 처리
            locationTextView.text = "권한이 필요합니다."
        }
    }

    override fun onCreate(savedInstanceState: Bundle?) {
        super.onCreate(savedInstanceState)
        setContentView(R.layout.activity_main)

        locationHelper = LocationHelper(this)
        ttsHelper = TtsHelper(this)

        locationTextView = findViewById(R.id.locationTextView)
        startTourButton = findViewById(R.id.startTourButton)
        stopTourButton = findViewById(R.id.stopTourButton)

        startTourButton.setOnClickListener {
            checkPermissionsAndStartTour()
        }

        stopTourButton.setOnClickListener {
            stopTour()
            startTourButton.visibility = Button.VISIBLE
            stopTourButton.visibility = Button.GONE
        }
    }

    private fun checkPermissionsAndStartTour() {
        when {
            ContextCompat.checkSelfPermission(
                this, Manifest.permission.ACCESS_FINE_LOCATION) ==
                    PackageManager.PERMISSION_GRANTED &&
                    ContextCompat.checkSelfPermission(
                        this, Manifest.permission.RECORD_AUDIO) ==
                            PackageManager.PERMISSION_GRANTED -> {
                // 모든 권한이 허용된 경우 투어 시작
                startTour()
            }
            else -> {
                // 권한 요청
                requestPermissionLauncher.launch(
```

```kotlin
                arrayOf(
                    Manifest.permission.ACCESS_FINE_LOCATION,
                    Manifest.permission.RECORD_AUDIO
                )
            )
        }
    }
}

private fun startTour() {
    observeLocationUpdates()
    startTourButton.visibility = Button.GONE
    stopTourButton.visibility = Button.VISIBLE
    lifecycleScope.launch {
        ttsHelper.speak("투어 가이드를 시작합니다.")
    }
}

private fun observeLocationUpdates() {
    lifecycleScope.launch {
        locationHelper.getLocationUpdates().collectLatest {
            location ->
            locationTextView.text = "현재 위치: ${location.latitude}, 
                ${location.longitude}"
            handleLocationUpdate(location.latitude, 
                location.longitude)
        }
    }
}

private suspend fun handleLocationUpdate(latitude: Double, 
  longitude: Double) {
    try {
        val locationInfo = 
           ApiClient.service.getLocationInfo(latitude, longitude)
        ttsHelper.speak("${locationInfo.title}에 도착하셨습니다. 
            ${locationInfo.description}")
    } catch (e: Exception) {
        e.printStackTrace()
    }
}

private fun stopTour() {
```

```
            // 위치 업데이트 멈추는 로직 필요 시 추가
        }

    override fun onDestroy() {
        super.onDestroy()
        ttsHelper.shutdown()
    }
}
```

- **GPS 위치 추적**: LocationHelper 클래스에서는 getLocationUpdates 함수: Flow〈Location〉을 반환하며, GPS 위치 정보를 비동기적으로 수신합니다. callbackFlow를 사용해 위치 업데이트를 처리합니다.

- **비동기 데이터 가져오기**: TourGuideApi 인터페이스에서는 위치 기반 정보를 가져오는 API를 정의합니다. @GET 어노테이션을 사용하여 비동기적으로 데이터를 가져옵니다. ApiClient 객체를 통해 Retrofit을 초기화하고, TourGuideApi 서비스를 생성합니다.

- **코루틴을 이용한 음성 안내**: TtsHelper 클래스에서는 TextToSpeech 객체를 초기화하고, 언어를 한국어로 설정합니다. speak 함수를 통해 입력된 텍스트를 음성으로 안내합니다. 이 함수는 코루틴을 사용하여 비동기적으로 처리됩니다. shutdown 함수를 통해 앱이 종료되거나 더 이상 음성 안내가 필요하지 않을 때, TextToSpeech 자원을 해제합니다.

- **위치 기반 알림 및 안내**: MainActivity.kt 에서는 startTour 함수를 통해 투어를 시작할 때 "투어 가이드를 시작합니다."라는 음성 안내가 나오고, 위치 추적이 시작됩니다. observeLocationUpdates 함수는 사용자의 위치가 변경될 때마다 위치 정보를 업데이트하고, 특정 위치에 도착하면 해당 위치의 정보를 음성으로 안내합니다.

문제 2 테스트와 디버깅

- MainActivity.kt의 handleLocationUpdate 함수

```kotlin
private suspend fun handleLocationUpdate(latitude: Double, longitude:
    Double) {
    try {
        Log.d("LocationUpdate", "Latitude: $latitude, Longitude:
            $longitude")
        val locationInfo = ApiClient.service.getLocationInfo(latitude,
            longitude)
        Log.d("LocationInfo", "Title: ${locationInfo.title},
            Description: ${locationInfo.description}")
        ttsHelper.speak("${locationInfo.title}에 도착하셨습니다.
            ${locationInfo.description}")
    } catch (e: Exception) {
        e.printStackTrace()
    }
}
```

Log.d를 사용하여 위치 좌표와 가져온 위치 정보를 로그에 출력합니다.

- MockTourGuideApi.kt

```kotlin
class MockTourGuideApi : TourGuideApi {
    override suspend fun getLocationInfo(lat: Double, lon: Double):
        LocationInfoResponse {
        return LocationInfoResponse(
            title = "Mock Location",
            description = "This is a mock description for the location at
                lat: $lat, lon: $lon"
        )
    }
}
```

MockTourGuideApi를 사용해 실제 서버에 요청을 보내지 않고도 임의의 데이터를 기반으로 테스트할 수 있습니다.

- testHandleLocationUpdate.kt

```
@Test
fun testHandleLocationUpdate() = runTest {
    val mockApi = MockTourGuideApi()
    val ttsHelper = TtsHelper(context)

    val mainActivity = MainActivity()
    mainActivity.apiClient = mockApi
    mainActivity.ttsHelper = ttsHelper

    // 샌프란시스코 좌표
    mainActivity.handleLocationUpdate(37.7749, -122.4194)
}
```

runTest 블록 내에서 코루틴 테스트를 수행하며, 특정 위치를 전달하여 handleLocationUpdate 함수의 동작을 확인합니다.

문제 ❸ 애니메이션과 모션 커스터마이징

● CircularProgressView.kt

```kotlin
class CircularProgressView @JvmOverloads constructor(
    context: Context, attrs: AttributeSet? = null, defStyleAttr: Int = 0
) : View(context, attrs, defStyleAttr) {

    private val paint = Paint().apply {
        isAntiAlias = true
        style = Paint.Style.STROKE
        strokeWidth = 16f
        color = 0xFF6200EE.toInt()
    }

    private val backgroundPaint = Paint().apply {
        isAntiAlias = true
        style = Paint.Style.STROKE
        strokeWidth = 16f
        color = 0xFFE0E0E0.toInt()
    }

    private val rect = RectF()
    private var progress = 0f

    fun setProgress(progress: Float) {
        this.progress = progress
        invalidate()
    }

    override fun onDraw(canvas: Canvas) {
        super.onDraw(canvas)

        val size = min(width, height).toFloat()
        val radius = size / 2f - paint.strokeWidth / 2f
        rect.set(
            width / 2f - radius,
            height / 2f - radius,
            width / 2f + radius,
            height / 2f + radius
        )

        canvas.drawOval(rect, backgroundPaint)
```

```
            canvas.drawArc(rect, -90f, 360 * progress, false, paint)
        }
    }
```

- LinearProgressView.kt

```
class LinearProgressView @JvmOverloads constructor(
    context: Context, attrs: AttributeSet? = null, defStyleAttr: Int = 0
) : View(context, attrs, defStyleAttr) {

    private val paint = Paint().apply {
        isAntiAlias = true
        style = Paint.Style.FILL
        color = 0xFF6200EE.toInt()
    }

    private val backgroundPaint = Paint().apply {
        isAntiAlias = true
        style = Paint.Style.FILL
        color = 0xFFE0E0E0.toInt()
    }

    private var progress = 0f

    fun setProgress(progress: Float) {
        this.progress = progress
        invalidate()
    }

    override fun onDraw(canvas: Canvas) {
        super.onDraw(canvas)

        val width = width.toFloat()
        val height = height.toFloat()

        canvas.drawRect(0f, 0f, width, height, backgroundPaint)
        canvas.drawRect(0f, 0f, width * progress, height, paint)
    }
}
```

● ArcProgressView.kt

```kotlin
class ArcProgressView @JvmOverloads constructor(
    context: Context, attrs: AttributeSet? = null, defStyleAttr: Int = 0
) : View(context, attrs, defStyleAttr) {

    private val paint = Paint().apply {
        isAntiAlias = true
        style = Paint.Style.STROKE
        strokeWidth = 16f
        color = 0xFF6200EE.toInt()
    }

    private val backgroundPaint = Paint().apply {
        isAntiAlias = true
        style = Paint.Style.STROKE
        strokeWidth = 16f
        color = 0xFFE0E0E0.toInt()
    }

    private val rect = RectF()
    private var progress = 0f

    fun setProgress(progress: Float) {
        this.progress = progress
        invalidate()
    }

    override fun onDraw(canvas: Canvas) {
        super.onDraw(canvas)

        val size = min(width, height).toFloat()
        val radius = size / 2f - paint.strokeWidth / 2f
        rect.set(
            width / 2f - radius,
            height / 2f - radius,
            width / 2f + radius,
            height / 2f + radius
        )

        canvas.drawArc(rect, 0f, 180f, false, backgroundPaint)
        canvas.drawArc(rect, 0f, 180f * progress, false, paint)
    }
}
```

- CustomProgressAnimation.kt

```kotlin
class CustomProgressAnimation(
    private val view: View,
    private val from: Float,
    private val to: Float
) : Animation() {
    override fun applyTransformation(interpolatedTime: Float, t:
        Transformation?) {
        val value = from + (to - from) * interpolatedTime
        when (view) {
            is CircularProgressView -> view.setProgress(value)
            is LinearProgressView -> view.setProgress(value)
            is ArcProgressView -> view.setProgress(value)
        }
    }
}
```

- activity_main.xml

```xml
<?xml version="1.0" encoding="utf-8"?>
<RelativeLayout
xmlns:android="http://schemas.android.com/apk/res/android"
    xmlns:tools="http://schemas.android.com/tools"
    android:layout_width="match_parent"
    android:layout_height="match_parent"
    tools:context=".MainActivity">

    <com.example.myapplication.CircularProgressView
        android:id="@+id/circularProgress"
        android:layout_width="200dp"
        android:layout_height="200dp"
        android:layout_centerHorizontal="true"
        android:layout_marginTop="16dp" />

    <com.example.myapplication.LinearProgressView
        android:id="@+id/linearProgress"
        android:layout_width="match_parent"
        android:layout_height="20dp"
        android:layout_below="@id/circularProgress"
        android:layout_marginTop="32dp" />
```

```xml
<com.example.myapplication.ArcProgressView
    android:id="@+id/arcProgress"
    android:layout_width="200dp"
    android:layout_height="100dp"
    android:layout_below="@id/linearProgress"
    android:layout_centerHorizontal="true"
    android:layout_marginTop="32dp" />

<Button
    android:id="@+id/startButton"
    android:layout_width="wrap_content"
    android:layout_height="wrap_content"
    android:text="Start Animation"
    android:layout_below="@id/arcProgress"
    android:layout_centerHorizontal="true"
    android:layout_marginTop="32dp"/>
</RelativeLayout>
```

- MainActivity.kt

```kotlin
class MainActivity : AppCompatActivity() {

    private lateinit var binding: ActivityMainBinding

    override fun onCreate(savedInstanceState: Bundle?) {
        super.onCreate(savedInstanceState)
        binding = ActivityMainBinding.inflate(layoutInflater)
        setContentView(binding.root)

        binding.startButton.setOnClickListener {
            val animation = CustomProgressAnimation(binding
                .circularProgress, 0f, 1f)
            animation.duration = 2000
            binding.circularProgress.startAnimation(animation)

            val linearAnimation = CustomProgressAnimation(binding
                .linearProgress, 0f, 1f)
            linearAnimation.duration = 2000
            binding.linearProgress.startAnimation(linearAnimation)

            val arcAnimation =
                CustomProgressAnimation(binding.arcProgress, 0f, 1f)
```

```
                arcAnimation.duration = 2000
                binding.arcProgress.startAnimation(arcAnimation)
            }
        }
    }
```

- View 클래스를 상속받아 커스텀뷰를 정의합니다. 생성자에서 Context, AttributeSet, defStyleAttr 매개 변수를 받습니다. paint 및 backgroundPaint 객체에서 진행 상태 표시를 위한 그리기 속성(예 선 두께, 색상 등)을 정의합니다.

paint	원형 진행도를 그리는 페인트 객체입니다.
progress	변수를 통해 현재 진행 상태를 나타내는 값을 저장합니다. 0f(0%)에서 1f(100%) 사이의 값을 가집니다.
setProgress(progress: Float)	진행 상태를 업데이트하고, invalidate()를 호출하여 뷰를 다시 그리도록 합니다.

Animation 클래스를 상속받아 커스텀 애니메이션을 정의합니다.

● applyTransformation(interpolatedTime: Float, t: Transformation?) 메서드

- 이 메서드는 애니메이션이 진행될 때마다 호출됩니다.
- interpolatedTime 매개 변수는 애니메이션 진행 시간의 비율(0.0 ~ 1.0)을 나타냅니다.
- t 매개 변수는 애니메이션 변환 정보를 포함하고 있지만, 이 코드에서는 사용하지 않습니다.
- from과 to값 사이의 보간된 값을 계산하여, 진행 상태 표시뷰의 진행 상태를 업데이트합니다.
- 뷰의 종류에 따라 setProgress() 메서드를 호출하여 진행 상태를 변경합니다.

ViewBinding을 사용하여 뷰를 참조하고, 커스텀뷰와 애니메이션을 적용합니다.

문제 4 클린 아키텍처와 MVVM 패턴

● HealthData.kt

```kotlin
@Entity(tableName = "health_data")
data class HealthData(
    @PrimaryKey(autoGenerate = true) val id: Int = 0,
    val date: Long,
    val exerciseDuration: Int, // in minutes
    val foodCalories: Int,
    val sleepDuration: Int // in hours
)

data class MonthlyStatistics(
    val totalExercise: Int,
    val totalCalories: Int,
    val totalSleep: Int
)
```

● HealthDataDao.kt

```kotlin
@Dao
interface HealthDataDao {

    @Insert(onConflict = OnConflictStrategy.REPLACE)
    suspend fun insert(healthData: HealthData)

    @Update
    suspend fun update(healthData: HealthData)

    @Delete
    suspend fun delete(healthData: HealthData)

    @Query("""
        SELECT
            SUM(exerciseDuration) AS totalExercise,
            SUM(foodCalories) AS totalCalories,
            SUM(sleepDuration) AS totalSleep
        FROM health_data
        WHERE strftime('%Y-%m', date / 1000, 'unixepoch') = :month
    """)
    fun getMonthlyStatistics(month: String): LiveData<MonthlyStatistics>
```

```kotlin
    @Query("SELECT * FROM health_data ORDER BY date ASC")
    fun getAllHealthData(): LiveData<List<HealthData>>
}
```

- HealthDatabase.kt

```kotlin
@Database(entities = [HealthData::class], version = 1, exportSchema =
  false)
abstract class HealthDatabase : RoomDatabase() {
    abstract fun healthDataDao(): HealthDataDao

    companion object {
        @Volatile
        private var INSTANCE: HealthDatabase? = null

        fun getDatabase(context: Context): HealthDatabase {
            return INSTANCE ?: synchronized(this) {
                val instance = Room.databaseBuilder(
                    context.applicationContext,
                    HealthDatabase::class.java,
                    "health_database"
                ).build()
                INSTANCE = instance
                instance
            }
        }
    }
}
```

- HealthViewModel.kt

```kotlin
class HealthViewModel(application: Application) :
AndroidViewModel(application) {

    private val healthDataDao = HealthDatabase.getDatabase(application)
        .healthDataDao()
    val allHealthData: LiveData<List<HealthData>> = healthDataDao
        .getAllHealthData()

    fun insertHealthData(healthData: HealthData) = viewModelScope.launch {
        healthDataDao.insert(healthData)
```

```kotlin
    }

    fun updateHealthData(healthData: HealthData) = viewModelScope.launch {
        healthDataDao.update(healthData)
    }

    fun deleteHealthData(healthData: HealthData) = viewModelScope.launch {
        healthDataDao.delete(healthData)
    }

    fun getMonthlyStatistics(month: String): LiveData<MonthlyStatistics> {
        return healthDataDao.getMonthlyStatistics(month)
    }
}
```

- activity_main.xml

```xml
<RelativeLayout
xmlns:android="http://schemas.android.com/apk/res/android"
    android:layout_width="match_parent"
    android:layout_height="match_parent"
    xmlns:app="http://schemas.android.com/apk/res-auto">

    <fragment
        android:id="@+id/nav_host_fragment"
        android:name="androidx.navigation.fragment.NavHostFragment"
        android:layout_width="match_parent"
        android:layout_height="match_parent"
        android:layout_gravity="center"
        app:defaultNavHost="true"
        app:navGraph="@navigation/nav_graph" />

</RelativeLayout>
```

- fragment_health_tracker.xml

```xml
<RelativeLayout
xmlns:android="http://schemas.android.com/apk/res/android"
    android:layout_width="match_parent"
    android:layout_height="match_parent"
    android:padding="16dp">
```

```xml
<LinearLayout
    android:layout_width="match_parent"
    android:layout_height="wrap_content"
    android:orientation="vertical"
    android:layout_marginBottom="32dp">

    <EditText
        android:id="@+id/exercise_input"
        android:layout_width="match_parent"
        android:layout_height="wrap_content"
        android:hint="운동 시간 (분)"
        android:inputType="number" />

    <EditText
        android:id="@+id/food_input"
        android:layout_width="match_parent"
        android:layout_height="wrap_content"
        android:hint="섭취 칼로리"
        android:inputType="number" />

    <EditText
        android:id="@+id/sleep_input"
        android:layout_width="match_parent"
        android:layout_height="wrap_content"
        android:hint="수면 시간 (시간)"
        android:inputType="number" />

    <Button
        android:id="@+id/add_button"
        android:layout_width="match_parent"
        android:layout_height="wrap_content"
        android:text="데이터 추가" />

    <androidx.recyclerview.widget.RecyclerView
        android:id="@+id/data_list"
        android:layout_width="match_parent"
        android:layout_height="0dp"
        android:layout_weight="1"
        android:layout_marginTop="16dp" />
</LinearLayout>

<Button
    android:id="@+id/statistics_button"
```

```
        android:layout_width="match_parent"
        android:layout_height="wrap_content"
        android:text="통계 보기"
        android:layout_alignParentBottom="true" />

</RelativeLayout>
```

- fragment_statistics.xml

```
<LinearLayout
xmlns:android="http://schemas.android.com/apk/res/android"
    android:layout_width="match_parent"
    android:layout_height="match_parent"
    android:orientation="vertical"
    android:padding="16dp">

    <TextView
        android:id="@+id/total_exercise_text"
        android:layout_width="wrap_content"
        android:layout_height="wrap_content"
        android:text="총 운동 시간: 0 분"
        android:textSize="18sp" />

    <TextView
        android:id="@+id/total_calories_text"
        android:layout_width="wrap_content"
        android:layout_height="wrap_content"
        android:text="총 섭취 칼로리: 0 kcal"
        android:textSize="18sp" />

    <TextView
        android:id="@+id/total_sleep_text"
        android:layout_width="wrap_content"
        android:layout_height="wrap_content"
        android:text="총 수면 시간: 0 시간"
        android:textSize="18sp" />

</LinearLayout>
```

● item_health_data.xml

```xml
<LinearLayout
xmlns:android="http://schemas.android.com/apk/res/android"
    android:layout_width="match_parent"
    android:layout_height="wrap_content"
    android:orientation="vertical"
    android:padding="16dp">

    <TextView
        android:id="@+id/exercise_duration_text"
        android:layout_width="wrap_content"
        android:layout_height="wrap_content"
        android:text="운동 시간: 0분" />

    <TextView
        android:id="@+id/food_calories_text"
        android:layout_width="wrap_content"
        android:layout_height="wrap_content"
        android:text="섭취 칼로리: 0 kcal" />

    <TextView
        android:id="@+id/sleep_duration_text"
        android:layout_width="wrap_content"
        android:layout_height="wrap_content"
        android:text="수면 시간: 0시간" />

    <LinearLayout
        android:layout_width="match_parent"
        android:layout_height="wrap_content"
        android:orientation="horizontal"
        android:layout_marginTop="8dp">

        <Button
            android:id="@+id/edit_button"
            android:layout_width="0dp"
            android:layout_height="wrap_content"
            android:layout_weight="1"
            android:text="수정" />

        <Button
            android:id="@+id/delete_button"
            android:layout_width="0dp"
```

```xml
            android:layout_height="wrap_content"
            android:layout_weight="1"
            android:text="삭제" />
    </LinearLayout>
</LinearLayout>
```

- dialog_edit_health_data.xml

```xml
<LinearLayout
xmlns:android="http://schemas.android.com/apk/res/android"
    android:layout_width="match_parent"
    android:layout_height="wrap_content"
    android:orientation="vertical"
    android:padding="16dp">

    <EditText
        android:id="@+id/exercise_input"
        android:layout_width="match_parent"
        android:layout_height="wrap_content"
        android:hint="운동 시간 (분)"
        android:inputType="number" />

    <EditText
        android:id="@+id/food_input"
        android:layout_width="match_parent"
        android:layout_height="wrap_content"
        android:hint="섭취 칼로리"
        android:inputType="number" />

    <EditText
        android:id="@+id/sleep_input"
        android:layout_width="match_parent"
        android:layout_height="wrap_content"
        android:hint="수면 시간 (시간)"
        android:inputType="number" />
</LinearLayout>
```

- res/navigation/nav_graph.xml

```xml
<navigation xmlns:android="http://schemas.android.com/apk/res/android"
    xmlns:app="http://schemas.android.com/apk/res-auto"
    xmlns:tools="http://schemas.android.com/tools"
    android:id="@+id/nav_graph"
    app:startDestination="@id/healthTrackerFragment">

    <!-- HealthTrackerFragment 정의 -->
    <fragment
        android:id="@+id/healthTrackerFragment"
        android:name=
          "com.example.myapplication.ui.HealthTrackerFragment"
        android:label="Health Tracker"
        tools:layout="@layout/fragment_health_tracker">
        <action
            android:id=
              "@+id/action_healthTrackerFragment_to_statisticsFragment"
            app:destination="@id/statisticsFragment" />
    </fragment>

    <!-- StatisticsFragment 정의 -->
    <fragment
        android:id="@+id/statisticsFragment"
        android:name="com.example.myapplication.ui.StatisticsFragment"
        android:label="Statistics"
        tools:layout="@layout/fragment_statistics" />
</navigation>
```

- MainActivity.kt

```kotlin
class MainActivity : AppCompatActivity() {
    override fun onCreate(savedInstanceState: Bundle?) {
        super.onCreate(savedInstanceState)
        setContentView(R.layout.activity_main)
    }
}
```

● HealthTrackerFragment.kt

```kotlin
class HealthTrackerFragment : Fragment() {

    private lateinit var binding: FragmentHealthTrackerBinding
    private lateinit var healthViewModel: HealthViewModel
    private lateinit var healthDataAdapter: HealthDataAdapter

    override fun onCreateView(
        inflater: LayoutInflater, container: ViewGroup?,
        savedInstanceState: Bundle?
    ): View? {
        binding = FragmentHealthTrackerBinding.inflate(inflater,
           container, false)
        return binding.root
    }

    override fun onViewCreated(view: View, savedInstanceState: Bundle?) {
        super.onViewCreated(view, savedInstanceState)

        healthViewModel = ViewModelProvider(this).get(
            HealthViewModel::class.java)

        // RecyclerView 설정
        healthDataAdapter = HealthDataAdapter(
            onDeleteClick = { healthData -> healthViewModel.
            deleteHealthData(healthData) },
            onEditClick = { healthData -> showEditDialog(healthData) }
        )

        binding.dataList.adapter = healthDataAdapter
        binding.dataList.layoutManager = LinearLayoutManager(context)

        // LiveData를 관찰하여 데이터 업데이트
        healthViewModel.allHealthData.observe(viewLifecycleOwner,
        Observer { healthDataList ->
            healthDataAdapter.submitList(healthDataList)
        })

        // 데이터 추가 버튼 클릭 이벤트 처리
        binding.addButton.setOnClickListener {
            addNewData()
        }
```

```kotlin
    // 통계 화면으로 이동하는 버튼 클릭 이벤트 처리
    binding.statisticsButton.setOnClickListener {
        findNavController().navigate(
            R.id.action_healthTrackerFragment_to_statisticsFragment)
    }
}

private fun addNewData() {
    val exerciseDurationStr = binding.exerciseInput.text.toString()
    val foodCaloriesStr = binding.foodInput.text.toString()
    val sleepDurationStr = binding.sleepInput.text.toString()

    if (exerciseDurationStr.isBlank() || foodCaloriesStr.isBlank() ||
        sleepDurationStr.isBlank()) {
        Toast.makeText(context, "모든 필드를 입력하세요.",
          Toast.LENGTH_SHORT).show()
        return
    }

    val exerciseDuration = exerciseDurationStr.toIntOrNull()
    val foodCalories = foodCaloriesStr.toIntOrNull()
    val sleepDuration = sleepDurationStr.toIntOrNull()

    if (exerciseDuration == null || foodCalories == null ||
        sleepDuration == null) {
        Toast.makeText(context, "유효한 숫자를 입력하세요.",
        Toast.LENGTH_SHORT).show()
        return
    }

    val healthData = HealthData(
        date = System.currentTimeMillis(),
        exerciseDuration = exerciseDuration,
        foodCalories = foodCalories,
        sleepDuration = sleepDuration
    )

    healthViewModel.insertHealthData(healthData)

    Toast.makeText(context, "데이터가 성공적으로 추가되었습니다.",
      Toast.LENGTH_SHORT).show()
```

```kotlin
    // 입력 필드 초기화
    binding.exerciseInput.text.clear()
    binding.foodInput.text.clear()
    binding.sleepInput.text.clear()
}

private fun showEditDialog(healthData: HealthData) {
    context?.let { nonNullContext ->
        val dialogView = LayoutInflater.from(nonNullContext).inflate(
            R.layout.dialog_edit_health_data, null)
        val dialogBuilder = AlertDialog.Builder(nonNullContext)
            .setView(dialogView)
            .setTitle("데이터 수정")
            .setPositiveButton("저장") { dialog, _ ->
                val exerciseDurationStr = dialogView.findViewById
                    <EditText>(R.id.exercise_input).text.toString()
                val foodCaloriesStr = dialogView.findViewById<EditText>
                    (R.id.food_input).text.toString()
                val sleepDurationStr = dialogView.findViewById
                    <EditText>(R.id.sleep_input).text.toString()

                if (exerciseDurationStr.isBlank() || foodCaloriesStr
                    .isBlank() || sleepDurationStr.isBlank()) {
                    Toast.makeText(nonNullContext, "모든 필드를 입력하세요.",
                        Toast.LENGTH_SHORT).show()
                    return@setPositiveButton
                }

                val exerciseDuration = exerciseDurationStr
                    .toIntOrNull()
                val foodCalories = foodCaloriesStr.toIntOrNull()
                val sleepDuration = sleepDurationStr.toIntOrNull()

                if (exerciseDuration == null || foodCalories == null ||
                    sleepDuration == null) {
                    Toast.makeText(nonNullContext, "유효한 숫자를
                        입력하세요.", Toast.LENGTH_SHORT).show()
                    return@setPositiveButton
                }

                val updatedHealthData = healthData.copy(
                    exerciseDuration = exerciseDuration,
                    foodCalories = foodCalories,
```

```kotlin
                sleepDuration = sleepDuration
            )

            healthViewModel.updateHealthData(updatedHealthData)
            Toast.makeText(nonNullContext, "데이터가 수정되었습니다.",
                Toast.LENGTH_SHORT).show()
            dialog.dismiss()
        }
            .setNegativeButton("취소") { dialog, _ ->
                dialog.dismiss()
            }

        dialogView.findViewById<EditText>(
            R.id.exercise_input).setText(healthData.exerciseDuration
            .toString())
        dialogView.findViewById<EditText>(
            R.id.food_input).setText(healthData.foodCalories.toString())
        dialogView.findViewById<EditText>(R.id.sleep_input).setText(
            healthData.sleepDuration.toString())

        val dialog = dialogBuilder.create()
        dialog.show()
    }
  }
}
```

● StatisticsFragment.kt

```kotlin
class StatisticsFragment : Fragment() {

    private lateinit var binding: FragmentStatisticsBinding
    private lateinit var healthViewModel: HealthViewModel

    override fun onCreateView(
        inflater: LayoutInflater, container: ViewGroup?,
        savedInstanceState: Bundle?
    ): View? {
        binding = FragmentStatisticsBinding.inflate(inflater, container,
            false)
        return binding.root
    }
```

```kotlin
    override fun onViewCreated(view: View, savedInstanceState: Bundle?) {
        super.onViewCreated(view, savedInstanceState)

        healthViewModel = ViewModelProvider(this).get(
            HealthViewModel::class.java)

        val currentMonth = getCurrentMonth() // 현재 월 가져오기
        healthViewModel.getMonthlyStatistics(currentMonth)
            .observe(viewLifecycleOwner, Observer { stats ->
                binding.totalExerciseText.text =
                  "총 운동 시간: ${stats.totalExercise} 분"
                binding.totalCaloriesText.text =
                  "총 섭취 칼로리: ${stats.totalCalories} kcal"
                binding.totalSleepText.text =
                  "총 수면 시간: ${stats.totalSleep} 시간"
            })
    }

    private fun getCurrentMonth(): String {
        val sdf = SimpleDateFormat("yyyy-MM", Locale.getDefault())
        return sdf.format(Date())
    }
}
```

- HealthDataAdapter.kt

```kotlin
class HealthDataAdapter(
    private val onDeleteClick: (HealthData) -> Unit,
    private val onEditClick: (HealthData) -> Unit
) : ListAdapter<HealthData, HealthDataAdapter.HealthDataViewHolder>(HealthDataDiffCallback()) {

    override fun onCreateViewHolder(parent: ViewGroup, viewType: Int):
        HealthDataViewHolder {
        val binding = ItemHealthDataBinding.inflate(
            LayoutInflater.from(parent.context), parent, false)
        return HealthDataViewHolder(binding, onDeleteClick, onEditClick)
    }

    override fun onBindViewHolder(holder: HealthDataViewHolder,
        position: Int) {
        holder.bind(getItem(position))
```

```kotlin
}

class HealthDataViewHolder(
    private val binding: ItemHealthDataBinding,
    private val onDeleteClick: (HealthData) -> Unit,
    private val onEditClick: (HealthData) -> Unit
) : RecyclerView.ViewHolder(binding.root) {

    fun bind(healthData: HealthData) {
        binding.exerciseDurationText.text =
            "운동 시간: ${healthData.exerciseDuration}분"
        binding.foodCaloriesText.text =
            "섭취 칼로리: ${healthData.foodCalories} kcal"
        binding.sleepDurationText.text =
            "수면 시간: ${healthData.sleepDuration}시간"

        binding.deleteButton.setOnClickListener {
            onDeleteClick(healthData)
        }

        binding.editButton.setOnClickListener {
            onEditClick(healthData)
        }
    }
}

class HealthDataDiffCallback : DiffUtil.ItemCallback<HealthData>() {
    override fun areItemsTheSame(oldItem: HealthData, newItem:
      HealthData): Boolean {
        return oldItem.id == newItem.id
    }

    override fun areContentsTheSame(oldItem: HealthData, newItem:
      HealthData): Boolean {
        return oldItem == newItem
    }
}
}
```

- 테이블 구조: health_data 테이블
  - id: 자동 생성되는 기본 키
  - date: 기록 날짜(밀리초)
  - exerciseDuration: 운동 시간(분)
  - foodCalories: 섭취한 칼로리
  - sleepDuration: 수면 시간(시간)

MonthlyStatistics 데이터 클래스로 월별 통계 데이터(운동 시간, 섭취 칼로리, 수면 시간)를 저장하고 getAllHealthData 메서드로 모든 건강 데이터를 날짜 순으로 가져옵니다. getMonthlyStatistics 메서드는 특정 월의 통계를 계산하여 반환할 수 있도록 처리할 수 있습니다.

LiveData〈List〈HealthData〉〉를 사용하여 데이터베이스의 변화를 UI에 반영합니다. HealthDataAdapter를 사용하여 RecyclerView에 데이터를 표시하고, HealthDataView Holder를 통해 각 데이터 항목을 RecyclerView에서 관리합니다.

> 챕터 요약 정리

01. 코루틴과 비동기 처리
코루틴은 비동기 코드를 작성하고 관리하기 위한 강력한 도구로, 기존의 콜백이나 RxJava와 같은 라이브러리에 비해 간단하고 가독성이 높은 코드를 작성할 수 있습니다. 코루틴을 사용하면 UI 스레드를 차단하지 않고 비동기 작업을 처리할 수 있으며, 복잡한 비동기 작업을 간편하게 구성할 수 있습니다.

02. 테스트와 디버깅
안드로이드 스튜디오에서 제공하는 다양한 도구를 사용하여 유닛 테스트, 통합 테스트, UI 테스트를 수행하는 방법을 배우고, 앱의 버그를 식별하고 수정하는 방법을 익힐 수 있습니다. 테스트와 디버깅을 통해 안정적이고 품질 높은 앱을 개발할 수 있습니다.

03. 커스텀뷰와 애니메이션
안드로이드에서 기본 제공하는 뷰 이외에도 사용자 정의 뷰를 만들고 활용하는 방법을 학습하며, 다양한 애니메이션 효과를 적용하는 방법을 배웠습니다. 커스텀뷰와 애니메이션을 활용하여 앱의 사용자 경험을 향상시키고 독특한 디자인을 구현할 수 있습니다.

04. 클린 아키텍처와 MVVM 패턴
클린 아키텍처와 MVVM(Mode-View-ViewModel) 패턴을 소개하고, 이를 적용하여 안드로이드 앱의 코드를 구조화하는 방법을 학습하였습니다. 클린 아키텍처와 MVVM 패턴을 사용하면 코드의 유지 보수성과 확장성을 향상시키고, 개발 과정을 단순화할 수 있습니다.

여기에서는 안드로이드 앱 개발의 고급 주제를 다루며, 코루틴과 비동기 처리, 테스트와 디버깅, 커스텀뷰와 애니메이션, 그리고 클린 아키텍처와 MVVM 패턴을 학습하였습니다. 비동기 작업 처리와 UI 개선을 위한 코루틴 활용부터 시작하여 테스트와 디버깅으로 안정성을 높이고, 사용자 정의 뷰와 애니메이션을 통해 UI를 개선하며, 클린 아키텍처와 MVVM 패턴을 통해 코드 구조를 최적화할 수 있습니다.

더 멋진 내일(Tomorrow)을 위한 내일(My Career)

CHAPTER

09

내 일 은 코 틀 린

안드로이드 앱 최적화 및 배포

01 성능 최적화
02 보안 강화
03 Play 스토어에 앱 배포하기

01 성능 최적화

> **핵심 키워드**
>
> 메모리 관리, CPU, 네트워크 통신, 그래픽, 배터리 최적화
>
> **여기서는 무얼 배울까**
>
> 성능 최적화에서는 안드로이드 앱의 성능 향상을 위한 핵심 개념과 기술을 배운다. 메모리 관리, CPU 사용량 최적화, 네트워크 통신 최적화, 그래픽 및 레이아웃 최적화, 그리고 배터리 최적화 등의 주제를 다루며, 각각의 최적화 기법과 도구를 통해 앱의 성능을 향상시키는 방법을 학습한다.

성능 최적화의 필요성

사용자 경험의 중요성은 다음과 같은 내용으로 자세히 설명할 수 있다.

- **반응 속도**: 높은 성능을 가진 앱은 사용자의 입력에 신속하게 반응하여 즉각적인 피드백을 제공한다. 이는 사용자가 앱을 사용하는 동안 더욱 원활한 경험을 만들어낸다.
- **부드러운 사용자 경험**: 성능이 우수한 앱은 화면 전환, 스크롤링, 애니메이션 등이 부드럽게 이루어지므로 사용자가 앱을 탐색하는 동안 불편함을 느끼지 않게 설계되어 있다.
- **사용자 만족도**: 사용자들은 반응이 빠르고 부드러운 앱을 선호하며, 이는 앱에 대한 긍정적인 분위기를 만든다. 따라서 성능이 우수한 앱은 사용자들의 만족도를 높일 수 있다.
- **이탈 방지**: 성능이 낮은 앱은 사용자의 이탈을 유발할 수 있다. 사용자가 앱이 느리거나 불안정하다고 느끼면, 다른 경쟁 앱을 찾을 가능성이 높아진다.
- **브랜드 이미지 형성**: 성능이 우수한 앱은 해당 브랜드의 신뢰성과 전문성을 보여주므로, 사용자들의 브랜드에 대한 인식과 신뢰를 향상시킬 수 있다.

이러한 이유로 높은 성능을 가진 앱은 사용자에게 더 나은 경험을 제공하며, 사용자들의 만족도와 앱의 성공에 중요한 역할을 한다.

성능이 우수한 앱은 시장에서 경쟁 우위를 확보할 수 있다. 사용자들은 빠르고 효율적으로 작동하는 앱을 선호하며, 이러한 앱은 사용자들의 관심을 끌고 더 많은 다운로드와 사용자 유입을 유도할 수 있다. 또한 성능이 우수한 앱은 긍정적인 평가와 리뷰를 받을 가능성이 높다. 이는 사용자들에게 신뢰성 있는 앱으로 인식되고, 장기적으로는 브랜드의 신뢰도를 높이고 시장에서의 입지를 강화할 수 있다.

성능 최적화는 앱의 수익성과 사용자 유지율을 향상시키는 데 도움이 된다. 우수한 성능을 가진 앱은 사용자들이 만족도를 느끼고 더 많은 시간을 소비할 가능성이 높다. 이는 사용자의 반복 방문을 유도하고 사용자 이탈률을 감소시킴으로써 앱의 사용자 유지율을 높이는 데 도움이 된다. 또한 성능 최적화는 앱의 사용성을 향상시켜 사용자들이 편리하게 이용할 수 있도록 돕는다. 이는 사용자들이 앱을 더 자주 이용하고 긍정적인 경험을 쌓을 수 있도록 도와 앱의 수익을 증대시킨다.

> **Clear Comment**
>
> 성능 최적화는 비용 절감에도 도움이 됩니다. 우수한 성능을 가진 앱은 사용자들의 불만을 줄여 서비스 품질을 향상시키는데 기여합니다. 이는 고객 서비스나 기술 지원에 들어가는 비용을 줄여주고, 앱의 유지·보수 비용을 절감하는 데 도움이 됩니다. 또한 높은 성능을 가진 앱은 서버 자원을 효율적으로 활용하여 서버 유지 비용을 절감할 수 있습니다. 따라서 성능 최적화는 비즈니스적 이점을 창출하고 앱의 경쟁력을 강화하는 데 중요한 역할을 합니다.

성능 측정 및 분석

성능 측정은 안드로이드 앱을 개발하고 유지·보수하는 과정에서 핵심적인 요소로 작용한다. 이는 사용자 경험을 개선하고 앱의 성능을 지속적으로 모니터링하여 최적화하는 데 필수적인 단계다.

앱의 성능이 좋지 않으면 사용자들은 반응이 느리거나 끊김 현상 등의 문제를 경험하게 된다. 이로 인해 사용자들은 앱을 더 이상 사용하지 않고 이탈할 가능성이 높아진다.

성능이 떨어지는 앱은 경쟁 우위를 잃을 수 있으며, 사용자들의 신뢰를 잃게 될 수 있다. 따라서 성능 측정은 앱의 성공과 장기적인 성장을 위해 매우 중요한 요소로 간주된다.

성능 측정을 통해 앱의 문제점을 식별하고 최적화할 수 있으며, 사용자들의 만족도를 높이고 앱의 성능을 향상시킬 수 있다. 따라서 개발자들은 성능 측정을 소홀히 하지 않고, 지속적으로 성능을 모니터링하고 최적화하는 것이 중요하다.

성능 측정 도구는 안드로이드 앱의 성능을 평가하고 병목 현상을 식별하는 데 도움을 준다. 그 중 대표적인 도구로 Android Profiler, Systrace, Firebase Performance Monitoring 등이 있다.

성능 측정 도구

- **Android Profiler**: 안드로이드 스튜디오의 내장 도구로, CPU, 메모리, 네트워크 및 전력 사용량과 같은 성능 지표를 실시간으로 모니터링할 수 있다. 또한 메모리 누수 및 CPU 사용량이 높은 작업을 식별하여 성능 문제를 해결할 수 있다.
- **Systrace**: 안드로이드 SDK에 포함된 도구로, 시스템 레벨에서 발생하는 성능 이슈를 분석한다. 이를 통해 CPU, GPU, 네트워크 및 전력 사용량과 같은 다양한 성능 지표를 확인할 수 있다.
- **Firebase Performance Monitoring**: 클라우드 기반의 성능 모니터링 도구로, 앱의 성능 데이터를 수집하고 분석하여 실시간으로 모니터링할 수 있다. 또한 사용자 지정 지표를 설정하여 앱의 특정 부분에 초점을 맞출 수 있다.

각 도구마다 장단점이 있으며, 사용 목적에 따라 적합한 도구를 선택해야 한다. 이러한 성능 측정 도구를 통해 앱의 성능을 정량적으로 평가하고, 성능 최적화에 필요한 작업을 식별할 수 있다.

주요 성능 지표

- **CPU 사용량**: 앱이 실행되는 동안 CPU 자원을 얼마나 많이 사용하는지를 측정한다. 높은 CPU 사용량은 앱의 반응성을 저하시키고 배터리 소모를 증가시킬 수 있다. CPU 사용량을 낮추기 위해 비동기 작업, 멀티 스레딩, 코드 최적화 등의 기술을 사용할 수 있다.
- **메모리 사용량**: 앱이 시스템 메모리를 얼마나 많이 차지하는지를 나타낸다. 메모리 누수나 과도한 메모리 사용은 앱의 안정성을 저해할 수 있으며, 오랜 시간 동안 실행되는 앱의 경우에는 시스템 전반에 영향을 줄 수 있다. 메모리 누수를 방지하고 메모리 사용량을 최적화하기 위해 사용되는 기법으로는 가비지 컬렉션(Garbage Collection), 객체 재활용, 리소스 해제 등이 있다.
- **네트워크 사용량**: 앱이 네트워크를 통해 전송하는 데이터의 양을 나타낸다. 과도한 네트워크 사용은 데이터 요금이나 배터리 소모에 부정적인 영향을 미칠 수 있다. 따라서 네트워크 통신을 최적화하고 데이터 전송량을 줄이는 것이 중요하다.
- **그래픽 렌더링 시간**: 앱이 화면을 그리고 업데이트하는 데 걸리는 시간을 나타낸다. 렌더링 시간이 길면 화면이 부드럽게 업데이트되지 않아 사용자 경험이 저하될 수 있다. 이를 개선하기 위해 레이아웃 최적화, GPU 가속화, 애니메이션 최적화 등의 기술을 사용할 수 있다. 이러한 성능 지표를 통해 앱의 성능을 평가하고, 병목 현상을 식별하여 성능 최적화에 도움이 된다.

성능 병목 현상을 식별하기 위한 주요 접근 방법

- **프로파일링**: 앱의 실행 시간 동안 발생하는 작업의 실행 시간을 측정하고 분석하여 성능 병목 현상을 찾는 기술이다. 이를 통해 코드의 실행 시간이 오래 걸리는 부분을 식별하고 최적화할 수 있다.
- **메모리 누수 검사**: 메모리 누수는 주로 메모리 할당과 해제를 제대로 처리하지 않을 때 발생하므로, 가비지 컬렉션 프로파일러를 사용하여 메모리 사용량을 모니터링하고 누수를 찾을 수 있다.
- **네트워크 요청 로그 분석**: 네트워크 통신에 소요되는 시간과 데이터 양을 측정하고 분석할 수 있다. 이를 통해 네트워크 요청이 느린지 또는 네트워크 요청이 너무 자주 발생하는지 등을 확인하여 성능을 개선할 수 있다.

이러한 방법들을 통해 앱의 성능 병목 현상을 식별하고, 해결하여 앱의 성능을 향상시킬 수 있다.

메모리 관리

메모리 누수는 프로그램이 동적으로 할당한 메모리를 해제하지 않고 보관하는 상태를 말한다. 이는 프로그램이 더 이상 필요하지 않은 메모리를 계속 보유하고 있음을 의미하며, 결국 시스템 자원의 소비를 증가시키고 성능에 부정적인 영향을 미친다.

메모리 누수가 발생하는 경우

- **참조 카운트 오류**: 객체가 더 이상 필요하지 않음에도 불구하고 참조가 남아 있어 해제되지 않는 경우다.
- **비정상적인 객체 참조**: 객체 간의 상호 참조가 비정상적으로 발생하여 예상치 못한 객체 보유를 유발하는 경우다.
- **리소스 누수**: 파일 핸들, 네트워크 연결, 스레드 등의 리소스를 올바르게 해제하지 않아 발생하는 경우다.
- **메모리 누수 검출 도구의 부재**: 메모리 누수를 식별하고 디버깅하기 위한 적절한 도구가 부재하여 누락되는 경우다.

메모리 누수는 애플리케이션의 성능을 저하시키고, 시스템 리소스를 과도하게 사용하여 앱의 안정성을 위협할 수 있다. 이를 방지하기 위해서는 프로그램이 동적으로 할당한 메모리를 적절하게 해제하는 것이 중요하다.

메모리 누수의 부정적인 영향

- **성능 저하**: 메모리 누수로 인해 시스템 리소스가 과도하게 소비되어 앱이 느려지고 응답이 늦어지면, 사용자가 앱을 더 이상 사용하지 않거나 이탈할 수도 있다.
- **앱 충돌의 원인**: 메모리 누수로 인해 시스템 자원이 고갈되면 앱이 강제로 종료될 수 있으며, 이는 사용자 경험을 저하시킬 수 있다. 사용자가 앱 충돌을 반복적으로 경험하면 앱을 신뢰하지 않게 되어 이탈할 가능성이 높아진다.
- **배터리 소모**: 메모리 누수로 인해 앱이 백그라운드에서 계속 실행되고 시스템 리소스를 소비하면 배터리 소모가 증가할 수 있다. 이는 모바일 기기의 배터리 수명을 단축시키고 사용자들에게 불편을 초래할 수 있다.

메모리 누수는 앱의 성능, 안정성, 배터리 수명 등 다양한 측면에 부정적인 영향을 미칠 수 있으므로 프로그래머는 메모리 누수를 방지하고 적절히 관리해야 한다.

메모리 누수를 방지하는 방법

- 강력한 참조를 사용하지 않고 약한 참조를 사용하는 것이 중요하다. 강력한 참조는 해당 객체가 가비지 컬렉션의 대상이 되지 않게 하므로, 더 이상 필요하지 않은 객체들이 메모리에 계속 유지될 수 있다. 반면에 약한 참조는 가비지 컬렉션의 대상이 될 수 있으므로 메모리 누수를 방지할 수 있다.
- 비동기 작업을 취소하고 자원을 해제하는 것이 중요하다. 비동기 작업을 수행할 때는 해당 작업을 취소하고 관련된 자원을 적절히 해제하는 것이 중요하다. 예를 들어 백그라운드 스레드에서 네트워크 요청을 수행하는 경우, 액티비티가 파괴되었을 때 네트워크 요청을 취소하고 관련된 리소스를 해제해야 한다.
- 컨텍스트(Context)를 올바르게 사용하는 것도 중요하다. 안드로이드에서는 컨텍스트를 올바르게 관리하지 않으면 메모리 누수가 발생할 수 있다. 예를 들어 액티비티나 서비스의 컨텍스트를 정적 변수에 저장하면 해당 액티비티나 서비스가 파괴되어도 컨텍스트가 계속해서 유지될 수 있으므로 메모리 누수가 발생할 수 있다.
- 메모리 누수를 방지하기 위한 코드 리뷰와 테스트가 필요하다. 개발자는 코드를 작성할 때 메모리 누수가 발생할 수 있는 부분을 신중하게 검토하고, 메모리 관리와 관련된 테스트를 수행하여 누수를 사전에 방지해야 한다.

도구와 라이브러리

메모리 누수를 식별하고 해결하기 위한 도구와 라이브러리는 안드로이드 앱 개발에서 중요하다.

- **안드로이드 스튜디오의 메모리 프로파일러**: 안드로이드 스튜디오에 내장된 메모리 프로파일러는 앱의 메모리 사용을 분석하고 메모리 누수를 식별하는 데 도움을 준다. 메모리 프로파일러를 사용하면 앱이 실행되는 동안 메모리 할당 및 해제를 실시간으로 모니터링할 수 있다. 이를 통해 메모리 누수를 식별하고 해결하는 데 도움이 된다.

- **LeakCanary**: LeakCanary는 안드로이드 앱에서 발생하는 메모리 누수를 검사하는 데 사용되는 인기 있는 오픈 소스 라이브러리다. 앱이 백그라운드에서 실행되는 동안 메모리 누수를 모니터링하고, 누수가 감지되면 상세한 리포트를 생성하여 개발자에게 알려준다. 이를 통해 메모리 누수를 식별하고 조치를 취할 수 있다.

- **MAT(Memory Analyzer Tool)**: MAT는 안드로이드 앱의 메모리 덤프 파일을 분석하여 메모리 누수를 식별하는 데 사용된다. 이 도구를 사용하면 앱이 사용하는 메모리의 세부 정보를 시각화하고, 메모리 누수의 원인을 찾아내는 데 도움이 된다.

이러한 도구와 라이브러리를 사용하여 메모리 누수를 식별하고 해결함으로써 안드로이드 앱의 성능을 향상시키고 사용자 경험을 개선할 수 있다.

주의 사항

메모리 관리를 할 때 주의해야 할 몇 가지 주요 사항이 있다.

- **가비지 컬렉션**: 안드로이드에서는 자동으로 가비지 컬렉션을 수행하여 더 이상 사용되지 않는 객체를 메모리에서 해제한다. 그러나 너무 많은 가비지 컬렉션은 앱의 성능을 저하시킬 수 있으므로, 불필요한 객체를 생성하지 않도록 주의해야 한다.

- **메모리 누수**: 메모리 누수는 앱이 사용하는 메모리를 계속해서 누적시켜 최종적으로 앱의 성능을 저하시키는 요인이다. 메모리 누수를 방지하기 위해 강력한 참조를 사용할 때는 주의하고, 적절한 시기에 객체를 해제하는 것이 중요하다.

- **자원 관리**: 메모리 외에도 다른 자원들도 적절히 관리되어야 한다. 파일 핸들이나 네트워크 연결과 같은 자원을 사용한 후에는 반드시 해제해야 한다. 그렇지 않으면 메모리 누수와 함께 자원 누수가 발생할 수 있다.

- **가독성과 유지·보수성**: 메모리 관리 코드가 지나치게 복잡하면 가독성과 유지·보수성이 저하될 수 있다. 따라서 메모리 관리 코드를 가능한 간결하고 명확하게 작성하여 코드의 이해와 유지·보수를 용이하게 해야 한다.

권장 사항

메모리 관리를 향상시키기 위한 권장 사항은 다음과 같다.

- **대용량 데이터 캐싱**: 대용량 데이터를 효율적으로 관리하기 위해 캐싱 메커니즘을 사용할 수 있다. 캐시된 데이터를 필요한 때에만 로드하여 메모리 사용을 최적화하고 성능을 향상시킬 수 있다.
- **생명주기 관리**: 안드로이드 컴포넌트의 생명주기를 적절히 관리하여 메모리 누수를 방지할 수 있다. 예를 들어 액티비티나 프래그먼트에서는 onDestroy() 메서드에서 모든 리소스를 정리하고 해제해야 한다.
- **WeakReference 사용**: 약한 참조(WeakReference)를 사용하여 메모리 누수를 방지할 수 있다. 약한 참조는 가비지 컬렉터가 해당 객체를 수거할 수 있도록 하여 메모리 누수를 방지한다.
- **메모리 고갈 감지**: 앱에서 메모리 고갈 상황을 감지하고 적절히 대응하는 기능을 구현할 수 있다. 예를 들어 안드로이드의 Performance Monitoring 도구를 사용하여 메모리 사용량을 모니터링하고 비정상적인 증가를 감지할 수 있다.

CPU 사용량 최적화

안드로이드 앱에서 CPU 사용량이 중요한 이유는 사용자 경험과 앱의 성능에 직접적으로 영향을 미치기 때문이다. CPU 사용량이 높으면 앱의 반응성이 저하되고, 끊김 현상이 발생할 수 있어 사용자가 앱을 느리게 느낄 수 있다. 또한 과도한 CPU 사용은 배터리 수명을 단축시키고 디바이스의 발열을 유발할 수 있어 사용자 경험을 악화시킬 수 있다. 따라서 CPU 사용량을 최적화하여 앱의 반응성을 향상시키고, 배터리 수명을 연장하며, 디바이스의 안정성을 유지하는 것이 중요하다.

CPU 사용량을 측정

CPU 사용량을 측정하는 주요 방법 중 하나는 안드로이드 스튜디오의 CPU 프로파일러를 활용하는 것이다. CPU 프로파일러는 앱이 실행될 때 CPU의 사용률을 실시간으로 모니터링하여 성능 병목 현상을 식별할 수 있다. 이를 통해 어떤 부분에서 CPU가 과도하게 사용되고 있는지를 확인할 수 있다.

또한 서드파티 도구를 사용하여 CPU 사용량을 모니터링할 수도 있다. 이러한 도구들은 더 상세한 분석을 제공하며, 앱의 특정 부분에서 CPU 부하가 발생하는 원인을 파악하는 데 도움을 준다. 일반적으로는 앱의 성능을 측정하고 분석하는 과정에서 여러 도구를 조합하여 사용하는 것이 효과적이다.

비동기 작업을 통한 최적화

CPU 사용량을 최적화하기 위한 다양한 기법이 있다. 첫 번째로는 비동기 작업을 적절하게 사용하는 것이다. 비동기 작업은 UI 스레드를 차단하지 않고 백그라운드에서 작업을 수행하므로 CPU 리소스를 효율적으로 활용할 수 있다. 또한 무한 반복문을 회피하고 코드를 최적화하여 CPU 부하를 줄이는 것이 중요하다. 이를 통해 CPU가 불필요하게 사용되는 것을 방지하고 앱의 반응성을 향상시킬 수 있다.

비동기 작업을 통해 CPU 사용량을 최적화하는 방법은 여러 가지가 있다. 예를 들어 백그라운드 스레드를 사용하여 CPU 집약적인 작업을 수행하거나, RxJava나 Kotlin의 코루틴과 같은 비동기 프로그래밍 기법을 활용할 수 있다. 또한 무한 반복문이나 불필요한 반복 작업을 회피하여 CPU 사용을 최소화하는 것이 중요하다. 이를 위해 알고리즘을 최적화하거나 불필요한 작업을 제거하는 등의 방법을 활용할 수 있다. 마지막으로, 코드를 최적화하여 CPU 부하를 줄이는 것도 중요하다. 이는 불필요한 연산을 줄여 CPU 사용량을 최적화하는 것을 의미한다.

앱의 아키텍처를 최적화

앱의 아키텍처를 최적화하여 CPU 사용량을 줄이는 것은 중요한 과제다. 이를 위해 일반적으로 MVVM(Mode-View-ViewModel) 또는 MVP(Model-View-Presenter)와 같은 아키텍처 패턴을 활용한다. 이러한 패턴을 사용하면 UI로직과 비즈니스 로직을 분리하여 관리함으로써 CPU 사용을 최적화할 수 있다. UI 업데이트와 데이터 처리를 별도의 모듈로 분리함으로써 코드를 더 관리하기 쉽게 만드는 것이다. ViewModel 또는 Presenter에서 비즈니스 로직을 처리하고, 이를 통해 UI에서 CPU를 많이 사용하지 않도록 제어할 수 있다.

또한 적절한 스레드 관리를 통해 CPU 사용량을 최적화할 수 있다. 안드로이드에서는 UI 업데이트는 메인 스레드에서 이루어져야 하지만, 비즈니스 로직은 백그라운드 스레드에서 처리하는 것이 좋다. 이를 통해 UI 스레드를 과도하게 사용하지 않으면서 사용자 경험을 향상시킬 수 있다.

마지막으로 아키텍처를 최적화함으로써 코드의 가독성과 유지·보수성을 향상시키는 동시에 CPU 사용량을 줄일 수 있다. 이는 장기적으로 앱의 성능을 향상시키고 사용자에게 더 나은 경험을 제공할 수 있다.

권장 사항

CPU 사용량을 최적화하기 위한 권장 사항은 다음과 같다.

- **비동기 작업 사용**: CPU 부하를 줄이기 위해 비동기 작업을 적절하게 사용해야 한다. 예를 들어 네트워크 요청이나 데이터베이스 액세스와 같은 I/O 작업은 메인 스레드가 아닌 백그라운드 스레드에서 처리되어야 한다. 안드로이드에서는 AsyncTask, 코루틴 등을 사용하여 비동기 작업을 구현할 수 있다.

- **코드 최적화**: 불필요한 반복문이나 연산을 최소화하여 CPU 부하를 줄이는 것이 중요하다. 또한 메모리 누수를 방지하고 불필요한 객체 생성을 피하는 등의 최적화 기법을 적용해야 한다. 이를 통해 CPU가 불필요한 작업을 수행하지 않도록 하고 앱의 반응성을 향상시킬 수 있다.

- **렌더링 최적화**: UI 렌더링 과정에서 발생하는 CPU 부하를 줄이는 것도 중요하다. 불필요한 UI 업데이트를 방지하고, RecyclerView나 ListView와 같은 리스트뷰에서는 ViewHolder를 사용하여 뷰의 재사용을 최적화해야 한다.

- **프로파일링과 분석**: CPU 사용량을 최적화하기 위해선 앱의 성능을 정기적으로 프로파일링하고 분석해야 한다. 안드로이드 스튜디오의 CPU 프로파일러나 서드파티 도구를 사용하여 CPU 사용량을 모니터링하고 성능 병목 현상을 식별할 수 있다.

네트워크 통신 최적화

안드로이드 앱에서 네트워크 통신은 사용자 경험과 앱의 성능에 직접적으로 영향을 미치는 중요한 요소다. 현대적인 모바일 앱은 대부분 네트워크를 통해 서버와 통신하여 데이터를 주고받는다. 이러한 데이터 교환은 사용자에게 실시간 정보를 제공하고 앱의 기능을 확장하는 데 중요하다.

그러나 네트워크 통신은 네트워크 속도, 연결 안정성, 데이터 용량 등 여러 가지 요인에 영향을 받는다. 느린 네트워크 속도나 불안정한 연결은 사용자 경험을 저하시키고, 앱의 반응성을 떨어뜨릴 수 있다. 따라서 안드로이드 앱을 개발하거나 유지·보수할 때는 네트워크 통신을 최적화하여 사용자에게 원활한 경험을 제공하는 것이 중요하다.

네트워크 요청 최적화는 데이터 전송 속도를 향상시키고 데이터 사용량을 줄이는 등의 방법을 통해 사용자에게 빠르고 효율적인 서비스를 제공할 수 있다. 따라서 안드로이드 앱을 개발할 때는 네트워크 통신의 중요성을 이해하고, 이를 최적화하는 것이 필수적이다.

특히 모바일 환경에서는 네트워크 속도와 연결 상태가 다양하게 변할 수 있다. 이에 따라 불안정한 네트워크 환경에서도 빠르고 안정적인 서비스를 제공하는 것이 중요하다. 느린 네트워크 요청은 사용자의 인내심을 시험하고, 사용자가 앱을 적극적으로 사용하지 않게 만들 수 있다. 따라서 안드로이드 앱을 개발할 때는 네트워크 요청의 성능을 최적화하여 사용자가 빠르고 원활한 경험을 얻을 수 있도록 해야 한다.

데이터 전송 속도 향상 기법

네트워크 요청의 데이터 전송 속도를 향상시키기 위해 아래 기법을 사용할 수 있다.

- **HTTP 캐싱**: 이미 요청된 데이터를 로컬에 저장하여 재사용함으로써 네트워크 요청을 줄이고 데이터 전송 속도를 높일 수 있다. 이는 사용자가 이전에 요청한 데이터를 다시 요청할 때 서버에 다시 요청하는 것이 아니라 로컬 캐시에서 바로 제공함으로써 시간을 단축한다.
- **압축 전송**: 데이터를 압축하여 전송함으로써 네트워크 대역폭을 절약하고 데이터 전송 속도를 향상시킬 수 있다. 특히 대용량의 이미지나 파일을 전송할 때 압축을 사용하면 전송 시간을 크게 단축할 수 있다.
- **페이징된 데이터 로딩**: 대량의 데이터를 한 번에 로드하는 것이 아니라 페이지 단위로 나누어 로드함으로써 초기 로딩 시간을 줄이고 사용자 경험을 향상시킬 수 있다. 사용자가 스크롤을 내릴 때마다 추가 데이터를 동적으로 로드하여 네트워크 요청을 최적화할 수 있다.

데이터 사용량 최적화 기법

네트워크 통신에서 발생하는 데이터 사용량을 최적화하기 위해 다음과 같은 기법들을 사용할 수 있다.

- **이미지 압축**: 이미지를 전송하기 전에 이미지를 압축하여 데이터 사용량을 줄일 수 있다. 이미지를 더 작은 해상도나 더 낮은 품질로 변환하거나 이미지 포맷을 압축률이 높은 형식으로 변환함으로써 데이터 사용량을 최적화할 수 있다.
- **데이터 요청의 최소화**: 필요한 데이터만 요청하고 응답을 최소화하여 데이터 사용량을 줄일 수 있다. 예를 들어 필요한 만큼의 데이터만 요청하고 불필요한 메타데이터나 중복된 정보를 최소화하여 네트워크 부하를 줄일 수 있다.
- **캐싱을 통한 데이터 재사용**: 이전에 요청한 데이터를 로컬에 캐시하여 재사용함으로써 네트워크 요청을 최소화하고 데이터 사용량을 줄일 수 있다. 캐시된 데이터를 다시 요청하거나 업데이트된 데이터만 요청함으로써 네트워크 부하를 최적화할 수 있다.

에러 상황 처리

네트워크 통신 중에는 다양한 에러 상황이 발생할 수 있으며, 이를 적절하게 핸들링하는 것이 중요하다. 네트워크 에러의 종류에는 서버와의 연결 실패, 타임아웃, 데이터 전송 중단 등이 포함된다. 이러한 에러 상황을 다음과 같은 방법으로 적절하게 처리할 수 있다.

- **연결 실패 처리**: 서버와의 연결이 실패한 경우, 사용자에게 적절한 안내 메시지를 표시하고 다시 시도할 수 있는 옵션을 제공한다. 또한 네트워크 상태를 확인하고 안정적인 연결을 위해 다양한 네트워크 상태를 고려하여 재시도 로직을 구현할 수 있다.
- **타임아웃 처리**: 네트워크 요청이 일정 시간 내에 응답을 받지 못한 경우, 타임아웃 에러가 발생한다. 이때는 타임아웃 에러를 감지하고 적절한 에러 처리를 수행해야 한다.
  예 요청을 다시 시도하거나 사용자에게 타임아웃이 발생했음을 알리는 메시지를 표시할 수 있다.
- **데이터 전송 중단 처리**: 데이터 전송 중단 등의 예기치 못한 에러가 발생한 경우, 이를 적절하게 처리하여 사용자에게 알리고 사용자 경험을 최대한 보호해야 한다. 에러 발생 시 사용자에게 이를 안내하는 메시지를 표시하고, 필요에 따라 재시도 옵션을 제공하여 사용자가 작업을 계속할 수 있도록 한다.

성능 테스트 및 모니터링

네트워크 통신의 성능을 테스트하고 모니터링하는 방법을 소개한다. 테스트와 모니터링은 네트워크 통신의 성능을 평가하고 지속적으로 모니터링하여 최적화할 수 있는 중요한 단계다.

- **성능 테스트**: 네트워크 요청의 속도와 효율성을 평가하기 위해 네트워크 요청의 응답 시간, 데이터 전송 속도, 에러 처리 등을 확인할 수 있다. 또한 성능 테스트를 위해 다양한 도구와 라이브러리를 활용할 수 있으며, 실제 사용 환경과 유사한 조건에서 테스트하는 것이 중요하다.
- **모니터링**: 모니터링은 실시간으로 네트워크 성능을 추적하고 이상 징후를 감지하는 데 사용된다. 네트워크 요청의 응답 시간, 데이터 전송 속도, 에러 발생 횟수 등을 모니터링하여 성능 문제를 조기에 발견하고 대응할 수 있다. 이를 통해 앱의 실시간 성능을 파악하고 사용자 경험을 지속적으로 개선할 수 있다.

성능 테스트와 모니터링은 네트워크 통신의 품질을 보장하고 사용자에게 최상의 경험을 제공하는 데 필수적이다. 네트워크 통신의 성능을 지속적으로 개선하여 안정적이고 빠른 서비스를 제공할 수 있다.

권장 사항

네트워크 통신을 최적화하는 데 도움이 되는 권장 사항은 다음과 같다.

- **네트워크 요청 최적화**: 네트워크 요청을 최소화하여 데이터 전송 횟수를 줄이면 최적화에 도움이 된다. 여러 요청을 한 번에 묶거나, 캐싱을 통해 이전에 요청한 데이터를 재사용할 수 있다.

- **비동기 처리**: 네트워크 요청은 반응성을 높이기 위해 비동기적으로 처리되어야 한다. 비동기 작업을 통해 메인 스레드를 차단하지 않고 백그라운드에서 작업을 수행할 수 있다.

- **에러 핸들링**: 네트워크 요청 중 발생할 수 있는 에러를 적절하게 핸들링하는 것이 중요하다. 네트워크 연결이 끊긴 경우나 서버 에러 등에 대비하여 사용자에게 적절한 메시지를 표시하고, 앱의 안정성을 유지해야 한다.

- **최적화 도구 활용**: 네트워크 통신을 모니터링하고 최적화하기 위해 다양한 도구와 라이브러리를 활용할 수 있다. 안드로이드 스튜디오의 네트워크 프로파일러나 서드파티 도구를 사용하여 네트워크 요청의 성능을 모니터링하고 최적화할 수 있다.

- **사용자 경험 고려**: 네트워크 통신은 사용자 경험에 직접적으로 영향을 미치므로, 사용자가 느끼는 불편함을 최소화해야 한다. 네트워크 요청이 오래 걸리는 경우에는 로딩 인디케이터를 표시하거나 사용자에게 진행 상황을 알리는 메시지를 제공하여 사용자가 대기하는 동안에도 앱을 편리하게 사용할 수 있도록 해야 한다.

그래픽 및 레이아웃 최적화

그래픽 최적화

안드로이드 앱에서 부드러운 UI와 사용자 경험을 제공하는 데 중요한 역할을 한다. 부드러운 UI는 사용자가 앱을 자연스럽게 탐색하고 상호 작용할 수 있도록 해준다. 사용자는 빠르고 반응성 있는 UI를 통해 앱이 신속하게 반응하고 응답하는 것을 기대한다. 따라서 그래픽 최적화는 앱이 느리거나 끊김 없는 UI를 제공하여 사용자의 만족도를 높이고, 사용자 이탈을 방지하는 데 필수적이다. 이를 통해 앱의 사용성과 경쟁력을 향상시킬 수 있다.

레이아웃 구성 최적화

안드로이드 앱에서 UI를 빠르게 렌더링하고 부드럽게 스크롤할 수 있는 중요한 요소다. 효율적인 레이아웃 구성은 UI의 계층 구조를 간소화하고 불필요한 중첩을 제거하여 레이아웃의 복잡성을 줄인다. 이를 통해 뷰의 계층 구조가 단순해지고 레이아웃을 렌더링하는 데 필요한 시간이 단축된다. 또한 리사이클러뷰와 같은 재사용 가능한 뷰를 사용하여 성능을 향상시킬 수 있다. 더불어 ConstraintLayout과 같은 효율적인 레이아웃 매니저를 활용하여 UI를 유연하게 구성할 수 있다. 이를 통해 사용자는 부드러운 스크롤 및 빠른 UI 반응을 경험할 수 있으며, 앱의 사용성을 향상시킬 수 있다.

이미지 최적화

안드로이드 앱에서 이미지를 화면에 부드럽고 빠르게 로드하고 부하를 줄이기 위해 중요한 단계다. 이를 위해 여러 기법을 사용할 수 있다. 먼저, 이미지 파일의 해상도를 줄이거나 이미지를 압축하여 파일 크기를 최소화할 수 있다. 또한 이미지를 웹페이지에서 동적으로 로드하거나 페이딩 효과를 적용하여 사용자가 이미지를 기다리는 동안 사용자 경험을 향상시킬 수 있다. 더불어 안드로이드에서 제공하는 이미지 로딩 라이브러리를 사용하여 이미지 로딩과 캐싱을 최적화할 수 있다.

애니메이션 최적화

애니메이션 최적화는 안드로이드 앱에서 부드럽고 반응성 있는 사용자 경험을 제공하기 위해 중요하다. 이를 위해 다음과 같은 최적화 기법을 사용할 수 있다.

- **하드웨어 가속 활용**: 안드로이드는 GPU 가속을 통해 애니메이션을 처리할 수 있다. GPU 가속을 활용하면 CPU 부하를 줄이고 애니메이션의 성능을 향상시킬 수 있다.

- **애니메이션 리소스 최적화**: 애니메이션 리소스를 최적화하여 메모리 사용량을 줄이고 애니메이션의 부드러움을 향상시킬 수 있다. 예 이미지 크기를 최적화하거나 벡터 그래픽을 사용할 수 있다.

- **애니메이션 속성 조절**: 애니메이션의 속성을 조절하여 성능을 향상시킬 수 있다. 예 애니메이션의 지속 시간이나 보간 방법을 조절하여 부하를 줄일 수 있다.

- **레이아웃 최적화**: 애니메이션을 적용하는 뷰의 레이아웃을 최적화하여 애니메이션의 처리 속도를 향상시킬 수 있다. 불필요한 레이아웃 계층을 제거하거나 뷰의 크기와 위치를 최적화할 수 있다.

- **애니메이션 캐싱**: 애니메이션 캐싱을 통해 이전에 로드된 애니메이션을 재사용하여 성능을 향상시킬 수 있다. 이를 통해 메모리 사용량을 줄이고 애니메이션의 반응성을 향상시킬 수 있다.

렌더링 성능 최적화

렌더링 성능 최적화는 안드로이드 앱의 UI 렌더링 과정을 최적화하여 부드러운 사용자 경험을 제공하는 것을 목표로 한다. 이를 위해 다음과 같은 방법을 사용할 수 있다.

- **레이아웃 계층 최적화**: UI의 레이아웃 계층을 최적화하여 불필요한 계층을 제거하거나 병합함으로써 렌더링 속도를 향상시킬 수 있다. 불필요하게 중첩된 레이아웃을 제거하고 ConstraintLayout과 같은 효율적인 레이아웃을 사용하여 성능을 개선할 수 있다.

- **화면 갱신 최소화**: 화면 갱신을 최소화하여 UI를 효율적으로 갱신한다. invalidate() 메서드를 적절하게 사용하여 필요한 부분만 다시 그리도록 한다.

- **GPU 가속 활용**: GPU를 사용하여 UI를 렌더링하면 CPU 부하를 줄이고 성능을 향상시킬 수 있다. OpenGL 또는 Vulkan과 같은 그래픽 API를 사용하여 GPU 가속을 활용할 수 있다.

- **비트맵 최적화**: 비트맵 이미지의 크기를 줄이거나 압축하여 메모리 사용량을 감소시키고 렌더링 성능을 향상시킬 수 있다. 디스플레이 크기에 맞게 이미지를 스케일링하고 필요한 경우 메모리 캐싱을 사용하여 이미지 로딩 시간을 최적화할 수 있다.

- **애니메이션 최적화**: 애니메이션을 최적화하여 부드러운 UI 전환을 제공한다. 애니메이션 중에는 하드웨어 가속을 활용하여 GPU에서 처리하도록 하는 것이 성능을 향상시킬 수 있다.

메모리 관리와 성능 최적화

메모리 관리와 성능 최적화는 안드로이드 앱에서 중요한 측면 중 하나다. 특히 그래픽 리소스의 사용과 해제를 효율적으로 관리하여 메모리 누수를 방지하고 전체적인 성능을 향상시킬 수 있다.

- **그래픽 리소스 사용**: 안드로이드 앱에서 그래픽 리소스는 이미지, 비디오, 애니메이션 등을 포함한다. 이러한 리소스를 사용할 때는 메모리 소비량을 고려하여 최적화된 형식과 크기를 선택해야 한다. 또한 고해상도 그래픽을 사용할 때는 스케일링이나 압축을 통해 메모리 사용을 최적화할 수 있다.

- **리소스 해제**: 그래픽 리소스를 사용한 후에는 반드시 메모리에서 해제해야 한다. 이를 통해 메모리 누수를 방지하고 시스템 자원을 효율적으로 활용할 수 있다. 액티비티나 프래그먼트의 onDestroy() 메서드에서 사용한 리소스를 해제하는 것이 일반적인 방법이다.

- **WeakReference 사용**: 앱에서 사용하는 그래픽 리소스를 관리할 때, Strong Reference 대신 WeakReference를 사용하여 객체에 대한 강력한 참조를 피할 수 있다. 이를 통해 가비지 컬렉터가 리소스를 올바르게 해제할 수 있도록 도와준다.

- **Bitmap 메모리 관리**: 안드로이드에서는 비트맵 이미지를 다룰 때 메모리 부족 문제가 발생하기 쉽다. 따라서 비트맵을 사용할 때는 메모리를 효율적으로 관리해야 한다. BitmapFactory.Options를 사용하여 비트맵 로딩 옵션을 설정하거나, 큰 비트맵을 로드할 때는 메모리 캐시를 사용하여 메모리 부족 문제를 방지할 수 있다.
- **재사용 및 캐싱**: 그래픽 리소스를 재사용하거나 캐싱하여 메모리 사용을 최적화할 수 있다. 이미지나 기타 그래픽 리소스를 반복적으로 로드하는 대신, 한 번 로드한 후 메모리에 캐시하여 다시 사용할 수 있다.

권장 사항

그래픽 및 레이아웃을 최적화하고 효과적으로 관리하기 위한 권장 사항은 다음과 같다.

- **레이아웃 최적화**
  - ConstraintLayout 활용: ConstraintLayout을 사용하여 복잡한 UI를 효율적으로 구성한다. ConstraintLayout은 유연한 레이아웃을 제공하므로 여러 디바이스 화면 크기에 대응하기에 이상적이다.
  - 레이아웃 계층 최소화: 가능한 한 레이아웃 계층을 단순화하고 중첩을 줄인다. 단순한 레이아웃은 렌더링 속도를 향상시키고 UI의 반응성을 향상시킨다.
- **그래픽 최적화**
  - 벡터 그래픽 사용: 벡터 그래픽을 사용하여 크기를 조정할 수 있는 그래픽을 생성한다. 이는 다양한 화면 크기에 대응하여 UI 요소의 선명도를 유지하고 앱 크기를 줄일 수 있다.
  - 이미지 최적화: 이미지를 최적화하여 파일 크기를 줄이고 로딩 속도를 높인다. PNG나 JPEG 이미지의 압축률을 최적화하고 불필요한 메타데이터를 제거한다.
- **애니메이션 최적화**
  - 하드웨어 가속 활용: GPU 가속을 활용하여 부드러운 애니메이션을 제공한다. 하드웨어 가속을 사용하면 애니메이션의 성능이 향상되고 CPU의 부하가 줄어든다.
  - 애니메이션 리소스 최적화: 너무 많은 애니메이션 리소스를 동시에 사용하지 않도록 주의해야 한다. 지나친 애니메이션은 성능을 저하시킬 수 있다.

배터리 최적화

배터리 소모 요인

배터리 소모를 증가시키는 요인을 분석하면 다양한 요소가 있을 수 있다. 주요한 배터리 소모 요인은 다음과 같다.

- **네트워크 통신**: 앱이 네트워크를 통해 데이터를 주고받는 작업은 배터리를 소모하는 주요 요소 중 하나다. 특히, 대용량 데이터를 주기적으로 전송하거나 수신하는 앱은 배터리 소모가 클 수 있다.

- **백그라운드 작업**: 앱이 백그라운드에서 실행되는 작업은 사용자가 화면을 끈 상태에서도 계속 실행되므로 배터리를 소모한다. 예 백그라운드에서 주기적으로 데이터를 업데이트하거나 알림을 수신하는 작업은 배터리를 많이 소모할 수 있다.

- **센서 및 위치 서비스 사용**: 앱이 센서(예 가속도계, 자이로스코프 등)나 위치 서비스(GPS)를 지속적으로 사용하는 경우 배터리 소모가 증가할 수 있다. 특히, 실시간으로 위치를 추적하거나 주기적으로 센서 데이터를 수집하는 앱은 배터리 소모가 크다.

- **화면 밝기 및 사용 시간**: 화면의 밝기를 높게 설정하거나 기기를 계속 사용하는 경우 배터리 소모가 증가한다. 화면이 켜진 상태에서 사용하는 앱은 배터리를 많이 소모하므로, 화면 사용 시간도 배터리 소모에 영향을 준다.

- **앱의 구조 및 최적화**: 앱의 코드 구조와 최적화 수준도 배터리 소모에 영향을 준다. 비효율적으로 동작하는 앱이나 메모리 누수가 발생하는 경우 배터리 소모가 증가할 수 있다.

베터리 최적화 기법

배터리를 최적화하기 위한 다양한 기법이 있다. 각 기법은 배터리 소모 요인을 줄이고 배터리 수명을 연장하는 데 도움이 된다. 몇 가지 주요한 기법은 다음과 같다.

- **효율적인 코드 작성**: 배터리를 효율적으로 사용하려면 앱의 코드를 최적화해야 한다. 이는 불필요한 반복문이나 무한 루프를 피하고, 메모리 누수를 방지하는 등의 코드 작성 기법을 포함한다.

- **백그라운드 작업 관리**: 백그라운드에서 실행되는 작업은 배터리를 많이 소모할 수 있으므로, 백그라운드 작업을 효율적으로 관리해야 한다. 이는 필요한 경우에만 백그라운드 작업을 실행하고, 작업이 완료되면 적절하게 종료하는 것을 포함한다.

- **위치 및 센서 사용 최적화**: 위치 서비스와 센서를 사용할 때는 배터리 소모가 증가할 수 있다. 따라서 위치 및 센서를 사용할 때는 정확한 정도와 빈도를 고려하여 최적화해야 한다. 또한 필요하지 않은 경우에는 위치 및 센서 사용을 중지하여 배터리를 절약할 수 있다.

- **네트워크 통신 최적화**: 네트워크 통신은 배터리를 많이 소모하는 요소 중 하나다. 따라서 네트워크 요청을 최적화하여 데이터 전송 속도를 향상시키고 데이터 사용량을 줄이는 것이 중요하다.

- **화면 밝기 및 사용량 관리**: 화면의 밝기를 낮추고 사용하지 않는 앱을 종료하여 배터리 수명을 연장할 수 있다. 또한 화면이 켜져 있는 경우에는 사용자의 상호 작용이 없을 때 화면을 자동으로 꺼지도록 설정하는 것이 좋다.

베터리 관련 도구

배터리 관련 도구를 사용하여 배터리 소모를 분석하고 최적화할 수 있다. 여러 도구와 라이브러리가 있지만, 주로 안드로이드 플랫폼에서 제공되는 도구와 몇 가지 서드파티 도구가 널리 사용된다. 이러한 도구들은 다음과 같다.

- **안드로이드 배터리 사용 패널**: 안드로이드 기기의 설정 메뉴에는 배터리 사용 패널이 있으며, 이를 통해 사용자는 각 앱 및 하드웨어 구성 요소가 배터리를 얼마나 소비하는지를 시각적으로 확인할 수 있다. 이 정보를 통해 배터리 소모가 많은 앱을 식별하고 필요한 조치를 취할 수 있다.

- **배터리 사용량 분석 도구**: 안드로이드 개발자 도구에는 배터리 사용량 분석 도구가 포함되어 있다. 이 도구를 사용하면 개발자는 자신의 앱이 배터리를 어떻게 사용하는지를 자세히 파악할 수 있다. 배터리 사용량을 시간대별로 추적하고 각 앱의 배터리 사용량을 분석하여 최적화할 수 있다.

- **서드파티 배터리 소모 측정 도구**: BetterBatteryStats, AccuBattery, GSam Battery Monitor 등의 여러 서드파티 도구가 배터리 소모를 측정하고 분석하는 데 이러한 도구들은 실시간으로 배터리 사용량을 모니터링하고 배터리 수명에 영향을 미치는 주요 요인을 식별할 수 있다.

권장 사항

배터리 소모를 줄이기 위한 권장 사항은 다음과 같다.

- **앱의 백그라운드 작업 최적화**: 백그라운드에서 실행되는 작업은 배터리 소모의 주요 요인 중

하나다. 주기적인 작업을 묶어 배터리를 더 효율적으로 사용하도록 조정하거나, 사용자가 활동 중이 아닐 때 백그라운드 작업을 제한하는 등의 방법 등을 통해 배터리 소모를 줄인다.

- **네트워크 통신 최적화**: 네트워크 통신은 배터리 소모에 직접적인 영향을 미친다. 불필요한 네트워크 요청을 최소화하고, 데이터를 효율적으로 압축하여 전송하거나 적절한 간격으로 데이터를 동기화하는 방법, 데이터를 캐시하여 중복 요청을 방지하는 등의 방법 등을 고려해야 한다.

- **UI 및 그래픽 최적화**: UI 요소와 그래픽 리소스는 화면을 그리고 처리하는 데 CPU와 GPU를 사용하므로 배터리 소모에 영향을 줄 수 있다. 따라서 UI 및 그래픽 리소스를 최적화하여 화면을 더 효율적으로 렌더링하는 것이 중요하다. 이를 위해 적절한 이미지 포맷을 선택하고, 캐시를 활용하여 불필요한 리소스 로드를 줄이는 등의 방법을 고려해야 한다.

- **배터리 사용량 모니터링**: 배터리 사용량을 실시간으로 모니터링하고 분석하여 어떤 작업이 배터리를 소모하는지 파악해야 한다. 이를 통해 어떤 부분을 최적화해야 하는지 판단할 수 있다. 배터리 사용량을 모니터링하고 분석하는 데 사용할 수 있는 도구를 활용하는 것이 중요하다.

- **배터리 상태 모니터링**: 안드로이드에서는 배터리 관련 정보를 확인하고 배터리 수명을 연장하기 위한 다양한 API를 제공한다. 이러한 API를 활용하여 배터리 상태를 모니터링하고 배터리를 효율적으로 관리할 수 있다.

- **BatteryManager 클래스**: 안드로이드 시스템 서비스 중 하나인 BatteryManager 클래스를 사용하여 배터리 관련 정보를 얻을 수 있다. BatteryManager는 다음과 같은 정보를 제공한다.

    - 배터리 충전 상태와 수준
    - 배터리 충전 타입(플러그인 충전, 무선 충전 등)
    - 배터리 온도
    - 배터리 전압
    - 배터리 상태 변화를 감지하는 BroadcastReceiver를 등록하여 배터리 상태 변경을 수신

- **PowerManager 클래스**: PowerManager 클래스를 사용하여 장치의 전원 상태를 관리할 수 있다. 이를 통해 배터리 사용을 최적화할 수 있다. PowerManager는 다음과 같은 기능을 제공한다.

    - 장치의 화면 상태 관리(화면 켜기/끄기)
    - WakeLock을 통한 장치의 화면 켜짐 유지
    - CPU의 전원 관리

- **Battery Historian**: 배터리 사용량을 분석하고 배터리 소모 패턴을 확인하기 위한 도구로서, 배터리 이력 분석 도구인 Battery Historian을 사용할 수 있다. 이를 통해 앱의 배터리 소모량을 시각화하고 배터리를 효율적으로 관리할 수 있다.
- **JobScheduler 또는 WorkManager**: 배터리 수명을 연장하기 위해 백그라운드 작업을 효율적으로 관리할 수 있는 JobScheduler 또는 WorkManager를 사용할 수 있다. 이를 통해 배터리 소모를 최소화하면서도 필요한 작업을 수행할 수 있다.

테스트와 모니터링

성능 테스트

성능 테스트는 다양한 목적과 상황에 따라 여러 가지 종류로 나눌 수 있다. 각각의 테스트는 앱의 특정 측면을 평가하고 개선하는 데 사용된다. 이를테면 부하 테스트는 앱이 특정 작업에 대한 부하를 견디는 능력을 평가하는 데 사용되고, 응답 시간 측정은 사용자에게 제공되는 응답 시간을 평가하는 데 사용된다. 아래에서는 주요한 성능 테스트의 종류를 자세히 살펴보겠다.

부하 테스트 (Load Testing)	• 목적: 앱이 예상되는 부하에 어떻게 대응하는지를 평가한다. 동시 사용자 수, 트랜잭션 수 등을 증가시켜 앱의 성능 한계를 확인한다. • 특징: 대규모 트래픽을 시뮬레이트하여 시스템의 성능 및 안정성을 평가한다. 주로 부하 테스트 도구를 사용하여 수행된다.
응답 시간 측정 (Response Time Testing)	• 목적: 사용자 요청에 대한 응답 시간을 측정하여 사용자 경험을 평가한다. 빠른 응답 시간은 사용자 만족도를 높이는 데 중요하다. • 특징: 사용자가 앱을 사용하는 동안 발생하는 각각의 요청에 대한 응답 시간을 측정한다. 응답 시간을 최소화하기 위해 앱의 성능을 튜닝하는 데 사용된다.
안정성 테스트 (Stability Testing)	• 목적: 앱이 오랜 기간 동안 또는 예상되는 부하 아래에서 안정적으로 작동하는지를 확인한다. 메모리 누수, 크래시, 성능 저하 등을 감지하고 식별한다. • 특징: 장시간 동안 부하를 유지하거나 특정 조건에서 앱을 실행하여 안정성 및 신뢰성을 평가한다. 크래시 레포트 및 로그를 분석하여 문제를 해결하는 데 사용된다.
스파이크 테스트 (Spike Testing)	• 목적: 갑작스럽게 발생하는 트래픽 증가에 앱이 얼마나 잘 대응하는지를 확인한다. 예를 들어 프로모션 이벤트나 특정 이벤트 시간에 대비하여 테스트를 수행한다. • 특징: 갑작스러운 부하 증가를 발생시켜 앱의 성능을 평가하며, 이벤트에 대비하여 서버 및 인프라를 조정할 수 있도록 한다.

성능 테스트 환경 구성의 주요 과정

성능 테스트를 위한 환경을 구성하는 과정은 효율적이고 정확한 테스트 결과를 얻기 위해 매우 신중하게 수행되어야 한다. 각 과정을 철저하게 준비하고 실행해야 효과적인 성능 테스트를 보장할 수 있기 때문이다. 아래에서는 성능 테스트 환경을 구성하는 주요 과정을 자세히 설명하겠다.

① **목표 설정 및 요구 사항 분석**: 성능 테스트의 목표를 설정하고 요구 사항을 분석한다. 어떤 측면을 테스트할 것인지 결정하고, 어떤 종류의 부하를 가해야 하는지 등을 고려한다.

② **테스트 도구 선택**: 적절한 성능 테스트 도구를 선택한다. JMeter, Gatling, Apache Bench 등의 도구 중 앱에 적합한 도구를 선택한다.

③ **테스트 환경 설정**: 테스트를 수행할 환경을 설정한다. 이는 테스트용 서버, 데이터베이스, 네트워크 구성 등을 포함한다. 필요에 따라 가상 머신 또는 클라우드 환경을 사용하여 확장성 있는 테스트 환경을 구축할 수 있다.

④ **테스트 시나리오 개발**: 테스트 시나리오를 개발한다. 이는 특정 사용 사례나 부하 조건을 시뮬레이트하는 데 사용된다. 요청 유형, 동시 사용자 수, 부하 패턴 등을 정의한다.

⑤ **테스트 데이터 준비**: 테스트에 필요한 데이터를 준비한다. 데이터베이스, 파일 시스템 또는 외부 서비스와의 통합이 필요한 경우, 테스트 데이터를 생성하거나 가져와서 환경을 설정한다.

⑥ **도구 설치 및 설정**: 선택한 성능 테스트 도구를 설치하고 필요한 설정을 구성한다. 각 도구마다 설정 방법이 다를 수 있으므로 해당 도구의 문서를 참조하여 설정한다.

⑦ **테스트 실행 및 모니터링**: 테스트를 실행하고 성능을 모니터링한다. 도구가 제공하는 모니터링 기능을 사용하여 성능 지표를 실시간으로 확인하고 문제가 발생하면 즉시 조치한다.

⑧ **결과 분석 및 보고**: 테스트 결과를 분석하고 보고서를 작성한다. 성능 지표와 결과를 평가하여 성능 개선을 위한 의견이나 생각을 기록 또는 보고한다.

성능 모니터링

- **주요 도구**

    성능 모니터링 도구는 앱의 성능을 지속적으로 모니터링하고 분석하여 실시간으로 성능 문제를 식별하고 해결할 수 있는 도구들을 말한다. 다양한 목적과 특징을 가진 성능 모니터링 도구들이 있으며, 다음은 몇 가지 주요 도구에 대한 설명이다.

Google Analytics	사용자 인터랙션 및 앱 사용 데이터를 추적하여 실시간으로 분석한다. 사용자의 행동, 이벤트, 화면 뷰 등을 추적하여 앱의 성능 및 사용자 경험을 평가할 수 있다.
Performance Monitoring	앱의 성능을 모니터링하고 성능 데이터를 수집한다. 앱의 시작 시간, 화면 로딩 시간, 네트워크 요청 시간 등의 지표를 추적하여 성능 문제를 식별하고 사용자 경험을 향상시키는 데 도움을 준다.
New Relic	웹 및 모바일 애플리케이션의 성능을 모니터링하는 플랫폼이다. 앱의 성능을 실시간으로 추적하고 사용자 경험을 개선하기 위한 인사이트를 제공한다. CPU 사용량, 메모리 사용량, 네트워크 성능 등 다양한 지표를 모니터링할 수 있다.
Dynatrace	클라우드 환경 및 모바일 앱의 성능을 모니터링하는 플랫폼이다. 앱의 모든 트랜잭션을 실시간으로 추적하여 성능 문제를 식별하고, 코드 레벨에서 발생하는 성능 병목 현상을 해결하는 데 도움을 준다.
AppDynamics	애플리케이션의 성능을 모니터링하고 앱의 사용자 경험을 개선하는 데 사용된다. 앱의 성능 지표를 실시간으로 추적하고 성능 문제를 자동으로 진단하여 해결할 수 있다.

● 성능 테스트 실행 방법

성능 테스트를 실행하는 것은 앱의 성능을 평가하고 개선하기 위해 매우 중요하다. 아래는 성능 테스트를 실행하는 방법에 대한 자세한 설명이다.

테스트 목표 설정	먼저 목표를 명확히 설정해야 한다. 성능 테스트의 목표는 무엇인지 결정하고, 어떤 성능 지표를 측정할 것인지 결정해야 한다. 예 앱의 응답 시간, CPU 및 메모리 사용량, 네트워크 성능 등을 측정할 수 있다.
테스트 환경 설정	테스트를 실행할 환경을 설정해야 한다. 이는 실제 사용자 환경과 유사한 환경을 만드는 것이 중요하다. 테스트를 실행할 디바이스, 네트워크 연결 상태, 운영 체제 버전 등을 고려해야 한다.
테스트 시나리오 작성	다양한 시나리오를 작성하여 앱의 다양한 사용 사례를 테스트해야 한다. 이러한 시나리오는 사용자의 행동을 모방하고 다양한 작업을 수행하는 것을 포함할 수 있다. 예 로그인, 데이터 검색, 화면 이동 등의 작업을 포함할 수 있다.
테스트 데이터 준비	테스트에 필요한 데이터를 준비해야 한다. 이는 테스트 시나리오에 따라 다를 수 있으며, 실제 사용자 데이터 또는 모의 데이터를 사용할 수 있다.
테스트 실행	작성한 테스트 시나리오를 기반으로 성능 테스트를 실행한다. 테스트를 실행하면서 앱의 성능 지표를 실시간으로 모니터링하고 기록해야 한다.
테스트 결과 분석	성능 테스트의 결과를 분석하여 앱의 성능을 평가한다. 성능 지표를 분석하고 성능 문제를 식별하여 개선할 수 있는 방법을 찾아야 한다.
테스트 반복	성능 테스트는 반복적으로 실행되어야 한다. 앱의 변경 사항이나 환경 변화에 따라 성능이 어떻게 변화하는지 계속해서 모니터링해야 한다.

테스트 결과 분석 방법

성능 결과를 분석하고 평가하는 것은 성능 향상을 위해 매우 중요하다. 아래는 테스트 결과를 분석하는 방법에 대한 자세한 설명이다.

성능 지표의 해석	먼저 수집된 성능 지표를 해석해야 한다. 이는 CPU 사용량, 메모리 사용량, 네트워크 성능 등 다양한 지표를 포함할 수 있다. 각 지표의 의미를 이해하고, 테스트 결과에서 어떤 정보를 얻을 수 있는지 분석해야 한다.
병목 현상의 식별	성능 테스트 결과에서 병목 현상을 식별하는 것이 중요하다. 병목 현상은 성능을 제한하는 요인으로, CPU, 메모리, 네트워크 등 다양한 요인에서 발생할 수 있다. 성능 지표를 분석하여 어떤 부분이 성능에 영향을 주고 있는지 파악해야 한다.
성능 문제의 원인 분석	발견된 성능 문제의 원인을 분석해야 한다. 이는 코드의 문제, 네트워크 요청의 문제, 디바이스 자원 활용의 문제 등 다양한 원인을 고려해야 한다. 문제의 원인을 파악하고 해결책을 찾는 것이 성능 향상의 핵심이다.
시간별 또는 이벤트별 성능 분석	성능 테스트 결과를 시간별 또는 특정 이벤트에 따라 분석하는 것이 유용할 수 있다. 이는 사용자 동작에 따른 성능 변화를 이해하고, 특정 시간대 또는 이벤트에서 발생하는 성능 문제를 식별하는 데 도움이 된다.
성능 향상 기회 식별	성능 테스트 결과를 통해 성능 향상 기회를 식별해야 한다. 이는 성능 문제를 개선하기 위한 구체적인 대응책을 마련하는 데 도움이 된다. 예 코드 최적화, 네트워크 요청 최적화, 자원 관리 개선 등을 고려할 수 있다.
문서화 및 보고	분석한 성능 테스트 결과를 문서화하고 보고하는 것이 중요하다. 이를 통해 향후 성능 개선 작업을 계획하고, 팀 간 정보 공유를 원활하게 할 수 있다. 결과를 명확하고 간결하게 보고서로 정리하여 향후 대응책을 마련할 때 참고 자료로 활용할 수 있다.

02 보안 강화

더 멋진 내일(Tomorrow)을 위한 내일(My Career) 내일은 코틀린

✓ 핵심 키워드

보안, 개인정보 보호, 암호화, 취약점, SSL/TLS

여기서는 무얼 배울까

안드로이드 앱의 신뢰성을 유지하기 위해 사용자의 개인정보 보호와 데이터 무결성을 강조한다. 악성 공격으로부터의 보호를 위해 데이터 암호화와 안전한 네트워킹 방법에 대해 다룰 것이며, 취약점 분석과 보완에 대한 방법을 설명한다. 이를 통해 사용자의 신뢰를 유지하고 데이터 보안을 강화하는 방법을 배울 수 있다.

보안 소개

개인정보 보호

사용자의 개인정보를 안전하게 보호하는 것은 모바일 앱 개발에서 가장 중요한 책임 중 하나다. 사용자의 신용카드 정보, 로그인 자격 증명, 주소록 등과 같은 민감한 정보는 보호되어야 한다. 이를 위해 다음과 같이 보안을 강화할 수 있다.

- **데이터 암호화**: 민감한 데이터는 저장 및 전송 중에 암호화되어야 한다. 안드로이드에서는 Android Keystore를 사용하여 데이터를 안전하게 저장하고 암호화할 수 있다.
- **접근 권한 관리**: 앱이 필요로 하는 권한은 최소한으로 유지되어야 한다. 사용자가 권한을 부여할 때에는 왜 해당 권한이 필요한지에 대해 명확하게 설명되어야 한다.
- **보안 업데이트**: 앱에서 발견된 보안 취약점은 즉시 수정되어야 한다. 취약점을 발견하면 이를 신속하게 수정하고, 업데이트된 버전을 사용자에게 배포해야 한다.
- **보안 테스트**: 앱의 보안을 강화하기 위해 주기적인 보안 테스트가 필요하다. 보안 전문가가 앱을 검토하여 취약점을 발견하고, 수정함으로써 보안을 강화할 수 있다.

데이터 무결성은 데이터가 변조되지 않고 그 원래 상태를 유지하는 것을 의미한다. 안드로이드 앱에서 데이터 무결성을 보장하는 것은 앱의 신뢰성을 유지하는 데 매우 중요하다. 데이터 무결성이 손상되면 사용자에게 잘못된 정보를 제공하거나, 심지어는 보안 문제가 발생할 수 있다.

악성 공격으로부터의 보호

악성 공격으로부터의 보호는 안드로이드 앱의 보안을 강화하고 사용자의 데이터 및 시스템을 안전하게 유지하는 핵심적인 부분이다. 이를 위해서는 다음과 같은 조치를 취할 수 있다.

- **인증 및 권한 관리**: 앱의 기능 및 데이터에 접근할 수 있는 사용자를 인증하고 권한을 관리하는 것이 중요하다. 사용자의 역할에 따라 앱의 기능에 접근할 수 있는 권한을 제어하여 악성 사용자로부터의 공격을 방지할 수 있다.
- **암호화**: 민감한 데이터를 저장하거나 전송할 때 암호화 기술을 사용하여 데이터의 안전성을 보장할 수 있다. 데이터가 암호화되면 악의적인 사용자가 데이터를 탈취하더라도 복호화할 수 없어 보안이 강화된다.
- **입력 유효성 검사**: 사용자 입력 데이터를 검증하여 악의적인 입력을 방지할 수 있다.

  예 입력 폼에 대한 검증을 통해 SQL Injection과 같은 공격을 방어할 수 있다.
- **보안 업데이트 및 패치**: 보안 취약점이 발견되면 빠르게 패치하여 보완해야 한다. 사용자의 시스템이나 데이터를 위협할 수 있는 취약점을 신속하게 해결함으로써 보안을 강화할 수 있다.
- **네트워크 보안**: 데이터를 전송할 때 안전한 프로토콜을 사용하고, 중요한 데이터에 대한 암호화 및 서명을 적용하여 네트워크 상에서의 공격을 방어할 수 있다.

안드로이드 앱의 신뢰성은 사용자가 안전하고 신뢰할 수 있는 앱인지 여부를 결정하는 중요한 요소다. 안전성과 신뢰성이 보장된 앱은 사용자에게 긍정적인 경험을 제공하고, 반대로 보안에 취약하거나 신뢰할 수 없는 앱은 사용자에게 부정적인 인상을 남길 수 있다.

앱의 안정성과 신뢰성 유지 방법

- **정기적인 보안 업데이트**: 앱의 보안 취약점이 발견되면 빠르게 보안 업데이트를 제공하여 사용자의 데이터와 시스템을 보호해야 한다. 정기적인 업데이트는 사용자가 앱을 계속해서 신뢰할 수 있도록 한다.
- **투명한 개인정보 처리**: 사용자의 개인정보를 수집·처리할 때 투명성을 유지해야 한다. 개인정보 처리 방침을 명확히 공개하고 사용자에게 정보를 제공하여 사용자의 신뢰를 유지해야 한다.
- **신뢰할 수 있는 소스**: 앱을 개발하고 배포할 때 신뢰할 수 있는 소스에서 제공되어야 한다. Google Play Store와 같은 공식적인 앱 배포 플랫폼을 통해 앱을 다운로드하고 설치하는 것이 안전성을 보장할 수 있다.

- **적극적인 보안 정책 준수**: 보안 정책과 가이드라인을 엄격하게 준수하여 사용자의 데이터를 안전하게 처리하고 보호해야 한다. 예 안드로이드 앱의 보안 모델을 따르고 사용자 데이터를 암호화하는 등의 조치를 취할 수 있다.
- **사용자 피드백 수렴 및 대응**: 사용자의 피드백을 적극적으로 수렴하고 이를 바탕으로 개선 및 대응하는 것이 중요하다. 사용자의 의견을 경청하고 보안 문제에 신속하게 대응하여 신뢰를 유지할 수 있다.

데이터 보안

데이터 암호화 구현

데이터 암호화는 민감한 정보를 안전하게 보호하기 위해 사용되는 중요한 보안 기술이다. 안드로이드 앱에서 데이터 암호화를 구현하는 방법은 다음과 같다.

- **암호화 알고리즘 선택**: 먼저 어떤 암호화 알고리즘을 사용할지 결정해야 한다. 대표적으로 AES(Advanced Encryption Standard)가 널리 사용되며, 안드로이드에서는 AES를 제공하는데, 특히 AES-GCM(Galois/Counter Mode) 모드는 인증과 암호화를 함께 제공하여 보안성을 강화한다.
- **암호화 키 관리**: 암호화된 데이터를 복호화하려면 키가 필요하다. 이 키는 안전하게 보호되어야 하며, 일반적으로 안드로이드의 안전한 키 저장소(Secure Keystore)를 활용하여 키를 저장하고 관리한다.
- **암호화 프로세스 적용**: 데이터를 암호화하기 전에 암호화 프로세스를 적용해야 한다.
  예 사용자의 비밀번호를 저장할 때는 해시 함수를 사용하여 비밀번호를 암호화하고, 사용자의 데이터를 저장할 때는 AES 알고리즘을 사용하여 데이터를 암호화한다.
- **저장 및 전송**: 암호화된 데이터를 안전하게 저장하거나 전송해야 한다. 이를 위해 데이터베이스에 저장할 때는 암호화된 형식으로 저장하고, 네트워크를 통해 전송할 때는 안전한 통신 프로토콜(예 HTTPS)을 사용하여 데이터를 전송한다.
- **복호화**: 데이터를 사용할 때는 필요한 경우에만 데이터를 복호화하여 사용해야 한다. 이를 위해 암호화된 데이터를 가져와서 안전한 방법으로 복호화하고, 필요한 작업을 수행한 후에는 다시 암호화하여 저장한다.

> **Tip**
> 암호화는 민감한 정보를 안전하게 보호하는 데 필수적이지만, 잘못된 구현은 보안을 약화시킬 수 있으므로 주의해야 합니다. 안드로이드에서는 제공되는 보안 API를 사용하여 안전한 방법으로 데이터를 암호화하고 관리하는 것이 좋습니다.

안전한 데이터 저장

안드로이드 앱에서 안전한 데이터 저장은 사용자의 개인정보 및 기타 주요 데이터를 보호하는 데 핵심적인 부분이다. 안전한 데이터 저장을 위한 주요한 방법과 관련된 내용은 다음과 같다.

- **SharedPreferences의 안전한 사용**: 간단한 데이터를 키-값 쌍으로 저장하는 데 사용된다. 하지만 민감한 데이터를 저장할 때에는 안전한 방식으로 사용해야 한다. 안전한 사용을 위해 SharedPreferences에 저장되는 데이터를 암호화하여 저장하거나, 안드로이드의 안전한 키 저장소(Secure Keystore)를 사용하여 키를 저장하는 것이 좋다.

- **SQLite 데이터베이스 보안**: SQLite는 안드로이드 앱에서 널리 사용되는 내장형 데이터베이스다. 민감한 데이터를 저장할 때에는 SQLite 데이터베이스에 보안 조치를 취해야 한다. 이는 데이터베이스 암호화를 통해 데이터를 안전하게 저장하고, SQL Injection과 같은 공격으로부터 보호하는 등의 조치를 취하는 것을 의미한다.

- **안드로이드의 안전한 키 저장소 활용**: 안드로이드의 KeyStore는 키와 인증서를 안전하게 저장하고 관리하는 데 사용된다. 개인 식별 정보, 암호화 키, 인증서 및 기타 보안 요소를 안전하게 저장하기 위해 안드로이드 KeyStore를 사용하는 것이 좋다.

- **파일 암호화**: 민감한 데이터를 파일에 저장해야 하는 경우에는 파일을 암호화하여 저장해야 한다. 이를 통해 파일이 노출되어도 데이터가 안전하게 보호된다. 안드로이드에서는 Java Cryptography Extension(JCE)와 같은 라이브러리를 사용하여 파일을 암호화할 수 있다.

- **네트워크 통신 보안**: 데이터를 안전하게 저장하는 것뿐만 아니라, 데이터를 전송할 때도 보안에 유의해야 한다. 안드로이드에서는 HTTPS 프로토콜을 사용하여 네트워크 통신을 보호할 수 있다.

안전한 데이터 전송

안전한 데이터 전송은 데이터가 앱과 서버 간에 안전하게 교환되는 것을 보장하는 데 중요한 부분이다. 다음은 안전한 데이터 전송을 강화하기 위한 주요 방법들이다.

- **HTTPS를 통한 안전한 통신**: HTTPS(SSL/TLS)는 데이터를 암호화하고 안전하게 전송하는 데 사용되는 프로토콜이다. HTTPS를 사용하면 데이터가 중간에 탈취되거나 변조되는 것을 방지할 수 있다. 안드로이드에서는 HTTPS를 구현하기 위해 HttpsURLConnection 또는 OkHttpClient와 같은 라이브러리를 사용할 수 있다.

- **SSL 인증서 사용**: SSL 인증서는 서버의 신원을 확인하고 클라이언트와 서버 간의 통신을 암호화하는 데 사용된다. 안드로이드 앱에서는 서버로부터 받은 SSL 인증서를 신뢰할 수 있는 CA 인증서 목록과 비교하여 서버의 신원을 확인하는 것이 중요하다.

- **데이터 전송 중에 데이터 암호화**: 데이터가 네트워크를 통해 전송되는 동안에도 데이터를 암호화하여 보안을 강화할 수 있다. 암호화된 데이터는 중간에 탈취되어도 읽을 수 없으므로 보안성이 높아진다. 대표적으로 TLS 프로토콜을 사용하여 데이터를 암호화할 수 있다.

- **안전한 통신 프로토콜 사용**: 데이터 전송에는 안전한 통신 프로토콜을 사용하는 것이 중요하다. TLS 1.2 이상의 프로토콜을 사용하여 최신 보안 기술을 적용하여 데이터 전송의 안전성을 보장할 수 있다.

권한 관리 방법

권한 관리는 사용자의 데이터에 접근할 때 중요한 부분이다. 안드로이드 앱은 사용자의 민감한 정보를 보호하기 위해 사용자의 동의를 받고 최소한의 필요한 권한만을 요청해야 한다. 다음은 권한 관리를 위한 주요 방법들이다.

- **사용자 동의 얻기**: 사용자의 민감한 정보에 접근하기 전에는 반드시 사용자의 동의를 얻어야 한다. 이를 위해 AndroidManifest.xml 파일에 앱이 필요로 하는 모든 권한을 명시하고, 사용자에게 권한을 요청하는 다이얼로그를 표시해야 한다.

- **최소한의 권한 요청**: 앱이 동작하는 데 필요한 최소한의 권한만을 요청해야 한다. 사용자의 프라이버시를 보호하기 위해 사용하지 않는 권한은 요청하지 않아야 한다. 불필요한 권한 요청은 사용자의 불편함을 초래할 수 있으며, 보안 위험을 증가시킬 수 있다.

- **런타임 권한 요청**: 안드로이드 6.0(API 레벨 23) 이상에서는 사용자에게 앱이 실행 중에 권한을 요청하는 것이 필요하다. 런타임 권한 요청을 통해 사용자는 앱이 특정 권한을 언제, 왜 필요로 하는지를 이해하고 제어할 수 있다.

- **사용자 권한 설정**: 사용자가 언제든지 앱의 권한을 관리할 수 있도록 해야 한다. 사용자는 설정 앱을 통해 앱의 권한을 확인하고 변경할 수 있어야 한다. 앱은 사용자가 권한을 취소했을 때 적절히 대응하여야 한다.
- **권한 거부에 대한 처리**: 사용자가 권한을 거부했을 때 앱은 적절히 대응하여야 한다. 사용자가 권한을 거부했을 때 앱이 정상적으로 동작할 수 있도록 대체 기능을 제공하거나 사용자에게 필요한 권한의 중요성을 설명할 수 있어야 한다.

안전한 사용자 인증정보 저장 및 전송 방법

사용자 인증정보를 안전하게 저장하고 전송하는 것은 앱 보안에 있어 매우 중요하다. 이를 위해 다음과 같은 안전한 저장 및 전송 방법을 사용할 수 있다.

암호화된 데이터베이스	사용자의 인증정보(패스워드, 보안 토큰 등)는 데이터베이스에 암호화된 형식으로 저장되어야 한다. 암호화된 데이터는 데이터베이스에서 저장되며, 이는 데이터베이스가 해킹되어도 읽을 수 없는 형태로 보호된다.
SSL/TLS를 통한 안전한 전송	사용자가 로그인 또는 계정 관련 작업을 수행할 때 전송되는 데이터는 SSL(Secure Sockets Layer) 또는 TLS(Transport Layer Security) 프로토콜을 사용하여 암호화되어야 한다. 이를 통해 데이터가 암호화되어 네트워크를 통해 전송되므로 중간에서 가로채지거나 도청할 수 없다.
해싱과 솔팅	패스워드와 같은 민감한 데이터는 데이터베이스에 저장하기 전에 해싱과 솔팅을 적용하여 안전하게 저장되어야 한다. 해싱은 패스워드를 무작위의 고정 길이 값으로 변환하여 저장하는 과정을 말하며, 솔팅은 해시값과 함께 임의의 문자열(솔트)을 사용하여 보안을 강화하는 기술이다.
보안 키 및 토큰 사용	보안 키나 토큰을 사용하여 사용자의 인증정보를 안전하게 저장하고 전송할 수 있다. 이러한 보안 키는 암호화된 형태로 저장되어 악의적인 공격으로부터 보호된다.

취약점

취약점 식별 과정

취약점을 식별하는 과정은 안드로이드 앱의 보안을 강화하기 위해 매우 중요하다. 이를 위해 다음과 같은 단계를 따를 수 있다.

① **보안 취약점 분석 도구 선택**: 먼저 적절한 보안 취약점 분석 도구를 선택해야 한다. 이 도구는 앱의 코드를 검사하여 다양한 보안 문제를 식별할 수 있어야 한다. 대표적인 보안 취약점 분석 도구로는 OWASP ZAP(Zed Attack Proxy), MobSF(Mobile Security Framework), QARK(Quick Android Review Kit) 등이 있다.

② **코드 검사**: 선택한 도구를 사용하여 앱의 소스 코드를 검사한다. 이때 주요한 보안 취약점을 찾기 위해 정적 분석(Static Analysis) 및 동적 분석(Dynamic Analysis)을 모두 수행할 수 있다. 정적 분석은 코드를 실행하지 않고 분석하여 잠재적인 보안 문제를 찾는 반면, 동적 분석은 앱을 실행하고 실행 중에 발생하는 보안 문제를 식별한다.

③ **보고서 작성**: 분석 도구를 통해 발견된 보안 취약점을 문서화하여 보고서를 작성한다. 이 보고서에는 각 취약점의 종류, 위치, 심각성 등에 대한 정보를 포함해야 한다.

④ **우선순위 설정**: 발견된 보안 취약점을 심각도에 따라 우선순위를 설정한다. 일부 취약점은 심각한 보안 위협으로 간주되어 즉시 해결되어야 하지만, 다른 취약점은 상대적으로 덜 심각할 수 있다.

⑤ **보완 조치 수행**: 보고서를 기반으로 발견된 보안 취약점을 해결하는 보완 조치를 수행한다. 이는 코드 수정, 라이브러리 업데이트, 보안 설정 강화 등을 포함할 수 있다.

⑥ **검증 및 재분석**: 보안 취약점이 해결되었는지 확인하기 위해 보완 조치를 검증하고, 필요에 따라 추가적인 분석을 수행하여 새로운 취약점이 발생하지 않았는지 확인한다.

주요 보안 취약점을 식별하고 그에 따른 보완 방법을 다루는 것은 안드로이드 앱의 보안을 강화하는 데 중요하다. 주요 보안 취약점은 악의적인 공격에 가장 취약한 부분을 가리키며, 이러한 취약점을 보완함으로써 사용자의 개인정보와 데이터의 안전을 보호할 수 있다.

보안 취약점의 형태 및 사례

주요 보안 취약점은 다양한 형태로 나타날 수 있지만, 대표적으로 다음과 같은 사례가 있다.

- **부적절한 인증 및 세션 관리**: 부적절한 인증 및 세션 관리는 해커가 사용자의 계정에 불법적으로 액세스할 수 있는 가능성을 높인다. 이를 해결하기 위해서는 안전한 인증 및 세션 관리 메커니즘을 도입해야 한다.

- **데이터 입력 검증 부족**: 사용자로부터 입력된 데이터를 충분히 검증하지 않으면 악의적인 데이터를 삽입하여 앱에 해로운 작업을 수행할 수 있다. 이를 방지하기 위해서는 입력 데이터의 유효성을 검사하고, 필요한 경우 제한하는 보안 메커니즘을 도입해야 한다.

- **보안 설정 부족**: 적절한 보안 설정이 없는 경우, 해커가 앱의 보안을 우회하거나 약점을 악용할 수 있다. 이를 방지하기 위해서는 강력한 보안 설정을 도입하고, 보안 관련 구성을 엄격하게 관리해야 한다.

- **데이터 보호 부족**: 민감한 데이터를 충분히 보호하지 않으면 앱의 사용자가 위험에 노출될 수 있다. 이를 방지하기 위해서는 데이터 암호화, 안전한 저장 및 전송 등의 기술을 적용하여 데이터를 보호해야 한다.

- **보안 업데이트 부족**: 보안 취약점이 발견되었을 때 즉각적으로 대응하지 않으면 해커가 이를 악용하여 앱을 공격할 수 있다. 이를 방지하기 위해서는 정기적인 보안 업데이트 및 모니터링을 수행하여 보안 취약점을 신속하게 해결해야 한다.

이러한 주요 보안 취약점을 인식하고 이에 대응하는 보안 조치를 취함으로써 안드로이드 앱의 보안을 강화할 수 있다. OWASP에서 제공하는 보안 취약점 목록을 참고하여 주요 취약점을 식별하고 이에 대응하는 보안 방법을 적용하는 것이 좋다.

> **더 알아보기**
>
> **OWASP**
> OWASP(Open Web Application Security Project)는 웹 애플리케이션 보안을 개선하기 위한 비영리 단체이다. OWASP는 개발자, 보안 전문가, 기업 등에게 웹 애플리케이션의 보안 취약점을 식별하고 대응하는 데 필요한 자료와 도구를 제공한다.

취약점 보완 절차

취약점을 보완하는 것은 안드로이드 앱의 보안을 강화하는 핵심적인 단계다. 취약점을 식별한 후 이를 보완함으로써 사용자의 개인정보와 데이터를 안전하게 보호할 수 있다. 취약점 보완은 다음과 같은 절차를 포함할 수 있다.

① **보안 패치 적용**: 식별된 취약점에 대해 즉각적으로 보안 패치를 적용해야 한다. 이는 앱의 보안 결함을 수정하고 취약점을 해결하는 데 중요하다. 보안 패치는 정기적으로 업데이트되는 보안 업데이트와 함께 제공될 수 있다.

② **보안 설정 강화**: 앱의 보안 설정을 강화하여 취약점을 최소화해야 한다. 이는 안전한 데이터 전송을 위한 SSL/TLS 설정, 적절한 인증 및 세션 관리 정책, 데이터 암호화 등을 포함할 수 있다.

③ **취약점 수정**: 발견된 취약점에 대해 수정이 필요한 경우, 해당 취약점을 신속하게 수정해야 한다. 이는 코드 검토 및 수정, 보안 패치의 적용, 보안 취약점에 대한 새로운 보안 솔루션의 적용 등을 포함할 수 있다.

④ **보안 업데이트 및 모니터링**: 정기적인 보안 업데이트와 모니터링을 통해 취약점을 식별하고 보완해야 한다. 이는 앱의 보안을 지속적으로 강화하는 데 필요한 조치이며, 새로운 취약점이 발견될 때마다 적절히 대응해야 한다.

⑤ **보안 교육 및 인식 제고**: 개발자와 사용자에게 보안 교육을 제공하고 보안 인식을 높여야 한다. 이는 취약점을 미연에 방지하고 보완하기 위한 중요한 단계다.

보안 업데이트

보안 업데이트는 취약점 보완 작업이 완료된 후에 사용자에게 제공되는 중요한 단계다. 이를 통해 사용자는 보다 안전한 버전의 앱을 이용할 수 있으며, 새로운 보안 기능 및 개선 사항을 활용할 수 있다. 보안 업데이트를 성공적으로 배포하기 위해서는 다음과 같은 단계를 따를 수 있다.

① **보안 업데이트 개발**: 보안 업데이트를 위한 코드 수정 및 취약점 보완 작업을 수행한다. 이는 취약점 식별 및 보안 패치 적용을 포함할 수 있다. 개발된 업데이트는 안정적이고 신뢰성 있도록 테스트되어야 한다.

② **업데이트 배포 계획 수립**: 보안 업데이트의 배포 계획을 수립한다. 이는 업데이트 배포 일정, 대상 사용자 그룹, 배포 방법 등을 포함할 수 있다. 사용자에게 업데이트의 중요성과 안전성을 알리는 커뮤니케이션 전략도 포함될 수 있다.

③ **업데이트 배포**: 보안 업데이트를 사용자에게 배포한다. 안드로이드의 경우 Google Play Store를 통해 앱을 업데이트하는 것이 일반적이다. 사용자는 업데이트가 사용 가능한지를 확인하고, 업데이트를 다운로드하여 설치할 수 있다.

④ **사용자 교육 및 안내**: 사용자에게 보안 업데이트의 중요성을 알리고 업데이트를 설치할 것을 권장하는 안내를 제공한다. 업데이트의 목적과 업데이트 후의 개선 사항에 대한 설명을 포함할 수 있다.

⑤ **모니터링 및 피드백 수집**: 업데이트를 배포한 후에는 사용자의 피드백을 모니터링하고 수집해야 한다. 사용자의 이용 경험 및 문제점을 파악하여 필요한 조치를 취할 수 있다.

주기적인 취약점 분석과 효과

주기적인 취약점 분석과 업데이트는 안드로이드 앱의 보안을 유지하기 위한 필수적인 절차다. 취약점은 시간이 지남에 따라 새로 발견되거나 변경될 수 있으므로, 앱의 보안 상태를 주기적으로 검토하고 업데이트하는 것이 중요하다. 이를 통해 다음과 같은 이점을 얻을 수 있다.

- **최신 보안 취약점 식별**: 주기적인 취약점 분석을 통해 최신 보안 취약점을 식별할 수 있다. 새로운 취약점이 발견될 때마다 해당 취약점을 보완하는 보안 패치를 적용하여 앱의 보안을 유지할 수 있다.

- **보안 리스크 최소화**: 주기적인 보안 업데이트를 통해 앱에 존재하는 보안 취약성을 최소화할 수 있다. 이는 악의적인 공격이나 데이터 유출과 같은 보안 리스크를 줄이는 데 도움이 된다.

- **사용자 신뢰 유지**: 안전한 앱을 제공하는 것은 사용자의 신뢰를 유지하는 데 중요하다. 주기적인 보안 업데이트는 사용자에게 앱이 보안에 신경을 쓰고 있다는 메시지를 전달하여 신뢰를 유지할 수 있다.

- **규정 준수**: 앱 스토어에서는 보안에 관한 엄격한 기준을 요구한다. 주기적인 보안 업데이트를 통해 규정을 준수하고 사용자 데이터를 안전하게 보호할 수 있다.

안전한 네트워킹

SSL(보안 소켓 계층)과 TLS(전송 계층 보안) 프로토콜은 네트워크 통신을 보호하기 위해 사용되는 암호화 프로토콜이다. 이러한 프로토콜은 데이터의 안전한 전송을 보장하여 중간자 공격과 데이터 변조를 방지한다.

SSL은 초기에 넷스케이프(Netscape)에서 개발되었으며, 안전한 인터넷 통신을 위한 표준으로 사용되었다. 그러나 SSL의 보안 취약점이 발견되어 TLS가 개발되었다. 현재는 TLS가 SSL의 후속 버전으로 사용되며, TLS 1.0부터 TLS 1.3까지 다양한 버전이 존재한다.

SSL/TLS 프로토콜은 공개키 기반의 암호화 방식을 사용하여 데이터의 기밀성과 무결성을 보호한다. 클라이언트와 서버 간의 통신은 공개키와 개인키를 사용하여 암호화되며, 이를 통해 안전한 연결이 구성된다. 이로써 제3자가 데이터를 엿보거나 조작하는 것을 방지할 수 있다.

또한 SSL/TLS는 인증서를 사용하여 서버의 신뢰성을 보장한다. 서버는 디지털 인증서를 발급하여 클라이언트에게 제공하고, 클라이언트는 이를 사용하여 서버의 신원을 확인한다. 이를 통해 중간자 공격과 같은 보안 위협으로부터 안전한 통신을 보장할 수 있다.

SSL/TLS는 HTTPS(암호화된 HTTP) 프로토콜의 기반으로 사용되어 웹 사이트의 보안 통신을 지원한다. 또한 이메일, 파일 전송, 음성 통화 등 다양한 네트워크 프로토콜에서도 사용된다. 따라서 SSL/TLS 프로토콜은 네트워크 통신에서 보안과 개인정보 보호를 위해 필수적인 요소다.

SSL과 TLS 설정 단계

SSL/TLS를 안드로이드 앱에서 설정하는 것은 중요한 보안 조치다. 안전한 통신을 위해 HTTPS를 통해 SSL/TLS를 활성화하고, SSL/TLS 인증서를 적용해야 한다. 이를 위해 다음과 같은 단계를 따를 수 있다.

- **SSL/TLS 지원 추가**: 안드로이드 앱에서 SSL/TLS를 사용하려면 필요한 라이브러리와 의존성을 추가해야 한다. 주로 javax.net.ssl 패키지를 사용하며, 필요한 경우 관련 라이브러리를 Gradle 또는 Maven을 통해 프로젝트에 추가한다.

- **HTTPS 통신 설정**: 네트워크 통신에 HTTPS를 사용하여 SSL/TLS를 활성화한다. 안드로이드에서는 HttpsURLConnection 클래스를 사용하여 HTTPS 연결을 설정할 수 있다. 이를 통해 서버와의 안전한 통신을 수행할 수 있다.

- **SSL/TLS 인증서 적용**: 서버와의 통신에 사용할 SSL/TLS 인증서를 적용한다. 이를 통해 서버의 신원을 확인하고 중간자 공격을 방지할 수 있다. 인증서는 서버로부터 발급받거나 자체 서명할 수 있다.

- **신뢰할 수 있는 인증서 승인**: 클라이언트가 신뢰할 수 있는 인증서를 승인하도록 구성한다. 안드로이드 기기는 기본적으로 시스템에 내장된 신뢰할 수 있는 인증 기관의 인증서 목록을 사용한다. 따라서 보안 인증서를 사용하여 통신해야 한다.

- **인터넷 권한 추가**: SSL/TLS를 사용하는 앱은 인터넷에 연결할 수 있어야 한다. 따라서 AndroidManifest.xml 파일에 인터넷 권한을 추가해야 한다.

중간자 공격 방지

중간자 공격은 공격자가 통신 경로 상에 위치하여 클라이언트와 서버 간의 통신을 도청하거나 조작하는 공격이다. 이를 방지하기 위해 SSL/TLS를 사용하는 경우 다음과 같은 방법들이 있다.

- **인증서 고정(Pinning)**: 클라이언트는 서버의 공개 인증서를 사전에 알고 있어야 한다. 이를 통해 앱은 오직 특정한 서버로부터의 인증서를 신뢰하고, 그 외의 인증서는 거부한다. 이렇게 하면 공격자가 유효한 인증서를 가짐으로써 중간자 공격을 시도해도 클라이언트는 공격을 탐지하고 거부할 수 있다.

- **SSL/TLS 버전 및 구성**: 보안을 강화하기 위해 최신 버전의 SSL/TLS를 사용하고 취약점이 있는 프로토콜 및 알고리즘을 비활성화해야 한다. 예를 들어 SSL 3.0은 취약점이 많으므로 사용을 지양하고, TLS 1.2 이상을 권장한다. 또한 강력한 암호화 알고리즘과 적절한 키 교환 방법을 선택하여 보안을 강화할 수 있다.

- **인증서 검증**: 클라이언트는 서버로부터 받은 인증서를 신뢰할 수 있는지 검증해야 한다. 이를 통해 공격자가 자체적으로 서명한 인증서를 사용하여 공격 시도를 방지할 수 있다.

- **안전한 저장소 사용**: 클라이언트 측에서는 인증서를 안전하게 저장해야 한다. 암호화된 저장소 또는 안드로이드의 시스템 저장소를 사용하여 인증서를 안전하게 보관한다.

- **안전한 통신 채널**: 중요한 데이터를 전송할 때에는 추가적인 보안 조치를 취하여 안전한 통신 채널을 사용해야 한다. 예를 들어 사용자의 인증정보와 같은 민감한 데이터를 전송할 때에는 단방향 해시 함수와 같은 추가적인 보안 메커니즘을 적용할 수 있다.

데이터 변조 방지

SSL/TLS를 사용하여 데이터 변조를 방지하는 데는 다음과 같은 방법들이 있다.

- 데이터 무결성 검증: SSL/TLS는 데이터의 무결성을 보장하기 위해 메시지 인증 코드(MAC) 또는 HMAC(해시 기반 메시지 인증 코드)를 사용한다. 이를 통해 데이터가 전송 중에 변경되거나 손상되지 않았는지 확인할 수 있다. 수신 측은 데이터를 수신한 후에 MAC 또는 HMAC을 검증하여 데이터의 무결성을 확인한다. 데이터가 변조되었을 경우 MAC 또는 HMAC의 값이 일치하지 않으므로 검증에 실패하게 된다.

- 데이터 암호화: SSL/TLS는 데이터를 암호화하여 보호한다. 암호화된 데이터는 중간에 있는 공격자가 엿듣더라도 해독하기 어렵다. SSL/TLS는 대칭키 암호화와 공개키 암호화를 혼합하여 사용한다. 세션 키는 대칭키 암호화로 암호화되며, 공개키 암호화로 전송된다. 수신자는 자신의 개인키로 세션 키를 해독하여 대칭키를 획득한 후에 암호화된 데이터를 해독한다.

- 인증서 사용: SSL/TLS는 서버의 신원을 확인하기 위해 인증서를 사용한다. 서버의 인증서는 서버의 공개 키를 포함하고 있으며, 이를 통해 클라이언트는 서버와 안전하게 통신할 수 있다. 인증서는 서버의 도메인 및 기관 정보를 포함하고 있으며, 신뢰할 수 있는 인증 기관(CA)에 의해 서명된다. 클라이언트는 인증서의 유효성을 확인하여 서버의 신원을 검증한다.

- 암호화 강도 및 프로토콜 선택: SSL/TLS의 암호화 강도와 프로토콜 선택은 데이터 변조를 방지하는 데 중요하다. 강력한 암호화 알고리즘과 안전한 프로토콜을 선택하여 중간자 공격 및 데이터 변조를 방지할 수 있다. 또한 보안 취약점이 있는 프로토콜은 사용을 피하고 최신 버전의 SSL/TLS를 사용하여 보안을 강화해야 한다.

03

더 멋진 내일(Tomorrow)을 위한 내일(My Career) **내일은 코틀린**

Play 스토어에 앱 배포하기

> **핵심 키워드**
>
> 개발자 계정 설정, 앱 등록, 업로드, 승인 프로세스, 릴리스 관리
>
> **여기서는 무얼 배울까**
>
> 개발자 계정 설정부터 앱 등록, 업로드, 내용 관리, 승인 프로세스, 그리고 릴리스 관리까지 앱을 Play 스토어에 성공적으로 배포하기 위한 모든 단계를 배울 수 있다. 또한 Play 스토어의 정책을 준수하고 앱을 유지·관리하는 방법에 대한 지침을 제공한다.

Play 스토어 개요

Play 스토어는 구글이 제공하는 안드로이드 플랫폼의 공식 앱 스토어다. 안드로이드 기기 사용자들은 Play 스토어를 통해 수백만 개의 다양한 앱과 게임을 찾고 다운로드할 수 있다. 사용자들은 앱을 검색하고 평가하며, 리뷰를 작성하여 다른 사용자들에게도 앱을 추천할 수 있다.

Play 스토어는 개발자들이 안드로이드 앱을 배포하고 유료 또는 무료로 판매할 수 있는 플랫폼으로서 중요한 역할을 한다. Play 스토어의 엄격한 보안 및 승인 프로세스 덕분에 사용자들은 Play 스토어에서 안전하고 신뢰할 수 있는 앱을 다운로드할 수 있다. 이러한 특징으로 인해 Play 스토어는 안드로이드 앱 개발자들에게 중요한 배포 플랫폼이다.

Play 스토어의 가치

앱을 Play 스토어에 배포하는 것은 안드로이드 앱 개발자에게 매우 중요하다. 그 이유는 다음과 같다.

- Play 스토어는 안드로이드 사용자들에게 가장 신뢰하는 플랫폼 중 하나다. 사용자들은 Play 스토어에서 다운로드하는 앱들에 대해 일정 수준의 안전성과 신뢰성을 기대한다.
- Play 스토어는 수백만 명의 안드로이드 사용자들이 앱을 찾고 다운로드하는 주요 플랫폼이다. 이는 개발자들이 자신의 앱을 더 많은 사용자들에게 노출시킬 수 있고, 따라서 다운로드 수를 높일 수 있는 기회를 제공한다.

- Play 스토어는 사용자들이 앱을 검색하고 발견할 수 있는 강력한 도구를 제공한다. 개발자들은 앱 제목, 설명, 그리고 태그를 최적화하여 사용자들이 앱을 쉽게 찾을 수 있게 한다.
- Play 스토어는 앱 개발자들에게 다양한 배포 및 마케팅 도구를 제공한다. 개발자들이 앱의 성능을 추적하고 사용자들과 상호 작용할 수 있는 기능을 제공하여 앱의 성장을 도모할 수 있도록 한다.

보안 검사 및 승인 프로세스

Play 스토어는 사용자들에게 안전하고 신뢰할 수 있는 앱을 제공하기 위해 보안 검사 및 승인 프로세스를 수행한다. 이 프로세스는 다음과 같은 주요 단계로 구성된다.

① 앱 제출: 개발자는 앱을 Play 스토어에 제출합니다. 이때 앱은 Play 스토어의 정책과 가이드라인을 준수해야 한다.

② 보안 검사: 제출된 앱은 자동 및 수동 보안 검사를 거친다. 자동 검사는 앱의 코드와 리소스를 분석하여 잠재적인 보안 문제를 식별한다. 수동 검사는 인간 검토자가 앱을 직접 확인하여 더 깊은 수준의 보안 문제를 발견한다.

③ 정책 준수: 앱은 Play 스토어의 정책 및 가이드라인을 준수해야 한다. 이는 앱의 내용, 광고, 퍼미션 사용 등을 포함한다.

④ 승인 및 배포: 보안 검사를 통과하고 정책을 준수한 앱은 Play 스토어에 승인 및 배포된다. 이후 사용자들은 해당 앱을 Play 스토어에서 다운로드할 수 있다.

개발자 계정 생성

개발자 계정을 생성하는 과정은 다음과 같이 진행된다.

① Google에 로그인: 개발자 계정을 생성하려면 Google 계정이 필요하므로, Google에 로그인한다.

② Play 콘솔 웹사이트 접속: 로그인한 후 Play 스토어 개발자 콘솔 웹사이트(https://play.google.com/console/)로 이동한다.

③ 계정 생성 시작: 웹사이트에 접속하면 '시작하기' 또는 '앱 등록 시작'과 같은 버튼이 보일 것이다. 이를 클릭하여 계정 생성 프로세스를 시작한다.

④ 계정 유형 선택: 개인 또는 기관/단체 개발자 계정 중 선택한다. 개인인 경우 개인정보를 입력하고, 기관/단체인 경우 조직정보를 입력한다.

⑤ **개인정보 입력**: 필요한 정보를 입력한다. 개인인 경우 이름, 연락처 정보 등을 입력하고, 기업인 경우 회사 이름, 사업자 등록 번호 등을 입력한다.

⑥ **이용 약관 동의**: Google의 이용 약관을 읽고 동의한다. 이는 Play 스토어의 이용 약관과 Google의 개인정보 보호 정책 등을 포함한다.

⑦ **결제정보 추가**: 개발자 등록에는 일부 비용이 발생할 수 있다. 따라서 결제정보를 추가해야 한다. 이는 신용카드 또는 기타 결제 수단을 사용하여 지불할 수 있다.

⑧ **개발자 등록 완료**: 위 단계를 완료하면 개발자 등록이 완료된다. 이제 개발자 콘솔에서 앱을 등록하고 관리할 수 있다.

앱 등록 및 업로드

아이콘 및 이미지 준비

앱 아이콘 및 이미지를 준비하는 것은 앱을 시각적으로 매력적으로 만들고 사용자의 관심을 끌기 위해 매우 중요하다. 아래는 각 이미지 유형에 대한 자세한 설명이다.

- **앱 아이콘**: 앱 아이콘은 사용자가 디바이스에서 앱을 식별하는 데 사용되는 핵심 이미지다. 아이콘은 간결하고 인식하기 쉬워야 하며, 앱의 핵심 테마나 기능을 잘 반영해야 한다. 일반적으로 정사각형 형태이며, 고해상도로 제공되어야 한다.

- **스크린샷 이미지**: 스크린샷으로 앱의 실제 화면을 보여주는 이미지로, 사용자에게 앱의 디자인과 기능을 시각적으로 보여준다. 플레이 스토어에 표시되는 배너 이미지는 앱을 소개하고 사용자의 눈길을 끌기 위한 중요한 역할을 한다. 보통 앱의 다양한 화면과 기능을 나타내기 위해 여러 개의 스크린샷을 제공한다. 고해상도이며, 다양한 크기에 맞게 제공되어야 한다.

- **프로모션 이미지**: 앱을 마케팅하거나 프로모션할 때 사용되는 이미지다. 소셜 미디어, 광고 캠페인, 웹사이트 등 다양한 플랫폼에서 사용될 수 있다. 주로 앱의 핵심 기능이나 특징을 강조하고, 사용자의 호기심을 자극하는 데 활용된다.

카테고리 및 태그 선택

앱을 Play 스토어에 등록할 때 적절한 카테고리와 태그를 선택하는 것은 앱의 가시성을 높이고 사용자들이 앱을 쉽게 찾을 수 있도록 도와준다. 아래는 카테고리 및 태그를 선택하는 방법에 대한 자세한 설명이다.

- **카테고리 선택**: Play 스토어는 게임, 소셜, 뉴스 및 날씨, 생산성 등의 다양한 카테고리로 앱을 분류한다. 앱이 어느 카테고리에 속하는지를 정확하게 선택하는 것이 중요하다. 사용자들은 주로 특정 카테고리의 앱을 찾기 때문에 앱이 적절한 카테고리에 속해있어야 한다.
- **관련 태그 지정**: 카테고리 선택 이외에도 앱에 관련된 태그를 지정할 수 있다. 이는 앱의 주요 기능, 특징 또는 관련된 주제에 대한 키워드를 포함할 수 있다. 태그를 선택함으로써 사용자들이 앱을 검색할 때 더 쉽게 발견할 수 있도록 도와준다.
- **정확성과 관련성**: 카테고리 및 태그를 선택할 때는 정확성과 관련성을 유지해야 한다. 앱이 속한 카테고리가 앱의 주요 기능과 관련이 있어야 하며, 지정된 태그는 앱의 실제 내용과 일치해야 한다.
- **여러 카테고리 및 태그 사용**: 앱이 여러 가지 기능이나 특징을 가지고 있다면 여러 카테고리와 태그를 사용할 수 있다. 이를 통해 앱의 가시성을 높일 수 있다.
- **주의 사항**: 카테고리 및 태그 선택은 앱의 성공에 영향을 미치는 중요한 요소이므로 신중하게 고려해야 한다. 사용자들이 앱을 발견하고 다운로드할 수 있도록 정확하고 관련성 높은 카테고리와 태그를 선택하는 것이 중요하다.

저작권 및 법적 정보 작성 및 준비

앱을 Play 스토어에 배포하기 전에 저작권 및 법적 정보를 작성하고 준비해야 한다. 이 정보들은 앱을 사용하는 사용자들에게 앱과 관련된 법적 책임과 권리를 알려주는 역할을 한다. 아래는 저작권 및 법적 정보를 작성하고 준비하는 방법에 대한 자세한 설명이다.

- **저작권 정보**: 앱에 사용된 콘텐츠의 저작권 정보를 포함해야 한다. 이는 앱에서 사용된 이미지, 텍스트, 오디오, 비디오 등의 콘텐츠에 대한 저작권자의 정보를 명시하는 것을 의미한다. 만약 앱에서 사용된 콘텐츠가 저작권 보호를 받는다면, 해당 콘텐츠의 사용 허가나 라이선스 정보도 포함되어야 한다.
- **법적 고지사항**: 필요한 경우 앱을 이용함에 있어서 알아야 할 중요한 정보를 제공하기 위해 앱을 사용하는 사용자들에게 법적 고지사항을 제공해야 한다. 이는 앱의 이용 약관, 개인정보 처리 방침, 저작권 고지, 사용자 책임 및 권리 등을 포함할 수 있다.
- **문서 작성 및 준비**: 저작권 정보와 법적 고지사항을 적절한 텍스트 문서나 웹페이지 형식으로 준비해야 한다. 문서는 명확하고 이해하기 쉽게 작성되어야 하며, 모든 사용자들이 쉽게 접근할 수 있는 곳에 배치되어야 한다.

- **정확성 확인**: 사용자들에게 제공되는 정보는 신뢰할 수 있어야 하므로 작성된 저작권 정보와 법적 고지사항이 정확하고 완전한지를 확인해야 한다.
- **업데이트 유지**: 저작권 정보나 법적 고지사항은 앱의 내용이 변경되거나 법률적인 요구 사항이 변경될 때마다 업데이트되어야 한다. 이를 통해 사용자들에게 항상 최신 정보를 제공할 수 있다.

개발자 계정 로그인 단계

Google Play 개발자 콘솔에 앱을 등록하고 관리하려면 개발자 계정으로 로그인해야 한다. 아래는 개발자 계정으로 로그인하는 단계이다.

① **Google Play 개발자 콘솔 접속**: 먼저 웹 브라우저를 열고 Google Play 개발자 콘솔 웹사이트(https://play.google.com/apps/publish/)에 접속한다.

② **로그인**: 웹사이트에 접속하면 Google 계정으로 로그인하라는 화면이 표시된다. 여기서 개발자 계정으로 사용할 Google 계정 정보를 입력한다.

③ **2단계 인증 확인(선택 사항)**: 개발자 계정에 2단계 인증을 설정한 경우, 해당 단계를 완료한다. 이는 보안을 강화하기 위한 추가적인 단계로, 스마트폰 앱이나 SMS를 통해 보안 코드를 입력하는 과정이다.

④ **개발자 콘솔 대시보드**: 로그인이 완료되면 Google Play 개발자 콘솔의 대시보드로 이동한다. 이곳에서 앱을 등록하고 관리할 수 있는 다양한 옵션을 확인할 수 있다.

새로운 앱을 등록하기

새로운 앱을 등록하려면 Google Play 개발자 콘솔에서 다음 단계를 따르면 된다.

① **앱 등록 시작**: 개발자 콘솔 대시보드에서 왼쪽 상단에 있는 '앱 등록' 버튼을 클릭한다. 이 버튼을 클릭하면 새로운 앱을 등록하는 시작 화면으로 이동한다.

② **앱의 기본 정보 입력**: 등록할 앱의 기본 정보를 입력한다. 이 정보에는 앱의 이름, 설명, 카테고리, 언어, 국가 등이 포함되며, 각 항목을 올바르게 입력하고 진행해야 한다.

③ **앱의 유형 선택**: 등록할 앱의 유형을 선택한다. 이것은 일반적으로 '앱' 또는 '게임' 중에서 선택하게 된다.

④ **앱의 아이콘 및 스크린샷 추가(선택 사항)**: 앱의 아이콘 및 스크린샷을 추가할 수 있다. 이는 앱의 외관을 눈에 띄게 만들고 사용자들을 이해시키는 데 도움이 된다. 이 과정은 나중에도 할 수 있다.

⑤ **저장 및 계속**: 모든 정보를 올바르게 입력한 후 '저장 및 계속' 버튼을 클릭하여 진행해야 한다.

앱 정보 입력

앱 정보를 입력하는 단계에서는 새로 등록하는 앱의 기본 정보를 입력한다. 아래는 각 항목에 대한 자세한 설명이다.

- **앱 이름**: 앱에 대한 이름을 입력한다. 사용자들이 앱을 식별하고 찾을 수 있도록 명확하고 기억하기 쉬운 이름을 선택하는 것이 중요하다.
- **설명**: 앱에 대한 간단한 설명을 입력한다. 사용자들에게 앱의 내용을 이해하는 데 도움이 되어야 하므로 앱의 기능이나 제공하는 가치를 간략하게 소개하는 것이 좋다.
- **카테고리**: 앱이 속할 주요 카테고리를 선택한다. Play 스토어에서는 다양한 카테고리가 제공되며, 앱이 어느 분야에 속하는지 정확히 선택하는 것이 중요하다.
- **대상 사용자**: 앱이 주로 어떤 연령층이나 사용자 그룹을 대상으로 하는지 선택한다. 이는 앱의 콘텐츠나 기능을 적합한 대상 사용자에게 보여줄 수 있도록 도와준다.
- **콘텐츠 등급**: 앱에 적절한 콘텐츠 등급을 선택한다. 사용자들이 앱을 다운로드하기 전에 어떤 콘텐츠를 포함하고 있는지 알 수 있게 하여 적절한 등급을 확인할 수 있도록 한다.
- **언어 및 국가**: 앱이 지원하는 언어와 국가를 선택한다. 이는 사용자들이 해당 언어로 앱을 검색하고 사용할 수 있도록 도와준다.

APK 파일 업로드

앱의 APK 파일을 업로드하는 과정은 다음과 같다.

① **앱 빌드**: 먼저 개발자는 해당 앱의 APK 파일을 생성해야 한다. 이를 위해 안드로이드 스튜디오(Android Studio)나 기타 개발 도구를 사용하여 프로젝트를 빌드하고, APK 파일을 생성한다. 다음은 안드로이드 스튜디오를 사용하여 APK 파일을 생성하는 과정이다.

- **프로젝트 열기**: 먼저 안드로이드 스튜디오를 열고 해당 앱의 프로젝트를 로드한다.
- **빌드 구성 선택**: 상단 메뉴에서 Build 또는 빌드를 선택한 후, Build Bundle(s) / APK(s) 또는 번들 또는 APK 빌드를 선택한다.
- **빌드 타입 선택**: 다이얼로그가 나타나면, 'APK'를 선택하여 APK 파일을 빌드하도록 설정한다.

- **빌드 설정 구성**: 다이얼로그 상단에서 'Build Variants' 또는 '빌드 변형' 탭을 선택하여 빌드할 구성을 선택한다. 보통은 debug 또는 release 버전을 선택한다.
- **빌드 시작**: 설정이 완료되면 Build 또는 빌드 버튼을 클릭하여 빌드 프로세스를 시작
- **빌드 결과 확인**: 빌드가 성공적으로 완료되면 보통은 프로젝트 디렉토리 내의 'outputs' 또는 '생성물' 폴더에 APK 파일이 생성되거나 빌드 과정 중에 생성된 APK 파일의 경로가 표시된다.
- **APK 파일 확인**: APK 파일을 생성된 경로에서 찾아서 확인하고, 필요에 따라 해당 파일을 저장하거나 배포한다.

② **Play 콘솔 접속**: 개발자는 Google Play 개발자 콘솔에 로그인한다. 개발자 콘솔에 접속한 후, 앱을 선택하고 해당 앱의 대시보드로 이동한다.

③ **릴리스 관리**: 대시보드에서 '릴리스 관리' 섹션으로 이동한다. 여기서는 앱의 릴리스를 관리하고 업로드할 APK 파일을 선택할 수 있다.

④ **APK 업로드**: '앱 버전 추가' 또는 '앱 버전 출시' 옵션을 선택하여 새로운 앱 버전을 추가하거나 출시할 수 있다. APK 파일을 선택하고 업로드한다.

⑤ **버전 정보 입력**: 업로드한 APK 파일에 대한 정보를 입력한다. 앱 버전, 릴리스 노트, 디바이스 호환성 등을 포함할 수 있다.

⑥ **업로드 및 검토**: APK 파일을 성공적으로 업로드한 후에는 Google Play가 파일을 검토하고 테스트할 수 있다. 이 과정은 몇 분에서 몇 시간까지 소요될 수 있다.

가격 및 배포 설정

가격 및 배포 설정을 하는 과정은 다음과 같다.

① **가격 설정**: 앱의 가격을 결정한다. 무료 앱으로 설정할 수도 있고, 유료 앱으로 설정하여 사용자에게 판매할 수도 있다. 또한 기본 가격을 설정하거나 특정 국가에 대해 가격을 다르게 설정할 수도 있다.

② **국가별 가용성 설정**: 앱의 국가별 가용성을 설정한다. 어떤 국가에서 앱을 이용할 수 있도록 할지를 결정하여 앱이 배포되는 국가를 선택한다.

③ **베타 테스트 설정**: 앱을 베타 테스트할 수 있도록 설정한다. 베타 테스트를 통해 앱의 안정성을 확인하고 사용자들의 피드백을 수집할 수 있다. 이를 통해 앱을 출시하기 전에 문제를 해결하고 사용자 경험을 개선할 수 있다.

④ 배포 트랙 선택: 배포 트랙을 선택한다. 안정적인 버전의 앱을 배포할지, 베타 버전의 앱을 배포할지 또는 알파 버전의 앱을 배포할지를 결정한다.

⑤ 릴리스 관리: 앱의 릴리스를 관리한다. 새로운 기능을 추가하거나 버그를 수정한 경우 앱을 업데이트하고, 사용자들에게 최신 버전을 제공한다.

게시 및 검토

앱 등록 및 업로드가 완료 이후에는 게시 및 검토 과정이 필요하며, 그 과정은 다음과 같다.

① 게시 요청: 앱이 등록되고 모든 정보가 입력되면, 개발자는 Google Play Console에서 앱의 게시를 요청한다. 이를 통해 앱이 Google Play 스토어에 나타나게 된다.

② 앱 심사: Google은 앱을 심사하여 Google Play 스토어 정책을 준수하는지 확인한다. 이 과정에서 앱의 내용, 기능, 광고, 사용자 정보 처리 등이 검토된다. 일반적으로 몇 시간에서 며칠이 걸릴 수 있다.

③ 심사 결과: 심사가 완료되면 Google은 앱의 심사 결과를 알려준다. 앱이 승인되면 Google Play 스토어에서 사용자들에게 공개된다. 그러나 앱이 거부되거나 수정이 필요한 경우에는 해당 이유를 함께 알려준다.

④ 수정 및 재심사: 앱이 거부되거나 수정이 필요한 경우, 개발자는 해당 사항을 수정하고 다시 게시를 요청할 수 있다. 거부된 경우에는 거부 사유를 설명하는 이메일을 받게 되며, 수정된 앱은 다시 심사를 받아야 한다.

⑤ 게시 완료: 앱이 심사를 통과하고 게시가 완료되면, 사용자들은 Google Play 스토어에서 해당 앱을 검색하고 다운로드할 수 있다.

게시된 앱은 Google Play의 앱 목록 중 하나로 나타나며, 사용자들은 해당 앱의 페이지에서 앱에 대한 정보를 확인하고 다운로드할 수 있다. 사용자는 앱의 평점, 리뷰, 설명, 스크린샷 등을 통해 앱을 평가하고 판단할 수 있다. 또한 앱이 게시된 후에도 개발자는 Google Play Console을 통해 앱의 성과 및 다운로드 통계를 모니터링할 수 있다. 게시된 앱은 전 세계의 안드로이드 사용자에게 공개되며, 적절한 마케팅과 관리를 통해 사용자들의 관심을 끌고 다운로드 수를 증가시킬 수 있다.

앱 관리

설명 관리

앱 설명을 관리하는 것은 사용자들에게 앱의 가치를 명확하게 전달하고 이해를 돕는 중요한 작업이다. 아래는 앱 설명을 관리하는 방법에 대한 자세한 설명이다.

- **앱의 핵심 기능 강조**: 먼저 앱의 핵심 기능을 강조해야 한다. 사용자가 앱을 처음 접할 때 무엇을 기대할 수 있는지 명확하게 전달해야 한다. 핵심 기능은 앱이 해결하려는 문제나 제공하려는 가치와 관련이 있어야 한다.

- **장점과 특징 설명**: 앱의 장점과 특징을 강조하여 사용자의 관심을 끌어야 한다. 각 특징이 어떻게 사용자의 경험을 향상시키고 문제를 해결하는지 간결하고 명료한 언어를 통해 명확하게 설명해야 한다.

- **가치 제안 강조**: 사용자들에게 앱을 사용함으로써 얻을 수 있는 가치를 명확하게 전달해야 한다. 특히 사용자가 앱을 다운로드하고 사용해야 하는 이유가 무엇인지를 강조하여야 한다. 이를 통해 사용자들이 앱의 가치를 파악하고 결정을 내릴 수 있다.

- **업데이트 및 변경 사항 반영**: 앱의 업데이트나 변경 사항에 맞게 정기적으로 업데이트되어야 한다. 새로운 기능뿐만 아니라 기능의 추가 및 변경 사항도 반영하여 사용자에게 최신 정보를 제공해야 한다.

- **사용자 피드백을 고려**: 사용자들의 피드백을 주의 깊게 듣고 반영해야 한다. 사용자들이 앱에 대한 의견을 제공하면 이를 바탕으로 설명을 업데이트하거나 앱의 기능도 개선할 수 있다. 사용자들이 앱에 대해 꾸준히 명확하고 긍정적인 인상을 받을 수 있도록 노력해야 한다.

가격 설정 및 관리

앱의 가격을 설정하고 관리하는 것은 사용자들과의 상호 작용을 결정하고 수익 모델을 설정하는 중요한 과정이다. 아래는 앱의 가격을 설정하고 관리하는 방법에 대한 자세한 설명이다.

- **가격 모델 선택**: 먼저 앱의 가격 모델을 선택해야 한다. 유료 앱의 경우 사용자에게 앱을 구매하기 위한 비용을 부과할 수 있다. 무료 앱의 경우에는 초기 다운로드나 사용에 대해 비용을 부과하지 않지만, 후에 인앱(IAP) 구매, 광고 노출 등을 통해 수익을 창출할 수 있다.

- **가격 설정**: 앱의 가격을 설정하는 단계에서는 앱의 가치를 고려하여 적절한 가격을 설정해야 한다. 경쟁 앱의 가격, 앱의 특성, 사용자 대상 등을 고려하여 사용자들이 앱의 가격에 대해 합당하다고 느끼도록 해야 한다.

- **가격 변경 관리**: 앱의 가격은 시장 변화나 사용자 피드백에 따라 변경될 수 있다. 가격 변경은 사용자들에게 사전 공지되어야 하며, 변경 이유와 함께 명확하게 설명되어야 한다. 무료 앱의 경우에도 후에 유료로 전환하거나 인앱 구매를 도입할 수 있으므로 변경사항에 대한 사용자 커뮤니케이션이 필요하다.
- **지역별 가격 설정**: 다양한 국가의 사용자들에게 서로 다른 가격을 제공할 수 있다. 지역별 가격 설정을 통해 지역 경제 상황과 환율을 고려하여 가격을 조정할 수 있으며, 이는 사용자들이 앱을 더욱 접근 가능하게 만들어줄 수 있다.
- **프로모션 및 할인**: 가격 설정의 중요한 부분은 프로모션과 할인을 통한 마케팅 전략이다. 이벤트 기간 중에 할인을 제공하거나 프로모션 코드를 통해 사용자들에게 특별 혜택을 제공할 수 있다. 이를 통해 앱의 인기를 높이고 사용자 유치를 도모할 수 있다.

국가 제한 설정

앱을 특정 국가에서만 이용 가능하도록 설정하는 것은 특정 법적 요구 사항이나 지역적인 제약 사항을 준수하거나 특정 시장을 대상으로 앱을 출시하기 위해 필요한 중요한 작업이다. 아래는 국가 제한 설정을 위한 단계다.

① **Google Play 콘솔 접속**: 먼저 Google Play 개발자 콘솔에 로그인하여 해당 앱의 개발자 대시보드로 이동한다.
② **앱 선택**: 앱 목록에서 국가 제한을 설정할 특정 앱을 선택한다.
③ **설정 탭 이동**: 앱의 개발자 대시보드에서 왼쪽 메뉴에서 "설정" 탭을 선택한다.
④ **가용성 및 가격 섹션으로 이동**: "설정" 탭에서 앱의 '가용성 및 가격' 섹션으로 이동한다.
⑤ **국가 제한 설정**: '가용성 및 가격' 섹션에서 '국가 제한' 옵션을 찾고 선택한다. 이 옵션은 앱을 이용할 수 있는 국가를 선택하고 설정하는 곳이다.
⑥ **국가 선택**: '국가 제한' 옵션을 선택하면 해당 앱을 이용할 수 있는 국가 목록이 표시된다. 여기서 특정 국가를 선택하여 앱의 이용 가능 범위를 설정할 수 있다.
⑦ **변경 사항 저장**: 국가 제한을 설정한 후에는 변경 사항을 저장하여 적용한다.

버전 관리

앱 버전 관리는 앱을 지속적으로 개선하고 사용자에게 더 나은 경험을 제공하기 위해 중요한 단계다. 이 과정은 다음과 같은 단계로 진행된다.

① **현재 버전 분석**: 먼저 현재 앱의 버전을 분석하여 사용자 피드백, 버그 보고서, 앱 분석 데이터 등을 고려한다. 이를 통해 현재 버전의 성능, 기능, 사용자 만족도 등을 평가한다.

② **새로운 기능 결정**: 사용자 요청, 시장 트렌드, 경쟁사 분석 등을 고려하여 이후 앱에 추가하고자 하는 새로운 기능을 수립하고 결정한다.

③ **기능 우선순위 설정**: 결정된 새로운 기능들에 대해 중요성, 구현 난이도, 개발 시간 등을 고려하여 우선순위를 설정한다.

④ **수정된 사항 결정**: 사용자 피드백이나 앱 분석을 기반으로 현재 버전의 버그 수정, UI/UX 개선 등을 고려하여 수정된 사항을 결정한다.

⑤ **버전 계획 수립**: 결정된 새로운 기능과 수정된 사항을 바탕으로 개발 일정, 업데이트 주기, 출시 일정 등을 고려하여 다음 버전의 계획을 수립한다.

⑥ **테스트 및 검증**: 새로운 기능과 수정된 사항을 개발한 후 테스트하고 검증한다. 이는 베타 테스트, QA(Quality Assurance) 프로세스 등을 통해 진행된다.

⑦ **릴리스**: 모든 테스트와 검증이 완료된 후에 새로운 앱 버전을 릴리스한다. 이를 통해 사용자들이 새로운 기능을 사용할 수 있게 된다.

베타 테스트는 앱의 새로운 기능이나 업데이트된 버전을 일반 사용자 대신에 베타 테스터 그룹에 먼저 배포하여 테스트하고 피드백을 수집하는 프로세스를 말한다. 이는 앱을 실제 사용하는 사용자들에게 릴리스되기 전에 잠재적인 문제를 식별하고 수정하기 위해 중요한 단계다.

베타 테스트

베타 테스트의 주요 단계는 다음과 같다.

① **베타 테스터 모집**: 베타 테스트에 참여할 사용자들을 모집한다. 이는 앱의 현재 사용자, 회원 가입한 테스터 그룹 또는 공개적으로 신청을 받는 방식으로 진행될 수 있다.

② **베타 테스트 앱 배포**: 개발자는 베타 테스트를 위한 앱의 특별한 버전을 만들어 배포한다. 이는 Google Play Console이나 특정 베타 테스트 플랫폼을 통해 진행된다.

③ **테스트 진행**: 베타 테스터들은 앱을 사용하고 다양한 시나리오를 테스트한다. 이는 새로운 기능의 작동 확인, UI/UX 테스트, 성능 및 안정성 테스트 등을 포함한다.

④ **피드백 수집**: 베타 테스터들은 발견한 버그, 개선 사항, 사용자 경험에 대한 의견 등을 개발자에게 피드백 한다. 이는 테스트 후기를 통해 작성되거나, 피드백 양식을 통해 제출될 수 있다.

⑤ 버그 수정 및 개선: 수집된 피드백을 바탕으로 개발자는 발견된 버그를 수정하고 사용자들의 의견을 반영하여 앱을 개선한다.

⑥ 재테스트 및 확인: 버그 수정과 개선 사항 적용 후에는 재테스트를 진행하여 문제가 해결되었는지 확인한다.

릴리스 노트 작성

릴리스 노트는 새로운 앱 버전이나 업데이트가 사용자에게 제공되기 전에 사용자들에게 해당 변경 사항을 알리는 중요한 도구다. 릴리스 노트를 작성할 때는 다음과 같은 절차를 따를 수 있다.

① 새로운 기능 소개: 사용자들에게 새로운 기능이나 개선된 기능을 소개한다. 각 기능에 대한 간단한 설명과 함께 사용자들이 어떻게 이점을 누릴 수 있는지 설명한다.

② 개선 사항 안내: 이전 버전에서 수정된 사항이나 개선된 기능을 설명한다. 이는 사용자들이 이전에 경험했던 문제점이나 불편함이 어떻게 개선되었는지에 대한 정보를 포함한다.

③ 버그 수정 내용 안내: 이전 버전에서 발견된 버그들이 어떻게 수정되었는지를 설명한다. 사용자들이 겪었던 문제점이나 오작동이 해결되었음을 안내한다.

④ 성능 개선 안내: 앱의 성능이 개선되었거나 속도가 향상된 경우, 이를 사용자들에게 알린다. 더 빠르고 안정적인 사용자 경험을 제공할 수 있음을 강조한다.

⑤ 기타 변경 사항 설명: 그 외에도 새로운 버전에 포함된 기타 변경 사항이나 유의할 만한 사항에 대해 설명한다. 이는 사용자들이 주의해야 할 사항이나 변경된 기능을 이해할 수 있도록 도와준다.

앱의 릴리스 관리

Google Play 콘솔을 사용하여 앱의 릴리스를 관리하는 과정은 다음과 같다.

① 앱 버전 선택: Google Play 콘솔에 로그인한 후에는 앱 목록에서 해당 앱을 선택한다. 그런 다음 '릴리스' 섹션으로 이동하여 관리할 앱 버전을 선택한다.

② 릴리스 관리: 선택한 앱 버전의 릴리스 관리 페이지에서는 해당 버전에 대한 다양한 설정을 조정할 수 있다. 이 페이지에서는 릴리스 노트를 추가하거나 수정할 수 있으며, 베타 테스트나 롤아웃 전략을 설정할 수도 있다.

③ 릴리스 노트 추가: 새로운 버전의 기능이나 변경 사항에 대한 설명을 포함하는 릴리스 노트를 추가한다. 이것은 사용자들이 앱 업데이트에 대한 정보를 확인할 수 있도록 도와준다.

④ 배포 일정 설정: 앱의 배포 일정을 설정한다. 이는 새로운 앱 버전을 게시할 때의 일정을 의미한다. 배포 일정을 설정하면 사용자들이 업데이트를 예상할 수 있게 된다.

⑤ 베타 테스트 설정(선택 사항): 필요에 따라 베타 테스트를 설정할 수 있다. 이는 앱을 사전에 테스트하고 피드백을 받기 위한 기능으로, 일부 사용자들에게만 앱을 제공하는 방식으로 작동한다.

⑥ 롤아웃 전략 설정(선택 사항): 대규모 배포의 경우 롤아웃 전략을 설정할 수 있다. 이는 사용자들에게 점진적으로 앱을 제공하여 문제가 발생할 경우 대처할 수 있도록 한다.

⑦ 릴리스 요청: 모든 설정을 마친 후에는 앱의 새로운 버전을 릴리스 요청한다. 이를 통해 Google Play에서 앱의 새로운 버전을 검토하고 게시할 수 있다.

롤백 옵션 설정

롤백 옵션을 설정하여 앱의 이전 버전으로 되돌릴 수 있다. 이를 통해 새로운 앱 버전이 예기치 않은 문제를 일으킬 경우에 대비할 수 있다. 롤백 옵션은 다음과 같은 방식으로 설정된다.

① Google Play 콘솔로 이동: 먼저 Google Play 개발자 콘솔에 로그인한다.

② 앱 선택: 앱 목록에서 롤백할 앱을 선택한다.

③ 릴리스 관리: 선택한 앱의 릴리스 관리 페이지로 이동한다.

④ 롤백 옵션 설정: 해당 페이지에서는 현재 버전의 앱이 배포된 세부 정보를 확인할 수 있다. 이전 버전으로 롤백하려면 해당 세부 정보 아래에 있는 "롤백" 또는 "이전 버전으로 롤백"과 같은 옵션을 찾아 클릭한다.

⑤ 롤백 확인: 롤백을 시작하기 전에 롤백하려는 이전 버전을 정확히 확인하고, 롤백 후의 상태를 신중하게 검토한다.

⑥ 롤백 요청: 롤백을 확정하고 롤백 요청을 제출한다. 이를 통해 Google Play는 이전 버전의 앱을 재배포하고 사용자들에게 다시 제공한다.

광고

광고 정책 준수는 Play 스토어에서 앱을 배포할 때 매우 중요하다. 여기에는 다음과 같은 내용을 포함할 수 있다.

- 광고 콘텐츠의 적절성: 앱에 표시되는 광고 콘텐츠는 사용자들에게 적절하고 안전해야 한다. 선정적이거나 폭력적인 내용, 음란물, 불법 활동을 광고하는 콘텐츠는 피해야 한다.

- **광고 식별**: 광고 콘텐츠는 명확하게 광고임을 식별해야 한다. 사용자들이 광고와 앱 콘텐츠를 구분할 수 있도록 광고를 명확히 표시해야 한다.
- **광고 ID 사용**: 광고 ID는 사용자들의 광고 경험을 개선하기 위해 사용된다. 그러나 사용자 추적을 목적으로 광고 ID를 오용하는 것은 금지되어 있다. 광고 ID는 사용자의 동의를 받고, 광고에 필요한 최소한의 정보만 수집하여 사용해야 한다.

광고 플랫폼

광고 플랫폼 선택은 앱을 성공적으로 마케팅하고 수익을 창출하기 위해 매우 중요하다. 다양한 광고 플랫폼이 있으며, 각 플랫폼은 고유한 특징과 장단점을 가지고 있다. 이러한 특징과 장단점을 고려하여 최적의 광고 플랫폼을 선택해야 한다. 주요 광고 플랫폼은 다음과 같다.

- **Google AdMob**: Google AdMob은 Google의 광고 플랫폼으로, 모바일 앱에 광고를 통합하는 데 널리 사용된다. AdMob은 다양한 광고 형식을 제공하며, Google의 광고 네트워크와 통합되어 있어 전 세계적으로 다양한 광고 인벤토리에 접근할 수 있다.
- **Meta Audience Network**: Meta Audience Network는 Meta의 광고 플랫폼으로, Meta의 타겟팅 기능을 활용하여 사용자에게 맞춤형 광고를 제공한다. 메타의 사용자 데이터를 기반으로 정교한 타겟팅이 가능하며, 소셜 미디어와의 통합을 통해 광고 성과를 최적화할 수 있다.
- **Unity Ads**: Unity Ads는 게임 앱에 특화된 광고 플랫폼으로, Unity 게임 엔진과의 통합이 용이하다. Unity Ads는 플레이어들에게 게임 플레이 중에 보상형 광고를 제공하여 사용자 경험을 향상시킬 수 있다.
- **AppLovin**: AppLovin은 모바일 앱 및 게임에 광고를 통합하는 데 사용되는 플랫폼이다. AppLovin은 사용자 경험을 고려한 광고 삽입 방식과 효율적인 타겟팅 기능을 제공하여 광고 성과를 최적화할 수 있다.
- **IronSource**: IronSource는 모바일 앱 및 게임에 광고를 통합하는 데 사용되는 플랫폼 중 하나로, 다양한 광고 형식과 솔루션을 제공한다. IronSource는 광고 수익을 극대화하기 위한 고급 분석 및 최적화 도구를 제공하여 개발자들이 광고 수익을 향상시킬 수 있다.

광고 형식

광고 형식을 결정할 때는 앱의 성격, 사용자 경험, 수익 모델 등을 고려해야 한다. 다양한 광고 형식이 있으며, 각각의 형식은 고유한 장단점을 가지고 있다. 주요 광고 형식은 다음과 같다.

- **배너 광고(Banner Ads)**
  - 배너 광고는 앱 화면의 상단이나 하단에 표시되는 작은 광고다.
  - 사용자 경험을 방해하지 않고 앱 내에 자연스럽게 통합될 수 있다.
  - 주로 사용자의 주의를 끌기 위한 목적보다는 지속적인 수익을 얻기 위한 목적으로 사용된다.
- **전면 광고(Interstitial Ads)**
  - 전면 광고는 앱의 콘텐츠를 나타내는 중간에 표시되는 전체 화면 광고다.
  - 사용자의 주의를 집중시키기 위한 목적으로 사용되며, 사용자가 앱의 다음 화면으로 이동하기 전에 표시될 수 있다.
  - 전면 광고는 높은 시청률과 수익을 제공할 수 있지만, 사용자의 경험에 영향을 미칠 수 있다.
- **보상형 광고(Rewarded Ads)**
  - 보상형 광고는 사용자가 광고를 시청하고 보상을 받는 형태의 광고다.
  - 사용자들에게 게임 내 가상 통화, 추가 기능 해금 등의 보상을 제공하여 사용자 유입과 유지를 촉진할 수 있다.
  - 사용자들이 보상을 받기 위해 광고를 선택적으로 시청하므로 광고 수익과 사용자 만족도를 동시에 높일 수 있다.

광고 삽입 위치 결정 시 고려 사항

광고를 삽입할 위치를 결정할 때는 사용자 경험과 수익을 균형있게 고려해야 한다. 몇 가지 주요한 고려 사항을 살펴보겠다.

- **자연스러운 위치**: 광고는 앱의 콘텐츠와 자연스럽게 통합되어야 한다. 사용자들이 광고를 부각시키는 것을 방해받지 않으면서도 광고를 쉽게 무시할 수 있어야 한다.
  - 예 배너 광고는 앱의 상단이나 하단에 자리를 잡고 콘텐츠를 가리지 않는 위치에 배치할 수 있다.
- **사용자 상호 작용 시점**: 광고를 삽입하는 시점은 사용자 상호 작용의 흐름에 따라 결정되어야 한다. 광고가 사용자의 주의를 흩뜨리지 않으면서도 자연스럽게 표시되어야 한다.
  - 예 전면 광고는 앱의 다음 화면으로 이동하기 전에 표시될 수 있다. 이는 사용자가 앱 내 탐색 중인 동안 발생하는 자연스러운 인터럽션으로 간주될 수 있다.

- **콘텐츠와 일관성**: 광고는 앱의 콘텐츠와 일관성 있게 표시되어야 한다. 사용자들이 광고를 클릭할 때, 광고 콘텐츠와 앱의 주제나 분위기가 일치해야 한다.

  예 게임 앱의 경우 게임 내에서 특정 레벨을 클리어하거나 보상을 받는 등의 상황에서 보상형 광고를 표시할 수 있다.

- **사용자 반응과 실험**: 광고 삽입 위치는 사용자들의 반응을 모니터링하고 실험을 통해 지속적으로 최적화되어야 한다. A/B 테스트를 통해 여러 위치 및 형식의 광고를 비교하고 사용자의 반응을 확인할 수 있다.

> 챕터 요약 정리

01. 성능 최적화
안드로이드 앱의 성능 최적화는 사용자 경험을 향상시키고 앱의 효율성을 높이는 핵심적인 과제입니다. 성능 최적화를 위해 UI/UX를 개선하는 방법과 함께 메모리 관리 기법을 적용하는 방법을 배웠습니다. 또한 네트워크 통신 최적화를 통해 데이터 전송 시간을 단축하는 방법과 앱의 반응 속도를 향상시키는 방법을 살펴보았습니다.

02. 보안 강화
안드로이드 앱의 보안 강화는 사용자의 개인정보 보호와 데이터의 안전을 보장하기 위해 중요합니다. 보안을 강화하기 위해 취약점 분석 및 보완을 수행하는 방법과 함께 보안 업데이트를 주기적으로 수행하는 것에 대한 중요성을 배웠습니다. 또한 SSL/TLS 프로토콜을 통한 안전한 통신 설정과 중간자 공격 및 데이터 변조 방지 방법에 대해 살펴보았습니다.

03. Play 스토어에 앱 배포하기
Play 스토어는 안드로이드 앱을 널리 보급하고 사용자에게 접근성을 제공하는 중요한 플랫폼입니다. 앱의 등록부터 게시까지의 과정을 다루며, 광고 플랫폼을 선택하고 통합하여 앱의 가시성을 높이는 방법에 대해 배웠습니다.

챕터9 안드로이드 앱 최적화 및 배포 챕터에서는 앱을 개발하고 사용자에게 제공하기 전에 성능을 최적화하고 보안을 강화하는 방법부터 Play 스토어에 앱을 배포하고 광고 플랫폼을 이용하여 수익 창출하는 방법까지 알아봤습니다.

CHAPTER

10

내
일
은
코
틀
린

고급 주제를 활용한 예시

01 나만의 지도 만들기
02 회원가입 & 로그인

01 나만의 지도 만들기

더 멋진 내일(Tomorrow)을 위한 내일(My Career) **내일은 코틀린**

> **✓ 핵심 키워드**
>
> 네이버 API, 네이버 지도, Database, Marker
>
> **여기서는 무얼 배울까**
>
> 데이터베이스를 활용하여 네이버 지도에 새로운 장소를 등록하고, 기존 장소를 수정하면서 지도에서 마커를 띄워볼 수 있다.

네이버 지도

네이버 지도를 사용하기 위해서는 다음과 같은 절차를 따라야 한다.

① **네이버 클라우드 플랫폼 가입**: 네이버 클라우드 플랫폼(https://www.ncloud.com/)에 가입하고 로그인한다. 콘솔에서 애플리케이션을 등록하고 API 키를 발급받아야 한다.

② **애플리케이션 등록**: 네이버 개발자 센터에서 "콘솔"을 클릭하고 "Services"을 선택한 다음 AI·NAVER API에 들어간다. Application 등록을 누르고 애플리케이션 이름과 사용할 API(Mobile Dynamic Map)를 선택하여 애플리케이션을 등록한다. Android 앱 패키지 이름도 등록한다. 패키지 이름은 build.gradle의 namespace에서 확인할 수 있고, 등록 후에는 API 키를 발급받을 수 있다.

③ **API 키 발급**: API 설정이 완료되면 이전 Application 탭에서 API 키를 발급받을 수 있다. 등록한 앱의 인증 정보를 클릭하면 확인할 수 있다. 발급된 API 키는 앱에서 네이버 지도를 사용하기 위해 필요하며, 인증 정보의 Client ID가 사용될 예정이다.

④ **의존성 추가**: 네이버 지도 SDK는 https://repository.map.naver.com/archive/maven Maven 저장소에서 배포된다. 루트 프로젝트의 settings.gradle에 저장소 설정을 추가한다.

```
pluginManagement {
    repositories {
        …
        maven("https://repository.map.naver.com/archive/maven")
    }
}
```

⑤ **클라이언트 ID 지정**: 발급받은 클라이언트 ID를 SDK에 지정하면 지도 API를 사용할 수 있다. AndroidManifest.xml의 〈meta-data〉로 클라이언트 ID를 지정할 수 있다. 〈application〉 아래에 〈meta-data〉 요소를 추가하고, name으로 com.naver.maps.map.CLIENT_ID를, value로 발급받은 클라이언트 ID를 지정한다.

```
<manifest>
    <application>
        <meta-data
            android:name="com.naver.maps.map.CLIENT_ID"
            android:value="YOUR_CLIENT_ID_HERE" />
    </application>
</manifest>
```

⑥ **지도 표시**: activity_main.xml 파일을 다음과 같이 작성하여 네이버 지도를 출력한다.

```xml
<?xml version="1.0" encoding="utf-8"?>
<androidx.constraintlayout.widget.ConstraintLayout
    xmlns:android="http://schemas.android.com/apk/res/android"
    xmlns:tools="http://schemas.android.com/tools"
    android:id="@+id/main"
    android:layout_width="match_parent"
    android:layout_height="match_parent"
    tools:context=".MainActivity">

    <androidx.fragment.app.FragmentContainerView
        android:id="@+id/map_fragment"
        android:name="com.naver.maps.map.MapFragment"
        android:layout_width="match_parent"
        android:layout_height="match_parent" />

</androidx.constraintlayout.widget.ConstraintLayout>
```

프로젝트 설정이 완료되면, 앱의 구조와 화면을 설계하고 기능을 구현해 나갈 수 있다.

메인 화면(Main Screen)

위에서 만든 네이버 지도 앱에 마커를 추가하는 버튼을 생성하고, 마커 입력 화면으로 이동한다. 특정 위치 및 정보와 함께 마커를 등록하고 지도의 해당 위치에 표시되도록 한다.

activity_main.xml

```
<?xml version="1.0" encoding="utf-8"?>
<androidx.constraintlayout.widget.ConstraintLayout
xmlns:android="http://schemas.android.com/apk/res/android"
    xmlns:tools="http://schemas.android.com/tools"
    xmlns:app="http://schemas.android.com/apk/res-auto"
    android:id="@+id/main"
    android:layout_width="match_parent"
    android:layout_height="match_parent"
    tools:context=".MainActivity">

    <androidx.fragment.app.FragmentContainerView
        android:id="@+id/map_fragment"
        android:name="com.naver.maps.map.MapFragment"
        android:layout_width="match_parent"
        android:layout_height="match_parent" />

    <TextView
        android:id="@+id/marker_info_text"
        android:layout_width="0dp"
        android:layout_height="wrap_content"
        android:layout_margin="16dp"
        android:text="마커 정보"
        android:textSize="18sp"
        android:visibility="gone"
        android:textColor="@android:color/black"
        app:layout_constraintTop_toTopOf="parent"
        app:layout_constraintStart_toStartOf="parent"
        app:layout_constraintEnd_toEndOf="parent"/>

    <com.google.android.material.floatingactionbutton.FloatingActionButton
        android:id="@+id/add_marker_button"
        android:layout_width="wrap_content"
        android:layout_height="wrap_content"
        android:src="@android:drawable/ic_input_add"
        android:contentDescription="마커 추가"
```

```
        android:layout_margin="16dp"
        app:layout_constraintBottom_toBottomOf="parent"
        app:layout_constraintEnd_toEndOf="parent" />
</androidx.constraintlayout.widget.ConstraintLayout>
```

이제 마커 정보를 입력받는 레이아웃 파일(activity_add_marker.xml)을 추가한다.

activity_add_marker.xml

```
<?xml version="1.0" encoding="utf-8"?>
<LinearLayout
    xmlns:android="http://schemas.android.com/apk/res/android"
    android:layout_width="match_parent"
    android:layout_height="match_parent"
    android:orientation="vertical"
    android:padding="16dp">

    <EditText
        android:id="@+id/marker_title"
        android:layout_width="match_parent"
        android:layout_height="wrap_content"
        android:hint="마커 제목" />

    <EditText
        android:id="@+id/latitude"
        android:layout_width="match_parent"
        android:layout_height="wrap_content"
        android:hint="위도" />

    <EditText
        android:id="@+id/longitude"
        android:layout_width="match_parent"
        android:layout_height="wrap_content"
        android:hint="경도" />

    <Button
        android:id="@+id/add_marker_button"
        android:layout_width="match_parent"
        android:layout_height="wrap_content"
        android:text="마커 추가" />
</LinearLayout>
```

내부 데이터베이스

build.gradle 파일에 Room 라이브러리 의존성을 추가한다.

```
dependencies {
    implementation "androidx.room:room-runtime:X.X.X"
    kapt "androidx.room:room-compiler:X.X.X"
}
```

Entity 정의

- MarkerEntity.kt

```
@Entity(tableName = "marker_table")
data class MarkerEntity(
    @PrimaryKey(autoGenerate = true) val id: Int = 0,
    val title: String,
    val latitude: Double,
    val longitude: Double
)
```

위 코드는 데이터 클래스로 데이터베이스의 marker_table이라는 테이블 구조를 정의한다. id, title, latitude, longitude를 저장하고 관리하기 위해 사용한다.

DAO 정의

- MarkerDao.kt

```
@Dao
interface MarkerDao {
    @Insert
    suspend fun insert(marker: MarkerEntity)

    @Query("SELECT * FROM marker_table")
    fun getAllMarkers(): LiveData<List<MarkerEntity>>
}
```

위 코드는 Room 데이터베이스의 DAO 인터페이스로 데이터베이스의 작업을 나타낸다. MakerEntity 객체 삽입 기능의 insert 메서드와 marker_table의 모든 마커 정보를 조회하는 getAllMarkers 메서드를 정의하였다.

데이터베이스 정의

● MarkerDatabase.kt

```kotlin
@Database(entities = [MarkerEntity::class], version = 1,
    exportSchema = false)
abstract class MarkerDatabase : RoomDatabase() {
    abstract fun markerDao(): MarkerDao

    companion object {
        @Volatile
        private var INSTANCE: MarkerDatabase? = null

        fun getDatabase(context: Context): MarkerDatabase {
            return INSTANCE ?: synchronized(this) {
                val instance = Room.databaseBuilder(
                    context.applicationContext,
                    MarkerDatabase::class.java,
                    "marker_database"
                ).build()
                INSTANCE = instance
                instance
            }
        }
    }
}
```

위 코드는 Room 데이터베이스를 설정하기 위한 추상클래스를 나타낸다. getDatabase 메서드를 통해 데이터베이스 인스턴스를 반환하여 Room 데이터베이스를 안전하게 초기화하고 관리하는데 필요한 구조를 제공한다.

마커 추가 액티비티

Repository 설정

- MarkerViewModel.kt

```kotlin
class MarkerViewModel(application: Application) : AndroidViewModel(
    application) {
    private val markerDao =
        MarkerDatabase.getDatabase(application).markerDao()

    fun insert(marker: MarkerEntity) = viewModelScope.launch {
        markerDao.insert(marker)
    }

    fun getAllMarkers(): LiveData<List<MarkerEntity>> {
        return markerDao.getAllMarkers()
    }
}
```

위 코드는 Android의 MVVM 아키텍처에서 데이터와 UI를 연결하는 역할을 한다. 또한 AndroidViewModel을 상속받아 Android 애플리케이션의 생명 주기를 관리한다.

insert 메서드를 통해 마커를 데이터베이스에 삽입하며 viewModelScope.launch를 통해 코루틴을 사용하여 비동기적 작업을 수행한다.

GetAllMarkers 메서드는 MarkerDao에서 정의한 메서드를 호출하여 LiveData 형태로 모든 마커 목록을 반환한다. UI는 이 LiveData를 관찰하여 데이터 변화에 반응할 수 있다.

액티비티 설정

- AddMarkerActivity.kt

```kotlin
class AddMarkerActivity : AppCompatActivity() {
    private lateinit var binding: ActivityAddMarkerBinding
    private val markerViewModel: MarkerViewModel by viewModels()

    override fun onCreate(savedInstanceState: Bundle?) {
        super.onCreate(savedInstanceState)
        binding = ActivityAddMarkerBinding.inflate(layoutInflater)
        setContentView(binding.root)
```

```kotlin
binding.addMarkerButton.setOnClickListener {
    val markerTitle = binding.markerTitle.text.toString()
    val latitude = binding.latitude.text.toString().toDouble()
    val longitude = binding.longitude.text.toString().toDouble()

    val marker = MarkerEntity(
        title = markerTitle,
        latitude = latitude,
        longitude = longitude
    )

    markerViewModel.insert(marker)
    finish()
        }
    }
}
```

위 코드는 사용자가 마커 정보를 입력하고 추가하는 기능을 제공한다. 각 부분의 의미는 다음과 같다.

- binding = ActivityAddMarkerBinding.inflate(layoutInflater): 뷰 바인딩을 통해 레이아웃을 inflate한다. 이로 인해 XML 레이아웃 파일의 뷰를 쉽게 참조할 수 있다.
- setContentView(binding.root): 액티비티의 콘텐츠 뷰로 바인딩된 레이아웃을 설정한다.
- binding.addMarkerButton.setOnClickListener { ... }: "Add Marker" 버튼에 클릭 리스너를 설정한다. 사용자가 버튼을 클릭했을 때 실행될 코드를 정의한다.
- val markerTitle = binding.markerTitle.text.toString(), val latitude = binding.latitude.text.toString().toDouble(), val longitude = binding.longitude.text.toString().toDouble(): 사용자 입력을 가져와 마커의 제목, 위도, 경도 값을 각각 문자열과 숫자 형식으로 변환하여 저장한다.
- val marker = MarkerEntity(...): 사용자가 입력한 정보를 바탕으로 MarkerEntity 객체를 생성한다.
- markerViewModel.insert(marker): 생성된 마커 객체를 뷰모델을 통해 데이터베이스에 삽입한다.

메인 액티비티

MainActivity.kt

```
class MainActivity : AppCompatActivity(), OnMapReadyCallback {
    private lateinit var binding: ActivityMainBinding
    private lateinit var naverMap: NaverMap
    private val markerViewModel: MarkerViewModel by viewModels()
    private val infoWindow = InfoWindow() // InfoWindow 생성

    override fun onCreate(savedInstanceState: Bundle?) {
        super.onCreate(savedInstanceState)
        binding = ActivityMainBinding.inflate(layoutInflater)
        setContentView(binding.root)

        val mapFragment = supportFragmentManager.findFragmentById(
            R.id.map_fragment) as MapFragment?
            ?: MapFragment.newInstance().also {
                supportFragmentManager.beginTransaction().add(
                    R.id.map_fragment, it).commit()
            }
        mapFragment.getMapAsync(this)

        val addMarkerActivityResultLauncher = registerForActivityResult(
            ActivityResultContracts.StartActivityForResult()
        ) { result ->
            if (result.resultCode == RESULT_OK) {
                loadMarkers()
            }
        }

        binding.addMarkerButton.setOnClickListener {
            val intent = Intent(this, AddMarkerActivity::class.java)
            addMarkerActivityResultLauncher.launch(intent)
        }
    }

    override fun onMapReady(map: NaverMap) {
        naverMap = map
        loadMarkers()

        naverMap.setOnMapClickListener { _, _ ->
            infoWindow.close()
```

```
        }
    }

    private fun loadMarkers() {
        markerViewModel.getAllMarkers().observe(this) { markers ->
            markers.forEach { markerEntity ->
                val marker = Marker().apply {
                    position = LatLng(markerEntity.latitude,
                        markerEntity.longitude)
                    map = naverMap
                }

                marker.setOnClickListener {
                    infoWindow.adapter = object : InfoWindow.DefaultTextAdapter(
                        applicationContext) {
                        override fun getText(infoWindow: InfoWindow):
                            CharSequence {
                            return markerEntity.title
                        }
                    }
                    infoWindow.open(marker)
                    true
                }
            }
        }
    }
}
```

위 코드는 Naver Map을 사용하여 마커를 추가하고 관리하는 UI를 제공하며, 사용자 입력에 따라 동적으로 마커를 업데이트한다. 각 부분의 의미는 다음과 같다.

- class MainActivity: AppCompatActivity(), OnMapReadyCallback: MainActivity 클래스는 AppCompatActivity를 상속받고, Naver Map 준비가 완료되었을 때 호출되는 콜백인 OnMapReadyCallback을 구현한다.

- private lateinit var binding: ActivityMainBinding: 뷰 바인딩을 위한 변수이다. lateinit 을 사용하여 나중에 초기화된다.

- private lateinit var naverMap: NaverMap: NaverMap 인스턴스를 저장할 변수이다.

- private val markerViewModel: MarkerViewModel by viewModels(): MarkerViewModel 인스턴스를 뷰모델로 초기화한다.

- private val infoWindow = InfoWindow(): 지도에 마커에 대한 정보를 보여줄 InfoWindow 객체를 생성한다.
- override fun onCreate(savedInstanceState: Bundle?): 액티비티가 생성될 때 호출되는 메서드이다. UI 초기화 및 설정을 수행한다.
- binding = ActivityMainBinding.inflate(layoutInflater): 뷰 바인딩을 통해 레이아웃을 inflate한다.
- setContentView(binding.root): 액티비티의 콘텐츠 뷰로 바인딩된 레이아웃을 설정한다.
- val mapFragment = supportFragmentManager.findFragmentById(R.id.map_fragment) …: Naver Map을 표시할 MapFragment를 찾거나, 없으면 새로 생성하여 추가한다.
- mapFragment.getMapAsync(this): MapFragment가 준비되면 onMapReady 메서드가 호출되도록 설정한다.
- val addMarkerActivityResultLauncher = registerForActivityResult(...): 다른 액티비티에서 결과를 받을 수 있도록 설정한다. 여기서는 AddMarkerActivity로부터 결과를 받아 마커를 새로 로드한다.
- binding.addMarkerButton.setOnClickListener { ... }: "Add Marker" 버튼에 클릭 리스너를 설정하여 버튼 클릭 시 AddMarkerActivity를 시작한다.
- override fun onMapReady(map: NaverMap): NaverMap이 준비되면 호출되는 메서드이다.
- naverMap = map: NaverMap 인스턴스를 저장한다.
- loadMarkers(): 데이터베이스에서 마커를 로드하여 지도에 표시한다.
- naverMap.setOnMapClickListener { _, _ -> infoWindow.close() }: 지도가 클릭되면 InfoWindow를 닫는다.
- private fun loadMarkers(): 데이터베이스에서 마커를 로드하고 지도에 표시하는 메서드이다.
- markerViewModel.getAllMarkers().observe(this) { markers -> ... }: 뷰모델에서 마커 목록을 관찰하고, 변경 시마다 마커를 지도에 추가한다.
- val marker = Marker().apply { ... }: 각 마커의 위치를 설정하고, NaverMap에 추가한다.
- marker.setOnClickListener { ... }: 마커 클릭 시 InfoWindow를 열고 제목을 표시하도록 설정한다.

02

더 멋진 내일(Tomorrow)을 위한 내일(My Career) 내일은 코틀린

회원가입 & 로그인

핵심 키워드

Firebase, 이메일 회원가입, 이메일 인증, 네이버 로그인, 카카오 로그인

여기서는 무얼 배울까

Firebase를 이용하여 이메일 인증을 통한 회원가입 서비스를 만들고 네이버 계정으로 로그인, 카카오 계정으로 로그인하는 방법을 알아본다. 이를 활용하여 회원 서비스에서 회원가입과 네이버, 카카오 계정으로 로그인할 수 있다.

이메일 로그인

Firebase 프로젝트 생성

① Firebase 콘솔(https://console.firebase.google.com)에 접속하여 프로젝트를 생성한다.

② 프로젝트에 안드로이드 앱을 추가한다. '앱에 Firebase를 추가하여 시작하기'에서 안드로이드 아이콘을 누르면 간단하게 추가할 수 있다.

③ 앱 등록에서 패키지 이름을 누르고 다음 단계로 넘어간다.

④ 구성 파일 다운로드 후 추가에서 google-services.json 파일을 다운로드하여 Android 스튜디오에서 프로젝트 뷰로 전환하여 프로젝트 루트 디렉터리 중 app 디렉토리에 추가한다.

⑤ Firebase SDK가 google-services.json 구성 값에 액세스할 수 있도록 하려면 Google 서비스 Gradle 플러그인이 필요하다.

⑥ build.gradle.kts(Project) 파일에 플러그인을 종속 항목으로 추가한다.

```
plugins {
    ...
    id("com.google.gms.google-services") version "4.4.2" apply false
}
```

⑦ build.gradle.kts(Module: app) 파일에서 google-services 플러그인과 앱에서 사용할 Firebase SDK를 모두 추가한다.

```
plugins {
  …
  id("com.google.gms.google-services")
}

dependencies {
  implementation(platform("com.google.firebase:firebase-bom:X.X.X"))
  implementation("com.google.firebase:firebase-auth")
    implementation("com.google.firebase:firebase-firestore")
    implementation("com.google.android.gms:play-services-auth:X.X.X")
}
```

프로젝트 설정

① Firebase에서 Authentication 제품을 선택하여 시작하기를 눌러 설정 준비를 한다.

② 기본 제공업체에서 이메일/비밀번호를 선택하고, 이메일/비밀번호의 사용설정을 활성화하여 저장한다. 새 제공업체 추가를 선택하여 다른 로그인 수단도 선택할 수 있다.

③ 다음과 같이 AndroidManifest.xml에서 인터넷 권한을 추가한다.

```xml
<manifest xmlns:android="http://schemas.android.com/apk/res/android"
    xmlns:tools="http://schemas.android.com/tools">
    …
    <uses-permission android:name="android.permission.INTERNET" />
</manifest>
```

이메일을 통한 회원가입/로그인 화면

```xml
<EditText
        android:id="@+id/emailEditText"
        android:layout_width="wrap_content"
        android:layout_height="wrap_content"
        android:hint="이메일"/>

    <EditText
```

```xml
        android:id="@+id/passwordEditText"
        android:layout_width="wrap_content"
        android:layout_height="wrap_content"
        android:hint="비밀번호"
        android:inputType="textPassword"/>

    <Button
        android:id="@+id/loginButton"
        android:layout_width="wrap_content"
        android:layout_height="wrap_content"
        android:text="로그인"/>

    <Button
        android:id="@+id/signUpButton"
        android:layout_width="wrap_content"
        android:layout_height="wrap_content"
        android:text="회원가입"/>
```

회원가입의 경우 다른 페이지로 이동하여 가입 작업을 진행해도 되지만, 간단하게 메인 화면에서 로그인과 같은 방식으로 회원가입도 간단하게 처리할 수 있게 한다.

이메일 회원가입

```kotlin
private fun signUpWithEmail(email: String, password: String) {
    if (email.isEmpty() || password.isEmpty()) {
        Toast.makeText(this, "이메일과 비밀번호를 입력하세요.",
          Toast.LENGTH_SHORT).show()
        return
    }

    auth.createUserWithEmailAndPassword(email, password)
        .addOnCompleteListener(this) { task ->
            if (task.isSuccessful) {
                // 회원가입 성공
                val user = auth.currentUser
                Toast.makeText(this, "회원가입 성공: ${user?.email}",
                  Toast.LENGTH_SHORT).show()
                sendEmailVerification(user) // FirebaseUser를 인자로 전달
            } else {
                // 회원가입 실패
                Log.w("SignUp", "createUserWithEmail:failure",
```

```
                task.exception)
            Toast.makeText(this, "회원가입 실패: ${task.exception?.message}",
                Toast.LENGTH_SHORT).show()
        }
    }
}
```

우선 이메일이나 비밀번호가 비어있는지 확인한다. 만약 비어있다면, 사용자에게 "이메일과 비밀번호를 입력하세요."라는 메시지를 Toast로 보여주고 함수를 종료한다.

auth.createUserWithEmailAndPassword 메소드를 호출하여 Firebase에 회원가입 요청을 보낸다. 이 메소드는 비동기적으로 실행되며, 결과를 OnCompleteListener를 통해 처리한다.

task.isSuccessful을 통해 회원가입이 성공했는지 확인한다.

- 성공한 경우
  - 현재 사용자를 auth.currentUser를 통해 가져온다.
  - 성공 메시지와 함께 사용자 이메일을 Toast로 표시한다.
  - sendEmailVerification(user)를 호출하여 이메일 인증을 요청한다.
- 실패한 경우
  - 로그에 에러 메시지를 기록하고, 사용자에게 실패 원인을 Toast로 표시한다.

이메일 인증 전송

```
private fun sendEmailVerification(user: FirebaseUser?) {
    user?.sendEmailVerification()?.addOnCompleteListener(this) { task ->
        if (task.isSuccessful) {
            Toast.makeText(this, "이메일 인증 전송 완료",
                Toast.LENGTH_SHORT).show()
        } else {
            Toast.makeText(this, "이메일 인증 전송 실패",
                Toast.LENGTH_SHORT).show()
        }
    }
}
```

해당 함수는 FirebaseUser 객체를 매개 변수로 받는다. 이 함수는 사용자의 이메일 인증을 처리한다. user?.sendEmailVerification()을 호출하여 이메일 인증을 요청한다. 이때, user가 null이 아닐 경우에만 호출된다. 인증 전송 요청은 비동기적으로 실행되며, 결과를 OnCompleteListener를 통해 처리한다. 마지막으로 task.isSuccessful을 통해 이메일 인증 전송이 성공했는지 확인한다.

이메일로 로그인

```kotlin
private fun signInWithEmail(email: String, password: String) {
    if (email.isEmpty() || password.isEmpty()) {
        Toast.makeText(this, "이메일과 비밀번호를 입력하세요.",
            Toast.LENGTH_SHORT).show()
        return
    }

    auth.signInWithEmailAndPassword(email, password)
        .addOnCompleteListener(this) { task ->
            if (task.isSuccessful) {
                // 로그인 성공
                val user = auth.currentUser
                Toast.makeText(this, "로그인 성공: ${user?.email}",
                    Toast.LENGTH_SHORT).show()
            } else {
                // 로그인 실패
                Log.w("SignIn", "signInWithEmail:failure", task.exception)
                Toast.makeText(this, "로그인 실패: ${task.exception?.message}",
                    Toast.LENGTH_SHORT).show()
            }
        }
}
```

- auth.signInWithEmailAndPassword 메소드를 호출하여 Firebase에 로그인 요청을 보낸다. 이 메소드는 비동기적으로 실행되며, 결과를 OnCompleteListener를 통해 처리한다.
- task.isSuccessful을 통해 로그인 성공 여부를 확인한다.

카카오 로그인

카카오 프로젝트 설정

① 카카오 개발자 사이트(https://developers.kakao.com/)에 접속하여 계정으로 로그인한다.

② 내 애플리케이션에서 새 애플리케이션을 등록한다. 앱 이름, 회사명, 카테고리는 임의로 선택하면 된다.

③ 앱 등록 후 앱 설정의 플랫폼 탭에 들어가 Android 플랫폼 등록을 누르고 앱의 패키지 이름과 키 해시를 작성한 뒤 저장한다.

④ 키 해시는 안드로이드 스튜디오에서 간단하게 조회할 수 있다.

```
val keyHash = Utility.getKeyHash(this)
Log.d("Hash", keyHash)
```

⑤ 해당 코드를 실행하여 로그에 출력이 되면 해당 값을 적어주면 된다.

⑥ 제품 설정의 카카오 로그인 탭에 들어가 활성화 설정을 ON으로 바꿔주면 카카오 로그인 화면으로도 연결할 수 있다. Application 클래스를 만들어 Kakao SDK를 초기화한다.

```kotlin
class Application : Application() {
    override fun onCreate() {
        super.onCreate()

        KakaoSdk.init(this, KAKAO_NATIVE_APP_KEY)
    }
}
```

⑦ KAKAO_NATIVE_APP_KEY는 개발자 사이트에서 만든 어플리케이션의 앱 설정 – 앱 키 탭에서 네이티브 앱 키의 값을 적어주면 된다.

⑧ AndroidManifest.xml 파일에 Kakao SDK 초기화를 위한 설정을 한다. 카카오 로그인 또한 인터넷 권한이 필요하다.

```xml
<application
    android:name=".Application"
    ...
</application>
```

⑨ 기존에 작성되어 있던 application 태그에 name을 추가한다. 위에서 SDK를 초기화하기 위해 만든 클래스와 이름이 같으면 된다.

카카오 로그인

① UI 레이아웃에 카카오 로그인 버튼을 추가한다.

```
<Button
    android:id="@+id/kakaoLoginButton"
    android:layout_width="0dp"
    android:layout_height="wrap_content"
    android:layout_margin="16dp"
    android:text="카카오 로그인"/>
```

② 카카오 로그인을 처리하는 코드를 작성한다.

```
private fun signInWithKakao() {
    UserApiClient.instance.loginWithKakaoAccount(this) { token, error ->
        if (error != null) {
            Log.e("KakaoLogin", "로그인 실패", error)
            Toast.makeText(this, "카카오 로그인 실패: ${error.localizedMessage}",
                Toast.LENGTH_SHORT).show()
        } else if (token != null) {
            Log.i("KakaoLogin", "로그인 성공 ${token.accessToken}")
        }
    }
}
```

③ UserApiClient.instance.loginWithKakaoAccount(this) 메소드를 호출하여 카카오 계정으로 로그인 요청을 보낸다. 해당 메소드는 비동기적으로 실행되며, 결과는 콜백으로 처리된다.

④ token은 로그인 성공 시 반환되는 액세스 토큰이고, error는 로그인 실패 시 발생하는 에러 정보다. 따라서 error가 null이 아니라면 로그인 실패, token이 null이 아니라면 로그인 성공임을 알 수 있다.

네이버 로그인

네이버 프로젝트 설정

① 네이버 클라우드 플랫폼(https://www.ncloud.com/)에 접속하여 로그인한다.

② '01 나만의 지도 만들기'의 네이버 지도에서 만들었던 어플리케이션을 찾아 Client ID, Client Secret을 가져온다. 패키지 이름이 다르다면 수정을 통해 추가하거나 또는 새로운 어플리케이션을 등록한다.

다른 방법으로는 네이버 개발자 센터(https://developers.naver.com/main/)에 접속하여 네이버 로그인에 들어가 오픈 API 이용 신청을 하는 방법이 있다.

① 환경 추가에서 안드로이드를 선택하여 다운로드 URL은 임의로 설정하고 다른 부분들을 작성하여 Client ID, Client Secret를 발급받을 수 있다.

② 이후 설정은 https://developers.naver.com/docs/login/android/android.md 에서 확인할 수 있다. 중요한 것은 oauth-5.9.1.aar 파일을 다운로드 받는 것이다.

③ 다운로드 받은 oauth-5.9.1.aar 파일은 Android 스튜디오에서 프로젝트 뷰로 전환하여 프로젝트 루트 디렉터리 중 app > libs 폴더 안에 복사한다. 폴더가 없을 경우 app 폴더에서 New > Directory로 만들어준다.

④ build.gradle(Module: App)에 네이버 SDK 종속성을 추가한다.

```
dependencies {
    …
    implementation("com.navercorp.nid:oauth:5.9.1") // jdk 11
    implementation("com.navercorp.nid:oauth-jdk8:5.9.1") // jdk 8
}
```

⑤ jdk의 버전은 코드 위에 compileOptions의 자바 버전을 보고 간단하게 확인이 가능하다.

⑥ 안드로이드 스튜디오에서 file > project structure 을 실행한다.

⑦ Dependencies 탭에 들어가 + 버튼을 누르면 2. JAR/ARR Dependency를 선택하여 libs 폴더 안에 있는 oauth-5.9.1.aar 파일을 선택한다.

⑧ 이전에 만들었던 Application 클래스에서 Naver SDK 초기화 코드를 추가한다.

```
NaverIdLoginSDK.initialize(this, Client ID, Client Secret, Client Name)
```

네이버 로그인

① UI 레이아웃에 네이버 로그인 버튼을 추가한다.

```xml
<com.navercorp.nid.oauth.view.NidOAuthLoginButton
    android:id="@+id/naverLoginButton"
    android:layout_width="wrap_content"
    android:layout_height="56dp"/>
```

② 네이버 로그인을 처리하는 코드를 작성한다.

```kotlin
private fun signInWithNaver() {
    val oauthLoginCallback = object : OAuthLoginCallback {
        override fun onSuccess() {
            // 네이버 로그인 인증이 성공했을 때 수행할 코드 추가
            val accessToken = NaverIdLoginSDK.getAccessToken()

            Log.i("NaverLogin", "로그인 성공 $accessToken")
        }

        override fun onFailure(httpStatus: Int, message: String) {
            val errorCode = NaverIdLoginSDK.getLastErrorCode().code
            val errorDescription = NaverIdLoginSDK.getLastError
                Description()
            Toast.makeText(this@MainActivity, "errorCode:$errorCode,
                errorDesc:$errorDescription", Toast.LENGTH_SHORT).show()
            Log.e("NaverLogin", "네이버 로그인 실패: $message, errorCode:
                $errorCode, errorDesc: $errorDescription")
        }

        override fun onError(errorCode: Int, message: String) {
            onFailure(errorCode, message)
        }
    }

    NaverIdLoginSDK.authenticate(this, oauthLoginCallback)
}
```

③ OAuthLoginCallback 인터페이스를 구현한 익명 클래스를 생성하여 로그인 결과를 처리할 콜백을 정의한다.

④ onSuccess 메소드가 호출되면 네이버 로그인 인증이 성공한 것을 의미한다. 액세스 토큰을 가져와 로그인 성공 메시지와 함께 출력한다.

⑤ onFailure 메소드가 호출되면 로그인에 실패한 경우다. HTTP 상태 코드와 오류 메시지를 받아서 마지막 에러 코드와 설명을 가져온다. 사용자에게 Toast 메시지로 오류 정보를 전달하고, 로그에 에러 내용을 기록한다.

⑥ onError 메소드는 일반적인 에러 상황을 처리한다. 이 메소드는 onFailure를 호출하여 에러 처리를 재사용한다.

⑦ NaverIdLoginSDK.authenticate 메소드를 호출하여 네이버 로그인 인증을 시작한다. 이 메소드에 this(현재 Activity)와 앞서 정의한 oauthLoginCallback을 전달하여 인증 결과를 처리한다.

전체 코드

설정을 제외한 전체 코드는 다음과 같다.

activity_main.xml

```xml
<?xml version="1.0" encoding="utf-8"?>
<androidx.constraintlayout.widget.ConstraintLayout
xmlns:android="http://schemas.android.com/apk/res/android"
    xmlns:app="http://schemas.android.com/apk/res-auto"
    xmlns:tools="http://schemas.android.com/tools"
    android:id="@+id/main"
    android:layout_width="match_parent"
    android:layout_height="match_parent"
    tools:context=".MainActivity">

    <EditText
        android:id="@+id/emailEditText"
        android:layout_width="0dp"
        android:layout_height="wrap_content"
        android:layout_marginTop="64dp"
        android:layout_marginStart="16dp"
        android:layout_marginEnd="16dp"
        android:hint="이메일"
        app:layout_constraintTop_toTopOf="parent"
        app:layout_constraintStart_toStartOf="parent"
        app:layout_constraintEnd_toEndOf="parent" />

    <EditText
```

```xml
        android:id="@+id/passwordEditText"
        android:layout_width="0dp"
        android:layout_height="wrap_content"
        android:layout_marginStart="16dp"
        android:layout_marginEnd="16dp"
        android:hint="비밀번호"
        android:inputType="textPassword"
        app:layout_constraintTop_toBottomOf="@+id/emailEditText"
        app:layout_constraintStart_toStartOf="parent"
        app:layout_constraintEnd_toEndOf="parent" />

    <Button
        android:id="@+id/loginButton"
        android:layout_width="0dp"
        android:layout_height="wrap_content"
        android:layout_margin="16dp"
        android:text="로그인"
        app:layout_constraintTop_toBottomOf="@+id/passwordEditText"
        app:layout_constraintStart_toStartOf="parent"
        app:layout_constraintEnd_toEndOf="parent" />

    <Button
        android:id="@+id/signUpButton"
        android:layout_width="0dp"
        android:layout_height="wrap_content"
        android:layout_margin="16dp"
        android:text="회원가입"
        app:layout_constraintTop_toBottomOf="@+id/loginButton"
        app:layout_constraintStart_toStartOf="parent"
        app:layout_constraintEnd_toEndOf="parent" />

    <Button
        android:id="@+id/kakaoLoginButton"
        android:layout_width="0dp"
        android:layout_height="wrap_content"
        android:layout_margin="16dp"
        android:text="카카오 로그인"
        app:layout_constraintTop_toBottomOf="@+id/signUpButton"
        app:layout_constraintStart_toStartOf="parent"
        app:layout_constraintEnd_toEndOf="parent" />

    <com.navercorp.nid.oauth.view.NidOAuthLoginButton
        android:id="@+id/naverLoginButton"
        android:layout_width="wrap_content"
```

```xml
        android:layout_margin="16dp"
        android:layout_height="56dp"
        app:layout_constraintTop_toBottomOf="@+id/kakaoLoginButton"
        app:layout_constraintEnd_toEndOf="parent"
        app:layout_constraintStart_toStartOf="parent" />

</androidx.constraintlayout.widget.ConstraintLayout>
```

MainActivity.kt

```kotlin
class MainActivity : AppCompatActivity() {

    private lateinit var auth: FirebaseAuth

    override fun onCreate(savedInstanceState: Bundle?) {
        super.onCreate(savedInstanceState)
        setContentView(R.layout.activity_main)

        auth = FirebaseAuth.getInstance()

        val emailEditText: EditText = findViewById(R.id.emailEditText)
        val passwordEditText: EditText = findViewById(R.id.passwordEditText)
        val loginButton: Button = findViewById(R.id.loginButton)
        val signUpButton: Button = findViewById(R.id.signUpButton)

        // 로그인 버튼 클릭 리스너
        loginButton.setOnClickListener {
            val email = emailEditText.text.toString()
            val password = passwordEditText.text.toString()
            signInWithEmail(email, password)
        }

        // 회원가입 버튼 클릭 리스너
        signUpButton.setOnClickListener {
            val email = emailEditText.text.toString()
            val password = passwordEditText.text.toString()
            signUpWithEmail(email, password)
        }

        val kakaoLoginButton: Button = findViewById(R.id.kakaoLoginButton)
        val naverLoginButton: NidOAuthLoginButton =
            findViewById(R.id.naverLoginButton)
```

```kotlin
        kakaoLoginButton.setOnClickListener {
            signInWithKakao()
        }

        naverLoginButton.setOnClickListener {
            signInWithNaver()
        }
    }

    // 이메일 로그인
    private fun signInWithEmail(email: String, password: String) {
        if (email.isEmpty() || password.isEmpty()) {
            Toast.makeText(this, "이메일과 비밀번호를 입력하세요.",
                Toast.LENGTH_SHORT).show()
            return
        }

        auth.signInWithEmailAndPassword(email, password)
            .addOnCompleteListener(this) { task ->
                if (task.isSuccessful) {
                    // 로그인 성공
                    val user = auth.currentUser
                    Toast.makeText(this, "로그인 성공: ${user?.email}",
                        Toast.LENGTH_SHORT).show()
                } else {
                    // 로그인 실패
                    Log.w("SignIn", "signInWithEmail:failure", task.exception)
                    Toast.makeText(this, "로그인 실패: ${task.exception?.message}",
                        Toast.LENGTH_SHORT).show()
                }
            }
    }

    // 이메일 회원가입
    private fun signUpWithEmail(email: String, password: String) {
        if (email.isEmpty() || password.isEmpty()) {
            Toast.makeText(this, "이메일과 비밀번호를 입력하세요.",
                Toast.LENGTH_SHORT).show()
            return
        }

        auth.createUserWithEmailAndPassword(email, password)
```

```kotlin
            .addOnCompleteListener(this) { task ->
                if (task.isSuccessful) {
                    // 회원가입 성공
                    val user = auth.currentUser
                    Toast.makeText(this, "회원가입 성공: ${user?.email}",
                        Toast.LENGTH_SHORT).show()
                    sendEmailVerification(user) // FirebaseUser를 인자로 전달
                } else {
                    // 회원가입 실패
                    Log.w("SignUp", "createUserWithEmail:failure", task.exception)
                    Toast.makeText(this, "회원가입 실패: ${task.exception?.
                        message}", Toast.LENGTH_SHORT).show()
                }
            }
    }

    // 이메일 인증 전송
    private fun sendEmailVerification(user: FirebaseUser?) {
        user?.sendEmailVerification()?.addOnCompleteListener(this) { task ->
            if (task.isSuccessful) {
                Toast.makeText(this, "이메일 인증 전송 완료",
                    Toast.LENGTH_SHORT).show()
            } else {
                Toast.makeText(this, "이메일 인증 전송 실패",
                    Toast.LENGTH_SHORT).show()
            }
        }
    }

    private fun signInWithKakao() {
        UserApiClient.instance.loginWithKakaoAccount(this) { token, error ->
            if (error != null) {
                Log.e("KakaoLogin", "로그인 실패", error)
                Toast.makeText(this, "카카오 로그인 실패: ${error.localizedMessage}",
                    Toast.LENGTH_SHORT).show()
            } else if (token != null) {
                Log.i("KakaoLogin", "로그인 성공 ${token.accessToken}")
            }
        }
    }

    private fun signInWithNaver() {
        val oauthLoginCallback = object : OAuthLoginCallback {
```

```kotlin
        override fun onSuccess() {
            // 네이버 로그인 인증이 성공했을 때 수행할 코드 추가
            val accessToken = NaverIdLoginSDK.getAccessToken()

            Log.i("NaverLogin", "로그인 성공 $accessToken")
        }

        override fun onFailure(httpStatus: Int, message: String) {
            val errorCode = NaverIdLoginSDK.getLastErrorCode().code
            val errorDescription = NaverIdLoginSDK.getLastErrorDescription()
            Toast.makeText(this@MainActivity, "errorCode:$errorCode,
                errorDesc:$errorDescription", Toast.LENGTH_SHORT).show()
            Log.e("NaverLogin", "네이버 로그인 실패: $message, errorCode:
                $errorCode, errorDesc: $errorDescription")
        }

        override fun onError(errorCode: Int, message: String) {
            onFailure(errorCode, message)
        }
    }

    NaverIdLoginSDK.authenticate(this, oauthLoginCallback)
  }
}
```

카카오, 네이버 로그인 성공 시 Firebase와 연동하는 로직을 추가적으로 작성할 수 있다. 대표적으로 Firebase에 Custom Token을 발급하여 로그인 처리를 할 수 있다.

memo